"十三五"国家重点出版物出版规划项目
面向可持续发展的土建类工程教育丛书

轨道工程

主编 王 平 杨荣山
参编 刘学毅 陈 嵘 赵坪锐 肖杰灵
　　　任娟娟 韦 凯 徐井芒 赵才友
　　　刘 钰 郭利康 井国庆 何 庆

机械工业出版社

近年来，我国的轨道交通发展较快，新技术也层出不穷。西南交通大学轨道工程教研室总结近年来轨道工程领域的创新成果，并结合轨道交通行业发展现状，编写了本书作为轨道工程课程的教材。本书理论联系实际，有助于培养学生解决实际工程问题的能力，为今后从事交通土建工程方面的工作和进一步学习奠定必要的基础。全书共分12章，主要介绍了轨道结构组成、轨道几何形位、轨道力学、无缝线路、轨道的维护与管理等内容，除此之外，还在无砟轨道、高速道岔、轮轨接触、振动和噪声、轨道施工等方面做了拓展，充分展示了我国近年来在轨道工程领域取得的最新技术成果。

本书内容全面，图表丰富，可读性较强，既可作为高等院校交通工程、铁道工程专业轨道工程课程的教材，也可作为轨道交通从业者的参考书。

本书配有授课PPT、视频等教学资源，免费提供给选用本书的授课教师，需要者请登录机械工业出版社教育服务网（www.cmpedu.com）注册下载。

图书在版编目（CIP）数据

轨道工程/王平，杨荣山主编．—北京：机械工业出版社，2021.5（2025.1重印）

（面向可持续发展的土建类工程教育丛书）

"十三五"国家重点出版物出版规划项目

ISBN 978-7-111-68347-6

Ⅰ.①轨… Ⅱ.①王… ②杨… Ⅲ.①轨道（铁路）-高等学校-教材 Ⅳ.①U213.2

中国版本图书馆 CIP 数据核字（2021）第 102427 号

机械工业出版社（北京市百万庄大街22号 邮政编码100037）
策划编辑：李 帅 责任编辑：李 帅 于伟蓉
责任校对：张 薇 封面设计：张 静
责任印制：张 博
北京建宏印刷有限公司印刷
2025年1月第1版第4次印刷
184mm×260mm·27.5印张·679千字
标准书号：ISBN 978-7-111-68347-6
定价：79.90元

电话服务	网络服务
客服电话：010-88361066	机 工 官 网：www.cmpbook.com
010-88379833	机 工 官 博：weibo.com/cmp1952
010-68326294	金 书 网：www.golden-book.com
封底无防伪标均为盗版	机工教育服务网：www.cmpedu.com

前　言

党的二十大报告提出了"交通强国"，新时代人们对轨道交通的舒适性和安全性有了更高的要求。在此背景下，轨道作为轨道交通的主要技术装备，必然会面临更高的要求。为了适应行业的发展，轨道工程从业者借助新材料、新技术和新工艺，在设计理论、建造技术、检测与监测、维护和管理等方面都有新的突破，并取得了丰硕的成果。为了满足工程教育和从业者的需求，西南交通大学轨道工程教研室在经典轨道力学基础上，总结近年来的最新研究成果，编写了本书。

全书共分12章。第1章为绪论，介绍了轨道的历史沿革、组成、功用及特点；第2章介绍了轨道结构；第3章介绍了车辆基本结构与轨道几何形位；第4章介绍了轮轨接触几何关系与相互作用；第5章介绍了国内外高速铁路、城市轨道交通的无砟轨道结构；第6章介绍了传统铁路道岔、高速道岔的结构和几何尺寸，以及新型轨道交通的道岔结构；第7章介绍了无缝线路基本原理和稳定性计算，介绍了普通无缝线路、无缝道岔、桥上无缝线路与跨区间无缝线路；第8章介绍了轨道力学原理和轨道结构设计方法；第9章介绍了轮轨系统振动和噪声的成因、分析方法和控制措施；第10章介绍了有砟轨道和几种典型无砟轨道的施工技术与建造方法；第11章介绍了轨道几何状态、设备状态和行车平稳性等指标的检测和监测技术；第12章介绍了轨道维护与管理的工作内容和管理模式。

本书由西南交通大学王平和杨荣山主编，各章编写人员如下：王平（第1章），刘学毅（第2章），徐井芒（第3章），韦凯（第4章），任娟娟（第5章），陈嵘（第6章），肖杰灵、井国庆（第7章），赵坪锐（第8章），赵才友（第9章），刘钰（第10章），郭利康、何庆（第11章），杨荣山（第12章）。

本书在编写过程中得到了李成辉教授的大力支持，还参考了相关同行的最新研究成果，在此一并表示衷心感谢。

由于编者水平有限，书中难免存在不足之处，恳请读者批评指正。

编　者

目　　录

前言
第1章　绪论 ·· 1
　1.1　轨道的起源与发展 ···················· 1
　　　1.1.1　有砟轨道 ······························ 7
　　　1.1.2　无砟轨道 ······························ 7
　　　1.1.3　新型轨道结构 ······················ 8
　1.2　轨道的结构与工作特点 ············ 9
　　　1.2.1　轨道的结构特点 ·················· 9
　　　1.2.2　轨道的荷载特点 ·················· 9
　　　1.2.3　轨道的服役特点 ················ 10
　1.3　运营条件与轨道类型 ·············· 10
　　　1.3.1　运营条件与轨道的关系 ···· 10
　　　1.3.2　高速铁路轨道的性能要求 ···· 12
　　　1.3.3　重载铁路轨道的性能要求 ···· 12
　　　1.3.4　地铁轨道的性能要求 ········ 13
　　　1.3.5　轨道类型 ···························· 13
　1.4　轨道设计原则与方法 ·············· 14
　　　1.4.1　轨道设计原则 ···················· 14
　　　1.4.2　轨道选型 ···························· 15
　　　1.4.3　轨道设计方法 ···················· 16
　小结 ·· 20
　习题 ·· 20
第2章　轨道结构 ································ 21
　2.1　轨道的功能及组成 ·················· 21
　2.2　钢轨 ·· 23
　　　2.2.1　钢轨的功能及类型 ············ 23
　　　2.2.2　钢轨断面 ···························· 24
　　　2.2.3　钢轨的材质和力学性能 ···· 28
　　　2.2.4　钢轨伤损及合理使用 ········ 31
　　　2.2.5　钢轨连接 ···························· 37

　2.3　轨枕 ·· 43
　　　2.3.1　轨枕的功用、基本要求及分类 ···· 44
　　　2.3.2　木枕 ···································· 44
　　　2.3.3　钢枕 ···································· 44
　　　2.3.4　混凝土枕 ···························· 46
　　　2.3.5　新材料轨枕 ························ 51
　　　2.3.6　轨枕铺设数量及布置 ········ 52
　2.4　扣件 ·· 54
　　　2.4.1　扣件组成与功用 ················ 54
　　　2.4.2　木枕扣件 ···························· 55
　　　2.4.3　混凝土枕扣件 ···················· 57
　2.5　道床 ·· 62
　　　2.5.1　道床的功能及材质 ············ 62
　　　2.5.2　道床断面 ···························· 66
　　　2.5.3　有砟道床的病害与整治措施 ···· 67
　　　2.5.4　道床的加固 ························ 70
　小结 ·· 72
　习题 ·· 72
第3章　车辆基本结构与轨道几何形位 ···· 74
　3.1　机车车辆基本结构 ·················· 74
　　　3.1.1　铁路车辆的基本组成 ········ 74
　　　3.1.2　转向架的作用与组成 ········ 75
　　　3.1.3　轮对组成及基本要求 ········ 77
　　　3.1.4　轴箱及悬挂系统 ················ 82
　3.2　轨道几何形位基本要素 ·········· 85
　　　3.2.1　轨距 ···································· 85
　　　3.2.2　水平 ···································· 87
　　　3.2.3　扭曲（或称三角坑） ········ 87
　　　3.2.4　前后高低 ···························· 88

3.2.5　轨向 …………………………… 88
　　3.2.6　轨底坡 ………………………… 89
3.3　曲线轨道轨距加宽 ……………………… 90
　　3.3.1　曲线轨道轨距加宽的目的和
　　　　　 方法 ………………………… 90
　　3.3.2　机车车辆通过曲线轨道的几何
　　　　　 条件 ………………………… 90
　　3.3.3　轨距加宽的确定原则 ………… 90
　　3.3.4　轨距加宽计算 ………………… 91
　　3.3.5　曲线轨道的最大允许轨距 …… 92
3.4　曲线轨道外轨超高 ……………………… 93
　　3.4.1　曲线外轨超高设置的目的和
　　　　　 方法 ………………………… 93
　　3.4.2　曲线外轨超高的计算 ………… 93
　　3.4.3　外轨未被平衡的超高 ………… 95
　　3.4.4　外轨最大允许超高值 ………… 96
　　3.4.5　曲线轨道上的超高限速 ……… 97
3.5　缓和曲线 ………………………………… 98
　　3.5.1　缓和曲线的作用及其几何特征 …… 98
　　3.5.2　缓和曲线的几何形位条件 …… 98
　　3.5.3　常用缓和曲线 ………………… 100
　　3.5.4　缓和曲线长度 ………………… 102
小结 ……………………………………………… 106
习题 ……………………………………………… 106

第4章　轮轨关系 …………………………… 107
4.1　轮轨接触几何关系 ……………………… 107
　　4.1.1　轮轨接触参数 ………………… 107
　　4.1.2　轮轨接触状态 ………………… 110
　　4.1.3　轮轨接触几何参数的计算 …… 111
4.2　轮轨滚动接触 …………………………… 114
4.3　轮轨滚动接触力 ………………………… 118
　　4.3.1　轮轨法向力计算 ……………… 118
　　4.3.2　轮轨黏着/蠕滑力计算（轮轨
　　　　　 滚动接触理论） …………… 121
4.4　轮轨滚动接触问题的有限元算法 ……… 124
　　4.4.1　经典滚动接触理论模型的
　　　　　 局限性 ……………………… 124
　　4.4.2　基于有限元法的轮轨接触力学
　　　　　 理论 ………………………… 125
小结 ……………………………………………… 126
习题 ……………………………………………… 126

第5章　无砟轨道 …………………………… 128
5.1　铁路无砟轨道技术发展及应用 ………… 128
　　5.1.1　国外铁路无砟轨道技术发展 …… 128
　　5.1.2　我国铁路无砟轨道技术发展 …… 133
5.2　我国高速铁路无砟轨道结构 …………… 135
　　5.2.1　CRTS I 型板式无砟轨道 …… 135
　　5.2.2　CRTS II 型板式无砟轨道 …… 136
　　5.2.3　CRTS III 型板式无砟轨道 …… 138
　　5.2.4　CRTS I 型双块式无砟轨道 … 139
　　5.2.5　CRTS II 型双块式无砟轨道 … 140
小结 ……………………………………………… 141
习题 ……………………………………………… 142

第6章　道岔 ………………………………… 143
6.1　道岔类型 ………………………………… 143
　　6.1.1　连接设备 ……………………… 143
　　6.1.2　交叉设备 ……………………… 143
　　6.1.3　连接与交叉组合设备 ………… 144
6.2　单开道岔的构造 ………………………… 145
　　6.2.1　转辙器 ………………………… 145
　　6.2.2　辙叉及护轨 …………………… 147
　　6.2.3　连接部分 ……………………… 148
　　6.2.4　岔枕及扣件 …………………… 148
6.3　道岔的几何形位 ………………………… 149
　　6.3.1　单开道岔的主要尺寸 ………… 149
　　6.3.2　单开道岔各部分轨距 ………… 150
　　6.3.3　转辙器几何尺寸 ……………… 150
　　6.3.4　导曲线及附带曲线几何尺寸 …… 151
　　6.3.5　辙叉及护轨几何尺寸 ………… 154
6.4　道岔的平面线型 ………………………… 156
　　6.4.1　道岔尖轨平面线型 …………… 156
　　6.4.2　连接部分平面线型 …………… 157
　　6.4.3　过岔速度 ……………………… 160
6.5　道岔的铺设、维护与加强 ……………… 163
　　6.5.1　道岔的铺设 …………………… 163
　　6.5.2　道岔的维修与养护 …………… 164
　　6.5.3　道岔的加强 …………………… 165
6.6　高速道岔 ………………………………… 166
　　6.6.1　高速道岔的定义及技术要求 … 166
　　6.6.2　国外高速道岔关键技术 ……… 166
　　6.6.3　我国的高速道岔 ……………… 169
6.7　重载道岔 ………………………………… 172
　　6.7.1　重载道岔的定义及技术原则 … 172
　　6.7.2　重载道岔关键技术 …………… 172
小结 ……………………………………………… 175
习题 ……………………………………………… 175

第7章 铁路无缝线路 …………… 176
7.1 概述 ……………………………… 176
- 7.1.1 无缝线路的定义及分类 …… 176
- 7.1.2 铺设无缝线路的重要意义 … 176
- 7.1.3 无缝线路的发展史 ………… 177

7.2 无缝线路的基本理论 …………… 178
- 7.2.1 无缝线路的工作原理 ……… 178
- 7.2.2 无缝线路的基本参数 ……… 180
- 7.2.3 无缝线路的基本温度力 …… 184

7.3 无缝线路稳定性 ………………… 187
- 7.3.1 无缝线路稳定性概念 ……… 187
- 7.3.2 影响无缝线路稳定性的因素 … 188
- 7.3.3 无缝线路稳定性计算理论 … 191
- 7.3.4 无缝线路稳定性算例 ……… 203

7.4 普通无缝线路 …………………… 207
- 7.4.1 普通无缝线路的主要组成 … 207
- 7.4.2 无缝线路的设计锁定轨温 … 208
- 7.4.3 无缝线路结构设计 ………… 209

7.5 无缝道岔 ………………………… 210
- 7.5.1 无缝道岔概述 ……………… 210
- 7.5.2 无缝道岔的结构特点 ……… 210
- 7.5.3 无缝道岔的设计与检算 …… 214
- 7.5.4 无缝道岔的布置 …………… 216

7.6 桥上无缝线路 …………………… 217
- 7.6.1 桥上无缝线路概述 ………… 217
- 7.6.2 桥上无缝线路附加力的计算理论与方法 …………………… 218
- 7.6.3 伸缩力的计算 ……………… 219
- 7.6.4 挠曲力的计算 ……………… 221
- 7.6.5 断轨计算 …………………… 224
- 7.6.6 桥上无缝线路的有限元分析方法 ………………………… 224
- 7.6.7 伸缩调节器的应用 ………… 225

7.7 跨区间无缝线路 ………………… 226
- 7.7.1 跨区间无缝线路发展现状 … 226
- 7.7.2 跨区间无缝线路的结构特点 … 227

小结 ………………………………… 228
习题 ………………………………… 228

第8章 轨道力学与轨道结构设计 …… 229
8.1 概述 ……………………………… 229
8.2 作用在轨道上的力及其特点 …… 230
8.3 轨道结构竖向受力计算 ………… 230
- 8.3.1 基本假设和计算模型 ……… 230
- 8.3.2 连续弹性支承梁微分方程及其解 ………………………… 232
- 8.3.3 轨道的基本力学参数 ……… 235
- 8.3.4 轮群作用下的轨道力学计算 … 238

8.4 轨道力学分析的有限单元法 …… 239
- 8.4.1 结构模型的离散化 ………… 239
- 8.4.2 梁单元刚度矩阵 …………… 240
- 8.4.3 连续梁的总刚度矩阵 ……… 241
- 8.4.4 轨道结构力学模型及矩阵方程 … 241

8.5 轨道动力响应的准静态计算 …… 242
- 8.5.1 速度系数 …………………… 243
- 8.5.2 偏载系数 …………………… 243
- 8.5.3 准静态计算公式 …………… 244
- 8.5.4 动力系数 …………………… 245

8.6 有砟轨道结构设计 ……………… 246
- 8.6.1 轨道结构选型 ……………… 246
- 8.6.2 钢轨应力检算 ……………… 247
- 8.6.3 轨枕强度检算 ……………… 252
- 8.6.4 道床与路基应力检算 ……… 254

8.7 无砟轨道结构设计 ……………… 256
- 8.7.1 无砟轨道功能设计 ………… 257
- 8.7.2 无砟轨道结构设计方法 …… 259

小结 ………………………………… 264
习题 ………………………………… 264

第9章 轨道减振与降噪 …………… 266
9.1 轨道交通振动与噪声的成因 …… 266
- 9.1.1 轨道交通振动产生原因 …… 266
- 9.1.2 轨道交通噪声产生原因 …… 266

9.2 轨道交通振动与噪声标准及限值 … 270
- 9.2.1 轨道交通环境振动限值 …… 270
- 9.2.2 轨道交通噪声限值 ………… 270

9.3 轨道交通振动与噪声的控制措施 … 271
- 9.3.1 轨道交通振动控制措施 …… 271
- 9.3.2 轨道交通噪声控制措施 …… 274

小结 ………………………………… 276
习题 ………………………………… 277

第10章 轨道建造与施工 …………… 278
10.1 有砟轨道施工 …………………… 278
- 10.1.1 普通线路施工 ……………… 278
- 10.1.2 道岔铺设 …………………… 284
- 10.1.3 铺砟整道 …………………… 288

10.2 普通无缝线路施工 ……………… 291
- 10.2.1 长钢轨的装、运、卸 ……… 291

10.2.2	换轨作业车	292
10.2.3	旧轨回收	293
10.2.4	基本施工方法	293
10.2.5	线路整修工作的要点	294
10.2.6	无缝线路施工中应注意的几个问题	294
10.3	跨区间无缝线路施工	294
10.3.1	跨区间无缝线路铺设	294
10.3.2	连入法和插入法的比较	296
10.3.3	高速铁路一次性铺设跨区间无缝线路施工	296
10.4	无砟轨道施工	297
10.4.1	CRTS Ⅰ型板式无砟轨道施工	298
10.4.2	CRTS Ⅱ型板式无砟轨道施工	304
10.4.3	CRTS Ⅰ型双块式无砟轨道施工	316
10.4.4	CRTS Ⅱ型双块式无砟轨道施工	319
10.4.5	CRTS Ⅲ型板式无砟轨道施工	326
10.4.6	弹性支承块式无砟轨道施工	328
小结		334
习题		334

第11章　轨道检测与监测技术　335

11.1	轨道检测概述	335
11.1.1	轨道几何状态检测	335
11.1.2	轨道设备状态检测	336
11.1.3	行车平稳性检测	337
11.1.4	工务安全检测监测系统技术	337
11.2	轨道质量状态评价	338
11.2.1	轨道不平顺及其危害	338
11.2.2	轨道几何状态静态评价	339
11.2.3	轨道几何状态动态评价	344
11.2.4	线路设备状态评定	349
11.3	轨道静态检测技术	351
11.3.1	轨道几何状态静态检测	351
11.3.2	钢轨表面状态静态检测	357
11.3.3	其他轨道部件状态静态检测	361
11.3.4	线路控制测量	364
11.4	轨道动态检测技术	366
11.4.1	轨道动态检测技术及发展	366
11.4.2	轨道几何动态检测系统	367
11.4.3	钢轨短波不平顺检测	371
11.4.4	线路检查仪	372
11.4.5	轨道状态巡检系统	372
11.4.6	综合检测列车	372
11.5	轨道检测数据分析应用	374
11.5.1	轨道几何不平顺数据分析	374
11.5.2	钢轨损伤数据分析	380
11.5.3	铁路大数据平台	382
小结		383
习题		383

第12章　工务设备维护与管理　385

12.1	轨道维护的工作特点	385
12.2	轨道维护的内容	386
12.2.1	有砟轨道维护的主要内容	386
12.2.2	无砟轨道维护的主要内容	388
12.2.3	曲线缩短轨计算	389
12.2.4	曲线整正计算	391
12.2.5	线路大修	397
12.3	线路维修的机械化	401
12.3.1	铁路养路机械的发展	401
12.3.2	几种典型的大型养路机械	402
12.4	轨道精调	406
12.4.1	高速铁路精密测量	406
12.4.2	区间轨道精调量计算方法	408
12.4.3	道岔区精调	411
12.5	轨道维护管理体系	413
12.5.1	国外高速铁路维修管理模式	413
12.5.2	我国高速铁路工务维修管理模式	416
12.6	现代工务管理信息系统	417
12.6.1	国外工务信息管理系统	417
12.6.2	我国的工务信息管理系统	419
小结		420
习题		420

参考文献　421

第 1 章 绪 论

  轨道是轮轨系统铁路的重要组成部分,是行车的基础,是保证列车安全、平稳、不间断运行的重要基础设施。轨道的作用是引导机车车辆平稳安全运行,直接承受由车轮传来的荷载,并把它传递给路基或桥隧等建筑物,有时兼作轨道电路用。在磁浮铁路、跨座式轻轨和悬挂式铁路等新型轨道交通系统中,行车的基础通常被称为轨道梁。

  轨道结构应具有足够的强度和稳定性,以支承并引导机车车辆运行;同时要求轨道应具有合理的刚度和较高的平顺性,以保证列车运行时的安全性、平稳性和舒适性;最后还要求轨道结构便于维修和更换,以保证铁路的长期使用性。在城市轨道交通中,轨道结构通常还要求具有一定的减振降噪性能,以减缓铁路振动和噪声对沿线环境及人们生活的影响。在电气化铁路区段,轨道结构还要求具有较高的绝缘性能,以满足轨道电路传输的性能要求。随着列车速度的不断提高,列车轴重的不断增大,运量的不断增加,铁路对轨道结构的要求也越来越高,因此轨道结构必须不断发展。

■ 1.1 轨道的起源与发展

  铁路轨道是逐步提高道路承载能力需求的产物。公元前 400 多年的古希腊和古罗马出现了最早的轨道——两条凹槽形式的道路,而后到 16 世纪,随着英国工业革命的兴起,大量的矿石需要从矿区运到附近的码头,矿车的载重量越来越大,道路因沉重的矿车将其压出沟槽而破坏。为了降低车轮对路面的压力,提高运载重量和速度,1605 年有了第一条用木条铺成的木轨道。木轨道既减小了车轮对路面的压力,也减小了运行阻力,使得马拉矿车的载重量成倍增加,速度也有了较大提高。1760 年,为解决钢铁产能过剩的危机,英国人尝试在木质轨道上覆盖铸铁板(图 1-1)。通过实际使用发现在木质轨道上覆铸铁板可较为有效地降低运行阻力,因此这类上覆铸铁板的木质轨道开始广泛使用。在使用过程中发现铸铁板较薄,易破损,因此 1767 年,雷诺兹(Reynolds)在轨道上使用了长 5ft(1.524m)、宽 4.5in(11.43cm)、高 1.25in(3.175cm)的铸铁轨,每根铸铁轨有 3 个螺栓孔,铸铁轨形状类似于现在的槽钢,凹槽朝上,并用钉子固定。车轮在凹槽内滚动,使之成为真正意义上的"铁路"。

  1776 年,一种平板带缘(L 形)的铸铁轨道代替了木质轨道,应用到马拉矿车轨道运输中(图 1-2)。该类型轨道的垂直边可有效提高轨道的导向性。早期的 L 形铸铁轨采用纵向木条支承,当纵向木条腐烂后,在铸铁轨下横向塞入木条或石块,即形成了横向轨枕支承

我国的铁路提速成就

图 1-1　木头和铸铁板所制的轨道

的结构形式。由于当时的铸造技术较差，铸铁轨长度较短（约 0.914m，不到 1m），因此轨道投入运营后不久就会变得很不平齐。

图 1-2　L 形轨道和车辆

为了限制车辆因横向运动而脱离轨道，1789 年，杰索普（Jessop）发明了铸铁梁轨和有轮缘的车轮，采用的轨距是 1435mm。这种在车轮上设置轮缘的方法被沿用至今。该型铸铁轨的支座处轨高较低，且在两支点之间轨高较高，且在支座处轨底较宽，以便铸铁轨在石支座上稳定安放。当时，有的车轮轮缘在轨头内侧，也有的在内侧和在轨头两侧都有轮缘的。但在使用中发现当车轮轮缘在外侧时，车辆容易脱轨，所以将车轮轮缘改为在轨头内侧。鱼腹形轨道的应用要求有与之配套的轮缘车轮，这标志着道路与铁路的分开（图 1-3）。铸铁轨进一步提高了轨道承载能力，这种由围栏（rail）围起来、铸铁轨铺就的专用道路就被称为铁路（railway），如图 1-4 所示。

图 1-3　鱼腹形轨　　　　　　　　　　图 1-4　早期铁路

L 形轨和鱼腹形轨都采用铸铁，很容易断裂。19 世纪初，随着炼钢技术的发展，尼克松（Nixon）在 1803 年生产了宽 1.25in（31.75mm）、高 2in（50.8mm）的矩形截面锻铁轨，并铺设于拉迪斯克里尔（Lard Crisle）的煤矿铁路上，轨枕为纵向支承。1820 年，贝灵顿钢铁厂的约翰·伯金肖（John Birkinshaw）使用滚压技术制成了 15ft（4.572m）长的鱼腹形 T 形锻铁轨。该型铁轨轨头成圆弧形，轨腰较厚，并采用铸铁支座支承铁轨。锻铁轨道强度足以承受机车牵引列车施加的压力，而早期的铸铁轨即使长度较短也无法承受这种压力。铁轨的滚压技术成为铁路发展历史上第一个重要的突破点，直到今天，钢轨的生产仍然在使用此技术。1825 年，斯托克顿（Stockton）和达灵顿（Darlington）线路上也使用了这种锻铁轨（图 1-5）。

1829 年，利物浦（Liverpool）到曼彻斯特（Manchester）铁路也采用了这种 T 形锻铁轨（图 1-6），该铁轨重 35lb/yd（17.36kg/m），每隔 3ft（0.914m）设有支承石块，每个石块上通过橡木塞来固定钢轨的铸铁基座。

图 1-5　鱼腹形 T 形锻铁轨
（美国 Darlington 铁路博物馆）

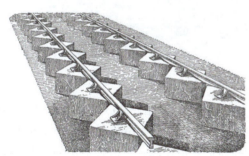 

图 1-6　利物浦（Liverpool）到曼彻斯特（Manchester）铁路的鱼腹形 T 形锻铁轨

由于鱼腹形 T 形锻铁轨的下缘较薄，张拉应力较大，在轨底处会因接触应力较大而极易磨损。于是 1835 年，洛克（Locke）开发了一种双头轨（double-headed rail），设计时考虑当头部磨损时，轨道可以翻转并重新使用。然而在实际中发现由于轨座和铁轨之间的磨损和腐蚀，铁轨翻转后轨面极不平整而无法使用，同时原轨头由于磨损严重也无法在底座上固定。1858 年，牛头轨（bullhead rail）被引入轨道。牛头轨形状类似于双头轨，区别是牛头轨的轨头更厚，故其轨头可允许更多的磨耗（图 1-7 和图 1-8）。

1834 年，威廉·斯特瑞兰德（William Strickland）开发了桥轨（bridge rail），并于下一年铺设于萨斯奎哈纳（Susquehanna）到威明顿市（Wilmington）线路（图 1-9）。同年，英国的布鲁内尔（Brunel）也设计出了适用于轴重轻、载重量小线路的桥轨。19 世纪 40 年代，巴尔的摩（Baltimore）和俄亥俄州（Ohio）铁路也使用过类似的铁轨，但这种轨道引入欧洲使用后发现支承木枕表面容易被压溃。

1849 年，威廉·亨利·巴洛（William Henry Barlow）发明了巴洛轨（Barlow rail）（图 1-10），使用中发现此种铁轨轨头磨损后，很容易产生轨头纵向劈裂而无法继续使用，所以这类铁轨的使用时间较短。

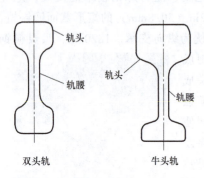

图 1-7 双头轨（double-headed rail）和牛头轨（bullhead rail）截面对比

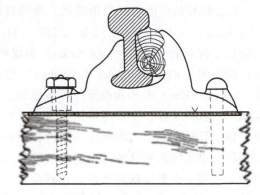

图 1-8 牛头轨和铸铁底座图

图 1-9 桥轨（bridge rail）

图 1-10 巴洛轨（NRM 档案馆）

1830 年，随着美国铁路的大力发展，钢轨需求激增，由于美国没有可轧制长钢轨的钢厂，罗伯特·L. 史蒂文斯（Robert L. Stevens）考察了英格兰广泛使用的别根海特（Birkenshaw）T 形铁轨后，认为这种铁轨的铸铁轨座成本和养护费用较高，不适合美国的铁路。此外，从英格兰运输钢轨到美国，运输成本也较高。因此，史蒂文斯在 T 形轨下缘加一轨底从而取消了别根海特轨的铸铁轨座（图 1-11），并最先运用于新泽西州（New Jersey）铁路。这种钢轨与现代的钢轨截面类似，只是在轨枕支承处将轨底加宽，以减小轨底压力。罗伯特·L. 史蒂文斯首次设计的钢轨轨底宽度周期变化，轧钢机不能适应，而且使用这种钢轨的轨枕间距不能变化。后来，史蒂文斯将钢轨设计成通长等截面，使用后发现，这种钢轨性能非常优良，而且可随意改变轨枕间距。同时，史蒂文斯设计了一种钩头道钉和平接夹板（flat splice plat）来方便地固定钢轨。直至现在，部分木枕线路还在使用这种钩头道钉。

最初宽底（flanged）T 形轨为 42lb/yd（20.8kg/m），长度为 16ft（4.88m），采用

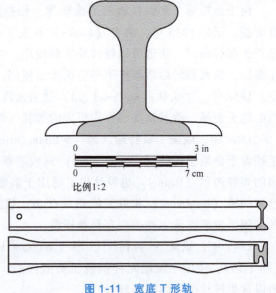

图 1-11 宽底 T 形轨

石枕支承。1938 年，宽底 T 轨首先铺设于德累斯顿（Leipzig Dresden）铁路。由于这种钢轨截面合理，重量较轻，容易固定在横向枕木上，且具有较大的垂向和横向弯曲刚度，而后许多欧洲铁路都开始使用这种钢轨。由于采用横向轨枕支承的轨道结构稳定性较好，所以这种横向支承方式沿用至今。

1836 年，查尔斯·维格诺尔（Charles Vignoles）发明了平底轨（Vignoles rail），其高度较低，且最初的样式中没有腹板，后来修改成了较高的腹板，因此其尺寸比例与史蒂文斯轨不同（图 1-12）。

图 1-12　一小段伯明翰（Brimingham）到格洛斯特（Gloucester）的平底轨（NRM 档案馆）

1852 年，法国发明家阿尔方斯·卢巴特（Alphonse Loubat）发明的槽形轨（grooved rail）铺设于纽约市第六大道上的一条铁路。槽形轨允许轨道与路面齐平（图 1-13），其可使轨道结构与行车路面有较好的衔接，实现有轨电车与其他车辆共用路权。

随着钢轨截面的不断改进，铁路部门试图取消轨枕。1865 年，哈特维奇（Hartwich）在普鲁士莱茵（Prussian Rhenish）铁路上铺设了试验段（图 1-14），其轨底直接置于道砟上，铺设后发现该结构必须使用紧固螺栓保证稳定，但即使如此，铁轨也会向外倾斜。1866 年，舍弗勒（Scheffler）在布伦斯维奇（Braunswich）铁路上采用了由三部分组成的轨道结构，但其铁轨较为脆弱，会产生倾斜和断裂。针对这个问题，1868 年，德伦（Daelen）提出了修改方案，

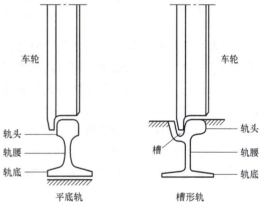

图 1-13　槽形轨与平底轨对比

进一步提高了钢轨强度。总体来说，将铸铁座直接放置在道砟上的使用结果很不理想，钢轨很容易断裂，螺栓孔也很容易产生裂纹。同时期，设计和试验了许多种纵向轨枕（图 1-15 和图 1-16）。这些金属枕在使用过程中由于产生腐蚀、扣件螺栓孔四周开裂等问题而被淘汰。但在第二次世界大战后不久，德国在一些主要干线上铺设了横向金属枕。

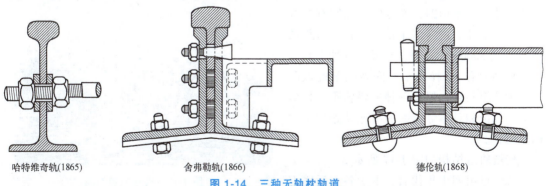

哈特维奇轨(1865)　　舍弗勒轨(1866)　　德伦轨(1868)

图 1-14　三种无轨枕轨道

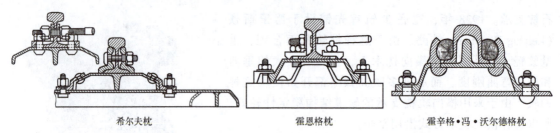

希尔夫枕　　　　　霍恩格枕　　　　　霍辛格·冯·沃尔德格枕

图 1-15　希尔夫（Hilf）枕、霍恩格（Hohenegger）枕和霍辛格·冯·沃尔德格（Heusinger von Waldegg）枕

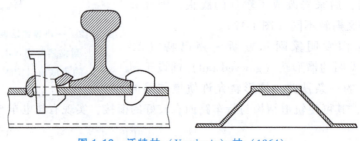

图 1-16　沃特林（Vautherin）枕（1864）

在铁路发展早期，轨道上采用的主要是石枕，随后木枕因其良好的受力特性而逐渐发展成为铁路的主要轨枕。为适应不同时代的需要，木枕由素枕发展到防腐油枕，断面尺寸也由小变大。二战后，由于战争的破坏，大片森林不复存在，同时战后重建需要大量木材，木枕资源短缺。为此，欧洲的一些国家开始研究混凝土轨枕，法国研究并发展了双块式非预应力轨枕。随着列车时速和轮载的增加，许多国家开始研制适合不同运输条件、不同运行速度等的轨道结构，包括客运专线轨道结构、货运重载轨道结构、普通客货混达线路轨道结构、少维修轨道结构（如日本的梯子式轨道结构）和减振降噪型轨道结构（轨下基础低刚度轨道结构）等。

轨距（track gauge）是铁路轨道两条钢轨之间的距离（以钢轨的内距为准）。1825 年，乔治·斯蒂芬森（George Stephenson）在建造第一条公共铁路时采用 56in（1422mm）的轨距，后来为了增加轮轨之间的游间，增加 0.5in（13mm）轨距成为 1435mm。1846 年英国国会通过法案，要求新建的所有铁路都使用标准轨距。1937 年，国际铁路协会确定 1435mm 为标准轨距，通常，比标准轨宽的轨距称为宽轨距，比标准轨窄的称为窄轨距。一般，窄轨铁路适用于山路，而宽轨铁路则有更好的高速稳定性。世界商用铁路的轨道轨距从 650mm 到 3000mm 不等，有近 120 种，其中使用最多的有 10 种左右。许多国家的铁路有几种轨距共存，但有一种主要轨距。目前法国、德国和日本等国家的高速铁路均采用标准轨距。

传统轨道结构如图 1-17 所示。

二十世纪四十年代后，由于各种运输方

图 1-17　传统轨道结构

式之间的激烈竞争，世界铁路的发展一度陷入艰难境地，铁路甚至被某些国家称为"夕阳产业"。进入二十世纪八九十年代后，由于受能源危机、环境污染和交通安全等问题的困扰，铁路的价值被重新认识，世界各国纷纷调整铁路发展战略，掀起铁路改革的浪潮。

为适应社会和经济发展的需要，并满足货主和旅客安全、准确、快速、方便和舒适的要求，各国铁路纷纷进行大规模的现代化技术改造，同时改革运输组织工作，积极采用高新技术，在重载、高速运输和信息技术方面取得了突破，再加上现代管理和优质服务以及铁路的区域联网、洲际联网，使铁路增添了新的活力，在陆上运输中仍继续发挥着骨干作用，在现代化运输方式中占据着重要的地位。

1.1.1 有砟轨道

有砟轨道由钢轨、轨枕、碎石道床、联结零件及道岔等部件所组成，具有取材容易、铺设方便、造价低、易于维修等优点，一直是世界铁路轨道的主要结构形式。通过增大钢轨断面、采用高强度合金钢钢轨代替普通碳素轨、消除钢轨接头、采用混凝土轨枕代替木轨枕、采用硬质火成岩制作碎石道床等结构强化措施，有砟轨道仍然是重载铁路及部分国家高速铁路的主型轨道结构，例如法国高速铁路采用有砟轨道，其最高运营速度可达330km/h，试验速度达到574.8km/h。我国除普速铁路外，200km/h以上的提速线路，250km/h的合武、合宁、温福等客运专线也均为有砟轨道，如图1-18所示。

有砟轨道虽然具有造价低和维修方便等优点，但石砟在振动的冲击作用下容易磨损、粉化，道床容易变形，列车速度越高，石砟道床的变形越快，轨道几何形位不易保持，轨道的维修工作量大。在我国高速铁路大规模建设时期，还存在以花岗岩、玄武岩等火成岩为材质的特级道砟资源缺乏等问题，因此采用钢筋混凝土基础代替碎石道床的无砟轨道成为我国高速铁路的主型轨道结构。

1.1.2 无砟轨道

无砟轨道由钢轨、扣件、钢筋混凝土道床板与基础、充填层或隔离层、限位部件、道岔等部件所组成，具有稳定性好、平顺性高、维修工作量少等优点，在我国高速铁路上大量应用。京沪高铁、武广高铁等铺设的都是无砟轨道，运营速度高达350km/h，如图1-19所示。根据钢筋混凝土道床板和基础的结构不同，无砟轨道可分为单元板式、纵连板式、双块枕

图1-18　有砟轨道

图1-19　无砟轨道

式、埋入长枕式、套靴枕式等多种类型，所采用的充填层有乳化沥青砂浆和自密实混凝土等材料。

无砟轨道虽然有不少优点，但也存在建设成本高、维修困难、噪声大等缺点。为满足无砟轨道小变形量的要求，必须严格控制基础变形。高标准的地基变形和墩台沉降控制措施必然会增加无砟轨道高速铁路的建设成本。高速铁路运营实践表明，无砟轨道铺设完成后一旦出现伤损，维修比较困难。特别是当无砟轨道基础出现沉降和隆起等问题时，对铁路的正常运营会造成较大的影响，而目前还缺乏十分有效的检测手段、维修机具、修补材料和处理技术。此外，无砟轨道结构自身对外部环境的影响较为敏感，持续高温、雨水冲刷等均容易诱发无砟轨道结构的病害，如不及时整治，就会影响线路的平顺性，甚至威胁行车安全。由于这种病害具有突发性，目前也缺乏特别有效的检测手段与处理措施。

1.1.3　新型轨道结构

有砟轨道和无砟轨道各有优缺点，因此针对这两种轨道结构缺点而进行改进的各种新型轨道结构不断涌现，比较有代表性的是聚氨酯固化道床。为增强散粒体碎石道床的稳定性，可以在捣固稳定好的碎石道床中注入黏结材料，使道床固化，形成整体结构共同承载。所采用的材料有水泥基灌注材料、沥青灌注材料、聚氨酯等高分子灌注材料。根据固化后道床的弹性变化可分为刚性固化和弹性固化。刚性固化增加了道床的刚度，可用于有砟及无砟轨道过渡段处；而弹性固化较少改变道床弹性，可用作区间轨道。聚氨酯固化道床是在稳定的新铺碎石道床内灌注聚氨酯材料，在道床内发泡、膨胀并挤满道砟之间的空隙，形成的膨化弹性固结整体道床结构，如图1-20所示，具有弹性好、整体性强、道床阻力大等优点，适宜在钢桥及基础不易稳定的地段铺设，但也具有施

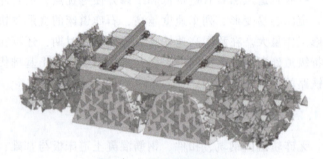

图1-20　聚氨酯固化道床

工困难、道床透水性差、造价高等缺点。目前已在济青高铁等线路上试铺，最高试验速度达到385km/h。

在城市轨道中，因有轨电车与汽车共享路权，主要采用的是钢轨埋入式轨道结构，它由槽型钢轨、扣件或高分子约束材料、混凝土支承等组成的轨道结构直接经混凝土浇筑后埋入道路路面中，通过槽型钢轨自带的护轨引导有轨电车运行，具有结构简单、施工方便等优点，是适用于有轨电车的专用轨道结构（图1-21）。

轨道从诞生之日起，就为满足铁路运输需求而逐渐完善和发展，至今还在不断发展中，今后还必将随着高速铁路、重载铁路、城市轨道交通的发展而不断进行技术创新。

图1-21　埋入式轨道

1.2 轨道的结构与工作特点

轨道铺设在路基、桥梁、隧道等轨下基础上，它在结构、荷载和服役方面与这些基础设施有明显不同。

1.2.1 轨道的结构特点

轨道具有材料的多样性和结构的组合性，有砟轨道还具有结构的散体性，无砟轨道还具有结构的多层性。

轨道用到的材料有钢材、混凝土、木材、石材、橡胶、尼龙以及其他高分子材料，充分利用各种材料的性能制成不同的轨道部件，并将它们组合在一起，共同完成轨道的功能。轨道材料的多样性和结构的组合性可以做到物尽其用、便于维修更换，同时也有利于轨道承受列车荷载并向下部基础传布。

有砟轨道的道床是由不同粒径的石砟堆积在一起的，为轨枕提供支承和约束，并向下传布列车荷载。道床的这种散体性便于铺设和维护，可以采用机械作业的方法迅速恢复轨道的平顺性和稳定状态，但是碎石堆积体也具有承载力低、稳定性差、易于产生残余变形、轨道几何形位不易保持等缺点。

无砟轨道是跨越不同基础设施、不同地质条件和不同气候环境的长大连续结构，由钢轨、轨道板或道床板、底座或支承层等多层结构组成。无砟轨道具有结构稳定、轨道几何形位保持能力强等优点，但也存在层间联结薄弱、病害隐蔽不易检查等缺点，需要不断发展无砟轨道养护维修技术。

1.2.2 轨道的荷载特点

轨道承受的荷载包括列车荷载及环境荷载，列车荷载具有随机性和重复性，环境荷载具有长时性和耦合性。

列车荷载的重复性表现在两个方面：一是指不同的列车通过时荷载的反复作用；二是指每列车通过时每个车轮荷载的反复作用。相对轨道某一断面而言，车轮由远处而来、接近、离开，将车辆自重传递给钢轨及轨下基础，使线路发生沉陷、变形，形成一条以车轮和钢轨接触点为中心的位移变形曲线，钢轨及轨下基础承受由小到大再变小的荷载作用，并激起线路各部分振动。列车在轨道上运行时，由于客观存在的轨道不平顺、车轮不圆顺、车辆的蛇形运动等原因，使轮轨系统产生冲击和振动。轮轨不平顺是轮轨系统的激振源，不平顺的波长、波深、出现位置都有很大的不确定性，因此振动及振动产生的荷载是随机的。由于列车荷载的重复性和随机性，轨道及各部件长期处于交变应力状态。交变应力产生于轮轨系统振动引起的动力循环和每通过一个车轮的一次应力循环，因此轨道部件的损伤大多是疲劳破坏。

现代铁路轨道大多铺设的无缝线路，无论是在路基、桥梁还是道岔区，均将钢轨接头焊接起来，当温度变化时，长钢轨会发生热胀冷缩，但受扣件及基础的约束，长钢轨因无法自由伸缩而聚积温度力，这种温度荷载的作用是长时性的。同时，在自然环境中工作的轨道还会受到雨、雪、砂、锈蚀、地震等多种环境荷载的作用，并与列车荷载、温度荷载等耦合作用，造成轨道部件的损伤。

1.2.3 轨道的服役特点

轨道是边维修边工作的工程结构物，其工作特点是维修的经常性和周期性。

有砟轨道结构是一种以"破坏"为前提的特殊结构物。所谓"破坏"是指轨道结构在列车荷载反复作用下，逐渐改变轨道的几何形位，形成轨道不平顺。同时，轨道不平顺加剧轮轨系统的振动并加速轨道状况恶化。当轨道变形超过了轨道几何尺寸允许限度值，或者难以通过维修保持轨道变形小于允许限度，则认为轨道结构已不能满足应有的承载能力，为了恢复其功能必须经常性地进行维修。

而其他轨道部件的破坏基本上是由于环境作用、长期振动和交变应力共同作用下的疲劳破坏，其损伤是逐渐积累的，且各轨道部件的疲劳寿命是不相同的，但相同轨道结构的同一轨道部件的疲劳寿命基本上是相当的，因此每隔一定的周期就要更换轨道部件，这就是轨道维修的周期性。

无砟轨道同样具有维修的周期性，但无砟轨道采用混凝土道床后，几何形位的变化很缓慢，不需要经常性地进行维修。无砟轨道受基础的沉降和隆起影响较大，主要是施工质量不良和环境因素引起的，具有偶发性和突发性，一旦出现，对行车的危害较大，通常需要限速并及时处理。在环境作用下，无砟轨道部件的损伤是逐渐累积的，轨道板上拱、层间离缝、混凝土开裂掉块等病害会影响行车平稳性，加剧轨道部件的损伤，因此需要经常检查和及时维修。总的来说，无砟轨道也是边维修边工作的结构物，其工作特点是维修的及时性和周期性。

■ 1.3 运营条件与轨道类型

从轨道的发展历程来看，轨道结构必须满足铁路运输的需求，也就是说轨道结构要与运营条件相适应，运营条件提出对轨道结构的性能要求，决定着轨道结构的类型。

1.3.1 运营条件与轨道的关系

运营条件用行车速度、轴重和运量3个参数来描述，它们从不同的侧面影响轨道结构。

1. 行车速度与轨道的关系

行车速度对轨道的影响主要表现在动力作用方面。行车速度越高，机车车辆和轨道的振动强度越大，作用于轨道上的动荷载越大，轨道的几何形位越难保持，轨道及其各部件承受的交变应力幅度越大，振动加速度也越大。所以，行车速度越高，轨道结构及其部件破坏越快。

从理论上讲，当车轮圆顺的列车在平顺的轨道上行驶时，轨道承受的动轮载与静轮载相比增加很少，速度的影响不大。但由于客观存在的轨道不平顺和车轮不圆顺等因素，动力作用会随行车速度的增加而明显增加，理论仿真表明轮轨动力作用基本上随行车速度成比例增加，但不同类型的轨道不平顺增加比例不同，行车速度为100km/h时，低接头处的动荷载可较静荷载增大2~3倍。而车轮偏心时，周期性惯性力所引起的动荷载却是随行车速度成平方关系增加的。

轨道横向水平力也随行车速度的提高而增大。横向力产生的主要原因是机车车辆的蛇形运动和机车车辆曲线通过的导向力。过大的横向力容易造成车轮脱轨、钢轨侧面磨耗，还会引起轨道框架横向位移，增加无缝线路失去稳定的可能性。理论分析表明，轮轨横向力随行车速度的提高基本上呈 1.5 次方的关系；不同半径的曲线轨道横向水平力随行车速度的提高增加比例不同，曲线半径越小，增加比例越大。

此外，提高行车速度会引起车辆振动速度和加速度增加，影响乘客旅行舒适度。试验证明，人体可以适应较大的速度变化，但对加速度的变化却是非常敏感的。

总之，在相同的轨道不平顺下，行车速度越高轮轨动力作用越大，行车稳定性和舒适性越低，轨道部件的损伤越严重，使用寿命越短，维修工作量越大。因此行车速度越高的线路对轨道平顺性的要求越高。

2. 轴重与轨道的关系

轴重是指一个轮对承受的机车或车辆重量。轴重反映了轨道承受的静荷载强度，它决定了各部件交变应力的平均应力水平。轴重的一半称为轮重。轴重越大，轨道承受的荷载也就越大，各部件的交变应力水平随之增大，所能承受的荷载循环次数大为减少，使用寿命缩短，轨道疲劳破坏速度加快。理论分析表明，动荷载与轴重基本上是呈比例增大的，30t 轴重货车作用下的垂向动荷载较 25t 轴重和 27t 轴重货车增幅约为 20% 和 15%。

研究结果表明，钢轨头部伤损几乎全是疲劳伤损，而且都是由超载引起的。钢轨折损率随轴重的增加而增加。除钢轨外，其他轨道部件也同样会出现这种情况。由于各种疲劳现象而导致的钢轨折损，以及轨道几何形位的破坏，都与轴重有关。重载货物列车，即使运行速度不高，其对轨道的破坏也往往要比一般的高速列车对轨道的破坏程度大。如果轴重与行车速度同时增加，钢轨折损率的增长规律将更趋复杂。同时，重载铁路上钢轨的垂直磨耗和侧面磨耗速率也较轴重较小的铁路快得多。

碎石道床的沉降速率与轴重关系密切，研究结果表明，道床的沉降总是与承受的最大轴重呈正比的，而与运量的对数成正比关系。

总之，轴重越大，轮轨动力作用越大，轨道部件的疲劳寿命越短，钢轨磨耗及损伤速率越大，碎石道床的沉降速率越大。因此，轴重越大的线路对轨道承载能力的要求越高。

3. 运量与轨道的关系

运量常用机车车辆的通过总重量表示，它是机车车辆轴重及其通过次数的乘积，是反映轴重、速度、行车密度的一项综合指标。行车速度和轴重决定了轨道结构的荷载强度，以及各部件交变应力的应力幅和平均应力；行车密度决定了荷载和应力作用的频率。钢轨的磨耗和折损、轨道永久变形积累、混凝土轨枕的破坏以及联结零件的伤损都和累计运量有直接的关系：运量越大，行车密度越大，列车荷载作用越频繁，单位时间内应力循环次数越多，整个轨道的永久变形积累及其部件的疲劳伤损越快，轨道的维修周期越来越短。同时，运量越大，可用于维修的作业时间越少。因此，运量越大的线路对轨道耐久性的要求越高。

运营条件中轴重、行车速度和运量 3 个参数基本上和平均应力、应力幅度、循环次数这 3 个因素相对应：轴重与平均应力对应；行车速度与应力幅度对应；运量与循环次数对应。运输的发展就是提高输送能力。铁路运输的发展方向是高速、重载、高密度。为了满足不断增长的运输要求，只能从提高轨道结构整体强度和轨道平顺性两方面入手，以降低疲劳应力幅度，延长轨道寿命，减少轨道维修工作，保证行车平稳和安全。

1.3.2 高速铁路轨道的性能要求

高速铁路是指设计开行速度250km/h以上（含预留）、初期运营速度200km/h以上的客运列车专线铁路。高速铁路以其速度快、运能大、能耗低、污染轻等一系列的技术优势，适应了现代社会经济发展的新需求。为满足快速增长的客运需求，优化拓展区域发展空间，我国在"四纵四横"高速铁路的基础上，正在建设以"八纵八横"主通道为骨架、区域连接线衔接、城际铁路补充的高速铁路网，实现省会城市高速铁路通达、区际高效便捷相连，截至2020年末，我国高速铁路运营里程已达到3.5万km。

高速铁路行车速度高、行车安全性和平稳性要求高，因此对轨道提出了更高标准的性能要求，主要表现在以下几个方面。

1. 要求轨道具有高临界速度

当列车在线路上运行时，在动轮载作用下，轨道-路基系统要产生振动，形成体波（压缩波、剪切波）和表面波（瑞利波），它们分别以各自的速度传播。一般情况下，有两个临界波速，即在轨道内传播的剪切波临界速度和在路基内传播的瑞利波临界速度，前者称为轨道临界速度，后者称为路基临界速度，两者相差10%左右。随着轮轨接触点的移动，轨道所受力和产生的竖向位移曲线也随列车往前运行。位移变形曲线向前运动的形式即位移波，位移波传播速度与轨道结构、车速有关，速度越快，位移波越明显。当车速接近位移波传播速度时，轨道竖向振动位移增大，发生共振现象，此时对应的速度就是临界速度。研究成果表明，要实现线路运营速度的目标，轨道临界速度必须达到1.5~2倍的运营速度。需要通过增加轨道抗弯刚度、选用无砟轨道代替有砟轨道、采用桩基和土工布加固路基、以桥代路；对软土地基进行改良加固，如CFG桩复合地基、桩网结构地基等；选用轻质路基填筑材料，减小路基的参振质量等方式来提高轨道的临界速度。

2. 要求轨道具有高平顺性

行车速度与轨道的关系表明，高速铁路要求轨道具有高平顺性。需要从实现和保持两个层面来采取相应的技术措施，建立勘测、施工、运营维护"三网合一"的逐级控制、分级布网的平面控制网（CP0、CPⅠ、CPⅡ、CPⅢ）和高程控制网，采用精密控制测量和轨道精调技术实现无砟轨道的高精度铺设；采用高标准的路基工后沉降和桥梁墩台沉降限值，提高路基动刚度以控制动变形不超过0.22mm，通过严格控制桥梁挠跨比和徐变上拱等技术措施来长期保持轨道的高平顺性。

3. 要求轨道具有低动力性

高速列车的高安全性、高平稳性和高舒适性要求轮轨系统具有低动力特性，除了需要轨道具有高平顺性外，还要求轨道具有合适的弹性以减缓轮轨动力作用，要求轨道消除所有的钢轨接头并采用高精度的焊接标准（平直度0.3mm/m），要求道岔采用低动力的轮载过渡设计，要求严格控制轮轨系统发生"1Hz共振"（车体固有频率为1Hz左右）现象的轨道长波不平顺等，这些均为轨道设计、施工、维护带来了新的技术挑战。

1.3.3 重载铁路轨道的性能要求

重载铁路是指满足牵引质量8000t及以上、轴重为27t及以上、在至少150km线路区段上年运量大于40Mt三项条件中两项的铁路。我国大秦铁路（大同—秦皇岛）开行和谐型电力机车和C80系列货车，轴重25t；最大牵引质量达3万t（由4台电力机车和315节货运车皮组成，列车全长3.8km）；年运量达到4.5亿t，为世界之最。

重载铁路会加剧轨道部件的损坏、道床残余变形的积累，需要经常维修轨道，但大秦铁路如此繁忙的运输任务使得可用于轨道维修的时间非常有限，导致轨道部件的寿命周期大幅度缩短，因此，需要轨道部件具有高强度、高韧性、高抗疲劳性、高耐磨性、长寿命和少维修甚至免维修等性能。近年来，贝氏体合金钢钢轨与辙叉、层流等离子体或激光强化尖轨、叉心加宽式固定辙叉、热塑性弹性体胶垫等各种高性能的轨道部件相继在大秦铁路上应用，有力地促进了我国重载铁路轨道技术的创新。

山西中南部铁路通道工程是我国设计建造的第一条30t轴重重载铁路，采用了有挡肩Ⅳa型轨枕及配套Ⅵ型扣件、无挡肩Ⅳb型轨枕及配套弹条Ⅶ型扣件、弹性支承块无砟轨道及配套弹条Ⅶ型扣件、长枕埋入式无砟轨道及配套WJ-12型扣件等新型轨道结构，全面提升了轨道结构的承载能力。该铁路线于2014年12月正式通车运营。

1.3.4 地铁轨道的性能要求

地铁是铁路运输的一种形式，指以在地下运行为主的城市轨道交通系统，即"地下铁道"的简称。地铁具有运量大、速度快、准时、节省土地、减少干扰、节约能源、减少污染、减少地面噪声等优点，是城市交通的骨干和解决交通堵塞问题的方法，近年来在我国得到了大力发展。截至2020年底，我国地铁运营总里程约6303km，较2019年新增1122km，同比增长21.66%。

地铁轨道以无砟轨道为主，但结构形式与高速铁路轨道有所差异。地铁对沿线环境振动和车内噪声、高架噪声控制有较高的要求，由于轮轨系统是振动和噪声产生的根源，因而轨道结构被赋予了较多的减振降噪性能要求，同时为防止地铁轨道迷走电流引起的地下结构物的腐蚀，地铁轨道还要求有较高的绝缘性能。各种类型的减振扣件（如科隆蛋扣件、轨腰支承型扣件、双层非线性扣件等）、减振轨枕（弹性支承块、弹性轨枕、梯形轨枕等）、减振道床（橡胶弹簧与钢弹簧浮置板、减振垫等）在我国地铁中得到了大量应用，但随着运营时间的延长，各种减振轨道结构均出现了钢轨波磨、减隔振失效、车体噪声超限等问题，导致居民投诉增多、更换周期缩短、维修费用增加。因此，地铁轨道既要有良好的抗疲劳、防波磨等工作性能，又要具有减振降噪等功能，这必将促进轨道结构的进一步发展。

1.3.5 轨道类型

长期以来，我国按照年通过总质量、旅客列车最高设计行车速度将轨道分为特重型、重型、次重型、中型、轻型，并确定了相应的轨道部件标准。表1-1为我国目前根据运营条件确定的正线轨道类型标准。

自改革开放以来，我国运能与运量的矛盾越来越突出，铁路与公路、航空运输的竞争也越来越激烈。为了适应全面提速、重载货运、高速客运的运输要求，借助于新技术、新材料的应用，在提高钢轨性能、消除钢轨接头、换铺新型轨枕、应用弹性扣件、铺设无砟轨道、强化道岔结构等方面取得了一系列成果，完成了对既有线的提速改造，提高了新建线路标准，形成了速度250~350km/h高速铁路及30t轴重重载铁路的成套技术标准。

表 1-1 我国正线轨道类型标准

项目			单位	特重型	重型	次重型	中型	轻型
运营条件	年通过总质量		Mt	>50	25~50	15~25	8~15	<8
	旅客列车最高设计行车速度		km/h	≤140	140	≤120	≤120	≤100	≤80
轨道结构	钢轨		kg/m	75 或 60	60	60	50	50	50 或 43
	轨枕	混凝土枕	型号	—	Ⅲ	Ⅲ	Ⅱ 或 Ⅲ	Ⅱ	Ⅱ	Ⅱ
			铺枕根数	根/km	1680~1720	1680	1840 或 1680	1680~1760	1600~1680	1520~1640
		防腐木枕	型号	—	—	—	Ⅰ	Ⅰ	Ⅰ	Ⅱ
			铺枕根数	根/km	—	—	1840	1760~1840	1680~1760	1600~1680
	碎石道床厚度	非渗水土路基 双层	面砟	cm	30	30	30	25	20	20
			底砟	cm	20	20	20	20	20	15
		岩石、渗水土路基 单层	道砟	cm	35	35	35	30	30	25

1.4 轨道设计原则与方法

由于轨道结构的组合性，轨道结构中的各个部件要有足够的强度和稳定性并合理配套。钢轨是轨道结构中最重要的部件，确定轨道类型时，应先确定钢轨类型，然后从技术经济的观点出发，确定与之配套的轨枕类型与铺设数量，以及道床的材料与断面尺寸，使之组成一个等强度的整体结构，充分发挥各部件的作用。由于轨道铺设在其他线下工程上，并直接承受列车荷载，轨道自身结构需要与线下工程直接相联结，列车安全、平稳运行对其他专业的相关工程要求也可能会涉及轨道设计，因此轨道设计中应考虑线路、站场、路基、桥梁、隧道、供电、通信、信号等相关工程的接口技术要求，统筹规划，系统设计。

1.4.1 轨道设计原则

轨道设计总体上应符合安全可靠、先进成熟、经济适用的原则，主要原则有：

1. 遵循轨道部件合理匹配的原则

轨道结构设计应满足安全、稳定、平顺、耐久和少维修的要求，轨道部件的选择应遵循匹配合理、标准化、通用化的原则。

为实现轨道的功能，轨道结构应具有合理的刚度，足够的强度、稳定性、耐久性和良好的几何形位保持能力，以保证列车按规定的速度安全、平稳运行。

少维修是指轨道结构设计需考虑设备状态劣化，减少维修工作量和成本，当轨道设备发生故障时，应易于维修，且能及时恢复功能。

轨道部件合理匹配是指轨道结构各部件受力合理，部件结构强度得以充分发挥，即"等强度"设计；轨道质量状态基本一致、弹性连续、整体刚度趋于一致，即"等弹性"设计；在使用周期内达到均匀损耗，部件使用更经济，即"等寿命"设计。

目前的轨道结构基本上是点支承系统，其优点是能将承受的列车荷载逐层递减向下传递，如轮轨间的最大应力约为 1000MPa，而轨枕上方的应力已降低两个数量级，如图 1-22 所示。因轨道各部件承受的荷载不同，因而可以选用不同的材料制作，做到物尽其用，结构等强，各部件承载能力相当，这就是"等强度"设计的内涵。

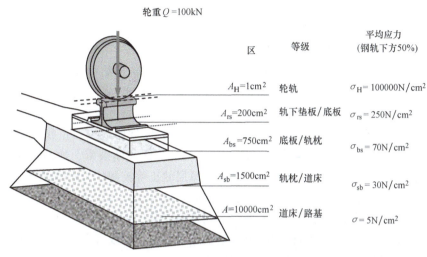

图 1-22 轨道荷载传递示意图

轨道部件标准化、通用化措施可确保轨道部件匹配合理，选用的轨道结构部件及所用工程材料符合国家现行相关标准及准入的规定，保障质量，降低成本，且有利于养护维修。

2. 满足接口工程协调匹配的要求

轨道设计与路基、桥梁、隧道等线下基础工程应协调匹配，满足相关工程接口技术要求：轨道设计应对路基、桥梁和隧道等工程结构物提出轨道结构预埋件、轨道排水等相关要求；桥梁等土建工程在设计中应满足道岔、钢轨伸缩调节器等轨道部件设置和无缝线路设计的要求。

轨道结构与信号、综合接地系统的接口设计应符合：轨道结构设计应满足轨道电路和综合接地相关技术要求；信号设备的安装应满足轨道结构承载力、耐久性和正常使用的要求；信号、供电等相关专业应明确钢轨钻孔位置及数量等。

3. 重视环境保护与节能减排

控制铁路沿线振动噪声污染，是铁路环境友好性的保障，也是我国大规模铁路网，特别是地铁、高铁建设和运营条件下构建和谐社会的重要技术保障。当经过沿线城市人口密集区、学校等敏感环境点时，列车产生的轮轨振动和噪声会影响人们的生活、学习和工作。轨道结构设计需与其他专业密切配合，坚持合理规划、科学设计、防治结合的原则，采取有效的减振降噪措施，以满足沿线敏感点的环境保护要求。

1.4.2 轨道选型

轨道设计中应根据铁路等级、设计速度、轴重、年通过总质量、线下工程条件、环境条件及养护维修要求等，经技术经济论证选择轨道结构类型。

TB 10621—2014《高速铁路设计规范》中规定：设计时速 300km 及以上线路、长度超过 1km 的隧道及隧道群地段，可采用无砟轨道；活动断裂带、地面严重沉降区、冻结深度较大且地下水位较高的季节冻土区及深厚层软土等区域变形不易控制的特殊地质条件地段，不应采用无砟轨道；同种类型轨道结构应集中成段铺设，无砟轨道与有砟轨道之间应设置轨道结构过渡段。

TB 10625—2017《重载铁路设计规范》中规定：正线宜采用有砟轨道；长度 1km 及以上的隧道内和隧道群地段经技术经济比选后可采用无砟轨道；无砟轨道与有砟轨道应成段集中铺设，不同轨道结构间应设置过渡段。

TB 10623—2014《城际铁路设计规范》中规定：正线轨道结构类型应根据线下工程条件、环境条件、运输组织方式及养护维修条件等因素，经技术经济比选后确定；有砟轨道与无砟轨道宜集中铺设，有砟轨道和无砟轨道间以及不同无砟轨道结构间应设置过渡段。

TB 10082—2017《铁路轨道设计规范》针对客货共线铁路规定：正线铁路宜采用有砟轨道；长度超过 1km 的隧道及隧道群宜采用无砟轨道；活动断裂带、地面严重沉降区、冻结深度较大且地下水位较高的季节性冻土区及深厚层软土等控制的特殊地质条件地段，宜采用有砟轨道；同种类型的轨道结构应集中成段铺设，无砟轨道与有砟轨道之间应设置轨道结构过渡段。同时对站线轨道类型进行了规定：到发线宜采用有砟轨道，其余站线应采用有砟轨道；高架车站、地下车站或站台范围内设架空层的客车到发线可采用无砟轨道；正线为无砟轨道时，与正线相邻的到发线可采用无砟轨道。

GB 50157—2013《地铁设计规范》中规定：地下线、高架线、地面车站宜采用无砟道床；地面线宜采用有砟道床；正线及其配线上同一曲线地段宜采用一种道床结构形式；车场库内线应采用无砟道床；平过道应设置道口板。

高速、城际和客货共线Ⅰ级铁路正线应采用 60kg/m 钢轨，客货共线Ⅱ级铁路正线可采用 60kg/m 或 50kg/m 钢轨，重载铁路正线应采用 60kg/m 及以上钢轨。无砟轨道主体结构的设计使用年限应为 60 年，其结构形式应根据线下工程类型、环境条件等具体情况，经技术经济比较后合理确定。正线有砟轨道的其他轨道部件设计标准宜根据铁路等级按表 1-2 中的规定选用。站线有砟轨道设计标准应根据站线的用途按表 1-3 中的规定选用。

1.4.3 轨道设计方法

轨道结构承载能力的计算主要包括三个部分：强度检算，检算在最大可能荷载作用下，轨道各部件的一次破坏强度；寿命计算，检算在重复荷载作用下，轨道各部件的疲劳寿命；残余变形计算，检算在重复荷载作用下，轨道整体结构几何失效的速率，进而计算轨道的日常工作量。目前轨道设计中主要进行强度检算，对于寿命及残余变形计算，尚无成熟可靠的方法，但对于轨道结构的动力性能及可靠性设计越来越重视，并在尝试进行极限状态法转轨设计。

1. 准静态方法

准静态方法是指当外荷载引起的结构本身的惯性力相对较小（外力和反力相比），基本上可以忽略不计且不予考虑时，可基本上按静力分析的方法进行计算的方法，相应的外荷载则称为准静态荷载。

对于有砟轨道，设计荷载主要包括列车荷载和温度荷载，对于无砟轨道还要考虑下部基础变形对轨道结构的影响。

第1章 绪论

表 1-2 正线有砟轨道设计标准

项目		单位	高速铁路	城际铁路			客货共线铁路				重载铁路			
							I 级铁路			II 级铁路				
				≥200	160	120	≥20	≤25	≤25	10~20	>250	101~250	101~250	40~100
运营条件	年通过总质量 P	Mt	—	—	—	—	≥20	≤25	≤25	10~20	>250	101~250	101~250	40~100
	列车轴重	t	≤17	≤17	≤17	≤17	≤25	≤25	≤25	≤25	25~30	30	27、25	30
	旅客列车设计速度 v_K	km/h	≥250	200	160	120	160	120	120	≤120	—	—	—	—
	货物列车设计速度 v_H	km/h	—	—	—	—	≤120	≤80	≤80	≤80	≤100	≤100	≤100	≤100
轨道结构	钢轨	kg/m	60	60	60	60	60	60	60/50	60/50	75	75/60	60	60
	扣件 型号	—	弹条 IV 或 V 型	弹条 II、III、V 型	弹条 II 或 III 型	弹条 II 或 III 型	弹条 II 或 III 型	弹条 II 或 III 型	弹条 II 或 I 型	弹条 II 或 I 型	与轨枕匹配的弹性扣件			
	混凝土枕 型号	—	III	III	III	III	III	III 或新 II	III 或新 II	III 或新 II	满足设计轴重要求的混凝土轨枕			
	混凝土枕 间距	mm	600	600	600	600	600	600	600 或 570	600 或 570	600	600	600	600
	道床厚度 土质路基（双层道床） 面碴	cm	—	—	30	25	30	30	30	25	35	35	30	30
	道床厚度 土质路基（双层道床） 底碴	cm	35	30	20	20	20	20	20	20	20	20	20	20
	道床厚度 土质路基（单层道床） 道碴	cm	—	35	30	30	30	30	30	30	35	35	35	30
	道床厚度 硬质路岩石路基、隧道 道碴	cm	35	35	30	30	35	30	30	30	35	35	35	35
	桥梁 道碴	cm	35	35	30	30	30	30	25	25	35	35	35	35
	道床材质 面碴	—	特级	特/一级	一级	一级	一级	一级	一级	一级	特/一级	特/一级	一级	一级

17

表 1-3 站线有砟轨道设计标准

项目		单位	无缝线路			到发线					驼峰溜放部分线路	其他站线	
			高速铁路	城际铁路	客货共线铁路	城际铁路	客货共线铁路	有缝线路客货共线铁路	重载重车	重载轻车		高速、城际	重载、客货共线
钢轨		kg/m	60	60	60	50	60、50	60	60	50	50	50	50
扣件	型号	—	弹条Ⅱ型	弹条Ⅱ型	弹条Ⅱ型	弹条Ⅰ型	弹条Ⅱ型、Ⅰ型	弹条Ⅱ型	重载专用	弹条Ⅰ型	弹条Ⅰ型	弹条Ⅰ型	弹条Ⅰ型
混凝土枕	型号	—	Ⅲ	Ⅲ	Ⅲ	新Ⅱ	Ⅲ	Ⅲ	重载专用	新Ⅱ	新Ⅱ	新Ⅱ	新Ⅱ
	铺枕根数	根/km	1667	1760	1667	1520	1760~1520		1680	1600	1520		1440
道砟材质		—	一级								一级		一级
顶面宽	双层面砟	m	3.4	3.3	3.4	2.9	3.0	2.9	3.1	2.9	2.9		2.9
	双层底砟		—	—	—	—	—	—	—	—	—		—
	单层道砟		35	—	35	—	20	20	—	—	25	25	—
道床厚度	土质路基道砟	cm	35	30	35	30	35	35	35	35	35		25
	硬质岩石路基道砟单层		35	30	30	30	25	25	25	25	30		—
	级配碎石或级配砂砾石路基道砟单层		35	30	30	30	25	25	25	25	30		—
边坡		—	1:1.75				1:1.5				1:1.5		1:1.5

注:
1. 钢轨系指新轨或再用轨。
2. 到发线还包括到达线、出发线、编发线等。
3. 当重载铁路到发线铺设无缝线路时,无缝线路铺设参数应满足无缝线路设计的有关规定。
4. 驼峰溜放部分线路系指自峰顶至调车线减速器出口的一段线路。
5. 其他站线系指到发线及驼峰溜放部分线路以外的站线。
6. 当站线采用大型养路机械养护维修时轨枕根数不应小于 1600 根/km。

作用于轨道上的列车荷载主要考虑竖向动荷载和横向动荷载，在准静态设计方法中，竖向动荷载由静荷载与速度系数及偏载系数的乘积而得；横向动荷载由竖向动荷载与横向水平力系数的乘积而得。

有砟轨道的温度荷载主要是指无缝线路中的钢轨温度力；无砟轨道的温度荷载除了钢轨温度力外，还要考虑轨道板承受的温度梯度及纵连板中的纵向温度荷载。无砟轨道下部基础变形荷载指基础沉降限值内的支承荷载。

轨道部件的荷载按照轨道结构荷载传递模型进行计算得到。轨道准静态强度检算采用最不利荷载组合及考虑承载能力安全系数的容许应力法。

2. 极限状态法

极限状态法是通过概率统计方法，将影响安全的各种因素以多项系数进行显性表达的设计方法，能够全面跟踪反映影响安全的各种因素，明确结构的可靠性水准，并随着工程数据的积累可持续优化相应系数，使整个轨道结构趋于协调，标准参数更加经济合理。

前期我国研究了预应力混凝土枕及桥梁上 CRTS Ⅱ型板式无砟轨道底座板的极限状态设计方法。近年来，各铁路设计院开展了分项系数表达的极限状态设计方法取代现行铁路轨道设计相关范围的容许应力方法，遵循利用国内外已有的规范、经验和成果，用校准法来评估目标可靠度指标与各项分项系数的合理性，以"转轨"后工程设计的安全度不低于按现行规范设计水准为原则，初步形成了采用极限状态设计方法的轨道设计方法，并进行试设计，反复修改，不断完善，使轨道设计更加符合安全适用、技术先进、经济合理的目标。

例如，无缝线路设计中关于钢轨强度检算的两种设计方法比较如下：

容许应力法 $$\sigma_d + \sigma_t + \sigma_f + \sigma_z \leq [\sigma] = \frac{\sigma_s}{K} \tag{1-1}$$

极限状态法 $$1.07\sigma_d + 1.0\sigma_t + 1.0(\sigma_f + \sigma_z) - \frac{\sigma_s}{1.25} \leq 0 \tag{1-2}$$

式中 σ_d——轨底或轨头边缘动弯应力（MPa）；

σ_t——钢轨最大温度应力（MPa）；

σ_f——钢轨最大附加应力（MPa）；

σ_z——钢轨牵引（制动）应力（MPa）；

σ_s——钢轨屈服强度（MPa）；

$[\sigma]$——钢轨容许应力（MPa）；

K——安全系数，通常取为 1.3。

3. 轨道动力学设计

很明显，基于准静态的强度设计方法不仅没有与轨道的实际状态联系起来，也没有把轨道的动力响应考虑进来。从本质上说，它是一种静力学的方法，而轨道的破坏是与其动力响应直接关联的，以有砟轨道为例来说，即使各部件的应力（按准静态强度设计方法）在其容许限度以内，但随着每趟列车的通过，碎石道床却不可避免地要发生不均匀下沉和残余变形积累，从而引起行车轨面的不平顺现象，并且随着列车的反复通过，这种不平顺现象不仅会加剧动力附加作用，还会不断增加不平顺的幅度，致使损坏轨道结构本身的机能损坏和成为行车的障碍，这些问题用轨道静力学方法是难以回答的。

而轨道动力学是研究轨道振动现象的。轨道振动当然完全是轮轨相互作用的结果。由通过列车引起的轨道振动,不仅是促使轨道破坏的原因,还成为周围地基振动和产生噪声的原因,故应特别重视轨道振动。轨道振动并不是由机车车辆的某一部分的振动传递过来的,而是由轨道自身的特性所引起的。因此,研究轨道结构与振动的关系,寻求减少轨道振动的有效方法,减小轨道破坏速率,降低养护维修成本,设计最佳轨道结构,就成为非常重要的了。这属于轨道动力学设计的范畴,目前还处于不断研究积累阶段,尚未形成相应的设计规范。

4. 轨道 RAMS 设计

RAMS 由可靠性(reliability)、可用性(availability)、维修性(maintainability)、安全性(safety)组成,是其英文单词首字母的缩写,是现代产品设计中有效满足客户需求,保证产品质量实现,控制产品寿命周期费用(life cycle cost,LCC),提高产品竞争力的一种系统工程技术,相继在航空、航天、电子、军工、机械、冶金、化工等行业部门得到发展与应用。近年来轨道交通行业也逐渐引入 RAMS 技术,欧洲轨道交通发达国家已建立了轨道系统 RAMS 数据收集、评价方法,搭建了轨道系统生产、运营、管理的 RAMS 框架,确定了轨道系统 RAMS 合同制定原则,形成了统一的轨道系统 RAMS 标准等,并且在这些工作的基础上开发出了相应的轨道产品(如 Rheda2000 型无砟轨道)。

小 结

随着对列车速度、轴重、运量要求的不断提高,铁路对轨道结构的要求也越来越高,因此轨道结构也在不断地发展与革新。本章从轨道的历史沿革出发,详细介绍了轨道的结构组成、荷载及服役要求下轨道的相关特点,阐述了铁路运营条件与轨道之间的关系及高速、重载要求下铁路轨道的性能要求,轨道各部件的强度和稳定性及合理配套原则。在此基础上,介绍了轨道设计原则、选型及设计方法。

习 题

1. 导致轨道破坏的主要原因是轨道及各部件长期受什么作用?
2. 轨道所受的荷载具有什么特点?
3. 简述高速铁路的技术优势。
4. 目前我国正线铁路采用什么钢轨?
5. 高速铁路对轨道的性能有什么要求?
6. 重载铁路的定义是什么?
7. 铁路轨道由哪些主要部分组成?它的作用是什么?
8. 简述轨道准静态计算方法和极限状态法的定义和差异。
9. 传统轨道的工作特点主要表现在哪几个方面?
10. 简述速度、轴重和运量分别与轨道的关系。

第2章 轨道结构

轨道是供机车车辆运行和承受荷载的工程结构物,轨道的作用主要有两方面,其一是直接承受车轮传来的压力,并把它传布给路基或桥隧建筑物;其二是起着机车车辆运行的导向作用。因此轨道必须坚固稳定,并具有正确的几何形位,也就是说,轨道各部分应有正确的几何形状、相对位置和基本尺寸,以确保机车车辆的安全运行。

2.1 轨道的功能及组成

传统轨道结构包括钢轨、轨枕、道床、道岔及联结零件等主要部件(图2-1和图2-2)。

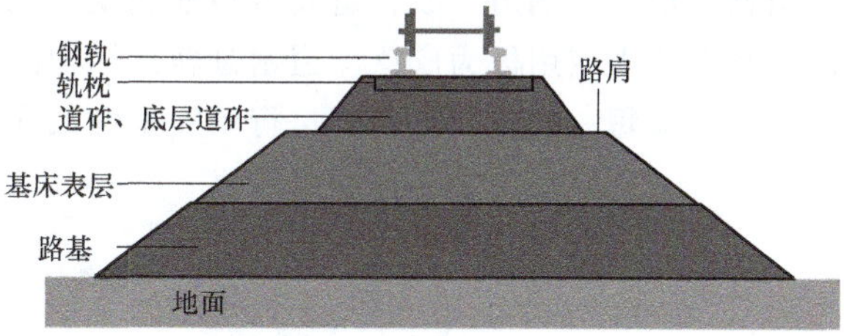

钢轨是轨道的主要部件,其功用为引导机车车辆前进,承受车轮的巨大压力,并传递到轨枕上;在电气化铁道或自动闭塞区段,还兼作为轨道电路。钢轨通过其弯曲刚度将轮载沿线路纵向分布,同时确保反复轮载作用下钢轨的位置。钢轨按每米大致的质量(kg/m)来区分类型,我国铁路的钢轨类型主要有75kg/m、60kg/m、50kg/m及43kg/m四种,重型钢轨适用于运量大、速度高和行驶重载车辆的铁路,轻型钢轨则适用于运量较小的铁路和站线。

图2-1 车辆-轨道-路基系统

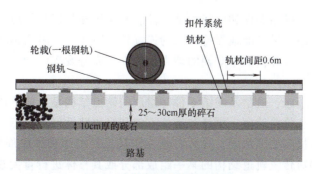

图2-2 传统轨道结构示意图

轨枕承受来自钢轨的各项压力，并弹性地传布于道床；同时有效地保持轨道的几何形位，特别是轨距和轨向。轨枕应具有必要的坚固性、弹性和耐久性，并能便于固定钢轨，有抵抗纵向和横向位移的能力。轨枕主要有木枕和混凝土枕两类（图2-3）。随着合成材料的出现，合成材料轨枕也被部分使用在线路上。

图2-3　木枕和混凝土枕

道床是轨枕的基础，在其上面以规定的间距布置一定数量的轨枕，用以增加轨道的弹性和纵、横向移动的阻力，并便于排水和校正轨道的平面和纵断面位置。道床的主要材料有碎石和筛选卵石等。

道岔是机车车辆由一股轨道转入或越过另一股轨道必不可少的线路设备（图2-4），在铁路站场布置中应用极为广泛。道岔是轨道结构的重要组成部分，其特点是数量多、构造复杂、使用寿命短、限制列车速度、行车安全性低和养护维修投入大，是轨道的三大薄弱环节之一。

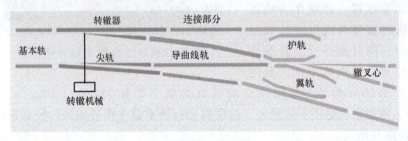

图2-4　道岔

联结零件分为接头联结零件和中间联结零件。其作用是长期有效地保证钢轨与钢轨或钢轨与轨枕间的可靠联结，尽可能地保持钢轨的连续性与整体性，阻止钢轨相对于轨枕的纵横向移动，确保轨距正常，并在机车车辆的动力作用下，充分发挥缓冲减振性能，延缓线路残余变形的积累。

由钢轨、轨枕、道床、道岔及联结零件等组成的轨道结构是目前广泛采用的一种传统形式。其具有弹性良好、价格低廉、更换与维修方便和吸声特性好等优点，但随着行车速度和轴载的增加，轨道破损和变形加剧，导致维修工作量显著增加和维修周期明显缩短。所以，目前已经出现了一些对传统轨道结构的某一组成部分或其整体进行重大改进或根本改革的新型轨道结构，以适应高速、重载、大运量、高密度铁路运输的需要，达到改善轮轨相互作用和轨道各部分应力应变分布状态、延长设备使用寿命、推迟养护维修周期等目的。

2.2 钢轨

2.2.1 钢轨的功能及类型

1. 钢轨的功能

不管铁路采用何种类型、何种形式的轨道结构，钢轨都是铁路轨道的主要部件。钢轨与机车车辆的车轮直接接触，钢轨的质量直接影响到行车的安全性和平稳性。为了使线路能按照设计速度保证列车运行，钢轨必须具备以下几个方面的功能：

1）为车轮提供连续、平顺和阻力最小的滚动面，引导机车车辆前进。车辆要求钢轨表面光滑，以减小轮轨阻力；而机车要求轮轨之间有较大的摩擦力，以发挥机车的牵引力。

2）承受来自车轮的巨大垂向压力，并将其以分散形式传给轨枕。在轨面要承受极大的接触应力，除垂向力外，钢轨还要承受横向力和纵向力。在这些力的作用下，钢轨会产生弯曲、扭转、爬行等变形，轨头的钢材还会产生塑性流动、磨损等。

3）为轨道电路提供导体。

2. 钢轨的基本要求

为了完成上述功能，对钢轨质量、断面、材质三要素均提出了相应的要求。

1）足够的强度和耐磨性。钢轨的工作条件十分复杂。车轮施加于钢轨上的作用力具有很强的随机性。钢轨是作为一根支承在弹性基础上的无限长梁进行工作的。它主要承受轮载作用下的弯曲应力，但它也必须有能力承担轮轨接触应力，以及轨腰与轨头或轨底连接处可能产生的局部应力和温度变化作用下的温度应力。在轮载和温度力的作用下，钢轨会产生复杂的变形：压缩、伸长、弯曲、扭转、压溃、磨耗等。为使列车能够安全、平稳和不间断地运行，必须保证在轮载和轨温变化作用下，钢轨的应力和变形均不超过规定的限值，这就要求钢轨具有足够的强度、韧性和耐磨性能。

2）较高的抗疲劳强度和冲击韧性。钢轨长期在列车重复荷载作用下工作。随着轴重增加和钢轨重型化，轨头部分的疲劳伤损成为钢轨伤损的主要形式之一。为防止轨头内侧剥离及由此可能引起的钢轨横向折断，钢轨应具有较高的抗疲劳强度和较好的冲击韧性。

3）一定的弹性。钢轨依靠本身的刚度抵抗轮载作用下的弹性弯曲，这就要求钢轨应具有足够的刚度。但为了减轻车轮对钢轨的动力冲击作用，防止机车车辆走行部分及钢轨的折损，又要求钢轨具有必要的弹性。

4）足够光滑的顶面。对车辆来说，车轮与钢轨顶面之间的摩阻力太大会使行车阻力增加，这就要求钢轨有一个光滑的滚动表面；而机车依靠其动轮与钢轨顶面之间的摩擦作用牵引列车前进，则要求钢轨顶面具有一定的粗糙度，以使车轮与钢轨之间产生足够的摩擦力。从这一矛盾的主要方面出发，钢轨仍应维持其光滑的表面，必要时，可用向轨面撒砂的方法提高机车动轮与钢轨之间的黏着力。

5）良好的焊接性。随着轨道结构无缝化的不断发展，区间无缝线路和跨区间无缝线路的大范围应用，要求钢轨应具有良好的焊接性，以便采用无缝线路。

6）高速铁路钢轨的高平直度。钢轨的平直性要求对轨道平顺性有决定性的影响，同时轨端平直性、对称性对钢轨焊接也有很大的影响。高速铁路对钢轨平直性的要求比一般线路更高更严，控制指标也更多更全面。

根据经济合理原则，钢轨还应做到断面设计合理，价格低廉，轻重齐备，自成系列。

3. 钢轨的类型

世界铁路所用钢轨的类型通常按每延米质量来分类，在轴重大、运量大和速度高的重要线路上采用质量大的钢轨，在一般次要线路上使用的钢轨质量相对要小些。我国铁路所使用的钢轨质量有 43kg/m、45kg/m、50kg/m、60kg/m 和 75kg/m。钢轨刚度的大小直接影响到轨道总刚度的大小，轨道总刚度越小，在列车动荷载作用下钢轨挠度就越大，对于低速列车来说，不影响行车的要求，但对于高速列车，则会影响到列车的舒适度和列车速度的提高。

目前，世界各国铁路使用钢轨分重载高速铁路钢轨和普速铁路钢轨，如俄罗斯的重载铁路使用 R75 钢轨；美国使用 136RE（65kg/m）和 140RE（70kg/m）型钢轨；我国铁路干线也都使用 CHN60 钢轨。世界各国高速铁路基本上都采用了 60kg/m 的钢轨，如日本新干线、法国 TGV 和德国 ICE 高速铁路所采用的钢轨均为 60kg/m 级。我国 CHN60（实际质量为 60.64kg/m）钢轨截面与 UIC60（国际铁路联合会标准，实际质量为 60.34kg/m）钢轨截面相似，特别是轨顶面半径分别为 13mm、80mm、300mm、80mm、13mm 的五段式弧线。经轮轨动力仿真计算，在轮轨几何接触、轮轨动力性能、轮轨磨耗及现场实际使用效果等方面，国产 CHN60 钢轨截面与 UIC60 钢轨截面没有明显的差异。高速铁路钢轨的质量没有随列车运行速度的提高而增大，其主要原因是高速铁路线路的半径较大。高速列车的轴重相对较轻，导致钢轨磨耗减轻。从铁路现场对钢轨的使用、管理，钢轨与接头扣件、中间扣件及道岔的配套，工务维修部门维修备件的装备，钢厂生产工艺和设备的简化及生产，短轨的利用等多方面考虑，为提高总体经济效益，我国高速铁路也倾向于采用 CHN60 钢轨。

我国城市轨道交通线路正线采用 CHN60 轨，站场线路除试车线、出入场线采用 CHN60 钢轨以外，其余均采用 CHN50 轨。

2.2.2 钢轨断面

1. 钢轨断面的演变

轮轨系统是发明最早、应用最广泛的轨道交通系统，其轨道结构已经经历了许多变化。人们普遍认为，钢轨的前身来自石路车辙。1550 年，在法国和德国边界附近的勒伯德尔地区，矿山的马拉矿车开始用木制轨道。后来，为了防止木轨磨损太快，又在上面钉了铁皮。随着运输量的逐渐增大，蒙铁皮的木轨仍然无法解决磨损太快的问题，渐退出历史舞台。17 世纪的英国，因为生铁价格下跌，有人就把铁熔化成长方形铁板，铁板上有孔，可以钉在木轨上存放。原希望等到铁价上涨后再把铁板起下来熔化出售，谁知道这种铁板竟然成了大受欢迎的新型轨道，很快就得到了推广，"铁路" 这一名称也由此而来。

板式铁路虽然耐磨，但要保证马车的车轮不脱轨却很难。后来，人们又加以改进，把它制成角铁形。角铁的一个竖起的边可以挡住车轮，防止脱轨（图 2-5）。但是平铺的角铁形轨道强度不够，很容易被煤屑泥土掩埋，1789 年出现了立式轨，高度有所提高，也不容易被掩埋，随着科学的发展和人们对力学的认识，立式轨从腰鼓形逐渐演变为工字形，钢轨也终于成了现在的形状。

2. 现代钢轨断面特征

列车作用于直线轨道钢轨上的力主要是竖直力,其结果是使钢轨挠曲。钢轨被视为支承在弹性基础上的无限长梁,而梁抵抗挠曲的最佳断面形状为工字形。因此,钢轨采用工字形断面,由轨头、轨腰和轨底三部分组成(图2-6)。钢轨断面设计应满足下列要求。

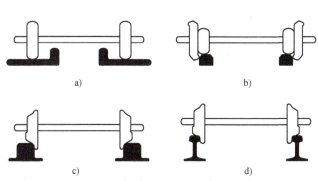

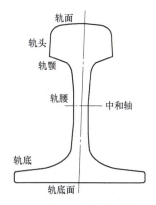

图2-5 钢轨断面演化图
a) 铁铸 L 形轨道 b) 立式轨道 c) 腰鼓形轨道 d) 工字形轨道

图2-6 钢轨截面形状

(1) 钢轨头部特征 钢轨头部是直接和车轮接触的部分,在接触压力的作用下,轮轨接触点处将产生局部变形,出现椭圆形接触斑(图2-7),一般来说轮轨接触中心区域接触应力可达 1300～1700MPa。因此,钢轨头部应有抵抗压溃和耐磨的能力,故轨头宜大而厚,并应具有和车轮踏面相适应的外形。钢轨头部顶面应有足够的宽度,使在其上面滚动的车轮踏面和钢轨顶面磨耗均匀。钢轨头部顶面应轧制成隆起的圆弧形,使由车轮传来的压力能集中于钢轨中轴。钢轨被车轮长期滚压以后,顶面近似于 200～300mm 半径的圆弧,因此,在我国铁路上,较轻型钢轨的顶面,常轧制成一个半径为 300mm 的圆弧,而较重型钢轨的顶面,则用三个半径分别为 80mm、300mm、80mm 或 80mm、500mm、80mm 的复合圆弧组成。轨头侧面形式既不增加轨顶面宽度又能扩大轨头下部宽度,使夹板与钢轨之间有较大的接触面,并可使轨头下颚与轨腰之间用较大半径的圆弧连接起来,并在有利于改善该处应力集中的前提下,宜采用向下扩大的形式。

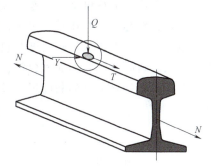

图2-7 轮轨椭圆形接触斑

轨顶面与侧面的连接圆弧半径为 13mm(CHN 75 钢轨为 15mm)。这比机车车辆轮的轮缘内圆角的半径 16mm 和 18mm 略小些,如此值再大,轮缘就有爬上钢轨的危险,若再小,将加速轮缘的磨耗。轨头底面称轨头的下颚,是和夹板顶面相接触的部分,其常用斜坡分别为 1∶2.75、1∶3、1∶4。这个斜坡不宜过于平缓也不过于陡峻,过缓则使夹板受到过大的动力作用,加速了夹板螺栓的松动和磨耗;过陡则螺栓所受的拉力过大而容易折断。轨头下角亦应做成圆弧,以免应力过分集中,但又不使夹板的支承宽度减小过多,一般圆弧的半径为 2～4mm。

(2) 钢轨腰部特征 轨腰必须有足够的厚度和高度,具有较大的承载能力和抗弯能力。

轨腰的两侧为直线或曲线,而以曲线最常用,以有利于传递车轮对钢轨的冲击动力作用和减少钢轨轧制后因冷却而产生的残余应力。我国设计的标准 CHN50、CHN60 和 CHN75 钢轨的轨腰圆弧半径分别采用 350mm、400mm 和 500mm。轨腰与钢轨头部及底部的连接,必须保证夹板能有足够的支承面,并使截面的变化不致过分突然,以免产生过大的应力集中,为此轨腰与轨头之间可采用复曲线的连接方式,如我国 CHN60 标准钢轨采用了半径为 25mm 和 8mm 复曲线进行连接。轨腰与轨底之间的连接曲线,一般采用半径为 14~20mm 的单曲线。

(3) 钢轨底部特征 钢轨底部应保持钢轨的稳定,轨底应有足够的宽度和厚度,并具有必要的刚度和抵抗锈蚀的能力。轨底顶面可以做成单坡或折线坡的斜坡。如为单坡,则要求与轨头下颚的斜坡相同;如为折线坡,则支托夹板部分要求与轨头下颚同,其余部分可采用较平缓的斜坡,如 1:6~1:9,两斜面之间用半径为 15~40mm 的圆弧连接。轨底的上下角也应做成圆角,半径一般为 2~4mm。

钢轨高度要保证钢轨具有足够的惯性矩和截面系数来承受车轮的竖直压力,并要使钢轨在横向水平力作用下具有足够的稳定性。钢轨的轨头顶面宽度(b)、轨腰厚度(t)、钢轨高度(H)及轨底宽度(B)是钢轨断面的 4 个主要参数。根据多种类型钢轨几何尺寸的设计资料,钢轨截面的 4 个主要尺寸按经验公式为:轨头顶面宽度 $b = 0.34M + 51.70$,轨腰厚度 $t = 0.16M + 7.08$,钢轨高度 $H = 1.92M + 54.16$,轨底宽度 $B = 1.25M + 69.25$,其中 M 为每米钢轨的质量(kg)。⊖

钢轨高度值应尽可能大一些,以保证有足够的惯性矩及断面系数来承受竖直轮载的动力作用。但钢轨越高,其在横向水平力作用下的稳定性越差。钢轨高度与轨底宽度间应有一个适当的比例。一般要求钢轨高度与轨底宽度的比值为 1.15~1.20。为使钢轨轧制冷却均匀,要求轨头、轨腰及轨底的面积分配,有一个较合适的比例。

我国主要钢轨类型的断面尺寸及特征见表 2-1,60kg/m、75kg/m 钢轨断面尺寸如图 2-8 所示。

表 2-1 我国钢轨类型的断面尺寸及特征

项 目	钢轨类型				
	CHN75	CHN60	CHN50	CHN43	UIC60
每米质量 M/kg	74.414	60.64	51.514	44.653	60.34
断面积 F/cm²	95.04	77.45	65.8	57	76.86
重心距轨底面距离 y_1/mm	88	81	71	69	80.95
对水平轴的惯性矩 I_x/cm⁴	4489	3217	2037	1489	3055
对竖直轴的惯性矩 I_y/cm⁴	665	524	377	260	512.9
下部断面系数 W_1/cm³	509	396	287	217	377
上部断面系数 W_2/cm³	432	339	251	208	336
轨底横向挠曲断面系数 W_y/cm³	89	70	57	46	68.4
轨头所占面积 A_h(%)	37.42	37.47	38.68	42.83	—
轨腰所占面积 A_w(%)	26.54	25.29	23.77	21.31	—
轨底所占面积 A_b(%)	36.04	37.24	37.55	35.86	—
钢轨高度 H/mm	192	176	152	140	172
钢轨底宽 B/mm	150	150	132	114	150

⊖ b、t、H、B 单位为 mm,M 单位为 kg 时,其数值满足此处经验公式,下文类似情况不再赘述。

(续)

项　　目	钢轨类型				
	CHN75	CHN60	CHN50	CHN43	UIC60
轨头高度 h/mm	55.3	48.5	42	42	51
轨头宽度 b/mm	75	73	70	70	74.3
轨腰厚度 t/mm	20	16.5	15.5	14.5	16.5

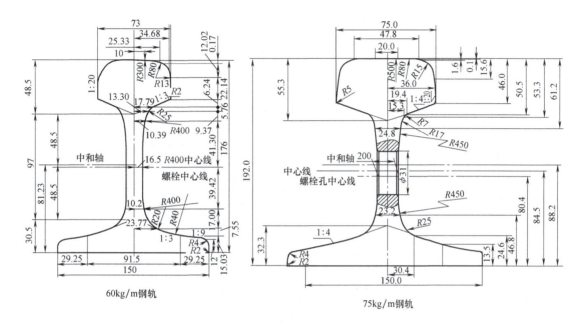

图 2-8　我国钢轨断面尺寸图

由于铁路市场的国际化，UIC60 钢轨在我国也得到部分生产及应用，为了比较 UIC60 钢轨与我国铁路钢轨的断面及性能，在表 2-1 中还列出了 UIC60 钢轨的断面尺寸及特征，其断面尺寸图如图 2-9 所示。

60N 钢轨是在 60 钢轨的基础上，按照尽量减少改动原来钢轨尺寸的原则，研究设计的新型钢轨。目前 60N 钢轨已在沪昆线试铺了 1.5km，在京石线上试铺了 15km，从使用情况来看，60N 钢轨的轮轨接触光带居中，可大幅减少打磨工作量。我国于 2015 年颁发《60N、75N 钢轨暂行技术条件》，60N 钢轨将在我国高速铁路得到大范围推广应用。

60N 钢轨与 60 钢轨轨头轮廓对比情况如图 2-10 所示，从图可见，相比 60 钢轨，60N 钢轨轮廓主要不同在于：

在钢轨轨顶圆弧宽度保持为 70.8mm，高度为 14.2mm 不变的情况下，将钢轨轨顶圆弧由 5 段增加为 7 段，与欧洲 60E2 钢轨一致；将钢轨轨顶圆弧半径依次调整为 200mm、60mm、16mm 和 8mm，其整体效果在轨顶小幅范围与 60 钢轨较一致，而两侧轮廓相比 60 钢轨收得更窄。

上述 60N 钢轨轨顶轮廓优化的主要目的是避免 60 钢轨在直线地段车轮接触光带不居中，曲线地段出现轨距角剥离掉块及疲劳核伤。

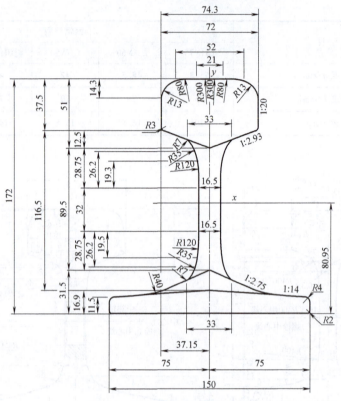

图 2-9 UIC60 钢轨断面尺寸图

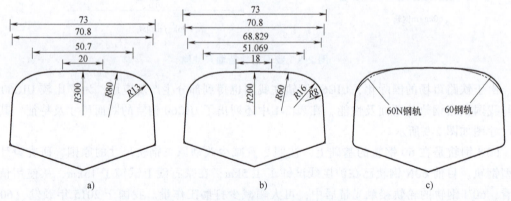

图 2-10 60N 钢轨和 60 钢轨对比图
a) 60 钢轨 b) 60N 钢轨 c) 对比

2.2.3 钢轨的材质和力学性能

钢轨的材质和力学性能主要取决于钢轨钢的化学成分、金属组织及热处理工艺。

1. 钢轨钢的化学成分和力学性能

钢轨钢的化学成分主要为铁（Fe），还含有碳（C）、锰（Mn）、硅（Si）及磷（P）、硫（S）等元素。

碳（C）对钢轨的性质影响最大。提高钢轨的含碳量，其抗拉强度、耐磨性及硬度都迅速增加。但含碳量过高，会使钢轨的伸长率、断面收缩率和冲击韧性显著下降。因此，一般含碳量不超过 0.82%。

锰（Mn）可以提高钢轨的强度和韧性，去除有害的氧化铁和硫夹杂物，其含量一般为 0.6%~1.0%。锰含量超过 1.2% 者称中锰钢，其抗磨性能较好。

硅（Si）易与氧化合，故能去除钢中气泡，增加密度，使钢质密实细致。在碳素钢中，硅含量一般为 0.15%~0.30%。提高钢轨的含硅量，也能提高钢轨的耐磨性能。

磷（P）与硫（S）在钢中均属有害成分。磷过多（超过 0.1%），会使钢轨具有冷脆性，在冬季严寒地区，易突然断裂。硫不溶于铁，不论含量多少均生成硫化铁，在 985℃ 时，呈晶态结晶析出。这种晶体性脆易溶，使金属在 800~1200℃ 时发脆，在钢轨轧制或热加工过程中容易出现大量废品。所以磷、硫的含量必须严格加以控制。

另外，在钢轨的化学成分中适当增加铬（Cr）、镍（Ni）、钼（Mo）、铌（Nb）、钒（V）、钛（Ti）和铜（Cu）等元素，制成合金钢轨，可有效提高钢轨的抗拉和疲劳强度，以及耐磨和耐腐蚀的性能。

我国钢轨钢化学成分及力学性能见表 2-2。

表 2-2　钢轨钢的化学成分及力学性能

钢号	化学成分(%)					力学性能		适用范围（钢轨类型）
	C	Si	Mn	P	S	抗拉强度 R_m/MPa	伸长率 A(%)	
U74	0.68~0.79	0.13~0.28	0.70~01.00	≤0.030	≤0.030	780	10	50
U71Mn	0.65~0.76	0.15~0.35	1.10~1.40	≤0.030	≤0.030	880	9	50、60、75
U70MnSi	0.66~0.74	0.85~1.15	0.85~1.15	≤0.030	≤0.030	880	9	50
U71MnSiCu	0.64~0.76	0.70~1.10	0.80~1.20	≤0.030	≤0.030	880	9	50
U75V	0.71~0.80	0.50~0.80	0.70~1.05	≤0.030	≤0.030	980	9	—
U76NbRE	0.72~0.80	0.60~0.90	1.00~1.30	≤0.030	≤0.030	980	9	—
U70Mn	0.61~0.79	0.10~0.50	0.85~1.25	≤0.030	≤0.030	880	9	—

钢轨钢的力学性能包括强度极限、屈服极限、疲劳极限、伸长率、断面收缩率、冲击韧性（落锤试验）及硬度等。这些指标对钢轨的承载能力、磨损、压溃、断裂和其他伤损有很大的影响。

钢轨接头处轮轨冲击力很大，为加强接头处钢轨的抗磨能力，在钢轨两端 30~70mm 范围内进行轨顶淬火，淬火深度达 8~12mm。

为提高钢轨耐磨和抗压性能，还应对钢轨进行全长淬火处理。它是采用电感应加热的方法，加速奥氏体向珠光体的转变过程，提高奥氏体转变过冷度，使珠光体转变在更低的温度下进行，以获得强度韧性兼备的精细片状珠光体组织，不得出现马氏体、贝氏体等有害组织。珠光体片层越细，不仅强度越高，断面收缩率也越大，从而提高钢轨的强度和韧性。

2. 钢轨强化及材质的纯净化

为适应铁路高速、重载的需要，钢轨要重型化、强韧化及纯净化。

采用重型钢轨可以提高轨道结构的承载能力，延长钢轨疲劳寿命和线路大修周期，具有明显的技术经济效益。但钢轨重型化后，若不采用强化技术，又会带来其他的问题。由于重型钢轨的刚度大，相应弯曲变形较小，列车车轮对钢轨的动力作用大部分作用在轮轨接触区，同时由于重型钢轨扭转中心接近轨底，轨头产生的纵向正应力远远大于轨底的纵向正应力，从而加速了重型钢轨轨头病害的发展。一般来讲，钢轨变重，钢轨的伤损数量会减少，但接触疲劳伤损占钢轨伤损总数的比例会提高。如苏联实现钢轨重型化后，钢轨伤损总数量大量减少，但 50kg/m、65kg/m、75kg/m 钢轨的轨头伤损却分别占伤损总数的 75%、80%、94%。

重型钢轨的强化有两种技术路线：一是钢轨合金化，它生产工艺简单，投资少，能源消耗少，钢轨整体强化，表层硬度均匀，焊接性好；二是碳素钢热处理，这种方法也可获得同样的高强度和表面硬度，同时韧性好，节省合金，适合大批量生产。冶金学原理及冶金工业生产实践认为：如不改变钢种，单凭碳素钢热处理，很难再大幅度地提高强度，唯有微合金与热处理相结合，二者相辅相成，才可得到既有更高强度，又有相应韧性、硬度和焊接性的优质钢轨。

目前我国使用的钢轨，抗拉强度约为 900MPa。还有 PD_2 全长淬火轨、PD_3 高碳微钒轨，抗拉强度在 1000MPa 以上。PD_3 高碳微钒轨强度高、性能好，抗拉强度可达到 1300MPa，可延长钢轨使用寿命 50% 以上。

淬火轨对材质纯净度的要求比普通钢轨更高，如果不提高钢轨的纯净度，钢轨重型化及强韧化的优势也不能更好地发挥，因此材质纯净化是重型化和强韧化的基础。例如，钢轨中非金属夹杂、钢轨金属薄弱区的存在等，都是钢轨产生疲劳伤损的根源，以这些疲劳源为中心形成核伤，对行车安全构成威胁。钢轨重型化、强韧化和纯净化应当有机地统一，才能获得最佳综合技术经济效益。

3. 钢轨的长度

我国钢轨标准长度为 12.5m 及 25m 两种，对于 75kg/m 钢轨只有 25m 长一种。还有用于曲线内股的缩短轨系列，对于 12.5m 标准轨系列的缩短轨有缩短量 40mm、80mm、120mm 三种；对于 25m 标准轨系列有缩短量 40mm、80mm、160mm 三种。

随着铁路轨道朝高速、重载方向的发展，长尺钢轨的生产成为一种趋势。如法国生产的钢轨由原来的 36m 改造成 72~80m，德国改造成 120m。钢轨长尺生产便于对钢轨进行热预弯，消除钢轨矫直前的弯曲度，减少钢轨的残余应力；由于长尺钢轨两端可以锯掉 0.8~1.5m，可以消除原标准长度钢轨两端的矫直盲区和探伤盲区，在提高生产率的同时可充分保证钢轨的平直度和内部质量。目前，我国的 100m 定尺长钢轨已经在国内广泛应用。

2.2.4 钢轨伤损及合理使用

钢轨在极其复杂的工作条件下，不可避免地会产生各种伤损。其伤损的原因，既有钢轨在冶炼过程中出现的缺陷，又有在运输、使用过程中出现的破损。因此，及时发现钢轨伤损，并积极采取措施保证线路安全，对铁路工务部门是极其重要的。

1. 钢轨伤损

钢轨伤损是指钢轨在使用过程中，发生折断、裂纹及其他影响和限制钢轨使用性能的伤损。

为便于统计和分析钢轨伤损，需对钢轨伤损进行分类。根据伤损在钢轨断面上的位置、伤损外貌及伤损原因等分为9类32种伤损，采用两位数编号分类。十位数表示伤损的部位和状态，如 1 表示轨头剥离、掉块、擦伤，3 表示轨头裂纹，4 表示轨腰裂纹，5 表示轨底裂纹等；个位数表示造成伤损原因，如 0 表示钢轨制造缺陷引起的，1 表示金属接触疲劳引起的，6 表示焊接工艺引起的等（表 2-3）。钢轨伤损分类具体内容可见《铁道工务技术手册（轨道）》。

表 2-3 钢轨伤损分类编号表（TB/T 1778—2010）

伤损部位及状态	伤损主要原因									
	0	1	2	3	4	5	6	7	8	9
	钢轨制造方面的缺陷造成的伤损	钢轨金属接触疲劳造成的伤损	钢轨断面设计或接头连接结构缺点造成的伤损	钢轨保养和使用方面的缺点造成的伤损	车轮造成的伤损	工具撞击或其他机械作用造成的伤损	钢轨焊接工艺缺陷造成的伤损	钢轨淬火工艺缺陷造成的伤损	钢轨焊补工艺缺陷或连续性焊接不良造成的缺陷	上述以外的其他原因造成的缺陷
轨头表面金属碎裂或剥离	10	11	—	—	14	—	—	17	18	—
轨头横向裂纹	20	21	—	—	24	—	26	27	—	—
轨头纵向的水平或垂直裂纹	30	—	—	—	—	—	—	—	38	—
轨头表面压陷或磨耗	40	41	—	43	44	—	46	47	—	49
轨腰伤损	50	—	52	53	—	55	56	—	—	—
轨底伤损	60	—	62	—	—	—	66	—	—	—
钢轨折断	70	—	—	—	—	—	—	—	—	79
钢轨锈蚀	—	—	—	—	—	—	—	—	—	89
钢轨的其他伤损	—	—	—	—	—	95	—	—	—	99

钢轨折断是指有下列情况之一者：钢轨全断面至少断成两部分；裂缝已经贯通整个轨头截面或轨底截面；允许速度不大于 160km/h 区段钢轨顶面上有长度大于 50mm、深度大于 10mm 的掉块，允许速度大于 160km/h 区段钢轨顶面上有长度大于 30mm 且深度大于 5mm 的掉块。钢轨折断直接威胁行车安全，应及时更换。

钢轨裂纹是指除钢轨折断之外，钢轨部分材料发生分离，形成裂纹。

钢轨伤损种类很多，常见的有磨耗、剥离及轨头核伤、轨腰螺栓孔裂纹等。下面介绍几种常见的钢轨伤损情况。

(1) 钢轨磨耗 钢轨磨耗主要是指小半径曲线上钢轨的侧面磨耗和波浪形磨耗。至于钢轨垂直磨耗，在所有线路上都会发生，也是直线和大半径曲线轨道上最主要的磨耗形式，其程度随着轴重和通过总重的增加而增大。轨道几何形位设置不当，会使垂直磨耗速率加大，影响轨道的抗弯刚度，这可通过调整轨道几何尺寸加以防止。

1) 侧面磨耗。侧面磨耗简称侧磨，一般发生在小半径曲线的外股钢轨上，是目前曲线上伤损的主要类型之一。随着电力、内燃机车的应用和机车牵引功率的增大，钢轨侧磨的情况更加严重。钢轨侧磨直接影响到曲线钢轨的使用寿命，特别是在半径 800m 以下的曲线，这一情况更加严重。在半径 600m 的曲线上，运量达到 1 亿 t 就要更换钢轨，仅为其使用寿命的 1/7，如图 2-11 所示。该图为高速铁路进站位置半径为 600m 的曲线上股侧磨情况，可以看出该处侧磨已达 6.56mm。该曲线已经因为侧磨超限更换过钢轨。

列车在曲线上运行时，轮轨的摩擦与滑动是造成外轨侧磨的根本原因。列车通过小半径曲线时，通常会出现轮轨两点接触的情况，这时发生的侧磨最大。侧磨的大小可用导向力与冲击角的乘积，即磨耗因子来表示。改善列车通过曲线的

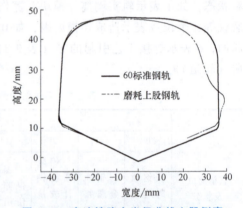

图 2-11 高速铁路小半径曲线上股侧磨

条件，如采用磨耗型车轮踏面、采用径向转向架等，可降低侧磨速率。

近年来，在我国铁路提速线路中，直线钢轨出现左右股交替磨，形成周期性轨道不平顺，称直线钢轨不均匀侧磨。它的出现会导致提速机车车辆剧烈摇晃，影响行车安全。从维修角度来讲，应改善钢轨材质，采用耐磨轨，如高硬稀土轨的耐磨性是普通轨的 2 倍左右，淬火轨为 1 倍以上。加强养护维修，设置合理的轨距、外轨超高及轨底坡，增加线路的弹性，在钢轨侧面涂油等，都可收到减小侧面磨耗的效果。

2) 波浪形磨耗。波浪形磨耗是指钢轨顶面上出现的波浪状不均匀磨耗，简称波磨。波磨会引起很大的轮轨作用力，加速机车车辆及轨道部件的损坏，增加养护维修费用；此外，列车的剧烈振动会使旅客不适，严重时还会威胁到行车安全；波磨也是轮轨噪声的主要来源。我国一些货运干线上，出现了严重的波磨，其发展速度比侧磨还快，成为换轨的主要原因。波磨宏观形貌如图 2-12 所示。

波磨可以其波长分为短波（或称波纹）和长波（或称波浪）两种。波纹型磨耗为波长 50~100mm，波幅 0.1~0.4mm 的周期性不平顺；长波为波长 100mm 以上，3000mm 以下，波幅 2mm 以内的周期性不平顺。

图 2-12 波磨宏观形貌

波磨主要出现在重载运输线上，尤其在运煤运矿专线上特别严重，在高速客运专线上也有不同程度的发生，城市地铁上也较普遍。列车速度较高的铁路上，主要发生波纹磨耗，且主要出现在直线和制动地段。在车速较低的重载运输线上主要发生波浪磨耗，且一般出现在曲线地段。

打磨钢轨是目前最有效的消除波磨的措施。除此还有以下一些措施可减缓波磨的发展：用连续焊接法消除钢轨接头，提高轨道的平顺性；改进钢轨材质，采用高强耐磨钢轨，提高热处理工艺质量，消除钢轨残余应力；提高轨道质量，改善轨道弹性，并使纵横向弹性连续均匀；保持曲线方向圆顺，超高设置合理，外轨工作边涂油；轮轨系统应有足够的阻尼等。

3）钢轨磨耗的允许限度。钢轨头部允许磨耗限度主要由强度和构造条件确定。当钢轨磨耗达到允许限度时，一是还能保证钢轨有足够的强度和抗弯刚度；二是应保证在最不利情况下车轮轮缘不碰撞接头夹板；三是波磨钢轨的波谷深度达到允许限度时，不致引起轨道部件的损伤及养护工作量的急剧增加。

钢轨头部允许磨耗限度是由几种相互关联的方法制订的，包括磨耗钢轨截面的几何参数变化、磨耗钢轨的强度和刚度变化，以及保证列车运行的安全限度（磨耗车轮不撞击接头夹板，磨耗量在扣件可调轨距范围内）。《铁路线路修理规则》中按钢轨头部磨耗程度的不同，将钢轨头部磨耗分为轻伤和重伤两类，见表 2-4 和表 2-5。波磨轨磨耗谷深超过 0.5mm 为轻伤轨。

（2）钢轨接触疲劳伤损　轮轨滚动接触疲劳一直是铁路工业中难以解决的老问题，人们采取了各种方法和措施来阻止和减少它，如发展轮轨新材料、优化轮轨型面匹配以减少轮轨接触应力，以及改善轨道和车辆结构性能来减少轮轨之间的动力作用等，但效果不显著。随着铁路的客货运量的增大和列车速度的提高，轮轨滚动接触疲劳破坏变得越来越严重，尤其是高速重载线路，情况十分严重。它不仅大大增加了铁路的运营成本，而且直接危害行车的安全。轮轨滚动接触疲劳破坏现象主要为轮轨接触表面剥离、压溃、龟裂、波浪形磨损、轮缘磨损和钢轨侧磨及断裂等，这些破坏现象和很多因素有关，如轮轨的运动行为、轮轨之

表 2-4 钢轨头部磨耗轻伤标准

钢轨 (kg/m)	总磨耗/mm				垂直磨耗/mm				侧面磨耗/mm			
	v_{max} >160km/h 正线	160km/h $\geq v_{max}$ >120km/h 正线	v_{max} $\leq$120km/h 正线及到发线	其他站线	v_{max} >160km/h 正线	160km/h $\geq v_{max}$ >120km/h 正线	v_{max} $\leq$120km/h 正线及到发线	其他站线	v_{max} >160km/h 正线	160km/h $\geq v_{max}$ >120km/h 正线	v_{max} $\leq$120km/h 正线及到发线	其他站线
75	9	12	16	18	8	9	10	11	10	12	16	18
<75,且≥60	9	12	14	16	8	9	9	10	10	12	14	16
<60,且≥50	—	—	12	14	—	—	8	9	—	—	12	14
<50,且≥43	—	—	10	12	—	—	7	8	—	—	10	12
<43	—	—	9	10	—	—	7	7	—	—	9	11

注：1. 总磨耗=垂直磨耗+1/2 侧面磨耗。
  2. 垂直磨耗在钢轨顶面宽 1/3（距标准工作边）测量。
  3. 侧面磨耗在钢轨踏面（按标准断面）下 16mm 处测量。

表 2-5 钢轨头部磨耗重伤标准

钢轨 (kg/m)	垂直磨耗/mm			侧面磨耗/mm		
	v_{max} >160km/h 正线	160km/h $\geq v_{max}$ >120km/h 正线	v_{max} $\leq$120km/h 正线、到发线及其他站线	v_{max} >160km/h 正线	160km/h $\geq v_{max}$ >120km/h 正线	v_{max} $\leq$120km/h 正线、到发线及其他站线
75	10	11	12	12	16	21
<75,且≥60	10	11	11	12	16	19
<60,且≥50	—	—	10	—	—	17
<50,且≥43	—	—	9	—	—	15
<43	—	—	8	—	—	13

间的作用力、摩擦系数、接触界面的"第三介质"、接触表面的粗糙度、轮轨材料、加工留下的"先天性"缺陷和车辆轨道结构形式等。这些破坏形式的特征有明显的区别，导致这些破坏形式的原因和关键因素也有较大的区别，但在破坏过程中它们也有紧密的联系。实际上轮轨接触表面的破坏形式更多地表现为这些若干个破坏形式的叠加。如波磨和塑性流动破坏的叠加，龟裂、剥离和折断叠加等。

接触疲劳伤损的形成大致可分三个阶段：第一阶段是钢轨踏面外形的变化，如钢轨踏面出现不平顺，焊缝处出现鞍形磨损，这些不平顺将增大车轮对钢轨的冲击作用。第二阶段是轨头表面金属的破坏，由于轨头踏面金属的冷作硬化，使轨头工作面的硬度不断增长，通过总质量 150~200Mt 时，硬度可达 360HBW；此后，硬化层不再发生变化，对碳素钢轨来说，通过总质量 200~250Mt 时，在轨头表层形成微裂纹。对于弹性非均等的线路，当车轮及钢轨具有明显不平顺时，轨顶面所受之拉压力几乎相等，若存在微裂纹，同时挠曲应力与残余应力同号，会极大地降低钢轨强度。第三阶段为轨头接触疲劳的形成，由于金属接触疲劳强度不足和重载车轮的多次作用，当最大剪应力作用点超过剪切屈服极限时，会使该点成为塑性区域，车轮每次通过必将产生金属显微组织的滑移，通过一段时间的运营，这种滑移产生积累和聚集，最终导致疲劳裂纹的形成。轴载的提高、大运量的运输条件、钢轨材质及轨型的不适应，都将加速接触疲劳裂纹的萌生和发展。

轨头工作边上圆角附近的剥离主要是由以下三个原因引起的：由夹杂物或接触剪应力引起纵向疲劳裂纹而导致剥离；导向轮在曲线外轨引起的剪应力交变循环促使外轨轨头疲劳，导致剥离；车轮及轨道维修不良加速剥离的发展。通常剥离会造成缺口区的应力集中并影响行车的平顺性，增大动力冲击作用，又促使缺口区域裂纹的产生和发展。缺口区的存在，还会阻碍金属塑性变形的发展，使钢轨塑性指标降低。

轨头核伤是最危险的一种伤损形式，会使钢轨在列车作用下突然断裂，严重影响行车安全，如图 2-13 所示。轨头核伤产生的主要原因是轨头内部存在微小裂纹或缺陷（如非金属夹杂物及白点等），在重复动荷载作用下，在钢轨走行面以下的轨头内部出现极为复杂的应力组合，使细小裂纹先是成核，然后向轨头四周发展，直到核伤周围的钢料不足以提供足够的抵抗，钢轨在毫无预兆的情况下猝然折断。所以钢轨内部材质的缺陷是形成核伤的内因，而外部荷载的作用是外因，促使核伤的发展。核伤的发展与运量、轴重及行车速度、线路平面状态有关。为确保行车的安全，对钢轨要定期探伤。

图 2-13 典型轨头核伤图

减缓钢轨接触疲劳伤损的措施有：净化轨钢，控制杂物的形态；采用淬火钢轨，发展优质重轨，改进轨钢力学性质；改革旧轨再用制度，合理使用钢轨；钢轨打磨；按钢轨材质分类铺轨等。

2. 钢轨的合理使用

钢轨是铁路线路的重要技术装备，在《铁路工务主要技术装备政策》中，除明确指出钢轨的发展方向是重型化、强韧化和纯净化外，对合理使用钢轨也有明确规定。规定指出应根据钢轨综合经济效益分析，确定钢轨合理的使用周期，实行钢轨分期使用制度，并积极做好旧轨的整修工作。

（1）钢轨的分级使用 钢轨分级使用包含两个方面的含义：钢轨的二次或多次使用和钢轨在一次使用中的合理倒换使用。

钢轨的二次使用是指钢轨在繁忙线路上运营以后经过旧轨整修，再把它铺设到运量小的铁路上再次使用，可以延长钢轨的使用寿命和提高钢轨的使用效率。重型旧轨的多次使用，可使整个非繁忙线路的设备得到显著加强。在货运密度小的线路上采用重型钢轨，即使是旧轨，也将大大提高线路稳定，并能以较少的材料和劳动力来保证轨道的正常养护。旧轨整修通常分为三类：综合整形轨、一般整修轨和焊接再用长轨条。

国外对钢轨的分级管理与使用一直很重视，例如，德国一直对钢轨通过运量和养护维修间的关系进行研究，以期获得最佳的经济效益。具体分级为：新轨铺设于一级轨道；当轨高降低 5% 时则换下铺于二级轨道；当轨高降低 8% 时则铺设在三级轨道上。德国在实行钢轨分级管理时，是将再用轨作为一种资源储备。当一条铁路要铺设新轨道时，应事先考虑到有一部分要铺设再用轨。因为用过的较重的钢轨就相当于较轻的新轨。

现代钢轨的高质量、耐久性和可靠性，为钢轨的多次再用提供了可能性。钢轨设备的运营制度应是"阶梯式"的，钢轨随着其承载能力的减弱而逐步移到运量较小的区段下使用。

钢轨在一次使用中的倒换使用是钢轨合理使用的另一个方面。我国幅员广阔，铁路线路的条件相差很大，即使在同一区段，由于不同的轨道结构，钢轨伤损的速率也是不一样的，钢轨寿命的长短差别很大。在同一区段线路上将轨道上下股钢轨倒换使用或直线与曲线钢轨倒换使用，是延长钢轨使用寿命的另一措施。

(2) 钢轨整修技术 轨端不均匀磨耗和掉块、擦伤是钢轨运营过程中产生的各种伤损和缺陷的主要形式之一。这些病害引起机车车辆的巨大附加冲击力，使线路变形加剧，不仅缩短轨道各部件的使用寿命，而且还增大养护维修工作量。因此，需要对钢轨表面病害及时整治。钢轨表面的整治工作包括磨修和焊修。

1) 磨修就是采用砂轮打磨机消除接头表面不均匀磨耗和焊补掉块、剥落等缺陷后的打磨顺平。常用的钢轨打磨机一般有手砂轮机、平型砂轮机和碗形砂轮机，其中碗形砂轮机使用效果最好，轨面打磨质量优于手砂轮机和平型砂轮机。为了不过多地削弱钢轨断面，打磨母材深度不宜大于 0.5mm，顺坡长度宜大于 1m。若轨面不均匀磨耗、掉块、擦伤等病害接近或大于 1mm 时，应以焊修为主。

2) 焊修轨面目前主要采用氧乙炔焊、电弧焊和氧乙炔焰金属粉末喷焊三种技术。氧乙炔焊加热温度高，影响范围大，线上焊修要求在来车之前降温至 300℃ 以下，多数采用浇水冷却，易使轨面淬火层龟裂剥离，这种方法已逐渐被淘汰。手工电弧焊是目前最常用的方法，但需要进行焊前预热、焊后热处理，不仅携带的设备多，现场转移不方便，而且效率低，占用时间长。喷焊具有气焊温度高、电弧设备多的缺点，而且使用氧和乙炔时对操作安全要求较高。目前辙叉的焊修主要是换下伤损辙叉，在厂内焊修。可见应尽快采用先进的焊修技术进行线上焊修钢轨和辙叉，以提高钢轨的使用效率。

(3) 钢轨打磨 对钢轨进行现场打磨始于 20 世纪 50 年代，最初用于整治波形磨耗，现已发展成为一种多功能的现代化养路技术。打磨的重点已从钢轨修理转向钢轨保养。钢轨的定期打磨，可以消除和延缓波磨，消除钢轨表面的接触疲劳层，防止剥离掉块，对断面打磨还可改善轮轨接触条件，降低接触应力。根据钢轨打磨的目的及磨削量，钢轨打磨可分为三类：

1) 修理性打磨。这种打磨主要用来消除钢轨的波浪形磨耗、车轮擦伤、轨裂纹以及接头的马鞍形磨耗，钢轨的一次磨削量较大，打磨周期长。但是这种打磨方式并不能消除引起波磨、钢轨剥离及掉块的潜在的接触疲劳裂纹，在以后列车通过时，这些裂纹还将继续扩展。

2) 预防性打磨。预防性打磨是在裂纹开始扩展前将这些裂纹萌生区打掉，近来已发展成为控制钢轨接触疲劳的技术。它力图控制钢轨表面接触疲劳的发展，打磨周期较短，以便在钢轨表面裂纹萌生时就予以消除。由于这些裂纹极浅，打磨深度很小；钢轨顶面打磨深度一般为 0.05~0.075mm；对外轨的内缘和内轨的外侧打磨深度一般为 0.1~0.15mm，以防止由于塑性流动而使钢轨断面产生累积变形。预防性打磨与修理性打磨相比，其优点是能获得较长的钢轨使用寿命，提高打磨机器的生产率，并能降低轨道打磨每公里所需的打磨费用。虽然打磨频率较高，但与修理性打磨相比，打磨掉的金属总体积少，具有显著的经济效果。可见，一条铁路一旦已在修理性打磨上取平，应立即向预防性打磨计划方向转变。在新线建成后，列车正式运营之前对钢轨进行预打磨，可以改善轮轨接触状态从而达到控制病害发生和发展的目的。

3) 钢轨断面打磨。钢轨断面打磨是通过改变钢轨的轨头形状，以改善轮轨接触状态，从而达到最终控制病害发生和发展的一种钢轨打磨方式，主要是曲线地段钢轨的不对称打磨。通过断面打磨能明显降低轮轨横向力和冲角，达到减轻钢轨侧磨的目的。机车车辆通过曲线一般是靠导向轮贴靠外轨产生的导向力来导向，轮轨磨耗大。现代化曲线通过理论证明，在一定的曲线半径和机车车辆结构下，可以不用轮缘贴靠的轮轨力导向，而是用轮轨蠕滑力导向，从而使外侧轮缘不贴靠外轨或减小贴靠时的冲角，以减小轮轨力和磨耗。非对称打磨就是依据上述理论，通过非对称打磨，增大左右轮的滚动半径差，以补偿内外轨的长度差，从而减小导向轮缘力、冲角以及轮对在曲线上的滑动，达到减磨目的。一种特定的打磨断面只适合于某一类线路条件，不同的线路条件需要不同的打磨断面，不存在一种适合所有问题的钢轨打磨断面形式。非对称打磨显著地降低了轮轨横向力和冲角，在减缓钢轨侧磨、延长使用寿命方面取得了很大的效果。国外应用经验表明：将这种技术用于重载铁路，横向力可减小 50%~90%，延长曲线钢轨使用寿命 50% 以上。我国铁路于 1988 年开始引进了钢轨打磨列车，经过 30 多年的发展，目前已具备大型打磨列车的生产能力，并形成了一套完整的钢轨打磨作业规范。

2.2.5 钢轨连接

1. 钢轨接头

在过去，受生产及运输条件限制，标准钢轨长度一般为定值，如我国的标准钢轨长度为 12.5m、25m，英国的标准钢轨长度为 60m 等。在两根定长的钢轨之间，用夹板连接成连续的轨线，称为钢轨接头。接头处轮轨动力作用大，相应的养护维修工作量大。因此，钢轨接头是轨道结构的薄弱环节之一。钢轨接头不仅应具有使钢轨保持整体性的作用，还应具有与钢轨一样的强度与刚度，以抵抗弯曲和变形。特殊情况时，钢轨接头还应具备绝缘、导电、伸缩等功能。由于上述功能相互矛盾，迄今为止没有一种能同时满足上述条件的理想的接头结构，应用于具体轨道结构中的接头结构虽不相同，但各接头形式大同小异，都由夹板、螺栓、弹簧垫圈等组成。

2. 接头夹板

夹板是承受弯矩、传递纵向力、阻止钢轨伸缩的重要部件，要求有一定的垂直和水平刚度及足够的强度。夹板的形式很多，在我国线路上曾经使用的有平板式、角式、吊板式及双头式等（图 2-14）。

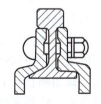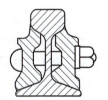

图 2-14 接头夹板

目前我国主要采用斜坡支承双头对称型夹板，简称双头式夹板。图 2-15 即为我国

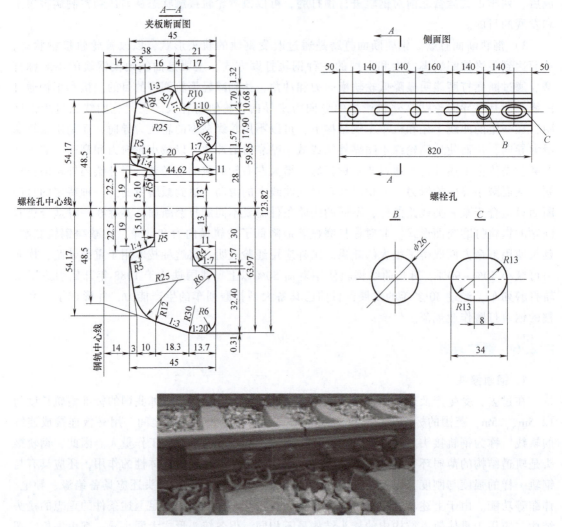

图 2-15 我国 60kg/m 钢轨用夹板图

60kg/m 钢轨用夹板图。

双头式夹板的优点是在竖直荷载作用下，具有较大的抵抗挠曲和横向位移的能力。夹板的上下两面均有斜坡，使其能楔入轨腰空间，但不贴住轨腰。这样，当夹板稍有磨耗，以致联结松弛时，仍可重新旋紧螺栓，保持接头联结的牢固。每块夹板上有螺栓孔 6 个，圆形孔与长圆形孔相间。圆形螺栓孔的直径，较螺栓直径略大，长圆形螺栓孔的长径较螺栓头下突出部分的长径略大。依靠钢轨圆形螺栓孔直径与螺栓直径之差，以及夹板圆形螺栓孔直径与螺栓直径之差，就可以得到所需要的预留轨缝值。

普通夹板用于联结同类型的钢轨，而联结两个不同断面的钢轨，则要用异型夹板。异型夹板的一半应与一端同型钢轨断面相吻合，另一半则与另一端钢轨断面相吻合。联结时应使两轨工作面轨距线与轨顶最高点水平线都相吻合。

3. 接头螺栓、螺母及弹簧垫圈

接头螺栓、螺母是用来夹紧夹板和钢轨的配件，垫圈是为了防止螺栓松动。螺栓根据其力学性能分级，我国螺栓划分为 8.8 级和 10.9 级两个等级，其抗拉强度相应为 830MPa 和 1040MPa。接头螺栓的扭矩不得低于规定值 100N·m 以上。

4. 接头类型

接头的联结形式按其相对于轨枕位置，可分为悬空式和承垫式两种，如图 2-16a、b 所

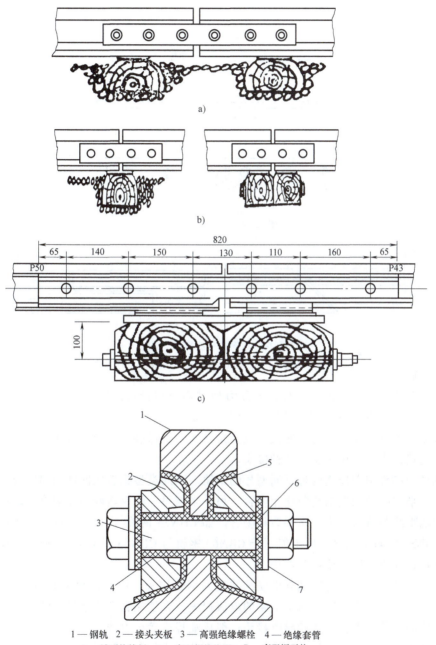

图 2-16 钢轨接头类型

a）悬空式 b）承垫式 c）异型接头 d）高强绝缘接头

1—钢轨 2—接头夹板 3—高强绝缘螺栓 4—绝缘套管
5—槽型绝缘板 6—高强螺栓垫圈 7—高强钢平垫

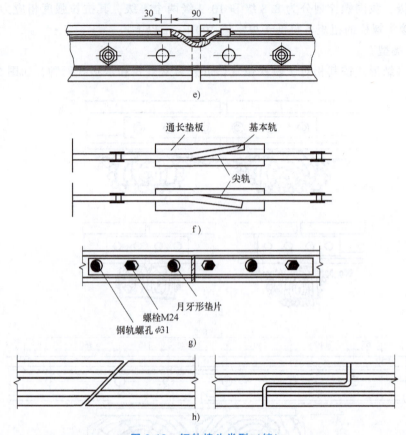

图 2-16 钢轨接头类型（续）

e）焊接式导电接头　f）伸缩接头　g）冻结接头　h）斜切接头

示。按两股钢轨接头相互位置来分，可分为相对式和相错式两种。我国一般采用相对悬空式，即两股钢轨接头左右对齐，同时位于两接头轨枕间。

钢轨接头按其性能可分为普通接头及异型接头、绝缘接头、导电接头、伸缩接头、冻结接头、承越式接头、焊接接头等特种接头。

钢轨异型接头用于连接两种不同型号的钢轨。不同类型钢轨之间联结时需要采用异型夹板联结，一半与一端同型钢轨断面相吻合，另一半与另一端钢轨断面相吻合，联结时应使两轨工作面轨距线与轨顶最高点水平线相吻合。如 CHN75 钢轨与 CHN60 钢轨的连接，CHN60 钢轨与 CHN50 钢轨的连接，但不能用于 CHN60 钢轨与 CHN45 或 CHN43 钢轨的连接，即相邻等级钢轨之间方可用异型接头连接。

钢轨导电接头是指具有轨端导电联结装置的钢轨接头。由于钢轨表面和夹板表面生锈，导致接头电阻较大，为了减少轨道电路的电流损失，在轨端钻孔连接导电线。由于在轨头钻孔影响钢轨的疲劳强度，现在的导电接头一般用喷焊连接导电线。

在自动闭塞区段上，为保证轨道电路在闭塞分区之间相互隔断，需设置绝缘接头，主要有普通高强绝缘接头及胶接绝缘接头。高强钢轨绝缘接头采用夹板联结，在钢轨与接头夹板，接头夹板与高强绝缘螺栓、钢轨与钢轨之间分别加入槽形绝缘板、高强钢垫圈、绝缘套管和轨端绝缘板以防联电。缓冲区的连接接头虽然使用了高强度螺栓，也不能按规定拧紧，冬季会出现大轨缝，再由于钢轨大量的收缩影响长钢轨的锁定轨温，在某些区段会出现应力高峰，当天气回暖时可能会发生胀轨跑道，威胁行车安全。为此，国外有些国家致力研究采用胶接绝缘接头，美国、法国、日本等国家都已经使用，其寿命在10年左右。例如，美国联合太平洋铁路公司在铺轨队设立胶合工班，绝缘接头与长轨节的联合接头都采用胶接。近年来，我国的胶接绝缘接头应用越来越广泛，胶接接头具有较高的强度和韧性，在强大力的作用下也能保证钢轨与夹板不发生相对移动，所以胶接接头区的轨道养护条件也与无缝线路的养护条件相同。胶接接头采用全断面夹板，胶粘工艺有用热胶在工厂内完成，也有用双组常温固化胶在现场完成。

在长大桥梁上为适应钢轨伸缩的要求，有时需设置伸缩接头，按尖轨形状的不同，分为折线型和曲线型两种。调节器的功能是协调因温度引起的长大桥梁梁端伸缩位移和长钢轨伸缩位移之间的位移差，使桥上长钢轨自动调整温度力，从而减小轨道及桥梁所承受的荷载。

冻结接头指采用夹板与高强螺栓联结钢轨，使轨端密贴或预留小轨缝，此种形式将钢轨锁定阻止其伸缩变形，形成准无缝线路。目前，国内外采用的钢轨冻结接头主要有普通冻结接头和新型冻结接头。普通冻结接头是指采用特制垫片，塞入钢轨螺栓孔空隙中，使钢轨接缝密贴而阻止钢轨自由伸缩的一种钢轨联结方式。新型冻结接头是采用施必牢防松机构、哈克紧固件等联结形式的钢轨接头及 MG 接头等新型钢轨冻结接头。其主要依靠高强螺栓联结提供钢轨在夹板内足够的摩擦阻力，阻止钢轨在夹板内的伸缩，要求钢轨接头螺栓强度高，并具有一定的防松功能。在钢轨接头联结中运用新型冻结接头技术，可以有效地冻结钢轨接头，减少接头病害，冻结后的线路可以比照普通无缝线路进行管理。

为减小车轮通过轨缝时的折角和错台可采用承越式接头，在钢轨接头处外侧夹板中间部分加高，车轮通过时，外侧夹板顶面与钢轨顶面同时接触车轮，可减缓车轮的冲击振动。

焊接接头是将钢轨焊接成无缝线路长钢轨时采用的接头形式，钢轨焊接的方式主要有接触焊、气压焊和铝热焊。在20世纪初，由于炼钢技术和焊接技术还不发达，未能在干线上铺设焊接钢轨。1917年，美国在平交道口、站线及装煤线上铺设焊接长钢轨，为焊接技术首次应用于钢轨接头上。1924年，德国发明了气压焊、电阻焊。1936年，匈牙利在其铁路上进行了钢轨气压焊法并取得了成功。1937年，气压焊法开始在美国和加拿大铁路上广泛应用。1955年，瑞士改进了电阻焊，使钢轨焊接质量大大提高，无缝线路开始得到了很大的发展。

1）接触焊也称电阻焊、闪光焊。利用电流通过电阻时所产生的热量熔接焊件，再经顶锻以完成焊接（图2-17）。接触焊的焊接速度快，焊接质量稳定，但其设备较复杂，焊机一次性投资大，所需电源功率大。

2）气压焊。利用气体燃料产生的热能将轨端加热到熔化状态或塑性状态，再加一定的顶锻压力，把

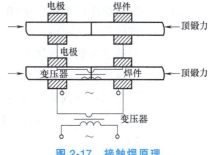

图 2-17　接触焊原理

施焊的金属构件的焊接端焊连（图2-18）。气压焊的一次性投资小，不需要大功率电源，焊接时间短，焊接质量好，现场多用，缺点是焊接时对接头断面的处理要求十分严格，并且在焊接时需要钢轨有一定的纵向移动，因此对超长钢轨的焊接有一定难度，特别是无法进行跨区间无缝线路的线上焊接。

3）铝热焊。用重金属氧化物和铝的混合物为焊剂，铝热剂放入坩埚燃着后剧烈放热，将钢轨预热，坩埚内融化的钢水流入砂模中，从而实现钢轨的焊接（图 2-19）。铝热焊设备简单，操作方便，但性能较差，必须加强现场的试验检查。

4）电弧焊。现场用于维修工作，焊接金属能达到母材的力学性能，其硬度和耐磨强度有时甚至超过钢轨。钢轨电弧焊在国外已有较长的发展历史，但在我国尚处起步阶段。

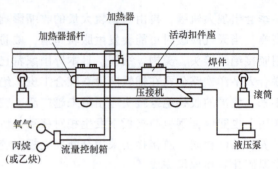

图 2-18　气压焊原理

5. 轨缝设置

为适应钢轨热胀冷缩的需要，在钢轨接头处要预留轨缝。预留轨缝应满足如下的条件：

1）当达到当地最高轨温时，轨缝应大于或等于零，使轨端不受挤压力，以防温度压力太大而胀轨跑道。

2）当达到当地最低轨温时，轨缝应小于或等于构造轨缝，使接头螺栓不受剪力。以防止接头螺栓拉弯或拉断。构造轨缝是指受钢轨、接头夹板及螺栓尺寸限制，在构造上能实现的轨端最大缝隙值。

《铁路线路修理规则》规定普通线路预留轨缝计算公式为

图 2-19　铝热焊焊接钢轨

$$a_0 = \alpha L(t_z - t_0) + \frac{1}{2} a_g \quad (2\text{-}1)$$

$$t_z = \frac{1}{2}(t_{max} + t_{min})$$

式中　a_0——更换钢轨或调整轨缝时的预留轨缝（mm）；

　　　α——钢轨线膨胀系数，$\alpha = 0.0118 \text{mm}/(\text{m} \cdot ℃)$；

　　　L——钢轨长度（m）；

　　　t_z——当地中间轨温（℃）；

t_{max}、t_{min}——当地历史最高、最低轨温（℃）；

　　　t_0——更换钢轨或调整轨缝时的轨温（℃）；

　　　a_g——构造轨缝，38kg/m、43kg/m、50kg/m、60kg/m、75kg/m 钢轨均采用 a_g = 18mm。

对于年轨温差不大于 85℃ 的地区，为了减小冬天的轨缝，预留轨缝可以按式（2-1）计算得到的结果再减小 1~2mm。

由于构造轨缝 a_g 以及接头和基础阻力的限制，不是所有地区都能铺设 25m 长的钢轨。根据轨温-轨缝变化规律，在确定的 a_g 和 C 值情况下，以 t_{max} 时轨缝 $a_{min} = 0$，t_{min} 时轨缝 $a_{max} = a_g$ 为条件，可以得到允许铺轨的年轨温差 $[\Delta t]$ 为

$$[\Delta t] = \frac{a_g + 2C}{\alpha L} \tag{2-2}$$

式中 C——接头阻力和道床阻力限制钢轨伸缩量（mm），见表2-6。

表 2-6 接头阻力和道床阻力限制钢轨伸缩量

项目	单位	25m 钢轨						12.5m 钢轨	
		最高、最低轨温差>85℃			最高、最低轨温差≤85℃				
轨型	—	CHN60及以上	CHN50	CHN43	CHN60及以上	CHN50	CHN43	CHN50	CHN43
螺栓等级	—	10.9	10.9	8.8	10.9	10.9	8.8	10.9	8.8
扭矩	N·m	700	600	600	500	400	400	400	400
C 值	mm	6			4			2	

由式（2-2）计算可知，对于 12.5m 钢轨，铺设地区不受年轨温差的限制；对于 25m 长钢轨，$[\Delta t] = 101.7$℃，近似地只能在年轨温差 100℃以下地区铺设，对于年轨温差大于 100℃的地区应个别设计。在允许铺轨的最大年轨温差 $[\Delta t]$ 范围内，并不是在所有的轨温下都能铺设，在年轨温差 Δt 大的地区，当接近 t_{max}（或 t_{min}）的轨温下铺轨后，轨温达到 t_{min}（或 t_{max}）时，轨缝就不能满足 $a_{max} \leq a_g$（或 $a_{min} \geq 0$）的要求，因此必须限制其铺轨温度。为此，可用式（2-1）中 a_0 作为预留轨缝，并在铺轨后为检查轨缝计算方便，将铺轨轨温上、下限定为

$$\left. \begin{array}{l} 允许铺轨轨温上限 \quad [t_{0s}] = t_z + \dfrac{a_g}{2\alpha L} \\ \\ 允许铺轨轨温下限 \quad [t_{0x}] = t_z - \dfrac{a_g}{2\alpha L} \end{array} \right\} \tag{2-3}$$

对于 25m 长的普通线路，$a_g = 18$mm，可以求得 $a_g/2\alpha L = 30.5$℃。因此，《铁路线路修理规则》规定，应当在（$t_z - 30$℃）～（$t_z + 30$℃）范围内铺轨或调整轨缝。

轨缝应设置均匀。每千米线路轨缝总误差，25m 钢轨地段不得超过±80mm，12.5m 钢轨地段不得超过±160mm。绝缘接头不得小于 6mm。

2.3 轨枕

依据组成材料的不同，轨枕的发展历程大致可以分为四个阶段。自铁路技术发展开始，由于各国木材资源丰富，木材首先成为轨枕材料，至今木枕仍在广泛使用；19 世纪中下叶，人们发现木材易受天气及外部环境因素影响，同时，世界范围内的钢铁制造业开始蓬勃发展，钢枕开始出现，包括欧洲在内的世界各地开始了对钢枕的使用；19 世纪末，法国设计了世界上第一个钢筋混凝土轨枕，自此以混凝土为原材料的轨枕开始了在铁路行业的应用，第二次世界大战期间，混凝土轨枕的产量不断增加，随着混凝土枕不断发展，形成了以双块式及整体式为代表的两大种类；20 世纪末，随着各种新型材料的使用，出现了树脂轨枕、橡胶轨枕等其他合成轨枕。

2.3.1 轨枕的功用、基本要求及分类

轨枕承受来自钢轨的各向压力,并将各向压力弹性地传递给道床,同时,能有效地保持轨道的几何形位,特别是轨距和方向。轨枕应具有必要的坚固性、弹性和耐久性,并能便于固定钢轨,有抵抗纵向和横向位移的能力。

轨枕依其构造及铺设方法可分为横向轨枕、纵向轨枕及短枕等。横向轨枕与钢轨垂直间隔铺设,是一种最常用的轨枕。纵向轨枕一般仅用于特殊需要的地段。短枕是在左右两股钢轨下分开铺设的轨枕,常用于混凝土整体道床。

轨枕按其使用目的分为用于一般区间的普通轨枕、用于道岔上的岔枕、用于无砟桥梁上的桥枕。

轨枕按其材质分主要有木枕、钢枕、混凝土枕和树脂枕等。

在我国主要干线上,除部分小半径曲线上还存在木枕外,绝大部分线路已铺设混凝土枕。

2.3.2 木枕

木枕又称枕木,是铁路最早采用而且仍被继续使用的一种轨枕。

木枕主要优点是弹性好,可缓和列车的动力冲击作用;易加工、运输、铺设、养护维修方便;与钢轨联结比较简单;有较好的绝缘性能等。但木枕要消耗大量优质木材,由于资源有限,其价格较贵。木枕的主要缺点是易腐朽、磨损,使用寿命短,这有来自生产工艺水平的原因;其次是由于木材种类和部位的不同,其强度、弹性不完全一致,在机车车辆作用下会形成轨道不平顺,增大轮轨动力作用。

木枕断面一般为矩形,标准长度为 2.5m(图 2-20)。

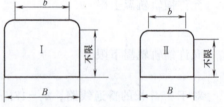

图 2-20 木枕断面形状及尺寸

木枕的使用寿命短,其失效原因很多,主要有腐朽、机械磨损和开裂。木枕腐朽是生物作用的过程,而机械磨损和开裂则是列车反复作用和时干时湿的结果,这三者是互为因果的。木枕一旦腐朽,强度就要降低,同时又会加剧机械磨损和开裂的发展。相反,木枕一旦出现机械磨损和开裂,木质受到损伤,就为加速腐朽提供了有利条件。为延长木枕使用寿命,应对这三者进行综合治理。

木枕的防腐处理是延长其使用寿命的最有效措施。木枕常用的防腐剂有水溶性防腐剂和油类防腐剂两类,其中以油类防腐剂为主要类型。木枕防腐处理按规定的工艺流程,在一个密封蒸制罐中进行。

木枕除进行防腐处理外,还应采取措施,防止机械磨损及开裂的出现。为了减少机械磨损,木枕上必须铺设垫板,并预钻道钉孔。为防止木枕开裂,必须严格控制木枕的含水量,并改善其干燥工艺。一旦出现裂缝,应根据裂缝大小,分别采取补救措施,或用防腐浆膏掺以麻筋填塞,或加钉(C 形钉、S 形钉、组钉板)及用钢丝捆扎,使裂缝愈合。

2.3.3 钢枕

在 1864 年钢枕出现在法国后,钢枕在欧洲发展迅速,二战前后,英国木材短缺,引进

使用钢枕。在非洲和印度，由于白蚁对木枕的蛀蚀而导致木枕无法使用，当时混凝土枕还未出现，所以寻求用钢枕代替木枕。由于钢枕质量轻，便于捆扎存放，至今仍在这些国家和地区使用。

钢枕的主要优点是耐火、耐腐蚀，可提供较大的纵向和横向阻力，牢固保持轨距，具有较好的稳定性；其整体高度小、重量轻，易于加工、搬运、存储，便于施工和维护；使用范围广，可在干线、曲线、岔区等多种线路段使用，且可回收，利用率高。钢枕的主要缺点是在有绝缘需要的线路上不能使用；耐酸性差，部分地段锈蚀严重；对生产设备和工艺水平要求高，钢材价格高；道砟不易捣实，容易形成空吊，列车经过时噪声大。

世界各国铁路的钢枕依据其形状分为凹槽形钢枕和Y形钢枕（图2-21）。凹槽形钢枕是世界各国最为常用的钢枕，钢枕的壁厚7~12mm，截面高度115mm左右，单枕质量约75kg。凹槽形钢枕由钢块多次轧制而成，形成凹形结构，为增加钢枕的横向线路阻力，可在内部设置横向加劲肋。

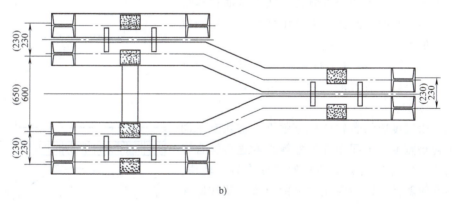

图2-21 钢枕结构
a）德国凹槽形钢枕 b）Y形钢枕平面形状及尺寸

Y形钢枕是由2个S形的热轧宽面工字梁和2个具有相同断面的直线短梁组成，梁端上下用固定装置连接。不同于传统2支点的轨枕，Y形钢枕具有3个成对布置的轨道支点并配备有中心布置的轨道扣件，且采取交错方位铺设，用地脚螺栓和轨道板紧固并粘贴在30cm厚的沥青垫层中。由于支点多，Y形钢枕的抗弯扭刚度大，可以减轻钢轨弯曲和轨枕扭转，降低线路应力，提高线路的稳定性，使行车更为平稳，但不适用于高速线路。

2.3.4 混凝土枕

1. 混凝土枕特点及类型

随着铁路高速、重载发展的需要，用混凝土枕代替木枕已成为发展方向。混凝土枕材源多，并能保证尺寸精度，使轨道弹性均匀，提高了轨道的稳定性。混凝土枕不受气候、腐朽、虫蛀及火灾的影响，使用寿命长。此外，混凝土枕还具有较高的道床阻力，这对提高无缝线路的横向稳定性是十分有利的。混凝土枕自重大、刚度大，与木枕线路相比其轨底挠度较平顺，故轨道动力坡度小。但存在列车通过不平顺的混凝土枕线路时轨道附加动力增大的不足，故对轨下部件的弹性提出了更高的要求。

混凝土轨枕按配筋方式分，有普通钢筋混凝土枕和预应力混凝土枕两大类。普通钢筋混凝土枕抗弯能力很差，容易开裂失效，已被淘汰。预应力混凝土枕按照施工方法不同分为先张法和后张法两类，配筋材料为钢丝或钢筋。我国主要采用先张法混凝土枕。

2. 混凝土枕外形及尺寸

混凝土枕结构设计主要决定于其受力状况。轨枕视为支承在弹性基础上的短梁，在钢轨传来的荷载作用下，轨枕底面对轨枕产生反力，轨枕各截面则承受弯应力。设计中规定：轨枕截面上部受拉为"-"，下部受拉为"+"。

混凝土枕受力状况与道床支承条件有密切关系，支承条件有中间不支承、中间部分支承和全支承三种情况（图2-22）。在不同支承情况下，轨枕截面弯矩的分布是不同的。由图中可以看出，轨下截面正弯矩以中间部分不支承时为最大，而枕中截面负弯矩则以全支承时为最大。

（1）轨枕形状　混凝土枕截面为梯形，上窄下宽。梯形截面可以节省混凝土用量，减少自重，也便于脱模（图2-23）。

轨枕顶面宽度应结合轨枕抗弯强度、钢轨支承面积、轨下衬垫宽度、中间扣件尺寸等因素进行综合考虑加以确定。轨枕顶面支承钢轨的部分称为承轨槽，做成1:40的斜面，以适应轨底坡的要求。轨枕底面在纵向采用两侧为梯形、中间为矩形的形状，两端有较大的道床支承面积，以提高轨枕在道床上的横向阻力。当中间部分不支承时，能使钢轨压力与道床反力

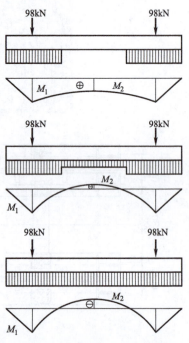

图 2-22　轨枕弯矩与道床支承的关系

的合力尽量靠拢，有利于防止枕中截面出现过大的负弯矩。轨枕底面宽度应同时满足减少道床压力和便于捣固两方面的要求。底面上一般还有各种花纹或凹槽，以增加轨枕与道床间的摩阻力。

（2）轨枕长度　轨枕长度与轨枕受力状态有关。三种不同支承情况（图2-22）对不同轨枕长度进行计算表明，长轨枕可以减少中间截面负弯矩，但轨下截面上正弯矩将增大，两者互相矛盾，一般应以轨下截面正弯矩与枕中截面负弯矩保持一定比例来确定轨枕的合理长

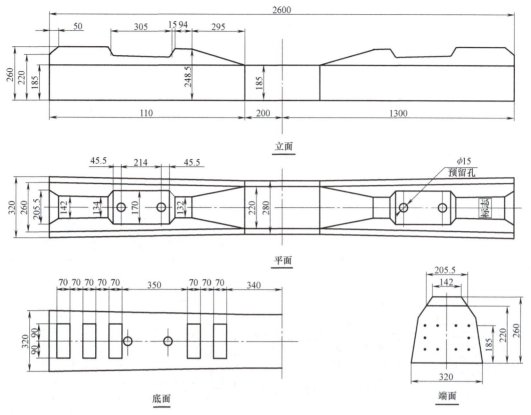

图 2-23 Ⅲ型混凝土枕

度。混凝土枕长度一般在 2.3～2.7m 之间，我国Ⅰ、Ⅱ型枕长度均为 2.5m。

为适应铁路高速、重载发展的需要，国外向增加轨枕长度的方向发展，在主要干线上普遍采用长度 2.6m 的轨枕。有关试验结果表明，轨枕长度增加有以下优点：可减少枕中截面外荷载弯矩，以提高轨枕结构强度；提高纵横向稳定性和整体刚度，改善道床和路基的工作状况，对无缝线路的铺设极为有利；提高了道床的纵横向阻力，可适当减少轨枕配置根数。我国新设计的Ⅲ型轨枕长度有 2.6m 和 2.5m 两种。

（3）轨枕高度　混凝土枕的高度在其全长是不一致的，轨下部分高，中间部分矮。这是因为轨下截面通常在荷载作用下产生正弯矩，而中间截面则在荷载作用下产生负弯矩。而混凝土枕采用直线配筋，且各截面上的配筋均相同，所以配筋的重心线在轨下部分应在截面形心之下，而在中间部分则应在截面形心之上（图 2-24）。这样对混凝土施加的预压应力形成有利的偏心距，使混凝土的拉应力不超过允许限度，防止裂缝的形成和扩展。

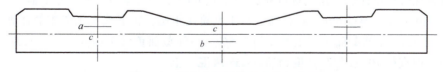

图 2-24　混凝土枕配筋重心线示意图

a—轨下截面形心　*b*—中间截面形心　*c*—应力筋重心线

3. 我国混凝土枕现状

我国从 1953 年就开始了混凝土枕的研究工作,经过不间断的试验研究,使得混凝土枕成为我国铁路轨道中的主型轨枕。为了统一混凝土枕型号及名称,1984 年铁道部公布了"预应力混凝土枕统一名称",将混凝土枕分为 Ⅰ 型、Ⅱ 型及 Ⅲ 型三类。Ⅰ 型混凝土枕包括 1979 年以前研制的弦 15B、弦 61A、弦 65B、69 型、79 型及 1979 年以后设计的 S-1 型、J-1 型等;Ⅱ 型混凝土枕包括 S-2 型、J-2 型(图 2-25)及后来设计的 YⅡ-F 型、TKG-Ⅱ 型等;新设计的 Ⅲ 型混凝土轨枕承载能力大幅提高。目前 Ⅱ、Ⅲ 型混凝土轨枕已成为我国的主型混凝土枕,部分重载线路采用了最新研制的 Ⅳ 型轨枕。

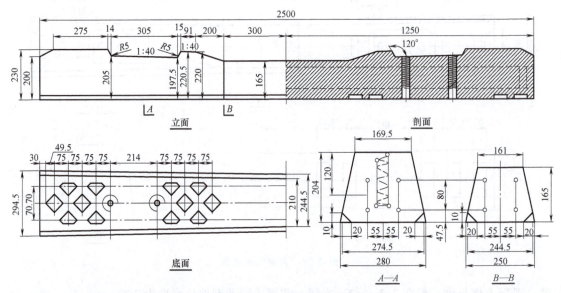

图 2-25　J-2 型混凝土枕

我国铁路使用的混凝土枕,随着轨道荷载(轴重、速度、通过总重)的增加,轨枕截面的设计承载弯矩有所加强。在设计中,主要采用提高混凝土等级,增加预应力和截面高度等措施。目前使用的 Ⅰ 型和 Ⅱ 型枕,其外形尺寸完全相同,Ⅲ 型和 Ⅳ 型枕截面则有所增强,轨下及枕中截面承载能力有较大幅度的提高。

(1) Ⅰ 型轨枕　Ⅰ 型混凝土轨枕的承载能力是按轴重 21t、最高速度 85km/h、铺设密度 1840 根/km 设计的。随着国民经济和铁路运输发展,我国铁路牵引动力已经发生了很大变化,机车车辆的轴重不断提高,年通过总质量也不断增长,Ⅰ 型混凝土枕已不能适应这些外部条件的变化,破损加剧,寿命缩短。从线路上更换下来的轨枕,主要是螺栓孔间的纵裂及轨下正弯矩裂缝。因此,在我国正线铁路上 Ⅰ 型轨枕已逐步被淘汰下道。

(2) Ⅱ 型轨枕　Ⅱ 型轨枕的设计是根据重载线路承受荷载大,重复次数多的特点,采用疲劳可靠性进行设计的。设计标准是按年运量 60Mt,机车轴重 25t,货车轴重 23t,最高行车速度 120km/h,铺设 60kg/m 钢轨。与 Ⅰ 型轨枕相比,轨下截面正弯矩的计算承载能力提高 13%～25%,中间截面正弯矩提高约 8.8%,中间截面负弯矩提高 14%～41%。J-2 型轨枕是采用 4 根直径 10mm 的高强度钢筋,C58 级混凝土。

Ⅱ 型轨枕基本上能适用于次重型、重型轨道。Ⅱ 型轨枕的不足是安全储备还不够大,对提高轨道的整体稳定性能力不足。现场使用情况调查表明,在重型、次重型轨道上使用的轨枕，在某些区段出现枕中顶面横向裂缝、沿螺栓孔纵向裂缝、枕端龟裂、侧面纵向水平裂缝、挡肩斜裂等，轨枕年失效下道率平均约 1.2%。由此可知，Ⅱ型轨枕难以适应重型和特重型轨道的承载条件。为适应强轨道结构的要求，又研制了Ⅲ型轨枕。

（3）Ⅲ型轨枕　Ⅲ型轨枕是从1988年开始，由铁道部专业设计院、铁道部科学研究院等单位研制。轨枕长度增加到 2.6m，并适当加宽了枕底，与Ⅱ型枕相比，枕下支承面积约增加了 17%，端侧面积约增加 20%，轨枕质量约增加 31%，轨下和中间截面的设计承载力分别提高了约 43% 和 65%。Ⅲ型轨枕分有挡肩和无挡肩两种形式。为适应不同线路的需要，同时有了 2.5m 和 2.6m 两种长度，其结构强度相同。设计参数采用机车（三轴）最大轴重23t、最高速度160km/h、轨枕配置1760根/km。Ⅲ型轨枕适用范围为：标准轨距铁路，有挡肩轨枕适用于直线或 $R \geq 300$m 的曲线轨道，无挡肩轨枕适用于直线或 $R \geq 350$m 的曲线轨道。

（4）Ⅳ型轨枕　近年来，随着我国重载线路运量和轴重的进一步增大，部分曲线地段的Ⅲ型枕出现枕中界面的横裂和钉孔附件的纵裂，其中，枕中截面的横裂占较大比重，同时轨枕挡肩破坏也较为普遍。为满足重载铁路的运输需求，我国开发了适应30t轴重的Ⅳ型混凝土轨枕。该型轨枕的长度为 2.6m，轨下设计弯矩 22.57kN·m，枕中设计弯矩 21.33kN·m，与Ⅲ型枕相比分别提高了 18.5% 和 23.3%。同时，轨枕端部面积、底面积和重量等参数均比Ⅲ型枕有所提高，可达到降低道床平均应力、延缓道砟粉化和道床下沉、提高道床横向阻力的目的。我国混凝土枕的主要参数见表2-7。

表 2-7　我国混凝土枕的主要参数

轨枕类型	主筋数量	混凝土等级	截面高度/mm		截面宽度/cm		底面积/cm^2	质量/kg	长度/cm
			轨下	中间	轨下	中间			
Ⅰ	36φ3	C48	20.2	16.5	27.5	25	6588	251	250
Ⅱ	44φ3 4φ10	C58	20.2	16.5	27.5	25	6588	251	250
Ⅲ	10φ7 8φ7.8	C60	23.0	18.5	30.0	28.0	7720	360	260
Ⅳ	12φ7	C60	23.5	19.5	31.4	28.4	7851	385	260

4. 异形混凝土轨枕

（1）双块式轨枕　双块式轨枕（图2-26）最早被法国TGV高速铁路开发使用，由于法国客货车轴重较轻，双块式轨枕能很好满足传力作用，在法国铁路上大规模使用。双块式轨枕由1根枕长的型钢和2个普通混凝土块连接构成，混凝土块内配置螺旋纹构造筋和上下钢筋排，来满足构造和受力要求。高速铁路上，法国通过增大轨枕块的接触面积来满足更高要求的承载能力。

双块式轨枕主要特点是采用普通混凝土块，使用中允许裂纹的出现，但裂纹宽度不得大于 0.05mm；枕中采用型钢，避免了道床引起的负弯矩造成的轨枕横向裂纹病害；适用于轴重较轻的运营条件，对于重载铁路，需加大配筋量和混凝土块尺寸，用钢量大增，造价超过预应力混凝土轨枕，一般不用于重载铁路。

（2）框架式轨枕　框架式轨枕是一种新型的轨下基础，俗称梯子式轨道，以纵向连续钢筋混凝土框架轨枕代替传统的横向轨枕，最早在日本进行研究与应用。框架式轨枕

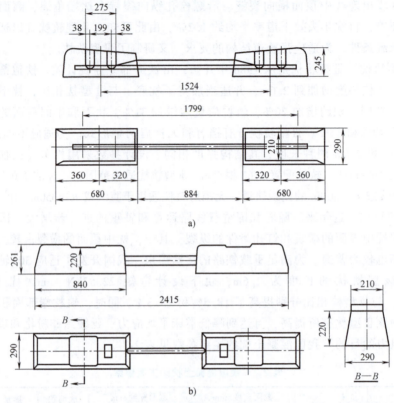

图 2-26 双块式轨枕构造图

（图 2-27）由两根横梁将沿线路方向的两道纵梁连接起来，主要用于重载铁路。

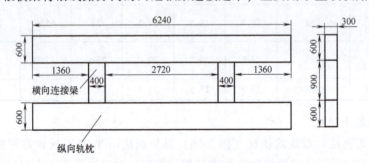

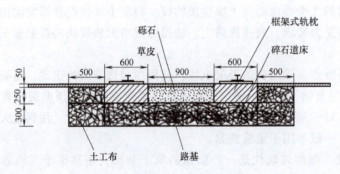

图 2-27 框架式轨枕

框架式轨枕的主要特点是加大了轨枕与道砟接触面积,降低了道床所承受的压力,起到了减缓道床变形的作用,从而减小了轨道的养护维修工作量;相对于整体道床,降低了工程造价,更易于养护维修;也可用于桥上或隧道内的无砟轨道,相对于板式轨道节省了工程量。

(3) 带翼轨枕 奥地利铁路局为提高线路的横向阻力,增加曲线稳定性,开发了一种带翼轨枕(图 2-28)。这种轨枕在轨座处有两翼,形成十字,轨枕翼部之间用预应力拉杆串联起来。

带翼轨枕的主要特点是翼部的增加可以增大轨枕底面的摩擦力,轨枕埋入时增加了侧向的道砟阻力,提高了线路的横向稳定性;相比普通轨枕,造价较高。

2.3.5 新材料轨枕

20 世纪末开始,各种新材料的引入形成了树脂轨枕、橡胶轨枕、纤维混凝土轨枕、重组竹轨枕等各种新材料合成轨枕(图 2-29)。

图 2-28 带翼轨枕

图 2-29 新材料轨枕
a)树脂轨枕 b)橡胶轨枕 c)纤维混凝土轨枕 d)重组竹轨枕

树脂轨枕又称玻纤增强聚氨酯泡沫轨枕,简称 FFU 合成轨枕,采用连续玻璃纤维和聚氨酯发泡组合体制得，质量小，耐蚀性较木枕高，具有易加工性和高绝缘性。

美、日、法等多国已经将废旧橡胶制成的轨枕应用于铁路，该橡胶枕具有良好的弹性、减振性和降噪性。我国2005年以废橡胶和废塑料机械制得的性能优良的热塑性弹性体作为轨枕外壳，以水泥材质作为轨枕内芯，制作了复合的橡胶轨枕，该轨枕兼具木枕和混凝土枕的优势。

纤维混凝土轨枕通过在混凝土中添加钢纤维、玻璃纤维或聚合物纤维等制成，根据加入纤维的不同，制成的轨枕性能有所差异。钢纤维能提高混凝土韧性和抗拉强度，但易腐蚀、电绝缘性能差、成本高。玻璃纤维相对钢纤维价格低、耐酸、绝缘性能好、分散性好。聚合物纤维具有一定的抗拉强度，能减少混凝土裂缝，但使得混合料黏度大、搅拌难，且价格较高。

重组竹轨枕是利用重组竹材料制成的轨枕。重组竹是将竹子顺着纤维方向分解成细条形，保持竹材的基本特性，浸胶后压制而成，是一种高强度的重组板材。我国竹资源丰富，为重组竹轨枕制作提供了广泛的材料，重组竹的制作加工工艺简单，使得其制作成本低。由于重组竹轨枕原竹纤维的高强度特点，其力学性能强于实木轨枕，同时，相比于混凝土轨枕，质量较小，易于拆装，具有良好的加工性。

2.3.6 轨枕铺设数量及布置

1. 轨枕铺设数量

轨枕间距与每公里配置的轨枕根数有关。轨枕每公里的铺设标准应根据运量、行车速度及线路设备条件等综合考虑，合理配置，以求在最经济的条件下，使轨道具有足够的强度和稳定性。对于运量大、速度高的线路，轨枕应该布置得密一些，以减小钢轨、轨枕、道床及路基面的应力和振动，同时使线路轨距、轨向易于保持。但也不能太密，太密则不经济，而且净距过小，也会在一定程度上影响捣固质量。

我国铁路规定，对木枕轨道，每公里最多为1920根，混凝土枕为1840根；每公里最少均为1440根。轨枕的级差为每公里80根。每公里铺设数量由线路等级决定，对于正线轨道，可根据普通铁路正线轨道类型（表2-8）选定。

轨枕加强地段及其铺设数量应符合下列规定：

1）下列地段应增加轨枕的铺设数量：
① 半径 $R \leq 800\mathrm{m}$ 的曲线地段（含两端缓和曲线）。
② 坡度大于1.2%的下坡地段。
③ 长度等于或大于300m的隧道内线路。

上述条件重叠时只增加一次。

2）轨道加强地段每千米增加的轨枕数量和最多铺设根数应符合表2-9的规定。

Ⅲ型混凝土轨枕由于截面增大，在减少轨枕配置根数的情况下，其道床应力，钢轨、轨枕的动挠度和加速度较Ⅱ型混凝土轨枕小，轨道的稳定性也有所增强，综合考虑经济性及国外的铺设应用情况，Ⅲ型混凝土轨枕的配置根数可有所减少。

2. 轨枕铺设布置

普通轨道上，钢轨接头处车轮的冲击动荷载大，接头处轨枕的间距应当比中间的小一些，并且从接头间距向中间间距过渡时，应有一个过渡间距，以适应荷载的变化（图2-30）。

表 2-8 普通铁路正线轨道类型

	项目			单位	特重型	重型	次重型	中型	轻型	
运营条件	年通过总质量			Mt	>50	25~50	15~25	8~15	<8	
	旅客列车最高设计行车速度			km/h	160~120	160~120	≤120	≤120	≤100	≤80
轨道结构	钢轨			kg/m	75	60	60	50	50	50
	轨枕	混凝土枕	型号	—	Ⅲ	Ⅲ	Ⅱ或Ⅲ	Ⅱ	Ⅱ	Ⅱ
			铺枕根数	根/km	1667	1667	1667或1760	1667或1760	1600或1680	1520或1640
	碎石道床厚度	土质路基	单层 道砟	cm	35	35	35	30	30	25
		土质路基	双层 表层道砟	cm	30	30	30	25	20	20
			底层道砟	cm	20	20	20	20	20	15
		硬质岩石路基	单层 道砟	cm	30	30	—	—	—	—
	无砟轨道	板式轨道	混凝土底座厚度	cm	≥15					
		轨枕埋入式								
		弹性支承块式			≥17					

表 2-9 每千米增加的轨枕数量和最多铺设根数 （单位：根）

轨枕类型	Ⅲ型混凝土轨枕	Ⅱ型混凝土轨枕	木枕
每千米增加的轨枕数量	40	80	160
每千米最多铺设根数	1760	1840	1920

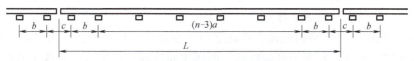

图 2-30 轨枕间距计算图

每节钢轨下轨枕间距应当满足：$a>b>c$。接头轨枕间距一般是给定的；对于 50kg/m 及以上钢轨，木枕接头间距为 440mm，混凝土枕接头间距为 540mm。由轨枕间距计算图可知：

$$a = \frac{L-c-2b}{n-3} \tag{2-4}$$

设 $b = \dfrac{a+c}{2}$，代入上式得

$$a = \frac{L-2c}{n-2} \tag{2-5}$$

代入式（2-4）求得 b 值为

$$b = \frac{L-c-(n-3)a}{2} \tag{2-6}$$

式中　　L——标准轨长（含一个轨缝宽度，一般取 8mm）；
　　　　n——一节钢轨下轨枕的根数；
　　　　a——中间轨枕间距（mm）；
　　　　c——接头轨枕间距（mm）；
　　　　b——过渡轨枕间距（mm）。

根据式（2-5）算出的轨枕间距 a 取整，然后代入式（2-6）求得 b 应有的值。对于无缝线路，轨枕间距应均匀布置。轨枕间距尺寸按"维修规则"有关规定设置。

2.4 扣件

钢轨扣件是连接钢轨和轨枕的轨道部件，但在轨道结构中不可或缺，需求量大，约 7000 件/km。在保证轨道弹性和几何形位方面，扣件系统发挥着重要作用，直接影响列车的安全性和平稳性。特别对于高速铁路，无砟轨道的弹性主要取决于扣件系统，同时精度的调整和保持也来自于扣件系统。

扣件根据铺设的轨枕有木枕扣件和混凝土枕扣件两大类型。扣件根据其结构可有以下分类方法：

按扣压件区分：刚性和弹性。
按轨枕结构区分：有挡肩和无挡肩。
按轨枕、垫板及扣压件的联结方式区分：不分开式和分开式。
以上各类型扣件我国铁路均有铺设。

2.4.1 扣件组成与功用

扣件是轨道重要组成部件，钢轨与轨枕间的联结是通过中间联结零件实现的。它的功用在于可以长期有效地保持钢轨与轨枕的可靠联结；将钢轨固定在轨枕上，阻止钢轨相对于轨枕的纵、横向移动，并能在动力作用下充分发挥其缓冲减振性能，延缓轨道残余变形积累。

除此之外，扣件应具备如下性能：

1）足够的扣压力：这是钢轨和轨枕联结的重要保证，足够的扣压力是指当钢轨弯曲和转动时，不致使轨底沿垫板发生纵向位移，即要求扣件的纵向阻力大于道床的纵向阻力。

2）适当的弹性：适当的弹性可减小荷载对道床的压力，延长部件使用寿命，扣件弹性主要由橡胶垫板和弹条等部件提供。

3）具有一定的轨距和水平调整量：为适应轨面标高及轨距变化的需要，钢轨扣件应在各个方向上具有充分的调整量。

4）用于桥上和高架桥上的无砟轨道的扣件，其阻力应控制在一定范围内，以减小桥梁伸缩力和挠曲力对无缝线路长钢轨纵向力的影响。

钢轨扣件系统配件繁多，各个国家所用扣件也不尽相同，但主要分为三部分：扣压件、紧固件和弹性垫板。随着轨道结构的发展和列车速度的提高，特别是无砟轨道的出现，钢轨扣件也发生了系列变化，以提供更加优异的工作性能。

扣压件（图 2-31）的作用是将钢轨固定在轨枕或弹性垫板上，除了具有一定的扣压力，还承担来自钢轨不同方向的作用力，与钢轨保持良好的跟随性。

扣板式　　　　　　　　　弹片式　　　　　　　　　弹条式

图 2-31　扣压件形式

紧固件（图 2-32）的功能是将扣压件与轨枕稳定连接。按紧固形式，主要分为有螺栓和无螺栓两种，各有优缺点。根据技术系统进化趋势，紧固件的功能将更加完备协调，结构将更加精密可靠，施工养护将更加便捷。

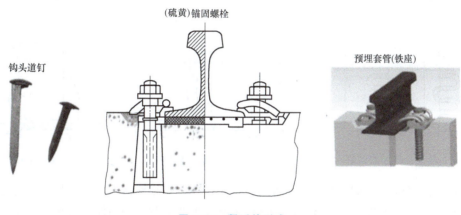

图 2-32　紧固件形式

弹性垫板（图 2-33）是直接支撑钢轨并将列车垂向和横向动荷载经钢轨均匀传递至混凝土轨下基础的主要部件，通过添加弹性材料，实现缓冲和减振作用。弹性垫板的弹性主要表现在其垂直刚度，为减轻轮轨动力冲击，提高乘坐舒适性，宜采用低刚度的弹性垫板。

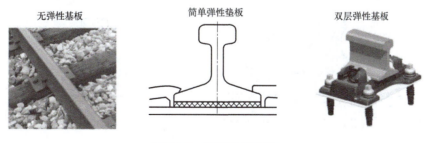

图 2-33　弹性垫板形式

2.4.2　木枕扣件

木枕扣件是木枕轨道上用于连接钢轨和木枕的联结零件。新中国成立初期我国尚无设计、制造混凝土枕能力，铁路基本上铺设木枕。木枕扣件结构简单，但木枕上的道钉孔易磨损，产生道钉浮起，线路稳定性差，需铺设防爬设备、轨距杆等加强，该类型扣件至今仍然使用，是我国传统形式扣件。

依照扣件联结钢轨、垫板与木枕三者之间的形式不同，扣件可分为：简易式、不分开式、分开式及混合式四种。

1. 简易式扣件

简易式扣件是用道钉直接将钢轨、木枕联结在一起，又可分为普通道钉和弹簧道钉（图2-34～图2-36）两种。

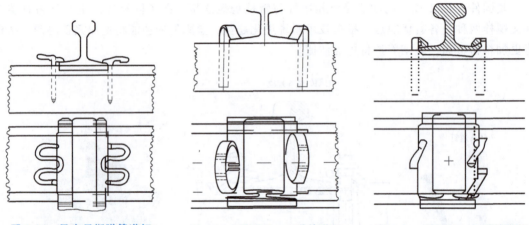

图2-34 马克贝斯弹簧道钉　　图2-35 德国Dna4弹簧道钉　　图2-36 德国Dna6弹簧道钉

弹簧道钉使用圆形或方形的弹簧制成，形式很多，其扣件钢轨的部分具有一定的弹性变形，能大大缓减钢轨的振动。当木枕受荷载影响发生变形时，仍能保持足够的扣压力，其抗拔力和抗推力均比普通道钉大；此外，弹簧道钉适用在冬季很少发生冻胀的线路上。

2. 不分开式扣件

不分开式扣件（图2-37）是在钢轨与木枕之间加一钢垫板，然后直接用三个道钉（内侧两个、外侧一个）把钢轨、垫板、木枕钉在一起。由于直接用道钉将钢轨、垫板共同钉在木枕上，列车通过时钢垫板发生振动，易磨损木枕，所以使用较少。

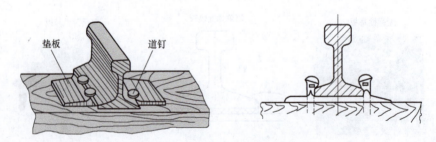

图2-37 木枕不分开式扣件

钩头道钉不能使钢轨压紧垫板，为了使钢轨在纵向力作用下有足够的阻力，需要安设防爬器。这种扣件因垫板的位移和振动而使木枕的机械磨损加快，为了减小磨损采用圆弧形边的垫板。在垫板下垫橡胶垫板或塑料垫板也可减小轨枕的磨损。

3. 分开式扣件

分开式扣件（图2-38）是将钢轨和垫板、垫板和木枕分别联结起来。它是用4个螺纹道钉联结垫板与木枕，两个T形螺栓扣压钢轨与垫板，其道钉和地脚螺栓构成K形，故又称K式扣件。分开式扣件扣压力大，可有效防止钢轨爬行。分开式扣件主要用在桥上线路。

4. 混合式扣件

在不分开式扣件的基础上，加两个道钉，只联结垫板与木枕（钢轨内外侧各一个），前三个道钉作用为不分开式，而后设的道钉为分开式，因此称这种扣件为混合式扣件（图2-39），零件有道钉和五孔双肩钢垫板。

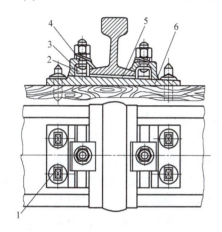

图2-38 木枕分开式扣件

1—螺纹道钉 2—地脚螺栓 3—夹板 4—弹簧垫圈
5—木垫板 6—垫板

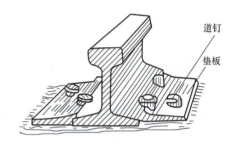

图2-39 木枕混合式扣件

混合式扣件是我国铁路木枕轨道上使用最广泛的一种扣紧方式。它除用道钉将钢轨、垫板和木枕一起扣紧外，还另用道钉将垫板与木枕单独扣紧。这种扣紧方式可减轻垫板的振动，且零件少，安装方便；其缺点是铺轨受荷载后向上挠曲时，易将道钉拔起，降低扣着力。

2.4.3 混凝土枕扣件

混凝土枕弹性扣件由螺纹道钉、螺母、平垫圈、扣压件、轨距挡板、绝缘缓冲垫片、绝缘缓冲垫板和衬垫等组成。由于重量大、刚度大的特点，对其扣压力、弹性和可调性均有较严格要求。对扣件扣压力的要求是为了保证钢轨和轨枕之间具有可靠的联结，同时要求轨枕上的两组扣件的纵向阻力大于一根轨枕的道床阻力。我国铁路每根轨枕的纵向阻力约为10kN，一组扣件的纵向阻力为15~25kN，相应的扣件扣压力约为10kN。对弹性的要求是为了减小轮轨之间的冲击荷载，提高行车平稳性，降低轨道结构部件所受的应力水平，提高轨道结构的使用寿命。对可调性的要求是为了方便调整轨距和水平，保证轨道几何形位满足规范要求。此外，由于轨道电路，对扣件的绝缘性能等也有所要求。

我国初期的混凝土轨枕扣件只有扣板式和拱形弹片式两种。拱形弹片式扣件由于其强度低、扣压力小、易变形折断，已在我国主要干线上淘汰。扣板式扣件仍在一些次要干线上使用，目前用得最多的是弹条扣件。本节主要对我国常用的混凝土扣件和国外的几种主要扣件作一些介绍。

1. 扣板式扣件

扣板式扣件（图 2-40）由扣板、螺纹道钉、弹簧垫圈、钢座及缓冲垫板组成。螺纹道钉用硫黄水泥砂浆锚固在混凝土轨枕承轨台的预留孔中，然后利用螺栓将扣板扣紧，扣板能将钢轨所受的横向力传递给轨枕。扣板的弹性由弹簧垫圈提供，弹性有限。为调整轨距，共有 10 种尺寸号码的扣板，利用不同号码扣板的搭配，可满足不同钢轨和轨距调整的需要，扣板式扣件用于 CHN50 及以下钢轨的轨道。

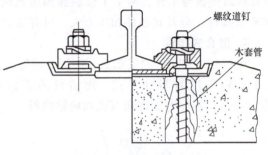

图 2-40 扣板式扣件

2. 弹条扣件

我国使用的弹条扣件主要有 Ⅰ 型、Ⅱ 型、Ⅲ 型扣件，随着重载和高速铁路的发展，在 Ⅱ 型、Ⅲ 型扣件的基础上开发了 Ⅳ 型、Ⅴ 型扣件。

60kg/m 钢轨弹条 Ⅰ 型扣件（图 2-41）主要由 ω 形弹条、螺纹道钉、轨距挡板、挡板座及弹性橡胶垫板等组成。图中，弹条用于弹性扣压钢轨，要求保持一定的扣压力及足够的强度。弹条由直径为 13mm 的 60Si2Mn 或 55Si2Mn 热轧弹簧圆钢制成。Ⅰ 型弹条分为 A、B 两种，A 型用于 CHN50 钢轨，B 型用于 CHN60 钢轨。轨距挡板的作用是调整轨距，传递钢轨的横向水平推力，所以也有多种号码，以满足轨距调整的需要。轨距挡板尼龙座也有多种号码，两斜面的厚度不一样，可翻转使用，与轨距挡板配合使用，加大轨距的调整量。

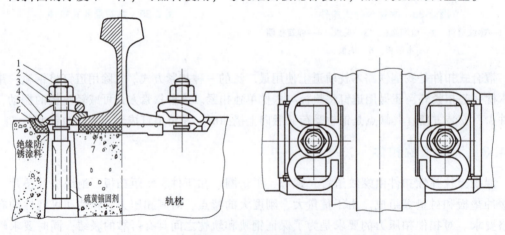

图 2-41 弹条 Ⅰ 型扣件

1—螺纹道钉　2—螺母　3—平垫圈　4—弹条　5—轨距挡板　6—挡板座　7—弹性橡胶垫板

弹条 Ⅱ 型扣件（图 2-42）除弹条采用新材料设计外，其余部件与弹条 Ⅰ 型扣件通用，弹程不小于 10mm，仍为带挡肩、有螺栓扣件，选用了 60Si2CrVA 合金钢作为弹条材料，屈服强度和抗拉强度分别提高了 42% 和 36%。在原使用弹条 Ⅰ 型扣件地段，可用弹条 Ⅱ 型扣件弹条更换原 Ⅰ 型扣件弹条。

弹条 Ⅲ 型扣件（图 2-43）是由弹条、预埋座、绝缘轨距块和橡胶垫板组成的无螺栓无挡肩扣件。我国 Ⅲb 型混凝土轨枕、CHN60 钢轨的线路采用此类扣件。绝缘轨距块有 7-9 和 11-13 两种，用不同绝缘轨距块搭配调整轨距。

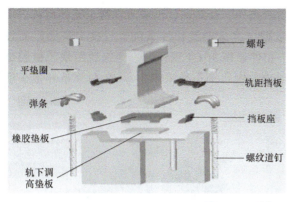

图 2-42 弹条Ⅱ型扣件

弹条Ⅲ型扣件具有扣压力大、弹性好等优点，特别是取消了混凝土挡肩，消除了轨底在横向力作用下发生横向位移导距扩大的可能性。因此有较强的保持轨距能力，又由于该扣件采用无螺栓联结，大大减小了扣件的维修养护工作量。

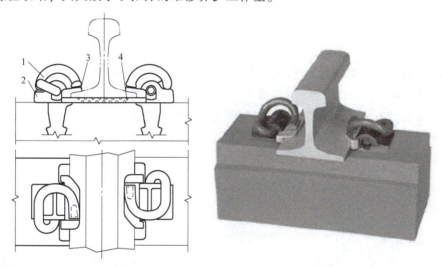

图 2-43 弹条Ⅲ型扣件

1—弹条　2—预埋座　3—绝缘轨距块　4—橡胶垫板

我国各类混凝土轨枕扣件技术性能见表 2-10。

表 2-10　我国各类混凝土轨枕扣件技术性能

扣件技术性能	扣件名称					
	70 扣板型	弹条Ⅰ型	弹条Ⅰ型调高	大秦线分开式	弹条Ⅱ型	弹条Ⅲ型
单个弹条初始扣压力/kN	7.8	8.9	8.2	8.9	≥10	≥11
弹条变形量/mm	刚性	8	9	8	10	13
纵向防爬阻力/kN	12.5	14.3	13.1	14.3	16	17.6
扣压节点垂直静刚度/(kN/m)	110~150	90~120	90~120	60~80	60~80	60~80
调轨距量/mm	0~+16	-4~+8	-4~+8	-12~+8	-8~+12	-8~+14
调高量/mm	0	≤10	≤20	≤15	≤10	0
备注	—	B 型弹条	A 型弹条	B 型弹条	Ⅱ型弹条	Ⅲ型弹条

弹条Ⅳ型扣件系统是为满足客运专线运营条件，针对铺设预应力混凝土无挡肩枕的有砟轨道的线路条件，基于Ⅲ型弹条扣件，并依据《客运专线扣件系统暂行技术条件》而设计的一种无挡肩无螺栓扣件系统（图2-44），扣件系统由C4型弹条、绝缘轨距块、橡胶垫板和定位于预应力混凝土无挡肩枕的预埋座组成。钢轨接头处采用JA、JB型弹条和接头绝缘轨距块。

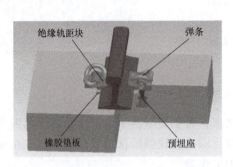

图2-44　弹条Ⅳ型扣件系统结构

弹条Ⅴ型扣件系统是为满足客运专线运营条件，针对铺设预应力混凝土有挡肩枕的有砟轨道的线路条件，并依据《客运专线扣件系统暂行技术条件》而设计的一种有挡肩有螺栓扣件系统（图2-45），是在原弹条Ⅰ、Ⅱ型扣件，弹条Ⅰ型调高扣件以及石龙桥小阻力扣件的基础上，保持现有轨枕承轨槽尺寸和位置不变的条件下改进而成的。扣件系统由弹条、螺纹道钉、平垫圈、轨距挡板、轨下垫板和定位于预应力混凝土有挡肩枕的预埋套管组成。钢轨高低调整时采用调高垫板。

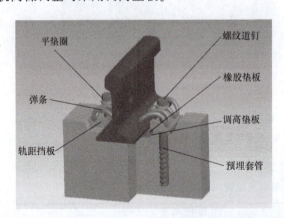

图2-45　弹条Ⅴ型扣件系统结构

3. 国外扣件系统

102型扣件（图2-46）为弹性不分开式、有挡肩、有螺栓扣压，扣件高低可调为10mm，扣压力为5kN，弹程为12mm，静刚度为60kN/mm，同时102型扣件为有砟轨道扣件。

潘得路（Pandrol）e系列扣件（图2-47）为弹性不分开式、无挡肩、无螺栓扣压扣件，扣件高低不可调整，轨距有级调整−8～+4mm，扣压力为11kN，弹程为13mm，静刚度为

80~100kN/mm。潘得路快速弹条扣件是潘得路公司近年来开发的新型扣件,与 e 系列扣件相比,改变了扣压件和预埋座,如图 2-48 所示。

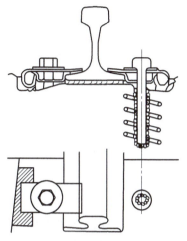

图 2-46　102 型扣件

图 2-47　潘得路（Pandrol）e 系列扣件

图 2-48　潘得路快速弹条扣件

法国纳布勒（Nabla）扣件（图 2-49）为弹性不分开式、有挡肩、有螺栓扣压扣件,扣件调高量为 ±10mm,轨距有级调整 −8~+4mm,扣压力为 11kN,弹程为 9mm,静刚度为 70kN/mm。

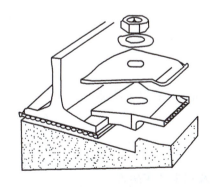

图 2-49　法国纳布勒（Nabla）扣件结构示意图

德国福斯罗（Vossloh）W14 型扣件（图 2-50）为弹性不分开式、有挡肩、有螺栓扣压扣件，高低调整为 10mm，轨距有级调整 $-8 \sim +4$mm，扣压力为 10kN，弹程为 13mm，静刚度为 $50 \sim 70$kN/mm。

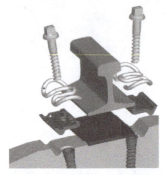
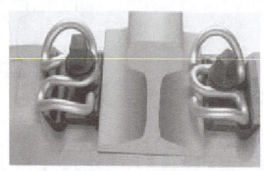

图 2-50　德国福斯罗（Vossloh）W14 型扣件

除此之外，国外混凝土枕扣件还有荷兰的 DE 型扣件、日本的直结系列扣件以及德国的 RST 系列扣件等。国外主要铁路的扣件形式和参数见表 2-11。

表 2-11　国外主要铁路的扣件形式和参数

国别	线路	扣件形式	扣压力/kN	胶垫 厚度/mm	胶垫 静刚度/(kN/mm)	弹性件弹程/mm
日本	东海道山阳	120 双重弹性	6	10	60	—
法国	TGV	纳布勒	11	9	70	8.1~9.1
德国	曼海姆—斯图加特	HM	11	—	70~80	14
英国	—	潘得路	11	10	30~50	12

2.5　道床

在有砟轨道上，道床是轨枕的基础，在其上以规定的间隔布置一定数量的轨枕，用以增加轨道的弹性和纵、横向移动的阻力，并便于排水和校正轨道的平面和纵断面。我国有砟道床有碎石道床、卵石道床、炉渣道床、砂道床和石棉道床，但是碎石道床运用最为广泛，故本节主要介绍碎石道床。

2.5.1　道床的功能及材质

1. 道床的功能

碎石道床是轨道的重要组成部分，是轨道框架的基础，具有以下功能：

1）承受来自轨枕的压力并均匀地传递到路基面上。
2）提供轨道的纵横向阻力，保持轨道的稳定。
3）提供轨道弹性，减缓和吸收轮轨的冲击和振动。
4）提供良好的排水性能，以提高路基的承载能力及减少基床病害。
5）便于轨道养护维修作业，校正线路的平纵断面。

为了完善地履行上述职能，道床在结构、材质及养护条件方面必须具备以下性能：

(1) 结构方面

1) 道床作为轨道结构的一个部件，必须具有足够的强度、刚度和抗剪能力，以保持轨道结构的整体性和稳定性。

2) 对轨枕荷载具有良好的扩散能力，从而使轨枕荷载通过道床的扩散，降到基床表面的容许应力限度之内。

3) 道床在轨道结构的纵向和横向具有均匀而足够的弹性，以保证行车的平顺，降低轮轨动力附加荷载。

4) 道床结构在运营过程中，残余变形的积累速率必须在容许限度之内。

(2) 材质方面

1) 良好的抗冲击、抗磨耗、抗压碎性能，在重复的冲击、振动作用下，不易破碎和粉化。

2) 良好的抗大气腐蚀和风化的性能，即在温度、干湿、冻融交变、盐碱及酸雨等恶劣环境条件下不龟裂、不崩解。

3) 道砟粉末有良好的渗水性，即不滞水、不黏团、不板结。

4) 有足够的电阻值，以保证在采用轨道电路的信、集、闭区间，电路的正常运营。

(3) 养护条件方面

1) 方便的扒、起、捣、拨作业条件及作业后快速密实、稳定的性能，便于及时维修并经常保持轨道的平直性。

2) 对基床有良好的覆盖、保护性能，防止基面在冬季冻害和春夏季杂草丛生。

3) 防止自然风沙、车辆渗漏、机车撒砂、轮轨磨屑等外部脏物的渗入。

2. 道床的材质

为适应上述碎石道床功能，道砟应具有以下性能：质地坚韧，有弹性，不易压碎和捣碎；排水性能好，吸水性差；不易风化，不易被风吹动或被水冲走。

用作道砟的材料主要有：碎石、天然级配卵石、筛选卵石、粗砂、中砂及熔炉矿渣等。选用何种道砟材料，应根据铁路运量、机车车辆轴重、行车速度，结合成本和就地取材等条件来决定。我国铁路干线上基本使用碎石道砟，在次要线路上才使用卵石道砟、炉渣道砟。下面仅介绍碎石道砟的技术要求。

现行的碎石道砟技术条件是2008年开始执行的，标准号为TB 2140—2008，客运专线道砟技术条件于2004年开始执行。技术条件包含三方面的内容。

(1) 道砟的分级　根据材料性能及参数指标将碎石道砟分为特级和一级。碎石道砟的技术参数有：反映道砟材质的材质参数，如抗磨耗、抗冲击、抗压碎、渗水、抗风化、抗大气腐蚀等材料指标参数，为道砟材质的分级提供了依据；反映道砟加工质量的质量参数，如道砟粒径、级配、颗粒形状、表面状态、清洁度等加工指标（表2-12）。对于特重型轨道、隧道内轨道及宽轨枕轨道，应使用一级道砟，重型轨道力求使用一级道砟。高速铁路上为增加道砟的稳定性、减小振动造成的磨损和粉化、防止高速行车时的道砟飞溅，需采用特级道砟。

(2) 道砟级配　对于道砟材料来说，最重要的是要求这些材料具有一定的硬度、耐磨性和良好的级配。这些颗粒本身必须为立方体颗粒并且具有锋利的边缘。

表 2-12 道砟材质分级指标

性能	项目号	参数	特级道砟	一级道砟	评定方法 单项评定	评定方法 综合评定
抗磨耗、抗冲击性能	1	洛杉矶磨耗率 LAA(%)	≤18	18<LAA<27	—	若两项指标不在同一级别,以高等级为准
抗磨耗、抗冲击性能	2	标准集料冲击韧度 IP	>110	95<IP<110	若两项指标不在同一级别,以高等级为准	道砟的最终等级以项目号 1、2、3、4 中的最低等级为准。特级、一级道砟均应满足 5、6、7、8 项目号的要求
抗磨耗、抗冲击性能	2	石料耐磨硬度系数 $K_{干磨}$	>18.3	18<$K_{干磨}$≤18.3	若两项指标不在同一级别,以高等级为准	道砟的最终等级以项目号 1、2、3、4 中的最低等级为准。特级、一级道砟均应满足 5、6、7、8 项目号的要求
抗压碎性能	3	标准集料压碎率 CA(%)	<8	8≤CA<9	—	道砟的最终等级以项目号 1、2、3、4 中的最低等级为准。特级、一级道砟均应满足 5、6、7、8 项目号的要求
抗压碎性能	4	道砟集料压碎率 CB(%)	<19	19≤CB<22	—	道砟的最终等级以项目号 1、2、3、4 中的最低等级为准。特级、一级道砟均应满足 5、6、7、8 项目号的要求
渗水性能	5	渗透系数 P_m/(10^{-6} cm/s)	>4.5	>4.5	至少有两项满足要求	道砟的最终等级以项目号 1、2、3、4 中的最低等级为准。特级、一级道砟均应满足 5、6、7、8 项目号的要求
渗水性能	5	石粉试模件抗压强度 σ/MPa	<0.4	<0.4	至少有两项满足要求	道砟的最终等级以项目号 1、2、3、4 中的最低等级为准。特级、一级道砟均应满足 5、6、7、8 项目号的要求
渗水性能	5	石粉液限 LL(%)	>2050	>2050	至少有两项满足要求	道砟的最终等级以项目号 1、2、3、4 中的最低等级为准。特级、一级道砟均应满足 5、6、7、8 项目号的要求
渗水性能	5	石粉塑限 PL(%)	>11	>11	至少有两项满足要求	道砟的最终等级以项目号 1、2、3、4 中的最低等级为准。特级、一级道砟均应满足 5、6、7、8 项目号的要求
抗大气腐蚀破坏性能	6	硫酸钠溶液浸泡损失率(%)	<10	<10		道砟的最终等级以项目号 1、2、3、4 中的最低等级为准。特级、一级道砟均应满足 5、6、7、8 项目号的要求
稳定性能	7	密度/(g/cm³)	>2.55	>2.55		道砟的最终等级以项目号 1、2、3、4 中的最低等级为准。特级、一级道砟均应满足 5、6、7、8 项目号的要求
稳定性能	8	松密度/(g/cm³)	>2.50	>2.50		道砟的最终等级以项目号 1、2、3、4 中的最低等级为准。特级、一级道砟均应满足 5、6、7、8 项目号的要求

比较常用的一些道砟类型为:

1) 碎石:碎裂的、固体状或沉积态的岩石,如斑岩、玄武岩、花岗岩、片麻岩、石灰岩、砂岩等。对于铁路干线来说,碎石的粒径为 30~60mm,对于道岔、交叉及平交道口,该粒径为 20~40mm。一般来说,碎石具有许多良好的性能,但是也有一些性能是造成路基出现泥浆的原因,如易风化等。

2) 砾石:源自江河,粒径为 20~50mm。砾石非常坚硬,但为圆形颗粒,意味着砾石道床的内摩擦力比较低。

3) 碎砾石:通过大块砾石粉碎而得,粒径为 20~40mm。碎砾石的抗剪强度比一般砾石要大一些。

碎石道砟属于散粒体,其级配是指道砟中颗粒的分布。道砟粒径的级配对碎石道床的力学性能、养护维修工作量有重要影响。在 1959 年的旧标准中,对道砟粒径只有一个范围要求,例如,用于新建、大修和维修的道砟标准为 20~70mm,其中没有粒径比例的要求,这不利于道砟质量的控制。粒径全在 20~30 mm 或 60~70 mm 的两种碎石,均满足上述规定要求,但其作用与性能完全不同。现行标准是按级配要求,可保证道砟产品有最佳的颗粒组成。宽级配道砟由于道砟平均粒径的减小,大、小颗粒的相互配合以及道砟颗粒之间的填满,使得道砟有更好的强度和稳定性,也有利于碎石道床作业。现行一级道砟级配标准见表 2-13、表 2-14,级配曲线如图 2-51、图 2-52 所示,是一种宽级配标准。道砟粗颗粒之间的空隙可由较小的颗粒填充,减少重载条件下破碎。高速铁路由于荷载较轻,且均为大机维修作业,为提高道砟稳定性采用了窄级配标准,见表 2-15 所列,其级配曲线如图 2-53 所示。

表 2-13　新建铁路一级道砟级配标准

方孔筛孔边长/mm	16	25	35.5	45	56	63
过筛质量百分比(%)	0~5	5~15	25~40	55~75	92~97	97~100

注：检验用方孔筛指金属丝编制的标准方孔筛。

表 2-14　既有线一级道砟级配标准

方孔筛孔边长/mm	25	35.5	45	56	63
过筛质量百分比(%)	0~5	25~40	55~75	92~97	97~100

注：检验用方孔筛指金属丝编制的标准方孔筛。

表 2-15　特级道砟级配标准

方孔筛孔边长/mm		22.4	31.5	40	50	63
过筛质量百分比(%)		0~3	1~25	30~65	70~99	100
颗粒分布	方孔筛孔边长/mm	31.5~53				
	颗粒质量百分比(%)	≥50				

注：检验用方孔筛指金属丝编制的标准方孔筛。

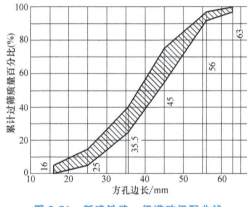

图 2-51　新建铁路一级道砟级配曲线

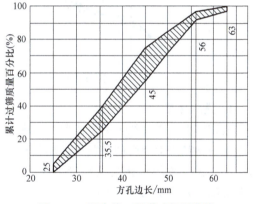

图 2-52　既有线一级道砟级配曲线

（3）道砟颗粒形状及清洁度　道砟的形状及表面状态对碎石道床的性能有重要影响。一般而言，棱角分明、表面粗糙的颗粒具有较高的强度和稳定性。近于立方体的颗粒比扁平、长条形颗粒有更高的抗破碎、抗变形、抗粉化能力。一般用针状指数和片状指数来控制长条形和扁平颗粒的含量。凡长度大于该颗粒平均粒径1.8倍的称为针状颗粒，集料厚度小于平均粒径0.6倍的称为片状颗粒。我国现行道砟采用宽级配标准，规定针状指数和片状指数均不大于50%，但高速铁路要求碎石道床少维修、保持长期稳定，且采用道砟颗粒相对集中的"窄级配"。若不严格控制道砟颗粒的针片状含量，轨道投入运营后因针片状颗粒的破碎，道床脏污，轨道将产

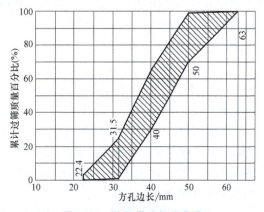

图 2-53　特级道砟级配曲线

生沉降，因此采用欧洲道砟标准，该指标提高为 20%。

道砟中的土团、粉末或其他杂质对碎石道床的承载能力是有害的，须控制其数量。土团是指那些泡水后出现软化，丧失其强度的颗粒。粉末会脏污道床，加速道床的板结，影响道床的排水。标准规定黏土团及其他杂质含量的质量百分比不大于 0.5%；粒径 0.1mm 以下的粉末含量质量百分比不大于 1%。

2.5.2 道床断面

道床由一层松散的粗颗粒材料组成，由于颗粒之间内摩擦力的存在，道床可以承受较大的压应力，但不能承受拉应力。道床在垂直方向上的承载强度还是相当大的，但在横向上的承载强度明显下降。

道床断面包括道床厚度、顶面宽度及边坡坡度三个主要特征（图 2-54）。

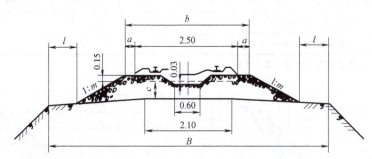

图 2-54　直线地段道床断面（尺寸单位：m）

1. 道床厚度

道床厚度是指直线上钢轨或曲线上内轨中轴线下轨枕底面至路基顶面的距离。道床的厚度应使得路基表面承受的荷载尽可能分布均匀。从轨枕底部开始测量，道床的最佳厚度通常为 25~30cm。在填筑路基及铺设道砟层时，应特别注意一些细节，以避免发生差异沉降，确保沉降偏差在 10mm 范围内。

道床的厚度与以下因素有关：道床弹性、道床脏污增长率、垫砟层的承载能力、路基面的承载能力。

（1）道床弹性　道床弹性是由相互接触的道砟颗粒之间的弹性变形所引起的，通常情况下道床弹性与道床厚度成正比，并随道砟颗粒粒径的增大、道床空隙比的增加而增加。但是松散状态下的道床，在荷载作用下所产生的变形主要是结构变形，卸载后结构变形不能恢复，故新铺、清筛或作业后尚未密实的道床，尽管在列车荷载作用下变形很大，也并不能说明这种道砟有好的弹性。

（2）道床脏污增长率　道床厚度减薄，导致道床弹性变差，其减振吸振的性能变差，在运营条件相同的情况下，道床粉碎、脏污加速，导致日常维修工作量加大、清筛周期缩短。道床污染的原因分为外因和内因，如道砟材料的磨耗与风化，或者黏土、壤土混合物（泥浆）中的细颗粒向上渗透。道床受污染后不利于排水，从而导致抗剪强度下降并且在霜冻期间发生冻结。因而足够的道床厚度是控制道床脏污增长率，维持一定的维修工作量和道床清筛周期所必需的。

（3）垫砟层的承载能力　有研究资料表明，当碎石道砟层的厚度小于 25cm 时，会在碎石与砂垫层的接触面上形成以轨枕底面的四周为边棱的凹形滞水槽。当道床厚度较小时，会在碎石与砂垫层的接触面上形成类似枕底的凹形滞水槽，这是由于碎石层太薄，轨枕荷载没有得到充分扩散，致使分布到垫砟层表面的压应力超过了垫砟层的承载能力，枕下部分的垫砟层表面应力最大，因而逐渐下沉，并形成排水能力差的滞水层。

(4) 路基面的承载能力　路基面的工作应力主要决定于道床厚度，增加道床厚度是降低路基面应力的主要手段。道床厚度根据运营条件、轨道类型、路基土质选用。路基面的承载能力也是确定道床厚度时所要考虑的因素之一。

2. 道床顶面宽度

道床顶面宽度与轨枕长度和道床肩宽有关。轨枕长度基本上是固定的，因此道床顶面宽度主要决定于道床肩宽。道床宽出轨枕两端的部分称为道床肩宽。适当的肩宽可保持道床的稳定，并提供一定的横向阻力。值得一提的是道床肩部堆高是提高轨枕横向阻力最经济有效的手段，但是肩部堆高在高速列车通过的情况下容易造成飞砟现象，影响行车安全。一般情况下道床肩宽在 450～500mm 已能满足要求，再宽则作用不大。表 2-16 规定了不同线路对道床顶面宽度及边坡坡度的要求。

表 2-16　单线碎石道床顶面宽度及边坡坡度

轨道类型	路段旅客列车设计行车速度 $V/(km/h)$	道床顶面宽度/m		道床边坡坡度值
		无缝线路	非无缝线路	
特重型	$120 \leq V \leq 160$	3.50	—	1:1.75
重型	$120 < V \leq 160$	3.40	—	1:1.75
重型、次重型	$V \leq 120$	Ⅱ型混凝土枕：3.30 Ⅲ型混凝土枕：3.40	3.10	1:1.75
中型	$V \leq 100$	—	3.00	1:1.75
轻型	$V \leq 80$	—	2.90	1:1.50

注：表中Ⅲ型混凝土枕指长度为 2.60m 的。当采用长度为 2.50m 的Ⅲ型混凝土枕时，道床肩宽不应小于长度为 2.60m 的Ⅲ型混凝土枕的道床肩宽。

3. 道床边坡坡度

边坡坡度大小对保证道床的坚固稳定，有十分重要的意义。道床边坡的稳定取决于道砟材料的内摩擦角与黏聚力，也与道床肩宽有一定的联系。理论计算及实践结果表明，道砟材料的内摩擦角越大，黏聚力越高，边坡的稳定性就越高。同样地，增大肩宽可以容许采用较陡的边坡，而减小肩宽则必须采用较缓的边坡。例如，肩宽 20cm，边坡坡度 1:2 在保证边坡稳定性方面，与肩宽 35cm，坡度 1:1.75 和肩宽 45cm，坡度 1:1.5 具有相同的效果。

在肩部承载能力相同的情况下，一般趋向于采用较大的肩宽和较陡的边坡，因为这样可以减小路基面的宽度。但过陡的边坡也是不适宜的，因为边坡坡角受到散粒体自然坡角的限制和列车振动的影响。一般振动条件下的散粒体坡角比静止条件下的自然坡角要小得多。国内外的运营实践表明，边坡坡度 1:1.5 不能长期保持稳定，因此我国铁路规定正线区间道床边坡坡度均为 1:1.75。

2.5.3　有砟道床的病害与整治措施

1. 道床的变形

道床作为散粒体结构，本身具有弹、塑性，在外荷载作用下将产生弹、塑性变形。荷载消失后,弹性变形部分得以恢复,而塑性变形部分则成为永久变形,或称残余变形。道床的残余变形主要有两方面的原因:一是在荷载作用下道砟颗粒的相互错位和重新排列所引起的结构变形;二是由于颗粒破碎、粉化所形成的颗粒变形。在列车重复荷载作用下,每次荷载作用所产生的微小残余变形会逐渐积累,最终导致整个轨道的下沉。研究和实践表明,在路基稳定和无水害的情况下,轨面的残余下沉和不均匀下沉主要取决于道床,由此说明道床变形是轨道变形的主要来源。

道床的下沉是道床塑性变形随荷载作用而逐渐累积的过程。对下沉的规律,各国铁路都进行了许多研究,如美国、日本、苏联等。各国资料显示下沉与通过总质量的关系曲线基本相似(图2-55)。

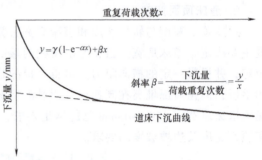

图 2-55 道床下沉曲线

道床的下沉大体可分为初期急剧下沉和后期缓慢下沉两个阶段。初期急剧下沉阶段是道床密实阶段,道床在列车荷载的作用下,道砟首先产生压实,道床碎石大小颗粒相互交错,重新排列其位置,孔隙率减小。也有一些道砟棱角被磨碎,使道床纵、横断面发生变化。这个阶段道床下沉量的大小和持续时间与道砟材质、粒径、级配、捣固和夯拍的密实状况、轴重等有关,一般在数百万吨通过总质量之内即可完成。后期缓慢下沉阶段是道床正常工作阶段,这时道床仍有少量下沉,主要是由于枕底道砟挤入轨枕盒和轨枕头,道砟磨损及破碎,边坡溜塌,从而破坏了道床极限平衡状态,这个阶段的下沉量与运量之间有直接关系。这一阶段时间的长短是衡量道床稳定性高低的指标,也是确定道床养护维修的重要依据。

道床下沉量与各种影响因素之间的关系可以用道床下沉曲线来表示。日本试验的道床下沉曲线数学表达式为

$$y = \gamma(1-e^{-\alpha x}) + \beta x \tag{2-7}$$

式中 y——道床下沉量(mm);

x——荷载重复作用次数,$x = Mt$,其中 M 为年运量(Mt),t 为时间(年);

α——系数,$\alpha = 0.0068M'$;

β——系数,$\beta = 0.0068M'$,$M' = 0.487e^{0.72M}$;

e——自然对数的底;

γ——初期下沉当量,它是后期下沉部分的延长线与纵坐标的交点,一般为 2.5~5mm。

这个公式分为前后两项。第一项 $\gamma(1-e^{-\alpha x})$ 表示道床初期急剧下沉阶段,即压实过程,其中,γ 表示初期下沉当量,也就是初始密实状态,γ 值越小,表示道床捣固和夯拍质量越好,对线路下沉显然是有利的;α 表示道床的压实性能,α 值越大,表示完成第一阶段的过程越短,它与道砟的材质和级配有关。

第二项 βx 表示道床后期缓慢下沉阶段,即道床压实终结后道床的稳固性。β 表示压实终结之后道床稳定性能的下沉系数,在运营过程中,道床残余变形的积累主要取决于 β 值的大小,β 值越小,道床越稳定,沉陷越慢,β 值的大小与道床压力、道床振动加速度和道床脏污程度有关。

整治道床沉陷除了有计划地彻底清筛道床外，在日常工作中要加强排水，加强捣固，必要时可设置横盲沟。

2. 道床脏污

造成道床脏污的主要原因：一是道床原始脏污，道砟在上道前清筛不彻底或在运输过程中被污染；二是道床尽管初期状态很好，在运营过程中逐渐形成脏污，主要是机车落灰，车辆在运行中透漏的煤灰、矿渣末和其他粉末，风力带入的尘埃和外界松散物质的侵入，道砟的机械磨耗等。由于这些原因，使道床不洁增多，道砟空隙被填满，阻碍道床的正常排水。

在雨水较多的地区，特别是石灰岩道砟地段，道床容易板结。它的发展过程，首先是道床底层开始硬结，形成板状层，底层板状硬结；再加上外界松散物质和雨水侵入，在动力作用下，致使整个道床变成硬块，它既不是刚体又失去了应有的弹性。

碎石或筛选卵石道砟不洁率达 35% 及以上时应全部清筛或更换，不洁率小于 35% 时，则清筛至轨枕底下 10cm，在道床边坡上清筛至砂质底砟，在双线的两线路中间清筛至轨枕底部。道床不洁率在 20% 以上时应全部更换。

为了解决道床脏污问题，《铁路线路修理规则》规定：道床应该经常保持饱满、均匀和整齐，并应根据道床不洁程度，结合综合维修有计划地进行清筛，尽可能保持道床弹性和排水良好。

3. 道床翻浆

产生道床翻浆的原因，主要是道床下脏污没有得到及时解决和排水不良。道床沉陷和脏污会在道床上长草，底部透过路基产生道砟囊，削弱轨道强度，在列车不断冲击下，道砟囊逐渐扩展加深，由此导致道床翻浆而影响质量。

预防道床翻浆的主要措施是清筛道床。一是清筛接头翻浆。清筛普通线路接头处 6 根轨枕的道床，清筛深度为枕下 100mm 左右，清筛宽度为轨枕全长，换以级配良好的石砟，换后应加强捣固，消除接头的暗坑、空吊；轨枕头道床边坡部分应清筛到路基面，并挖出土坨，修整好露肩，以利排水。清筛道床不宜过深，以免破坏下部道床的稳定性。二是清筛基面翻浆。处理基面翻浆，要视翻浆长度确定清筛长度，清筛长度应在接头两侧覆盖翻浆长度，从枕下一直清筛到路基面，然后在路基面铺设砂垫层及道砟。经常保持整洁，做好道床排水工作。如涉及路基翻浆时，可设垫层，或用沥青黏土做封层，防止地面水渗入路基土壤，并封闭泥浆不使其冒出。在多雨地区还可以在路基面上铺设氯丁橡胶板，防止地面水渗入路基体或铺设渗滤布以防止路基面上泥浆上冒，严重时可采用路基换土办法解决。

4. 道床沉陷

道床沉陷的原因：一是道床脏污，积水排不出去，在黏土路基地段，使路基顶面软化，道砟逐渐压入路基内，形成道床沉陷；二是道床捣固不实，存在小坑，随着列车振动，小坑又逐渐扩大，形成道床沉陷；三是道床厚度不足，或在非渗水土路基地段未按规定铺砂垫层，道砟压入路基面内形成道砟陷槽造成道床沉陷。

由于道床沉陷，道砟陷入路基而使路基土壤挤压（图 2-56）。

路基面下沉时，会形成道砟陷槽（图 2-57）。

道砟陷槽形成后，如不及时整治，列车不断冲击下，日久将扩展成道砟箱（图 2-58）。

道床沉陷的整治方法：整治道床沉陷，除有计划地彻底清筛道床外，在日常工作中，要加强排水，加强捣固，必要时要增设横向盲沟（图 2-59、图 2-60）。

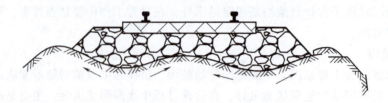

图 2-56　道床沉陷挤压路基面沉陷

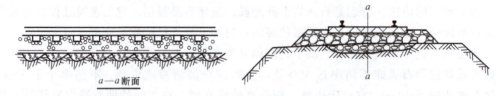

图 2-57　路基面下沉形成道砟陷槽

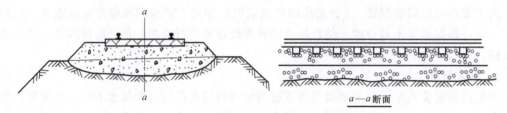

图 2-58　道砟陷槽扩展为道砟箱

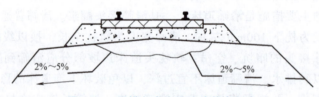

图 2-59　用横向盲沟排除路基内积水

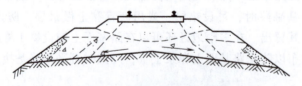

图 2-60　双边横向盲沟示意图

2.5.4　道床的加固

道床在使用过程中常会出现脏污板结、翻浆冒泥、道床翻白等病害。其原始铺设状态及其日常养修质量直接影响到列车运行的安全，提高道床原始铺设质量，及时整治道床病害，对铁路行车平稳安全，特别是提速线路安全有着至关重要的意义。

1. 加强轨道质量

一是加强对接头病害的整治。普通线路接头轨缝值大小保证在规定范围之内，对接头压塌、掉块、磨耗等病害，采取打磨、焊补伤损接头，更换钢轨等措施进行整治，消除接头病害，减小列车对接头的冲击作用，减少接头道床翻白问题的发生。二是对翻白处被磨圆的道砟要及时安排更换，提高道砟承载能力。三是提高无缝线路焊缝质量，焊接接头不得有台阶或扭曲，轨头平整圆顺，用1m直尺测量，顶面、侧面不平度应在0.5mm以内，顶面不得有负值，以减少列车附加应力对线路的冲击，减少道床翻砟问题的发生。四是提高线路日常养修质量，减少暗坑、空吊问题的发生。

2. 提高道床原始铺设质量

一是提高道砟材质，切实做到源头控制。对于新上线道砟的材质、含污量、粒径及级配等方面必须由设备管理单位进行检查确认，设备管理单位将所供道砟质量情况记录在道砟质量确认单上，供砟单位清算时必须提供该确认单，否则不予清算。二是提高道床原始铺设质量，道床施工必须采用大型机械作业，分阶段进行。三是提高中修清筛质量，确保清筛深度和道砟洁度符合规定。

3. 土工栅格加固

土工格栅以其强度高、耐腐蚀、柔性好、能在工厂预制和运输方便等特点，在工程中的应用日益广泛。土工格栅具有出色的弹性模量和抗拉强度，并且与填料介质产生相互作用，可用于路基和有砟轨道道床加固，但土工格栅作为新型材料加固有砟轨道道床在我国尚处于初步研究阶段，并且没有进行大范围工程应用。目前，已知土工格栅加固道砟道床具有以下突出优点：可限制道砟侧向位移，减小永久沉降速率，替代加厚道砟或者化学加固方法，避免开挖并换填厚层外来的土料，减小维修频率，可用在软土路基有砟道床或者高速铁路有砟轨道，使列车高速稳定行驶（图2-61）。

图2-61 土工栅格加固道床

4. 有砟道床固化

铁路有砟道床的固化，是在碎石道床满足相关设计施工标准后灌注或喷洒固化材料，将散粒体道床固结成整体结构的过程。有砟道床的固化主要经历了刚性固化和弹性固化两个阶段。刚性固化采用的是水泥砂浆材料，已逐步被无砟轨道替代；弹性固化主要采用沥青、环氧树脂和聚氨酯材料。

沥青固化材料包括热沥青、乳化沥青水泥砂浆或乳化沥青橡胶水泥砂浆等，固化深度为轨枕底面下60mm或全部道床，固化后道床上半部分或全部为整体，变形小，稳定性好，能防止雨水侵入，可以改善道床工作状态，大幅度降低养护维修作业量。但是，沥青固化道床改变了有砟道床的基本功能，可维修性差，服役寿命短。

环氧树脂材料的应用主要是防止道砟飞散，日本在东海道新干线开通运营后进行了试验和应用，我国在秦沈客运专线进行了试验。但由于环氧树脂韧性和耐冲击损伤能力差，易产生脆性破坏，实际应用很少。

聚氨酯固化技术分为刚性黏结和弹性黏结。刚性粘结技术（聚氨酯道砟胶）起始于道床的表面黏结，目的是防止道砟飞溅，随后逐步发展成提高道床稳定性和刚度均匀过渡的结构黏结。聚氨酯道砟胶应用最多的是线路上的特殊区段，包括改善刚度均匀性的路桥、路隧、道岔前后的过渡段，提高道床稳定性的道岔区，防止横向位移的小半径曲线上，以及改善其稳定性和耐久性的胶结绝缘接头处。聚氨酯固化道床是兼备了有砟轨道和无砟轨道优点的一种新型轨道结构，其广泛应用对工务设备维修具有重要意义（图 2-62、图 2-63）。

道砟胶的固化原理是将道砟黏结以提高道床刚度，结合道床形式将道床划分为枕底道砟、砟肩、枕盒内道砟三部分固结，通过黏结道床不同部位实现道床刚度的分级提高（图 2-64、图 2-65）。

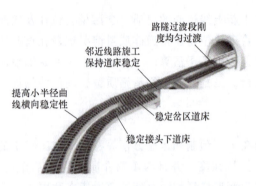

图 2-62　聚氨酯道砟胶在特殊地段的应用

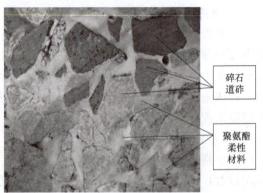

图 2-63　聚氨酯弹性黏结技术

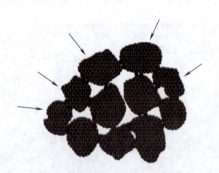

图 2-64　道砟胶固化示意图

图 2-65　道砟胶实体图

小　结

传统轨道结构由钢轨、轨枕、道床、道岔及联结零件等主要部件组成。随着运营情况的增多，运输要求的提高，技术的发展与革新，在原轨道结构的基础上又发展出多种新的结构与形式。本章详细介绍了钢轨、轨枕、扣件和道床的材质、功用、分类与结构特点，通过本章的学习，可较为全面地认识传统有砟轨道结构。

习　题

1. 简述钢轨的功用。
2. 钢轨接头有哪几类？
3. 重型钢轨强化的两种技术路线分别是什么？
4. 波浪形磨耗有何危害？如何消除波磨？

5. 我国混凝土枕上主要使用的是弹条Ⅰ型扣件，弹条Ⅰ型扣件主要由什么组成？
6. 画出预应力混凝土枕在道床三种支撑（中间不支撑、中间部分支撑、全支撑）条件下的弯矩图。
7. 弹条Ⅱ型扣件和弹条Ⅲ型扣件有哪些区别？
8. 根据材料性能及参数指标将碎石道砟分为哪几类？
9. 碎石道砟的技术参数有哪些？

第 3 章　车辆基本结构与轨道几何形位

轨道几何形位是指轨道各部分的几何形状、相对位置和基本尺寸。从轨道平面位置来看，轨道由直线和曲线所组成，一般在直线与圆曲线之间由一条曲率渐变的缓和曲线相连接。轨道的方向必须正确，直线部分应保持笔直，曲线部分应具有相应的圆顺度。从轨道横断面上来看，轨道的几何形位包括轨距、水平、外轨超高和轨底坡。轨道的两股钢轨之间应保持一定的距离，为保证机车车辆顺利通过小半径曲线，曲线轨距应考虑加宽。两股钢轨的顶面应置于同一水平面或保持一定水平差。曲线上外轨顶面应高于内轨顶面，形成一定超高度，以使车体重力的向心分力得以抵消其曲线运行的离心力。轨道两股钢轨底面应设置一定的轨底坡，使钢轨向内倾斜，以保证锥形踏面车轮荷载作用于钢轨断面的对称轴。从轨道的纵断面上看，轨道的几何形位包括轨道的前后高低。钢轨顶面在纵向上应保持一定的平顺度，为行车平稳创造条件。

轨道是机车车辆运行的基础，直接支承机车车辆的车轮，并引导其前进，因而轨道几何形位与机车车辆走行部分的基本尺寸是密切配合的。几何形位的状态偏差应控制在允许的标准范围内。轨道几何形位的正确与否，对机车车辆的安全运行、乘客的旅行舒适度、设备的使用寿命和养护费用起着决定性的作用。影响安全性的因素有轨距、水平、轨向、外轨超高等，这些几何形位超限是产生机车车辆掉道、爬轨以及倾覆的直接因素。影响旅行舒适度的因素有轨距、轨向、外轨超高顺坡及其变化率、缓和曲线线形、前后高低等，这些几何形位因素直接影响机车车辆的横向及竖向的加速度，产生相应的惯性力，在高速铁路和快速铁路中，随着运行速度的提高，该影响也越来越显著。影响设备使用寿命和养护费用的几何形位因素包括轨距、轨向、水平、前后高低和外轨超高等，这些因素对钢轨的磨耗和轨道各部件的受力有较大影响，直接影响养护维修的工作量和费用。

本章主要介绍直线和曲线轨道的几何形位，着重叙述有关各几何形位的理论、原则、检测、评估、方法和要求。有关道岔几何形位的内容将在道岔部分介绍。

■ 3.1　机车车辆基本结构

3.1.1　铁路车辆的基本组成

机车的走行部分由车架、轮对、轴箱、弹簧装置、转向架及其他部件组成。车辆的走行部分是转向架，它包括侧架、轴箱、弹性悬挂装置、制动装置、轮对及其他部件。

轮对是机车车辆走行部分的基本部件，由一根车轴和两个车轮组成。轮轴联结部位采用过盈配合，轮轴用水压机的强大压力压入轮心，并用轴键固定左右两轮的相互位置。轮心捅入轮轴的部分称轮毂，这样，车轮被压装在轮轴上，与车轴牢固地结合在一起。轮与轴只能一起转动，决不允许有任何松动现象发生。

我国车辆上使用的车轮有整体轮和轮箍轮两种。目前绝大部分是整体辗钢轮，它由踏面、轮缘、轮辋、辐板和轮毂等部分组成。轮箍轮由轮心和轮箍组成，轮箍用热套的方法压装在轮心上。车轮和钢轨的接触面称为踏面。内燃机车和电力机车动轮的踏面外形和尺寸与车辆轮相同。

3.1.2 转向架的作用与组成

转向架是轨道车辆（铁路机车车辆、动车组、城轨车辆等）最重要的组成部件之一，实现轨道车辆的走行功能。其设计是否合理直接关系到车辆运行品质、动力性能和行车安全。

从轨道交通的发展历史来看，无论是高速列车在世界各地的极速奔驰，万吨重载列车绵延数公里的雄伟，还是现代城轨车辆快速发展的多样性，无一不与车辆走行部即转向架技术的进步息息相关。可以毫不夸张地说，转向架技术是"靠轮轨接触驱动运行的轨道车辆"得以生存发展的核心技术之一。

1. 转向架基本形式

（1）按运输形式分类　从轨道交通运输形式来看，根据机车车辆功能的不同，转向架大体上可以分为机车、客车、货车和城轨车辆转向架等四大类。

（2）按运行速度分类　按运行速度进行分类，通常将速度大于 200km/h 的转向架称为高速转向架，速度在 140~200km/h 的转向架称为快速转向架，速度小于 140km/h 的称为普通转向架。速度越高，对转向架的要求越高，设计制造的难度越大。

（3）按车轴的数目和类型分类　按车轴数目进行分类，有单轴转向架、两轴转向架、三轴转向架和多轴转向架。转向架轴数的多少是根据车辆总重和每根轴的允许轴重来确定，我国铁路车辆的允许轴重分为 B、C、D、E 四种车轴的类型，最大允许轴重受到线路和桥梁标准的限制。大多数铁路机车、客货车均为两轴转向架，部分机车采用了三轴转向架，在一些轻轨车辆上有时可见单轮对（或轮组）或独立旋转车轮转向架，还有很少一部分货车采用了多轴转向架以满足长大货物的运输需要。

（4）按弹簧装置的形式分类　有一系弹簧悬挂和两系弹簧悬挂转向架之分。

一系悬挂：仅在轮对轴箱与构架之间或者仅在构架与车体之间有弹性悬挂系统（弹簧+阻尼器）。该类型转向架适用于中、低速车辆。

两系悬挂：除了在轮对轴箱与构架间有弹性悬挂外，还在构架与车体间设置第二系弹性悬挂，使车体的减振效果大大优于一系弹性悬挂。一般适用于中、高速机车车辆。

（5）按轴箱定位方式分类　约束轮对与构架之间的相对运动的机构，称为轴箱定位装置。由于轴箱相对于轮对在左右、前后方向的位移很小，故约束轮对相对运动的轮对定位通常也称轴箱定位。轴箱定位对轮轨系统转向架的导向性能、抑制蛇行运动具有决定性作用。

常见的轴箱定位装置的结构形式有：转臂定位、拉杆定位、弹性橡胶定位等。

（6）按与车体连接方式分类　按车体与转向架间的连接装置形式来分，可分为传统连接方式转向架和铰接式转向架（亦称雅可比转向架）。传统连接方式转向架一般采用心盘（或牵引销）与车体的一端连接，车辆形式为独立式车辆。大多数车辆均采用两轴转向架的独立连接方式。铰接式转向架一般位于联合车辆之间，实现列车的纵向耦合。典型的结构是法国 TGV 高速列车采用的铰接式转向架。

按照驱动方式和牵引电机的形式，转向架可分为旋转电机转向架和直线电机转向架。此外还有摆式转向架、径向转向架等类型。

2. 转向架功能

任何轨道车辆走行部或转向架都必须完成如下任务：

1）承载：承受转向架以上各部分的质量（包括车体、动力装置和辅助装置等），使轴重均匀分配。

2）牵引：保证必要的轮轨黏着，并把轮轨接触处产生的轮轴牵引力传递给车体、车钩，牵引列车前进。对动力转向架上设置牵引装置，产生牵引力，非动力转向架并不产生驱动力，但提供黏着力。

3）缓冲：缓和线路不平顺对车辆的冲击，保证车辆具有良好的运行平稳性和稳定性。

4）导向：保证车辆顺利通过曲线。

5）制动：产生必要的制动力，以便车辆在规定的距离内减速或停车。

转向架形式的走行部具有以下优点：

1）采用转向架可增加车辆的载重、长度和容积，从而提高运输的经济性。

2）转向架上轮对之间的轴距很小，使得转向架可以通过小半径的曲线，转向架相对车体可以自由回转，使得较长的车辆也能灵活地通过小半径的曲线。

3）转向架的结构便于安装弹簧减振装置，能够实现二级悬挂，提高了车辆的运行平稳性。

4）转向架作为车辆的一个独立部件，便于制造、安装、互换和维护。

转向架形式的走行部不仅应用于轮轨系统车辆，在轮胎-路面系统和磁悬浮系统也广泛采用，习惯上将磁悬浮车辆的走行部称为悬浮架。

3. 转向架组成

一般动车组、客车和城轨转向架可分为动力转向架和拖车（非动力）转向架。传统或重载货车转向架一般采用三大件形式转向架或其改进形式。

转向架的基本结构如图 3-1 所示。

一般两轴转向架主要组成部分及作用如下：

1）轮对：车辆通过轮对向钢轨传递质量，通过轮轨间的黏着产生牵引力或制动力。

2）轴箱：轴箱是联系构架与轮对的活动关节，提供轴承组件将车轮的转动转换为车辆沿轨道方向的移动。按轴承类型分，有滑动轴承轴箱和滚动轴承轴箱之分，现代机车车辆均采用滚动轴承轴箱，因为滚动轴承具有以下优点：能显著地改善车辆走行部分的工作条件，减少燃油的惯性事故，减轻维护和检修工作，降低运行成本。

3）一系悬挂（轴箱悬挂装置）：用来保证一定的轴重，分配缓和线路不平顺对车辆的冲击，并保证车辆的运行平稳。机车、客车和地铁转向架的一系悬挂装置一般包括轴箱弹簧、垂向减振器和轴箱定位装置等。重载货车转向架一般采用金属-橡胶复合弹簧作为一系悬挂。

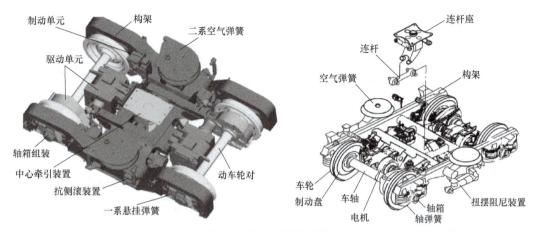

图 3-1 转向架基本结构

4）构架：转向架的关键部件之一，它将转向架各个零部件组成一个整体，并承受和传递各种作用力。焊接构架一般包括侧梁、横梁或端梁，以及各种相关设备的安装或悬挂支座等。对三大件形式货车转向架，一般采用铸造侧架和摇枕。

5）二系悬挂［车架（体）与转向架间的连接装置］：用以传递车体与转向架的垂向力和水平力，使转向架在车辆通过曲线时能相对于车体回转，并进一步减缓车体与转向架间的冲击振动，同时必须保证转向架稳定。它包括二系弹簧、各方向减振器、抗侧滚装置和牵引装置等。

6）驱动装置（动力转向架）：将动力装置的扭矩最后有效地传递给车轮。对于异步牵引系统一般包括牵引电机、齿轮箱、联轴节或万向轴和各种悬吊架构等。

7）基础制动装置：由制动缸传来的力，经放大系统（一般为杠杆机构）增大若干倍以后传给闸瓦（或间片），使其压紧车轮（或制动盘），对车辆施行制动。它包括制动缸（气缸或油缸）、放大系统（杠杆机构或空-油转换装置）、制动闸瓦（或闸片）和制动盘等。

3.1.3 轮对组成及基本要求

1. 轮对

轮对是由一根车轴和两个相同的车轮组成。在轮轴结合部位采用过盈配合，使两者牢固地结合在一起。

轮对承担着车辆全部重量，并通过与钢轨的黏着产生牵引力或制动力，通过滚动使车辆前进。轮对的受力非常复杂，轮对既承受很大的静荷载、动作用力和组装应力，同时在闸瓦制动时还产生热应力，车轴压装在轮心产生了组装应力，因此要求它有足够的强度。另一方面，由于轮对是簧下重量，为了减轻它对线路的动作用力，要求尽可能减轻它的重量，而这对于高速车辆尤为重要。

（1）传统轮对　轮对一般由车轴、车轮等组成，如图3-2所示。车轴有实心车轴和空心车轴两种，车轮有整体车轮、轮箍轮、弹性车轮等不同形式。目前我国的轨道车辆一般采用整体车轮，国外有部分轮箍轮在使用，另外，高速动车组和地铁轮对还有动力轮对和非动力轮对的区分，其中动力轮对上通常装有牵引大齿轮（或齿轮箱）。

滚动圆直径描述车轮直径大小，其大小影响车辆及零部件性能，常用的有直径 840mm

的货车轮对，直径 915mm 的客车轮对和其他不同直径的低地板轻轨车辆轮对等。

轮对内侧距用于保证车轮与钢轨有一定横向间隙，一般我国标准轨距的轮对内侧距为 1353mm，欧洲和日本多为 1360mm。合适的轮对内侧距可实现轮对自动对中作用，有利于车辆安全通过曲线以及安全通过辙叉，同时又可以减少车轮轮缘与钢轨的磨耗。

车轮踏面形状对车辆走行的动力学性能、轮轨接触、磨耗等影响重大。

刚性轮对的组装工艺通常有两种：热套和液压套装。所谓热套，就是将轮心加热后套到车轴，轮箍加热后套到轮心。而所谓液压套装，就是在车轮与车轴拆装过程中，通过专门的液压设备向轮座接触面处注入高压油，使轮座孔扩张并同时施以轴向推力将车轮压入或推出。

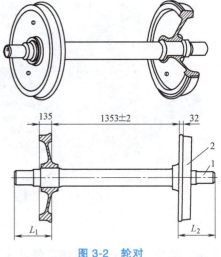

图 3-2　轮对

1—车轴　2—车轮

（2）独立旋转车轮横向耦合轮对　在低地板轻轨车辆和现代有轨电车中，采用独立旋转车轮转向架来降低地板面高度。与传统轮对不同，独立旋转轮对的左右车轮是独立旋转的，但是为了解决独立旋转轮对的直线对中性，通常通过轴桥连接左右车轮，实现左右车轮在横向运动自由度（轮对横移和摇头运动）的耦合。独立旋转车轮转向架具有横向稳定性好、质量小、噪声小及易实现低地板化等传统轮对所不具有的优点，这些优点正是现代轻轨车辆走行部结构设计所追求的目标，因此，独立旋转车轮在城轨车辆上得到了广泛的应用。Citadis 系列独立旋转车轮转向架是由法国公司生产的，其车轴间通过耦合器连接，具备了传统刚性轮对转向架的导向特性，如图 3-3 所示。

图 3-3　Citadis 型城轨车辆动力转向架

2. 轮对结构

（1）车轮　我国车辆上使用的车轮有整体轮和轮箍轮两种。目前绝大部分是整体辗钢轮，它由踏面、轮缘、轮辋、辐板和轮毂等部分组成（图 3-4）。轮箍轮由轮心和轮箍组成，轮箍用热套的方法压装在轮心上。

1）整体碾钢轮（简称整体轮）。它是由钢锭或轮坯经加热碾轧而成，并经过淬火热处理。整体轮具有强度高、韧性好、自重轻、安全可靠，运用中不会发生轮箍松弛和崩裂故障；维修费用较低，轮缘磨耗过限后可以堆焊，踏面磨耗后可以镟修，能多次检修使用等优点，所以它是我国铁路车辆上采用的主型车轮。但整体轮制造技术较复杂，设备投资大，踏面的耐磨性不如轮箍轮的轮箍好。为了与不同型号的车轴相配合，我国整体轮已经系列化和标准化。

近些年，我国正在推广使用 S 形辐板整体碾钢轮。它的结构特点是：辐板为不同圆弧连接成的 S 形状，适当减薄轮毂孔壁厚度。S 形辐板整体碾钢轮比直辐板轮的结构强度提高

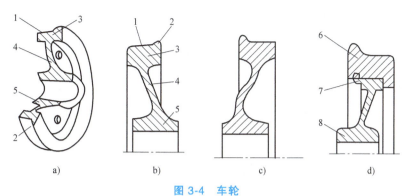

图 3-4 车轮
a) 整体轮 b) 直辐板轮 c) S形辐板轮 d) 轮箍轮
1—踏面 2—轮缘 3—轮辋 4—辐板 5—轮毂 6—轮箍 7—扣环 8—轮心

约30%，并具有较好的径向弹性，可显著改善轮轨动作用力。

2）轮箍轮。轮箍轮又称带箍轮或有箍轮，由轮箍、轮心和扣环组成。从车轮的工作性质而言，这种结构形式比较合理，轮箍是用平炉优质钢碾压制成，强度高，耐磨性好；而轮心可用含碳量较低的 Q235 钢铸造，韧性好，耐冲击。但是由于轮箍是通过热套法套在轮心上，轮箍套装过紧会引起轮箍断裂，特别是在冬天气温较低的时候；而套得过松，轮箍在运行中容易产生松弛，这些都将严重影响行车安全。且轮箍和轮心的机械加工量大，修理费用高，限制了它的使用范围，故目前轮箍轮多用于机车车轮，在车辆上已很少使用。

（2）踏面 车轮和钢轨接触的面称为踏面（图3-5），踏面与钢轨内侧面的接触部分称为轮缘。我国的标准铁道车辆锥形踏面外形的特点是：

1）踏面有 1∶20 及 1∶10 两端斜面，其中 1∶20 的斜面是车轮与钢轨接触的主要部分。

2）轮缘的厚度为 32mm，高度为 25mm，轮缘外侧面与水平面成 65°角（俗称轮缘角），它对防止脱轨起重要作用。

3）轮缘内侧面有 $R16$ 的倒角，以引导车轮顺利通过护轨。

车轮踏面需要做成有一定的斜度，其作用是：

1）便于通过曲线。当车辆在曲线上运行时，外轮沿外轨所走距离大于内轮沿内轨所走距离，如果两轮的踏面为圆柱形，则势必引起内、外轮的滑行。而踏面具有斜度，当轮对在运行时，随着轮对向外偏移，外轮与外轨接触的直径大于内轮与内轨接触的直径，这样车轮沿外轨行走的路程长，沿内轨行走的路程短，这正好和曲线区间线路的外轨长、内轨短的情况相适应，使轮对较顺利地通过曲线。

2）在直线上自动调中。踏面具有斜度以后，轮对在直线上运行时会因两轮以不同半径的圆周滚动，形成轮对的蛇行运动。这种运动对于防止轮缘贴靠，降低轮缘磨耗量是有利的。可是，随着机车速度的提高，蛇行运动会导致车辆横向振动的加剧，使车辆运行品质恶化。

从上述分析可知，车轮踏面必须有斜度。而斜度的存在，也是轮对以至整个车辆发生自激蛇行运动的原因。高速机车车辆多用 1∶40 的踏面代替 1∶20 的，以改善机车车辆高速运行时的稳定性。

车轮踏面有锥形踏面和磨耗型踏面两种形式。锥形踏面的母线是直线，由 1∶20 和

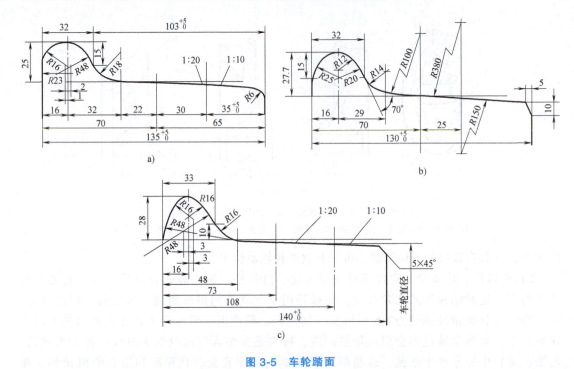

图 3-5 车轮踏面
a) 车辆锥形踏面 b) 车辆磨耗型踏面 c) 机车锥形踏面

1:10 两段斜坡组成。其中，1:20 的一段经常与钢轨顶面相接触，1:10 的一段仅在小半径曲线上才与钢轨顶面相接触。车轮踏面形成圆锥面，可以减少车轮在钢轨上的滑行，保证踏面磨耗沿宽度方向比较均匀。另外，直线地段上行驶的车辆，当其偏向轨道一侧时，由于左右车轮滚动半径的不同，可自动返回到轨道中线。这样，虽然车轮的轨迹成蛇行运动，但不会在车轮踏面上形成凹槽形磨损，从而避免车轮通过道岔辙叉时，发生剧烈的冲击和振动。磨耗型车轮踏面是曲线形踏面，将踏面制成与钢轨顶面基本吻合的曲线形状，以减轻轮轨磨耗，降低轮轨接触应力，并可改善通过曲线的转向性能。

车轮踏面形状和参数对车辆运行的安全性和平稳性影响巨大，而这样的影响是在与钢轨接触时，产生轮对相对钢轨运动而引起的接触点变化的结果，描述车轮踏面形状和轮轨接触的几何参数有等效锥度、接触角参数和侧滚角参数等。

(3) 滚动圆与车轮直径　我国规定，钢轨在离轮缘内侧 70mm 处测量所得的圆直径为名义直径，该圆称为滚动圆，即以滚动圆的直径作为车轮直径。

车轮直径的大小，对车辆的影响各有利弊。轮径小，可降低车辆重心，增大车体容积，减小车辆簧下质量，缩小转向架固定轴距；但阻力增加，轮轨接触应力增大，踏面磨耗较快，同时轨道不平顺和接缝处对车辆振动的影响也将加大。车轮直径大的优缺点则与之相反。我国铁路干线车辆的车轮直径为：机车 1050mm，客车 915mm，货车 840mm，地铁车辆的车轮直径通常为 860mm。

3. 轮对尺寸

为防止车轮脱轨，在踏面内侧制成的凸缘，如图 3-6 中车轮的左侧突起部分，称为轮缘。

车轮位于两股钢轨内侧的竖直面,称为车轮内侧面,而车轮另一侧的竖直面称为车轮外侧面。车轮内侧面与外侧面之间的距离称为车轮宽度(轮幅宽)。

通过踏面上距离车轮内侧面一定距离的一点,划一水平线,称为踏面的测量线。由测量线至轮缘顶点的距离称为轮缘高度。由测量线向下 10mm 处量得的轮缘厚度,称为车轮的轮缘厚度(d)。

取踏面上距离车轮内侧面一定距离的一点为基点,规定在基点上测量车轮直径及轮箍厚度。

轮对上左右两车轮内侧面之间的距离,称为轮对的轮背内侧距离(T)。这个距离再加上两个轮缘厚度称为轮对宽度(q),如图 3-6 所示。

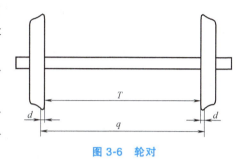

图 3-6 轮对

由图 3-6 可见

$$q = T + 2d \tag{3-1}$$

式中 T——轮对的轮背内侧距离(mm);

d——轮缘厚度(mm);

q——轮对宽度(mm)。

根据《铁路技术管理规程》(简称《技规》),我国机车轮对、车辆轮对的主要尺寸,见表 3-1(表中数据未计车轴承载后挠曲对于轮对宽度的影响)。

表 3-1 轮对几何尺寸 (单位:mm)

轮对	轮缘高度	轮缘厚度 d		轮背内侧距离 T			轮对宽度 q		
		最大(正常)	最小	最大	正常	最小	最大	正常	最小
机车轮对	28	33	22	1356	1353	1350	1422	1419	1396
车辆轮对	25	34	23	1356	1353	1350	1424	1421	1394

内燃机车、电力机车和车辆的轴箱,装在车轮外侧轴颈上,车轴受荷载后向上挠曲,轮对宽度因此略有缩小,一般承载挠曲后轮对宽度的改变值 ε 可取为±2mm。

为使车体能顺利通过半径较小的曲线,可把全部车轴分别安装在几个车架上。为防止车轮由于轮对歪斜而陷落于轨道中间,安装在同一个车架或转向架上的车轴,必须保持相互之间的平行位置。同一车体最前位和最后位的车轴中心间水平距离,称为全轴距,如图 3-7 所示。同一车架或转向架上始终保持平行的最前位和最后位车轴中心间水平距离,称为固定轴距。车辆前后两走行部分上车体支承间的距离称为车辆定距。应当注意,固定轴距和车辆定距是两个不同的概念,固定轴距是机车车辆能否顺利通过小半径曲线的控制因素,车辆定距是转向架的中心间距,除长大车外,多在 18m 之内。

为便于固定轴距较长的车体顺利通过小半径曲线,发展了径向转向架。

动车组转向架轮对分为动力轮对和拖车轮对,动力轮

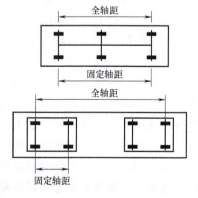

图 3-7 固定轴距与全轴距

对一侧安装齿轮箱装置,而拖车轮对则代之以两套轴盘,采用带自密封性的轴承组,轴承可预先压装在轴颈上。CRH1 和 CRH5 车轮采用 LMA 踏面。CRH2 新轮滚动圆半径为 860mm,最大磨耗直径为 790mm,轮缘侧面圆周上设有磨耗到限标志;CRH1 新轮滚动圆半径为 915mm,最大磨耗直径为 835mm,轮缘侧面圆周上设有磨耗到限标志;CRH5 车轮设计和制造执行 EN(欧洲)和 UIC(国际铁路联合会)相关标准,采用 XP55 踏面,新轮滚动圆半径为 890mm,最大磨耗直径为 810mm。

3.1.4 轴箱及悬挂系统

轴箱装置的作用:将轮对和构架(或侧架)联系在一起,使轮对沿钢轨的滚动转化为车体沿线路的平动;承受车辆的重量,并将来自轮对的牵引力和制动力传递到构架上。

轴箱对构架是个活动关节。轴箱与构架的连接方式对机车车辆的运行品质有很大影响,这一连接通常称为轴箱定位。轴箱定位应该保证轴箱能够相对构架在弹簧振动时作垂向运动,在通过曲线时还能少量横移。

1. 轴箱

轴箱装置按轴承的工作特性分为滚动轴承轴箱装置和滑动轴承轴箱装置。由于滚动轴承轴箱装置具有能显著地降低了车辆起动阻力和运行阻力、横向游隙小、维护方便、节省油脂、降低运营成本等一系列优点,所以现代机车车辆都采用滚动轴承轴箱。

(1)圆柱滚动轴承轴箱 图 3-8 所示是 RD3 型滚动轴承轴箱装置,它是由两个单列向心短圆柱子轴承——前轴承(152726T)与后轴承(42726T)、轴箱体、防尘挡圈、毛毡、轴箱后盖、压板、防松片、螺栓和轴箱盖等组成。

圆柱滚动轴承的滚子与内、外圈的滚道成线接触,承载后接触面积较大,因而承受径向荷载的能力较大。轴承外圈两侧都有挡边,内圈只有一侧有挡边(或挡圈),这种结构称为半封闭式轴承。轴承内、外圈挡边(或挡圈)可以传递轴向力。当轴向力作用时,滚子以其部分端面与挡边(或挡圈)接触,相互之间产生摩擦滑动。如果制造、装配不良时,滚子稍微歪斜,就挤掉了润滑油,使端面处不易形成油膜,滚子端部很快会产生磨耗、剥离和缺角等故障,所以对其制造装配技术要求很严格。另一方面也说明该型轴承承受轴向力的性能差。为了减小滚子端部的应

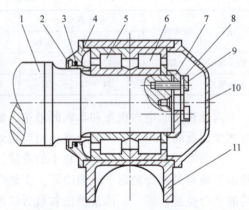

图 3-8 RD3 型滚动轴承轴箱装置

1—车轴 2—防尘挡圈 3—毛毡 4—轴箱后盖
5—42726T 轴承 6—152726T 轴承 7—压板
8—防松片 9—螺栓 10—轴箱盖 11—轴箱体

力集中,在滚子母线两端做成长度为 5~6mm 的弧坡。这种轴承的优点是:结构简单、制造容易、成本低、检修方便、运用比较安全可靠。

前后轴承的内圈与车轴的轴颈采用过盈配合,外圈与轴箱体为间隙配合。

防尘挡圈安装在车轴的防尘板座上,与车轴过盈配合,用以横向固定 42726T 轴承内圈,并与轴箱盖、轴箱后盖等一起实现密封作用,防止轴箱体内存储的润滑油向外泄漏和外面的灰尘进入轴箱体引起润滑油污染。轴箱前端用轴箱盖完全密封,轴箱后盖、防尘挡圈和毛毡

形成活动密封。为改善轴箱密封性能，近些年采用了迷宫式密封取代了毛毡式密封。

这种轴箱装置在客车转向架上应用广泛。

（2）圆锥滚动轴承轴箱　图3-9为用于货车转向架的无轴箱式圆锥滚动轴承轴箱装置，由双列圆锥滚子轴承（197726T）、油封、前盖、防松片、通气栓、密封座和后挡等组成。

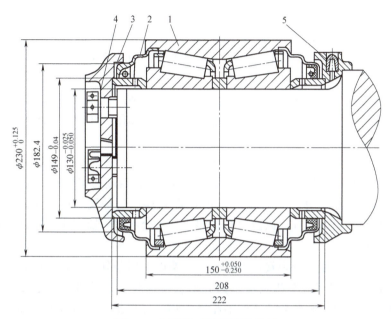

图 3-9　圆锥滚动轴承轴箱装置
1—轴承　2—油封　3—前盖　4—防松片　5—通气栓

双列圆锥滚子轴承（197726T）的滚子与轴承转动轴线成一定的倾角，这样既能承受径向力，也能承受轴向力。轴承外圈是一个整体，可起轴箱体的作用。轴承内圈则是由两个对称的内圈与夹在中间的内隔圈组成。货车圆锥轴承的内圈与滚子不可分，只能应用压配合，即用油压机直接压装于轴颈上，因此该轴承不宜经常拆卸。

前盖用三个M22螺栓固定在车轴端部，用防松片防止螺栓松动。前盖中心装有螺塞，供加润滑脂用，因前盖与车轴一起旋转，故又称为旋转端盖。

后挡上开有一个通气孔，以安放通气栓。通气栓为橡胶件，其顶部有一条缝，在正常情况下缝是闭合的。当轴承内部因温度变化，或润滑脂过多使压力超过轴承外部 3.5～10kPa 时，缝就张开排气或排出多余的润滑脂，注入润滑脂时，多余空气也从通气栓排出。后挡与车轴防尘板座为过盈配合。

（3）轴温监测与报警装置　由于摩擦的存在，轴承在运行过程中发热，导致轴承、轴箱体的温度上升。如果温度过高，则会造成润滑油变稀，轴承零件变形，工作间隙变化，摩擦磨损加剧，甚至产生润滑油燃烧的燃轴事故。轴承的温度是反映轴承工作状态的一个重要指标。为了保证行车安全，客车和机车的轴箱装置都装有轴温监测与报警装置。该装置由温度传感器、测温电路、报警显示等组成，温度传感器安装在轴箱体内，报警显示安装在客室内，或通过列车网络传输到司机室。当轴箱体温度超过周围环境一定稳定值时（一般为 50～55℃），则发出报警信号，提示列车减速或停车。

2. 悬挂系统

（1）弹簧悬挂元件　车辆沿着轨道运行时，由于轮轨的相互作用，将伴随着产生复杂的振动现象。为了减少有害的车辆冲动，提高车辆运行的平稳性，车辆必须设有缓和冲击和衰减振动的装置，即弹簧减振装置。车辆上采用的弹簧减振装置，按其所起作用的不同，大体上可分为三类：一类是主要起缓和冲动作用的弹簧装置，如中央及轴箱弹簧；第二类是主要起衰减振动（消耗能量）作用的减振装置，如垂向、横向减振器；第三类是主要起定位（弹性约束）作用的定位装置，如轴箱轮对纵、横向的弹性定位装置，摇动台的横向缓冲器或纵向牵引拉杆等；还有既起缓和冲动又起衰减振动作用的弹簧减振装置，如车辆之间相互联挂的车钩缓冲装置。

上述各类装置在车辆振动系统中又称为弹性悬挂装置，这些装置对车辆运行是否平稳，能否顺利通过曲线并保证车辆安全运行，都起着重要的作用，故应合理地设计其结构，选择适宜的参数。

铁道车辆弹簧装置的作用主要体现在两个方面：一是使车辆的质量及荷载比较均衡地传递给各轮轴，并使车辆在静载状态下（包括空、重车），两端的车钩距轨面高度满足《铁路技术管理规程》规定的要求，以保证车辆的正常联挂；二是缓和因线路的不平顺、轨缝、道岔、钢轨磨耗和不均匀下沉，以及因车轮擦伤、车轮不圆、轴颈偏心等引起的车辆振动和冲击。

由于有弹簧装置，使车辆弹簧以上部分和弹簧以下部分分成既有联系又有区别的两个部分，即簧上、簧下的作用力互相传递，但运动状态（位移、速度、加速度）不完全相同。车辆内设置弹簧装置可以缓和轮轨之间的相互作用，可以提高车辆运行的舒适性和平稳性，保证旅客舒适、安全，保证货物完整无损，延长车辆零部件及钢轨的使用寿命。

为了改善悬挂系统的特性，适应安装位置和空间大小的需要，铁路车辆上时常采用组合弹簧。这些弹簧存在并联、串联和串并联三种组合形式，如图 3-10 所示。

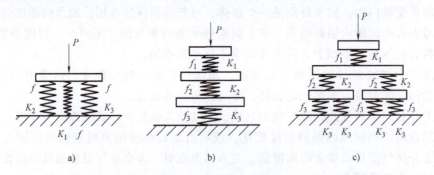

图 3-10　弹簧系统布置
a）并联　b）串联　c）串并联

（2）减振元件　车辆上采用的减振器与弹簧一起构成弹簧减振装置。弹簧主要起缓冲作用，缓和来自轨道的冲击和振动的激扰力，而减振器的作用是减少振动。减振器的作用力总是与运动方向相反，起着阻止振动的作用。通常减振器有变机械能为热能的功能，减振阻力的方式和数值的不同，直接影响到减振性能。

铁路车辆采用的减振器按阻力特性可分为常阻力和变阻力两种减振器；按安装部位可分

为轴箱减振器和中央（摇枕）减振器；按减振方向可分为垂向和横向减振器；按结构特点又可分为摩擦减振器和油压减振器。

摩擦减振器结构简单，成本低，但摩擦阻力可能过大而形成对车体的硬性冲击；当振幅大时，摩擦阻力又显得不足而不能使振动迅速衰减。

油压减振器主要是利用液体黏滞阻力所做的负功来吸收振动能量，它的优点在于它的阻力是振动速度的函数，其特点是振幅的衰减量与幅值大小有关，振幅大时衰减量也大，反之亦然。这种"自动调节"减振的性能，正符合铁路车辆的需求。因而，为了改善客车的振动性能，广泛采用性能良好的油压减振器。但它也具有结构复杂、维护比较困难、成本较高及受外界温度影响等缺点。

轨道几何形位概述

3.2 轨道几何形位基本要素

轨道几何形位的基本要素包括：轨距、水平、高低、方向、轨底坡。轨道几何形位应按静态与动态两种状况进行管理。静态几何形位是轨道不行车时的状态，采用道尺等工具进行测量。动态几何形位是行车条件下的轨道状态，采用轨道检查车进行测量。一般情况下，同一地段的静态和动态几何形位往往有较大的差异，轨道状态越差，差异就越大。

保证轨道具有正确的几何形位，既是列车安全平稳运行的首要条件，也是轨道交通振动噪声控制的基础。在行车速度一定的情况下，轨道平顺性越差，车辆振动和轮轨作用力就越大。本书仅介绍轨道的静态几何形位标准，其余内容可参见《铁路线路修理规则》。

3.2.1 轨距

轨距为两股钢轨头部内侧与轨道中线相垂直的距离，是指钢轨顶面下 16mm 范围内两股钢轨作用边之间的最小距离。因为钢轨头部外形由不同半径的复曲线所组成，并不是竖直铺设，钢轨底面设有轨底坡，钢轨向内倾斜，车轮轮缘与钢轨侧面接触点发生在钢轨顶面下 10～16mm 之间。我国 TG/01—2014《铁路技术管理规程》规定轨距测量部位在钢轨顶面下 16mm 处，如图 3-11 所示。在此处，轨距一般不受钢轨磨耗和飞边的影响，便于轨道维修工作的实施。

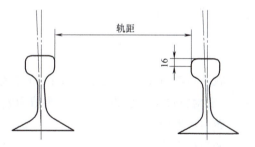

图 3-11 轨距测量示意图

世界各国铁路由于历史原因，采用各种不同的轨距标准，分为标准轨距、宽轨距和窄轨距三种。标准轨距尺寸为 1435mm，目前，美国、加拿大、墨西哥、欧洲大部分国家等，以及亚洲、非洲的部分国家均采用标准轨距。轨距大于标准轨距 1435mm 的称为宽轨距，主要有 1524mm、1600mm、1670mm 等，主要用于俄罗斯、印度及澳大利亚、蒙古等国。轨距小于标准轨距 1435mm 的称为窄轨距，主要有 1000mm、1067mm、762mm、610mm 等，除少数国家采用 1067mm 和 1000mm 作为干线轨距外，窄轨距主要用于工矿企业铁路，日本既有线（非高速铁路）采用的 1067mm 轨距。

我国大陆的铁路轨道交通系统线路的轨距大多采用标准轨距 1435mm，仅云南省内尚保留有 1000mm 轨距，我国台湾的铁路采用 1067mm 轨距。另外，我国也有少数地方铁路和工矿企业铁路采用窄轨距。

轨距可用专用的道尺、轨距水平小车等静态方式测量，也可使用轨检车进行动态检测，我国各级各类铁路线路轨道铺设精度需满足表3-2所规定的标准。轨距变化应缓和平顺，在短距离内如有显著的轨距变化即使不超过允许误差，也会使车辆发生剧烈的摇摆。轨距变化率：正线、到发线不应超过0.2%（规定递减部分除外），站线和专用线不得超过0.3%，即在1m长度内的轨距变化值，正线、到发线不得超过2mm，站线和专用线不得超过3mm。

表 3-2　线路轨道铺设精度标准　　　　　　　　　　　　　　　　（单位：mm）

速度/(km/h)	高低		轨向		水平		轨距		扭曲	
	有砟	无砟	有砟	无砟	有砟	无砟	有砟	无砟	有砟	无砟
350≥V_{max}>200 正线	2		2		2		±2	±1	2	
200≥V_{max}>160 正线	3	2	3	2	3	2	±2	±2	2	
160≥V_{max}>120 正线	4		4		4		+4 -2	±2	3	2
120≥V_{max} 正线和到发线	4		4		4		+6 -2	+3 -2	3	
其他站线	5		5		5		+6,-2		4	

为使机车车辆能在线路上两股钢轨间顺利通过，机车车辆的轮对宽度应小于轨距。当轮对的一个车轮轮缘紧贴一股钢轨的作用边时，另一个车轮轮缘与另一股钢轨作用边之间便形成一定的间隙，这个间隙称为游间，如图3-12所示。

$$\delta = S - q \tag{3-2}$$

式中　S——轨距；

　　　q——轮对宽度；

　　　δ——游间。

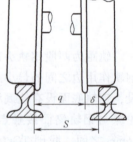

图 3-12　游间示意图

轨距和轮对宽度都规定有允许的最大值和最小值。若轨距最大值为S_{max}，最小值为S_{min}，轮对宽度最大值为q_{max}，最小值为q_{min}，则

游间最大值：　　　　　　　$\delta_{max} = S_{max} - q_{min}$

游间最小值：　　　　　　　$\delta_{min} = S_{min} - q_{max}$

计算δ值时，没有把轮对宽度由于车轴挠曲而产生的变动（$\varepsilon = \pm 2mm$）以及轨距在列车通过时可能发生的弹性扩大（可取2mm）考虑在内。

钢轨与轮缘间的游间是必要的，也是客观存在的，它对列车运行的平稳性和轨道的稳定性有重要的影响。如果游间δ太小，会增加行车阻力和钢轨及车轮的磨损，严重时可能会楔住车轮、挤翻钢轨或导致爬轨，危及行车安全。如果游间δ过大，车辆行驶时的蛇行运动幅度就越大，横向加速度越大，轮缘对钢轨的冲击角越大，作用于钢轨上的横向力也越大，行车速度越高，其影响越严重。所以，为提高行车的平稳性和线路的稳定性，轮轨游间δ应不小于一个最小的必要数值。我国机车车辆的轮对宽度q值见表3-1，轮轨游间δ的最大值、正常值及最小值见表3-3。

表 3-3　轮轨游间

车　轮	轮轨游间 δ/mm		
	最　大	正　常	最　小
机车轮	45	16	11
车辆轮	47	14	9

为了提高列车运行的平稳性和线路的稳定性，减少轮轨磨耗和动能损失，确保行车安全，需要把游间 δ 限制在一个合理的范围内。根据我国的现场测试和养护维修经验，认为减小直线轨距有利。改道时轨距按 1434mm 或 1433mm 控制，尽管轨头有少量侧磨发生，但达到轨距超限的时间得以延长，有利于提高行车的平稳性，延长维修周期。随着行车速度的日益提高，目前世界上一些国家正致力于通过试验研究的办法寻求轮轨游间 δ 的合理取值。

3.2.2　水平

水平是指线路上左右两股钢轨顶面的相对高差。为保持列车平稳运行和两股钢轨能比较均匀地承受荷载，直线轨道两股钢轨顶面应保持同一水平；曲线地段应按相关要求和标准合理地设计满足外轨均匀和平顺的超高。直线两股钢轨顶面的水平偏差值应符合相应的标准要求，并且沿线路方向的变化率不能太大，在 1m 距离内，这个变化不可超过 1mm，否则即使两股钢轨的水平偏差都不超过允许范围，也可能引起机车车辆的剧烈摇晃。

水平可使用道尺或轨检小车等工具和设备进行静态测量，使用轨检车进行动态检测。水平的允许误差与线路等级有关。

3.2.3　扭曲（或称三角坑）

扭曲是指在一段不太长的距离内，先是左股钢轨高，后是右股钢轨高。TB 10082—2017《铁路轨道设计规范》及 TB 10098—2017《铁路线路设计规范》规定的不同速度等级线路轨道平顺度铺设精度标准见表 3-2。两股钢轨如果不在同一水平面上，先是右股高出左股 h_1，然后左股又高出右股 h_2（图 3-13），正线上 h_1+h_2 大于表列水平差允许值，且水平差最大两点间距 L 不大于 18m 而形成的病害，称为三角坑。

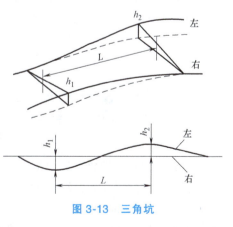

图 3-13　三角坑

在一般情况下，超过允许限值的水平差，只是引起车辆摇晃和两股钢轨的不均匀受力，且会导致钢轨不均匀磨耗。但如果在延长不足 18m 的距离内出现水平差超过允许值的三角坑，将使同一车辆前后四个车轮中，只有三个正常压紧钢轨，另一个形成减载或悬空。如果恰好在这个车轮上出现较大的横向力，就可能使浮起的车轮只能以它的轮缘贴紧钢轨，在最不利的情况下甚至可能爬上钢轨，引起脱轨事故。因此，一旦发现三角坑，必须立即消除。

线路扭曲检测包含于水平检测中，依据扭曲管理的基长（6.25m 或 18m），计算与基长相对应测点间的水平变化率，即为线路扭曲率。

3.2.4 前后高低

轨道沿线路方向的竖向平顺性称为前后高低。高低反映的是钢轨顶面纵向的平顺情况。轨道的高低应保持设计后的状态,但新铺或经过大修后的线路,即使轨面平顺,经过一段时间列车运行后,由于路基状态、道床捣固坚实程度、扣件松紧、轨枕状态和钢轨磨耗的不同,会产生不均匀下沉,造成轨面高低不平。在有些地方(往往在钢轨接头附近)下沉较多,出现坑洼,称为静态不平顺;有些地段,从表面上看,轨面是平顺的,但实际上轨底与钢垫板或轨枕存在间隙(间隙超过 2mm 时称为吊板),或轨枕底与道砟之间存在空隙(空隙超过 2mm 时称为空吊或暗坑),或轨道基础弹性的不均匀性(路基填筑的不均匀,道床弹性的不均匀等),当列车通过时,这些地段的轨道下沉较大,也会产生不平顺。这种不平顺称为动态不平顺。随着高速铁路的发展,动态不平顺已受到广泛的关注。

轨道前后高低不平顺,危害甚大。列车通过这些地方时,冲击动力增加,使道床变形加速,从而更进一步扩大不平顺,加剧机车车辆对轨道的破坏,形成一个恶性循环过程。

一般地说,前后高低不平顺的破坏作用同不平顺(坑洼)长度成反比,而同它的深度则成正比。

当车轮通过这些不平顺时,动压力增加。根据试验,连续三个空吊板可以使钢轨受力增加一倍以上。一般来说,长度在 4m 以下的不平顺,都会使机车车辆对轨道产生较大的破坏作用,从而加速道床变形。因此,养路工区决不能允许这种不平顺存在,一旦发现,应在紧急补修中加以消除。

长度在 100~300mm 范围内的不平顺,主要是由于钢轨波浪形磨耗、焊接接头低塌或轨面擦伤等形成的。车轮经过这些地方,会产生冲击,行车速度越高,冲击越大。在沪宁线混凝土轨枕板结道床地段曾进行过一个试验,将钢轨人为打磨成长 350mm、深 3mm 的不平顺(模拟焊接接头打塌后的形状),如图 3-14 所示。列车以 90km/h 速度通过时,一个动轮产生的冲击力达到 300kN 左右,接近于三倍静轮重。但是,日常中往往容易忽视这种不平顺,轨道检查车也不能完全反映出来。

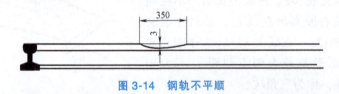

图 3-14 钢轨不平顺

新建铁路轨道铺设要求目视平顺;轨道铺设精度应保证前后高低偏差用 10m 弦测量的最大矢度值不超过表 3-2 所列允许值;新建时速 200km 以上客运专线要求有砟轨道和无砟轨道高低不得大于 2mm/10m,时速 200km 客运专线和 200km 客货混运线路有砟轨道、无砟轨道允许偏差分别为 3mm/10m、2mm/10m。

轨道高低可用弦线、轨检小车和轨检车测得。不同的线路类型、检测方式和运营要求对高低偏差的要求标准不同。

3.2.5 轨向

轨向是指轨道中心线在水平面上的平顺性,也称方向,即轨道中心线的位置应与其设计位置一致。按照行车的平稳与安全要求,直线应当笔直,曲线应当圆顺,但严格地说,经过运营的直线轨道并非直线,而是由许多波长 10~20m 的曲线所组成,因其曲度很小,故通常不易察觉。若直线不直则必然引起列车的蛇行运动。在行驶快速列车的线路上,线路方向对行车的平稳性具有特别重要的影响。相对轨距来说,轨道方向是行车平稳性的控制性因素。只要方向偏差保持在允许范围以内,轨距变化对车辆振动的影响就处于从属地位。

在无缝线路地段,若轨道方向不良,还可能在高温季节引发胀轨跑道事件(轨道发生明显的不规则横向位移),严重威胁行车安全。

轨向可用弦线、轨检小车和轨检车测得。不同的线路类型、检测方式和运营要求对轨向偏差的要求标准不同。曲线轨道方向的保持由曲线正矢偏差来控制。TB 10098—2017《铁路轨道设计规范》规定:直线方向必须目视平顺。用 10m 弦测量,正线上正矢不超过表 3-2 的规定值。其中,新建时速 200km 以上客运专线要求有砟轨道和无砟轨道轨向偏差不得大于 2mm/10m,时速 200km 客运专线和 200km 客货混运线路有砟轨道允许偏差 3mm/10m、无砟轨道允许偏差 2mm/10m。

3.2.6 轨底坡

由于车轮踏面与钢轨顶面主要接触部分是 1:20 的斜坡,为了使钢轨轴心受力,钢轨也应有一个向内的倾斜度,因此轨底与轨道平面之间应形成一个横向坡度,称之为轨底坡。

钢轨设置轨底坡,可使其轮轨接触集中于轨顶中部。提高钢轨的横向稳定能力,减轻轨头的不均匀磨耗。分析研究指出,轨头中部塑性变形的积累比两侧缓慢,故而设置轨底坡也有利于减小轨头塑性变形,延长使用寿命。

我国铁路在 1965 年以前,轨底坡定为 1:20。但在机车车辆的动力作用下,轨道发生弹性挤开,轨枕产生挠曲和弹性压缩,加上垫板与轨枕不密贴,道钉的扣压力不足等因素,实际轨底坡与原设计轨底坡有较大的出入。另外,车轮踏面经过一段时间的磨耗后,原来 1:20 的斜面也接近 1:40 的坡度。所以 1965 年以后,我国铁路的轨底坡统一改为 1:40。

曲线地段的外轨设有超高,轨枕处于倾斜状态。当其倾斜到一定程度时,内股钢轨中心线将偏离垂直线面外倾,在车轮荷载作用下有可能推翻钢轨。因此,在曲线地段应视其外轨超高值而加大内轨的轨底坡,调整的范围见表 3-4。

应当说明,以上所述轨底坡的大小是钢轨在不受列车荷载作用情况下的理论值。在复杂的列车动荷载作用下,轨道各部件将产生不同程度的弹性和塑性变形,静态条件下设置的 1:40 轨底坡在列车动荷载作用下不一定保持 1:40。轨底坡设置是否正确,可根据钢轨顶面上由车轮碾磨形成的光带位置来判定。如光带偏离轨顶中心向内,说明轨底坡不足;如光带偏离轨顶中心向外,说明轨底坡过大;如光带居中,说明轨底坡合适。线路养护工作中,可根据光带位置调整轨底坡的大小。

表 3-4 内股钢轨轨底坡楔形垫板或承轨槽面倾斜度

外轨超高/mm	轨枕面最大倾斜度	垫板或承轨槽面倾斜度		
		0	1:20	1:40
0~75	1:20	1:20	0	1:40
80~125	1:12	1:20	1:30	1:17

3.3 曲线轨道轨距加宽

3.3.1 曲线轨道轨距加宽的目的和方法

行驶中的机车车辆进入曲线轨道时,由于惯性作用仍然力图保持其原来的行驶方向,只有受到外轨的导向作用后才会沿曲线轨道行驶。为使机车车辆能顺利通过曲线,并使轮轨间的横向作用力最小,减少轮轨磨耗,在半径很小的曲线轨道上,轨距要适当加宽。加宽轨距,是将曲线轨道内轨向曲线中心方向移动,曲线外轨的位置则保持不变。

轨距加宽必须满足一定的条件,并受到一定的限制。在我国的轨道和机车车辆条件下,曲线轨道上能切实保证车轮不掉道的最大轨距可达1450mm,即加宽15mm,但是,超过必要的轨距加宽值会使列车通过时作用于钢轨上的横向水平力增加。因此,曲线轨道的轨距加宽必须严格加以控制。

由于列车中车辆占绝大多数,所以确定曲线轨道轨距加宽标准时,应以主要类型的车辆能顺利通过为计算依据。对蒸汽机车和少量特殊形式的车辆,仅在必要时才检算其所需要的轨距。

3.3.2 机车车辆通过曲线轨道的几何条件

由于轮轨游间的存在,机车车辆的车架或转向架通过曲线轨道时,可以占有不同的几何位置,即可以有不同的内接形式。随着轨距大小的不同,机车车辆在曲线轨道上可呈现以下四种内接形式:

1) 斜接。机车车辆车架或转向架外侧最前位车轮轮缘与外轨作用边接触,内侧最后位车轮轮缘与内轨作用边接触,如图 3-15a 所示。

2) 自由内接。机车车辆车架或转向架外侧最前位车轮轮缘与外轨作用边接触,其他各轮轮缘无接触地在轨道上自由行驶,如图 3-15b 所示。

3) 楔形内接。机车车辆车架或转向架外侧最前位和最后位车轮轮缘同时与外轨作用边接触,内侧中间车轮(轴为奇数时)或最靠近中间的两车轮(轴为偶数时)轮缘与内侧轨距线接触,如图 3-15c 所示。

4) 正常强制内接通过。为避免机车车辆以斜接形式通过曲线轨道,对楔形内接所需轨距增加 $\delta_{min}/2$,此时转向架在曲线轨道上所处位置称为正常强制内接。

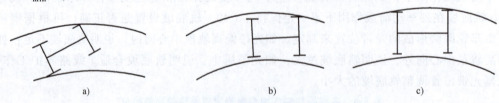

图 3-15 机车车辆通过曲线轨道的内接形式
a) 斜接 b) 自由内接 c) 楔形内接

3.3.3 轨距加宽的确定原则

机车车辆车架或转向架通过曲线轨道时,所占有的位置随轮轨间相互作用力的平衡条件和游间大小而定。应当指出，机车车辆以斜接条件通过曲线轨道时，会引起过大的蛇行运动，而以楔接条件通过曲线轨道时，又会增加列车的行车阻力和钢轨的侧面磨耗，因而都是不可取的。毫无疑问，自由内接是机车车辆通过曲线轨道最有利的方式，但机车和车辆的固定轴距长短不一，不能全部满足自由内接通过。为此，确定轨距加宽必须满足如下原则：

1）保证列车大多数的车辆能以自由内接形式通过曲线。
2）保证固定轴距较长的机车通过曲线时，不出现楔形内接，但允许以正常强制内接形式通过。
3）保证车轮不掉道，即最大轨距不超过允许限度。
4）为简化轨道铺设工作，加宽变化梯度应尽可能少。

3.3.4 轨距加宽计算

1. 根据车辆条件确定轨距加宽

我国绝大部分的车辆转向架是两轴转向架。当两轴转向架以自由内接形式通过曲线时，前轴外轮轮缘与外轨的作用边接触，后轴占据曲线垂直半径的位置，如图3-16所示。自由内接形式所需最小轨距为

$$S_f = q_{max} + f_0 \tag{3-3}$$

式中 S_f——自由内接所需轨距（mm）；

q_{max}——最大轮对宽度（mm），见表3-1；

f_0——外矢距，其值为 $f_0 = L^2/2R$；

L——转向架固定轴距（mm）；

R——曲线半径（mm）。

若用 S_0 表示直线轨道轨距，则曲线轨道轨距加宽 e 应为

$$e = S_f - S_0$$

现以我国目前主型客车"202"型转向架为例计算如下：

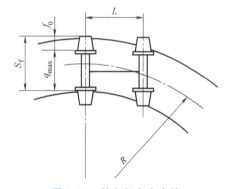

图3-16 转向架自由内接

设 $R = 350$m，$L = 2.4$m，$q_{max} = 1424$mm，

则

$$f_0 = L^2/2R = (2.4 \times 1000)^2/(2 \times 350 \times 1000) \text{mm} = 8.2 \text{mm}$$

$$S_f = q_{max} + f_0 = (1424 + 8.2) \text{mm} = 1432.2 \text{mm}$$

曲线轨道轨距不应小于直线轨道轨距。由以上计算可知，对曲线半径为350m及以上的曲线轨道，轨距仍应采用1435mm，无须加宽。

2. 根据机车条件检算轨距加宽

在轨道上行驶的列车中，机车数量要比车辆少得多，如果把机车的通过作为控制条件，将使大量车辆的通过条件处于十分不利的情况。因此，必须把车辆的自由内接通过作为控制条件，从而得出所需要的轨距加宽，再用机车的正常强制内接通过条件，检算其在已确定的轨距加宽条件下，能否顺利通过。

机车以正常强制内接条件通过曲线轨道所需的轨距，为楔形内接条件通过时所需的轨距加上相当于直线轨道上最小游间的1/2，以避免机车运行时摩阻力过大。

图3-17所示为一个车辆没有横动量的三轴机车车架，在轨道中处于楔形内接状态。

车架处于楔形内接时所需要的最小轨距 S_w 为

$$S_w = q_{max} + f_0 - f_1 \quad (3-4)$$

式中 q_{max}——最大轮对宽度；
f_0——前后两端车轴外轮在外轨作用边上形成的矢距，其值为 $f_0 = L_{01}^2 / 2R$，$L_{01} = (L_1 + L_2)/2$；
L_1——第一轴至第二轴距离；
L_2——第二轴至第三轴距离；
f_1——中间轴内轮在内轨作用边上形成的矢距，其值为 $f_1 = L_{11}^2 / 2R$；
L_{11}——第二轴至与车架纵轴垂直的曲线半径之间的距离，可由下式计算：

$$L_{11} = L_{02} - L_2$$

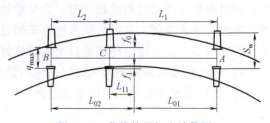

图 3-17　曲线轨距加宽计算图

为了保证机车以正常强制内接方式通过曲线轨道，轮轨游间至少应有相当于直线轨道上最小游间的 1/2。由此得所需要的轨距 S'_w 为

$$S'_w = S_w + \frac{\delta_{min}}{2} = q_{max} + f_0 - f_1 + \frac{\delta_{min}}{2} \quad (3-5)$$

式中 δ_{min}——直线轨道轮轨间的最小游间。

3.3.5　曲线轨道的最大允许轨距

曲线轨道的最大轨距，应切实保障行车安全，不使机车车辆掉道。在最不利情况下，当轮对的一个车轮轮缘紧贴一股钢轨时，另一个车轮踏面的 1:10 斜坡段部分，应全部在轨头顶面范围内滚动，如图 3-18 所示。由此，曲线上允许最大轨距 S_{max} 由下式计算：

$$S_{max} = d_{min} + T_{min} - \varepsilon_r + a - r - \varepsilon_s$$

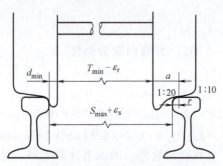

图 3-18　曲线轨道最大允许轨距

d_{min}—车辆车轮最小轮缘厚度，其值为 22mm　T_{min}—车轮最小轮背内侧距离　ε_r—车辆车轴弯曲时轮背内侧距离缩小量，取 2mm　a—轮背至踏面斜度为 1:20 与 1:10 变坡点的距离，取 100mm　r—钢轨顶面圆角宽度，取 12mm　ε_s—钢轨弹性挤开量，取 2mm

将上述采用的数据代入得

$$S_{max} = (22 + 1350 - 2 + 100 - 12 - 2)\text{mm} = 1456\text{mm}$$

对于 $V_{max} \leq 120\text{km/h}$ 的线路，其轨距的允许偏差不得超过 6mm，所以曲线轨道最大允许轨距应为 1450mm，即最大允许加宽 15mm。

TB 10082—2017《铁路轨道设计规范》规定：新建、改建及线路大修或成段更换轨枕地段，应按表3-5规定的标准进行曲线轨距加宽。未按该标准调整前的线路可维持原标准。曲线轨距加宽递减率一般不得大于0.1%，特殊条件下，不得大于0.2%。

表3-5 曲线轨距加宽

曲线半径/m	加宽值/mm	轨距/mm
$R \geq 350$	0	1435
$350 > R \geq 300$	5	1440
$R < 300$	15	1450

3.4 曲线轨道外轨超高

3.4.1 曲线外轨超高设置的目的和方法

机车车辆在曲线上行驶时，由于惯性离心力作用，将机车车辆推向外股钢轨，加大了外股钢轨的压力，使旅客产生不适、货物产生移位等。因此需要把曲线外轨适当抬高，使机车车辆的自身重力产生一个向心的水平分力，以抵消惯性离心力，达到内外两股钢轨受力均匀和垂直磨耗均等，满足旅客舒适感要求，提高线路的稳定性和安全性。

外轨超高度是指曲线外轨顶面与内轨顶面水平高度之差。在设置外轨超高时，主要有外轨提高法和线路中心高度不变法两种方法。外轨提高法是保持内轨标高不变而只抬高外轨的方法。线路中心高度不变法是内外轨分别降低和抬高超高值一半而保证线路中心标高不变的方法。前者使用较普遍，后者仅在建筑限界受到限制时才采用。

3.4.2 曲线外轨超高的计算

当抬高外轨使车体倾斜时，轨道对车辆的反力和车体重力的合力形成向心力，如图3-19所示。为简化计算，将车体视为一个平面。

由图可见，$\triangle ABC \backsim \triangle EDO'$，则 $\dfrac{O'E}{O'D} = \dfrac{AC}{CB}$。

由于轨道倾斜角度很小，从工程实用的角度出发，可取 $CB \approx AB = S_1$，则

$$\dfrac{F_n}{P} = \dfrac{h}{S_1} \qquad (3\text{-}6)$$

而车体做曲线运动产生的离心力为

$$J = \dfrac{Pv^2}{gR} \qquad (3\text{-}7)$$

式中 g——重力加速度；
v——行车速度；单位为 m/s 时用 v，取 km/h 时用 V；

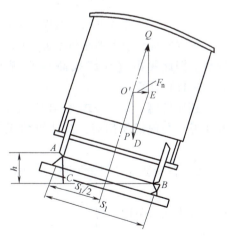

图3-19 曲线外轨超高计算图

P—车体的重力 Q—轨道反力 F_n—向心力
S_1—两轨头中心线距离 h—所需的外轨超高

R——曲线半径（m）。

为使外轨超高度与行车速度相适应，保证内外轨两股钢轨受力相等，由式（3-6）和式（3-7）得

$$h = \frac{S_1 v^2}{gR} \quad (3\text{-}8)$$

取 $S_1 = 1500\text{mm}$，$g = 9.8\text{m/s}^2$，代入上式并变换量单位得

$$h = 11.8 \frac{V^2}{R} \text{ (mm)} \quad (3\text{-}9)$$

实际上，通过曲线的各次列车，其速度不可能都是相同的。因此，式（3-9）中的列车速度 V 应当采用各次列车的平均速度 V_p，即

$$h = 11.8 \frac{V_p^2}{R} \quad (3\text{-}10)$$

超高设置是否合适，在很大程度上取决于平均速度的选取是否恰当。平均速度 V_p 的计算有以下两种方法。

1）全面考虑每一次列车的速度和重力来计算 V_p。

由式（3-9）可见，对任一确定的曲线，其外轨超高和两轨头中心线的距离是确定不变的。但通过的每一次列车的重力和速度是不同的，因而列车做曲线运动产生的离心力及向心力也是不同的。为了反映不同行驶速度和不同牵引质量的列车对于外轨超高值的不同要求，均衡内外轨的垂直磨耗，平均速度 V_p 应取每昼夜通过该曲线列车牵引质量的加权平均速度，即

$$V_p = \sqrt{\frac{\sum N_i G_i V_i^2}{\sum N_i G_i}} \quad (3\text{-}11)$$

式中　N_i——每昼夜通过的相同速度和牵引质量的列车次数；

　　　G_i——各类列车质量（t）；

　　　V_i——实测各类列车速度（km/h）。

式（3-11）中的列车质量 G_i 对 V_p 影响较大，由此计算所得的平均速度适用于客货混运线路。因此我国《铁路线路修理规则》规定，在确定曲线外轨超高时，平均速度按式（3-11）计算。

还应指出：超高公式（3-10）是将车辆视为一个平面而导出的，与实际列车受力状况存在差异。在现场使用时，按计算值设超高后，还应视轨道稳定以及钢轨磨耗等状况适当调整。

2）在新线设计与施工时，采用的平均速度 V_p 由下式确定：

$$V_p = 0.8 V_{\max} \quad (3\text{-}12)$$

代入式（3-10）得

$$h = 7.6 \frac{V_{\max}^2}{R} \quad (3\text{-}13)$$

式中　$V_{\max}$——预计该地段最大行车速度（km/h）。

经过运营一段时间后，可根据实际运营状态对超高予以调整。

3.4.3 外轨未被平衡的超高

在任何一段曲线轨道上,一旦外轨超高按平均速度计算确定并设置后,便成为固定设施,但由于列车通过的实际行驶速度,或大于平均速度,或小于平均速度,从而使外轨超高与行车速度不相适应,会不可避免地产生未被平衡的离心加速度。

(1) 未被平衡的离心加速度 当列车以速度 $V(\mathrm{km/h})$ 通过半径为 $R(\mathrm{m})$、外轨超高为 $h(\mathrm{mm})$ 的曲线轨道时,由于离心力而产生的离心加速度为 $\dfrac{V^2}{R}$,由于外轨超高而产生的向心加速度为 $\dfrac{gh}{S_1}$,则由于列车通过速度 V 与外轨超高不相适应而产生的未被平衡的离心加速度 a 为

$$a = \frac{V^2}{R} - \frac{gh}{S_1} \tag{3-14}$$

当 $V = V_p$ 时,$\dfrac{V^2}{R} = \dfrac{gh}{S_1}$,$a = 0$,说明列车通过时无未被平衡的加速度;当 $V > V_p$ 时,$a > 0$,说明列车通过时有未被平衡的加速度,其值为 $\dfrac{V^2}{R} - \dfrac{gh}{S_1}$;当 $V < V_p$ 时,$a < 0$,说明列车通过时有未被平衡的加速度,其值为 $\dfrac{gh}{S_1} - \dfrac{V^2}{R}$。

未被平衡的离心加速度不宜太大,否则,不仅影响列车行驶平稳,使旅客感觉不适,而且在高速行车条件下,会使车辆丧失稳定,危及行车安全。因此,必须规定一个合理的未被平衡的离心加速度允许值 a_0,令 $V_{\max}$ 为通过列车的最高行车速度,则

$$\frac{V_{\max}^2}{R} - \frac{gh}{S_1} \leqslant a_0 \tag{3-15}$$

将 g、$V_{\max}$ 和 S_1 的值代入式 (3-15),得

$$11.8 \frac{V_{\max}^2}{R} - h \leqslant 153 a_0 \tag{3-16}$$

(2) 未被平衡的超高 理想的超高仅适用于一种速度,因此原则上只能用于匀速行驶的铁路。一般来说,客车和货车以不同的速度行驶在同一轨道上,这意味着对于最高速度情况下设置的理想超高,可能会导致低速行驶中的列车产生相当大的过超高,这反过来会导致曲线内轨的过度磨耗。因此,折中的办法是使快速列车具有一定量的欠超高,尽管采取折中方法之后,轮缘会贴靠曲线外轨运行并导致轨头侧面磨耗,但仍优于限制行驶速度带来的危害。

未被平衡的离心加速度是由未被平衡的超高引起的。未被平衡的超高 Δh 是未被平衡的离心加速度的另一种表达方式。其表达式为

$$\Delta h = h - \frac{S_1 V^2}{gR} = h - 11.8 \frac{V^2}{R} \tag{3-17}$$

式中 h——实设超高 (mm);

V——列车通过曲线的实际速度 (km/h)。

当 $V>V_p$ 时，$\Delta h<0$，这种未被平衡的超高称为欠超高，用 h_Q 表示；当 $V<V_p$ 时，$\Delta h>0$，这种未被平衡的超高称为过超高，用 h_G 表示。

由式（3-16）和式（3-17）可得

$$h_{G\max} = 153 a_{\max} \tag{3-18}$$

式中 $a_{\max}$——未被平衡的最大离心加速度（m/s²）。

如果未被平衡的离心加速度限制提高，则须据此标准设计轨道部件，以保证轮缘与钢轨接触后，不会导致横向荷载立刻有超过轨排横向阻力的危险。欠超高增大会导致曲线外轨轨头表面磨耗量大幅度地增加，同时还会导致轨道几何形位的劣化速度加快。

根据我国铁路实践经验，未被平衡的离心加速度的允许值 $[a]$ 为 0.4~0.5m/s²，困难情况下为 0.6m/s²。

我国《铁路线路修理规则》采用未被平衡的超高来表示未被平衡的离心加速度的限值。将未被平衡的离心加速度允许值 $[a]$ 代入式（3-17），得到相应的未被平衡的超高允许值 $[\Delta h]$ 为

$$[a]=0.5\text{m/s}^2 \text{ 时}, [\Delta h]=76\text{mm}$$
$$[a]=0.6\text{m/s}^2 \text{ 时}, [\Delta h]=92\text{mm}$$

我国《铁路线路修理规则》规定：未被平衡欠超高一般不应大于75mm，困难情况不应大于90mm；但允许速度大于120km/h线路个别特殊情况下已设置的 90~110mm 的欠超高可暂时保留，但应逐步改造。未被平衡的过超高不得大于30mm，困难情况下不应大于50mm；允许速度大于160km/h的线路个别特殊情况下不应大于70mm。

3.4.4 外轨最大允许超高值

考虑到以下问题（如果列车在曲线上被迫停车或低速行驶，则会引起这些问题），需设定最大超高值：

1）乘客不适。
2）货车作用于钢轨上的荷载不均衡而引起的脱轨危险。
3）货物可能发生偏移。
4）由于车轮与内轨间存在较大的摩擦阻力，货车从静止状态起动时可能发生车体与转向架分离。

为了保证行车安全，必须限制外轨超高的最大值。以下叙述该值的确定方法。

设曲线外轨最大超高度为 $h_{\max}$，与之相适应的行车速度为 v，产生的惯性离心力为 J，车辆的重力为 G，J 与 G 的合力为 R，它通过轨道中心点 O，如图 3-20 所示。当某一车辆以 $v_1<v$ 的速度通过该曲线时，相应的离心力为 J_1，J_1 与 G 的合力为 R_1，其与轨面连线的交点为 O_1，偏离轨道中心的距离为 e，随着 e 值的增大，车辆在曲线运行的稳定性降低，其稳定程度可采用稳定系数 n 来表示，即

令

$$n=\frac{S_1}{2e} \tag{3-19}$$

当 $n=1$，即 $e=\dfrac{S_1}{2}$ 时，R_1 指向内轨断面中心线，车辆处于临界稳定状态。

当 $n<1$，即 $e>\dfrac{S_1}{2}$ 时，车辆丧失稳定而倾覆。

当 $n>1$，即 $e<\dfrac{S_1}{2}$ 时，车辆处于稳定状态，n 值越大，车辆稳定性越好。

由以上分析可知，e 值与未被平衡的外轨超高 Δh 存在一定的关系。由图 3-20 可得，过超高 $\triangle BAA'$ 与另一 $\triangle COO_1$ 的近似关系为

$$\dfrac{OO_1}{OC}=\dfrac{AA'}{S_1}$$

设车辆重心到轨面的高度为 H，则上式可变换为

$$e=\dfrac{H}{S_1}\Delta h \qquad (3-20)$$

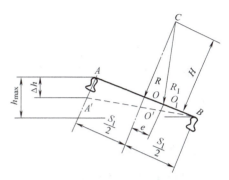

图 3-20　外轨最大超高分析图

式中　e——合力偏心距；

H——车体重心至轨顶面高，货车为 2220mm，客车为 2057.5mm；

Δh——未被平衡超高度；

S_1——两轨头中心线距离。

代入式（3-19）得

$$n=\dfrac{S_1^2}{2H\Delta h} \qquad (3-21)$$

根据我国铁路运营经验，为保证行车安全，n 值不应小于 3。最大外轨超高应达到这一指标要求。我国 TB 10082—2017《铁路轨道设计规范》规定，曲线外轨最大超高不应大于 150mm。若以最不利情况（曲线上停车，即速度 $v=0$）来校核其稳定系数 n，并考虑 4mm 的水平误差在内，即过超高 $\Delta h=154$mm，可计算得到

$$n=\dfrac{S_1^2}{2H\Delta h}=\dfrac{1.5^2}{2\times 2.2\times 0.154}=3.3$$

计算得到的稳定系数 $n>3$，满足稳定性要求。

复线和单线行车条件不同，最大超高的限制亦不同。复线按上下行分开，同一曲线上行车速度相差较小，最大超高可大一些；在单线铁路上，上下行列车速度相差悬殊的地段，如设置过大的超高，将使低速列车对内轨产生很大的偏压并降低稳定系数。《铁路线路修理规则》规定，实际设置最大超高：在单线上不得大于 125mm，在双线上不得大于 150mm。

客运专线铁路行车速度高，且列车多采用动车组，车辆平稳性和舒适性较普通列车要高，因此，我国目前在制定高速客运专线相关标准时，实设超高允许值取 170~180mm。

3.4.5　曲线轨道上的超高限速

任何一条曲线轨道，均按一定的平均速度设置超高。在既定的超高条件下，通过该曲线的列车最高速度必定受到未被平衡的允许超高 $[\Delta h]$ 的限制。其最高行车速度 $V_{\max}$ 应为

$$V_{\max}=\sqrt{\dfrac{(h+h_{QY})R}{11.8}} \qquad (3-22)$$

式中 h——按平均速度 V_p 设置的超高（mm）；
h_{QY}——未被平衡的允许欠超高（mm）；
R——曲线半径（m）。

同理，通过该曲线的最低行车速度 V_{min} 应为

$$V_{min} = \sqrt{\frac{(h-h_{GY})R}{11.8}} \tag{3-23}$$

式中 h_{GY}——未被平衡的允许过超高，其余符号同前。

当曲线半径较小时，按最大超高 150mm 计算，曲线上的超高限速与曲线半径的关系为

$h_{QY} = 75\text{mm}$ 时 $V_{max} = \sqrt{\dfrac{(150+75)R}{11.8}} = 4.3\sqrt{R}$

$h_{QY} = 90\text{mm}$ 时 $V_{max} = \sqrt{\dfrac{(150+90)R}{11.8}} = 4.5\sqrt{R}$

一般情况下，曲线上的超高限速按下式计算：

$$V_{max} = 4.3\sqrt{R} \tag{3-24}$$

采用未被平衡的超高允许值来限制曲线最高行车速度是保证行车安全的一项重要指标。

■ 3.5 缓和曲线

3.5.1 缓和曲线的作用及其几何特征

行驶于曲线轨道的机车车辆，出现一些与直线段上运行的机车车辆显著不同的受力特征，如曲线运行的离心力、外轨超高不连续形成的冲击力等。为使上述诸力不致突然产生和消失，以保持列车曲线运行的平稳性，需要在直线与圆曲线轨道之间设置一段曲率半径和外轨超高度均逐渐变化的曲线，称为缓和曲线。轨道直线和曲线之间或在两个相邻的曲线之间基本上都会采用缓和曲线，以保证车体横向加速度逐渐变化。当缓和曲线连接设有轨距加宽的圆曲线时，缓和曲线的轨距是呈线性变化的。概括起来，缓和曲线具有以下几何特征：

1) 缓和曲线连接直线和半径为 R 的圆曲线，其曲率由零至 $1/R$ 逐渐变化。
2) 缓和曲线的外轨超高，由直线上的零值逐渐增至圆曲线的超高度，与圆曲线超高相连接。
3) 缓和曲线连接半径小于 350m 的圆曲线时，在整个缓和曲线长度内，轨距加宽呈线性递增，由零至圆曲线加宽值。

因此，缓和曲线是一条曲率和超高均逐渐变化的空间曲线。

在以下情况下可以不设置缓和曲线：
1) 曲线半径大于 3000m。
2) 通过计算，表明无须设置超高。
3) 两相邻的同向曲线间，加速度差值不超过 $0.2 \sim 0.3 \text{m/s}^2$。

3.5.2 缓和曲线的几何形位条件

图 3-21 所示为一段缓和曲线。其始点和终点用 ZH 与 HY 表示。要达到设置缓和曲线的

目的，根据如图所取直角坐标系，缓和曲线的线形应满足以下条件：

1）为保持连续点的几何连续性，缓和曲线在平面上的形状应当是：在始点处，横坐标 $x=0$，纵坐标 $y=0$，倾角 $\varphi=0$；在终点处，横坐标 $x=x_0$，纵坐标 $y=y_0$，倾角 $\varphi=\varphi_0$。

2）列车进入缓和曲线，车体受到离心力 $J=m\dfrac{v^2}{\rho}$（ρ 为缓和曲线半径）的作用。为保持列车运行的平稳性，应使离心力不突然产生和消失，即在缓和曲线始点处，$J=0$ 或 $\rho=\infty$；在缓和曲线终点处，$J=m\dfrac{v^2}{R}$ 或 $\rho=R$。

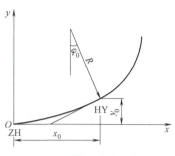

图 3-21 缓和曲线坐标图

3）在缓和曲线上任何一点的曲率应与外轨超高相配合。

在纵断面上，外轨超高顺坡的形状有两种形式。一种形式是直线形，如图 3-22a 所示；另一种形式是曲线形，如图 3-22b 所示。

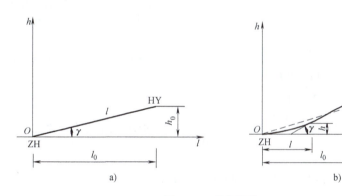

图 3-22 超高顺坡

a) 直线形 b) 曲线形

列车经过直线顺坡缓和曲线的始点和终点时，对外轨都会产生冲击。在行车速度不高，超高顺坡相对平缓时，列车对外轨的冲击不大，可以采用直线形顺坡。直线形顺坡的缓和曲线，在始点处 $\rho=\infty$，终点处 $\rho=R$，即可满足曲率与超高相配合的要求。

当行车速度较高，为了消除列车对外轨的冲击作用，应采用曲线形超高顺坡。其几何特征是缓和曲线始点及终点处的超高顺坡倾角 $\gamma=0$，即在始点和终点处应有

$$\tan\gamma=\frac{\mathrm{d}h}{\mathrm{d}l}=0 \tag{3-25}$$

式中　h——外轨超高度，$h=\dfrac{S_1}{g}\dfrac{v_p^2}{\rho}$；

　　　l——曲线上任何一点至缓和曲线起点的距离。

对某一特定曲线，平均速度 v_p 可视为常数。

令 $\dfrac{v_p^2}{g}\rho=E$（常数），则 $h=E\dfrac{1}{\rho}=EK$。

可见缓和曲线上各点的超高为曲率 K 的线性函数。因此，在缓和曲线始、终点处应有 $\dfrac{\mathrm{d}h}{\mathrm{d}l}=0$，即

$$\frac{\mathrm{d}K}{\mathrm{d}l}=0 \tag{3-26}$$

在始、终点之间，$\dfrac{\mathrm{d}K}{\mathrm{d}l}$ 应连续变化。

4）列车在缓和曲线上运动时，其车轴与水平面倾斜角 ψ 不断变化，即车体发生侧滚。要使钢轨对车体倾转的作用力不突然产生和消失，在缓和曲线始、终点应使倾转的角加速度为零，即 $\dfrac{\mathrm{d}^2\psi}{\mathrm{d}t^2}=0$。在缓和曲线始、终点之间 $\dfrac{\mathrm{d}^2\psi}{\mathrm{d}t^2}$ 应连续变化。

由图 3-23 可见

$$\psi \approx \sin\psi = \frac{h}{S_1}$$

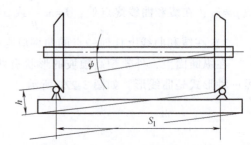

图 3-23　车轴与水平面倾斜角 ψ

式中 $h=EK$，由此 $\dfrac{\mathrm{d}^2\psi}{\mathrm{d}t^2}=\dfrac{E}{S_1}\dfrac{\mathrm{d}^2K}{\mathrm{d}t^2}$。

因为 $v=\dfrac{\mathrm{d}l}{\mathrm{d}t}$，所以 $\dfrac{\mathrm{d}^2\psi}{\mathrm{d}t^2}=\dfrac{Ev^2}{S_1}\dfrac{\mathrm{d}^2K}{\mathrm{d}l^2}$。

在缓和曲线始、终点，要使 $\dfrac{\mathrm{d}^2\psi}{\mathrm{d}t^2}=0$，应有 $\dfrac{\mathrm{d}^2K}{\mathrm{d}l^2}=0$。在缓和曲线始、终点之间，$\dfrac{\mathrm{d}^2K}{\mathrm{d}l^2}$ 应连续变化。

综上所述，缓和曲线的线形条件，可归纳见表 3-6。

表 3-6　缓和曲线线形条件

顺序	符号	始点（ZH）$l=0$	终点（HY）$l=l_0$	始点至终点之间
1	y	0	y_0	连续变化
2	φ	0	φ_0	
3	K	0	$\dfrac{1}{R}$	
4	$\dfrac{\mathrm{d}K}{\mathrm{d}l}$	0	0	
5	$\dfrac{\mathrm{d}^2K}{\mathrm{d}l^2}$	0	0	

可以看出，表中前两项是基本的几何形位要求，而后三项是由行车平稳性形成的力学条件推导出的几何形位要求。在行车速度不高的线路上，满足前三项要求的缓和曲线尚能适应列车运行的需要，而在速度较高的线路上，缓和曲线的几何形位就必须考虑后两项的要求。

3.5.3　常用缓和曲线

满足表 3-6 中前三项要求的缓和曲线，是目前铁路上最常用的缓和曲线，所以也称为常

用缓和曲线。

常用缓和曲线的外轨超高顺坡为直线顺坡，其基本方程必须满足的条件为：

当 $l=0$ 时，$K=0$；当 $l=l_0$ 时，$K=\dfrac{1}{R}$。

由超高与曲率的线性关系可知，满足这些条件的基本方程应为

$$K = K_0 \dfrac{l}{l_0} \tag{3-27}$$

式中　　K——缓和曲线上任意一点的曲率，等于 $\dfrac{1}{\rho}$；

　　　　l——缓和曲线上某一点离 ZH 点（或 HZ 点）的距离；

　　　　K_0——缓和曲线终点 HY 点（或 YH 点）的曲率，等于 $\dfrac{1}{R}$；

　　　　l_0——缓和曲线长度。

由式（3-27）可知，缓和曲线长度 l 与其曲率 K 成正比。符合这一条件的曲线称为放射螺旋线。由图 3-24 可得

$$\mathrm{d}\varphi = \dfrac{\mathrm{d}l}{\rho} = \dfrac{1}{Rl_0}\mathrm{d}l \tag{3-28}$$

缓和曲线的偏角 φ 为

$$\varphi = \int_0^l \mathrm{d}\varphi = \int_0^l \dfrac{1}{Rl_0}\mathrm{d}l = \dfrac{l^2}{2Rl_0} = \dfrac{l^2}{2C} \tag{3-29}$$

在缓和曲线终点处，$l=l_0$，缓和曲线偏角为

$$\varphi_0 = \dfrac{l_0^2}{2Rl_0} = \dfrac{l_0}{2R} \tag{3-30}$$

因为

$$\mathrm{d}x = \mathrm{d}l\cos\varphi$$
$$\mathrm{d}y = \mathrm{d}l\sin\varphi$$

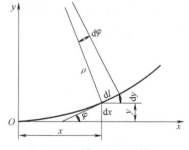

图 3-24　缓和曲线计算图

由式（3-29）可见，在缓和曲线长度范围内，偏角 φ 数值较小，可取近似值，即

$$\sin\varphi \approx \varphi$$
$$\cos\varphi = 1 - 2\sin^2\dfrac{\varphi}{2} \approx 1 - \dfrac{\varphi^2}{2}$$

于是可得

$$\mathrm{d}x = \left(1 - \dfrac{\varphi^2}{2}\right)\mathrm{d}l = \left(1 - \dfrac{l^4}{8C^2}\right)\mathrm{d}l$$

$$\mathrm{d}y = \varphi\mathrm{d}l = \dfrac{l^2}{2C}\mathrm{d}l$$

积分上两式得

$$x = \int_0^l \left(1 - \dfrac{l^4}{8C^2}\right)\mathrm{d}l = l - \dfrac{l^5}{40C^2} \tag{3-31}$$

$$y = \int_0^l \dfrac{l^2}{2C}\mathrm{d}l = \dfrac{l^3}{6C} \tag{3-32}$$

这就是放射螺旋线的近似参变数方程式,是我国铁路常用的缓和曲线方程式。如消去上两式的参变数 l,则得

$$y = \frac{x^3}{6C}\left(1 + \frac{3x^3}{40C^2} + \cdots\right) \tag{3-33}$$

这就是放射螺旋线的近似直角坐标方程式。在曲线半径较小的铁路上,采用第一项作为近似式尚存在较大偏差。

3.5.4 缓和曲线长度

缓和曲线长度是铁路线路平面设计的主要参数之一。从保证行车安全和旅客乘坐舒适性角度要求缓和曲线具有一定的长度,但缓和曲线过长将制约平面选线和纵断面变坡点设置的灵活性,且增大工程投资。因此,需要合理地确定缓和曲线的长度。

实践证明,缓和曲线的线形不是影响行车的决定因素,关键是缓和曲线的长度。缓和曲线长度的确定受许多因素影响,其中最主要是保证行车安全和行车平稳两个条件。

1) 缓和曲线要保证行车安全,使车轮不致脱轨。

机车车辆行驶在缓和曲线上,若不计轨道弹性和车辆弹簧作用,则车架一端的两轮贴着钢轨顶面;另一端的两轮,在外轨上的车轮贴着钢轨顶面,而在内轨上的车轮是悬空的。为保证安全,应使车轮轮缘不爬越内轨顶面。设外轨超高顺坡坡度为 i,最大固定轴距为 $L_{\max}$,则车轮离开内轨顶面的高度为 $iL_{\max}$。当悬空高度大于轮缘最小高度 $K_{\min}$ 时,车轮就有脱轨的危险。因此要保证:

$$i_0 L_{\max} \leq K_{\min}$$
$$i_0 \leq \frac{K_{\min}}{L_{\max}} \tag{3-34}$$

式中 i_0——外轨超高顺坡坡度。

缓和曲线长度 l_0 应为

$$l_0 \geq \frac{h_0}{i_0} \tag{3-35}$$

式中 h_0——圆曲线超高度。

对外轨超高顺坡为曲线形的缓和曲线,外轨超高顺坡的最大坡度也要满足式(3-34)对 i_0 的要求。曲线形顺坡的坡度由下式计算:

$$i = \frac{\mathrm{d}h}{\mathrm{d}l} = \frac{S_1 v_\mathrm{p}^2}{g} \frac{\mathrm{d}K}{\mathrm{d}l} \tag{3-36}$$

当 $\frac{\mathrm{d}i}{\mathrm{d}l} = 0$,即 $\frac{\mathrm{d}^2 K}{\mathrm{d}l^2} = 0$ 时,i 有极值。对曲线顺坡缓和曲线来说,这个极值均出现在缓和曲线的中点,即 $l = \frac{l_0}{2}$ 处。

《铁路线路修理规则》规定:曲线超高应在整个缓和曲线内顺完,允许速度大于 120km/h 的线路,顺坡坡度一般应不大于 $1/(10v_{\max})$,其他线路不应大于 $1/(9v_{\max})$;允许速度大于 160km/h 的线路,超高必须在整个缓和曲线内顺完;其他线路,如果缓和曲线长

度不足，顺坡可延伸至直线上；允许速度为 120~160km/h 的线路，在直线上顺坡的超高不应大于 8mm；其他线路，有缓和曲线时不应大于 15mm，无缓和曲线时不应大于 25mm。

在困难条件下，可适当加大顺坡坡度。但允许速度大于 120km/h 的线路不应大于 $1/(8v_{max})$，其他线路不应大于 $1/(7v_{max})$，且不得大于 0.2‰。

2）缓和曲线长度要保证外轮的升高（或降低）速度不超过限值，以满足旅客舒适度要求。

车轮在外轨上的升高速度（又称作超高时变率）f(mm/s) 由下式计算：

$$f = h \div \frac{l_0}{v_{max}} = \frac{hv_{max}}{l_0} \qquad (3-37)$$

式中　h——圆曲线外轨超高（mm）；
　　　v_{max}——通过曲线的最高行车速度（m/s）；
　　　l_0——缓和曲线长度，相当于直线形顺坡缓和长度（m）。

为保证旅客舒适度的要求，则缓和曲线长度为

$$l_0 \geqslant \frac{h}{f} v_{max}$$

或者

$$l_0 \geqslant \frac{h}{3.6f} V_{max} \qquad (3-38)$$

式中　V_{max}——通过曲线的最高行车速度（km/h）；
　　　f——保证旅客舒适的超高时变率允许值率（mm/s），其值与最高行车速度及工程条件有关。

我国在制定相关标准时，超高时变率允许值取值为：客货共线铁路，一般 28mm/s，困难 32mm/s；客运专线铁路，良好条件下 25mm/s，一般条件下 28mm/s，困难条件下 31mm/s。《铁路线路设备大修规则》规定：缓和曲线长度 l_0，一般地段为

$$l_0 \geqslant 9hV_{max} \qquad (3-39)$$

特别困难地段为

$$l_0 \geqslant 7hV_{max} \qquad (3-40)$$

式中　l_0——缓和曲线长（m）；
　　　h——超高（m）；
　　　V_{max}——允许最高行车速度（km/h）。

计算结果取 10m 的整倍数，长度不短于 20m。两缓和曲线间的圆曲线长度不应短于 20m。

缓和曲线长度应根据曲线半径，路段旅客列车设计速度和地形条件按表 3-7 和表 3-8 选用。有条件时采用较表 3-7 和表 3-8 中规定的更大值。

表 3-7　客货共线铁路常用曲线半径缓和曲线长度

设计速度/(km/h)		200		160		140		120		100		80	
工程条件		一般	困难	一般	困难	一般	困难	一般	困难	一般	困难	一般	困难
曲线半径/m	12000	40	40	40	40	30	20	20	20	20	20	20	20
	10000	50	40	50	40	30	20	20	20	20	20	20	20

（续）

设计速度/(km/h)	200		160		140		120		100		80	
工程条件	一般	困难	一般	困难	一般	困难	一般	困难	一般	困难	一般	困难
曲线半径/m 8000	60	50	60	50	40	20	30	20	20	20	20	20
7000	70	60	70	50	50	30	30	20	20	20	20	20
6000	80	70	70	50	50	30	30	20	20	20	20	20
5000	90	80	70	60	60	40	40	30	20	20	20	20
4000	110	100	80	70	60	40	50	30	30	20	20	20
3000	150	130	90	80	70	50	50	40	40	20	20	20
2800	170	170	100	90	80	60	50	40	40	30	20	20
2500	—	—	110	100	80	70	60	40	40	30	30	20
2000	—	—	140	120	90	80	60	50	50	40	30	20
1800	—	—	160	140	100	80	70	60	50	40	30	20
1600	—	—	170	160	110	100	70	60	50	40	40	20
1400	—	—	—	—	130	110	80	70	60	40	40	20
1200	—	—	—	—	150	130	90	80	60	50	40	30
1000	—	—	—	—	—	—	120	100	70	60	40	30
800	—	—	—	—	—	—	150	130	80	70	50	40
700	—	—	—	—	—	—	—	—	100	90	50	40
600	—	—	—	—	—	—	—	—	120	100	60	50
550	—	—	—	—	—	—	—	—	130	110	60	50
500	—	—	—	—	—	—	—	—	—	—	60	60

注：当采用表列数值间的曲线半径时，其相应的缓和曲线长度可采用线性内插值，并进整至10m。

表3-8　高速铁路常用曲线半径缓和曲线长度

设计最高速度/(km/h)	350			300			250		200	
工程条件	最大	一般	最小	最大	一般	最小	一般	困难	一般	困难
曲线半径/m 14000	280	250	220	190	170	150	—	—	—	—
12000	330	300	270	220	200	180	120	100	50	50
11000	370	330	300	240	210	190	130	120	60	60
10000	430	390	350	270	240	220	140	130	70	60
9000	490	440	400	300	270	250	160	140	70	60
8000	570	510	460	340	300	270	170	150	90	80
7000	670	590	540	390	350	310	200	180	90	80
6000	670	590	540	440	390	350	250	230	120	100
5500	670	590	540	470	420	380	280	250	140	120
5000	—	—	—	500	450	410	300	270	160	140
4500	—	—	90	540	480	430	340	300	180	160
4000	—	—	100	570	510	460	370	330	200	180

(续)

设计最高速度/(km/h)		350			300			250		200	
工程条件		最大	一般	最小	最大	一般	最小	一般	困难	一般	困难
曲线半径/m	3500	—	—	—	—	—	—	420	380	250	220
	3200	—	—	—	—	—	—	450	400	270	240
	3000	—	—	—	—	—	—	—	—	290	260
	2800	—	—	—	—	—	—	—	—	320	280
	2500	—	—	—	—	—	—	—	—	350	310
	2200	—	—	—	—	—	—	—	—	390	350

注：当采用表列数值间的曲线半径时，其相应的缓和曲线长度可采用线性内插值，并进整至10m。

3）高速铁路的缓和曲线长度。高速铁路的缓和曲线长度主要取决于舒适度所确定的超高时变率 f 及欠超高时变率 β 的限值。舒适度允许的欠超高时变率限值（未被平衡横向加速度时变率）要求的缓和曲线长度为

$$l_0 \geq \frac{h_Q}{3.6[\beta]} V_{max} \tag{3-41}$$

式中 $[\beta]$——欠超高时变率允许值（mm/s），一般条件下取 23mm/s，困难条件下取 38mm/s；

h_Q——圆曲线设计欠超高（mm）。

舒适度允许的超高时变率限值（车体倾斜角速度）要求的缓和曲线长度为

$$l_0 \geq \frac{h}{3.6[f]} V_{max} \tag{3-42}$$

式中 $[f]$——超高时变率允许值（mm/s），一般条件下取 25mm/s，困难条件下取 31mm/s；

h——圆曲线设计超高（mm）。

缓和曲线长度根据上述两式计算结果，取较大者。我国《新建时速200km客货共线铁路设计暂行规定》推荐的缓和曲线长度见表3-9，限速地段可根据表3-10选用。提速200km/h的既有线、新建客运专线，对缓和曲线长度均有相应规定。

表 3-9 新建时速 200km 缓和曲线长度

曲线半径/m	推荐缓和曲线长度/m	最小缓和曲线长度/m	曲线半径/m	推荐缓和曲线长度/m	最小缓和曲线长度/m
12000	50	40	4500	120	100(90)
10000	60	50(40)	4000	140	110(100)
8000	70	60(50)	3500	160	130(120)
7000	80	70(60)	3000	180	150(130)
6000	90	80(70)	2800	200	170
5000	110	90(80)			

注：括号内数值为特殊困难条件下，经技术经济比较后方可采用的最小缓和曲线长度。

表 3-10　限速曲线半径和缓和曲线长度

限速 V_x /(km/h)	限速半径 R_x/m	限速最小缓和曲线长度 L_x/m	限速 V_x /(km/h)	限速半径 R_x/m	限速最小缓和曲线长度 L_x/m
180	2600	140(120)	140	1600	110(110)
	2000	160(150)		1200	150(130)
160	2000	130(110)	120	1200	90(80)
	1600	160(140)		800	150(130)

注：括号内数值为特殊困难条件下，经技术经济比较后方可采用的最小缓和曲线长度。

小　结

车辆和轨道的空间关系直接影响行车的安全和平稳，为深入理解保持良好轨道几何形位的作用和意义，本章首先介绍了车辆走行部分的结构，进而介绍了直线轨道的几何形位五要素——轨距、水平、方向（轨向）、前后高低和轨底坡，以及曲线轨道几何形位——轨距加宽和外轨超高。直线和曲线不能直接连接，需在二者间设置缓和曲线。缓和曲线是由直线向曲线或曲线向直线间过渡的一段线路，以此保证车辆受到的力和横向加速度能够逐渐变化，满足超高、加宽缓和段的过渡，利于平稳行车。影响缓和曲线长度的因素主要有：缓和曲线要保证行车安全，使车轮不致脱轨；缓和曲线长度要保证外轮的升高（或降低）速度不超过限值，以满足旅客舒适度要求。

习　题

1. 从轨道横断面上来看，轨道的几何形位包括轨距、水平、外轨超高和什么？轨道的两股钢轨之间应保持一定的距离，为保证机车车辆顺利通过小半径曲线，曲线轨距应考虑什么？

2. 车轮内侧面与外侧面之间的距离称为什么？

3. 车轮踏面有哪两种形式？

4. 当行车速度较高时，为了消除列车对外轨的冲击作用，应采用什么形式的超高顺坡？

5. 若轨距最大值为 S_{max}，最小值为 S_{min}，轮对宽度最大值为 q_{max}，最小值为 q_{min}，求游间最大值 δ_{max} 和游间最小值 δ_{min}。

6. 名词解释：轨道几何形位、轨距、游间、动态不平顺、轨底坡、外轨超高。

7. 确定轨距加宽必须满足的原则有哪些？

8. 影响列车安全性、旅客舒适度和设备使用寿命的几何形位因素有哪些？这些因素如何影响轨道的运营与维护？

9. 缓和曲线具有哪些几何特征？

10. 已知某曲线半径 1000m，平均行车速度为 $V=80$km/h，其允许的最大欠超高为 75mm，计算该曲线应设置的外轨超高及其允许的最高行车速度。

第4章 轮轨关系

轮轨摩擦副是铁路运输工具的关键零部件，列车的运行、牵引和制动都需要通过轮轨的作用力才能实现。在轮轨相互作用过程中产生的问题，如轮轨接触表面剥离现象、波浪形磨耗、脱轨、噪声等问题，与诸多因素有关，如荷载、轮轨运动行为、轮轨接触表面状态、轮轨型面、机车车辆和轨道结构特征等。为解决轮轨相互作用产生的问题，需要对轮轨接触关系进行深入的研究。本章从轮轨接触几何关系和轮轨相互作用力两个方面来介绍轮轨关系。

轮轨接触几何关系是轮轨关系研究的基本内容之一，它不仅关系到车辆运行性能的好坏，也关系到轮轨之间的磨耗问题。轮轨之间的相互作用主要包括轮轨滚动接触系统之间复杂的力学行为、运动规律、几何及材料匹配关系、轮轨磨损、轮轨黏着、脱轨等实际问题。

4.1 轮轨接触几何关系

4.1.1 轮轨接触参数

当车辆沿轨道运行时，为了避免车轮轮缘与钢轨侧面经常接触，机车车辆通过曲线，左右车轮的轮缘外侧距离小于轨距，因此轮对可以相对轨道做横向位移和摇头角位移。在不同的横向位移和摇头角位移的条件下，左右轮轨之间的接触点有不同位置，于是轮轨之间的接触参数相应出现变化。对车辆运行中动力学性能影响比较大的轮轨接触几何参数如图4-1所示。

1) 左轮和右轮实际滚动半径 r_L 和 r_R，由于轮对是一个刚体，轮对绕其中心线转动时，各部分的转速是一致的，车轮滚动半径大，在同样的转角下走行距离长。同一轮对左右车轮滚动半径差越大，左右车轮滚动时的走行距离差就越大。此外，车轮滚动半径大小也影响轮轨接触应力。

2) 左轮和右轮在轮轨接触点处的踏面曲率半径 r_{wL} 和 r_{wR}。

3) 左轨和右轨在轮轨接触点处的轨头截面曲率 r_{rL} 和 r_{rR}。轮轨接触点处的曲率半径大小将会影响轮轨实际接触斑的大小、形状和轮轨的接触应力。

4) 左轮和右轮与左轨和右轨在接触点处的接触角 δ_L 和 δ_R，即轮轨接触点处的轮轨公切面与轮对中心线之间的夹角。轮轨接触角的大小影响轮轨之间法向力和切向力在垂向和水平方向分量的大小。

5) 轮对侧滚角 θ_w，轮对侧滚角会引起转向架和车体的侧滚。

6) 轮对中心上下位移 z_w，该量的变化会引起转向架和车体的垂向位移。

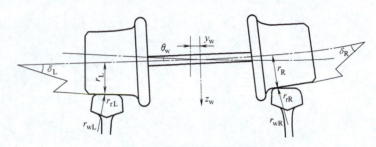

图 4-1 轮轨接触几何参数

在轮对沿轨道滚动接触的过程中，由于轮轨特殊的形状特征，左右滚动圆半径存在差异，轮轨之间的接触几何参数也不断变化。分析轮轨接触几何关系时，在给定的轮轨型面几何形状条件下，由轮对横移 y 及摇头角位移 ψ，可确定接触点位置及接触点处的曲率半径等轮轨接触几何参数，其中，轮轨接触几何特性中最重要的参数是滚动圆半径差及接触角差随横移量及摇头角 ψ 的变化关系。

1. 踏面锥度

滚动圆半径差随横移量的变化情况决定了车轮的踏面锥度，滚动圆半径差较大时，车辆的曲线通过性能较好。对于锥形踏面，踏面斜率即等于踏面锥度，而对于磨耗型车轮踏面，一般引入轮对在小范围内做横移运动时的等效锥度 λ_e 的概念，等效锥度 λ_e 可用下式计算：

$$\lambda_e = \frac{r_L - r_R}{2y} \tag{4-1}$$

式中 r_L、r_R——左、右车轮接触滚动圆半径。

一般情况下，踏面等效锥度与轮轨外形的配合状态密切相关，只有新制的锥形踏面与钢轨配合时，锥度值才与配合状态无关而只依赖于车轮踏面外形。锥度值可按大小不同划分为表 4-1 所示的 4 个等级。

表 4-1 锥度等级划分

等级	锥度范围	等级	锥度范围
低锥度	$\lambda < 0.15$	高锥度	$0.3 < \lambda < 0.5$
中等锥度	$0.15 < \lambda < 0.3$	超高锥度	$\lambda > 0.5$

目前，对于踏面等效锥度的最优取值范围尚未形成统一定论，这主要是因为车辆的直线运行稳定性与曲线通过性能对踏面锥度值的要求是相互矛盾的，其次由于世界各国的车辆悬挂参数和轨道几何参数不尽相同，很难统一等效锥度值的合理取值范围。尽管没有统一标准，一般认为，既满足直线运行稳定性又利于曲线通过的锥度范围应在 0.1~0.4 之间。

2. 接触角差

轮对处于对中位置时，其重心也处于最低位置，当轮对向两侧横移时，重心位置将升高，这个抬升轮对重心的能量来自于车辆前进的动能。对于不同的轮轨配合情况，轮对发生相同横移时重心高度的变化量也不相同，变化量越大，轮对横移所需的能量也越大，反之则越小。与重心高度变化所需能量密切相关的是轮轨接触角差，接触角差较大时，轮对可以提供较大的重力复原力，车辆稳定性较好，接触角差的大小可以用接触角差系数 γ 来表示，即

$$\gamma = \frac{\tan\delta_L - \tan\delta_R}{2y} \approx \frac{\delta_L - \delta_R}{2y} \tag{4-2}$$

式中 δ_L、δ_R——左、右轮轨接触角。

当轮对偏离轨道中心线横移 y 时，左右钢轨作用在左右车轮上的法向反力就不相同，法向力的横向分力也不相同，如图 4-2 所示。F_l 与 F_r 的合力将起到阻止轮对产生横向位移的作用。当轮对相对于轨道中心线产生摇头角位移时，F_l 与 F_r 将产生一对力偶，这一力偶起到推动轮对摇头的作用。横向复原力的大小与轮对横移量及所受的载荷有关，如不计轮对上的动载荷、悬挂变形力和蠕滑力并略去高阶微量，则钢轨作用于左右车轮上的横向反力分别为

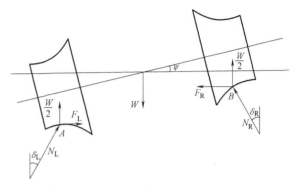

图 4-2 轮对横向复原力

$$\begin{cases} F_L = \dfrac{W}{2}\tan\delta_L \\ F_R = \dfrac{W}{2}\tan\delta_R \end{cases} \tag{4-3}$$

式中 W——轴重。

轮对由于重力作用产生的横向复原力为

$$F_y = F_R - F_L = \frac{W}{2}(\tan\delta_R - \tan\delta_L) \tag{4-4}$$

复原力 F_y 与横移量 y 之比称为重力刚度，用 K_y 表示，则

$$K_y = \frac{F_y}{y} = \frac{W}{2y}(\tan\delta_R - \tan\delta_L) \tag{4-5}$$

K_y 与横移量呈现非线性变化关系，只有当采用新制锥形踏面轮对时，K_y 可近似认为是线性的。当接触角不大时，可线性化 $\tan\delta \approx \delta$，则

$$K_y \approx \frac{W}{2y}(\delta_R - \delta_L) = W\gamma \tag{4-6}$$

可见，轮对重力刚度或者接触角差系数 γ 决定了车辆前进的动能转化为横向振动能量的能力。这也从另一个角度说明了车辆横向运行稳定性与接触角差之间的关系，接触角差越大，则轮对在做相同横移时重心高度变化越大，车辆前进的动能转化为横向振动能量的能力就越差，从而对车辆的运行稳定性越有利。

3. 重力角刚度

当轮对横移量为 y 而且有摇头角 ψ 时，作用在左右车轮上的轨道横向力将对轮对产生一个力矩 M_g。轮对摇头角越大，重力作用引起的力矩也越大，该摇头力矩与摇头角之比称为轮对的重力角刚度。由于该摇头力矩的方向与轮对摇头的方向一致，如图 4-3 所示，故轮对摇头重力角刚度为负刚度，其作用是使轮对产生摇头角位移，并继续偏离原来的中立方向。作用在轮对上的摇头力矩为

$$M_g = -b(F_R \sin\psi + F_L \sin\psi) \quad (4-7)$$

轮对摇头角重力角刚度为

$$K_{g\psi} = \frac{M_g}{\psi} = \frac{bW}{-2\psi}\sin\psi\left[\tan(\delta_R+\theta)+\tan(\delta_L-\theta)\right] \quad (4-8)$$

在一般情况下，$K_{g\psi}$ 是 y 和 ψ 的函数，只有在锥形踏面的直线区段，ψ、$\delta_R+\theta$ 和 $\delta_L-\theta$ 角很小时，并取 $\sin\psi \approx \psi$、$\tan(\delta_R+\theta) \approx \delta_R+\theta$、$\tan(\delta_L-\theta) \approx \delta_L-\theta$，且 $\delta_L = \delta_R = \lambda$ 时，有

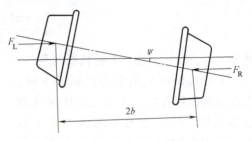

图 4-3 轮对重力角刚度求解图

$$K_{g\psi} \approx -Wb\lambda = 常数 \quad (4-9)$$

只有在轮对横移量较小时，其重力角刚度才为一恒定值，在其他位置，重力角刚度随轮对横移和摇头角位移的变化而变化。由此可见，只要轮轨外形参数确定，轮对的踏面等效锥度、等效重力刚度和等效重力角刚度等参数，也就随之确定出来。

4.1.2 轮轨接触状态

轮轨接触区域可以划分为图 4-4 所示的三个接触区域，区域 A 为轨顶和车轮踏面中心接触区；区域 B 为钢轨轨距角和车轮轮缘根部接触区；区域 C 为钢轨和车轮外侧接触区。当轮轨接触位于区域 A 时，轮轨接触应力最小，相应的轮轨横向蠕滑率/力也很小，因此轮轨在区域 A 接触是铁路运行所期望的理想状态之一，也是轮轨型面设计所追求的目标。

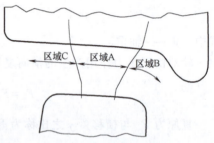

图 4-4 轮轨接触功能区

当车辆通过小半径曲线、轨距发生变化、轨面出现不连续（如道岔、接头、擦伤）等情况时，轮轨往往会在图 4-4 所示的区域 B 接触。轮轨在区域 B 接触时，有图 4-5 所示的三种接触状态：单点接触、两点接触和共形接触。轮轨在该区域接触，可能使轮轨出现早期伤损或影响车辆的导向性能和稳定性。区域 B 处的单点接触对车辆和轨道的损害最大，在大蠕滑条件下，高接触应力会导致钢轨轨距角的疲劳破坏，轻则产生钢轨裂纹，重则造成剥离掉块。伴随出现的大的纵向蠕滑导致钢轨材料的塑性流变，甚至导致车辆蛇行失稳，并由此引发钢轨交替侧磨。列车在曲线上运行出现两点接触时会加速钢轨的侧磨，这是多年来车轮型面设计所刻意避免的，但两点接触会避免或减少轨距角出现裂纹和剥离掉块。在一定条件下，当轨距角与轮缘磨合到一个共同型面的时候就会发生图 4-5c 所示的共形轮缘接触。与其他接触状态相比，在轨距角部位形成与轮缘共形接触时，接触应力最低，这种接触状态是轮轨型面设计所追求的。

在一些特殊情况下，轮轨接触会发生在图 4-4 所示的区域 C 内，这种情况会导致车轮型面外侧产生高的接触应力。或者在远离车轮边缘接触时，将导致车轮踏面外侧出现假性轮缘，恶化车轮导向性能，加速轮缘磨耗。综上所述，无论是高速、重载还是普通铁路，在直线和大半径曲线上运行时，轮轨应在区域 A 接触，即轨顶踏面中心区和车轮踏面中心区接触。在曲线上运行时，轨距角部位最好能与轮缘形成共形接触。

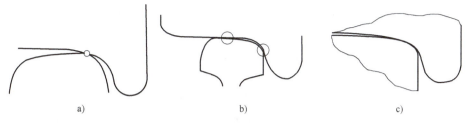

图 4-5 轮轨之间的接触状态

a）单点接触 b）两点接触 c）共形接触

当轮对相对轨道只有横移而无摇头角位移时，轮轨间的接触点处于通过轮对中心线的铅垂平面内；但当轮对相对轨道有摇头角位移时，即使轮轨之间仍保持踏面一点接触的情况，轮轨接触点即不再位于通过轮对中心线的铅垂平面内，此时接触点与铅垂平面之间有一段距离，称为接触点超前量（或落后量），如图4-6所示。接触点超前量对车轮爬轨有较大影响。

车轮沿钢轨运行时，轮轨接触点不断变化，车轮踏面与钢轨顶面的接触点是车轮转动的瞬时转动中心。从宏观来看，轮轨之间似无相对滑动，在两点接触的情况下，车轮轮缘与钢轨侧面的接触点也不断发生变化。由于车轮绕瞬时转动中心转动，因此轮缘与钢轨侧面之间在接触点处将会出现相对滑动，造成轮缘与钢轨侧面的磨耗，而且轮缘接触点离踏面接触点

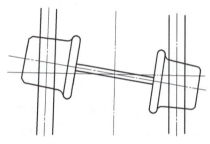

图 4-6 轮轨接触超前量

的垂向距离越大，摩擦越严重。因此，在轮轨型踏面设计时，应尽量避免两点接触并尽可能减小两接触点之间的垂向距离，以减少轮轨磨损。

按照设计，新的磨耗型踏面车轮和新的钢轨匹配使用时，一般不会发生两点接触情况，如图 4-7a 所示，但当钢轨或车轮踏面磨耗到一定形状后，轮轨间仍有可能两点接触，如图 4-7b 所示。

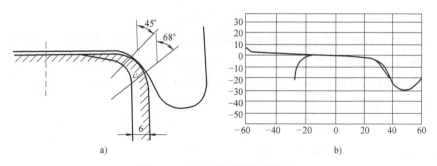

图 4-7 不同时期轮轨接触状态

a）新轮新轨接触状态 b）磨耗后轮轨接触状态（网格单位：mm）

4.1.3 轮轨接触几何参数的计算

1. 轮轨接触几何的平面问题

假定车轮和轨道都是刚体，由于轨道对轮对的约束，轮对运动具有两个自由度（不计

轮对在轨道方向的平移，它对轮轨约束关系无任何影响）。通常以轮对中心相对于轨道中心线的横向位移和轮对绕铅垂轴的转动角（摇头角）作为广义坐标，这就是所谓空间问题。在无摇头角的情况下，变成一个平面问题。轮轨各接触几何参数仅是轮对中心横移量的函数。显然，左右轮轨约束关系必符合以下几何条件：

1) 接触点上轮轨垂向距离为零，而非接触点上轮轨垂向距离大于零。
2) 接触点上轮轨曲线具有相同的斜率，即等于轮轨曲线公切线的斜率。

这两个条件是等效的。

如图 4-8 所示，将左右车轮，轨顶轮廓线 $W_L(y)$、$W_R(y)$、$R_L(y)$、$R_R(y)$、置入坐标系中（轨道为图 4-8 中虚线），为了说明问题的方便，将轨道向下平移 z_s（图 4-8 中实线）。上述接触点条件变为：左右轮轨在接触点上垂向距离最小且相等（都等于 z_s），本节以此为条件来寻找轮轨接触点。分别对左右侧轮轨每隔一定水平间隔计算轮轨之间的垂向距离，找出左右侧轮轨间最小距离 Δz_{minL} 和 Δz_{minR}。并记录这两处所在的位置 y_{minL} 和 y_{minR} 作为可能的轮轨接触点，这个过程在本节中简称"扫描"。

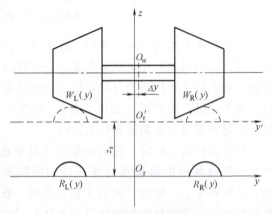

图 4-8　轮轨平面几何接触点位置确定

如果这两处分别是左右轮轨接触点，则应有

$$\Delta z_{minL} = \Delta z_{minR} \tag{4-10}$$

反之，如果 $\Delta z_{minL} \neq \Delta z_{minR}$ 则不符合轮轨约束关系，必须调整轮对位置（改变侧滚角），使之符合该约束关系。

设 $\Delta z_{minL} > \Delta z_{minR}$，则轮对应逆时针旋转一个角度 θ：

$$\theta = a \frac{\Delta z_{minL} - \Delta z_{minR}}{y_{minL} - y_{minR}} \tag{4-11}$$

式中　a——大于 1 的修正系数，目的是加快迭代收敛速度，该值的确定方法从略。

轮对旋转以后，重复上述扫描过程，即在轮对新的位置上重新检查左右侧轮轨最小距离是否相等。确切地说，所谓"相等"是指左右侧轮轨最小距离之差的绝对值小于给定的某一很小的正数 ε。换言之，上述迭代计算进行完毕的标志是

$$|\Delta z_{minL} - \Delta z_{minR}| < \varepsilon \tag{4-12}$$

ε 取 $1 \times 10^{-4} \sim 1 \times 10^{-3}$ mm 已足够满足工程计算的精度。

当最后一次迭代进行完毕后，它所得出的左右轮轨最小距离处即为左右轮轨接触点，各次迭代的旋转角的代数和即为轮对侧滚角增量：

$$\phi_w = \phi_{w0} + \sum_{i=1}^{K} \theta_i \tag{4-13}$$

式中　ϕ_{w0}——初始轮对侧滚角；

　　　K——迭代次数。

2. 轮轨外形的表达和曲线拟合

如上所述，进行计算时必须要用轮轨外形曲线的解析式。对于任意形状的轮轨外形曲线，大多数是很难甚至不可能用精确解析式来表示的。我们只能从这些曲线上抽出有限个离散取样点来代表这些曲线的外形特征，只要正确地采取合适密集的离散点是可以足够近似地代表原曲线的。实际计算证明，沿水平方向每隔 1mm 测取一组取样点时，其计算结果已足够满足工程计算的需要。

只有这些离散点还不能进行计算，必须通过这些离散点找出近似代表轮轨外形的曲线，对这些曲线的要求是：

1) 尽量符合真实轮轨外形轮廓曲线。
2) 具有确定的解析式便于计算。
3) 要有一定的光滑性。

对于轮轨约束几何关系的计算，至少要求曲线的函数值、一、二阶导数值在整段曲线内连续。这就是曲线拟合问题。本节采用了三次样条函数对轮轨外形曲线进曲线拟合。样条函数的定义为：

设在区间 $[a,b]$ 上给定一组节点 Δ：

$$a = x_0 < x_1 < \cdots < x_n = b \tag{4-14}$$

和一组坐标值 Y：

$$y_0, y_1, \cdots, y_n \tag{4-15}$$

如果函数 $s(x)$ 具有如下性质：

1) 在每个子区间 $[x_{k-1}, x_k](k=1,2,\cdots,n)$ 上 $s(x)$ 是一个不超过三次的多项式。
2) $s(x_k) = y_k (k=0,1,\cdots,n)$。
3) $s(x)$ 在区间 $[a,b]$ 上二次连续可微。

则称 $s(x)$ 为在节点 Δ 上插值于 Y 的三次样条函数。从以上定义可以看出，样条函数即为多段多项式函数拼接而成，同时保证接缝处的光滑性。

这些曲线在坐标系中的平移和旋转可以通过该曲线上离散点相应的运动来实现，用简单的点的运动代替曲线在坐标系中运动使这一复杂的数学运算简化，可充分发挥计算机对大量重复而简单数值运算快的特点。

3. 轮轨几何约束关系的空间问题

当轮对中心相对于轨道中心产生横向位移，而且轮对中心线绕通过轮对中心的铅垂轴转动一定的角度（摇头角）时，一般来说，轮对将绕垂直于轮对中心线的水平轴转动一定角度（侧滚角）。轮轨接触几何关系扩展成空间问题。$OXYZ$ 作为计算坐标系，以轨道中心线为 X 轴，轨道平面为 XOY 平面，Z 轴向下为正，如图 4-9 所示。

用通过轮对中心线的铅垂平面剖切车轮，车轮剖面的踏面轮廓线称作踏面主轮廓线。在平面问题中轮轨接触点位于踏面主轮廓线上，

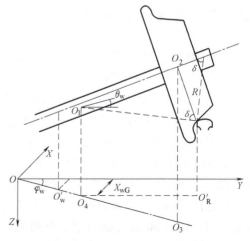

图 4-9　轮轨空间几何接触点位置确定

所以我们可以在此轮廓线上寻找轮轨接触点。对于空间问题来说，轮轨接触点不再位于主轮廓线上，而是相对于主轮廓线有一定的纵向偏移。也就是说，轮轨接触点的范围由平面问题的一条平面曲线扩展成为空间问题的一个曲面区域。轮轨的空间接触问题可以通过经典的"迹线法"进行求解，当轮对的侧滚、摇头信息已知时，轮对与钢轨可能的接触点在一条确定的空间曲线上，这条空间曲线被称为迹线。

当轮对有摇头角 φ_w 和侧滚角 θ_w 的位移时，轮对实际中心线相对于 $O_w X_w Y_w Z_w$ 坐标系的方向余弦为

$$\begin{cases} l_x = -\cos\theta_w \sin\varphi_w;\ l_y = \cos\theta_w \cos\varphi_w;\ l_z = \sin\theta_w \\ l_x^2 + l_y^2 + l_z^2 = 1 \end{cases} \quad (4\text{-}16)$$

R 为实际滚动圆半径，恒取正；x_{o_2}、y_{o_2} 和 z_{o_2} 为实际滚动圆圆心 O_2 在 $OXYZ$ 坐标系中的坐标：

$$x_{o_2} = x_w + l_x d_w;\ y_{o_2} = y_w + l_y d_w;\ z_{o_2} = z_w + l_z d_w \quad (4\text{-}17)$$

设 x_w、y_w、z_w 为线路上运行时 $O_w X_w Y_w Z_w$ 原点即轮对几何中心相对于 $O_w X_w Y_w Z_w$ 的 3 个方向平动位移，φ_w、θ_w 为轮对的摇头角及侧滚角。这里假定 x_w、y_w、z_w、φ_w、θ_w 为正值，以右侧为例给出空间迹线的公式。

$$\begin{cases} x = x_{o_2} - l_x R \tan\delta + x_w \\ y = y_{o_2} + \dfrac{R}{1-l_x^2}(l_x^2 l_y \tan\delta - l_z m) + y_w \\ z = z_{o_2} + \dfrac{R}{1-l_x^2}(l_x^2 l_z \tan\delta + l_y m) + z_w \\ x_{o_2} = l_x d_w;\ y_{o_2} = l_y d_w;\ z_{o_2} = l_z d_w \\ m = \sqrt{1 - l_x^2(1+\tan^2\delta)} \end{cases} \quad (4\text{-}18)$$

式中，对于 d_w 和 δ 正负取值规定为与轮对横移量 Y_w 正向相同的右侧均取正，与 Y_w 负向相同的左侧均取负。

4.2 轮轨滚动接触

轮轨接触属于复杂多变的三维滚动接触问题，至今用数学力学的表述模型主要限于两接触体间无第三介质的干摩擦情况，这使得轮轨滚动接触问题成为铁路运输技术问题的研究难点。轮轨滚动接触基本理论包括轮轨蠕滑率/力理论和轮轨三维弹塑性滚动接触理论。最早在 1880 年，Hertz 就提出了能够计算轮轨接触区域和接触应力的方法，虽然 Hertz 接触算法依赖的假设条件众多，但仍然广泛应用在轮轨接触理论及动力学方面的研究中。继 Hertz、Boussinesq 和 Cerruti 之后，1926 年 Carter 和 Fromm 提出了经典的基于 Hertz 假设的二维滚动接触蠕滑率/力模型。该模型主要用于求解轮轨之间的纵向蠕滑力，没有考虑轮轨滚动接触表面之间的横向蠕滑和自旋效应，不适合车辆轨道动力学仿真分析，其关于黏着区应力的描述一直沿用到 20 世纪 60 年代，该研究方法和研究思路为三维弹性体滚动接触理论的研究提供了有效手段。从 20 世纪 60 年代开始，研究学者们获得了更多的试验数据，Vermeulen

PJ 和 Johnson K L 提出了无自旋三维滚动接触的蠕滑率/力模型，也即 Vermeulen-Johnson 模型，该模型在车辆动力学领域中得到了广泛应用。1983 年，沈志云、Hedrick J K 和 ELKINS J A 合作改进了 Vermeulen-Johnson 的三次曲线型蠕滑率/力计算模型，发展了具有小自旋三维滚动接触的蠕滑率/力模型。该理论模型的研究体现在两个方面考虑自旋蠕滑率对蠕滑力的影响，用 Kalker 的蠕滑系数代替 Vermeulen-Johnson 的蠕滑系数，使计算结果更接近试验值。

目前广泛应用于车辆-轨道耦合动力学仿真计算的轮轨滚动接触理论主要有以下几种：
1）Carter 二维弹性体滚动接触模型。
2）Kalker 线性蠕滑率/力模型。
3）Vermeulen-Johnson 无自旋三维滚动接触解析解。
4）Shen-Hedrick-Elkins 理论模型。
5）Kalker 的 FASTSIM 模型。

上述滚动接触理论都有其成立的前提和假设条件，在实际应用过程中，具体采用哪一种理论进行求解取决于所要解决的具体问题和复杂程度。本节主要介绍常用的赫兹（Hertz）接触理论。

处理轮轨接触问题的经典理论为 Hertz 接触理论，1882 年 Hertz Heinrich 发表了《论弹性固体的接触》，解决了两个曲面弹性体的接触问题，创建了 Hertz 接触理论。该理论是 Hertz 在研究玻璃间光学干涉问题时提出的，通过类比弹性问题与静电势问题的相似性，他认为弹性接触斑上的压力分布形状为半椭球状，法向弹性变形为抛物面状。Hertz 接触理论在许多领域得到了广泛应用，具有计算效率高、计算精度满足大多数仿真和试验条件要求的优点。

Hertz 在研究圆柱体透镜接触的干涉条纹时发现，弹性体如满足前面的有关假设时，物体挤压变形后形成的接触斑形状是椭圆（图 4-10）。但是，椭圆接触区的长短轴大小需要借助于弹性力学理论进行严格计算。椭圆接触区压力的分布，是根据弹性力学与静电势问题相似的假设，即在导体表面的椭圆区域上，电荷密度的分布具有半椭球分布的形状，则认为椭圆接触区的压力分布也按半椭球高度的坐标变化。通过这样的类比，接触区上的压力可写成

$$p = p_0 \left[1 - (x_1/a)^2 - (x_2/b)^2 \right]^{\frac{1}{2}} \quad (4\text{-}19)$$

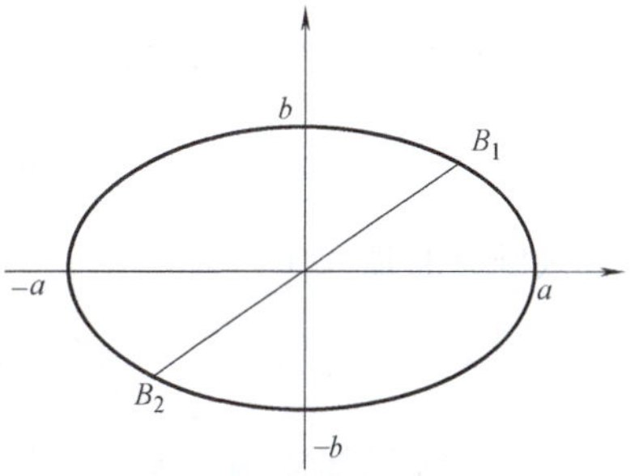

图 4-10 椭圆接触斑

式中　p_0——最大接触应力；
　　　x、y——以接触区域中心为原点沿长半轴 a 和短半轴 b 的坐标。

由弹性力学理论经过严格的理论推导，可以得到

$$\delta = \frac{G^* b p_0 \pi}{2}, A = B = \frac{G^* p_0 \pi}{4a}, p_0 = \frac{3P}{2a^2} \quad (4\text{-}20)$$

式中　A、B——Hertz 接触理论求出的计算参数；
　　　G^*——与两接触物体弹性模量 E_1、E_2 及泊松比 ν_1、ν_2 有关的材料参数，可表示为

$$G^* = \frac{1-\nu_1^2}{E_1} + \frac{1-\nu_2^2}{E_2} \tag{4-21}$$

由此可得

$$\begin{cases} A+B = \dfrac{3G^*P}{2\pi ab^2}E(e) \\ B-A = \dfrac{3G^*P}{2\pi ab^2 e^2}\left[\left(1+\dfrac{b^2}{a^2}\right)E(e) - 2\dfrac{b^2}{a^2}K(e)\right] \\ \cos\eta = \dfrac{B-A}{B+A} = \dfrac{2}{e^2}\left[1 - \dfrac{K(e)}{E(e)}\right] + 2\dfrac{K(e)}{E(e)} - 1 \end{cases} \tag{4-22}$$

式中 K、E——第一、第二类完全椭圆积分。

当 $e=0$ 时，$a=b$，可知

$$E(e) = \frac{\pi}{2},\ K(e) = \frac{\pi}{2} \tag{4-23}$$

再由 $b^2 = a^2(1-e^2)$ 得

$$a = m\left[\frac{3}{2}\cdot\frac{G^*}{2(A+B)}P\right]^{1/3} \tag{4-24}$$

$$b = a(1-e^2)^{1/2} = n\left[\frac{3}{2}\cdot\frac{G^*}{2(A+B)}P\right]^{1/3} \tag{4-25}$$

式中

$$m = \left[\frac{2E(e)}{\pi(1-e^2)}\right]^{1/3} \tag{4-26}$$

$$n = m\sqrt{1-e^2} = \left[\frac{2E(e)}{\pi}\right]^{1/3}(1-e^2)^{1/6}$$

由此可得两物体的接近量为

$$\delta = \frac{K(e)}{\pi m}\left[\frac{9}{2}(A+B)G^{*2}P^2\right] \tag{4-27}$$

接触斑的最大压力为

$$p_{\max} = p_0 = \frac{1}{\pi mn}\left\{\frac{3}{2}\left[\frac{2(A+B)}{G^*}\right]^2 P\right\}^{1/3} \tag{4-28}$$

所以，在已知接触荷载 P、物体接触点处曲面的曲率半径 R_{ij}、主曲率平面的夹角 α 和材料物理参数 G^* 后，由以上各式可分别求得接触斑的长短轴、接触物体变形后的接近量和接触斑的最大压力。

根据 Hertz 接触理论，轮轨接触处可近似看作一对椭球体，在压力作用下，接触点处将产生局部变形，出现椭圆形接触斑，如图 4-10 所示。这两个半空间的主要曲率对椭圆接触斑的尺寸和压力分配有重要影响。其中，车轮踏面椭球体的主曲率半径为 R_{w1} 和 R_{w2}，轨头椭球体的主曲率半径为 R_{r1} 和 R_{r2}，图 4-10 中主曲率半径 1 和 2 分别沿轨道方向和垂直于轨道方向。

轮轨接触范围内两点的未变形距离可用二次函数来表示，即

$$h = Gx^2 + Hy^2 \tag{4-29}$$

式中，G、H 为具有相同符号的常系数，它们的数值取决于包含 R_{r1} 主曲率的平面和包含 R_{w1} 主曲率的平面之间的夹角 φ。G、H 可由下式确定：

$$\begin{cases} G+H = \dfrac{1}{2}\left(\dfrac{1}{R_{r1}}+\dfrac{1}{R_{r2}}+\dfrac{1}{R_{w1}}+\dfrac{1}{R_{w2}}\right) \\ H-G = \dfrac{1}{2}\sqrt{\left(\dfrac{1}{R_{r1}}-\dfrac{1}{R_{r2}}\right)^2+\left(\dfrac{1}{R_{w1}}-\dfrac{1}{R_{w2}}\right)^2+2\left(\dfrac{1}{R_{r1}}-\dfrac{1}{R_{r2}}\right)\left(\dfrac{1}{R_{w1}}-\dfrac{1}{R_{w2}}\right)+\cos 2\varphi} \end{cases} \tag{4-30}$$

对于车轮与钢轨滚动接触的情况，φ 角的大小为零。根据弹性力学规定，圆弧中心位于物体内部时，曲率半径符号取为正号，当计算凹形踏面车轮时，R_{w2} 为负值。轨头沿铁路轨道方向为平直的情况，R_{r1} 取为 ∞，因此可简化为

$$\begin{cases} G+H = \dfrac{1}{2}\left(\dfrac{1}{R_{r2}}+\dfrac{1}{R_{w1}}+\dfrac{1}{R_{w2}}\right) \\ H-G = \dfrac{1}{2}\sqrt{\left(-\dfrac{1}{R_{r2}}+\dfrac{1}{R_{w1}}-\dfrac{1}{R_{w2}}\right)^2+1} \end{cases} \tag{4-31}$$

式中，$\dfrac{G+H}{H-G}$ 的符号确定接触椭圆长半轴 a 的方向，负值表示椭圆长半轴沿轨道方向，反之，沿车轴方向。根据弹性力学的知识可得椭圆长半轴和短半轴的求解公式为

$$a = m'\left[\dfrac{3\pi P(k_1+k_2)}{4(G+H)}\right]^{\frac{1}{3}} \tag{4-32}$$

$$b = n'\left[\dfrac{3\pi P(k_1+k_2)}{4(G+H)}\right]^{\frac{1}{3}} \tag{4-33}$$

式中　P——椭圆接触斑受到的法向荷载；

m'、n'——与 $\dfrac{G+H}{H-G}$ 比值有关的常数，可记 θ 为轮轨主轴之间的夹角，则 $\cos\theta = \dfrac{H-G}{G+H}$，$m'$、$n'$ 和 θ 的关系见表 4-2。

常数 k_1 和 k_2 按下式计算：

$$k_1 = \dfrac{1-\nu_1^2}{\pi E_1} \tag{4-34}$$

$$k_2 = \dfrac{1-\nu_2^2}{\pi E_2} \tag{4-35}$$

式中　ν、E——车轮与钢轨的泊松比与抗拉弹性模量。

表 4-2　m'、n' 和 θ 的关系表

θ	30°	40°	50°	60°	70°	80°	90°
m'	2.73	2.14	1.75	1.49	1.28	1.13	1.00
n'	0.49	0.57	0.64	0.72	0.80	0.89	1.00

在用上述理论求解轮轨接触斑时，必须求解出轮轨廓形的曲率。然而，当轮轨磨耗以后，用于表示轮轨廓形的拟合曲线的二阶导数不一定连续，不一定能推导得到曲率的解析解，因此需要利用数值方法获得曲率值，一般可取接触斑内所有接触点曲率的平均值作为曲

率值。

根据 Hertz 接触理论，在求得椭圆长短半轴之后，即可确定椭圆接触面积上的法向应力 $p_z(x,y)$，具体表达式为

$$p_z(x,y) = -\sigma_z(x,y) = \frac{3P}{2\pi ab}\sqrt{1-\left(\frac{x}{a}\right)^2-\left(\frac{y}{a}\right)^2} \quad (4-36)$$

若椭圆长半轴 a 在 x 方向，根据在接触面积中心的法向荷载得出切向的正应力 σ_x 和 σ_y 的表达式为

$$\sigma_x(0,0,0) = \nu\sigma_z\left[2+\left(\frac{1}{\nu}-2\right)\frac{a}{a+b}\right] \quad (4-37)$$

$$\sigma_y(0,0,0) = \nu\sigma_z\left[2+\left(\frac{1}{\nu}-2\right)\frac{a}{a+b}\right] \quad (4-38)$$

式中 ν——泊松比。

虽然 Hertz 接触理论在很多时候可以得到较为精确的解，但其在处理非椭圆接触、多点接触、两个接触区向一个接触区过渡等问题时已不适用。即使有限元方法（FEM）可以突破 Hertz 接触条件和弹性半空间假设，但其计算十分耗时。Hertz 接触理论为后来的接触和滚动接触理论及其试验研究奠定了基础，但其在处理轮轨法向接触问题时仍存在一定局限性。

■ 4.3 轮轨滚动接触力

4.3.1 轮轨法向力计算

1. 轮轨系统坐标系及其转换

轮轨系统坐标系是确定轮轨关系的基础，必须首先予以明确。图 4-11 给出了轮对与轨道的坐标系定义。

图 4-11 中各坐标系的定义说明如下：

1）$OXYZ$：绝对坐标系，固结于初始轮对无运动且轮轨刚好接触但不形成压缩时的轮对质心处，不随轮对的运动而变化，其单位矢量为 $e=[i,j,k]$。

2）$O_w X_w Y_w Z_w$：轮对坐标系，固结于轮对质心，随轮对一起运动，相对固定坐标系而言，有沿 X、Y、Z 三个方向的平动及绕 X、Z 轴的转动，其单位矢量为 $e_w=[i_w,j_w,k_w]$。

3）$O_{Lc} X_{Lc} Y_{Lc} Z_{Lc}$、$O_{Rc}$-$X_{Rc} Y_{Rc} Z_{Rc}$：分别是左、右侧接触斑坐标系，随轮对一起运动并随接触点变化而变化，其单位矢量为 $e_{Lc}=[i_{Lc},j_{Lc},k_{Lc}]$、$e_{Rc}=[i_{Rc},j_{Rc},k_{Rc}]$。

4）$O_{Lr} X_{Lr} Y_{Lr} Z_{Lr}$、$O_{Rr}$-$X_{Rr} Y_{Rr} Z_{Rr}$：左、右侧钢轨坐标系，固结于左、右轨质心，并随钢轨的运动而变化，反映钢轨的横向、垂向平动及绕质心的转动，其单位矢量分别为 $e_{Lr}=[i_{Lr},j_{Lr},k_{Lr}]$、$e_{Rr}=[i_{Rr},j_{Rr},k_{Rr}]$。

各坐标之间的旋转变化关系为

$$\begin{Bmatrix} i_w \\ j_w \\ k_w \end{Bmatrix} = \begin{bmatrix} \cos\psi_w & \sin\psi_w & 0 \\ -\cos\phi_w\sin\psi_w & \cos\phi_w\cos\psi_w & \sin\phi_w \\ \sin\phi_w\sin\psi_w & -\sin\phi_w\cos\psi_w & \cos\phi_w \end{bmatrix} \begin{Bmatrix} i \\ j \\ k \end{Bmatrix} \quad (4-39)$$

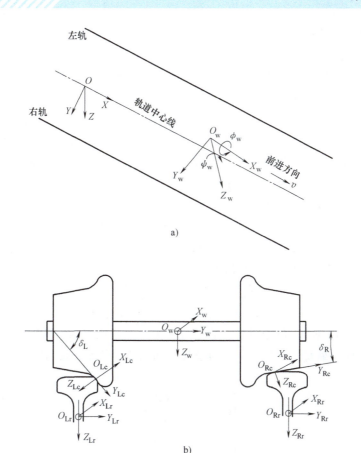

图 4-11 系统坐标系与轮对坐标系
a) 系统坐标系 b) 轮轨坐标系 O_w

$$\begin{Bmatrix} i_{Lc} \\ j_{Lc} \\ k_{Lc} \end{Bmatrix} = \begin{Bmatrix} \cos\psi_w & \sin\psi_w & 0 \\ -\cos(\delta_L+\phi_w)\sin\psi_w & \cos(\delta_L+\phi_w)\cos\psi_w & \sin(\delta_L+\phi_w) \\ \sin(\delta_L+\phi_w)\sin\psi_w & -\sin(\delta_L+\phi_w)\cos\psi_w & \cos(\delta_L+\phi_w) \end{Bmatrix} \begin{Bmatrix} i \\ j \\ k \end{Bmatrix} \quad (4\text{-}40)$$

$$\begin{Bmatrix} i_{Rc} \\ j_{Rc} \\ k_{Rc} \end{Bmatrix} = \begin{Bmatrix} \cos\psi_w & \sin\psi_w & 0 \\ -\cos(\delta_R-\phi_w)\sin\psi_w & \cos(\delta_R-\phi_w)\cos\psi_w & -\sin(\delta_R-\phi_w) \\ -\sin(\delta_R-\phi_w)\sin\psi_w & \sin(\delta_R-\phi_w)\cos\psi_w & \cos(\delta_R-\phi_w) \end{Bmatrix} \begin{Bmatrix} i \\ j \\ k \end{Bmatrix} \quad (4\text{-}41)$$

$$\begin{Bmatrix} i_{Lr} \\ j_{Lr} \\ k_{Lr} \end{Bmatrix} = \begin{Bmatrix} 1 & 0 & 0 \\ 0 & \cos(\phi_{rL}+\phi_0) & \sin(\phi_{rL}+\phi_0) \\ 0 & -\sin(\phi_{rL}+\phi_0) & \cos(\phi_{rL}+\phi_0) \end{Bmatrix} \begin{Bmatrix} i \\ j \\ k \end{Bmatrix} \quad (4\text{-}42)$$

$$\begin{Bmatrix} i_{Rr} \\ j_{Rr} \\ k_{Rr} \end{Bmatrix} = \begin{Bmatrix} 1 & 0 & 0 \\ 0 & \cos(\phi_{rR}-\phi_0) & \sin(\phi_{rR}-\phi_0) \\ 0 & -\sin(\phi_{rR}-\phi_0) & \cos(\phi_{rR}-\phi_0) \end{Bmatrix} \begin{Bmatrix} i \\ j \\ k \end{Bmatrix} \quad (4\text{-}43)$$

式中 δ_L、δ_R——左、右侧轮轨接触角;

ϕ_{rL}、ϕ_{rR}——左、右侧钢轨扭转角;

ϕ_0——钢轨的标准轨底坡。

2. 轮轨法向力求解

由上述 Hertz 非线性弹性接触理论可知,要正确求解轮轨法向力,必须准确求出每一时刻轮轨接触处的法向弹性压缩量。

当仅考虑轮轨垂向振动时,轮轨法向压缩量就为轮对和钢轨的垂向相对位移,所以显得很简单。但当同时考虑轮轨垂向和横向振动时,影响轮轨法向压缩量的因素较多,如轮对横向位移、摇头角和侧滚角,钢轨的垂向位移、横向位移和扭转角,另外还有轨道几何不平顺等,求解法向压缩量时略显复杂,下面将介绍求解过程。

由前面轮轨空间接触几何关系计算(已经充分考虑了上述各种位移量的影响),便可得到第 j 位轮对下 t 时刻左、右侧轮轨最小垂向间距 ΔZ_{Lwjt}、ΔZ_{Rwjt}。然后,减去零时刻左、右侧轮轨最小垂向间距 ΔZ_{Lwj0}、ΔZ_{Rwj0}(由对称关系 $\Delta Z_{Lwj0} = \Delta Z_{Rwj0} = \Delta Z_{wj0}$),从而得到第 j 位轮对下 t 时刻左、右侧轮轨垂向相对位移:

$$\begin{cases} \delta Z_{Lj} = Z_{wj}(t) - (\Delta Z_{Lwjt} - \Delta Z_{wj0}) \\ \delta Z_{Rj} = Z_{wj}(t) - (\Delta Z_{Rwjt} - \Delta Z_{wj0}) \end{cases} \quad (4\text{-}44)$$

式中 $Z_{wj}(t)$——t 时刻第 j 位轮对质心的垂向位移(在轮轨接触计算程序中未予考虑)。

根据轮轨法向压缩量与轮轨垂向相对位移之间的几何关系,便可得到左、右侧轮轨法向压缩量:

$$\begin{cases} \delta Z_{Lcj} = \dfrac{\delta Z_{Lj}}{\cos(\delta_L + \phi_w)} \\ \delta Z_{Rcj} = \dfrac{\delta Z_{Rj}}{\cos(\delta_R + \phi_w)} \end{cases} \quad (4\text{-}45)$$

这种求解轮轨法向压缩量的新方法巧妙地避免了轮对横向位移、摇头角和侧滚角,以及钢轨垂向位移、横向位移和扭转角等众多因素的叠加过程,具有简洁、易实现等优点。显然,当 δZ_{Lcj} 和 δZ_{Rcj} 小于 0 时,说明轮轨相互脱离,此时的轮轨法向力应为零。

常见的轮轨接触状态可分为三种,如图 4-12 所示。图 4-12a 为左、右侧轮轨均接触的正常状态,属最常见的情形;图 4-12b 为左侧轮轨相互脱离,右侧接触,这也是一种时有发生的轮轨接触状态,有车辆倾覆的危险;图 4-12c 为左、右侧轮轨均相互脱离的悬浮状态,是特定条件下可能出现的瞬时状态,有较大的脱轨危险。利用上述方法不仅可以求解两侧轮轨正常接触(图 4-12a)时的正压力,而且可以求解仅一侧轮轨接触(图 4-12b)时的正压力,此外还能判别两侧车轮悬浮状态(图 4-12c),因而较经典车辆动力学方法更加全面,也更能反映轮轨动态作用实际状况。

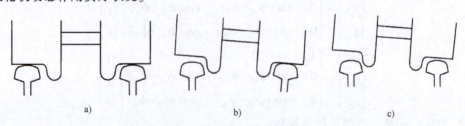

图 4-12 不同的接触状态

a)左、右侧轮轨均接触 b)一侧接触、一侧脱离 c)两侧均瞬时脱离

应用 Hertz 非线性弹性接触理论,可以确定轮轨之间的垂向作用力:

$$p(t) = \left[\frac{1}{G}\delta Z(t)\right]^{3/2} \tag{4-46}$$

式中　G——轮轨接触常数（m/N$^{2/3}$）;

　　　$\delta Z(t)$——轮轨间的弹性压缩量（m）。

对于锥形踏面车轮:

$$G = 4.57 R^{-0.149} \times 10^{-8} \tag{4-47}$$

对于磨耗型踏面车轮:

$$G = 3.86 R^{-0.115} \times 10^{-8} \tag{4-48}$$

式中　R——车轮半径（m）。

轮轨间的弹性压缩量包括车轮静压力在内,可由轮轨接触点处车轮和钢轨的位移直接确定,即

$$\delta Z(t) = Z_{wj}(t) - Z_r(x_{wj}, t) \quad (j = 1, 2, 3, 4) \tag{4-49}$$

式中　$Z_{wj}(t)$——t 时刻第 j 位车轮的位移（m）;

　　　$Z_r(x_{wj}, t)$——t 时刻第 j 位车轮下钢轨的位移（m）。

特别的,当 $\delta Z(t) < 0$ 时,表明轮轨已相互脱离,显然此时轮轨力 $p(t) = 0$。

当轮轨界面存在位移不平顺 $Z_0(t)$ 输入时,轮轨力的表达式为

$$p_j(t) = \begin{cases} \left\{\frac{1}{G}[Z_{wj}(t) - Z_r(x_{wj}, t) - Z_0(t)]\right\}^{3/2} \\ 0 \end{cases} \tag{4-50}$$

轮轨接触应力为

$$\sigma(t) = S[p(t)]^{1/3} \tag{4-51}$$

式中　S——由 Hertz 理论决定的应力常数（N$^{2/3}$/m^2）。

在 $R = 0.15 \sim 0.6$m 的常用范围内:

$$S = \begin{cases} 2.49 R^{-0.251} \times 10^7 \text{（锥形踏面车轮）} \\ 1.49 R^{-0.376} \times 10^7 \text{（磨耗型踏面车轮）} \end{cases} \tag{4-52}$$

4.3.2　轮轨黏着/蠕滑力计算（轮轨滚动接触理论）

1. 黏着及蠕滑现象

具有弹性的钢制车轮在弹性钢轨上以速度 V 运行时,在车轮与钢轨的接触面间会产生一种极为复杂的物理现象。此时轮轨接触斑表面不仅有微量弹性变形,还含有微量的速度差,轮轨之间的这种微量弹性滑动称为"蠕滑",它是一种介于纯滚动与纯滑动之间的中间形式。由于蠕滑的存在,使得轮对的圆周速度比前进速度要高,也正是由于这种微量滑动的存在,才产生了轮轨之间的牵引力。根据弹性力学理论,两个弹性体接触时,其接触表面通常是一个椭圆,椭圆的形状与轮轨的材质和接触部位的外形、正压力的大小等均有关。一般情况下,椭圆的长轴沿车轮的前进方向,轮轨接触表面状态如图 4-13 所示,其中,轮轨接触区域分为两部分,沿着前进方向前面的阴影部分为黏着区,在黏着区内不存在滑动,后面部分为滑动区,滑动区存在着相互压紧的轮轨表层材料的微量弹性变形。车轮在接触前沿受压应力,接触后沿受拉应力,且随着切向力的增大,黏着区的面积越来越小,蠕滑越来越严

重，轮轨接触面的摩擦传力现象如图 4-14 所示。在一定的条件下，轮轨间允许传递的力有一个最大值，当切向力稍大于该最大值（近似地可认为与最大静摩擦力相等）时，就会使轮轨的微量滑动变成宏观上的纯滑动状态，此时接触面上的黏着区消失，已不具备产生牵引力的前提条件，于是车轮产生"空转"。因此在任何时刻，各种运行条件下，维持轮轨间的微量滑动是保持机车牵引力的重要基础。

表征轮轨之间蠕滑大小的物理量为蠕滑率。上面已经提到，由于黏滑区的存在，轮周上接触质点的水平速度与轨头上对应质点相对轮心的水平速度并不相同，因此将蠕滑率定义为两滚动体在接触处的相对速度差与平均速度之比。20 世纪 70 年代初，UIC 的 C116 委员会考虑到在较大蠕滑情况下车轮在钢轨上的运动特点，对蠕滑率做了较为确切的定义。以轮轨接触椭圆的中心为原点，建立如图 4-15 所示的 o123 坐标系和 oxyz 坐标系。o1 轴指向车轮前进方向，与 ox 轴相重合；o2 轴位于轮轨接触平面及 yz 二平面内，且与车轴轴线所在平面平行；o3 轴指向接触斑的法线方向。实际上，将 oxyz 坐标系绕 ox 轴旋转 δ 角度（轮轨接触角），即得到 o123 坐标系。轮对左、右侧轮轨接触椭圆上的坐标系是不同的。

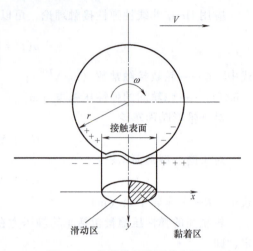

图 4-13 轮轨接触表面状态图

图 4-14 轮轨接触面的摩擦传力现象

设在车轮上的接触椭圆沿 o1 轴、o2 轴和绕 o3 轴的刚体速度分别为 V_{w1}、V_{w2} 和 Ω_{w3}，相应地钢轨上接触椭圆的刚体速度分别为 V_{r1}、V_{r2} 和 Ω_{r3}。于是，三个方向上的蠕滑率可定义如下：

$$\begin{cases} \xi_x = 2(V_{r1}-V_{w1})/(V_{r1}+V_{w1}) \\ \xi_y = 2(V_{r2}-V_{w2})/(V_{r1}+V_{w1}) \\ \xi_{sp} = 2(\Omega_{r3}-\Omega_{w3})/(V_{r1}+V_{w1}) \end{cases} \quad (4-53)$$

式中 ξ_x——纵向蠕滑率；

ξ_y——横向蠕滑率，纵、横向蠕滑率均为量纲一的量；

ξ_{sp}——自旋蠕滑率，量纲为 L^{-1}。

从物理意义上讲,纵向蠕滑是由于左右车轮滚动圆半径不一致,从而使得左右车轮向前滚动的线速度不相等且具有方向相反的微小滑动所致,因此加装独立车轮的转向架不存在纵向蠕滑。横向蠕滑是由于车轮的滚动方向与其实际前进方向存在偏角所致,如图 4-16 所示,带偏转角 ψ 的车轮在钢轨上滚动时,接触斑处将存在横向滑动速度 v_y,以形成实际前进方向。自旋蠕滑是由于踏面斜度的存在导致的,接触斑的法线与轮对重力方向不重合,因而在接触斑上将产生车轮绕接触法线的回旋蠕滑率和回旋蠕滑力矩。

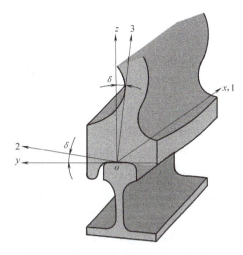

图 4-15 轮轨接触椭圆上的两个坐标系

2. 轮轨蠕滑力求解

在轮轨耦合动力学中,关于轮轨蠕滑力,首先按 Kalker 线性理论计算,然后进行非线性修正。

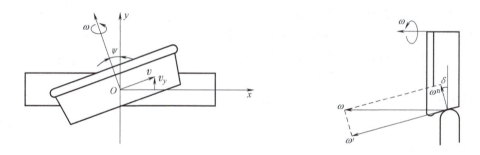

图 4-16 车轮在钢轨上滚动俯视图

根据 Kalker 线性蠕滑理论,轮轨纵向蠕滑力 F_x、横向蠕滑力 F_y、旋转蠕滑力/力矩 M_z 在线性范围内可表达为

$$\begin{cases} F_x = -f_{11}\xi_x \\ F_y = -f_{22}\xi_y - f_{23}\xi_{sp} \\ M_z = f_{23}\xi_y - f_{33}\xi_{sp} \end{cases} \quad (4\text{-}54)$$

式中 f_{ij}——蠕滑系数。

a、b 值的计算,根据《铁路轨道设计规范》,引入参数 ρ,且

$$1/\rho = \frac{1}{4}[1/R_w + (1/r_w + 1/r_r)] \quad (4\text{-}55)$$

式中 R_w——车轮的滚动半径;

r_w——车轮踏面横断面外形的半径;

r_r——轨头横断面外形的半径。

根据参数 ρ/R_w 得出中间变量 a_e、b_e,进而确定接触椭圆的半轴长:

$$\begin{cases} a = a_e(NR_w)^{1/3} \\ b = b_e(NR_w)^{1/3} \\ ab = a_e b_e (NR_w)^{2/3} \end{cases} \quad (4\text{-}56)$$

式中 N——轮轨接触点处的法向力。

这样，建立起了参数对 ρ/R_w 与 a/b、a_e、b_e、$a_e b_e$ 间一一对应关系，只要已知 ρ/R_w，就可以直接确定轮轨接触椭圆的形状及尺寸。使用中只需以牛顿作为接触点法向力 N 的单位，以米作为接触点车轮滚动半径 R_w 的单位，由式（4-56）计算便得接触椭圆长、短半轴长 a、b（mm）。

至此，Kalker 线性理论中涉及的各参数均已确定，运用式（4-54）可进行蠕滑力的计算。

显然，Kalker 线性蠕滑理论只适用于小蠕滑率和小自旋的情形，即轮轨接触面主要是由黏着区控制。对于轮轨接触面主要有滑动区控制的大蠕滑、大自旋甚至完全滑动的情况，蠕滑力的线性变化关系将被打破，蠕滑率的继续增大，将不能使蠕滑力按同样比例增大，最后趋于库仑（滑动）摩擦力这一饱和极限，如图 4-17 所示。为此，可采用如下非线性修正，从而使轮轨蠕滑力的计算可以广泛适用于任意蠕滑率值和小自旋值的情形。

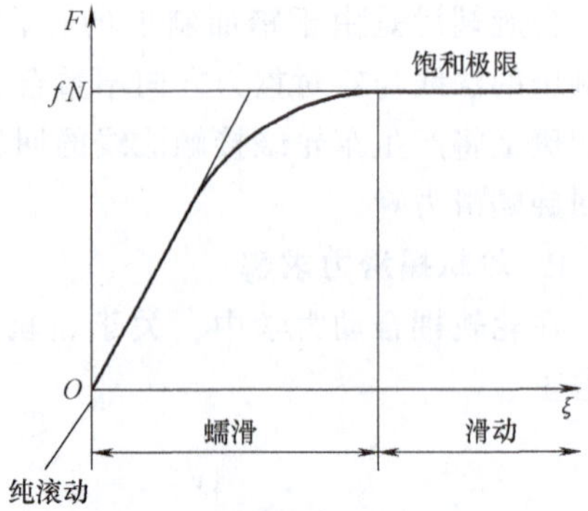

将纵向蠕滑力 F_x 和横向蠕滑力 F_y，合成为

$$F = \sqrt{F_x^2 + F_y^2} \quad (4\text{-}57)$$

引入修正系数：

$$\varepsilon = F'/F \quad (4\text{-}58)$$

则得修正后的蠕滑力/力矩为

$$\begin{cases} F'_x = \varepsilon F_x \\ F'_y = \varepsilon F_y \\ M'_z = \varepsilon M_x \end{cases} \quad (4\text{-}59)$$

图 4-17 轮轨蠕滑力 F 和蠕滑率 ξ 之间关系示意图

4.4 轮轨滚动接触问题的有限元算法

4.4.1 经典滚动接触理论模型的局限性

在轮轨接触方面，当车轮与钢轨发生滚动接触时，若轮轨接触几何外形、轮轨间法向力、接触斑的外形、接触蠕滑率等均发生明显变化，则发生了轮轨非稳态滚动接触。通常利用量纲一的空间频率 a/L 或波长比 L/a 来衡量这些轮轨接触参数的变化速度。其中，a 表示轮轨接触斑的纵轴半径，L 表示接触参数相应的运动波长。波长比 L/a 越小表示轮轨接触参数变化越快，图 4-18 所示为轮轨非稳态滚动接触过程。如果 L/a 值较大，则不必要进行非稳态分析，可以看作连续的稳态分析求解接触斑和蠕滑率。Kalker 和 Gross-Thebing 认为当

波长比 L/a 小于 10 时需要考虑轮轨非稳态滚动接触问题。

列车在运行过程中,当钢轨存在短波病害时,车轮与钢轨之间将发生非稳态滚动接触。通常在轮轨滚动接触过程中,如果接触斑的位置和形状以及接触斑附近的速度场保持不变,该轮轨滚动过程可以利用稳态滚动理论求解;而当接触斑的位置和形状以及接触应力场或蠕滑发生显著变化时,则需要视为非稳态滚动接触问题。一般来讲,铁路轨道-车辆系统轮轨接触都属于非稳态滚动接触。而对于某些车辆运行中的低频振动情况,如蛇形运动、曲线通过等,

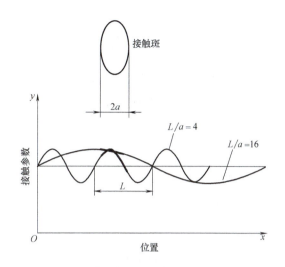

图 4-18 轮轨非稳态滚动接触过程中接触参数的变化

相对接近稳态滚动接触,非稳态特性相对较弱,可看作连续的稳定状态,使用稳态滚动接触理论能够较好地解释其力学现象。但对于钢轨短波病害引起的轮轨系统高频振动问题,常用的稳态接触理论方法已经不再适用。求解轮轨滚动接触问题,目前最广为接受的方法依然是 Kalker 所开创的系列方法。但其较精确的 CONTACT 算法依然基于接触体的无限半空间假设、稳态滚动假设和线弹性材料假设。因此,对于几何缺陷处的轮轨瞬态滚动接触问题,如在波浪形磨损(简称波磨)处,Kalker 类算法尚无法求解,特别是当材料非线性行为不可忽略时。

4.4.2 基于有限元法的轮轨接触力学理论

应用有限元法把轮轨的真实几何形状考虑在内,比如用实体单元来划分轮、轨网格,并在此基础上采用"面-面"接触算法求解其接触耦合,进而通过显式时间积分在时域内计算出柔性轮轨间的瞬态相互作用,是近年来常见的一种求解车辆-轨道耦合动力响应的研究思路。此类接触模型可舍弃 CONTACT 中所隐含的上述三条假设。

图 4-19 显示了应用 ANSYS/LS-DYNA 所建立的三维瞬态滚动接触有限元模型,具有真实几何形状的三维轮对和钢轨由 8 节点六面体单元模拟,采用罚函数法的"面-面"接触算法求解轮轨间接触行为。为尽可能减小模型的计算规模而又不损失解的精度,划分轮轨时采用了不均匀网格,接触带处最细密(单元尺寸大约 1.1mm),用以求解轮轨接触,越远离接触带,网格越粗大。车辆的一系悬挂和钢轨扣件由分布的弹簧和阻尼单元来表征(图 4-20)。考虑到波磨处轮轨瞬态接触是与时间相关的非线性和移动载荷问题,网格划分采用了 Lagrangian 描述。网格划分完成后的轮轨表面都是光滑的,钢轨表面不平顺特征通过修改表面相关节点的坐标施加。

如图 4-21 所示,一个典型的计算过程由两步组成:①置系统于初始位置并施加重力,求得轮重静态条件下的位移场(静态隐式解);②以第 1 步得到的位移场为初始状态,再设置其他初始条件,并施加荷载,以显式时间积分方法求解车轮高速滚过波磨时的瞬态行为(瞬态显式解)。

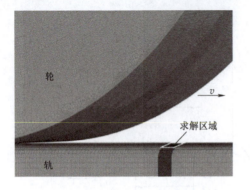

图 4-19 轮轨接触区网格划分

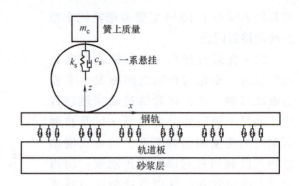

图 4-20 模型简图

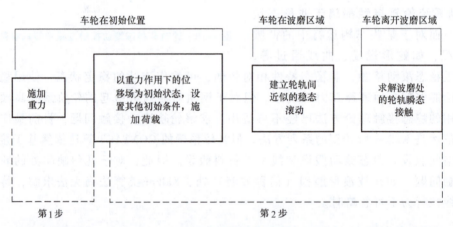

图 4-21 三维瞬态滚动有限元模拟的过程

小 结

轮轨之间的相互作用主要包括轮轨滚动接触系统之间的力学行为、运动规律、几何及材料匹配关系、轮轨磨损、轮轨黏着、脱轨等实际问题。为使读者进一步了解轮轨相互作用，本章介绍了轮轨接触几何关系和轮轨接触力的计算方法。近年来，计算力学的发展为计算轮轨接触力提供了新的工具，越来越多的人采用有限元法解决轮轨相互作用问题。

习 题

1. 机车车辆通过曲线，左右车轮的轮缘外侧距离和轨距的关系是怎样的？
2. 轮轨接触区域可以划分为哪几个接触区？
3. 蠕滑率较小时，蠕滑力与蠕滑率呈什么关系？蠕滑率变大后，蠕滑力与蠕滑率将呈什么关系？
4. 低锥度的 λ 的取值范围是什么？

5. 目前广泛应用于车辆-轨道耦合动力学仿真计算的轮轨滚动接触理论主要有哪些？
6. 踏面锥度、接触角差、重力角刚度的含义是什么？
7. Hertz 接触理论的基本假设是什么？
8. 简要解释蠕滑现象。
9. 经典滚动接触理论模型的局限性是什么？
10. 简要叙述三维瞬态滚动有限元模拟的过程。

第5章 无砟轨道

高速铁路具有行车速度快、密度大的特点，且快速、舒适、安全是高速铁路的基本要求，因此高速铁路轨道必须具有高平顺性、高稳定性、少维修的结构特点。传统的有砟轨道主要采用的是天然道砟材料，其均一性较差，在列车荷载作用下道床肩宽、砟肩堆高、道床边坡、轨枕间距及轨枕在道床中的支撑状态相对易发生变化，导致轨道几何尺寸发生变形，结构稳定性和恒定性较差，随着运营时间的延长，旅客舒适度降低。随着列车速度的提高，有砟轨道在列车荷载作用下，会产生道砟颗粒磨耗、粉化、相对错位等问题，引起结构大变形，严重影响结构的耐久性，维修工作越来越频繁，维护费用大量增加。列车在高速行驶中会产生空气动力效应，使道床上的道砟飞溅，增加了运行安全隐患。为了消除有砟轨道结构形式的不利影响，铁路工作者开始考虑采用一种新型的轨道结构形式来代替有砟轨道结构形式，无砟轨道由此产生。

由于无砟轨道取消了碎石道床，轨道保持几何状态的能力得到提高，轨道稳定性相应增强，维修工作量也随之减少，已成为高速铁路轨道结构的发展方向。鉴于无砟轨道与有砟轨道相比，更能适应高速铁路对于线路高稳定性、高平顺性及高使用率的要求，日本、德国等高速铁路发达国家对于今后的高速铁路设计，尤其是设计速度在350km/h以上的高速铁路线时，均倾向于采用无砟轨道结构。

■ 5.1 铁路无砟轨道技术发展及应用

5.1.1 国外铁路无砟轨道技术发展

1. 德国无砟轨道

德国是世界上最早研究开发无砟轨道的国家，采用企业自主研发、政府统一管理的模式。德国自1959年开始研究、试铺无砟轨道，首先在希尔赛德车站试铺了3种结构，随后又在Rheda车站和奥尔德车站试铺了2种结构，1977年又在慕尼黑试验线试铺了6种结构。1959—1988年是德国无砟轨道的试铺期，共铺设无砟轨道36处，累计21.6km。在此期间先后在土质路基、隧道内及高架桥上试铺了各种混凝土道床和沥青混凝土道床的无砟轨道。经过不断改进、优化和完善，不仅形成了德国铁路的无砟轨道系列，还形成了比较成熟的技术规范和管理体系，研制了成套的施工机械设备和工程质量检测设备，为无砟轨道在德铁的推广应用创造了良好条件。

经过几十年的开发和研究，德国已经成功研发了雷达（Rheda）型、博格板型、旭普林型、BerlIn 型、ATD 型、Getrac 型、BTD 型、SATO 型、FFYS 型、Walter 型、HeItkamp 型等十几种无砟轨道结构形式。目前，德国主要应用的无砟轨道结构形式有博格板型、雷达型、旭普林型 3 种，其他的处于试铺或少量铺设阶段，尚未推广。

（1）雷达型无砟轨道　雷达型无砟轨道于 1972 年铺设于德国比勒菲尔德至哈姆的一段线路上，以雷达车站而命名。该类型无砟轨道在使用过程中进行了不断优化，从最初的雷达普通型发展到现在的雷达 2000 型。目前，德国有 50% 以上的高速铁路采用的是雷达型无砟轨道。

雷达 2000 型无砟轨道系统（图 5-1）由钢轨、高弹性扣件、改进的带有桁架钢筋的双块式轨枕、现浇混凝土板和下部支承体系组成。在一般路基地段、长桥、短桥和隧道中，无砟轨道结构均不相同。

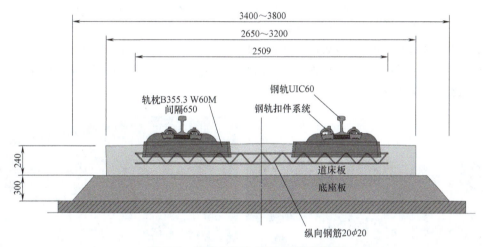

图 5-1　路基上雷达 2000 型无砟轨道

一般路基地段雷达 2000 型无砟轨道结构由钢轨、扣件（德国的无砟轨道扣件主要采用 Vossloh300 型扣件）、双块式轨枕、混凝土道床板、水硬性混凝土支承层组成，双线之间用碎石道砟填充，道砟上覆盖沥青混凝土层，曲线地段超高在路基表层设置。

长桥上无砟轨道结构主要由钢轨、扣件、双块式轨枕、混凝土道床板、中间层、凸台、保护层组成，超高在道床板或保护层上设置。中间层是指在保护层的水平面和凸台上覆盖着的连续 EPDM 垫片。中间弹性垫片旨在把无砟轨道混凝土和保护层混凝土分离开。这种垫片允许由于无砟轨道结构的温度梯度变化等引起的各种伸缩和滑动。无砟轨道的水平位移通过凸台进行限制，同时将水平荷载从道床板转移到保护层。保护层是连续覆盖在高架桥上的无缝混凝土板。从保护层传递的水平荷载（风荷载、摇摆力和纵向荷载等）通过高架桥桥面和保护层之间的摩擦，以及通过高架桥桥面和脱轨防撞墙中的抗剪连接钢筋，从保护层传递到高架桥桥面。所有垂直荷载则是直接传递到桥面上。

短桥上无砟轨道系统主要由钢轨、扣件、双块式轨枕、道床板、滑动层、泡沫塑料板、保护层、侧向限位块组成，曲线超高在道床板或保护层上设置。其中，滑动层由 2 层 PE 垫片及油毛毡组成，它将混凝土轨道板与桥面隔离，桥梁的伸缩与轨道无关，轨道纵向力传递到短桥两侧的轨道板和路基上。泡沫塑料板处在轨道板与桥面保护层之间，可补偿应力集中和桥台回填可能引起的沉降。侧向限位块位于轨道板两侧，为钢筋混凝土块，下部与桥梁保护层连接，限制轨道板的横向移动，并将横向力（包括导向力、离心力、风荷载和钢轨中温度力引起的横向钢轨压力）传递至桥梁。

隧道内雷达 2000 型无砟轨道结构由钢轨、扣件、双块式轨枕、混凝土道床板等组成，道床板直接在隧道仰拱回填层上构筑，为保证轨道板与隧道回填层之间的黏结，以限制轨道板的移动，在轨道板的自由边上安装有销钉。曲线超高在道床板或回填层上设置。

（2）旭普林型无砟轨道　旭普林型无砟轨道于 1974 年开发，其结构形式与雷达 2000 型基本相同，但其双块式轨枕下部不露钢筋，中间由钢筋桁架相连。旭普林型与雷达型的主要差异是在施工方式上。旭普林型无砟轨道的施工方式是在现场混凝土道床板浇筑以后，通过振动方式将轨枕"振入"新鲜的混凝土中，使轨枕和道床板成为一个整体结构（图 5-2）。此时的混凝土必须具有一定的密度，以确保只能将轨枕"振入"其中，而不允许轨枕靠重力"沉入"其中。旭普林型无砟轨道研发初衷是寻求一种高度机械化的施工方法，以解决雷达型轨枕埋入式无砟轨道传统手工施工带来的进度慢、成本高的问题。早期的旭普林型无砟轨道中采用的是 B360W60 型双块式轨枕，现行的无砟轨道采用的是 B361W60-1 型双块式轨枕，于 1999 年获得德铁技术检查团（EBA）的建造许可。此种轨道结构在科隆—法兰克福高速铁路上成功铺设了 21km。

图 5-2　旭普林型无砟轨道施工

路基地段旭普林型无砟轨道结构的道床板是连续浇筑的钢筋混凝土结构，厚度为 240mm，宽度为 2800mm。水硬性支承层厚度为 300m，宽度为 3800mm，在路基上连续铺设，每 5m 设置一道假缝，假缝深度为 1/3 板厚。

长桥上的旭普林型无砟轨道结构（图 5-3）自下而上分别为梁面混凝土保护层、底座板、隔离层以及带抗剪凸台的道床板。道床板为分块式、可拆除结构，长 6.5m，宽 2.8m。底座板纵向分段浇筑，长度及宽度均与道床板单元的长宽一致。桥面板上铺设有防水层，防水层上铺有混凝土保护层加以保护。抗剪凸台于道床板之间通过

图 5-3　长桥上旭普林型无砟轨道

箍筋牢固相连。抗剪凸台的四周与底座板之间的接触面采用弹性垫片，并在底座板表面铺设 LPDE 膜作为隔离层。底座通过混凝土保护层中的预埋钢筋与桥梁连接。水平力通过抗剪凸台传递给桥梁结构。

短桥上的旭普林型无砟轨道结构分为有支座结构与无支座结构。对于无支座结构的桥梁-框架结构，且覆盖层厚度≤500mm 时，为防止在荷载作用下发生塑性变形，在道床板和梁面混凝土保护层之间增设一弹性隔离层，该层由挤塑硬质泡沫板和两层 PE 膜组成。为保证隔离的轨道结构横向稳定，在侧向通过与梁面混凝土保护层浇筑在一起的侧向挡块予以固定，预埋在道床板内的弹性垫片作为两侧的固定支座，在弹性垫片与侧向挡块之间允许有一定的纵向滑移空间。在曲线地段，为设置超高，需要在道床板下增设一楔形混凝土底座，曲线外侧通过钢筋与侧向挡块连接。当覆盖层厚度≥500mm 时，其轨道结构与普通路基地段相同。对于有支座结构桥梁，其设计上采用与长桥相同的处理方式。

隧道内的旭普林型无砟轨道结构与路基地段基本相同，其道床板可直接坐落在隧道仰拱回填层上（图 5-4）。

图 5-4　隧道内旭普林型无砟轨道

（3）博格板型无砟轨道　博格板型无砟轨道（图 5-5）是通过优化改进 1979 年德国在卡尔斯费尔德—达豪铁路铺设的一种预制板式无砟轨道而形成的，主要用于德国纽伦堡—英戈尔施塔特新建高速铁路。博格公司对达豪试验段预制板式轨道进行了包括预应力、结构尺寸、纵向连接等方面的优化改进，采用先进的数控机床加工预制轨道板上的承轨槽，采用高性能沥青水泥砂浆提供适当的弹性和黏结，并使用高精度、快速便捷的测量系统。博格公司为轨道板的施工研制了成套设备，使得博格板型轨道施工机械化程度高于一般轨道结构。博格板型轨道由于预制打磨轨道板（图 5-6），具有精度高、稳定性好的优点。

博格板型轨道的预制轨道板有以下三种形式：

1) 标准预制轨道板。标准预制轨道板是长度 6.5m、板厚 200mm 的单向预应力混凝土板，板与板之间有纵向连接，适用于路基、桥长 25m 及以下的桥梁和隧道。

2) 特殊预制轨道板。特殊预制轨道板是最大板长 4.5m、板厚 300mm 的钢筋混凝土板（非预应力），可用在长度大于 25m 的桥上。特殊预制轨道

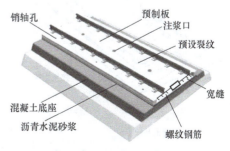

图 5-5　博格板型无砟轨道

图 5-6 轨道板预制及打磨

板设有减振系统,必要时还可以在特殊预制轨道板里安装信号设备。

3)其他补充型预制轨道板。由于存在着桥梁、隧道、道岔和新线与既有线的连接处等控制点,必要时需对预制轨道板的长度进行调整,为此可生产长度 0.6~6.5m 不等的预制轨道板。

2. 日本无砟轨道

日本研究发展无砟轨道采取有组织的统一研发推广模式,并且始终围绕各种类型的板式轨道展开。

日本板式轨道的应用是从桥梁和隧道开始的,在既有线和新干线上先后共铺设了 20 多处近 30km 的试验段。在土质路基上应用板式轨道同样经历了 30 多年的发展历程,开展了大量的室内外试验研究工作。1968 年提出 RA 型板式轨道,并在铁道技术研究所进行性能试验。20 世纪 70 年代,日本将板式轨道作为铁路建设的国家标准进行推广,板式轨道得到了广泛应用。20 世纪 90 年代初,提出用混凝土道床代替沥青混凝土道床的结构方案,并用普通 A 型轨道板(图 5-7)取代 RA 轨道板,实现板式轨道结构形式的统一。为了适应东北、上越新干线的寒冷地区,又研制出双向预应力结构轨道板,后来为了节省投资,在标准 A 型轨道板的基础上,研制出框架式轨道板(图 5-8)。到目前为止,其板式轨道累计铺设里程已超过 2700km。日本先后在既有线、新干线的桥梁、隧道和路基上进行了各种形式无砟轨道的试铺,共建立了 20 多处近 30km 的试验段,同时开展了大量的室内、运营线上的动力测试和长期观测研究工作,并在试验研究结果的基础上,不断改进完善结构设计参数和技

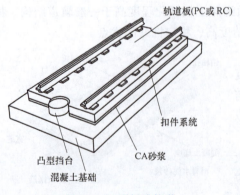
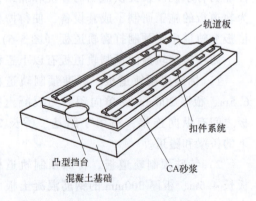

图 5-7 A 型板式轨道　　　　　　　　　图 5-8 框架式轨道板

术条件，最终将普通 A 型、框架型以及特殊减振区段用的防振型板式轨道结构（图 5-9）作为标准定型，在山阳、东北、上越、北陆和九州新干线的桥梁、隧道和部分路基区段上广泛应用。

日本板式轨道主要由钢轨、扣件（扣件形式主要为直接型扣件）、轨道板、砂浆及底座等组成。其主要优点为：预应力轨道板采用后张法，避免了先张法的预应力自由锚固

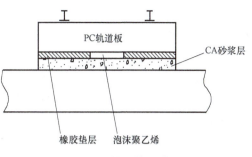

图 5-9 防振型板式轨道

区，减小了板宽，降低了轨道结构自重；采用凸型挡台结构，轨道板单独成一单元，便于轨道结构的维护；充填式无级调高垫板实现了对轨道不平顺的精细调整；轨道板生产、现场铺设方法简单可靠、灵活机动。不足之处为：设置凸型挡台，作为轨道主要的受力构件，且成为轨道结构的薄弱环节，由于凸型挡台处砂浆容易被破坏，为保证该部位的耐久性能设计采用灌注树脂的方式，其造价提升很高；铺轨时轨道状态调整工作量大；相对于德国雷达轨道，其造价较高。

3. 其他国家无砟轨道

除了德国和日本外，许多国家和地区也进行了无砟轨道的试验和试铺。

1) 英国 PACT 型无砟轨道。PACT 型无砟轨道（图 5-10）为就地灌注的钢筋混凝土道床，钢轨直接与道床相连接，轨底与混凝土道床之间设置连续带状橡胶垫板，钢轨为连续支承。英国于 1969 年开始研究和试铺，1973 年正式推广，并在西班牙、南非、加拿大和荷兰等国家的重载和高速铁路的桥隧上应用，铺设长度约 80km。

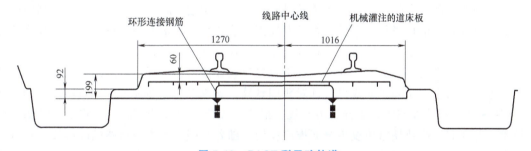

图 5-10 PACT 型无砟轨道

2) 法国的 Monaco 型双块式无砟轨道。法国除开展有砟轨道结构形式研究外，还开展了无砟轨道的研究与试验，在新建的地中海线的隧道里铺设了 4.8km 的 Monaco 型双块式无砟轨道进行试验。另外，还准备在东部高速线一个 40~50km 的区间修建无砟轨道。

5.1.2 我国铁路无砟轨道技术发展

我国于 20 世纪 60 年代开始对无砟轨道进行研究，与国外的研究几乎同时起步。初期曾试铺过支承块式、短木枕式、整体灌注式等整体道床以及框架式沥青道床等多种形式。无砟轨道开发初期，在成昆线、京原线、京通线、南疆线等长度超过 1km 的隧道内铺设支承块式整体道床，总铺设长度约 300km。20 世纪 80 年代曾试铺过由沥青混凝土铺装层与宽枕组成的沥青混凝土整体道床，全部铺设在大型客站和隧道内，总长约 10km。1995 年，开始对

轨道工程

弹性支承块式无砟轨道展开研究，并进行推广应用。1996—1997年先后在陇海线白清隧道和安康线大瓢沟隧道铺设弹性支承块式无砟轨道试验段，在秦岭隧道一线、秦岭隧道二线正式推广使用，合计铺设36.8km；以后又陆续在宁西线（西安—南京）、兰武复线、宜万线、湘渝线等隧道内及城市轨道中广泛应用，累计铺设弹性支承块式无砟轨道近200km。

在国家科技攻关专题"高速铁路无砟轨道设计参数的研究"中，我国提出了适用于高速铁路桥隧结构上的长枕埋入式、弹性支承块式、板式3种无砟轨道结构形式及其设计参数；在原铁道部科技开发计划项目"高速铁路高架桥上无砟轨道关键技术的试验研究"中，完成了以上3种无砟轨道实尺模型的铺设及各项性能指标试验，初步提出高架桥上无砟轨道的施工方案。1999年，在秦沈客运专线沙河特大桥开始试铺长枕埋入式无砟轨道，在渝怀线鱼嘴2号隧道进行了试铺；同年，在秦沈客运专线狗河特大桥直线和双河特大桥曲线上开始试铺板式轨道，在赣龙线枫树排隧道也进行试铺验证。

2004年，铁道部决定在遂渝线建设成区段的无砟轨道综合试验段，以系统研究解决不同类型无砟轨道结构、岔区无砟轨道、过渡段、结构承载力及耐久性、路基结构形式、桥梁和路基变形对无砟轨道的影响、减振降噪措施及无砟轨道对ZPW-2000轨道电路的适应性等关键技术，为研究并推广具有自主知识产权的无砟轨道技术积累经验。遂渝线是旅客列车最高速度达200km/h、货物列车最高速度达120km/h（轴重25t）的客货共线新建铁路。该试验段有3座桥梁共711.42m，4座隧道共计6980m，还有蔡家车站等车站工程及相当数量的成段路基工程，线路全长13.157km，于2006年年底建成，并在铁道部统一组织下开展了实车综合试验，取得了预期的效果，为我国后续的无砟轨道技术发展奠定了基础。

自2005年开始，铁道部先后引进了国外高速铁路先进成熟的无砟轨道系统，包括：德国的博格型、雷达2000型、旭普林型及日本板式轨道的设计、制造、施工及相关接口技术。在铁道部的统一部署和领导下，各相关的科研、设计、制造及施工单位开展了一系列国外无砟轨道引进技术的消化吸收工作，在客运专线无砟轨道系统技术方面均得到了不同程度的提高。与此同时，成立了无砟轨道再创新攻关组，积极开展了无砟轨道再创新的研究工作，并在无砟轨道设计理论和方法、无砟轨道结构及接口设计技术、工程材料及制造、施工装备和工艺等方面取得了一系列研究成果。针对我国铁路的运营条件、地域条件相继研发了CRTS Ⅰ、CRTS Ⅱ型板式及双块式无砟轨道系统，形成了无砟轨道设计、制造、施工、检测等成套技术，并在我国高速铁路建设中全面推广应用。随着我国多条高速铁路的陆续投入运营及对无砟轨道系统技术研究的进一步深入，我国已具备开展具有完全自主知识产权的新型无砟轨道系统技术研发工作的条件。2008年，针对设计速度200km/h及以下的城际铁路运营条件，基于结构设计优化，降低轨道工程建设成本，开展了无砟轨道结构优化试验研究，结合成都—都江堰铁路工程建设，研发应用了CRTS Ⅲ型板式无砟轨道结构系统，并建立了无砟轨道试验段。2010年3月，对采用CRTS Ⅲ型板式无砟轨道的成都—都江堰铁路进行了联调联试，动车组最高试验速度达到252km/h。

为形成具有我国自主知识产权的高速铁路CRTS Ⅲ型板式无砟轨道系统，发展和完善我国高速铁路无砟轨道技术体系，2011年，铁道部立项开展"高速铁路CRTS Ⅲ型板式无砟轨道系统深化试验研究"，依托盘营客运专线工程，系统开展了高速铁路CRTS Ⅲ型板式无砟轨道设计理论及关键参数研究、轨道结构及接口技术研究、关键工程材料研究、轨道板制造技术研究、轨道结构施工关键技术研究、室内外试验及长期监测研究、养护维修技术研究、结构耐久性研究和技术经济性分析,形成了高速铁路 CRTS Ⅲ型板式无砟轨道成套技术,并在沈丹、成绵乐(眉乐段)、郑徐、京沈等高速线路推广应用。总结我国高速铁路无砟轨道的发展历程有五个阶段,具体见表 5-1。

表 5-1 我国高速铁路无砟轨道发展历程

第一阶段	1956—1994 年,为前期研究阶段,以支承块式整体道床为主,铺设长度达到 300km 以上,并已形成标准
第二阶段	1995—2003 年,随着京沪高速铁路可行性研究的进展,在"九五"国家科技攻关专题"高速铁路无砟轨道设计参数的研究"中,提出了板式、长枕埋入式和弹性支承块式 3 种无砟轨道
第三阶段	2004—2006 年,由铁道部组织在遂渝线开展了成区段铺设无砟轨道综合试验,同时对国外成熟的无砟轨道结构进行了大规模的技术和设备引进
第四阶段	2007—2009 年,无砟轨道再创新,逐步形成了 CRTS Ⅰ型、Ⅱ型板式轨道,CRTS Ⅰ型、Ⅱ型双块式无砟轨道
第五阶段	2009 年至现在,CRTS Ⅲ型板式无砟轨道自主研发

基于我国高速铁路运输组织模式、桥隧比例较高的线下基础工程条件,以及高速行车对轨道结构稳定性、平顺性和耐久性等要求,我国前期通过综合技术经济论证,确定设计速度 300km/h 及以上高速铁路主要采用无砟轨道结构的总体原则,对于设计速度 200~250km/h 高速铁路主要采用有砟轨道,其中维修作业较困难的长大隧道采用无砟轨道。

5.2 我国高速铁路无砟轨道结构

5.2.1 CRTS Ⅰ型板式无砟轨道

1. 轨道结构组成与功能

在日本板式轨道的基础上,经技术经济优化形成了我国的 CRTS Ⅰ型板式轨道,预制轨道板通过水泥沥青砂浆调整层,铺设在现场浇筑的钢筋混凝土底座上,由凸型挡台限位,是一种适应 ZPW-2000 轨道电路的单元轨道板无砟轨道结构形式。

CA 砂浆技术是 CRTS Ⅰ型板式无砟轨道的核心技术,早在 20 世纪 70 年代我国就开始了对该技术的研究。例如,1981 年在皖赣线溶口隧道铺设了板式轨道试验段,使用情况较好;1999 年又在秦沈客运专线的狗河特大桥和双河特大桥铺设了板式轨道试验段,在狗河特大桥上铺设了 741m,双河特大桥上铺设了 740m,使用情况较好;2003 年在赣龙线枫树排隧道铺设的板式轨道试验段,铺设了 1420m,使用情况较好。

CRTS Ⅰ型板式无砟轨道在路基、桥梁、隧道地段结构组成相同,其为预制单元板式轨道结构,自下而上由钢筋混凝土底座、凸型挡台、CA 砂浆调整层、预制预应力钢筋混凝土轨道板、扣件、钢轨等组成,如图 5-11 所示。

1)扣件系统。CRTS Ⅰ型板式无砟轨道配套采用钢轨左右、高低位置调整能力较强的弹性分开式扣件系统(如 WJ-

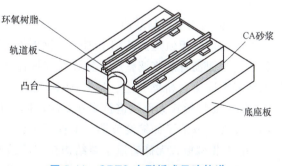

图 5-11 CRTS Ⅰ型板式无砟轨道

7型扣件等），其主要功能是保持轨距，提供轨道弹性，调整轨道几何形位，适应轨道绝缘性能要求，调整线路纵向阻力。

2）混凝土轨道板。轨道板是CRTS I型板式无砟轨道的直接承力结构，根据不同环境条件，轨道板结构类型分为预应力整体式（P）、预应力框架式（PF）和普通混凝土框架式（RF）三种。其主要功能是提供钢轨和扣件的安装定位；承受荷载，并将竖向荷载传递至砂浆层和底座，将水平荷载传递至凸型挡台；提供轨道结构与轨道电路和综合接地的接口。

3）凸型挡台及周围填充树脂。凸型挡台是CRTS I型板式无砟轨道的限位结构，设置于底座两端中部位置，其主要功能是轨道板的纵横向限位，承受水平荷载并传递至底座及下部基础，同时可作为轨道基准网控制点的安设基础。填充树脂主要是填充轨道板与凸型挡台的间隙，缓和水平荷载对凸型挡台的冲击，协调轨道板的温度变形。

4）CA砂浆充填层。CRTS I型板式无砟轨道系统使用的是强度和弹性模量较低、施工性能较好的水泥乳化沥青砂浆（CA砂浆），采用袋装法施工工艺，其主要功能是施工调整，保证轨道板均匀支承，承受并传递荷载，缓和冲击，协调轨道板温度翘曲变形。

5）混凝土底座底。座为分段设置的钢筋混凝土结构，其主要功能为承受荷载，并将其传递至线下基础，固定凸型挡台，同时为曲线超高的设置提供条件。

2. 轨道结构技术特点

1）采用比较坚实的混凝土基础，减小了轨道板的设计强度。轨道板有多重作用，如可以承载、传递纵横向力、对钢轨进行定位等。

2）采用CA砂浆作为调整层，通过调整CA砂浆厚度可以调整轨道板的定位，以至于能确保轨道板正确合理的几何定位，但是要求CA砂浆流动性好、传力能力强，对CA砂浆要求较高。

3）此种轨道结构采用的是层次分明的层状结构体系设计原理，维修以及撤换比较方便。

4）在混凝土底座上设置圆形凸型挡台，更有效地传递纵横向力。其凸型挡台是主要的传力结构，必须采取保护措施，设计时在凸台和轨道板之间设置缓冲层，以减少在传递水平力时对凸台造成的冲击，增加其使用寿命。

5）该轨道结构可修性好，施工进度快，弹性好，通用性强。

6）此种轨道结构也有一定的缺点。钢轨铺设后，轨道精细调整工作量较大，水泥乳化沥青砂浆、凸型挡台填充树脂、充填式垫板材料的生产、施工专业性强。

5.2.2　CRTS II型板式无砟轨道

1. 轨道结构组成与功能

在德国博格板轨道的基础上消化吸收再创新形成了我国的CRTS II型板式轨道，预制轨道板通过水泥沥青砂浆调整层，铺设在现场摊铺的混凝土支承层或现场浇筑的具有滑动层的钢筋混凝土底座（桥梁）上，适应ZPW-2000轨道电路的连续轨道板无砟轨道结构形式。

CRTS II型板式无砟轨道技术在京津城际中得到应用，此种技术有很多优点，如定位精度高、美观、取消了伸缩调节器、工程量小、平顺性好等。

CRTS II型板式无砟轨道主要结构在工厂预制，故为预制板式轨道结构，其结构组成在桥上与路基、隧道地段有少量区别。桥梁上由滑动层、钢筋混凝土底座、侧向挡块、调整层

（BMZ 砂浆）、轨道板等组成，在隧道、路基地段自下而上由支承层、调整层（BMZ 砂浆）、轨道板等组成。沿线路纵向底座、支承层及轨道板均为连接结构，如图 5-12 所示。

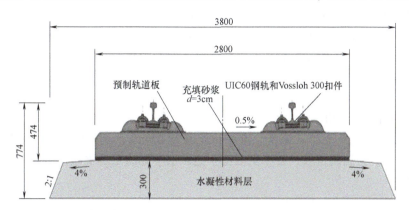

图 5-12　CRTS Ⅱ型板式无砟轨道

2. 轨道结构技术特点

1）CRTS Ⅱ型板式无砟轨道结构层次分明，采用的是明确的层状结构体系设计理念。

2）轨道板加工精确，尤其是承轨槽打磨非常精细，可以确保扣件安装以及钢轨的精确定位。

3）轨道各部分结构功能分工明确合理，承力传力性能可靠、耐久性好。

4）轨道板直接设裂缝（假缝），但是裂缝控制不超过 0.5mm，且实现了轨道板轨枕化。

5）CRTS Ⅱ型板式无砟轨道采用纵连结构，保证了轨道结构连续性。传递列车纵横向力、温度力时，桥梁上通过桥梁端端刺、锚固销钉以及侧向挡块等部件传递，路基上由轨道板与调整层（BMZ 砂浆）、支承层的层间黏结传递。

6）桥上 CRTS Ⅱ型板式无砟轨道的轨道板和底座板为跨过梁缝的连续结构，预制轨道板结构形式与路基、隧道内统一。

7）桥梁与底座板间设置滑动层（两布一膜），以减小桥梁温度伸缩对无砟轨道的影响，如图 5-13 所示。

8）在桥梁固定支座上方，底座板与梁体固结（梁体设抗剪齿槽和锚固筋），将纵向力传递至桥梁基础。

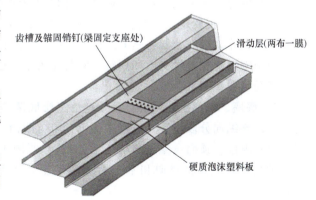

图 5-13　CRTS Ⅱ型板式轨道

9）在梁缝两侧一定范围的梁面铺设 50mm 厚的硬泡沫塑料板，减小梁端转角对无砟轨道结构的影响。

10）底座板与梁面为滑动状态，设置普通侧向挡块对底座板横向限位；设置扣压型挡块，保证底座板的压屈稳定性。

11）通过在台后路基上设置摩擦板、端刺等锚固体系，使桥上轨道传递的纵向力不影响路基和无砟轨道结构的稳定性。

5.2.3 CRTS Ⅲ型板式无砟轨道

CRTS Ⅲ型板式无砟轨道是我国结合了Ⅰ型和Ⅱ型板式轨道的优点，自主研发的一种板式无砟轨道，采用预制轨道板铺设在现场摊铺的混凝土支承层或现场浇筑的钢筋混凝土底座（桥梁）上，轨道板上设有钢轨承台，铺设方便，调整简单。CRTS Ⅲ型板式无砟轨道是具有自主知识产权的一类新型无砟轨道结构，源自于成都至都江堰铁路。目前在环武汉城际铁路等城际、市域线路均有应用。

1. 轨道结构组成与功能

CRTS Ⅲ型板式无砟轨道在路基、桥梁和隧道等不同线下基础的结构组成基本相同，由钢轨、扣件系统、预制轨道板、自密实混凝土充填层、隔离层及混凝土底座等部分组成，如图 5-14 所示。

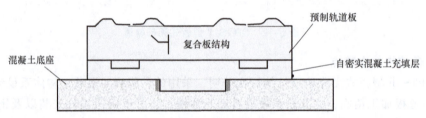

图 5-14 CRTS Ⅲ型板式无砟轨道结构组成示意图

1）扣件系统采用弹性不分开式扣件系统（如 WJ-8 型等），其主要功能是保持轨距，提供轨道弹性，调整轨道几何形位，满足轨道绝缘性能要求，调整线路纵向阻力。

2）预制轨道板与扣件系统相匹配，板面承轨部位设置挡肩，其主要功能是钢轨和扣件的安装定位；承受荷载，并通过自密实混凝土充填层及其与底座形成的凹凸结构，将竖向和水平荷载传递至下部支承基础；提供轨道结构与轨道电路和综合接地的接口。

3）自密实混凝土砂浆充填层采用强度较高、流动性及耐久性良好的自密实混凝土砂浆作为板式无砟轨道充填层，是 CRTS Ⅲ型板式无砟轨道结构的主要技术特征，其不仅作为调整层为预制轨道板提供支承和调整，同时作为结构层，充填完成后，与底座形成凹凸限位结构，承受竖向和水平荷载。

4）底座、隔离层、限位凹槽及弹性垫层底座是 CRTS Ⅲ型板式无砟轨道的重要承载结构，沿线路纵向分段设置。底座中部设置限位凹槽，自密实混凝土砂浆灌注其中，为轨道板提供水平限位，顶面设置隔离层（土工布），凹槽侧立面设置弹性缓冲垫层。底座的主要功能是承受荷载，并将竖向和水平荷载传递至线下基础；曲线地段的轨道超高也在底座上实现。

2. 轨道结构技术特点

CRTS Ⅲ型板式无砟轨道结构特点如下：

1）针对城际铁路运营条件，优化 CRTS Ⅰ型板式无砟轨道设计，降低结构配筋率。

2）优化凸型挡台结构，施工方便，降低造价。

3）取消 CA 砂浆填充层，简化施工工艺，减小对环境的污染，降低工程投资。

4）使用自密实混凝土作为填充层，研究出了新型复合式轨道结构。

5）此轨道板结构与 WJ-8 扣件系统配套，具有较好的应用性，并使其具备较好的施工性和轨距保持能力。

5.2.4　CRTS Ⅰ型双块式无砟轨道

CRTS Ⅰ型双块式无砟轨道结构是在充分消化吸收引进的德国雷达型无砟轨道技术的基础上，经过技术再创新达到国内建设客运专线要求后而铺设的一种无砟轨道结构形式。该型无砟轨道具有简化了轨枕块结构、完善了结构整体性、统一了结构形式以及降低了轨道和线路造价等特点。

1. 轨道结构组成与功能

路基段 CRTS Ⅰ型双块式无砟轨道由上而下依次由钢轨、弹性扣件、带桁架钢筋的双块式轨枕、现浇混凝土道床板、支承层以及路基层组成。其中，带桁架钢筋的双块式轨枕是预制的，在施工过程中双块式轨枕经组装以现场浇筑的方式与道床板浇筑成整体。路基段 CRTS Ⅰ型双块式无砟轨道结构组成如图 5-15 所示。

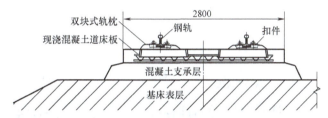

图 5-15　路基段 CRTS Ⅰ型双块式无砟轨道结构组成示意图

桥梁地段 CRTS Ⅰ型双块式无砟轨道由上而下依次由钢轨、扣件、道床板（含双块式轨枕）、隔离层、底座+限位凹槽（或保护层+限位凸台）组成。道床板采用单元分块结构，下部设钢筋混凝土底座，分块长度与道床板相对应，底座顶面设置隔离层（土工布），底座中部设置凹槽，凹槽侧立面粘贴弹性缓冲垫层，道床板混凝土灌注其中，形成凹凸结构，为轨道结构提供水平限位，如图 5-16 所示。限位凸台如图 5-17 所示。

图 5-16　底座限位凹槽

图 5-17　限位凸台

隧道地段结构组成相对简单，根据不同的隧道围岩等级，道床板直接在隧道仰拱回填层或钢筋混凝土底板上构筑。

2. 轨道结构技术特点

CRTS Ⅰ型双块式无砟轨道具有以下技术特点：

1）无砟轨道系统成套技术较为成熟，经过了长期运营实践考验。
2）轨道建设成本相对较低。
3）由于"自上至下"的施工方法，与不同类型的扣件结构适应性强。
4）路基上连续道床板的混凝土裂纹控制难度较大。
5）施工功效较低，施工速度慢。
6）可修复性较差。

5.2.5 CRTS Ⅱ型双块式无砟轨道

1. 轨道结构组成

CRTS Ⅱ型双块式无砟轨道系统设计方法与 CRTS Ⅰ型双块式无砟轨道无本质区别，轨道结构横断面图如图 5-18 所示。其系统的主要特点是：振动压入式的施工方法，以提高现浇混凝土结构的施工效率。

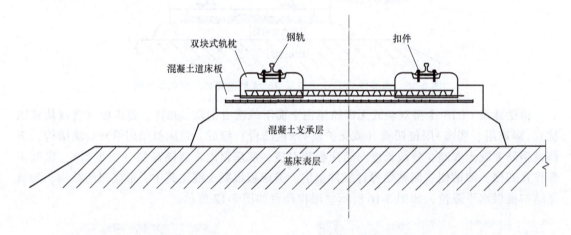

图 5-18　路基上 CRTS Ⅱ型双块式无砟轨道结构横断面图

2. 轨道结构技术特点

与 CRTS Ⅰ型双块式无砟轨道相比，CRTS Ⅱ型双块式无砟轨道具有以下优缺点：
1）施工机械化程度高，施工进度较快。
2）施工不需工具轨，施工受环境条件影响小。
3）轨枕采用振动方式压入混凝土中，避免了灌注过程中的轨枕底部的振捣不密实。
4）设备规模大，施工的灵活性不强。一些区段仍需要采用轨排支撑架法施工。
5）3.25m 长的轨排通过固定架分段振动压入，加上测量的多级传递，线路的高低平顺性、方向圆顺性的控制较为困难。

与板式无砟轨道相比，双块式无砟轨道具有以下技术特点：
1）道床主体结构为现浇混凝土道床板，主要承受列车荷载和温度荷载。工厂预制的双块式混凝土轨枕是道床板结构的组成部分，施工过程中利用双块式轨枕组装成轨排，精确调整好轨道几何形位后,将道床板浇筑成型,与道床板成为一体,共同受力。

2)工厂化预制双块式混凝土轨枕,承轨面需与使用扣件相匹配,目前,我国主要采用与 WJ-7 型扣件相匹配的 SK-1 型双块式轨枕(图 5-19),以及与 WJ-8 型或 300-1 型扣件相匹配的 SK-2 型双块式轨枕(图 5-20)。双块式轨枕采用长线流水法工艺生产,在无砟轨道再创新研究成果基础上,2008 年我国研究制定了《客运专线铁路双块式无砟轨道双块式混凝土轨枕暂行技术条件》,其中详细规定了双块式轨枕用原材料及成品的质量要求、试验方法、检验规则及存放、运输和装卸等技术要求。

图 5-19　SK-1 型双块式轨枕

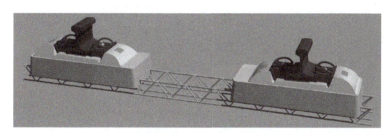

图 5-20　SK-2 型双块式轨枕

3)由于道床板现场浇筑成型,不需设置板式轨道结构中的水泥乳化沥青砂浆或自密实混凝土充填层,所以影响双块式无砟轨道结构耐久性的主要因素是道床板混凝土裂纹及道床板现浇混凝土与双块式轨枕的界面裂纹。

4)双块式无砟轨道与高速铁路轨道电路和综合接地的接口在现浇混凝土道床板中进行处理。道床板内纵、横向钢筋(包括桁架钢筋)交叉点及纵向钢筋搭接处进行绝缘隔离,同时在道床板内设置接地钢筋和接地端子,钢筋绝缘和接地的接口处理均在施工现场进行。

小　结

近年来,高速铁路和城市轨道交通的快速发展,为无砟轨道的推广应用提供了广阔的空间。在高速铁路领域,代表性的无砟轨道有日本板式无砟轨道,德国的雷达(Rheda)、博格(Bogl)、旭普林(Zublin)无砟轨道,我国的 CRTS 系列无砟轨道。在城市轨道交通领域,轨道设计更重视减振和降噪,常见的无砟轨道结构形式如整体道床无砟轨道、弹性支撑块式无砟轨道、钢弹簧浮置板式无砟轨道、梯形轨枕轨道和埋入式轨道,这些轨道结构各有特点,应根据实际情况特点选择使用。

习 题

1. 简述 CRTS Ⅰ 型板式无砟轨道的轨道板采用框架板的优点。
2. 简述轨枕嵌入式无砟轨道结构的优缺点。
3. 轨枕埋入式无砟轨道主要有哪些特点。
4. 与有砟轨道相比,无砟轨道具有哪些优缺点。
5. 简述 CRTS Ⅰ 型板式无砟轨道的组成及各部分的功能。
6. CRTS Ⅱ 型双块式无砟轨道具有哪些优缺点。
7. 轨道降噪的主要措施有哪些。
8. 简述整体道床式无砟轨道结构的优缺点。
9. 简述桥上 CRTS Ⅱ 型板式无砟轨道的组成及优点。
10. 简述路基上、桥梁上和隧道内 CRTS Ⅰ 型双块式无砟轨道的组成。

第 6 章 道 岔

道岔是铁路车辆从一股轨道转入或越过另一股轨道时必不可少的线路设备,是轨道工程的一个重要组成部分。道岔的性能直接影响车辆运输能力、行车速度及旅客舒适度,是影响行车平稳性与安全性的关键基础设施。由于道岔具有数量多、构造复杂、使用寿命短、限制列车速度、行车安全性低、养护维修投入大等特点,与小半径曲线、接头并称为轨道的三大薄弱环节。

■ 6.1 道岔类型

道岔类型包括连接、交叉以及连接与交叉的组合。在本节中,主要介绍了道岔的三种分类方式,同时也讲述了世界各国所采用的一些其他新型道岔。

6.1.1 连接设备

单开道岔:是我国最常见的道岔类型,其主线为直线,侧线由主线向左侧(称左开道岔)或右侧(称右开道岔)岔出。图 6-1a 为普通单开道岔。

异侧道岔:主线向两侧分支,又称双开道岔,根据两侧分支的角度是否相等,又有异侧对称道岔和异侧不对称道岔之分,异侧对称道岔又简称为对称道岔。图 6-1b 为单式对称道岔。

同侧道岔:主线向同一侧、不同角度分支。

三开道岔:又称复式异侧对称道岔,是复式道岔中较常用的一种形式。它相当于两组异侧顺接的单开道岔,但其长度却远比两组单开道岔的长度之和短。主线为直线方向,两侧线由主线同时向左侧和向右侧分支,或者两侧线由主线向同一侧分支,形成三个方向。图 6-1c 为三开道岔。

6.1.2 交叉设备

菱形交叉:一条直线线路与另一条直线线路在同一平面上相交,形成锐角交叉。
直角交叉:一条直线线路与另一条直线线路在同一平面上相交,形成直角交叉。
曲线与曲线交叉:一条曲线线路与另一条曲线线路在同一平面上交叉。图 6-2 为两曲线交叉。
直线与曲线交叉:一条直线线路与另一条曲线线路在同一平面上交叉。直线与曲线相交而成的三线交叉如图 6-3 所示。

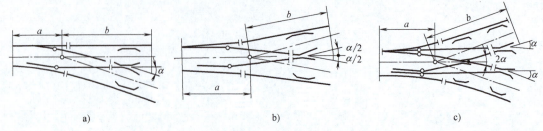

图 6-1　道岔类型
a) 普通单开道岔　b) 单式对称道岔　c) 三开道岔
a—道岔前长　b—道岔后长　α—辙叉角

图 6-2　两曲线交叉

图 6-3　三线交叉

6.1.3　连接与交叉组合设备

交分道岔有单式、复式之分。复式交分道岔相当于两组对向铺设的单开道岔,由菱形交叉中增加四组(或两组)转辙器和两条(或一条)连接曲线形成。这种道岔可实现不平行股道的交叉,且具有道岔长度短,开通进路多及两个主要行车方向均为直线等优点,因而能节约用地,提高调车能力并改善列车运行条件。图 6-4a 为复式交分道岔。

单渡线:两组反向单开道岔,用连接线相连而成,可作为两线间相互转线用。

交叉渡线:菱形交叉外四个方向各增加一组单开道岔,相当于两组方向相反铺设的单渡线,用于平行股道之间的连接,仅在个别特殊场合下使用。图 6-4b 为交叉渡线。

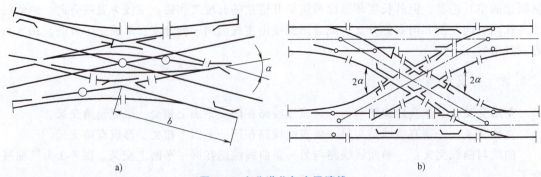

图 6-4　交分道岔与交叉渡线
a) 复式交分道岔　b) 交叉渡线
b—道岔后长　α—辙叉角

6.2 单开道岔的构造

单开道岔是最普通、最简单的一种道岔形式,占全部道岔总数的 95%以上,其他类型道岔均以单开道岔为基础发展而来。单开道岔由转辙器、连接部分、辙叉及护轨组成,如图 6-5 所示。图 6-5 中 AOB 线称主线, OC 线叫作岔线;转辙器前端为道岔始端(A 点),辙叉跟端为道岔终端(B 点),两股道中心线的交点称作道岔中心(O 点)。当列车由始端驶向终端时,称为逆向通过道岔;反之,称为顺向通过道岔。站在始端看终端,侧线位于主线左侧称左开道岔,位于主线右侧称右开道岔。

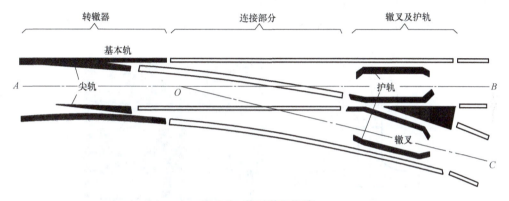

图 6-5 单开道岔构造

单开道岔以它的钢轨每米质量及道岔号数区分类型。目前我国的钢轨有 75kg/m、60kg/m、50kg/m 等类型;标准道岔号数(用辙叉号数来表示)有 3、6、7、9、12、18、38、42、62 号等。城市轨道交通轨道工程铺设的道岔,目前正线及辅助线普遍采用 60kg/m 钢轨 9 号、12 号单开道岔、交叉渡线、单渡线;车场线普遍采用 50kg/m 钢轨 7 号单开道岔、交叉渡线、单渡线等。

6.2.1 转辙器

单开道岔的转辙器,是引导机车车辆沿主线方向或侧线方向行驶的线路设备,由两根基本轨、两根尖轨、各种联结零件及道岔转换设备组成。

1. 基本轨

基本轨是用一根 12.5m 或 25m 标准断面的普通钢轨制成,主股为直线,侧股按转辙器各部分的轨距在工厂事先弯折成规定的折线或采用曲线型。通常,道岔中不设轨底坡,为改善钢轨的受力条件,提速道岔中基本轨设有 1:40 轨底坡。基本轨除承受车轮的垂直压力外,还与尖轨共同承受车轮的横向水平力。为防止基本轨的横向移动,可在其外侧设置轨撑。为了增加钢轨表面硬度,提高耐磨性并保持与尖轨良好的密贴状态,基本轨头顶面一般还进行淬火处理。

2. 尖轨

尖轨是转辙器中的重要部件,依靠尖轨的扳动,将列车引入正线或侧线方向。尖轨在平面上可分为直线型和曲线型。我国铁路的大部分 12 号及 12 号以下的道岔,均采用直线型尖轨。直线型尖轨制造简单，便于更换，尖轨前端的刨切较少，横向刚度大，尖轨的摆度和跟端轮缘槽较小，可用于左开或右开，但这种尖轨的转辙角较大，列车对尖轨的冲击力大，尖轨尖端易于磨耗和损伤。我国新设计的 12、18 号道岔直向尖轨为直线型，侧向尖轨为曲线型。这种尖轨冲击角较小，导曲线半径大，列车进出侧线比较平稳，有利于机车车辆的高速通过。但曲线型尖轨制造比较复杂，前端刨切较多，并且左右开不能通用。

尖轨可用普通断面钢轨或特种断面钢轨制成。用普通断面钢轨制成的尖轨，一般在尖轨前端加补强板以增加其横向刚度；用特种断面钢轨制成的尖轨，其断面粗壮、整体性强、刚度大，稳定性比普通断面钢轨好。与基本轨高度相同的称为高型特种断面，较矮者称为矮型特种断面。图 6-6 为矮型特种断面钢轨（简称 AT 轨），我国已广泛推广使用矮型特种断面钢轨，取消了普通钢轨尖轨 6mm 抬高量，减小了列车过岔时的垂直不平顺，有利于提高过岔速度，同时可采用高滑床台扣住基本轨轨底，增加基本轨的稳定性和道岔整体性。

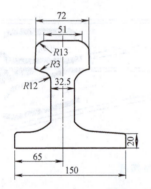 

图 6-6 矮型特种断面钢轨

为使转辙器正确引导列车的行驶方向，尖轨尖端必须细薄，且与基本轨紧密贴合。从尖轨尖端开始，尖轨断面逐渐加宽，其非作用边一侧与基本轨作用边一侧应紧密贴合，保证直向尖轨作用边为一直线，侧向尖轨作用边与导曲线作用边为一圆曲线。

3. 转辙器上的零配件

1) 间隔铁。间隔铁设置于尖轨跟端，在无缝道岔中可将尖轨中的温度力传至基本轨，限制尖轨尖端的伸缩位移；在有缝道岔中则是间隔铁鱼尾板式跟端结构，保证尖轨的扳动及其稳定性。

2) 尖轨顶铁。尖轨刨切部位紧贴基本轨，而在其他部位则依靠安装在尖轨外侧腹部的顶铁，将尖轨承受的横向水平力传递给基本轨，以防止尖轨受力时弯曲，并保持尖轨与基本轨的正确位置。尖轨顶铁可组装在尖轨轨腰上也可以组装在基本轨轨腰上。

3) 滑床板。在整个尖轨长度范围内的岔枕面上，有承托尖轨和基本轨的滑床板。滑床板有分开式和不分开式两类。不分开式用道钉将轨撑、滑床板直接与岔枕联结；分开式是轨撑由垂直螺栓先与滑床板联结，再用道钉或螺纹道钉将垫板与岔枕联结。尖轨放置于滑床板上，与滑床板间无扣件联结。

4) 轨撑。用以防止基本轨倾覆、扭转和纵横向移动的轨撑，安装在基本轨的外侧。它用螺栓与基本轨相连，并用两个螺栓与滑床板联结。轨撑有双墙式和单墙式之分。

5) 道岔拉杆和连接杆。拉杆安装在尖轨的接头铁上，同时与道岔转辙设备相连，从而实现尖轨摆动。连接杆连接两根尖轨,确保两根尖轨同步动作,同时提高尖轨及基本轨的密贴性及尖轨的稳定性。

尖轨跟端结构一般由特质接头夹板、间隔铁、紧固件(俗称活垫板)和辙后垫板组成。弹性可弯尖轨与区间钢轨接头一致,采用普通接头夹板及接头螺栓连接。

6.2.2 辙叉及护轨

辙叉是使机车车辆的车轮由一股钢轨转入另一股钢轨的设备,它设置于道岔侧线钢轨与道岔主线钢轨相交处。辙叉由心轨、翼轨、护轨及联结零件组成。按平面形式分,辙叉有直线辙叉和曲线辙叉两类;按构造类型分,有固定辙叉和活动辙叉两类。普通单开道岔上,以直线式固定辙叉最为常用。直线式固定辙叉分两种,即整铸辙叉和钢轨组合式辙叉。

整铸辙叉是用高锰钢浇铸的整体辙叉,如图6-7所示。高锰钢具有较高的强度、良好的冲击韧性,经热处理后,在冲击荷载作用下,会很快产生硬化,使表面具有良好的耐磨性能。同时,由于心轨和翼轨同时浇铸,整体性和稳定性好,可以不设辙叉垫板而直接铺设在岔枕上。这种辙叉还具有使用寿命长、养护维修方便的优点。

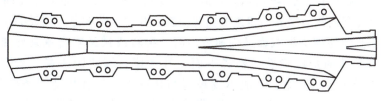

图 6-7 整铸辙叉

钢轨组合式辙叉是用钢轨及其他零件刨切拼装而成的,它由长心轨、短心轨、翼轨、间隔铁、辙叉垫板以及其他联结零件组成,如图6-8所示。辙叉心是由长心轨和短心轨拼装而成,长心轨应铺设在正线或运量较大的线路方向上。

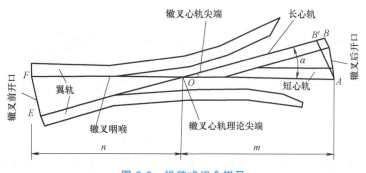

图 6-8 拼装式组合辙叉

叉心两侧作用边之间的夹角称辙叉角 α,辙叉心轨两个工作边的延长线的交点称为辙叉理论中心(理论尖端)。由于制造工艺原因,实际上辙叉尖端有6~10mm宽度,此处称为辙叉实际尖端。

翼轨由普通钢轨弯折刨切而成,用间隔铁及螺栓和叉心联结在一起,与辙叉间形成必要的轮缘槽,引导车轮行驶。翼轨作用边开始弯折处称为辙叉咽喉,是两翼轨作用边之间的最窄距离。从辙叉咽喉至实际尖端之间,有一段轨线中断的空隙,称为道岔的"有害空间"。

道岔号数越大，辙叉角越小，有害空间越大。车轮通过较大的有害空间时，叉心容易受到撞击。为保证车轮安全通过有害空间，必须在辙叉相对位置的两侧基本轨内侧设置护轨，借以引导车轮的正确行驶方向。

道岔号数以辙叉号数 N 来表示，辙叉角 α 越小，道岔号数 N 越大，两者之间的关系为

$$N = \cot\alpha \tag{6-1}$$

城市轨道交通常用的道岔号数和辙叉角见表 6-1。正线以 9 号道岔为主，后方基地的次要线路以 7 号为主，少数城市也使用 6 号道岔。

表 6-1 道岔号数与辙叉角的关系

道岔号数	6	7	9
辙叉角	9°27′44″	8°07′48″	6°20′25″

6.2.3 连接部分

连接部分是转辙器和辙叉之间的连接线路，包括直股连接线和曲股连接线（又称为导曲线），道岔的连接部分如图 6-9 所示。直股连接线与区间线路构造基本相同，曲股连接线的平面形式可以是圆曲线、缓和曲线或变曲率曲线。我国目前铁路上铺设的大部分道岔导曲线均为圆曲线，当转辙器尖轨或辙叉为曲线型时，尖轨或辙叉本身就是导曲线的一部分，确定导曲线平面形式时应将尖轨或辙叉平面一并考虑，圆曲线两端一般不设缓和曲线。导曲线由于长度及限界的限制，一般不设超高和轨底坡，但在构造及条件允许的情况下可设置少量超高。为防止导曲线钢轨在动荷载作用下的外倾及轨距扩大，可设置一定数量的轨撑或轨距拉杆，还可同区间线路一样设置一定数量的防爬器及防爬木撑，以减少钢轨的爬行。

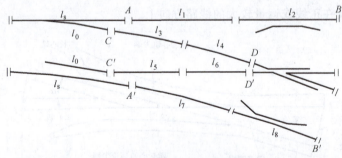

图 6-9 道岔的连接部分

连接部分一般配置 8 根钢轨，直股连接线 4 根，曲股连接线 4 根。配轨时要考虑轨道电路绝缘接头的位置和满足对接接头的要求，并尽量采用 12.5m 或 25m 长的标准钢轨。连接部分使用的短轨，一般不短于 6.25m，在困难的情况下，不短于 4.5m。

6.2.4 岔枕及扣件

有砟道岔采用木枕或混凝土枕，无砟道岔采用埋入式长枕或道岔板（图 6-10）。钢筋混凝土岔枕最长为 4.9m，最短为 2.3m，级差为 0.1m。岔枕上不设挡肩，扣件为带铁垫板的分开式扣件。岔枕与直股方向垂直，辙叉部分可与角平分线垂直。为使道岔的轨下基础具有

均匀的刚性，岔枕的间距应尽可能保持一致，枕间距一般为 600mm，两端伸出量与区间基本一致。城市轨道交通地下线路和高架线路通常铺设混凝土短轨枕。

图 6-10　埋入式长枕（左）与道岔板（右）

道岔设计及单开道岔总布置图

6.3　道岔的几何形位

道岔各部分几何尺寸的正确与否，是保证机车车辆安全、平稳通过的必要条件。确定道岔各部分的几何尺寸，是根据机车车辆的轮对尺寸和道岔的轨距按最不利的组合进行的。

6.3.1　单开道岔的主要尺寸

半切线型尖轨、直线辙叉单开道岔中主要尺寸如图 6-11 所示。

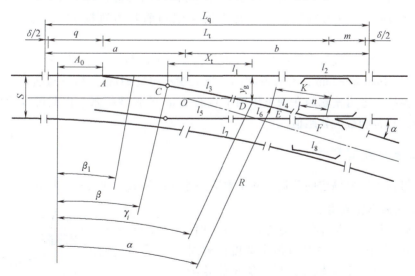

图 6-11　半切线型尖轨、直线辙叉单开道岔中主要尺寸

图 6-11 中各项符号的意义如下：

道岔号数 N 或辙叉角 α，轨距 S，轨缝 δ，转辙角 β，基本轨前端长 q，辙叉趾距 n，辙叉跟距 m，导曲线外轨半径 R，导曲线后插直线长 K。O 点为道岔直股中心线与侧线辙叉部

分中心线的交点，又称道岔中心。道岔前长 a（道岔前轨缝中心到道岔中心的距离）；道岔后长 b（道岔中心到道岔后轨缝中心的距离）；道岔理论全长 L_l（尖轨理论尖端至辙叉理论尖端的距离）；道岔实际全长 L_q（道岔前后轨缝中心之间的距离）。

6.3.2 单开道岔各部分轨距

直线轨道的轨距为 1435mm，曲线轨道应根据曲线半径、运行速度及机车车辆的通过条件等因素来决定。

单开道岔中，需要考虑的轨距加宽部位有：基本轨前接头处轨距 S_1；尖轨尖端轨距 S_0；尖轨跟端直股及侧股轨距 S_h；导曲线中部轨距 S_c；导曲线终点轨距 S。

道岔各部位的轨距，按机车车辆以正常强制内接条件加一定的余量，计算公式为

$$S = q_{max} + (f_0 - f_i) + \frac{1}{2}\delta_{min} - \sum \eta \tag{6-2}$$

式中　q_{max}——最大轮对宽度；
　　　f_0——外侧车轮与外轨线形成的矢距；
　　　f_i——内侧车轮与内轨线形成的矢距；
　　　δ_{min}——轮轨间的最小游间；
　　　$\sum \eta$——机车车辆轮轴的可能的横动量之和。

道岔各部分的轨距加宽，应有适当的递减距离，以保证行车的平稳性。对直线尖轨道岔，尖轨尖端的轨距加宽，应按不大于 0.6‰ 的递减率向尖轨外方递减。S_0 与 S_h 的差数，应在尖轨范围内均匀递减。导曲线中部轨距加宽的递减距离，至导曲线起点为 3m，至导曲线终点为 4m。尖轨跟端直股轨距 S_h 的递减距离为 1.5m。

对曲线尖轨道岔，直股方向只有一处加宽与递减，除尖轨尖端处 +2mm 外，其余各部分轨距均为 1435mm。相应的轨距加宽要在尖轨尖端到前基本轨接头递减，且变化率不大于 0.1‰。

道岔各部分的轨距应符合标准规定，如有误差，不论是正线、到发线、站线或专用线，一律不得超过 +3mm 或 -2mm，有控制锁的尖轨尖端不超过 ±1mm，较一般轨道有更严格的要求。同时还需要考虑道岔轨距在列车作用下将有 2mm 的弹性扩张，由此可以计算出道岔各部分的最小、正常和最大轨距值。

6.3.3 转辙器几何尺寸

道岔转辙器上需要确定的几何尺寸主要有最小轮缘槽 t_{min} 和尖轨动程 d_0。

1. 尖轨的最小轮缘槽 t_{min}

1）曲线尖轨。当使用曲线尖轨直向过岔时，应保证在最不利条件下，即具有最小宽度的轮对一侧车轮轮缘紧贴直股尖轨时，另一侧车轮轮缘能顺利通过而不冲击尖轨的非工作边，如图 6-12 所示。此时，曲线尖轨在其最突出处的轮缘槽，较其他任何一点的轮缘槽为小，称曲线尖轨的最小轮缘槽 t_{min}。要保证轮对顺利通过该轮缘槽，

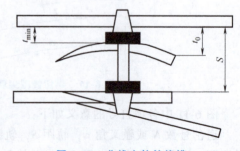

图 6-12　曲线尖轨轮缘槽

而不以轮对的轮缘撞击尖轨的非工作边,轮缘槽的宽度应取以下最不利组合时的数值:

$$t_{min} \geqslant S_{max} - (T_{min} + d_{min}) \quad (6-3)$$

式中　S_{max}——曲尖轨突出处直向线路轨距的最大值,计算时还应考虑轨道的弹性扩张和轨道公差;

T_{min}——轮背距离的允许最小值,取 $T_{min} = 1350mm$;

d_{min}——轮缘厚度的允许最小值,取 $d_{min} = 22mm$。

则可得我国实际采用的最小轮缘槽宽度 $t_{min} \geqslant 1440mm - (1350+22)mm = 68mm$。同时 t_{min} 也是控制曲线尖轨长度的因素之一,为缩短尖轨长度,不宜规定得过宽,根据经验 t_{min} 可减少至 65mm。

2)直线尖轨。对于直线尖轨来说,t_{min} 发生在尖轨跟端,如图 6-13 所示。考虑车轴弹性弯曲和轨道公差,尖轨跟端轮缘槽 t_0 应不小于 74mm。

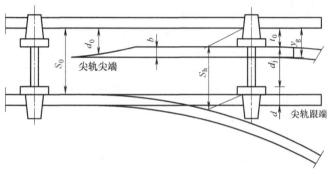

图 6-13　直线尖轨轮缘槽

2. 尖轨动程 d_0

尖轨动程为尖轨尖端非作用边与基本轨作用边之间的拉开距离,规定在距尖轨尖端 380mm 的第一根连接杆中心处量取。尖轨动程应保证尖轨扳开后,具有最小宽度的轮对对尖轨非作用边不发生侧向挤压。曲线尖轨的动程由 t_{min}、曲线尖轨最突出处的钢轨顶宽、曲线半径 R 等因素确定。对直线尖轨要求尖轨尖端开口不小于 $(y_g + S_0 - S_h)$,y_g 为尖轨跟端支距,$y_g = t_0 + b$。

目前大多数转辙机的标准动程为 152mm,因此《铁路线路维修规则》规定:尖轨在第一连接杆处的最小动程,直尖轨为 142mm,曲尖轨为 152mm。

6.3.4　导曲线及附带曲线几何尺寸

导曲线上股作用边到直股上股作用边的垂直距离称为导曲线支距,正确的支距反映正确的圆顺度。支距点一般从尖轨跟端开始,每 2m 设一个点,由于其总长度不是 2 的倍数,故终点处的分段距离不是整数。

导曲线支距允许误差为 2mm,用 5m 弦测量,连续正矢差不得超过 2mm,最大与最小差不得大于 3mm。

1. 导曲线支距计算

导曲线支距是导曲线外轨工作边上各点以直向基本轨作用边为横坐标轴的垂直距离,它对正确设置导曲线并经常保持其圆顺度起着十分重要的作用。

计算导曲线支距的方法有多种,当采用曲线尖轨、单圆曲线型导曲线时,取直股基本轨上正对尖轨跟端的 O 点为坐标原点,如图 6-14 所示。这时,导曲线始点的横坐标 x_0 和支距 y_0 分别为

$$x_0 = 0, y_0 = y_g \tag{6-4}$$

在导曲线的终点,其横坐标 x_n 和支距 y_n 则分别为

$$x_n = R(\sin\gamma_n - \sin\beta) \tag{6-5a}$$

$$y_n = y_g + R(\cos\beta - \cos\gamma_n) \tag{6-5b}$$

式中　R——导曲线外轨半径;
　　　β——尖轨跟端处曲线尖轨作用边与基本轨作用边之间形成的转辙角;
　　　γ_n——导曲线终点 n 所对应的偏角,显然 $\gamma_n = \alpha$。

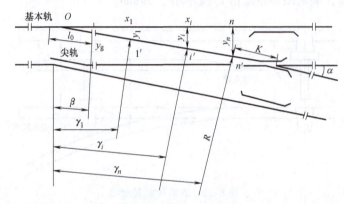

图 6-14　导曲线支距

令导曲线上各支距测点 i 的横坐标为 x_i(依次为 2m 的整数倍),则其相应的支距 y_i 为

$$y_i = y_0 + R(\cos\beta - \cos\gamma_i) \tag{6-6}$$

式中 γ_i 可用以下近似公式求得

$$\sin\gamma_i = \sin\beta + \frac{x_i}{R} \tag{6-7}$$

最后计算得到的 y_n,可用下式进行校核:

$$y_n = S - K\sin\alpha \tag{6-8}$$

式中　K——导曲线后插直线长。

2. 附带曲线支距

当道岔后的两股轨道平行,且两平行股道的直线间距不大于 5.2m 时,道岔后的连接曲线称为道岔的附带曲线。两平行股道的直线间距大于 5.2m 时,道岔后的连接曲线不算附带曲线。

附带曲线支距,是指直股线路里股钢轨工作边到附带曲线外股工作边的垂直距离。我国定型的 9 号道岔线间距为 5.0m、5.1m 时的附带曲线支距见表 6-2。

3. 附带曲线的正矢

为了保持附带曲线的圆顺,当正矢不符合规定要求时,必须及时进行整正。整正附带曲线圆顺的方法比较多。当附带曲线较长,状态较好时,可用绳正法整正。

表 6-2　附带曲线支距计算（9 号道岔）

50kg/m，75 型		附带曲线各点支距/mm									始终点横距/mm	线间距/m
曲线半径/mm	自辙跟至起点横距/mm	自曲线始点算起的各点横距/mm										
		始点	5m	10m	15m	20m	25m	30m	35m	40m	终点	
180	20003	3895	4380	4725	4932						5000	19957	
200	18902	3772	4265	4631	4872	4988					5000	22166	
250	16150	3467	3971	4375	4679	4882	4986				5000	27687	5.0
300	13398	3161	3674	4103	4448	4710	4888	4983			5000	33209	
350	10645	2885	3374	3821	4196	4499	4731	4891	4980		5000	38731	
400	7893	2549	3073	3533	3931	4265	4537	4746	4893	4977	5000	44252	
180	20903	3995	4480	4825	5032						5100	19957	
200	19802	3872	4365	4731	4972	5008					5100	22166	
250	17050	3567	4071	4475	4779	4982	5086				5100	27687	5.1
300	14298	3261	3774	4203	4548	4810	4988	5083			5100	33209	
350	11545	2955	3474	3921	4296	4599	4831	4991	5080		5100	38731	
400	8793	2649	3173	3633	4031	4365	4637	4846	4993	5077	5100	44252	

4．附带曲线养护维修规定

道岔后附带曲线距道岔较近，与道岔的导向线形成两个相反的曲线。附带曲线方向、位置正确与否，直接影响行车的平稳和安全，并与巩固道岔的质量也有着密切的关系。因此，必须重视道岔后附带曲线的养护和维修，并应与道岔的养护维修一起进行。

1）为了保证列车安全、平稳和顺利地通过附带曲线，附带曲线半径不得小于连接道岔的导曲线半径，但也不宜大于导曲线半径的 1.5 倍，因为太大了，道岔尾端与附带曲线间的夹直线就太短，影响轨距与超高的递减和顺坡。其半径根据道岔号码大小及其列车侧向通过速度的不同而不同，一般情况下，其尾数宜采用 10 的倍数。

2）附带曲线为圆曲线，不设缓和曲线。因为附带曲线一般都较短，设置缓和曲线后，圆曲线部分的长度就不能满足不小于 20m 的规定。

3）附带曲线可以设置超高，但超高不应大于 15mm，且向两端外的顺坡率不得大于 0.2%。

4）附带曲线轨距加宽标准与一般曲线相同，并由曲线两端向外按不大于 0.2% 递减。若受条件限制，如道岔后两平行股道线间距较小，夹直线较短时，可按不大于 0.3% 由曲线两端向外递减。

5）正线道岔直向行车速度较高，道岔（直向）与曲线之间应有一定长度的直线过渡段，以减小行车时的振动和摇晃，其最小长度不得短于 20m。站线道岔与曲线或道岔与其连接曲线之间的直线段长度，一般不得短于 7.5m，在困难条件下或道岔后的两线间距较小时，不得短于 6m。

6）附带曲线应圆顺。一般用 10m 弦量正矢，其连续正矢差，到发线应不超过 3mm，在车场线不超过 4mm。

6.3.5 辙叉及护轨几何尺寸

道岔辙叉及护轨部分需要确定的间隔尺寸主要包括辙叉咽喉轮缘槽宽 t_1、查照间隔 D_1 及 D_2、护轨轮缘槽宽 t_g、翼轨轮缘槽宽 t_w 和辙叉有害空间 l_h。

1. 固定辙叉及护轨

1）辙叉咽喉轮缘槽宽 t_1。辙叉咽喉轮缘槽确定的原则是保证具有最小宽度的轮对一侧车轮轮缘紧贴基本轨时，另一侧车轮轮缘不撞击辙叉的翼轨，如图 6-15 所示。这时最不利的组合为

$$t_1 \geqslant S_{\max} - (T+d)_{\min} \tag{6-9}$$

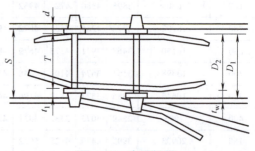

图 6-15 查照间隔

考虑到道岔轨距允许的最大误差为 3mm，轮对车轴弯曲后，内侧距减小 2mm，取车辆轮为计算标准，则

$$t_1 \geqslant (1435+3)\text{mm} - (1350-2)\text{mm} - 22\text{mm} = 68\text{mm}$$

t_1 不宜规定过宽，否则将不必要地增大有害空间。

2）查照间隔 D_1 及 D_2。护轨作用边至心轨作用边的查照间隔 D_1 确定的原则是具有最大宽度的轮对通过辙叉时，一侧轮缘受护轨的引导，而另一侧轮缘不冲击叉心或滚入另一线。这时最不利的组合为

$$D_1 \geqslant T_{\max} + d_{\max} + \varepsilon_1 \tag{6-10}$$

护轨作用边至翼轨作用边的查照间隔 D_2 确定的原则是具有最小宽度的轮对直向通过时不被卡住，必须有

$$D_2 \leqslant T_{\min} + \varepsilon_2 \tag{6-11}$$

式中 $T_{\max}$——轮对最大内侧距；
　　　$T_{\min}$——轮对最小内侧距；
　　　$d_{\max}$——轮缘最大厚度；
　　　ε_1——蒸汽机车承载后车轴弯曲轮对内侧距增加值，城市轨道交通不存在；
　　　ε_2——电力机车、内燃机车及车辆承载后车轮弯曲轮对内侧距减少值。

国铁道岔各部间隔尺寸是根据国铁的机车车辆轮对运行在道岔各部位时工况确定的，各参数取值为

$$T_{\max} = 1356\text{mm}, T_{\min} = 1350\text{mm}, d_{\max} = 33\text{mm}, \varepsilon_1 = 2\text{mm}, \varepsilon_2 = 2\text{mm}$$

按式（6-10）和式（6-11）计算得 $D_1 \geqslant 1391\text{mm}$，$D_2 \leqslant 1348\text{mm}$。显然，$D_1$ 只能有正误差，不能有负误差，允许变化范围为 1391~1394mm。同样，D_2 只能有负误差，不能有正误差，允许变化范围为 1346~1348mm。

城市轨道交通中地铁与轻轨只运行 A 型和 B 型两种车辆，A 型和 B 型车的轮对形式及尺寸基本一致，但与国铁机车车辆多有不同。因此城市轨道交通道岔辙叉及护轨部位的"查照间隔"应有不同于国铁的标准。

$$T_{\max} = 1353\text{mm} + 2T_{\min} = 1353\text{mm} - 2d_{\max} = 32\text{mm},$$

$$\varepsilon_1 = 0(\text{无蒸汽机车运行}), \varepsilon_2 = 1\text{mm}(\text{电动车组轴重轻，待考证})$$

同理，计算得 $D_1 \geq 1387\text{mm}$，$D_2 \leq 1350\text{mm}$ 与国铁存在差异。

3）护轨中间平直段轮缘槽 t_{g1}。如图 6-16 所示，护轨中间平直段轮缘槽 t_{g1} 应确保 D_1 不超出规定的允许范围，计算公式为

$$t_{g1} = S - D_1 - 2\text{mm} \qquad (6\text{-}12)$$

式中，2mm 为护轨侧面磨耗限度。取 $S = 1435\text{mm}$，$D_1 = 1391 \sim 1394\text{mm}$，得 $t_{g1} = 39 \sim 42\text{mm}$，一般取为 42mm。

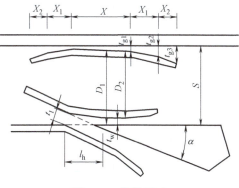

图 6-16 护轨尺寸

为使车轮轮缘能顺利进入护轨轮缘槽内，护轨平直段两端应分别设置缓冲段及开口段。缓冲终端轮缘槽 t_{g2} 应保证有和辙叉咽喉轮缘槽相同的通过条件，即 $t_{g2} = t_{g1} = 68\text{mm}$。在缓冲段的外端，再各设开口段，开口段终端轮缘槽 t_{g3} 应能保证线路轨距为最大允许值时，具有最小宽度的轮对顺利通过，而不撞击护轨的终端开口，由此得

$$t_{g3} = 1456\text{mm} - (1350 + 22 - 2)\text{mm} = 86\text{mm}$$

实际采用 $t_{g3} = 90\text{mm}$，采用将钢轨头部向上斜切的方法而得到。

4）辙叉翼轨平直段轮缘槽宽 t_w。根据图 6-16，辙叉翼轨平直段轮缘槽应保证两查照间距不超出规定的允许范围，计算公式为

$$t_w = D_1 - D_2 \qquad (6\text{-}13)$$

采用不同的 D_1、D_2 组合，得到 t_w 的变化范围为 43~48mm。我国规定采用 46mm，从辙叉心轨尖端至心轨宽 50mm 处，t_w 均应保持此宽度。为了减少顺向过岔时翼轨的冲击角，也可将翼轨平直段的防护宽度放宽至心轨顶宽 20~50mm 范围内。

辙叉翼轨轮缘槽也有过渡段与开口段，其终端轮缘槽宽度、缓冲段的转折角与护轨相同。辙叉翼轨各部分长度可比照护轨作相应的计算。

5）有害空间 l_h。辙叉有害空间长度 l_h 可采用下式计算：

$$l_h = \frac{t_1 + b_1}{\sin\alpha} \qquad (6\text{-}14)$$

式中 b_1——叉心实际尖端宽度，通常可取为 10mm。

因 α 很小，可近似地取 $\frac{1}{\sin\alpha} \approx \frac{1}{\tan\alpha} = \cot\alpha = N$，所以，式（6-14）可改写成

$$l_h \approx (t_1 + b_1)N \qquad (6\text{-}15)$$

取 $t_1 = 68\text{mm}$，$b_1 = 10\text{mm}$，则地铁与轻轨中常用的 7 号和 9 号道岔的有害空间分别为 546mm 和 702mm。

2. 可动心轨辙叉及护轨

可动心轨辙叉的主要几何形位有辙叉咽喉轮缘槽与翼轨端部轮缘槽、心轨动程。可动心轨辙叉与固定式辙叉不同，其咽喉宽度不能用最小轮背距和最小轮缘厚度进行计算，而应根据转辙机的参数来决定。现有电动转辙机的动程为 152mm，调整密贴的调整杆的轴套摆度最小可达 90mm，因此，可动心轨辙叉咽喉的理论宽度 t_1 不应小于 90mm，并不大于 152mm。翼轨端部的轮缘槽宽度 t_2 不应小于固定式的辙叉咽喉宽度（68mm），一般采用 $t_2 > 90\text{mm}$。

若可动心轨辙叉中设置有防磨护轨，护轨轮缘槽确定应确保心轨不发生侧面磨耗而影响心轨与翼轨的密贴。

■ 6.4 道岔的平面线型

本节在讨论道岔尖轨平面线型和道岔连接部分平面线型的基础上，介绍了影响道岔直侧向通过速度的因素及实现提速的技术措施。

6.4.1 道岔尖轨平面线型

尖轨是转辙器中的重要部件，依靠尖轨的扳动，将列车引入正线或侧线方向。尖轨在平面上可分为直线型和曲线型。

直线型尖轨（图6-17）主要用在1996年以前我国大部分12号及以下的道岔，直线型尖轨制造简单，便于更换，尖轨前端的刨切较少，横向刚度大，尖轨的摆度和跟端轮缘槽较小，可用于左开或右开，尖轨断面较粗壮，比较耐磨，但这种尖轨工作边成一直线，尖端角、转辙角和冲击角较大，因此列车对尖轨的冲击力大，不利于侧向高速行车。

自国铁提速开始，新设计的12号及以上道岔直向尖轨为直线型，侧向尖轨为曲线型。这种尖轨冲击角较小，导曲线半径大，列车进出侧线比较平稳，有利于机车车辆的高速通过。但曲线型尖轨制造比较复杂，前端刨切较多，并且左右开不能通用。曲线尖轨又分为切线型、半切线型、割线型、半割线型、相离半切线型五种，分别如图6-18～图6-22所示。

切线型尖轨工作边的理论起点与基本轨相切，在实际应用中，为加强尖轨尖端和缩短尖轨长度，在尖轨断面宽5mm前取一段长100～300mm的直线段（直线段与尖轨曲线不相切）。与同号直线尖轨单开道岔相比较，导曲线半径可显著增大，道岔全长可显著缩短；在正常轮轨游间（标准的轨距、车轮轮缘厚及轮背距）下曲尖轨冲击角较小，列车进出岔的平稳性较好；尖轨尖端的轨距加宽量小，可以改善列车的运行条件；但要求的尖轨长度和尖

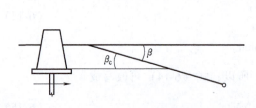

图6-17 直线型尖轨

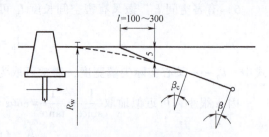

图6-18 切线型曲线尖轨

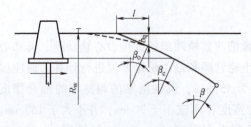

图6-19 半切线型曲线尖轨

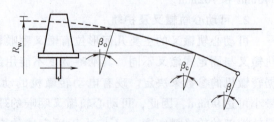

图6-20 割线型曲线尖轨

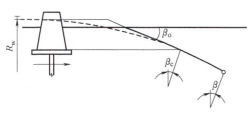

图 6-21 半割线型曲线尖轨

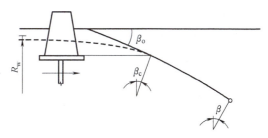

图 6-22 相离半切线型曲线尖轨

轨削弱部分较长,左右开道岔的尖轨不能互换。在我国提速道岔初期曾使用过这种线型,但在列车顺侧向出岔较多的情况下,因外侧车轮始终贴靠曲尖轨运行,尖轨薄弱断面较长,侧磨及掉块较为严重,使用寿命较短,在后期道岔的设计中已较少使用。

半切线尖轨的理论起点也与基本轨相切,但在尖轨某断面(一般小于 40mm)处作切线,将尖轨前端部分取直。与切线型曲线尖轨一样,可以增大导曲线半径和缩短道岔全长;尖轨的长度和尖轨削弱部分长度较切线型曲线尖轨短,但较直线尖轨长;尖轨尖端轨距较直线尖轨小,但较切线型曲线尖轨长;在左右开道岔中,尖轨不能互换;正常情况下,尖轨的冲击角与半切处的冲击角相等,大于切线型尖轨,因此列车进出岔时的平稳性差一些,但因尖轨粗壮度较大,耐磨性较好。综合比较来看,其性能还优于切线型道岔,因而在我国道岔中应用较多。

割线型曲线尖轨理论起点与基本轨外侧某一直线相切(负割)。与同号码切线或半切线型曲线尖轨相比较,导曲线半径稍大,道岔全长稍短;尖轨尖端轨距较直线尖轨和半切线型曲线尖轨小,但较切线型曲线尖轨大;尖轨尖端角小,而冲击角大,尖轨尖端容易磨耗,且列车逆向进出道岔侧线时,容易产生摇晃;在左右开道岔中,尖轨不能互换。这种曲线型尖轨在我国早期的普速道岔中有所应用,但综合比较来看,其优点不够突出,在后期已较少使用。

半割线曲线尖轨与基本轨相割,同半切线型尖轨一样,在尖轨某断面作切线,将尖轨前端部分取直。尖轨长度和削弱部分长度较切线型、半切线型和割线型曲线尖轨短;道岔理论全长较其他尖轨线型的道岔都短;与割线型尖轨相比,增大了冲击角,但也增大了粗壮度。这种线型常应用在侧向通过速度不高的小号码道岔中,尽可能地增大导曲线半径以改善大型机车内接条件或尽可能地缩短道岔全长。

相离半切线型曲线尖轨理论起点与基本轨内侧某一直线相切,并在尖轨某断面作切线,将尖轨前端取直。与其他线型的曲线尖轨相比较,虽然导曲线半径较小、冲击角较大,但尖轨粗壮度最大,耐磨性最好,在我国客货共线铁路上运行时,尖轨使用寿命较长,是运用最多的一种线型。

尖轨平面线型的选择应从道岔尺寸控制、列车运行平稳性、尖轨的耐磨性、加工制造简单、维修养护方便、原材料供应便利等多方面综合考虑予以确定。在道岔尺寸、导曲线半径选择不受限制,列车运行平稳性可保证的条件下,相离半切线型曲线尖轨能更好地适应客货共线的运营条件,因此它被运用在我国高速道岔上。

6.4.2 连接部分平面线型

道岔的连接部分是转辙器和辙叉之间的连接线路,包括直连接线和曲连接线(亦称导曲线）两部分。直连接线与区间直线线路的构造基本一致，而曲连接线与区间曲线线路在平面形式和构造上都有所差别。

导曲线的平面形式可分为：圆曲线、缓和曲线和复曲线三种。

1. 圆曲线型

圆曲线型导曲线能与直线型尖轨和各型曲线尖轨配合设置，设计及制造简单，铺设养护方便，在各类道岔中普遍采用。

圆曲线与直线尖轨配合时，导曲线切点可选择在尖轨跟端或跟端后的适当位置，如图 6-23 所示。这种线型一般在侧向速度较低的小号码道岔中使用，辙叉一般也为直线型。

圆曲线与曲线尖轨配合时，导曲线与曲线尖轨半径可相等或不相等，尖轨曲线与基本轨工作边可成为相切式、相割式或相离式，辙叉可为直线或曲线型，如图 6-24、图 6-25 所示，一般在侧向速度较高的道岔中使用，如 12、18 号道岔，采用曲线尖轨及曲线辙叉的导曲线可设置较大的半径。若导曲线终点位于辙叉跟端附近，而辙叉为直线型，导曲线后部割于直线辙叉前适当位置，称为后割式圆曲线，如图 6-26 所示，常与割线型曲线尖轨配合，以求增大曲线半径，但导曲线存在折角，一般也只在小号码道岔中使用。

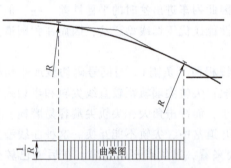

图 6-23　圆曲线型（直线尖轨）

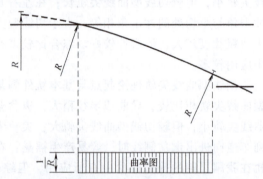

图 6-24　圆曲线型（曲线尖轨、直线辙叉）

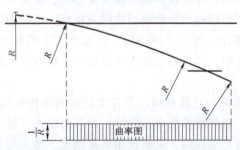

图 6-25　圆曲线型（曲线尖轨、曲线辙叉）

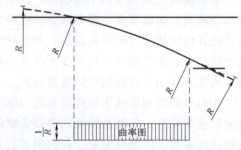

图 6-26　圆曲线型（曲线尖轨、后割）

2. 缓和曲线型

缓和曲线平面线型形式较多，如二、三次抛物线，螺旋线及正弦曲线等，设计及制造较为复杂，铺设养护较为困难，适用于侧向通过高速列车的大号码道岔，具有使离心加速度及其增量逐渐变化，改善旅客舒适度等优点。三次抛物线线型最为简单，是常用的缓和曲线线型。

缓和曲线线型有单支及双支两种，双支缓和曲线为复曲线型。单支抛物线又有起点在尖轨前端（图 6-27）及终点在尖轨前端（图 6-28）两种。前一种缓和曲线型可采用直线型辙叉，尖轨为缓和曲线型，列车逆向进岔时冲击角小，但因尖轨薄弱断面较长，侧磨掉块严重，较少采用。后一种缓和曲线型可采用直线或曲线型辙叉，两道岔对接形成渡线道岔时，两缓和曲线起点相连或插入一直线段，有利于提高行车平稳性，尖轨的耐磨性相对前一种缓曲线型要好一些，因尖轨设计、制造较为困难，这种单支缓和曲线型应用较少。

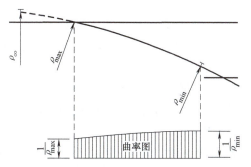

图 6-27　单支缓和曲线型（起点在尖轨前端）

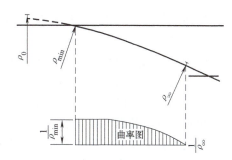

图 6-28　单支缓和曲线型（终点在尖轨前端）

3．复曲线型

复曲线是由不同曲率的曲线所组成，常用的有复圆曲线型（图 6-29）、双支缓和曲线型（图 6-30）、圆缓线型（图 6-31）、缓圆缓线型（图 6-32）。复曲线能与直线型尖轨及各型曲线尖轨配合。若复曲线公切点选择在尖轨跟端或以后部分时，可使不同号数的道岔采用同一种转辙器结构，德国高速道岔常采用这种线型设计。

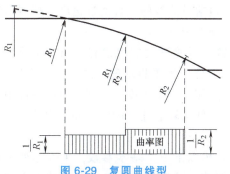

图 6-29　复圆曲线型

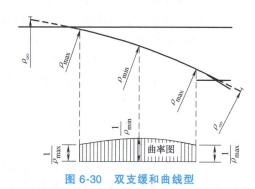

图 6-30　双支缓和曲线型

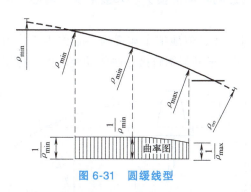

图 6-31　圆缓线型

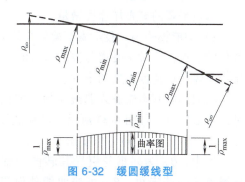

图 6-32　缓圆缓线型

复圆曲线由多个不同半径的圆曲线组成，主要用于小号码道岔中，为减缓列车逆向进岔时的冲击角，转辙器部分常采用半径较大的圆曲线；为减缓尖轨的侧磨，提高其粗壮度，转辙器部分常采用半径较小的圆曲线。由于其道岔侧股圆顺性较差，高速道岔中一般不采用。

双支缓和曲线一般是终点对接，前支缓和曲线起点在转辙器部分，后支缓和曲线起点在辙叉部分，可减缓列车进出道岔时的冲击角，主要用于大号码道岔中。受道岔长度的限制，一般不采用两支缓和曲线起点对接的方式，同时还有尖轨设计、制造困难，前端薄弱断面较长等原因的限制。

圆曲线与缓和曲线复合的圆缓线型，转辙器部分采用圆曲线，尖轨设计、制造简单，前端薄弱断面较短，耐磨性较高；导曲线及辙叉部分采用缓和曲线，可提高侧向过岔时的平稳性，我国及法国大号码高速道岔主要采用这种线型。

缓和曲线+圆曲线+缓和曲线的缓圆缓线型，转辙器及辙叉部分为缓和曲线，导曲线为圆曲线，德国大号码高速道岔主要采用这种线型，与基本轨弯折后轨距加宽设计技术相配合，可提高尖轨的粗壮度及耐磨性，在其他国家较少应用。

为避免各曲线上的振动叠加，组成复曲线的各段曲线长度宜大于列车走行1s通过的距离，因此复曲线线型的选择应与道岔长度及侧向通过速度相适应。

6.4.3 过岔速度

1. 侧向过岔速度

单开道岔的侧向通过速度包括转辙器、导曲线、辙叉及岔后连接线路这四部分的通过速度，每一部分都影响道岔侧向的通过速度。然而，辙叉部分，无论从目前的结构形式、强度条件和平面设计来看，都不是控制侧向过岔速度的关键。岔后的连接线路不属于道岔的设计范围，且一般规定，岔后连接线路的通过速度不低于道岔导曲线的允许通过速度。故侧向通过速度主要由转辙器和导曲线这两个部位的通过速度来决定。

（1）影响道岔侧向过岔速度的因素　影响道岔侧向过岔速度的因素有：曲线半径、缓和曲线、超高、平面冲击角，与此同时影响直向过岔速度的因素也对侧向过岔速度有影响。目前，常用基本参数法进行道岔平面线型设计，以确定侧向过岔速度。奥地利道岔设计中还引入了道岔尖轨导向力指标，用于控制尖轨冲击角，降低尖轨磨耗。因尖轨冲击力不易准确计算，我国道岔还未采用该参数。

（2）基本参数的确定　道岔平面线型设计可以采用以下三个基本参数，来表达列车质点或刚度运行在道岔侧线上所产生的横向力的不利影响：动能损失、未被平衡的离心加速度、未被平衡的离心加速度增量。

1）动能损失 ω。假定撞击前后车体质量为常量，并近似地把车体视为一个作用于冲击部位的质点，同时略去道岔被冲击后的弹性变形，那么车辆与钢轨撞击时的动能损失，将正比于车体运行速度损失的平方。

当列车由基本轨进入曲线尖轨，或由直线尖轨进入导曲线时，如图6-33所示，其动能损失为

$$\omega = v^2 \sin^2 \beta_{冲} \quad (6-16)$$

其中，$\beta_{冲}$ 为列车与引导其转向的钢轨工作边接触点 A 的冲击角。$\beta_{冲}$ 可按曲线外轨半径 $R_{外}$ 及轮轨游间 δ 来确定。又考虑到道岔结构稳定和旅客舒适度等因素，将动能损失 ω 限制在允许的 ω_0 之

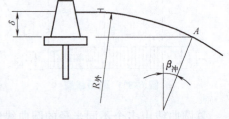

图6-33　列车由直线尖轨进入导曲线示意图

内，采用 $\omega_0 = 0.65 \text{km}^2/\text{h}^2$，由此推导出 8~12 号普通道岔允许速度公式为

$$v = 2.453\sqrt{R} \tag{6-17}$$

式中　v——8~12 号普通道岔运行允许速度（m/s）；

　　　R——曲线半径（m）。

2）未被平衡的离心加速度 a。道岔导曲线一般采用圆曲线，且导曲线一般不设超高或超高较小。因此，列车在导曲线上运行时，将产生未被平衡的离心加速度 $a(\text{m/s}^2)$，其计算式为

$$a = \frac{v^2}{R} \tag{6-18}$$

式中，列车速度 v 按 m/s 计，导曲线半径 R 按 m 计。

为了保证列车侧向行驶平稳和满足乘客舒适度等要求，a 也必须限制在允许范围之内，目前 a_0 采用 0.5~0.6m/s²，由此推导出导曲线允许通过速度的计算公式。由于对曲线规定，未被平衡欠超高一般应不大于 75mm，相当于 $a = 0.5\text{m/s}^2$，在道岔上一般亦应采用 0.5m/s²，故 $v = 3.6\sqrt{0.5R} = 2.546\sqrt{R}$。

如在较大号数道岔上适当放宽，采用 $a = 0.6\text{m/s}^2$ 时，则

$$v = 3.6\sqrt{0.6R} = 2.789\sqrt{R} \tag{6-19}$$

式中单位同式（6-18）。

3）未被平衡的离心加速度增量 ψ。车辆从直线进入圆曲线或曲线进入直线时，未被平衡的离心加速度是渐变的，并近似地认为其变化值是在车辆全轴距范围内完成的。其单位时间内的增量 $\psi = da/dt$。同样，ψ 也必须控制在一个允许值 ψ_0 之内，我国规定 $\psi_0 = 0.5\text{m/s}^3$。未被平衡的离心加速度变化，可以近似地假定为在车辆全轴距范围内完成，当导曲线不设超高时，$\psi(\text{m/s}^3)$ 可采用下式计算：

$$\psi = \frac{da}{dt} = \frac{v^2/R}{l/v} = \frac{v^3}{Rl} \tag{6-20}$$

式中　ψ——未被平衡的离心加速度增量（m/s³）；

　　　v——列车速度（m/s）；

　　　l——车辆全轴距（m）；

　　　R——曲线半径（m）。

综合上述三个参数，现有各类道岔的侧向允许通过速度见表 6-3。

表 6-3　道岔侧向允许通过速度　　　　　　　　　　（单位：km/h）

尖轨类型	道岔号数					
	9	12	18	30	42	62
AT 型弹性可弯尖轨	35	50	80	140	160	220

（3）提高道岔侧向通过速度的途径　增大导曲线半径，减小车轮对道岔各部位的冲击角，是提高侧向通过速度的主要途径。此外，加强道岔结构，也有利于提高侧向通过速度。

采用大号码道岔，以增大导曲线半径，这是提高侧向通过速度的有效办法。但道岔号数增加后，道岔的长度也增加了。如我国 18 号道岔全长为 54m，较 12 号道岔长 17m，较 9 号道岔长 25m，这需要相应地增加站坪长度，因而在使用上受到限制。

采用对称道岔，在道岔号数相同时，导曲线半径约为单开道岔的一倍左右，可提高侧向通过速度30%~40%。但对称道岔两股均为曲线，使原来为直股的运行条件变坏，因而仅适用于两个方向上的列车通过速度或行车密度相接近的地段。

在道岔号数固定的条件下，改进平面设计，如采用曲线尖轨、曲线辙叉，也可以达到加大导曲线半径的目的。

采用变曲率的导曲线，可以降低轮轨撞击时的动能损失和减缓未被平衡离心加速度及其变化率，但仅在大号码道岔中才有实际意义。导曲线设置超高，可以减缓未被平衡离心加速度及其增量，但实际上受道岔空间的限制，超高值很小，只能起到改善运营条件（如防止出现反向超高）的作用，而不能显著提高侧向通过速度。

减小车轮对侧线各部位钢轨的冲击角，如防止轨距不必要的加宽，采用切线型曲线尖轨，尖轨、翼轨与护轨缓冲段选用尽可能相同的冲击角，并且与导曲线允许通过速度相配合，能有效地提高侧向通过速度。

2. 直向过岔速度

（1）影响直向过岔速度的因素　影响道岔直向过岔速度的因素有道岔平面冲击角、道岔转辙器及辙叉部分轮轨关系以及道岔轨道竖向刚度等。

道岔平面冲击角包括护轨冲击角及翼轨冲击角。当列车逆岔直向过岔时，车轮轮缘将与辙叉上护轨缓冲段作用边碰撞，而当顺岔直向过岔时，则将与护轨另一缓冲段作用边碰撞，如图6-34所示。同护轨一样，在翼轨缓冲段上存在的冲击角也将影响道岔直向过岔速度，如图6-35所示。

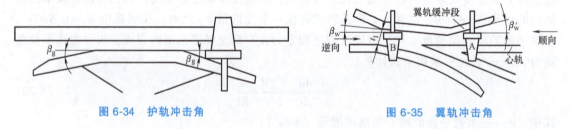

图6-34　护轨冲击角　　　　　　图6-35　翼轨冲击角

在一般辙叉设计中，直向和侧向翼轨多做成对称的形式，冲击角采用与护轨相同的数值，即 $\beta_w = \beta_g$。

当列车逆向通过辙叉，轮对一侧车轮靠近基本轨运行时，另一侧的车轮则必然发生轮缘对翼轨的冲击，其冲击角与道岔号数有关。一般常见的道岔上，其值较其他几个冲击角为大，是控制直向过岔速度的重要因素。根据以上分析，道岔直向过岔速度也要受到限制。直向过岔速度的计算，可用下式计算结果作为参考速度：

$$v = \frac{\sqrt{w_0'}}{\sin\beta_w}, \quad \sin\beta_w = \frac{t_1 - t_2}{Nt_1} \tag{6-21}$$

式中　v——直向过岔速度；

　　　w_0'——直向过岔动能损失允许限值，我国目前规定取 $9 km^2/h^2$；

　　　β_w——冲击角；

　　　t_1——辙叉咽喉宽；

　　　t_2——辙叉轮缘槽宽；

Nt_1——辙叉咽喉至辙叉理论交点间的距离。

道岔转辙器及辙叉部分轮轨关系的影响主要体现在当车轮通过辙叉由翼轨滚向心轨时，车轮逐渐离开翼轨，锥形和磨耗型踏面车轮随接触点的外移而逐渐下降，当车轮滚上心轨后，车轮又逐渐恢复到原水平面。反向运行也相同，车轮通过辙叉必须克服这种垂直几何不平顺，引起车体的振动和摇摆。车轮由基本轨过渡到尖轨时，锥形和磨耗型踏面车轮也分别出现先降低随后升高的现象，使车轮犹如在高低不平的轨面上行驶，产生附加动力作用，限制着过岔速度的提高。道岔动力学仿真分析及现场运营实践表明道岔转辙器轮轨关系不良（轮廓匹配不良、降低值偏差、轨底坡不合适等），是列车过岔时的主要激振源，是影响列车安全性与舒适性的主要因素。

道岔竖向刚度对直向过岔影响体现在道岔内，因存在多根钢轨共用一块铁垫层、共用一根岔枕，两钢轨相对位置由间隔铁联结等因素作用，沿线路方向各处的轨道整体刚度是不相同的，这就导致列车过岔时行驶在刚度不均匀的基础上，造成列车振动加剧，继而影响行车的平稳性与舒适性。

（2）提高道岔直向过岔速度的途径

1）加强道岔的整体结构，采用新型结构和新材料，提高道岔的整体稳定性。

2）为提高直向过岔速度，应尽量减小道岔各部位的冲击角。如在高速道岔的辙叉平面设计中，加长翼轨及护轨缓冲段的长度，减小辙叉部分的冲击角，同时改变翼轨在辙叉理论中心处的外形；为减小车辆直向过岔时车轮对护轨的冲击，可以使用弹性护轨。

3）采用可动部件辙叉，从根本上消灭有害空间，保证列车过岔时轨线的连续性和平顺性。

4）采用特种断面尖轨和弹性可弯式固定型尖轨跟端结构，增强尖轨跟端的稳定性，避免道岔直向上不必要的轨距加宽，采用淬火的耐磨尖轨和基本轨。

5）采用无缝道岔，加强道岔的维修养护，及时更换不符合标准的零部件，保持道岔的良好状态，提高道岔轨道几何形位的平顺性。

6.5 道岔的铺设、维护与加强

在铁路线路运行中，道岔具有数量众多、结构复杂和使用寿命有限等特征，是铁路轨道的主要薄弱环节之一，常存在正常养护维修手段难以解决的结构弊病，故本节主要针对道岔的铺设方法、维修养护和加强技术进行介绍。

6.5.1 道岔的铺设

道岔的铺设方法有两种：

1）原位铺设法，即道岔部件散件运输至铺设现场，在具体的铺设地点将散件一一组装成整组道岔。

2）移位铺设方法，道岔在工厂内组装，分段运输，采用专用施工机械现场拼接铺设；或采用散件运输，在施工现场设置专用组装平台进行组装，再采用专用施工机械整体移位至铺设地点并进行铺设的方法。可视不同的铺设条件选用相应的铺设方法。原位铺设法与移位铺设法如图6-36所示。

a)   b)

图 6-36 道岔的铺设方法

a) 原位铺设法   b) 移位铺设法

6.5.2 道岔的维修与养护

在道岔设备维修养护工作中，道岔设备常存在连接零件问题、尖轨转辙部分问题、钢轨磨耗问题及道岔铺设技术问题等。

道岔连接零件问题与道岔铺设及维修养护工作的质量具有直接关系。在道岔铺设阶段，岔枕铺设位置的准确性会对螺栓的位置产生影响，引发螺栓错位。维修养护工作的效率与质量不到位，将会导致螺栓受到腐蚀，进而导致连接零件失去效用，影响列车运行的安全性。

尖轨转辙部分最常见的问题是尖轨不密贴，导致行车的安全性受到严重影响。导致尖轨不密贴的因素主要有：尖轨爬行和侧弯、曲股基本轨弯折点错误、顶铁长度过大以及基本轨"肥边"假密贴等，且道岔铺设的工程质量也会对尖轨不密贴产生重要影响。

钢轨磨耗问题分为护轮轨和尖轨的侧磨，在列车运行的过程中将导致铁路道岔结构的完整性和安全性受到不良影响，进而造成道岔结构的紧实度下降，影响铁路轨道的整体安全性。尖轨侧磨的产生和转辙部分的内部尺寸以及密贴程度具有密切关系；护轮轨侧磨的产生则会受到护轮轨轮缘槽尺寸和技术标准的影响，当铺设工程施工中的技术标准与当下的技术标准不符合时，将会使轮背对护轮轨的摩擦力度增加，导致其受到的磨损作用增大。

道岔铺设阶段的工程质量与技术方法，是影响铁路道岔质量与道岔设备后续维修保养工作的重要因素。在道岔铺设阶段，道岔现场组装的尺寸以毫米为精度单位，其对技术与工程质量的要求极高。同时，道岔功能的实现要求其结构设计中包含了辙叉、转辙等较为复杂的结构，对这些部分进行铺设时，若不能采取科学有效的固定和铺设技术手段，将会使道岔结构整体的高度和方向受到不良影响，进而导致列车运行的安全性和稳定性无法得到有力保障。

繁杂的道岔设备问题及结构损伤问题，更加体现道岔维修养护环节的重要性。目前的道岔维修养护主要围绕道岔几何形位检查与养护、道岔钢轨伤损检测与打磨、道岔密贴状态检测与维护、无缝道岔维护、道岔工电联调、道岔更换、道岔有砟轨道道床维护、道岔无砟轨道基础维护、道岔状态监测等工作开展。

同时，在道岔维修养护工作中应注意以下几点：

1）铁路道岔设备维修工作应在防治结合、修养并重的原则下实施，实现全面、科学、具有针对性的铁路道岔设备维修工作，并根据不同地区、轨道和列车类型制定高质高效的道岔设备维修保养方案。

2）铁路道岔维修养护工作是一项全面性和复杂性较高的工作，在工作中要明确维修养护的重点内容，对其进行针对性的重点养护，保证铁路道岔的质量。

3）铁路道岔设备维修工作的展开，不仅需要铁路工作人员的后期维修养护，还需要设备生产厂家对设备进行定期的检验，并为设备维修提供必要的技术支持。

6.5.3 道岔的加强

道岔技术加强，本着因地制宜、修旧利旧的精神，针对道岔转辙器冲击角、导曲线部位无超高、道岔有害空间等弱点，研制利用分开式扣件、轨撑垫板代替普通道钉垫板，将单块铁板改进为通长铁垫板或增设轨距杆，垫板下增加弹性垫层。这种加固形式促使扣板、弹条扣件扣压力加大，提高了轨道框架刚度，加强了轨道纵向抗爬能力，控制了绝缘轨缝，延长了轨枕使用寿命。

道岔技术加强措施：

1）转辙部分。先对单侧进路，曲股通过方向易变的道岔，研制了钢轨桩式可调防横移桩。在尖轨尖端后第四枕，每隔2根岔枕埋设有基础的钢轨桩1根，可以调节，便于作业。

2）采用绝缘可调式螺栓杆，控制转辙部分轨距，尖轨尖端处、尖轨中部、尖轨跟端处各1根。

3）导曲线部分，采用分开式扣件、轨撑垫板代替道钉联结，以增加轨道框架刚度。防止导曲线横向移动。对控制道岔纵爬、横移起到较好的作用。

4）导曲线部分支距点，用连二轨撑垫板或利用短轨距杆加固，有效地控制导曲线支距的变化。

5）辙叉部分，可安装叉心压板和防横移绝缘螺栓杆。压板是比照混凝土枕尺寸，用扣板控制叉心，每个叉心安装6个，自叉心40mm断面处开始，前后每隔2根木枕，用木螺旋道钉固定，用扣板调整。绝缘螺栓杆是可调式的，每组道岔安装2根，直股1根，曲股1根，安装在叉心40mm断面处，这两种加固方法都可控制查照间隔，防止叉心横移。

6）全面或重点安设弹性垫层，一般采用厚度为10mm左右胶垫。

7）改善道床道岔状态，对正线道岔，在维修时坚持清筛道床和清土作业，必要时在岔枕孔内换填20～40mm优质小石砟。

8）整体防爬锁定，对包括前后75m线路，全部采用连排锁定，能较好地控制纵向爬行。

9）绝缘接头处更换高强绝缘螺栓及配件代替普通螺栓，实现高强绝缘接头。

由于各地道岔设备状态和养护维修方式不同，在道岔技术加强上也各有其特点。除了普遍对单开道岔加强外，部分单位对复式交分等其他类型道岔，也针对结构上的缺点，采取技术加强措施，提高了薄弱部位的强度和稳定性。

目前全面推行的AT尖轨和可动心轨辙叉的新型道岔，克服了不少结构上的缺点，提高了道岔强度和稳定性。AT型弹性可弯尖轨是用矮型特种断面钢轨制造。字母A为"矮"字拼音首字母，T为"特"字拼音首字母。此种尖轨跟端接头与普通钢轨接头一样，不是活接头式，可利用其弹性变形扳动钢轨。

AT型弹性可弯尖轨12号道岔，是1982年研制的新型单开道岔。其尖轨跟部为弹性可弯式结构，并与基本轨同高，除尖轨尖端轨距加宽2mm外，直向轨距均为1435mm，基本消除了转辙部分的几何不平顺。辙叉为高锰钢整铸固定式辙叉，辙叉翼轨缓冲段的冲击角为34′23″，直向护轨的冲击主角为30″，几何不平顺状态有所改善。

固定式辙叉不可避免地存在护轨、辙叉翼冲击角和辙叉心部分不平顺，在行车平稳、维修周期和使用寿命等方面，远不如可动心轨辙叉。可动心轨辙叉消除了有害空间，改善了横向和垂向的几何不平顺状态，延长了使用寿命。因此，在速度高、运量大的干线上，宜采用可动心轨辙叉，与AT弹性可弯尖轨配套使用，可以取得较好的技术经济效益。

6.6 高速道岔

高速铁路是我国铁路建设的发展方向，而道岔既是铁路线路的关键设备，也是铁路线路上的薄弱环节之一，起着极为重要的作用。本节阐明了高速道岔的定义及技术要求，并对国内外在高速道岔上应用的关键技术进行了介绍。

6.6.1 高速道岔的定义及技术要求

高速道岔是指直向允许通过速度为250km/h及以上的铁路道岔，其中侧向允许通过速度为160km/h及以上的高速道岔被称为侧向高速道岔，与其他道岔相比，侧向高速道岔的号码要大一些，长度要长一些。

高速道岔由钢轨、扣件系统、岔枕及有砟道床或无砟轨道等轨下基础、转换设备、监测系统、融雪装置、道岔前后轨道刚度过渡段等部件组成。高速道岔结构复杂，种类较为单一，以单开道岔为主，且高速道岔的速度、安全性、平稳性、可靠性等方面都有更高的要求：

1）较高的允许通过速度：基本上与区间等速。
2）高安全性：直向预留10%、侧向+10km/h安全余量。
3）较高的旅客乘坐舒适度：尽可能减小晃车，以平稳保安全。
4）高平顺性与高精度：高速行车的基本要求。
5）较长的使用寿命：15~20年，尽可能少更换零部件。
6）较少的维护工作量：封闭行车，上道时间少。
7）道岔的轨下基础与区间轨道相匹配：减少过渡段的影响。

6.6.2 国外高速道岔关键技术

1. 法国

法国高速铁路道岔与区间线路一致，轨下基础为有砟道床，采用整体式预应力混凝土轨枕，扣件系统刚度较大，道床刚度较小，并采用一机多点机械导管方式牵引转换道岔。侧向高速道岔平面线型主要采用圆曲线+缓和曲线线型，其他高速道岔主要采用圆曲线线型。

转辙器区尖轨采用整根AT轨加工制造，在尖轨跟端较窄处，采用改进后的Nabla扣件（图6-37a）或Vossloh公司的USK2弹条、SKL24弹条扣件（图6-37b）进行扣压，以减少无缝道岔尖轨的伸缩位移，并采用无须润滑的或带辊轮的滑床板（图6-37c），将尖轨的转换由滑动摩擦转变为滚动摩擦，降低转换阻力。

   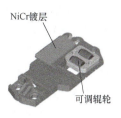

　　　　a)　　　　　　　　　　b)　　　　　　　　　　c)

图 6-37　法国道岔转辙器区部件示意图

a）异型 Nabla 扣件　b）异型 Vossloh 扣件　c）减摩滑床板

辙叉区心轨材质与尖轨相同，长短心轨采用嵌入拼接式，用哈克螺栓（工厂）或高强度螺栓（现场）联结，如图 6-38 所示。辙叉跟端为长间隔铁结构，心轨与翼轨每侧采用 3 块间隔铁、弹性套筒式防松螺栓联结。辙叉翼轨为整铸高锰钢"摇篮式"结构，稳定性好，心轨及翼轨不会发生外翻，辙叉跟端结构如图 6-39 所示。

图 6-38　心轨水平藏尖结构

 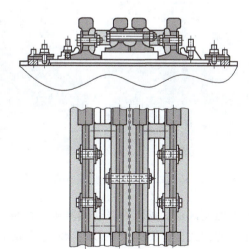

图 6-39　辙叉跟端结构

2. 德国

德国高速道岔的平面线型主要采用缓圆缓的线型。

转辙器部分的尖轨采用整根 60E1A1 钢轨制造。转辙器部分采用了特有的动态轨距优化（德文缩写 FAKOP）技术，在尖轨顶宽 30mm 处基本轨发生弯折，致使该处存在 15mm 的轨距加宽量，如图 6-40 所示。该设计可有效减缓列车过岔时的蛇行运动，同时还可增大尖轨的粗壮度，提高尖轨的耐磨性。

道岔转辙器部分采用扣压力及纵向阻力较大的 Vossloh 扣件，并在尖轨跟端设置一个至多个限位器，以减缓尖轨跟端伸缩位移，如图 6-41 所示。

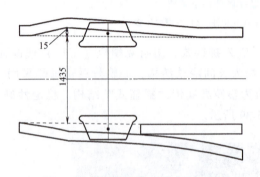

图 6-40　德国道岔的 FAKOP 技术

图 6-41　尖轨跟端限位器

道岔辙叉区心轨前端采用与钢轨同一材质的钢坯经机加工而成的整体结构，后端与两根叉跟轨拼焊，如图 6-42 所示。18 号道岔辙叉跟端为高强螺栓联结的间隔铁结构，如图 6-43 所示；42 号道岔辙叉下部为通长整体大垫板，如图 6-44 所示。

图 6-42　心轨结构

图 6-43　18 号道岔辙叉跟端结构

图 6-44　42 号道岔辙叉结构

道岔辙叉区道岔翼轨为普通钢轨刨切而成，外侧采用弹条扣压。18 号道岔采用从翼轨轨底牵引的方式，如图 6-45 所示；42 号道岔心轨的牵引杆件穿过翼轨轨腰的长圆孔，如图 6-46 所示，翼轨轨底不做切削，结构形式简单，牵引点在心轨轨腰，心轨牵引受力较好，不会导致心轨翻转。

德国道岔的扣件系统如图 6-47 所示，扣压件主要采用 Vossloh 公司的弹条扣件。采用图 6-48 所示的两块橡胶弹簧实现螺栓紧固，可防止高弹性垫板的螺栓松弛。

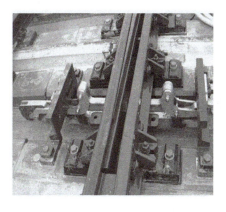

图 6-45　18 号道岔牵引杆件安装方式

图 6-46　42 号道岔牵引杆件安装方式

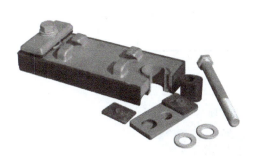

图 6-47　扣件系统

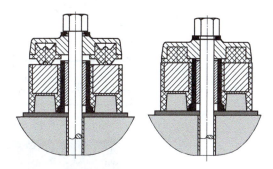

图 6-48　弹性紧固件

6.6.3　我国的高速道岔

我国的高速道岔

我国的高速道岔侧向 80km/h 的 18 号道岔采用 1100m 单圆曲线，侧向 160km/h 的 42 号道岔采用 5000m 圆曲线加缓和曲线线型，侧向 220km/h 的 62 号道岔采用 8200m 圆曲线加缓和曲线线型，形成了我国高速道岔的系列。

我国道岔在转辙器部分采用横向抗弯刚度较小的 UIC60D40 钢轨作为制作尖轨的矮型特种断面钢轨（简称 AT 轨，如图 6-49 所示），并采用图 6-50 所示的辊轮滑床台板来减缓尖轨转换力及转换不足位移。

道岔尖轨跟端根据铺设轨温范围采用了间隔铁、限位器等不同类型的传力部件（图 6-51），可减缓尖轨伸缩位移，适应在我国年轨温差别较大的地区铺设。

在辙叉部分采用特种断面翼轨与 UIC60D40 钢轨组合式可动心轨结构，如图 6-52 所示。开发了新型宽轨头特种断面钢轨（称为特种断面翼轨，简称 TY 轨，如图 6-53 所示），用作翼轨时可为转换设备留下足够安装空间，横向稳定性好。

心轨第一牵引点处采用托槽式心轨锁钩，因转换点上移，能可靠检查心轨与翼轨的密贴状态，有效解决了过去采用凸缘转换方式因心轨"翻背"而检查失效或采用轨腰开孔方式而削弱翼轨强度的技术难题（图 6-54）。

采用了图 6-55 所示的水平藏尖结构，可降低该处的轮轨横向作用力，提高列车过岔时的安全性与平稳性。

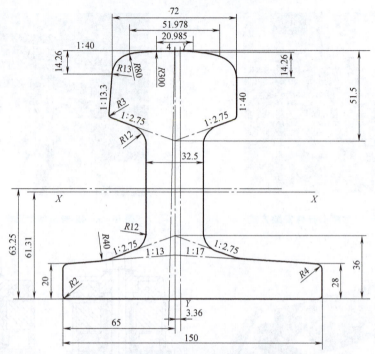

图 6-49 UIC60D40 钢轨

图 6-50 辊轮滑床台板

a)   b)

图 6-51 尖轨跟端传力部件

a) 间隔铁 b) 限位器

图 6-52 辙叉结构

图 6-53 特种断面翼轨

图 6-54 托槽式心轨锁钩结构

图 6-55 心轨水平藏尖结构

我国道岔扣件系统如图 6-56 所示,采用轨距块及偏心套实现岔区全范围内轨距可调;采用板下调高垫层可实现高低调整。

为实现岔区轨道整体刚度的均匀化,以及岔区与区间线路轨道刚度的均匀过渡,采用炭黑接枝改进橡胶新材料及分块式结构(图 6-57),实现了每块垫板等厚度、不等弹性及不高于 1.35 的低动静刚度比设计。

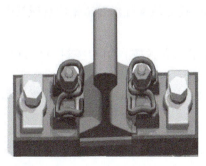

图 6-56 扣件系统

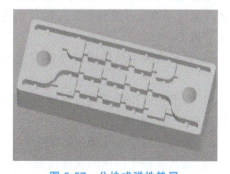

图 6-57 分块式弹性垫层

我国道岔采用多机多点牵引方式(图 6-58),可实现 62 号道岔 54m 长尖轨的同步转换。各牵引点均采用钩型外锁闭方式,锁闭能力强,安全性高,能有效保证尖轨与基本轨、心轨与翼轨的可靠锁闭。

图 6-58 有砟及无砟道岔的多机多点牵引

6.7 重载道岔

重载铁路是我国铁路建设的又一发展方向,它对线路的冲击破坏作用较普通铁路大,尤其是曲线、道岔、钢轨等轨道结构损伤更为严重。在本节中,对重载道岔的定义及技术原则,以及所运用的关键技术进行了介绍,并对国内外在重载道岔上具体的应用技术进行了相应的介绍。

6.7.1 重载道岔的定义及技术原则

在重载铁路重车线路上铺设的道岔,即为重载道岔;我国在重载铁路上主要运用的道岔为 12 号和 18 号道岔。重载铁路的主要特征为大轴重、高密度和大运量,故在研制时需遵循以下原则:

1) 道岔及其部件应具有长寿命,以延长更换周期,减少对行车的影响。道岔及其部件应易更换,易维修或免维修,以适应高密度的行车条件。

2) 可动心轨辙叉的使用寿命略长于固定型辙叉,其造价高,难于更换,对维修要求苛刻,不能适应重载铁路的运营条件和养护维修现状。目前,暂不考虑选用可动心轨辙叉。

3) 固定型辙叉造价低、易更换、维修工作量小,比较适应重载铁路养护维修现状。合金钢组合辙叉应用良好,使用寿命高于固定型高锰钢辙叉。采用爆炸硬化技术的高锰钢组合辙叉性能优于高锰钢整铸辙叉。应采用优化设计的第二代翼轨加强型合金钢组合辙叉和高锰钢组合辙叉。

4) 延长曲线尖轨使用寿命需要重点解决关键技术问题,应在结构和材料两方面开展工作。

5) 新型道岔扣件系统及预应力岔枕的性能与强度应同时满足现有运营条件要求和未来轴重提高的预期要求。

6) 尖轨采用分动外锁闭转换设备。

7) 道岔适用于跨区间无缝线路。

6.7.2 重载道岔关键技术

1. 延长尖轨使用寿命技术

1) 为减小尖轨侧磨,对基本轨轨头侧面进行一定量切削,如图 6-59 所示,同时尖轨轨头非工作边相应增厚,提高尖轨使用寿命,目前在大秦线上试用,效果良好。有限元计算结果表明,切削后基本轨的强度仍然满足运营要求。

2)"半直半曲型"曲线尖轨技术和尖轨加宽技术。既有道岔尖轨分曲线尖轨和直线尖轨,曲线尖轨有利于提高列车通过道岔的平稳性;直线尖轨,可有效增大尖轨的粗壮度,但是会降低列车的平稳性。

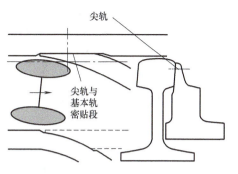

图 6-59　尖轨与基本轨密贴段结构示意图

我国既有重载铁路多采用曲线尖轨,在重载铁路上的运营实践表明,该尖轨小断面耐磨性差,不能满足重载铁路的运营要求,特别是顺向出岔时,对尖轨前端磨耗更严重。针对该情况,提出采用直线尖轨和曲线尖轨复合尖轨,即在尖轨大断面位置采用圆曲线,在尖轨小断面采用直线线型,合理设置切点位置,该技术称为"半直半曲型"曲线尖轨技术。一方面提高了尖轨小断面的粗壮度,提高了其耐磨性,另一方面切点位置位于尖轨大断面处,在大断面处即对列车进行了转辙引导,降低了车轮对切点以前的尖轨磨耗,有效地保护了尖轨小断面。

在大秦铁路迁安北站试铺的 75kg/m 钢轨 12 号重载道岔采用"半直半曲型"曲线尖轨技术和尖轨加宽技术,尖轨最大加宽 3mm,原道岔曲线尖轨使用寿命最长 90d,采用上述两项技术寿命延长一倍以上。

3)运动学轨距优化技术。奥地利 VAE 公司设计的 20 号重载道岔采用运动学轨距优化技术,以加厚直线尖轨和曲线尖轨,提高抗磨耗能力。轨距优化技术可部分修正车轮运行轨迹,减少轮缘贴靠尖轨走行的长度和力度,减轻对尖轨的磨耗,延长尖轨使用寿命,提高列车直侧向过岔稳定性和平稳性,该技术同时应用在重载道岔和高速道岔。

4)切削基本轨加宽尖轨技术。法国 Vossloh Congifer 公司设计的时速 200km 客货混运道岔采用刨切基本轨、加厚尖轨技术,密贴段基本轨最大刨切 6mm,尖轨最大加厚 6mm;英国宝福公司设计的时速 200km 道岔密贴段基本轨最大刨切 3mm,尖轨最大加厚 3mm,目的是增大尖轨轨头宽度。

2. 提高固定辙叉使用寿命技术

1)查照间隔的修订和心轨加宽。通过分析辙叉区轮轨几何关系,推导出现有行车条件下固定辙叉查照间隔,应从不小于 1391mm 调整为不小于 1388mm,大秦和朔黄铁路的查照间隔实车试验验证了结论的正确性。查照间隔修订后,辙叉轮缘槽宽度可调整为 42mm,心轨尖端至 50mm 断面每侧加厚 4mm,提高心轨前端粗壮度,减少心轨轨头宽 20~40mm 区域压塌现象,同时可减小轮轨接触应力。重载道岔心轨加宽设计如图 6-60 所示。

朔黄铁路西柏坡站陆续铺设了 4 组心轨加宽合金钢辙叉进行实车试验。心轨加宽合金钢辙叉使用至 2013 年 9 月安全应用 1 年,证明固定辙叉心轨加宽技术安全可靠。

2)心轨降低值和翼轨抬高值优化技术。使用轮廓测试仪对朔黄铁路和京包铁路车辆车轮踏面进行测试,拟合在役车轮轮缘踏面,替代新车轮并用于辙叉设计,辙叉轨顶型面与车轮轮缘更加匹配,减小轮轨动力作用。

3)高锰钢组合辙叉与爆炸硬化技术。高锰钢组合辙叉采用高锰钢叉心和钢轨栓接主体

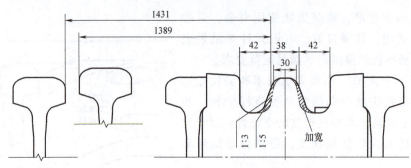

图 6-60　重载道岔心轨加宽设计

结构，其叉心轨顶行车表面全长进行 3 次爆炸硬化工艺处理，硬度不小于 352HBW。高锰钢叉心通过 3 次爆炸硬化将硬度提高至 350HBW 以上，将辙叉轮轨作用的冲击硬化提前在工厂完成，减少了辙叉早期磨耗。翼轨采用标准断面钢轨制造，材质与区间钢轨相同或相近，可实现岔内、岔外任何形式的联接。

美国高锰钢组合辙叉心轨断面实际尖端单侧加宽 4.4mm，整轨头加宽 8.8mm。心轨侧面斜率为 3∶8，增大了尖轨 16mm 以下部分的宽度，可减少心轨 20~50mm 断面在垂直力作用下的塑性变形。

2 组 75kg/m 钢轨 12 号高锰钢组合辙叉于 2012 年 4 月铺设于湖东站进行试验，使用寿命分别为通过总重 2.9 亿 t 和 3.6 亿 t。75kg/m 钢轨 12 号高锰钢组合辙叉于 2013 年 4 月铺设于迁安站 17#岔位进行试验，磨耗观测数据表明辙叉寿命通过总重将超过 3 亿 t。

4）第二代翼轨加强型合金钢辙叉技术。第一代合金钢组合辙叉心轨采用奥贝体材料锻造，翼轨采用普通钢轨，翼轨和心轨不等强，辙叉常因翼轨磨耗到限而下线。在重载道岔研制中，设计了 3 种采用贝氏体或奥贝体材料的翼轨加强型合金钢组合辙叉，各种型号辙叉可互换。

3. 转辙器结构设计技术

重载道岔基本轨刨切和尖轨冲击角如图 6-61 所示。刨切基本轨，新增轨距线外侧角 θ，尖轨前端角度变为 $\alpha+\theta$，使尖轨厚度迅速增加。基本轨工作边刨切总量 5mm，曲线尖轨最大加厚 5mm。与采用轨距优化技术相比，该技术简单易行，能够迅速增大尖轨粗壮度。

我国重载铁路一般采用 75kg/m 钢轨，在我国重载铁路常用的 75kg/m 钢轨上一般采用 12 号和 18 号单开道岔。12 号和 18 号道岔尖轨跟端分别设置 1 个或 2 个间隙为 15mm 的

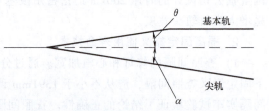

图 6-61　重载道岔基本轨刨切和尖轨冲击角

限位器，我国绝大部分区域的 12 号和 18 号道岔尖轨跟端纵向位移不超过 15mm，限位器子母块不接触。该设计可防止特殊情况下尖轨的非正常爬行，也可防止在尖轨跟端产生温度力作用下的轨向不良，同时避免设置间隔铁带来的尖轨跟端轨道垂横向刚度突变。

4. 预埋铁座重载扣件系统

鉴于预埋套管失效问题严重，新型重载道岔扣件采用在岔枕中预埋铁座，采用 Ⅱ 型弹条与 T 形螺栓紧固铁垫板和岔枕的结构形式，通用扣件系统结构如图 6-62 所示，其抵抗横向

力能力优于预埋套管结构形式。

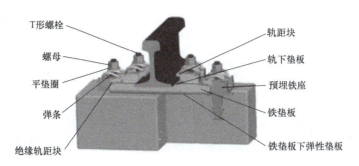

图 6-62 扣件系统结构

5. 重载道岔材料强化技术

国外重载道岔多采用固定辙叉，有许多学者围绕道岔材料性能方面进行研究：F C Zhang 和 C L Zheng 等人研究了氢含量对贝氏体材料辙叉破坏形式的影响，给出了贝氏体钢氢含量的临界值；B Lv 等人研究了高锰钢辙叉滚动接触疲劳的微观机理，指出高锰钢辙叉表层存在大量的空洞，在车轮的冲击和接触应力的作用下钢轨塑性变形不断积累，从而诱发疲劳裂纹的产生。在现场试验方面，Elias Kassa 和 Jens C O Nielsen 运用轴重 25t 试验车辆对瑞典 UIC-760-1：15 道岔轮轨横向力和轮轨垂直力进行了测试。

道岔是轨道结构的薄弱环节，具有数量众多、结构复杂、使用寿命有限等特点，是轨道交通中必不可少的部件。本章介绍了道岔的结构组成、几何尺寸、铺设和养护维修方法，从提高过岔速度的角度，介绍了提速道岔采取的技术措施和高速道岔结构。此外，还介绍了高速道岔、重载道岔和不同制式的城市轨道交通道岔。

1. 简述单开道岔的构造。
2. 轨道的薄弱环节有哪些？
3. 影响道岔直向通过速度的因素有哪些？
4. 简述道岔的铺设技术。
5. 简述直线型尖轨的优缺点。
6. 可动辙叉有哪些优势？
7. 提高直向过岔速度主要有哪些途径？
8. 简述高速道岔的结构特征。
9. 简述我国高速道岔的转换设备主要解决的五项关键技术。
10. 简述提高侧向过岔速度的措施。

第 7 章 铁路无缝线路

■ 7.1 概述

无缝线路是现代铁路轨道结构的关键技术之一。钢轨焊接改善了轨道接头，强化了轨道结构，提高了轨面平顺性，是与高速、重载铁路运输发展相适应的轨道结构形式。本章主要介绍无缝线路的基本概念、工作原理、稳定性计算理论与方法，以及桥上无缝线路和无缝道岔的基本知识。

7.1.1 无缝线路的定义及分类

1. 无缝线路的定义

铁路无缝线路是指将钢轨连续焊结或胶结而成的长钢轨线路，一般需超过两个伸缩区长度（一个伸缩区长度一般为 60~70m），以确保形成一定长度的无缝线路固定区。

2. 无缝线路的分类

按温度力调节方式的不同，无缝线路可分为温度应力式无缝线路、自动放散温度应力式无缝线路和定期放散温度应力式无缝线路。

按铺设区段的范围不同，无缝线路可分为普通无缝线路、区间无缝线路和跨区间无缝线路等。

按下部基础的类型不同，无缝线路可分为路基上无缝线路、桥上无缝线路、隧道区无缝线路和道岔区无缝线路等。

按钢轨接头处理方式的不同，无缝线路可分为焊接无缝线路、胶结无缝线路和冻结无缝线路等。

按轨道结构形式的不同，无缝线路可分为有砟轨道无缝线路和无砟轨道无缝线路等。

7.1.2 铺设无缝线路的重要意义

无缝线路消灭了钢轨普通接头，强化了轨道结构，减少了设备病害，降低了维护成本。钢轨接头是普通铁路轨道结构中一个突出的薄弱环节，轨条在此中断并形成轨缝，由异形的接头夹板和接头螺栓联结两端钢轨。由于轨缝的存在，列车通过接头时，车轮产生剧烈的冲击和振动，并伴随着冲击噪声，接头冲击力最大可达非接头区的三倍以上。接头冲击不但影响行车的平稳性和旅客的舒适性，还会加速道床破坏、恶化线路状态、缩短钢轨及联结零件的使用寿命、增加维修成本，威胁行车安全。据统计，普通铁路中养护线路接头区的费用占养护总经费的 35% 以上；钢轨因轨头损坏而更换的数量较其他原因多 2~3 倍；重伤钢轨 60% 的病害发生在接头区。

为了改善钢轨接头区的工作条件，人们曾采取过优化接头构造和强化材质等多种措施，如改变接头区轨枕的支承状态、接头夹板的截面形状和长度、螺栓孔的布置形式和数量及进行轨端淬火等。上述措施均未能彻底地解决钢轨接头病害问题，仅能缓解车轮通过轨缝时引起的较大的轮轨动力作用。无缝线路消灭了大量的接头，减少了接头联结零件，增强了接头区轨道的整体性，强化了轨道结构，提升了轨道结构的可靠性；同时使机车车辆和轨道结构因接头引起的衍生病害大幅减少，降低了维修费用，延长了设备使用寿命。有资料表明，从节约劳动力和延长设备寿命方面计算，无缝线路比有缝线路可节约维修费用 30%~70%。

无缝线路改善了轨道平顺性，适应高速、重载轨道运输的发展需求。普通接头存在轨缝，车轮轨迹被迫中断；且易出现低接头、支嘴、死弯、错台等多种不平顺形态，严重影响轨道平顺性。随着列车速度、轴重和行车密度的不断增长，接头不平顺产生的轮轨作用力益发显著，已不能适应现代轨道交通的发展需求，特别是高速铁路高平顺性的要求。无缝线路实现了轨迹的连续，接头处的钢轨廓面对中水平和平顺状态得到严格的控制，车轮通过时焊接接头不平顺激起的轮轨动力作用远小于普通接头，系统的安全性、可靠性和稳定性均得以提升。无缝线路技术成为现代轨道结构技术进步的主要标志之一。

7.1.3 无缝线路的发展史

1. 国外

德国是发展无缝线路最早的国家。1926 年铺设了 1km 长的无缝线路试验段，1945 年做出了无缝线路为标准线路的规定。到 1961 年年底，原联邦德国无缝线路总长达到了 29000km，1974 年年底达到 53000km，占线路总延长的 79.3%。到 20 世纪 60 年代已开始试验把无缝线路和道岔焊连在一起，至今大部分道岔已焊成无缝道岔。

美国于 1930 年首先在隧道内铺设无缝线路，于 1933 年正式铺设在露天的线路上。在 1933—1936 年期间，大约铺设无缝线路 170km，以后时有间断，发展速度比较缓慢。从 1950 年起，随着一些固定焊轨工厂的建立才有了一个新的局面。美国铺设无缝线路的总延长：1960 年为 7236km；20 世纪 70 年代以后迅速发展，以年平均铺设 7590km 的速度增长，最多时年铺设达到 10000km。到 1979 年年底无缝线路已超过 12 万 km，是目前全世界铺设无缝线路最多的国家。

法国也是发展无缝线路较早的国家。法国的无缝线路多是使用伸缩调节器的温度应力式构造。轨下基础多为双块式混凝土轨枕、碎石道床，轨枕使用双弹性扣件与钢轨相连。法国于 1948—1949 年期间进行了大量铺设试验，而后即推广开来。到 1951 年为 92km，1952 年为 805km，1956 年为 3200km，1960 年为 6380km，1970 年为 12900km，至今有无缝线路 20500km，占营业线路的 59.06%。

1935 年苏联莫斯科近郊的车站铺设了第一段无缝线路，轨条长约 600m。由于苏联大部分地区温度变化幅度较大，最大幅差高达 115℃，所以影响了无缝线路的发展，直到 1956 年才正式开始铺设。累计延长至 1960 年约为 15000km，1970 年约为 16000km。近几十年来，发展较快，无缝线路已超过 50000km。

英国的轨温差最大仅为 67℃，适宜铺设无缝线路。至 1978 年年底，已铺设无缝线路 14565km，占全线总延长的 31% 左右。英国的无缝线路为温度应力式，在长轨的两端曾使用过小动程的伸缩调节器，但是效果并不理想，现已逐年拆除，改用普通夹板连接。

日本于 20 世纪 50 年代开始铺设无缝线路，现已铺设超过 5000km。其特点是每段无缝线路长 1300m，在长轨条两端设置伸缩调节器。在日本新干线上首次采用了一次性铺设无缝线路技术。

2. 国内

我国铁路无缝线路技术的发展大致经过了五个阶段。第一个阶段是 20 世纪 50—70 年代的技术储备期，初步形成了焊接工艺、长轨运输技术和基本的设计理论。1957 年我国采用电弧焊法分别在北京、上海试铺了 1km 无缝线路，后来逐步扩大。一般通过气压焊或接触焊在工厂将 12.5m 长标准轨焊成 250~500m 的长轨条，再运至现场用铝热焊或小型气压焊将多段长轨条焊连成设计长度，这个长度一般为 1000~2000m。每段之间铺设 2~4 根调节轨，接头采用高强度螺栓连接。第二个阶段是 20 世纪 70 年代末至 90 年代初期，突破了无缝线路铺设的"四大禁区"，解决了长大桥上、大坡道地段、寒冷地区和小半径曲线区段的无缝线路铺设问题。第三阶段是 20 世纪 90 年代中后期，随着我国开始有步骤地进行路网大提速，为加强轨道结构，改善轨道设备状态，开始试铺跨区间无缝线路；重点攻克了无缝道岔技术和胶结绝缘接头技术，开发了提速道岔。第四阶段以 2000 年左右的秦沈客运专线建设为标志，实现了新线一次铺通跨区间无缝线路，发展并完善了长轨焊接、运输和铺设成套技术，为我国大规模新线建设采用跨区间无缝线路奠定了坚实的基础。第五阶段自 2003 年至今，为高速铁路跨区间无缝线路新技术研究和应用阶段。在这一阶段，我国成功地将跨区间无缝线路技术大面积应用于高速铁路及新线建设中，标志着无缝线路成套技术基本成熟。其主要特征包括：采用了百米定尺长钢轨和闪光接触焊技术提高无缝线路质量；在 CRTS 系列无砟轨道上铺设无缝线路；在长大桥上铺设无缝线路，使得桥上无缝线路成为常态；在高墩、大跨及特殊桥上铺设无缝线路，如悬索桥、斜拉桥、大跨度拱桥等；在桥上铺设了无缝道岔（群）；在桥上采用了单元或纵连的无砟轨道无缝线路技术；使用了大号码的高速道岔等。截止到 2017 年年底，我国铁路无缝线路延展长度已达 164392km。

7.2 无缝线路的基本理论

7.2.1 无缝线路的工作原理

无缝线路基本原理

1. 无缝线路的温度力

无缝线路的特点是轨条连续，当轨温变化时，钢轨的伸缩受到扣件和道床的约束作用，不能自由释放，在钢轨内部产生相应的温度力。为保证无缝线路的强度和稳定，需要分析和控制长轨条内温度力，掌握其变化规律。不同约束条件的钢轨受力、变形图如图 7-1 所示。

根据热力学原理，一根长度为 l 可自由伸缩的钢轨，当轨温变化 Δt 时，其伸缩量为

$$\Delta l = \alpha l \Delta t \tag{7-1}$$

式中 α——钢轨的线膨胀系数，取 $11.8 \times 10^{-6}/℃$；

l——钢轨长度（mm）；

Δt——轨温变化幅度（℃）。

若钢轨两端被完全固定，不能随轨温变化而自由伸缩，则钢轨内部将产生温度应力。根据胡克定律，温度应力 σ_t 为

$$\sigma_t = E\varepsilon_t = E\frac{\Delta l}{l} = \frac{E\alpha l \Delta t}{l} = E\alpha \Delta t \tag{7-2}$$

式中　E——钢的弹性模量，$E = 2.1 \times 10^5 \text{MPa}$；

　　　ε_t——温度引起的钢轨应变。

将 E、α 之值代入式（7-2），则温度应力（MPa）为

$$\sigma_t = 2.1 \times 10^5 \times 11.8 \times 10^{-6} \Delta t = 2.48\Delta t \tag{7-3}$$

一根钢轨所受的温度力 P_t（N）为

$$P_t = \sigma_t F = 2.48\Delta t F \tag{7-4}$$

式中　F——钢轨断面积（mm^2）。

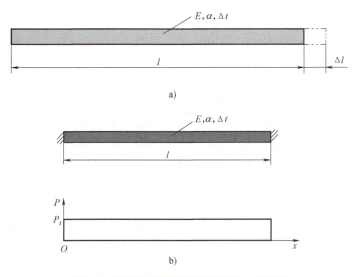

图 7-1　不同约束条件的钢轨受力、变形图

a）自由伸缩的钢轨　b）两端固定约束的钢轨

式（7-1）、式（7-2）、式（7-4）即为无缝线路温度应力和温度力计算的基本公式。由此可得知：

1）在两端固定的钢轨中所产生的温度应力，仅与轨温变化幅度有关，即取决于零应力状态时的轨温及计算时的轨温。因此，理论上只要将钢轨两端约束，即可焊成任意长度的长钢轨，对轨内温度应力没有影响。通过合理地控制温度应力大小，即控制轨温变化幅度 Δt 可以实现超长无缝线路。

2）对于不同类型的钢轨，同一轨温变化幅度产生的温度力大小不同。如轨温变化 1℃ 所产生的温度力，对于 75kg/m、60kg/m、50kg/m 钢轨分别为 23.6kN、19.2kN、16.3kN。

3）无缝线路钢轨伸长量与轨温变化幅度 Δt、轨长 l 有关，与钢轨断面积无关。

2. 无缝线路的轨温、锁定轨温

钢轨温度简称"轨温"，它与气温紧密相关，但并不是气温的直接反映。影响轨温的因素比较复杂，与气候变化、风力大小、日照强度、线路走向和所取部位等均有密切关系。根据多

年观测,最高轨温 t_{max} 要比当地的最高气温高 18~25℃,最低轨温 t_{min} 比当地的最低气温低 2~3℃。设计计算时通常取最高轨温等于当地最高气温加 20℃,最低轨温等于最低气温。最高气温与最低气温根据当地有史以来的气象资料确定。我国主要地区的轨温资料见表 7-1。

为控制钢轨的轨温变化幅度 Δt,降低长轨条内的温度力,需选择一个合适的零应力状态轨温,即锁定轨温。通常有设计锁定轨温、施工锁定轨温和实际锁定轨温之分。通过理论分析,综合考虑轨道强度和稳定性而确定的合理的锁定轨温范围称之为设计锁定轨温。在铺设无缝线路中,将长轨条始端落槽就位时的平均轨温称为施工锁定轨温,一般要求应在设计锁定轨温允许变化范围之内。线路在实际运营中,轨条内的零应力状态会随着钢轨的爬行、轨条的辗长而发生改变,这种无缝线路实际运营中的零应力状态轨温一般称之为实际锁定轨温。锁定轨温是决定钢轨温度力峰值大小的基准,根据轨道结构强度和线路稳定性条件确定锁定轨温是无缝线路设计的主要内容。

表 7-1 我国主要地区最高、最低及中间轨温 (单位:℃)

地区	最高轨温	最低轨温	中间轨温	地区	最高轨温	最低轨温	中间轨温
北京	62.6	-27.4	17.6	兰州	59.1	-23.3	17.9
天津	65.0	-22.9	21.1	西宁	53.5	-26.6	13.5
石家庄	62.7	-26.5	18.1	银川	59.3	-30.6	14.4
太原	61.4	-29.5	16.0	乌鲁木齐	60.7	-41.5	9.6
呼和浩特	58.0	-36.2	10.9	成都	60.1	-5.9	27.1
满洲里	58.7	-46.9	5.9	重庆	64.0	-2.5	30.8
沈阳	59.3	-33.1	13.1	昆明	52.3	-5.4	23.5
长春	59.5	-36.5	11.5	拉萨	49.4	-16.5	16.5
哈尔滨	59.1	-41.4	8.9	贵阳	61.3	-7.8	26.8
西安	65.2	-20.6	22.3	济南	62.5	-19.7	21.4
南京	63.0	-14.0	24.5	南宁	60.4	-2.1	29.2
上海	60.3	-12.1	24.1	长沙	63.0	-11.3	25.9
杭州	62.1	-10.5	25.8	郑州	63.0	-17.9	22.6
合肥	61.0	-20.6	20.2	武汉	61.3	-18.1	21.6
福州	59.8	-2.5	28.7	台北	58.6	-2.0	28.3
南昌	60.6	-9.3	25.7	香港	56.1	0.0	28.1
广州	58.7	-0.3	29.2				

7.2.2 无缝线路的基本参数

在运营过程中,控制无缝线路受力与变形的主要参数包括扣件阻力、接头阻力与道床阻力等。

1. 扣件阻力

中间扣件和防爬设备抵抗钢轨沿轨枕面纵向位移的阻力,称扣件阻力。为了防止钢轨爬行,要求扣件阻力必须大于道床纵向阻力。弹条扣件受力如图 7-2 所示。

扣件阻力是由钢轨底面与轨下胶垫之间的摩阻力和扣压件与钢轨扣压点之间的摩阻力所

组成。依据库仑摩擦定律,摩阻力的大小主要取决于扣件扣压力和摩擦副的摩擦系数。一组扣件的纵向阻力 F 可表示为

$$F = 2(\mu_1 + \mu_2)P \tag{7-5}$$

式中　P——单个扣压件对钢轨的扣压力;
　　　μ_1——钢轨与垫板之间的摩擦系数;
　　　μ_2——钢轨与扣件之间的摩擦系数。

扣压力 P 的大小与螺栓所受拉力 $P_拉$ 的大小有关。以弹条式扣件为例,如图 7-2 所示,可得 P 的算式如下:

$$P = \frac{b}{a+b}P_拉 \tag{7-6}$$

式中　$P_拉$——扣压件螺栓所受拉力,与螺母扭矩有关;
　　　a、b——扣压件支点至螺栓中心的距离。

故扣件的纵向阻力 F 可表述为

$$F = 2(\mu_1 + \mu_2)\frac{b}{a+b}P_拉 \tag{7-7}$$

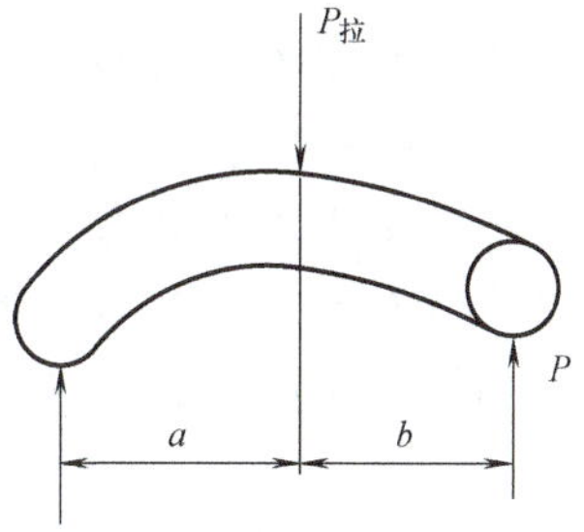

图 7-2　弹条扣件受力图

实测表明,在一定的扭矩下,扣件阻力随钢轨位移的增加而增大。当钢轨位移达到某一定值之后,钢轨产生滑移,阻力不再增加。

垫板压缩和扣件局部磨损,将导致扣件阻力下降,如在一个维修周期内,垫板的压缩与扣件的磨损按 1mm 估计,则不同扣件类型的阻力见表 7-2。

此外,列车通过时的振动会使螺母松动,扭矩下降,导致扣件阻力下降。为此《铁路线路维修规则》规定:弹条扣件螺栓扭矩为 100~150N·m。

表 7-2　扣件阻力　　　　　　　　　　　　　　　(单位:kN/组)

扣件类型	Ⅰ型	Ⅱ型	Ⅲ型	WJ-7型	WJ-8型
螺母扭矩为 80N·m	9.0	9.3	16.0	4	4
螺母扭矩为 150N·m	12.0	15.0		≥9	≥9

近年,我国大力发展高速铁路,采用了一些新型的扣件系统,并以双线性阻力作为标准值,在 TB 10015—2012《铁路无缝线路设计规范》中对高速铁路有砟轨道使用的弹条V形小阻力扣件,无砟轨道用 WJ-7 型、WJ-8 型扣件纵向阻力均做出了规定。高速铁路用新型扣件纵向阻力见表 7-3。

表 7-3　高速铁路用新型扣件纵向阻力　　　　[单位:kN/(m·轨)]

扣件类型	有 载		无 载
	机 车 下	车 辆 下	
有砟轨道用弹条V形小阻力扣件	$r=24.8x(x≤0.5\text{mm}$ 时) $r=12.4(x>0.5\text{mm}$ 时)	$r=16.0x(x≤0.5\text{mm}$ 时) $r=8.0(x>0.5\text{mm}$ 时)	$r=16.0x(x≤0.5\text{mm}$ 时) $r=8.0(x>0.5\text{mm}$ 时)
无砟轨道用 WJ-7 型、WJ-8 型扣件	$r=18.6x(x≤2.0\text{mm}$ 时) $r=37.2(x>2.0\text{mm}$ 时)	$r=12.0x(x≤2.0\text{mm}$ 时) $r=24.0(x>2.0\text{mm}$ 时)	$r=12.0x(x≤2.0\text{mm}$ 时) $r=24.0(x>2.0\text{mm}$ 时)

注:x 为钢轨相对扣件的纵向位移量;r 为扣件纵向阻力。

2. 接头阻力

钢轨两端接头处由钢轨夹板通过螺栓拧紧，产生阻止钢轨纵向位移的阻力，称接头阻力。接头阻力由钢轨夹板间的摩阻力和螺栓的抗剪力提供。为了安全，我国接头阻力 P_H 仅考虑钢轨与夹板间的摩阻力。

$$P_H = ns \tag{7-8}$$

式中　s——钢轨与板间对应一枚螺栓的摩阻力；

n——接头一端的螺栓数。

摩阻力的大小主要取决于螺栓拧紧后的张拉力 P 和钢轨与夹板之间的摩擦系数 f。夹板的受力情况如图 7-3 所示。

接头螺栓拧紧后产生的拉力 P 在夹板的上、下接触面上将产生分力。图中 T 为水平分力；N 为法向分力，它垂直于夹板的接触面；R 为 N 与 T 的合力，它与 N 的夹角等于摩擦角 φ。

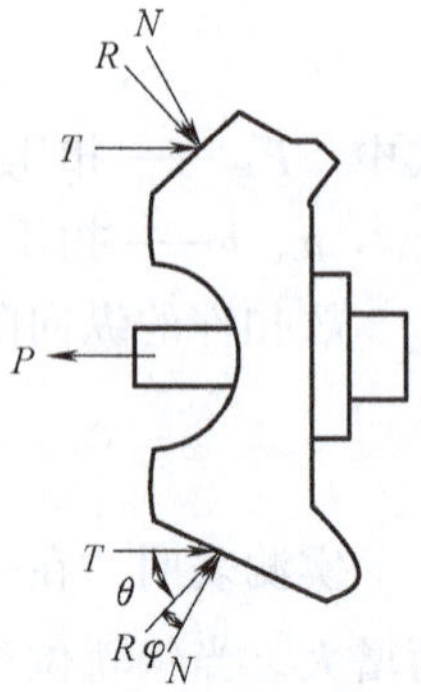

由图可知：由于 $T = P/2$，则有

$$R = \frac{P}{2\cos\theta} = \frac{P}{2\sin(\alpha+\varphi)} \tag{7-9}$$

图 7-3　夹板受力图

式中　P——一枚螺栓拧紧后的拉力（kN）；

α——夹板接触面的倾角，$\tan\alpha = i$；

i——轨底顶面接触面斜率，50kg/m、75kg/m 钢轨 $i = 1/4$；43kg/m、60kg/m 钢轨 $i = 1/3$。

当钢轨发生位移时，夹板与钢轨接触面之间将产生摩阻力 F，F 将阻止钢轨的位移。

$$F = Nf = R\cos\varphi f = \frac{P}{2\sin(\alpha+\varphi)}\cos\varphi f \tag{7-10}$$

一枚螺栓对应有四个接触面，其上所产生的摩阻力之和为 s，则有

$$s = 4F = \frac{2P}{\sin(\alpha+\varphi)}\cos\varphi f$$

$$P_H = ns = \frac{6Pf\cos\varphi}{\sin(\alpha+\varphi)}P \tag{7-11}$$

对应于一枚螺栓所提供的摩阻力可进行如下分析。钢的摩擦系数一般为 0.25，而 $f = \tan\varphi$，则有 $\varphi = \arctan 0.25$；又有 $\alpha = \arctan i$。将以上相应值代入求 s 的公式，可得到：70kg/m、50kg/m 钢轨 $s = 1.03P$；60kg/m、43kg/m 钢轨 $s = 0.90P$。

上式表明，一根螺栓的拉力接近它所产生的接头阻力。在此情况下，接头阻力 P_H 的表达式，可写成

$$P_H = nP \tag{7-12}$$

接头阻力与螺栓材质、直径、拧紧程度和夹板孔数有关。在其他条件均相同的情况下，螺栓的拧紧程度就是保持接头阻力的关键。扭力矩 T' 与螺栓拉力的关系可用经验公式表示，即

$$T' = KDP \tag{7-13}$$

式中　T'——拧紧螺母时的扭力矩（N·m）；

K——扭矩系数，$K = 0.18 \sim 0.24$；

P——螺栓拉力（kN）；

D——螺栓直径（mm）。

列车通过钢轨接头时产生的振动，会使扭力矩下降，接头阻力值降低。据国内外资料，可降低到静力测定值的40%~50%。定期检查扭力矩，重新拧紧螺母，保证接头阻力值在长期运营过程中保持不变，是一项十分重要的措施。维修规则规定无缝线路钢轨接头必须采用10.9级螺栓，扭矩应保持在700~900N·m。计算时采用的接头阻力值见表7-4。

表7-4　接头阻力 P_H　　　　　　　　　　　　　　　（单位：kN）

接头条件	接头扭矩 T'/N·m								备注
	300	400	500	600	700	800	900	1000	
50kg/m 钢轨 10.9级 φ24mm 螺栓	150	200	250	300	370	430	490		
60kg/m 钢轨 10.9级 φ24mm 螺栓	130	180	230	280	340				普通线路
						490	510	570	无缝线路

哈克紧固件采用带环形沟槽的栓杆配以光面套筒，在拉力的作用下，拉伸栓杆并推卡挤压套筒使其变形，形成与栓杆沟槽咬合镶嵌的紧固联结。哈克紧固接头可以承受高达1130kN以上的纵向荷载，足以承受无缝线路的温度力。

施必牢采用全螺纹自锁紧防松螺母，与高强度螺栓配合使用，可实现高强度冻结接头，在无缝道岔、缓冲区上推广应用具有现实意义。

MG接头是摩擦钢轨接头的简称。该接头采用提高摩擦阻力的方法实现冻结钢轨接头。MG接头能使钢轨接头阻力值达1700~1900kN，是原来的3~4倍。它不改变现行接头的结构，不使用胶粘剂，也不使用附加机械零件；接头阻力高，足以在大多数地区的铁路轨道上冻结钢轨接头。MG接头可以根据不同的轨型和当地轨温变化幅度，选用适当的螺栓品种和使用不同的扭矩，根据需要设计接头阻力。

3. 道床阻力

道床纵向阻力是指道床抵抗轨道框架纵向位移的阻力。一般以每根轨枕的阻力 R，或每延厘米分布阻力 r 表示。它是抵抗钢轨伸缩，防止线路爬行的重要参数。

道床纵向阻力受道砟材质、颗粒大小、道床断面、捣固质量、脏污程度、轨道框架重量等因素的影响。只要钢轨与轨枕间的扣件阻力大于道床抵抗轨枕纵向移动的阻力，则无缝线路长钢轨的温度应力和温度应变的纵向分布规律将完全由接头阻力和道床纵向阻力确定。

道床抵抗轨道框架纵向位移的阻力，是由轨枕与道床之间的摩阻力和枕木盒内道砟抗推力组成。实测得到的单根轨枕在正常轨道状态下，道床纵向阻力与位移的关系曲线如图7-4所示。由图可以看出：道床纵向阻力值随位移的增大而增加，当位移达到一定值之后，轨枕盒内的道砟颗粒之间的结合被破坏，在此情况下，即使位移再增加，阻力也不再增大；在正常轨道条件下，混凝土轨枕位移小于

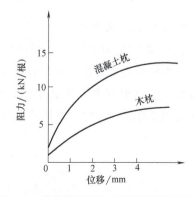

图7-4　道床纵向阻力与位移的关系曲线

2mm，木枕位移小于 1mm，道床纵向阻力呈斜线增长，表明道床处于弹性工作范围，混凝土枕轨道道床纵向阻力大于木枕轨道。

在无缝线路设计与管理中，常采用轨枕位移为 2mm 时的道床纵向阻力值作为标准，其要求见表 7-5。

表 7-5　道床纵向阻力

线路特征		单根轨枕道床纵向阻力/kN	一股钢轨下单位道床纵向阻力/(N/cm)		
			1667 根/km	1760 根/km	1840 根/km
木枕线路		7.0	—	61	64
混凝土枕线路	Ⅰ型	10.0	—	87	91
	Ⅱ型	12.5	—	109	115
	Ⅲ型	18.3	152	160	—

表 7-5 中所列数据是单根轨枕的实测结果，如果考虑轨道框架和轨排作用，则纵向阻力将比单根轨枕测得的结果大；对钢筋混凝土枕轨道平均阻力可提高 80%。

TB 10015—2012《铁路无缝线路设计规范》中采用双线性阻力曲线作为标准值，并对主型有砟轨道结构的阻力值做出了规定。有砟轨道道床纵向阻力见表 7-6。

表 7-6　有砟轨道道床纵向阻力　　　　　　　　　　[单位：kN/(m·轨)]

扣件类型	有　　载		无　　载
	机 车 下	车 辆 下	
Ⅲ型混凝土轨枕 （1667 根/km）	$r=11.6x(x\leqslant 2.0\mathrm{mm}$ 时$)$ $r=23.2(x>2.0\mathrm{mm}$ 时$)$	$r=7.5x(x\leqslant 0.5\mathrm{mm}$ 时$)$ $r=15.0(x>0.5\mathrm{mm}$ 时$)$	$r=7.5x(x\leqslant 0.5\mathrm{mm}$ 时$)$ $r=15.0(x>0.5\mathrm{mm}$ 时$)$
新Ⅱ型混凝土轨枕 （1760 根/km）	$r=6.8x(x\leqslant 2.0\mathrm{mm}$ 时$)$ $r=13.6(x>2.0\mathrm{mm}$ 时$)$	$r=4.4x(x\leqslant 2.0\mathrm{mm}$ 时$)$ $r=8.8(x>2.0\mathrm{mm}$ 时$)$	$r=4.4x(x\leqslant 2.0\mathrm{mm}$ 时$)$ $r=8.8(x>2.0\mathrm{mm}$ 时$)$

注：r 为道床纵向阻力；x 为轨枕纵向位移。

此外，有砟道床的纵、横向阻力等有很强的状态依赖性，线路的养护维修作业将在一定程度上破坏道床原状，使道床纵向阻力降低，需要通过一定时间的列车辗压后，才能恢复到原有的阻力值，在养护维修作业中应充分重视。

7.2.3　无缝线路的基本温度力

1. 长钢轨约束条件

（1）接头阻力的约束　为简化计算，通常假定接头阻力 P_H 为常量。无缝线路长轨条锁定后，当轨温发生变化，由于有接头的约束，长轨条不产生伸缩，只在钢轨全长范围内产生温度力 P_t，这时有多大温度力作用于接头上，接头就提供相等的阻力与之平衡。当温度力 P_t 大于接头阻力 P_H 时，钢轨才能开始伸缩。因此在克服接头阻力阶段，温度力的大小等于接头阻力，即

$$P_t = 2.5\Delta t_H F = P_H$$

$$\Delta t_H = \frac{P_H}{2.5F}$$

(7-14)

式中 Δt_H——接头阻力能阻止钢轨伸缩的轨温变化幅度。

（2）道床纵向阻力的约束 接头阻力被克服后，当轨温继续变化时，道床纵向阻力开始阻止钢轨伸缩。但道床纵向阻力的产生是体现在道床对轨枕的位移阻力，随着轨枕根数的增加，相应的阻力也增加。为计算方便，常将单根轨枕的阻力换算为钢轨单位长度上的阻力 r，并取为常量，由上述特征可见，道床纵向阻力是以阻力梯度 r 的形式分布。故在克服道床纵向阻力阶段，钢轨有少量伸缩，轨内还继续产生温度力，且各截面的温度力并不相等，以斜率 r 分布。

2. 基本温度力图

无缝线路锁定以后，轨温单向变化时，温度力沿钢轨纵向分布的规律，称为基本温度力图。先以降温为例说明，基本温度力图如图 7-5 所示。

1）当轨温 t 等于锁定轨温 t_0 时，钢轨内部无温度力，即 $P_t=0$，如图中 A—A' 线。

2）当 $t-t_0 \leqslant \Delta t_H$ 时，轨端无位移，温度力在整个长轨条内均匀分布，$P_t=P_H$，如图中 B—B' 线。

3）当 $t-t_0 > \Delta t_H$ 时，道床纵向阻力开始发挥作用，轨端开始产生收缩位移，同时在 x 长度范围内放散部分温度力，图中 BC、B'C' 范围内任意截面的温度力 $P_t=P_H+rx$。

4）当 t 降到最低轨温 $t_{\min}$ 时，钢轨内产生最大温度拉力 $\max P_{t拉}$，这时 x 达到最大值 l_s，即为伸缩区长度，如图中 D—D' 线。此时 $\max P_{t位}$ 和 l_s 可按下式计算：

$$\max P_{t位} = 2.48 F \Delta t_{拉\max} \tag{7-15}$$

$$l_s = \frac{\max P_{t拉} - P_H}{r} \tag{7-16}$$

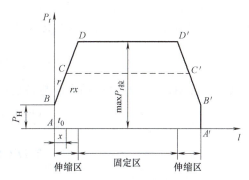

图 7-5 基本温度力图

式中 $\Delta t_{拉\max}$——最大降温幅度。

3. 轨温反向变化时的温度力图

上面分析了轨温从 t_0 下降到 $t_{\min}$ 时，温度力纵向变化的情况。实际上，轨温是要随气温循环往复变化的，这时温度力的变化会与前述正向变化有所不同，且与锁定轨温 t_0 的取值有关。t_0 可能有大于、等于或小于当地中间轨温 $t_中$ 的三种情况，则温度力分布图也会有三种不同情况。

$$t_中 = \frac{1}{2}(t_{\max}+t_{\min}) \tag{7-17}$$

现以常见的 $t_0 > t_中$ 情况进行分析。轨温反向变化时，温度力如图 7-6 所示，轨温由 t_0 下降到 $t_{\min}$ 时，温度力图为 ABCDD'（由于温度力图左右对称，图中仅画出了左侧部分）。当轨温开始回升时，温度力的

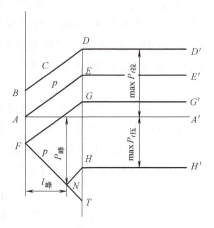

图 7-6 轨温反向变化时温度力图

变化情况如下。

1) 当 $t_{\min}-t \leqslant \Delta t_H$ 时，轨温回升，钢轨的伸长首先遇到接头阻力的抵抗，钢轨全长范围内温度拉力减小，温度力图平行下移 P_H 值，接头处温度拉力变为零。温度力分布如图中 AEE'。

2) 当 $\Delta t_H \leqslant t_{\min}-t \leqslant 2\Delta t_H$ 时，接头阻力反向起作用，温度力图继续平行下移 P_H 值，此时，接头处承受温度压力，固定区仍为温度拉力，如图中 FGG' 所示。

3) 当 $t_{\min}-t \geqslant 2\Delta t_H$ 时，正、反向接头阻力已被完全克服，钢轨要开始伸长，这时道床纵向阻力起作用，使得部分长度上温度力梯度反向，在伸缩区温度压力以斜率 r 增加，如图中 FT 所示。

4) 当 $t=t_{\max}$ 时，固定区温度压力达到 $\max P_{t\text{压}}$ 后，由于 $\Delta t_{\text{拉max}} > \Delta t_{\text{压max}}$，固定区温度力平行下移到 HH'，则 HN 与 FT 的交点，出现了温度压力峰 $P_{\text{峰}}$，其值大于固定区的温度压力。温度压力峰等于固定区最大温度拉力与最大温度压力的平均值，即

$$P_{\text{峰}} = \frac{1}{2}(\max P_{t\text{拉}} + \max P_{t\text{压}}) \tag{7-18}$$

上式说明，温度压力峰的大小与锁定轨温无关。

$$t_{\text{峰}} = \frac{(\max P_{t\text{拉}} + \max P_{t\text{压}}) - 2P_H}{2r}$$

$$= \frac{2.5F(\Delta t_{\text{拉max}} + \Delta t_{\text{压max}}) - 2P_H}{2r}$$

$$= \frac{2.5F\Delta t_{\text{中}} - P_H}{r} \tag{7-19}$$

上式说明，温度压力峰的位置相当于中间轨温锁定时的伸缩区终点。

在取锁定轨温等于或小于中间轨温时，则不会在伸缩区出现温度压力峰。

4. 轨端伸缩量计算

从温度力图中可知，无缝线路长轨节中部承受大小相等的温度力，钢轨不能伸缩，称为固定区。在两端，温度力是变化的，在克服道床纵向阻力阶段，钢轨有少量的伸缩，称为伸缩区。伸缩区两端的调节轨，称为缓冲区。在设计中要对缓冲区的轨缝进行计算，因此需对长轨及标准轨端的伸缩量进行计算。

(1) 长轨一端的伸缩量　长轨条轨端伸缩量计算图如图 7-7 所示，可见其中阴影线部分为克服道床纵向阻力阶段释放的温度力，从而实现了钢轨伸缩。由材料力学可知，轨端伸缩量 $\lambda_{\text{长}}$ 与阴影线部分面积的关系为

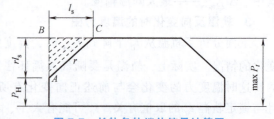

图 7-7　长轨条轨端伸缩量计算图

$$\lambda_{\text{长}} = \frac{\triangle ABC}{EF} = \frac{rl_s^2}{2EF} = \frac{(\max P_t - P_H)^2}{2EFr} \tag{7-20}$$

式中　F——条轨断面面积；

E——钢的弹性模量；

△ABC——释放的温度能量。

（2）标准轨一端的伸缩量 标准轨轨端伸缩量 $\lambda_{短}$ 计算方法与 $\lambda_{长}$ 基本相同。标准轨的温度力图如图 7-8 所示。由于标准轨长度短，随着轨温的变化，克服完接头阻力后，在克服道床纵向阻力时，由于轨枕根数有限，很快被全部克服，之后，钢轨可以自由伸缩，温度力得到释放。在标准轨内最大的温度力只有 $P_H+rl/2$（l 为标准轨长度）。标准轨一端温度力释放的面积为阴影线部分 $BCGH$。同理，可得到轨端伸缩量 $\lambda_{短}$ 计算公式：

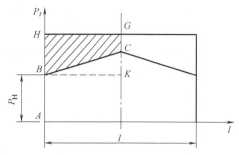

图 7-8　标准轨轨端伸缩量计算图

$$\lambda_{短}=\frac{\square BKGH}{EF}-\frac{\triangle BKC}{EF}=\frac{(\max P_t-P_H)l}{2EF}-\frac{rl^2}{8EF} \quad (7-21)$$

式中　$\max P_t$——从锁定轨温到最低或最高轨温时所产生的温度力。

■ 7.3　无缝线路稳定性

7.3.1　无缝线路稳定性概念

无缝线路作为一种新型轨道结构，其最大特点是在夏季高温季节在钢轨内部存在巨大的温度压力，容易引起轨道横向变形。在列车动力或人工作业等干扰下，轨道弯曲变形有时会突然增大，这一现象常称为胀轨跑道（也称臌曲），在理论上称为丧失稳定，这将严重危及行车安全。

无缝线路稳定性计算的主要目的是研究轨道胀轨跑道的发生规律，分析其产生的力学条件及主要影响因素的作用，计算出保证线路稳定的允许温度压力。因此，稳定性分析对无缝线路的设计、铺设及养护维修具有重要的理论和实践意义。

从大量的室内模型轨道和现场实际轨道的稳定试验以及现场事故观察分析，轨道胀轨跑道的发展过程基本上可分为三个阶段，即持稳阶段、胀轨阶段和跑道阶段，如图 7-9 所示。图中纵坐标为钢轨温度压力，横坐标为轨道弯曲变形矢量 f_0+f，f_0 为初始弯曲矢度。胀轨跑道总是从轨道的薄弱地段（即具有原始弯曲的不平顺）开始。在持稳阶段（AB），轨温升高，温度压力增大，但轨道不变形。胀轨阶段（BK），随着轨温的增加，温度压力也随之增加，此时轨道开始出现微小变形，此后，温度压力的增加与横向变形之间呈非线性关系。当温度压力达到临界值 P_K 时，轨温稍有升高或稍有外部干扰时，轨道将会突然发生臌曲，道砟抛出，轨枕裂损，钢轨发生较大变形，轨道受到严重破坏，此为跑道阶段（KC），至此稳定性完全丧失。

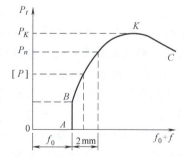

图 7-9　无缝线路胀轨跑道的发展过程

判别结构稳定的准则一般有能量法和静力平衡法。无缝线路的稳定分析大多采用能量法，弹性理论的能量变分原理是理论基础。在稳定性计算中采用的势能驻值原理概念为：结构物处于平衡状态的充要条件是在虚位移过程中，总势能取驻值，即 $\delta_A=0$。根据势能驻值原理及边界条件等即可求得轨道平衡的微分方程。

微分方程的解法，有精确解与近似解之分。前者是按边界条件直接解平衡微分方程，解题较麻烦，与近似方法相比差别并不很大，故运用较少；现使用较多的是后者，即假设变形曲线的方法，也称能量法。

国内外对稳定性计算公式进行了长期深入的研究，提出了许多计算公式。比较有影响的公式如米辛柯公式、沼田实公式、科尔公式等。我国在 1977 年提出了"统一无缝线路稳定性计算公式"（简称统一公式），并得到推广应用，对促进我国无缝线路的发展起了重要作用。统一公式是假定变形曲线波长与初始波长相等，并取变形为 2mm 时对应的温度压力 P_n，再除以安全系数，即为保证无缝线路稳定的允许温度压力 $[P]$，如图 7-9 所示。

7.3.2 影响无缝线路稳定性的因素

对无缝线路的大量调查表明，很多次的胀轨跑道事故并非温度压力过大所致，而是由于对无缝线路中起稳定作用的因素认识不足，在养护维修中破坏了这些因素而发生的。因此，必须研究丧失稳定与保持稳定两方面的因素，注意发展有利因素，克服、限制不利因素，防止胀轨跑道事故发生，以充分发挥无缝线路的优越性。

1. 无缝线路稳定性的积极因素

（1）道床横向阻力　道床抵抗轨道框架横向位移的阻力称道床横向阻力，它是防止无缝线路胀轨跑道，保证线路稳定的主要因素。苏联资料表明，稳定轨道框架的力，65% 是由道床提供的，而钢轨为 25%，扣件为 10%。

道床横向阻力是由轨枕两侧及底部与道砟接触面之间的摩阻力和枕端的砟肩阻止横移的抗力组成。其中，道床肩部约占 30%，轨枕两侧占 20%~30%，轨枕底部约占 50%。道床横向阻力可用单根轨枕的横向阻力 Q 和道床单位横向阻力 q(N/cm) 表示。$q=Q/a$，a 为轨枕间距。

实测得到的道床横向阻力与轨枕位移的关系曲线如图 7-10 所示。由图可见：随着轨枕重量的增加，横向阻力增大；横向阻力与轨枕横向位移成非线性关系，阻力随位移的增加而增加，当位移达到一定值时，阻力接近常量，位移继续增大，道床即破坏。

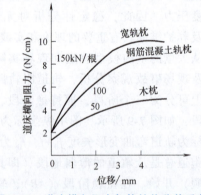

图 7-10　道床横向阻力与轨枕位移关系曲线

阻力与位移的关系可用双线性、多项式或幂指数等多种函数表示，常用的指数多项式表达式为

$$q = q_0 - By^z + Cy^{1/N} \tag{7-22}$$

式中　q_0——初始道床横向阻力（N/cm）；

y——轨枕横向位移（cm）；

B、C、z、N——阻力系数，见表7-7。

表7-7 道床横向分布阻力系数

线路特征		q_0	B	C	z	$1/N$
木枕	道床肩宽40cm,1840根/km	12.4	215	296	1	2/3
	道床密实,标准断面,1840根/km	20.0	8.0	60	1.7	1/3
混凝土枕	Ⅰ型,道床肩宽40cm,1840根/km	15.0	444	583	1	3/4
	Ⅰ型,道床密实,标准断面,1840根/km	22.0	38	110	1.5	1/3
	Ⅱ型,1760根/km	11.6	214.8	597.5	1	3/4
	Ⅱ型,1840根/km	12.1	225.1	624.6	1	3/4
	Ⅲ型,1667根/km	14.6	357.2	784.7	1	3/4
	Ⅲ型,1760根/km	15.4	366.6	819.7	1	3/4

在对无缝线路胀轨跑道事故的大量调查中得知，维修作业不当，导致道床横向阻力降低成为线路失稳的重要成因。深入理解道床阻力的状态依赖性，有利于指导维修工作。

实践中，为简化道床管理标准，通常采用轨枕横移2mm时的阻力值换算为等效道床横向阻力，在TB 10015—2012《铁路无缝线路设计规范》中做了相关规定，见表7-8。

表7-8 等效道床横向阻力　　　　　　　　　　　　　　　（单位：kN/m）

轨枕类型		等效道床横向阻力
新Ⅱ型混凝土轨枕	1760根/km	8.5
	1840根/km	8.9
Ⅲ型混凝土轨枕	1667根/km	11.5

影响道床横向阻力的因素很多，主要与道床状态、肩部几何状态及线路维修作业等有关。

1）道床状态。道床是由道砟堆积而成，道床的饱满程度、道砟的材质及粒径尺寸对道床横向阻力都有影响。道床的饱满程度关系到轨枕与道砟接触面的大小及道砟之间的相互结合，饱满的道床可以提高道床的横向阻力。道砟的材质不同，提供的阻力也不一样；砂砾石道床比碎石道床阻力低30%～40%；道床粒径较大提供的横向阻力也较大，例如，粒径由25～65mm减小到15～30mm，横向阻力将降低20%～40%。

2）道床肩部几何状态。适当的道床肩宽及堆高有利于提高道床横向阻力，但并不是肩宽和堆高越大，横向阻力越大。轨枕端部的横向阻力是轨枕横移挤动砟肩道砟棱体时受到的阻力。枕端道床破裂如图7-11所示，可以看到，轨枕挤动道床，最终形成破裂面BC，且与轨枕端面的夹角为$45°+\varphi/2$。滑动体的重量决定了横向阻力的大小，即在滑动体之外的道床对枕端横向阻力基本无贡献。滑动体的宽度b可用下式计算：

$$b = H\tan\left(45° + \frac{\varphi}{2}\right) \tag{7-23}$$

式中　H——轨枕端埋入道床的深度；

φ——摩擦角，一般 $\varphi = 35° \sim 50°$。

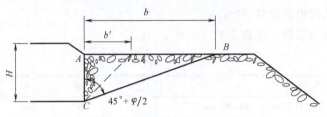

图 7-11 枕端道床破裂示意图

对于混凝土枕，若取 $H = 228\text{mm}$，$\varphi = 38°$，则有

$$b = 228\tan\left(45° + \frac{38°}{2}\right)\text{mm} \approx 470\text{mm}$$

在道床肩部堆高石砟，加大了滑动体的重量，这无疑是提高道床横向阻力最经济有效的方法。道床肩部堆高形式如图 7-12 所示。道床横向阻力的提高，肩部堆高比肩部加宽效果更明显，且节约道砟。

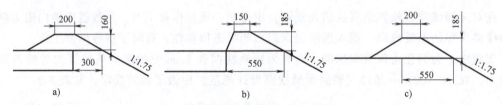

图 7-12 道床肩部堆高形式示意图

3）线路维修作业的影响。扰动道床的维修作业，如起道捣固、清筛等均会破坏道砟间的相互咬合，改变道砟与轨枕的接触状态，削弱道床阻力。各种作业前后轨枕位移 2mm 时的阻力值及降低率见表 7-9。

表 7-9 维修作业前后道床横向阻力

作业项目	作业前	扒砟	捣固	回填	夯拍	逆向拨道 10mm
道床横向阻力/(kN/根)	8.48	7.52	5.44	6.0	6.4	2.48
作业后相对降低率(%)	—	11	36	29	25	71

应当指出，在列车的动荷载作用下，每根轨枕所提供的横向阻力是不同的。这是因为轨道框架在轮载作用点下产生正挠曲，而在距车辆 $x = \frac{3\pi}{k}$ 至 $x = \frac{7\pi}{4k}$（x 为距离，k 为系数）长度范围内会出现负挠曲，使两转向架之间的轨道框架最大上浮量达 $0.1 \sim 0.3\text{mm}$，从而削弱这一范围内轨枕所能提供的横向阻力。

（2）轨道框架刚度　轨道框架刚度是反映其自身抵抗弯曲能力的参数。轨道框架刚度越大，弯曲变形越小，所以是保持轨道稳定的因素。在水平面内，轨道框架刚度等于两股钢轨的水平刚度及钢轨与轨枕节点间的阻矩之和。

1）两股钢轨的水平刚度（即横向刚度）$EI = 2EI_y$（I_y 为一根钢轨对竖直轴的惯性矩）。

2）扣件阻矩与轨枕类型、扣件类型、扣压力及钢轨相对于轨枕的转角有关。阻矩 M 可以表示为钢轨相对轨枕转角 β 的幂函数，即

$$M = H\beta^{1/\mu} \qquad (7\text{-}24)$$

式中 H、μ——阻矩系数。

弹条Ⅰ型扣件阻矩实测值如图 7-13 所示。对螺母扭矩为 100N·m 的实测阻矩值进行回归分析，求得回归函数如下：

$$M = 2.2 \times 10^4 \beta^{1/2} (\text{N} \cdot \text{cm/cm})$$

2. 无缝线路稳定性的消极因素

无缝线路丧失稳定的主要因素是温度压力与轨道初始弯曲。由于温升引起的钢轨轴向温度压力是导致无缝线路稳定问题的根本原因，而初始弯曲是影响稳定的直接因素，胀轨跑道多发生在轨道的初始弯曲处。因而控制初始弯曲的大小，对保证轨道稳定有重要作用。

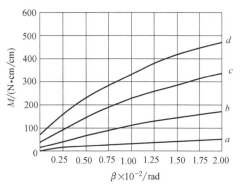

图 7-13　弹条Ⅰ型扣件阻矩实测值

注：a、b、c、d 曲线对应的扣件螺母扭矩分别为 20N·m、50N·m、100N·m、150N·m。

初始弯曲一般可分为弹性初始弯曲和塑性初始弯曲。现场调查表明，大量塑性初始弯曲矢度为 3~4mm，测量的波长为 4~7m。塑性初弯矢度约占总初弯矢度的 58.33%。

7.3.3　无缝线路稳定性计算理论

1. 无缝线路稳定性统一计算公式

（1）稳定准则——允许温度压力及允许温升　统一公式计算理论认为，为了避免或尽量减小在温度的反复变化过程中残余变形的积累，应对变形幅值 f 严格限制，并认为道床的弹性范围为 1~2mm。同时，为了避免过分严格地限制温度力，影响无缝线路的铺设与应用范围，定义由 $f = 2$mm 时计算出的温度力为计算温度压力 P_W。考虑一定的安全裕量即为允许温度压力 $[P]$。

$$[P] = \frac{P_W}{K_1} \tag{7-25}$$

式中　K_1——安全系数，一般取 1.25~1.3。

由于变形矢度远小于波长，故可不考虑胀轨区的温度压力降低，从而允许温升为

$$[\Delta t] = \frac{[P]}{2EF\alpha} \tag{7-26}$$

式中　F——钢轨断面面积。

计算桥上、无缝道岔及制动区段轨道稳定性时，$[\Delta t]$ 应计入附加压力和换算的温度幅度中。

（2）基本假设　稳定性统一计算公式基于如下基本假设：

1）假设轨道屈曲成形状及波长相同的多波形状，仅取一个最不利的半波作为计算对象，如图 7-14 所示。

2）假设轨道原始弹性弯曲为正弦曲线，即

$$y_{0e} = f_{0e} \sin \frac{\pi x}{l_0} \tag{7-27}$$

式中　f_{0e}——轨道原始弹性弯曲矢度；
　　　y_{0e}——轨道原始弹性弯曲曲线。

假设轨道原始塑性弯曲为半径 R_0 的圆曲线，即

$$y_{0P} = \frac{(l_0-x)x}{2R_0} \tag{7-28}$$

式中　y_{0P}——对应初始弯曲为圆曲线的变形曲线。

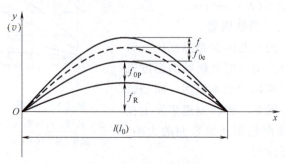

图 7-14　曲线正矢构成

3）假设在温度压力 P 作用下，轨道变形曲线为正弦曲线，即

$$y_f = f\sin\frac{\pi x}{l} \tag{7-29}$$

4）考虑曲线区段为稳定性最不利的轨道线路区段，线路半径为 R，则表示为

$$y_R = \frac{(l-x)x}{2R}$$

5）道床横向阻力采用三项式，表示为

$$q(x) = q_0 - c_1 y_f + c_2 y_f^n \quad (n<1)$$

6）考虑扣件节点阻矩等影响，轨道水平抗弯刚度折减为 βEI。

（3）稳定性统一公式　无缝线路稳定性统一公式可通过势能驻值原理推导计算。轨道总势能由钢轨的轴向压缩应变能、轨道框架的弯曲形变能和道床形变能三部分组成，假设：

1）在小位移条件下，不考虑邻区纵向位移 u 及纵向阻力 $r(u)$ 的影响。

2）轨道框架水平抗弯刚度以 βEI 表示。

3）横向变形用 y_f 表示，积分限为 $0 \sim l$。

4）考虑圆曲线矢度的影响。

总势能可表示为

$$\begin{aligned}A = A_1 + A_2 + A_3 = &\frac{EF}{2}\int_0^l \left(\frac{1}{2}y_f'^2 + y_{0e}'y_f' + y_{0P}'y_f' + y_R'y_f' - \alpha\Delta t\right)^2 dx + \\ & \beta EI\int_0^l \left(\frac{1}{2}y_f'' + y_{0e}''\right)y_f'' dx + \int_0^l\int_0^{y_f} q(y_f)dy_f dx\end{aligned} \tag{7-30}$$

由于假定波长不变，故胀轨过程中 l 为常量，求势能驻值仅需考虑横向变形矢量，用 $\frac{dA}{df}=0$ 即可，此时式中各项分别为

$$\frac{dA_1}{df} = \frac{d}{df}\left[\frac{EF}{2}\int_0^l \varepsilon_x^2 dx\right] = EF\int_0^l \varepsilon_x \frac{d\varepsilon_x}{df} dx$$

由于不考虑道床纵向阻力，温度压力在胀轨区为常量，$P=EF\varepsilon_0$，在一定温升 Δt 的情况下，胀轨形变导致弧长增加，轴向压缩形变能减小，$\dfrac{\mathrm{d}A_1}{\mathrm{d}f}$ 应为负值，故有

$$\begin{aligned}
\frac{\mathrm{d}A_1}{\mathrm{d}f} &= -P\int_0^l \frac{\mathrm{d}\varepsilon_x}{\mathrm{d}f}\mathrm{d}x \\
&= -P\int_0^l \left[\frac{\pi^2}{l^2}\cos^2\left(\frac{\pi x}{l}\right)(f+f_{0e}) + \frac{\pi}{l}\cos\frac{\pi x}{l}(1-2x)\left(\frac{1}{R_0}+\frac{1}{R}\right)\right]\mathrm{d}x \\
&= -\frac{P}{2}\left[\frac{\pi^2}{l}(f+f_{0e}) + \frac{4l}{\pi}\left(\frac{1}{R_0}+\frac{1}{R}\right)\right]
\end{aligned} \quad (7\text{-}31)$$

令 $\dfrac{1}{R_0}+\dfrac{1}{R}=\dfrac{1}{R'}$，则有

$$\frac{\mathrm{d}A_1}{\mathrm{d}f}=-\frac{P}{2}\left[\frac{\pi^2}{l}(f+f_{0e})+\frac{4l}{\pi R'}\right] \quad (7\text{-}32)$$

$$\frac{\mathrm{d}A_2}{\mathrm{d}f}=\frac{\beta EI\pi^4}{2l^3}(f+f_{0e}) \quad (7\text{-}33)$$

$$\begin{aligned}
\frac{\mathrm{d}A_3}{\mathrm{d}f} &= \left[\frac{2}{\pi}q_0-\frac{C_1}{2}f+C_nC_2f^n\right]l \\
&= \frac{2}{\pi}\left[q_0-\frac{\pi C_1}{4}f+\frac{\pi}{2}C_nC_2f^n\right]l \\
&= \frac{2}{\pi}Ql
\end{aligned} \quad (7\text{-}34)$$

式中，C_n 表示为 $\int_0^l \sin^{n+1}\dfrac{\pi x}{l}\mathrm{d}x=C_nl_0$，$C_n$ 可利用 r 函数求得。

当 $n=\dfrac{2}{3}$ 时，$C_n=0.535$；当 $n=\dfrac{3}{4}$ 时，$C_n=0.526$。

式 (7-34) 中的 $Q=q_0-\dfrac{\pi C_1}{4}f+\dfrac{\pi}{2}C_nC_2f^n$。$Q$ 为等效道床分布阻力，其物理意义是：在变形矢度为 f 时，在变形弦长 l 范围内，平均的道床横向分布阻力，以 N/cm 计。当 $f=0.2$ cm 时，其值见表 7-10。

表 7-10　等效道床分布阻力

每千米轨枕根数	等效道床分布阻力/(N/cm)			
	碎石道床、木枕		碎石道床、混凝土枕	
	肩宽 30cm	肩宽 40cm	肩宽 30cm	肩宽 40cm
1760	—	—	76	84
1840	54	62	79	87
1920	56	65	—	—

将上述各式代入 $\dfrac{\mathrm{d}A}{\mathrm{d}f}=0$，可得

$$P = \frac{\beta EI \frac{\pi^2}{l^2}(f+f_{0e}) + \frac{4}{\pi^3}Ql^2}{f+f_{0e}+\frac{4l^2}{\pi^3 R'}} \tag{7-35}$$

以 $\frac{8f_{0P}}{l^2} = \frac{1}{R_0}$ 代入式（7-35）则得

$$P = \frac{\beta EI \frac{\pi^2}{l^2}(f+f_{0e}) + \frac{4}{\pi^3}Ql^2}{f+f_{0e}+\frac{32}{\pi^3}f_{0P}} \tag{7-36}$$

式（7-36）分母中 f_{0P} 项前面的系数 $\frac{32}{\pi^3} = 1.03$，这是由于假设塑性初始弯曲为圆曲线，与变形曲线的线形不同所致，但影响很小。

由式（7-36）可知，P 是 l 的函数，因此，必有一变形弦长 l 使 P 为最小。由 $\frac{\mathrm{d}P}{\mathrm{d}l} = 0$ 可求此 l 值。但由于假设变形弦长等于初始弦长，由 $\frac{\mathrm{d}P}{\mathrm{d}l} = 0$ 条件求出的 l 值实际上是最不利的初始弦长。具体求 l 时，统一公式认为，按照初始不平顺的不同假设，有两种方法可用：一是假设初始 f_0 为已知，称之为定矢度法；一是假设初始不平顺曲率为已知，称之为定曲率法。

定矢度法：f_{0e} 和 f_{0P} 为已知，计算时采用式（7-36），由 $\frac{\mathrm{d}P}{\mathrm{d}l} = 0$ 得

$$l^2 = \frac{1}{Q}\left[B_2^2 + \sqrt{B_2^2 + \frac{\pi^5}{4}\beta EI(f+f_{0e})Q}\right] \tag{7-37}$$

式中，$B_2 = \frac{\beta EI \pi^2 (f+f_{0e})}{R\left(f+f_{0e}+\frac{32}{\pi^3}f_{0P}\right)}$。

定曲率法：设弹性初弯及塑性初弯的曲率为已知，计算时采用式（7-35），由 $\frac{\mathrm{d}P}{\mathrm{d}l} = 0$ 得

$$l^2 = \frac{1}{Q}\left[B_1 + \sqrt{B_1^2 + \frac{\pi^3}{4}(f+f_{0e})B_1 R'Q}\right] \tag{7-38}$$

式中，$B_1 = \frac{\beta EI \pi^2}{R'}$。

统一公式推荐采用定曲率法。

按式（7-38）计算时，只把塑性初弯曲率 $\frac{1}{R_0}$ 取作常量即可，弹性初弯曲率 $\frac{f_{0e}}{l^2}$ 还是随 l 的不同而改变的，因此，这一计算方法又叫作"定塑性初弯曲率法"。

(4) 统一公式的简化

1) 定曲率简化公式。将式(7-38)代入式(7-35)可消去 l^2，可得

$$P_W = \frac{2Q}{\dfrac{1}{R'} + \sqrt{\left(\dfrac{1}{R'}\right)^2 + \dfrac{\pi(f+f_{0e})Q}{4\beta EI}}} \tag{7-39}$$

2) 定矢度简化公式。将式(7-37)代入式(7-36)得

$$P_W = \frac{2Q}{\dfrac{1}{R} + \sqrt{\left(\dfrac{1}{R}\right)^2 + \dfrac{(f+f_{0e}+1.03f_{0P})^2 \pi Q}{4\beta EI(f+f_{0e})}}} \tag{7-40}$$

统一公式是我国学者共同提出并获得推广应用的第一个无缝线路稳定性分析方法，基本上反映了我国轨道界当时的研究水平。它考虑了两种性质不同的初始弯曲，采用非线性道床横向阻力，公式简明实用，计算结果基本合理；在生产实践、普及稳定分析知识和促进该项研究进一步深入发展等方面都曾发挥了积极作用；但亦存在估计和处理初始弯曲的曲率、矢度等方面的问题。

2. 不等波长稳定性计算公式

不等波长稳定性计算公式由中国铁道科学研究院提出，其基本假定是：假定轨道为无限长梁，埋置在均匀介质(道床)中，并具有初始弯曲。在温度压力作用下，轨道变形曲线波形与初始弯曲波形相似，但波长发生变化。

(1) 计算图示 计算所用的变形图示如图7-15所示，初始弯曲的线形函数为

$$y_0 = f_0 \sin^2 \frac{\pi x}{l_0} \tag{7-41}$$

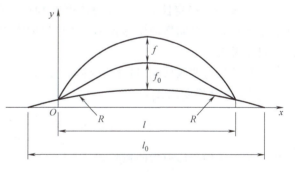

图7-15 不等波长稳定性计算图示

该函数满足如下边界条件：当 $x=0$ 或 $x=l_0$ 时，$y_0 = 0$，$y_0' = 0$。

当初始弯曲位于半径等于 R 的弯道时，则初始状态曲线可用函数 y_s 表示，即

$$y_s = y_0 + y_R = f_0 \sin^2 \frac{\pi x}{l_0} + \frac{x(l_0-x)}{2R} \tag{7-42}$$

式中 f_0——轨道初弯矢度；

l_0——轨道初弯弦长。

在温度压力作用下，轨道将在有初始弯曲的地方产生变形。变形后的曲线仍保持连续，用函数 y_K 表示，即

$$y_K = y + y_s \tag{7-43}$$

相对图7-15的坐标系，初始弯曲 y_0 的表达式可改写为

$$y_0 = f_0 \sin^2 \frac{\pi}{l_0}\left(\frac{l_0-l}{2}+x\right)$$

$$= f_0 \sin^2 \pi \left(\frac{1}{2}+\frac{2x-l}{2l_0}\right)$$

$$= f_0 \left[\sin\frac{\pi}{2}\cos\left(\frac{2x-l}{2l_0}\right)\pi + \cos\frac{\pi}{2}\sin\left(\frac{2x-l}{2l_0}\right)\pi\right]^2$$

$$= f_0 \cos^2 \frac{\pi(2x-l)}{2l_0}$$

同理，y_R 可改写为

$$y_R = \frac{l_0^2 - (2x-l)^2}{8R}$$

则

$$y_K = y + y_0 + y_R$$
$$= f\sin^2\frac{\pi x}{l} + f_0 \cos^2\frac{\pi(2x-l)}{2l_0} + \frac{l_0^2-(2x-l)^2}{8R} \quad (0 \leqslant x \leqslant l) \tag{7-44}$$

式中　f——弯曲变形矢度；

l——弯曲变形弦长。

（2）变波长稳定性公式　无缝线路失稳前，随着轨温上升，横向变形逐渐扩大，逐步达到临界状态，其间横向位移较小，道床横向阻力的非线性和不平顺影响明显，而道床纵向阻力可不考虑。

已知初始弯曲函数 y_0 和弯曲变形函数 y_K，运用弹性势能驻值原理推导公式如下：

1）梁压缩形变能 A_1：

$$A_1 = -P\Delta l = -P\int_0^l \left(\frac{\mathrm{d}s_K - \mathrm{d}x}{\mathrm{d}x} - \frac{\mathrm{d}s_s - \mathrm{d}x}{\mathrm{d}x}\right)\mathrm{d}x$$

式中　Δl——梁变形前后的弧长差；

s_K——梁变形之后的弧长；

s_s——梁初始状态的弧长；

$\mathrm{d}x$——梁的微分长度。

由于变形过程中弧长是增加的，所以对轴压力 P 来说起着能量释放的作用，故在 P 之前冠以负号。将所用线形函数代入上式后则得

$$A_1 = -P\int_0^l \left[\left(\sqrt{1+y_K'^2}-1\right) - \sqrt{1+y_s'^2}-1\right]\mathrm{d}x$$

$$= -P\int_0^l \left[\left(1+\frac{1}{2}y_K'^2\right)^2 - \left(1+\frac{1}{2}y_s'^2\right)\right]\mathrm{d}x$$

$$= -P\left\{\frac{1}{2}\left(\frac{f\pi}{l}\right)^2\int_0^l \sin^2\frac{2\pi x}{l}\mathrm{d}x + \frac{1}{2}\cdot\frac{\pi^2 f f_0}{l l_0}\int_0^l \left[-2\sin\frac{2\pi x}{l}\sin\frac{\pi(2x-l)}{l_0}\right]\mathrm{d}x + \frac{1}{2}\cdot\frac{f\pi}{lR}\int_0^l \left[-(2x-l)\sin^2\frac{2\pi l}{l}\right]\mathrm{d}x\right\}$$

设

$$\eta = \frac{1}{l}\int_0^l \left[-2\sin\frac{2\pi x}{l}\sin\frac{\pi(2x-l)}{l_0} \right] dx \qquad (7\text{-}45)$$

则

$$A_1 = -P\left[\frac{(\pi f)^2}{4l} + \frac{\pi^2 f f_0}{2l_0}\eta + \frac{fl}{2R} \right] \qquad (7\text{-}46)$$

2）梁的弯曲形变能 A_2。设梁的初弯曲 y_0 包括塑性初弯曲 y_{0P}，其矢度为 f_{0P} 和弹性初弯曲 y_{0e}，其矢度为 f_{0e}。由于弹性初弯曲的存在，则在初弯曲范围内存在着分布初弯矩 $M_{0e}(x)$。从而梁的弯曲形变能为

$$A_2 = \int_0^l \left(\frac{M(x)^2}{2EJ_z} + \frac{M_{0e}(x)M(x)}{EJ_z} \right) dx$$

由于 $M(x) = 2EIy''$，$M_{0e}(x) = 2EIy''_{0e}$，于是得

$$A_2 = 2EI\int_0^l \left(\frac{1}{2}y''^2 + y''_{0e}y'' \right) dx$$

式中　EI——一股钢轨在平面内的抗弯刚度。

将线形函数代入之后可得

$$A_2 = 2EI\int_0^l \left\{ \frac{1}{2}\left[2\left(\frac{\pi}{l}\right)^2 f\cos\frac{2\pi x}{l} \right]^2 + \right.$$
$$\left. \left[-2f_0\left(\frac{\pi}{l_0}\right)^2 \cos\frac{\pi(2x-l)}{l_0} \right]\left[-2f\left(\frac{\pi}{l}\right)^2 \cos\frac{2\pi x}{l} \right] \right\} dx$$

设

$$\varphi = \frac{1}{l}\int_0^l \left[-2\cos\frac{2\pi x}{l}\cos\frac{\pi(2x-l)}{l_0} \right] dx \qquad (7\text{-}47)$$

则

$$A_2 = \frac{2EI\pi^4 f^2}{l^3} + \frac{4EI\pi^4 f f_{0e}}{l_0^2 l}\varphi \qquad (7\text{-}48)$$

3）道床形变能 A_3。设 q 为道床横向分布阻力。由公式 $q = q_0 - By^z + Cy^{\frac{1}{N}}$，道床形变能的表达式则为

$$A_3 = \int_0^l \int_0^y q\,dy\,dx$$
$$= \int_0^l \int_0^y (q_0 - By^z + Cy^{1/N})\,dy\,dx$$
$$= \int_0^l \left[q_0 f\sin^2\frac{\pi x}{l} - \frac{B}{1+z}\left(f\sin^2\frac{\pi x}{l}\right)^{1+z} + C\frac{N}{1+N}\left(f\sin^2\frac{\pi x}{l}\right)^{2\frac{1+N}{N}} \right] dx$$

设

$$G = \int_0^l \left(\sin\frac{\pi x}{l}\right)^{2(1+z)} dx \qquad (7\text{-}49)$$

$$K = \int_0^l \left(\sin\frac{\pi x}{l}\right)^{2\frac{1+N}{N}} dx \qquad (7\text{-}50)$$

则得

$$A_3 = \frac{q_0 lf}{2} - \frac{B}{1+z}Gf^{1+z}l - CK\frac{N}{1+N}f^{1+N} \qquad (7\text{-}51)$$

4）扣件形变能 A_4。扣件阻矩 M 可表示为角位移 β 的幂函数，即 $M = H\beta^{\frac{1}{\mu}}$。

轨道弯曲变形时，钢轨相对轨枕转动，从而产生扣件形变能 A_4：

$$A_4 = \int_0^l \int_0^\beta M \mathrm{d}\beta \mathrm{d}x$$

当 $\beta = y'$，从而有

$$A_4 = \int_0^l \int_0^{yn} H y n^{\frac{1}{\mu}} \mathrm{d}y n \mathrm{d}x$$

$$= H \frac{\mu}{1+\mu} \int_0^l \left(\frac{2\pi}{l} f \cos\frac{\pi x}{l} \sin\frac{\pi x}{l}\right)^{\frac{1+\mu}{l}} \mathrm{d}x$$

设

$$\psi = \frac{1}{l} \int_0^l \left(2\pi \cos\frac{\pi x}{l} \sin\frac{\pi x}{l}\right)^{\frac{1+\mu}{\mu}} \mathrm{d}x \tag{7-52}$$

则

$$A_4 = H \frac{\mu}{1+\mu} \psi f^{\frac{1+\mu}{\mu}} \left(\frac{1}{l}\right)^{\frac{1}{\mu}} \tag{7-53}$$

5）稳定性计算公式。综上所述，可知梁（轨道）的总势能 A 为

$$A = A_1 + A_2 + A_3 + A_4$$

由于已经假设了线形，且由以上推导过程可知：在梁的变形过程中，l 起着积分参变量的作用，真正的变量只有一个 f。因此，对总势能 A 取驻值，相当于求 $\frac{\mathrm{d}A}{\mathrm{d}f} = 0$，则

$$\frac{P\pi^2}{2l}\left(f + \frac{f_0 l}{l_0}\eta + \frac{l^2}{R\pi^2}\right) - \frac{4EI\pi^4}{l}\left(\frac{f}{l^2} + \frac{f_{0e}}{l_0^2}\varphi\right) - \left(\frac{q_0 l}{2} - BGf^z l + CKf^{\frac{1}{N}} l\right) - H\left(\frac{f}{l}\right)^{\frac{1}{\mu}}\psi = 0$$

设初始弯曲矢长比为 $\frac{f_0}{l_0} = i_0$，弹性初弯矢度 f_{0e} 占总初弯矢度 f_0 的比例为 $d = \frac{f_{0e}}{l_0}$，于是得 $\frac{f_{0e}}{l_0} = i_0 d$。代入上式得

$$P\left(f + i_0 l\eta + \frac{l^2}{R\pi^2}\right) - 8EI\pi^2\left(\frac{f}{l^2} + \frac{\mathrm{d}i_0}{l_0}\phi\right) - \frac{l^2}{\pi^2}(q_0 - 2BGf^z + 2CKf^{\frac{1}{N}}) - \frac{2H}{\pi^2}f^{\frac{1}{\mu}} l^{\frac{\mu-1}{\mu}}\psi = 0$$

令

$$\tau_1 = 8EI\pi^2\left(\frac{f}{l^2} + \frac{\mathrm{d}i_0}{l_0}\varphi\right) \tag{7-54}$$

$$\tau_q = \frac{l^2}{\pi^2}(q_0 - 2BGf^z + 2CKf^{\frac{1}{N}}) \tag{7-55}$$

$$\tau_m = \frac{2\psi H}{\pi^2} f^{\frac{1}{\mu}} l^{\frac{\mu-1}{\mu}} \tag{7-56}$$

$$\tau_0 = f + li_0\eta + \frac{l^2}{\pi^2 R} \tag{7-57}$$

则

$$P = \frac{\tau_1 + \tau_q + \tau_m}{\tau_0} \tag{7-58}$$

式（7-58）即为基于不等波长稳定性推导的无缝线路临界温度压力。实践证明，无缝线路内，纵向力的分布并非均匀分布，随着线路运营和列车辗压，具有一定的波动性。但由于无缝线路胀曲位置与纵向力的分布具有一定随机性，且影响规律复杂，故在计算公式中暂用

均匀分布的纵向力波动 ΔP 代替。

$$\Delta P = \frac{2}{l}\int_0^{\frac{l}{2}} \frac{F_0}{a_0}\left[e^{-\left(\frac{x}{l}\right)^4} - b\right]dx \tag{7-59}$$

式中　F_0——纵向力峰值，计算中取 F_0 等于 10℃ 时的温度力；
　　　a_0——纵向力峰系数；
　　　b——纵向力分布系数。

换算求得的 ΔP 相当 8℃ 的温度力。考虑 ΔP 的影响，式（7-58）可变换为

$$P = \frac{\tau_1 + \tau_q + \tau_m}{\tau_0} - \Delta P \tag{7-60}$$

按式（7-60）计算无缝线路稳定性时，一般先给定 f 值，然后输入不同的 l_i 进行计算，以求出对应一定 f 值的 $P_{\min}$ 和相应的 l 值。给定不同的 f 值，可绘制 P-f 平衡状态曲线，从而求得临界矢度 f_k、临界波长 l_k、临界温度力 P_k 和相应的临界温度差 Δt_k。

(3) 各积分函数的计算

1) 初始弯曲积分函数 η。利用 $-2\sin x\sin y = \cos(x+y) - \cos(x-y)$ 的关系式后，式（7-45）的积分可写为

$$\eta = \begin{cases} \dfrac{2l_0^2}{\pi(l_0^2 - l^2)}\sin\dfrac{l}{l_0}\pi & (l \neq l_0) \\ 1.0 & (l = l_0) \end{cases} \tag{7-61}$$

2) 弹性初始弯曲积分函数 φ。利用 $2\cos x\cos y = \cos(x+y) - \cos(x-y)$ 的关系式后，式（7-47）的积分可写为

$$\varphi = \begin{cases} \dfrac{2ll_0}{\pi(l_0^2 - l^2)}\sin\dfrac{l}{l_0}\pi & (l \neq l_0) \\ 1.0 & (l = l_0) \end{cases} \tag{7-62}$$

3) 道床阻力减值、增值积分函数 G、K。计算 G、K 时，令 $\theta = \dfrac{\pi x}{l}$，则 $d\theta = \dfrac{\pi}{l}dx$，$dx = \dfrac{l}{\pi}d\theta$。

当 $x \to 0 \sim l$ 时，对应 $\theta \to 0 \sim \pi$。代入式（7-49）、式（7-50）后，可得

$$G = \frac{1}{\pi}\int_0^\pi (\sin\theta)^{2(1+z)}d\theta$$

$$K = \frac{1}{\pi}\int_0^\pi (\sin\theta)^{2\frac{1+N}{N}}d\theta$$

利用正弦函数的对称性，上式可写成

$$G = \frac{2}{\pi}\int_0^{\frac{\pi}{2}}(\sin\theta)^{2(1+z)}d\theta \tag{7-63}$$

$$K = \frac{2}{\pi}\int_0^{\frac{\pi}{2}}(\sin\theta)^{2\frac{1+N}{N}}d\theta \tag{7-64}$$

已知 z 和 N，可用 β 和 γ 函数（查数学手册），求得 K、G 值。

4) 扣件阻矩积分函数 ψ。式（7-56）可改写为

$$\psi = \frac{1}{l}\int_0^l \left(\pi\sin\frac{2\pi x}{l}\right)^{\frac{1+\mu}{\mu}} dx$$

令 $\theta = \frac{2\pi x}{l}$，则 $d\theta = \frac{2\pi}{l}dx$，$dx = \frac{l}{2\pi}d\theta$。

当 $x = \frac{l}{4}$ 时，对应的 $\theta = \frac{\pi}{2}$。代入上式后，可得：

$$\psi = \frac{4l\pi^{\frac{1+\mu}{\mu}}}{2\pi l}\int_0^{\frac{\pi}{2}}(\sin\theta)^{\frac{1+\mu}{\mu}}d\theta = 2\pi^{\frac{1}{\mu}}\int_0^{\frac{\pi}{2}}(\sin\theta)^{\frac{1+\mu}{\mu}}d\theta \tag{7-65}$$

当已知 μ 时，可运用 β 和 γ 函数求得 ψ 值。

3. 有限单元法

前述两种稳定性计算方法均为解析计算方法，会受到诸多假设的限制，使用条件较为有限，计算结果有时与实际相差可能较大，下面介绍在工程中应用较为成熟的有限元法在无缝线路稳定性计算中的应用。有限单元法（FEM）是一种利用离散的单元来描述复杂的连续介质力学模型的通用方法，也可用于构建轨道稳定性的计算分析模型。该方法可考虑多种不同材料性质、复杂边界条件及几何关系的线性和非线性行为，能方便地模拟各种线路结构状态，计算出轨道结构从锁定轨温直到破坏全过程的横向位移。在此过程中，阻力非线性要求采用增量法求解，分步增加温度荷载，模型允许轨道几何形位任意假定，可灵活多变，且边界条件也可灵活设置。

（1）有限元模型　采用有限元方法构建无缝线路分析模型时，可将钢轨、轨枕简化为具有一定刚度的 Euler 梁单元；扣件联结简化为具有纵、横向约束刚度及抗扭刚度的弹簧单元；道床阻力处理为联结于轨枕上的非线性弹簧单元。轨道的初始弯曲变形通过控制框架的线形进行预设。模型长度取远大于研究波长以消除边界的影响，并可通过对称性取一半模型进行分析。无缝线路稳定性分析的 FEM 模型如图 7-16 所示。

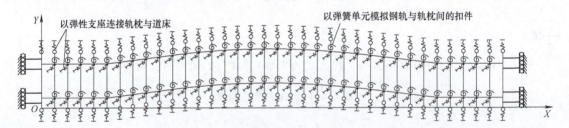

图 7-16　无缝线路稳定性分析的 FEM 模型

扣件及道床阻力均可设置为特定的双线性特征，如图 7-17 所示。当线路处于微量变形区间时，即为第一部分弹性阶段，阻力随位移成比例增加；当变形持续增大，处于第二部分的塑性区间时，阻力不再随位移的变化而变化，这就是通常所说的塑性阶段。

在弹簧达到塑性阶段后，模型可以实现线性卸载。整个轨道结构的梁单元长度为常数，与轨枕间距一致，如图 7-18 所示，典型的梁单元节点处有三个自由度 u、v 和 ϕ，与两个位移弹簧和一个扭转弹簧连接在一起。

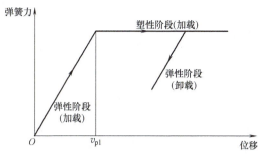

图 7-17 双线性弹簧特征

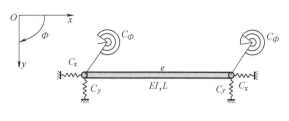

图 7-18 应用于 FEM 中的梁单元

（2）有限元方程的建立　根据梁单元模拟钢轨的平衡方程，建立如下包含位移改变量的矩阵方程组：

$$S\Delta v = \Delta F \tag{7-66}$$

式中　S——整体刚度矩阵（N/mm）；

Δv——位移增量矢量（mm）；

ΔF——荷载增量矢量（N）。

1) 刚度矩阵的组集。整体刚度矩阵 S 由以下部分组成。

① 单元刚度矩阵 S_1。在 FEM 模型中的梁单元可以受拉和受弯，弯曲单元的形状函数如图 7-19 所示。因此，矩阵 S_1 中包含抗拉刚度和抗弯刚度。梁单元的位移矩阵 v^e 和荷载矩阵 F^e 之间的线性关系由下列矩阵方程定义：

$$S_1 v^e = F^e \tag{7-67}$$

式（7-67）中，每个节点上的位移矢量 v^e 有三个自由度 u、v 和 ϕ。组合单元的位移模式 u 由下列微分方程确定：

$$EA \frac{d^2 u}{dx^2} = 0 \tag{7-68}$$

式中　A——截面面积；

E——弹性模量。

② 刚度矩阵 S_2。该刚度矩阵基于二阶理论，考虑小应变、大位移情况下的几何非线性，通过位移产生的应变而推导出。位移 u 和 v 所导致的轴向应变如图 7-20 所示，其应变 ε 和位移 u、v 的关系为

$$\varepsilon = \frac{\partial u}{\partial x} + \frac{1}{2}\left(\frac{\partial v}{\partial x}\right)^2 \tag{7-69}$$

结合二阶理论，并通过虚功原理，可以得到二维梁结构平衡的稳定性条件。当势能变分为 0 或者满足下式时，结构达到平衡：

$$\delta E_{pot} = \iiint_v \sigma \delta \varepsilon dv - \iint_1 F \delta v dx = 0 \tag{7-70}$$

假设该结构中存在由荷载 q_0 所产生的轴向力 N_0 和弯矩 M_0。如果分别对位移 u、v 求其变分 ∂u、∂v，并且外部荷载不变，则该结构的势能变分如下：

$$\delta E_{pot} = \int \left(N_0 \delta \varepsilon + M_0 \delta_k + \frac{1}{2} dN \delta \varepsilon + \frac{1}{2} dM \delta_k - q_0 \delta v \right) dx \tag{7-71}$$

$$= \delta^1 E_{pot} + \delta^2 E_{pot}$$

首项：

$$\delta^1 E_{\text{pot}} = \int \left(N_0 \frac{\partial \delta u}{\partial x} - M_0 \frac{\partial^2 \delta v}{\partial x^2} - q_0 \delta v \right) dx \tag{7-72}$$

该项表示在外部荷载作用下内力的平衡情况。

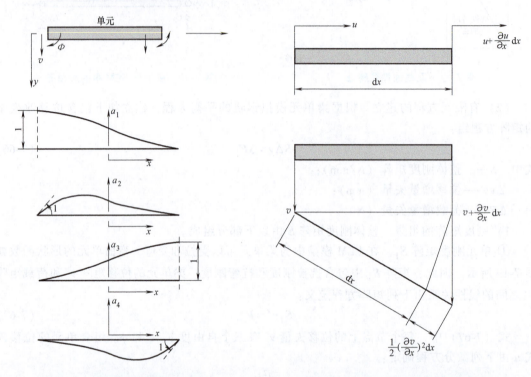

图 7-19　弯曲单元的形状函数　　　　图 7-20　位移 u 和 v 所导致的轴向应变

第二项为应变能，可被分解成线性和非线性两部分：

$$\delta^2 E_{\text{pot}} = \delta^2 E_{\text{pot},1} + \delta^2 E_{\text{pot},2} \tag{7-73}$$

在该表达式中，线性部分和非线性部分分别为

$$\delta^2 E_{\text{pot},1} = \frac{1}{2} \int EA \left(\frac{\partial \delta u}{\partial x} \right)^2 dx + \frac{1}{2} \int EI \left(\frac{\partial^2 \delta v}{\partial x^2} \right)^2 dx$$
$$= \frac{1}{2} \boldsymbol{v}^{e\text{T}} \boldsymbol{S}_1^e \partial \boldsymbol{v}^e \tag{7-74}$$

$$\delta^2 E_{\text{pot},2} = \frac{1}{2} \int N_0 \left(\frac{\partial \delta v}{\partial x} \right)^2 dx$$
$$= \frac{1}{2} \boldsymbol{v}^{e\text{T}} \boldsymbol{S}_2^e \partial \boldsymbol{v}^e \tag{7-75}$$

矩阵 $\boldsymbol{S}_1^e$ 为对称的单元刚度矩阵。矩阵 $\boldsymbol{S}_2^e$ 包括由法向力决定的参数。它形成了矩阵 $\boldsymbol{S}$ 内表示几何非线性的额外部分。

③ 弹簧刚度矩阵。节点处的双线性弹簧也对结构整体刚度起作用。当弹簧处于弹性阶段，线性弹簧的矩阵关系为

$$\begin{pmatrix} C_x & & \\ & C_y & \\ & & C_\phi \end{pmatrix} \begin{pmatrix} u \\ v \\ \phi \end{pmatrix} = \begin{pmatrix} F_x \\ F_y \\ M_\phi \end{pmatrix} \tag{7-76}$$

或

$$S_v v = F \tag{7-77}$$

矩阵 S_v 中包括位于矩阵主对角线的道床刚度和扣件扭转刚度。

当到达塑性阶段后，弹簧力不再随位移的增加而增加，而是保持恒定不变，此时对于下一次荷载增量，弹簧对轨道刚度不起任何作用。

将上述三个矩阵直接相加，即可得到整体刚度矩阵 S。考虑支承条件后，可缩减矩阵 S。

2）荷载矩阵。作用于轨道结构的荷载包括温度荷载与节点外部荷载两部分。

① 温度荷载。当钢轨升温时，轨道内将产生温度压力，并可能导致轨道的横向不稳定（胀曲）。在整个轨道上均分布有温度荷载。根据前面的内容，得出由于相对锁定轨温或初始轨温的温度变化 Δt 而导致的钢轨轴向力 N 的公式：

$$N_{max} = -EA\alpha\Delta t \tag{7-78}$$

因此，作用于（双轨）轨道上的伸缩力为

$$P = 2EA\alpha |\Delta t| \tag{7-79}$$

式中　P——作用于轨道上的温度力（N），表示取绝对值；

E——钢轨弹性模量（N/mm^2）；

A——每根钢轨的截面面积（mm^2）；

α——线膨胀系数（$℃^{-1}$）；

Δt——$\Delta t = t_{实际} - t_{中性}$（℃）。

② 节点外部荷载。模型可方便地在单元节点上施加横向或纵向的节点荷载，用于验证线路阻力及分析更为复杂的荷载工况。

两种荷载类型均可单独施加或组合施加。

（3）有限元方程数值解的实现　按上述方法将各单元在局部坐标系下的刚度矩阵转换成整体坐标系下的刚度矩阵，根据对号入座原则，以节省计算机内存的等带宽法将各单元刚度矩阵叠加形成总刚度矩阵，将各节点等效节点荷载扩充成荷载向量，并引入模拟道床与轨枕相连的弹性支座。为模拟出沿线路方向温升幅值的线性变化，采用增量法求解有限元方程时，每增温求解一次就在一定的范围内形成一段温升幅值沿线路方向成线性变化的区段，直到沿线路方向成线性变化的区段达到预设的范围，其计算流程如图 7-21 所示。

7.3.4　无缝线路稳定性算例

1. 初始弯曲的影响

实践表明，在相同线路结构和环境下，轨道变形量一定时，对于不同的初弯波长，相应的临界温度力和轨温差是不同的，即存在最不利的初弯波长，使相应的临界温差最小。中国铁道科学研究院曾对 50kg/m、60kg/m 钢轨线路的初始弯曲进行了测量，统计分析了不同的初始波长、矢度、矢长比以及弹性弯矢度占总初弯矢度的比例，在波长（$l_0 = 7m$），矢度较

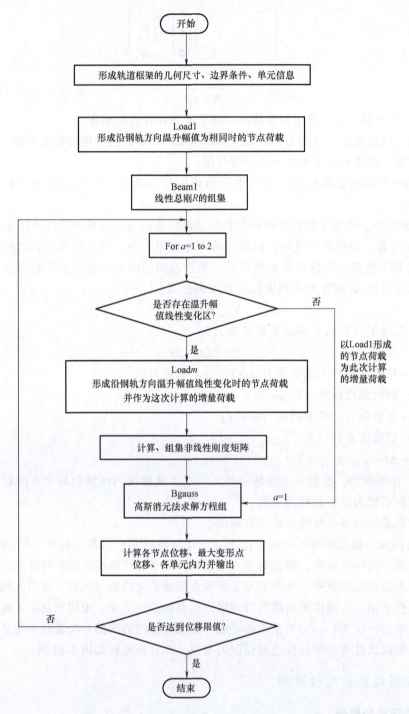

图 7-21 无缝线路稳定性计算有限元法流程图

大的初始弯曲时，50kg/m、60kg/m 钢轨矢长比 i_0 分别为 0.1% 和 0.097%，弹性初弯矢度占总矢度的比值为 53.88%。考虑一定的安全裕量，计算不同初始波长情况下的临界温差，发现对于 50kg/m、60kg/m 钢轨无缝线路的最不利初始弯曲波长 l_0 分别为 700cm、720cm。

2. 允许温差的确定

在无缝线路运营中，由于存在道床状态、扣件紧固度等不确定因素的影响，因此不能将稳定计算得到的临界温差作为允许温差使用，应当考虑一定的安全储备量。现多采用安全系数 K_0 来作为安全储备，包括基本安全系数 K_A 和附加安全系数 K_c，它们的关系为 $K_0 = K_A K_c$。

(1) 基本安全系数 K_A 的确定　该安全系数主要考虑初始弯曲分布的随机性，道床密实度、扣件紧固度的非一致性；轨温测量的误差；无缝线路横向累积变形等。允许温差的设计，把限制轨道累积变形作为基本条件，有利于提高无缝线路的稳定性。据测得的日温差频数及轨温昼夜变化无缝线路的横向累积变形，经计算，取变形 $f=0.02 \sim 0.05$cm 所对应的轨温差 Δt 作为无缝线路稳定性允许温差 $[\Delta t_c]$。f 取值与轨道结构类型及道床密实度有关，通常取 $f=0.02$cm；只要初始弯曲不超过设计允许值，锁定轨温至最高轨温的温升幅度就不会超过允许值。在高温季节，一昼夜时间内，无缝线路的最大弯曲变形量不超过 0.02cm，经过一个季节运营后，累积变形量就不会超过 0.2cm。对于不同轨型的混凝土轨枕线路，用列车荷载作用下两转向架间上浮轨排区段的实测阻力，及相应的初弯波长，计算临界温差 Δt_K 及允许温差 $[\Delta t_c]$，从而可得到不同轨型及不同平面条件下的基本安全系数 K_A。

(2) 附加安全系数 K_c 的确定　该安全系数主要考虑了无缝线路纵向力分布不均匀和运营过程中锁定轨温的变化。稳定性计算时，不论直线或曲线均考虑在轨道弯曲变形范围内，纵向力分布不均匀的峰值相当于 10℃ 温度力，把其换算为均匀分布纵向力 ΔP，用式 (7-79) 计算，求得 ΔP 相当于 8℃ 温度力，在稳定性计算式 (7-26) 中予以考虑。

在确定稳定性允许温差时，还考虑无缝线路经过长期运营后，锁定轨温的变化，根据试验及统计分析，锁定温度变化在 8℃ 以内，由设计予以修正。对锁定温度变化的修正，直线与曲线区段采取不同处理办法：

在直线及半径 $R \geqslant 2000$m 曲线区段上，为保证有充裕的养护维修作业时间，考虑高温季节也可安排必要的养护维修作业，因此在允许铺轨温差中，修正锁定温度 8℃。

在半径 $R < 2000$m 的曲线区段上，锁定温度差异在作业安排的轨温差中加以修正，而允许铺轨温差不做修正，修正值仍为 8℃，因此在曲线上允许安排作业的轨温差比允许铺轨的轨温差低 8℃。也就是说，在曲线区段上，高温季节，当轨温超过铺轨允许温差减 8℃，全天不得安排养护维修作业。

考虑上述因素，可得到不同轨型及不同线路平面条件下的附加安全系数。

K_A 与 K_c 乘积，则为稳定性实际安全系数 K_0，其值表征无缝线路实际安全储备量。由计算求得三种轨型、混凝土枕（每公里不同配置根数），直线及半径 $R>800$m 曲线道床、肩宽 40cm，$R \leqslant 800$m 曲线、道床肩宽 45cm 且砟肩堆高 16cm，不同线路平面，稳定性临界温差 Δt_K、允许温差 $[\Delta t_c]$、安全系数 K_0。现以每公里轨枕配置根数 1840 根为例，其计算结果见表 7-11。

表 7-11　临界温差、允许温差、安全系数

钢轨类型	临界温差 Δt_K、允许温差 $[\Delta t_c]$、安全系数 K_0	直线及 $R \geqslant 2000$m 曲线	曲线半径/m				
			1000	800	600	500	400
CHN50	Δt_K	95	84	84	77	73	66
	$[\Delta t_c]$	50	48	47	44	39	34
	K_0	1.90	17.5	1.79	1.75	1.87	1.94

（续）

钢轨类型	临界温差 Δt_K、允许温差 $[\Delta t_c]$、安全系数 K_0	直线及 $R \geqslant 2000\mathrm{m}$ 曲线	曲线半径/m				
			1000	800	600	500	400
CHN60	Δt_K	95	82	82	75	69	63
	$[\Delta t_c]$	50	48	42	42	38	33
	K_0	1.90	1.71	1.74	1.79	1.82	1.91
CHN75	Δt_K	93	77	77	69	63	57
	$[\Delta t_c]$	50	45	44	38	33	28
	K_0	1.86	1.71	1.75	1.82	1.91	2.04

3. 稳定性允许温差算例

（1）不等波长方法

设：60kg/m 钢轨无缝线路，$R = 2 \times 10^5$ cm，$F = 77.45\mathrm{cm}^2$，$J_z = 524\mathrm{cm}^2$，$E = 2.1 \times 10^7 \mathrm{N/cm^2}$，$l_0 = 720\mathrm{cm}$，$i_0 = 0.1\%$，$d = 58.33\%$，$\alpha = 1.18 \times 10^{-5} \mathrm{℃^{-1}}$。

解：无缝线路设计只需直接计算 $f = 0.02\mathrm{cm}$ 所对应的稳定性允许温差 $[\Delta t_c]$。

$$P = \frac{\tau_l + \tau_q + \tau_m}{\tau_0}$$

$$\tau_l = 8.68841 \times 10^{11} \left(\frac{0.02}{l^2} + 8.10138 \times 10^{-7} \varphi \right)$$

$$\tau_q = 4.25 l^2, \quad \tau_m = 1.95339 \times 10^3 l^{\frac{1}{2}}$$

$$\tau_0 = 2 \times 10^{-2} + 1 \times 10^{-3} l\eta + \frac{l^2}{1.97392 \times 10^6}$$

列表计算不同 l 对应的 P 值，从中求得 $P_{\min}$。

计算结果见表 7-12，可以看出，$l = 430\mathrm{cm}$、$450\mathrm{cm}$ 计算得到的 P 值小于 $l = 400\mathrm{cm}$、$500\mathrm{cm}$ 计算得到的 P 值，也就是说，$P_{\min}$ 介于 $l = 430\mathrm{cm}$、$450\mathrm{cm}$ 对应的 P 值之间，故又计算 $l = 440\mathrm{cm}$ 的 P 值，求得 $P_{\min} = 2.53456 \times 10^6 \mathrm{N}$。$t_{\min} \frac{P_{\min}}{2FE\alpha}$，$t_{\min} = 66.03℃$。

表 7-12 60kg/m 钢轨，$R = 2 \times 10^5$ cm 稳定性计算

l/cm	φ	$\tau_l/(10^5\mathrm{N \cdot cm})$	$\tau_m/(10^5\mathrm{N \cdot cm})$	$\tau_q/(10^4\mathrm{N \cdot cm})$	η	τ_0/cm	$P/(10^6\mathrm{N})$
400	0.50386	4.63263	6.79840	3.90678	0.90684	0.46379	2.54892
430	0.56364	4.90738	7.85325	4.05064	0.94378	0.51949	2.53528
450	0.60324	5.10000	8.60625	4.14376	0.97395	0.55692	2.53547
500	0.69946	5.61845	10.6225	4.36798	1.00723	0.65027	2.56475
440	0.58349	5.00500	8.22600	4.09750	0.95480	0.53819	2.53456

允许温差的确定，应考虑纵向分布不均，减去 8℃，直线及半径 $R \geqslant 2000\mathrm{m}$ 曲线还应在设计中考虑运营过程中锁定轨温的变化，再减去 8℃，则：

$$[\Delta t_c]_{直线} = 50℃$$

(2) 统一公式方法　当变形矢度 $f=0.2$ cm 时，其等效道床阻力为 87N/cm。

采用定曲率法时：

$$P_\mathrm{W} = \frac{2Q}{\frac{1}{R'} + \sqrt{\left(\frac{1}{R'}\right)^2 + \frac{\pi(f+f_{0e})Q}{4\beta EI}}}$$

$$= \frac{2\times 87}{0.963\times 10^{-5} + \sqrt{(0.963\times 10^{-5})^2 + \frac{\pi(0.2+0.42)\times 87}{4\times 2.1\times 10^7 \times 2\times 524}}} \mathrm{N}$$

$$= 3190 \mathrm{kN}$$

采用定矢度法时：

$$P_\mathrm{W} = \frac{2Q}{\frac{1}{R} + \sqrt{\left(\frac{1}{R}\right)^2 + \frac{(f+f_{0e}+1.03f_{0P})^2\pi Q}{4\beta EI(f+f_{0e})}}}$$

$$= \frac{2\times 87}{0.5\times 10^{-5} + \sqrt{(0.5\times 10^{-5})^2 + \frac{\pi(0.2+0.42+1.03\times 3)^2\times 87}{4\times 2.1\times 10^7 \times 2\times 524(0.2+0.42)}}} \mathrm{N}$$

$$= 2454 \mathrm{kN}$$

因此，定矢度法较定曲率法更安全：

$$[P] = \frac{2454}{1.25} \mathrm{kN} = 1963.2 \mathrm{kN}$$

$$\Delta t = \frac{[P]}{EF\alpha} = 51.1 ℃$$

7.4　普通无缝线路

7.4.1　普通无缝线路的主要组成

普通无缝线路分为温度应力式和放散温度应力式两类，温度应力式是我国普通无缝线路的基本类型，在温变幅度较大或附加力较大的区段也会设置放散温度应力式无缝线路。

温度应力式无缝线路主要包括伸缩区、固定区和缓冲区三部分。伸缩区设于长钢轨两端，长度根据线路阻力的不同，一般为 50~100m。固定区位于长钢轨中部，两端分别与两伸缩区相连，长度根据线路及施工条件确定，最短不得短于 50m。缓冲区设于两根长钢轨之间，一般由 2~4 对标准轨或厂制缩短轨组成，有绝缘接头时为 4 对，采用胶结绝缘接头时为 3 对或 5 对。

放散温度应力式无缝线路分自动放散式和定期放散式两种。定期放散式无缝线路每年春、秋季节适当温度时，更换不同长度的缓冲区钢轨，调节钢轨温度应力。其结构形式与温度应力式相同。在温差较大的地区和特大桥梁上，为了消除和减少钢轨纵向力对轨道结构强度、断缝及稳定性的影响，可采用自动放散温度应力式无缝线路。自动放散温度应力式无缝线路主要通过在适当位置设置钢轨伸缩调节器以释放温度力。

温度应力式无缝线路结构相对简单,养护维修比较方便,是分析和理解普通无缝线路、科学开展无缝线路设计与管理的基础。

7.4.2 无缝线路的设计锁定轨温

确定合理的设计锁定轨温,开展轨道结构检算是普通无缝线路设计的主要内容。无缝线路锁定轨温设计需要重点考虑:控制降温幅度,防止轨条内的最大拉应力不得超过钢轨及焊缝的强度,且若发生断轨时,钢轨断缝值不得超过允许限值;控制升温幅度,防止轨道发生胀轨、跑道事故或轨条内的最大压应力超限等病害。设计锁定轨温计算如图 7-22 所示。

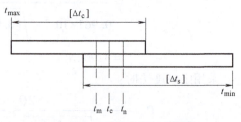

图 7-22 设计锁定轨温计算图

1. 根据钢轨强度确定允许的降温幅度

无缝线路钢轨应有足够的强度,以保证在动弯应力、温度应力及其他附加应力共同作用下钢轨及焊接接头不被破坏。一般要求钢轨所承受的各种主要应力峰值之和不超过允许强度 $[\sigma_s]$,即

$$\sigma_{dmax} + \sigma_{tmax} + \sigma_c \leq [\sigma_s] \tag{7-80}$$

式中 σ_{dmax}——钢轨最大动弯应力(MPa);

σ_{tmax}——最大温度应力(MPa);

σ_c——钢轨承受的制动应力,一般按 10MPa 取值;

$[\sigma_s]$——钢轨或焊头的允许使用强度,考虑到疲劳效应折减等,一般取钢轨的屈服强度 σ_s 除以安全系数 K,$[\sigma_s] = \dfrac{\sigma_s}{K}$。一般新钢轨取 $K = 1.3$,再用轨取 $K = 1.35$。我国主要钢种钢轨屈服强度见表 7-13。

表 7-13 我国主要钢种钢轨屈服强度 (单位:MPa)

钢种	U71Mn、U71MnG、U71MnK	U75V、U75VG、U76CrRE、U77MnCr、U78CrV
σ_s	457	472

一般情况下,轨道结构强度不控制允许的降温幅度,所以由钢轨强度允许的降温幅度 $[\Delta t_{s1}]$ 为

$$[\Delta t_{s1}] = \dfrac{[\sigma_s] - \sigma_{gd} - \sigma_c}{E\alpha} \tag{7-81}$$

式中 σ_{gd}——列车轮载作用下钢轨底部下缘的动弯应力峰值。

2. 根据断缝确定的降温幅度

参考式 (7-20) 可以计算在最不利条件下,当长钢轨固定区在温度拉力峰处发生断轨时轨缝值的大小,并按相关规范或研究成果确定的断缝允许限值控制最大降温幅度。

$$[\Delta t_{s2}] = \sqrt{\dfrac{[\lambda]r}{EF\alpha^2}} \tag{7-82}$$

式中 $[\lambda]$——为保障列车行车安全而确定的允许断缝值,根据我国 TB 10015—2012《铁路

无缝线路设计规范》规定,一般情况下取 70mm,困难条件下取 90mm。

按上述条件,取 $[\Delta t_s] = \min\{[\Delta t_{s1}], [\Delta t_{s2}]\}$ 进一步计算。

3. 根据稳定条件确定允许的升温幅度

当无缝线路内存在过高的温度压力时,会引起胀轨、跑道事故,严重威胁到线路稳定性。根据线路稳定性计算求得钢轨的允许温度压力 $[P]$ 后,可计算允许升温幅度 $[\Delta t_c]$:

$$[\Delta t_c] = \frac{[P]}{2E\alpha F} \tag{7-83}$$

4. 设计温度的确定

设计锁定温度 t_e 按下式计算:

$$t_e = \frac{t_{\max}+t_{\min}}{2} + \frac{[\Delta t_s]-[\Delta t_c]}{2} \pm \Delta t_K \tag{7-84}$$

式中 $t_{\max}$、$t_{\min}$——铺轨地区的最高、最低轨温;

Δt_K——温度修正值,可根据当地具体情况取 0~5℃。

无缝线路铺设时,施工锁定轨温应有一个范围,一般取设计锁定轨温±5℃,则:
施工锁定轨温上限为 $t_m = t_e+5℃$;施工锁定轨温下限 $t_n = t_e-5℃$;且需满足 $t_{\max}-t_n<[\Delta t_c]$、$t_m-t_{\min}<[\Delta t_s]$。

7.4.3　无缝线路结构设计

1. 轨条长度

轨条长度应考虑线路平、纵面条件,道岔、道口、桥梁、隧道所在位置,原则上按闭塞区间长度设计,一般长度为 1000~2000m。轨节长度最短一般为 200m,特殊情况下不短于 150m。在长轨之间、道岔与长轨之间、绝缘接头处,需设置缓冲区,缓冲区一般设置 2~4 根同类型标准轨。

对于缓冲区、伸缩区以及其间接头的布置,均有一系列规定,设计时执行《无缝线路铺设及养护维修方法》中的有关规定。

2. 伸缩区长度

伸缩区长度 l_s 按式 (7-16) 计算。伸缩区长度一般取 50~100m,宜取为标准轨长度的整倍数。

3. 预留轨缝

长轨条一端的伸缩量 $\lambda_{\text{长}}$ 按式 (7-20) 计算,标准轨一端的伸缩量 $\lambda_{\text{短}}$ 按式 (7-21) 计算。

确定预留轨缝的原则与普通有缝线路的轨缝确定原则相同,即高温时轨缝不顶严,低温时接头螺栓不受剪。缓冲区中标准轨之间的预留轨缝与普通线路相同。长轨与标准轨之间的预留轨缝按如下方法计算:

按低温季节轨缝不超过构造轨缝 a_g 的条件,可算得预留轨缝上限 $a_{\text{上}}$ 为

$$a_{\text{上}} = a_g - (\lambda_{\text{长}}+\lambda_{\text{短}}) \tag{7-85}$$

按高温季节轨缝不顶严的条件,其下限为

$$a_{\text{下}} = \lambda'_{\text{长}}+\lambda'_{\text{短}} \tag{7-86}$$

式中 $\lambda_{\text{长}}$、$\lambda_{\text{短}}$——从锁定轨温至当地最低轨温时，长轨、短轨一端的缩短量；

$\lambda'_{\text{长}}$、$\lambda'_{\text{短}}$——从锁定轨温至当地最高轨温时，长轨、短轨一端的伸长量。

则预留轨缝 a_0 为

$$a_0 = \frac{a_{\text{上}} + a_{\text{下}}}{2} \tag{7-87}$$

若钢轨绝缘接头采用胶结绝缘接头，则允许缓冲区轨缝挤严。

■ 7.5 无缝道岔

7.5.1 无缝道岔概述

无缝道岔是指将道岔内部及两端的钢轨全部进行焊接、胶结或冻结的道岔。道岔无缝化保证了跨区间无缝线路的实现，可提高列车运行的平稳性，延长道岔的使用寿命，减少现场的养护维修工作量。无缝道岔技术与桥上无缝线路技术、胶结绝缘接头技术一起，成为跨区间无缝线路的三大关键技术。我国自1993年开始研究试铺跨区间无缝线路，逐步发展和完善了无缝道岔的设计、制造、铺设和运营成套技术，并在普速铁路、高速铁路和城际铁路中进行了广泛的应用。深入研究严寒地区、高海拔地区无缝道岔的适应性，优化道岔和转换设备的结构，减轻轨温变化对道岔转换和行车平稳性的影响，提高无缝道岔的可靠性，成为无缝道岔研究的重点方向。

无缝道岔取消了岔区的普通钢轨接头，提高了岔区轨道平顺性，降低了轮轨动力冲击，延长了钢轨件及轨道结构使用寿命。无缝道岔除承受机车车辆的动荷载作用外，还承受轨条无缝化产生的纵向温度力作用，并能保持结构的稳定和部件的可靠性。因此，无缝道岔须满足基本的结构要求。

1) 道岔钢轨应具有良好的焊接性，以实现岔内接头及岔区两端接头的可靠焊接；困难条件下，可用"冻结"或胶结技术联结钢轨接头。

2) 岔区钢轨扣件应采用大阻力弹性扣件，以保持岔区钢轨的稳定，控制轨条纵向爬行，防止影响岔区轨道几何状态和部件工作性能。有砟道岔无缝化时，应保证扣件的纵向阻力大于岔区的道床纵向阻力，保持岔区轨道框架稳定。

3) 有砟轨道无缝道岔道床应饱满、密实，特别要注意填平、夯实岔枕盒内的道砟，并按无缝线路要求加宽砟肩。

4) 尖轨、心轨跟端可设置间隔铁或限位器等传力部件，并采用高强螺栓连接，以满足无缝道岔传递纵向温度力的要求。

5) 无缝道岔应采用弹性可弯式AT尖轨；尖轨、心轨的伸缩应不致引起工电结合部性能不良。

7.5.2 无缝道岔的结构特点

1. 无缝道岔温度力的传递路径

无缝道岔纵向温度力的传递路径如图7-23所示，其主要传力过程如下：

1) 无缝道岔与区间钢轨焊连之后，岔前将受到区间传来的两股温度力 P_t 作用，岔后将

受到四股温度力 P_t 作用，岔区前后的纵向温度力不平衡。

2）道岔外侧的直、曲基本轨轨条连续，且位于跨区间无缝线路中，轨条主要承受基本温度力 P_t，并受辙叉和直、曲导轨传递温度力的影响，产生纵向位移和附加温度力，出现纵向温度力重分布，在转辙器跟端传力部件附近形成温度力峰。

3）辙叉长、短心轨受到区间传来的纵向温度力，通过辙叉跟端传力结构传递至翼轨，并经直、曲导轨，通过尖轨跟端传力部件分别传至直、曲基本轨，使之承受附加温度力。

4）在辙叉和导轨传递纵向温度力的过程中，钢轨件将产生伸缩，并受到扣件系统的约束，部分温度力通过岔枕传向基本轨和道床；余下的温度力受尖轨跟端传力部件约束时，通过传力部件传至基本轨，若不受约束时，将以尖轨跟端位移的方式传至尖轨。

5）尖轨、心轨尖端的伸缩位移主要受自由段温度伸缩影响和跟端传来的伸缩位移影响，当尖端伸缩量过大时，可能引起工电结合部故障。

因此，无缝道岔传力途径的有效保证和传力结构的科学应用是确保无缝道岔受力及变形得到合理控制的关键。无缝道岔中的主要传力结构有辙叉跟端、转辙器跟端、扣件系统、岔枕和道床等。

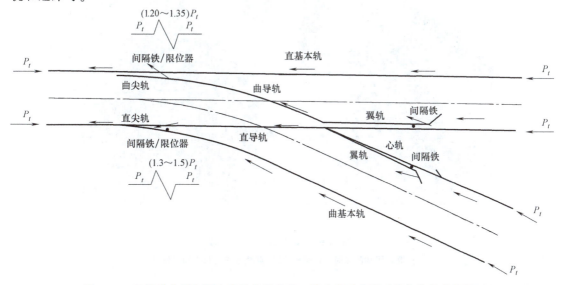

图 7-23 无缝道岔纵向温度力的传递路径（箭头表示升温时温度力传递方向）

典型单开无缝道岔钢轨纵向温度力和位移分布规律如图 7-24、图 7-25 所示。

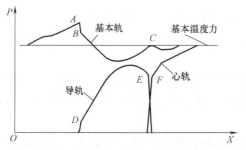

图 7-24 无缝道岔钢轨纵向温度力分布

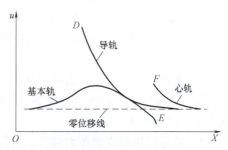

图 7-25 无缝道岔钢轨伸缩位移分布

2. 辙叉结构传力机理

辙叉是实现叉跟纵向温度力向导轨传递的重要部件，其结构形式有固定型辙叉、可动心轨辙叉两类。不同结构形式的辙叉在无缝化技术方面，均遵循将心轨跟端纵向温度力利用传力部件或传力结构经翼轨传至导轨的原则。

1) 固定型辙叉为整体式结构，受到区间钢轨传来的纵向温度力后，先克服辙叉扣件纵向阻力、辙叉垫板的摩擦阻力或道床阻力，而后通过辙叉趾端平均地传递给直、曲导轨。

2) 可动心轨辙叉是由翼轨、心轨、叉跟轨及联结零件等组成的拼装式结构，利用间隔铁和高强螺栓将心轨跟端（或叉跟轨）与翼轨跟端牢固联结，形成稳定、可靠的框架及传力结构，如图7-26所示。区间钢轨传来的纵向温度力传至心轨跟端，再由间隔铁摩阻力传至翼轨跟端，在克服翼轨的扣件纵向阻力、辙叉垫板的摩擦阻力和道床阻力之后，经趾端翼轨传递至直、曲导轨上。若纵向温度力过大，间隔铁纵向位移过量，间隔铁螺栓将受剪弯曲并传力，严重时会剪断螺栓，并使心轨尖端产生较大纵向位移，易发生转换卡阻、转换凸缘爬台等病害。采用胶结或冻结技术可以增强间隔铁传递纵向力的能力。

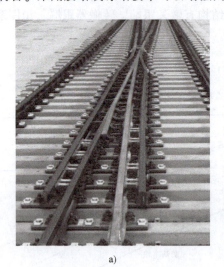 

a)   b)

图 7-26 辙叉跟端传力结构

a) 翼轨跟端的多间隔铁结构　b) 翼轨跟端的长大间隔铁结构

3. 转辙器跟端结构传力机理

无缝道岔转辙器跟端主要有三类纵向传力结构：无传力部件辙跟式、限位器辙跟式、间隔铁辙跟式，如图7-27所示。

经辙叉传至直、曲导轨的温度力在克服导轨段扣件纵向阻力及道床纵向阻力的制约后，继续向尖轨跟端传递；并根据不同的尖轨跟端构造，影响尖轨的伸缩及转辙器工电结合部工作状态。

1) 无传力部件辙跟式尖轨跟端构造。由于尖轨跟端无纵向传力部件，导轨传来的伸缩位移与尖轨段的自由伸缩位移叠加。为防止转换设备卡阻，需采用允许伸缩位移足够大的转换设备，设备要求较高。

2) 转辙器跟端设置传力部件，可限制尖轨尖端的较大伸缩位移，保证工电结合部正常工作。常用的转辙器跟端传力部件可采用间隔铁或限位器。

a)   b)

图 7-27 转辙器跟端传力结构

a) 限位器尖轨跟端   b) 间隔铁尖轨跟端

① 间隔铁结构与辙叉跟端的传力原理相似。因空间所限，小号码道岔难以设置多组或长大间隔铁结构。因此，单薄的间隔铁传递着较大的温度力，易发生微量纵向位移。楔形间隔铁的纵向移动易导致转辙器跟端局部碎弯，且基本轨承受的附加温度力较大。

② 限位器结构是一种能部分释放温度力的类间隔铁结构，由具有一定间隙的子母块组成，分别安装在尖轨及基本轨轨腰上。当尖轨与基本轨的纵向位移使子母块接触后，传力部件开始传递温度力。其传力主要通过子母块与轨腰的摩阻力及水平螺栓的抗剪抗弯能力实现。此时，钢轨已发生了部分伸缩位移，向基本轨传递的纵向力较同等条件下间隔铁结构小，但尖轨跟端的位移较大。

由于限位器子母块及跟端两股钢轨的传力不在一条直线上，在传递纵向力的过程中将产生附加弯矩，使尖轨产生局部碎弯，影响行车的平稳性。

4. 扣件的纵向约束与传力

扣件阻力是无缝线路纵向阻力极其重要的组成部分，无缝道岔中亦如此。要求扣件纵向阻力尽可能大，确保辙叉及导轨的部分温度力能通过岔枕传至道床和基本轨，并防止岔区钢轨过量爬行，保持岔区线形及几何状态。因此，当岔区存在升、降温时，岔区里轨扣件阻力方向与基本轨的方向相反，相应的温度力梯度也相反。

5. 岔枕的纵向传力作用

岔枕承受里轨扣件系统传递来的纵向力，并向道床和与之相联的基本轨扣件传递，通过基本轨扣件把里轨温度力部分传至基本轨，同时使轨枕产生纵向位移、水平偏转及弯曲。

6. 道床状态和纵向传力

道床是无缝道岔保持稳定的基础，实现岔区纵向温度力的调整与重分布。无砟道床具有足够的纵、横向阻力，有利于保持无缝道岔稳定。有砟道床通过严格控制道床断面尺寸，保持岔区的"大平大向"，实现无缝道岔的内部传力与状态稳定。有砟道床的断面应符合相关规范的规定。

7. 螺栓的传力作用

道岔内的螺栓是保证无缝道岔内温度力有效传递与分布的基础。为此需保证道岔内的螺栓扭矩符合设计规定，部分螺栓的扭矩参考值见表 7-14。

表 7-14 道岔各部位紧固螺栓扭矩

序号	紧固部位	螺栓规格	强度等级 螺栓	强度等级 螺母	紧固扭矩 /N·m	备注
1	Ⅱ型弹条 T 型螺栓	M24	5.8S	5H	120~150	普通螺母
					300~380	防松螺母
2	岔枕螺栓	M30	—	—	200~250	—
3	长翼轨末端间隔铁 尖轨跟端间隔铁或限位器 可动心轨	M27	10.9S	10H	900~1100	防松螺母
4	合金钢组合辙叉	M27	10.9S	10H	930~1000	防松螺母
			12.9S	12H	1100~1200	
5	钢轨接头鱼尾板	M27	10.9S	10H	1100~1300	—
		M24	12.9S	12H		

7.5.3 无缝道岔的设计与检算

无缝道岔在定型生产之前，需要进行系统设计与检算，以满足正常情况下的使用要求。当应用环境比较特殊时，如铺设于严寒地区或长大桥梁地段，需进行针对性的检算；必要时对道岔进行加强。

无缝道岔的设计与检算应确保其满足跨区间无缝线路的允许温升和允许温降要求；各连接部件牢固、耐久和可靠；道岔尖轨、心轨位移满足道岔结构及转换设备正常使用的要求；桥上无缝道岔设计还应满足道岔转辙器、辙叉与桥梁相对位移的限值要求。

1. 无缝道岔的主要计算方法

我国发展了多种无缝道岔计算理论，代表性的有"当量阻力系数法""有限单元法"，此外还有"两轨相互作用法""广义变分法"等。

当量阻力系数法通过叠加原理求解基本轨的附加温度力。由于无缝道岔基本轨处于无缝线路的固定区，基本轨附加温度力图上拉力区面积与压力区面积相等，可采用与桥上无缝线路伸缩附加力试算法类似的方法计算，按附加温度力的方向逐点叠加求解无缝道岔基本轨附加温度力。

有限单元法通过合理划分钢轨及岔枕单元，并将线路阻力和间隔铁、限位器等传力部件模拟为弹簧单元，将节点位移及钢轨温度力视为变量进行求解。通用性较强，可分析多种因素下无缝道岔受力与变形的影响。

2. 无缝道岔的主要影响因素及参数

（1）主要影响因素　无缝道岔计算模型与轨温变化幅度、传力部件和线路阻力的特性、道岔号码、辙叉类型、焊接类型、道岔群的联结形式、相邻单元轨节铺设轨温差等多种因素相关，影响着无缝道岔的受力和变形。

1）焊接类型的影响。无缝道岔中钢轨的焊接形式主要有 3 种：一种是道岔区内钢轨全部焊接，且道岔前后钢轨与区间线路钢轨也焊接，称为全焊；另一种是仅道岔区内直股钢轨焊接，道岔前后也仅是直股钢轨与区间线路焊接，侧股仍为普通接头联结，称为半焊；第三种是介于前两种之间的焊接形式，道岔内直、侧股钢轨均焊接，而道岔前后仅直股钢轨与区间线路焊接，侧股钢轨与区间线路为普通接头联结，称道岔区全焊。

全焊形式道岔直侧股受力及伸缩位移呈对称分布，可降低无缝道岔中各部件的受力与变形，是现场使用较多的一种焊接形式。

2）限位器子母块间隙的影响。限位器子母块间隙较小时，对限位器本身的受力及基本轨受力不利，但对限制尖轨位移比较有利；而限位器子母块间隙较大时，对限位器及基本轨受力比较有利，但对限制尖轨位移不利。因而在道岔组装时，应严格控制子母块间隙。

3）相邻单元轨节铺设轨温差的影响。无缝道岔与相邻线路轨温差越大，传递至无缝道岔中的温度力也越大，因此基本轨附加温度力、心轨跟端位移、限位器与间隔铁作用力均随着轨温差的增大而增大。可见，控制无缝道岔与相邻线路的铺设轨温差，对降低无缝道岔的受力与变形是十分必要的。

4）两道岔间夹直线长度影响。两道岔对接时，将形成叠加，增加基本轨所承受的纵向力；两道岔顺接时，后一组道岔将附加温度力传递至前一组道岔，导致前一组道岔的基本轨附加温度力、尖轨及心轨的伸缩位移、传力部件所受作用力均明显增加。两道岔间插入直线段后，可减缓两道岔间相互影响。插入直线段越长，这种影响越小。对12号可动心轨提速道岔，通常需要插入25m以上的直线段才能消除道岔间的相互影响。

5）相邻两组及以上无缝道岔组成的无缝道岔群，应考虑钢轨纵向力的叠加，进行道岔群组合作用分析。

(2) 主要计算参数　道床纵向阻力可采用岔区沿岔枕长度方向的道床纵向阻力分布，取为46N/cm；Ⅲ型扣件阻力取为16kN，Ⅱ型扣件阻力取为12.5kN；限位器纵向刚度可取为60MN/m；间隔铁纵向刚度可取为50MN/m。

当采用特殊设计时，如增设防爬器等，宜采用相应的测量值作为计算参数。

3. 检算项目与指标

(1) 钢轨伸缩位移检算　无缝道岔尖轨尖端的伸缩位移（δ_1）为其跟端位移与尖轨自由伸缩位移之和，按下式简化计算：

$$\delta_1 = \delta_{10} + L_1 \alpha \Delta t \tag{7-88}$$

式中　δ_{10}——尖轨跟端位移；
　　　L_1——尖轨长度。

无缝道岔可动心轨尖端的伸缩位移（δ_2）为其跟端位移与可动心轨自由伸缩位移之和，按下式简化计算：

$$\delta_2 = \delta_{20} + L_2 \alpha \Delta t \tag{7-89}$$

式中　δ_{20}——可动心轨跟端位移；
　　　L_2——可动心轨长度。

为保证无缝道岔尖轨和可动心轨的正常转换，无缝道岔尖轨尖端与基本轨、左右两股尖轨的相对位移以及可动心轨尖端与翼轨的相对位移应分别满足道岔结构及转辙力学性能的要求：

$$\delta_k - \delta_g \leq [\delta] \tag{7-90}$$

式中　δ_k——尖轨或可动心轨尖端位移；

δ_g——尖轨或可动心轨尖端对应处的基本轨或翼轨位移；

$[\delta]$——钩形外锁的允许位移，12号道岔取20mm。

（2）传力部件强度检算　无缝道岔中的传力部件包括尖轨跟端的限位器或间隔铁、长翼轨末端的间隔铁。传力部件联结螺栓所承受的剪应力应满足以下要求：

$$\tau = \frac{4Q}{n_1 \pi D_1^2} \leq [\tau] \tag{7-91}$$

式中　Q——传力部件所承受的纵向力；

n_1——传力部件的联结螺栓数；

D_1——联结螺栓直径。

（3）钢轨强度检算　钢轨强度检算与普通无缝线路相同，检算用荷载组合为动弯应力、温度应力、基本轨附加应力。在基本轨附加温度力峰处应进行钢轨强度检算。若钢轨不能满足强度条件时，应提高钢轨强度，特别是基本轨焊接接头质量，也可适当调整无缝道岔的锁定轨温。

（4）稳定性检算　岔前线路稳定性检算可采用普通无缝线路稳定性计算公式进行计算。因岔前线路温度力分布的非均匀性，需确定一个恰当的检算位置，一般取尖轨尖端前4m处作为检算断面。为确保无缝道岔稳定，应保持道床饱满、密实，并加宽和堆高砟肩；按规定拧紧钢轨扣件等。在仍不能满足稳定性要求的条件下，可适当提高无缝道岔及区间线路的锁定轨温。

岔区无缝线路稳定性只对转辙器部分做检算，因导曲线4根轨线部分横向抗弯刚度较大，一般不会发生胀轨跑道，岔后部分稳定性检算与普通线路相同。因道岔转辙器部分只有一根曲钢轨，不能采用普通无缝线路的检算公式，根据统一公式的基本理论，可导出无缝道岔温度压力计算公式，所采用的荷载组合为温度力与基本轨附加压力。

7.5.4　无缝道岔的布置

1. 道岔群布置原则

无缝道岔群内各道岔会受到岔群布置形式影响。

1）对接道岔。道岔对接将增加基本轨附加温度力，但对钢轨伸缩位移及限位器、间隔铁受力影响较小。

2）顺接道岔。道岔顺接对左侧道岔基本轨受力，心轨跟端伸缩位移及限位器、间隔铁受力不利，对右侧道岔反而比较有利。

3）渡线道岔。渡线道岔对钢轨及传力部件受力、钢轨伸缩位移影响较小。同向对接与异向对接、同向顺接与异向顺接在全焊情况下影响规律相同，只是受影响的基本轨不同而已。

4）夹直线长度。两道岔间夹直线长度越大，相互间的影响越小。因此应保证两道岔间的夹直线长度满足相关规范的规定。在有条件的情况下，应尽量加大两道岔间的距离。

总之，顺接道岔相互影响较大，对接道岔次之，渡线道岔最小。道岔号码越小，两道岔间距离越小，对接、顺接联结形式对无缝道岔的受力及变形影响越大。当道床纵向阻力较小时，不同的联结形式对无缝道岔的受力及变形影响十分严重。因此，当两道岔间距离小于25m时，应按道岔群进行计算。

2. 隧道区段无缝道岔的布置

隧道内温度常年基本恒定，铺设无缝道岔条件较好。

隧道洞口附近存在非均匀分布的温度过渡段，夏季隧道外气温、轨温较隧道内高 20~30℃，冬季低 3~8℃。受隧道长度、方向和通风条件等影响，温度过渡段的长度一般为 10~50m。受隧道口变化的轨温温度场作用，无缝道岔布置于隧道洞口时，其承力、传力和变形等将更为复杂。

1）当道岔尖轨位于隧道内、心轨位于隧道外时，夏季洞外轨温高，由心轨跟端传来更大的温度力，基本轨和心轨伸缩位移较普通路基地段大，易发生心轨卡阻及转辙器出现方向不平顺，应加强洞外岔后线路的防爬锁定及道床维护，确保足够的线路阻力。

2）当道岔尖轨位于隧道外、心轨位于隧道内时，夏季洞外轨温高，岔区钢轨温度力和位移均小于普通路基地段，但基本轨会发生拉压伸缩变化。因此，曲基本轨应保持足够的扣件锁定能力，确保不产生较大的方向不平顺。

总之，无缝道岔布置于隧道洞口附近，因洞内外钢轨温差较大，整组道岔易发生爬行，需加强道床状态管理和扣件锁定。为防止无缝道岔运营状态不良，宜尽量避免将其布置于洞口附近。

3. 无缝道岔在无砟轨道区段的布置

无缝道岔铺设于无砟轨道上，通常称之为"无砟道岔"。刚化的无砟道床提供了更为稳定、可靠的岔下基础，有利于无缝道岔温度力的传递和伸缩位移控制，具体表现如下：

1）无砟道岔转辙器跟端仅限位器起传力作用，岔枕不再起传递纵向力的作用。

2）无砟道岔中宜采用大阻力的扣件系统，增大扣件纵向阻力可显著降低无砟道岔尖轨伸缩位移、限位器所受纵向力及基本轨附加温度力。

3）无砟道岔具有良好的稳定性，可采用间隔铁结构减缓尖轨伸缩位移及卡阻现象的发生。

4）无砟道岔稳定性较好，更有利于与区间形成跨区间无缝线路。

■ 7.6 桥上无缝线路

7.6.1 桥上无缝线路概述

在桥梁上铺设无缝线路，可以减轻列车车轮对桥梁的冲击，改善列车和桥梁的运营条件，延长设备使用寿命，减少养护维修工作量。这些优点在行车速度提高时尤为显著。

我国从 1963 年开始，先后在一些中小跨度的多种类型桥梁（简支梁、连续梁、桁梁、有砟无砟桥）上铺设无缝线路，并对桥上无缝线路梁、轨相互作用的原理进行大量的试验研究。根据梁轨相互位移所产生的相互作用理论，对伸缩力和挠曲力进行了深入的研究。研究了多种类型桥梁上无缝线路纵向力作用规律，以及桥梁墩顶位移（高墩）等多种因素的影响，并建立了桥上无缝线路伸缩力、挠曲力的计算原理和计算方法，为我国在桥上铺设无缝线路奠定了基础，并已成功地在桥上铺设了无缝线路。除一般中小桥外，同时在一些特大桥且有一定代表性的桥梁上也成功铺设了无缝线路，如南京长江大桥（大跨度桁梁及引桥）、武汉长江大桥（大跨度桁梁）、九江长江大桥（除正桥外，两端引桥为无砟无枕梁）、重庆小南海长江大桥（跨度 80m 桁梁不设伸缩调节器）、青衣江大桥（正桥为连续桁梁，引桥为有砟梁且位于曲线上）、渝达线的渠江大桥（40m 高墩混凝土轨枕有砟桥）等。近年来，随着高速铁路建设的飞速发展，桥上无缝线路技术得到更广泛的应用和创新，包括大量铺设了桥上无砟轨道无缝线路，大范围应用了纵连板式和单元式无砟桥上无缝线路，并在或将在超千米跨斜拉桥（如沪通长江大桥）、超千米跨悬索桥（如五峰山长江大桥）、超千米跨斜拉-悬索协作体系桥（如西堠门大桥）、超大跨度拱桥（如南、北盘江大桥）、特大跨钢桁拱桥（如南京大胜关大桥）、多线多层或公铁两用的特大跨斜拉桥（如武汉天兴洲大桥、重庆韩家沱大桥和白沙沱大桥）等特殊桥型上铺设了大量的桥上无缝线路，进一步推动了桥上无缝线路技术的发展。

桥上无缝线路的受力情况和路基上不同，除受到列车动载、温度力等的作用外，还承受伸缩力、挠曲力、牵引/制动力、断轨力的作用。伸缩力是桥梁与钢轨因温度变化产生的纵向相对位移引起的纵向力，分为钢轨承受的伸缩力和桥梁承受的伸缩力。挠曲力是因桥梁在列车荷载作用下产生挠曲，引起桥梁与钢轨纵向相对位移而产生的纵向力，分为钢轨承受的挠曲力和桥梁承受的挠曲力。断轨力是因钢轨折断引起桥梁与钢轨纵向相对位移而产生的纵向力。制动力是因列车在桥梁上起动或制动，引起桥梁与钢轨纵向相对位移而产生的纵向力，分为钢轨承受的制动力和桥梁承受的制动力。为确保桥上无缝线路的安全运营，必须考虑上述各项纵向力及其合理组合作用下，钢轨、桥跨结构及墩台满足各自的强度条件、稳定性条件及钢轨断缝限值要求。

7.6.2 桥上无缝线路附加力的计算理论与方法

梁轨相互作用原理是分析桥上无缝线路纵向力产生的基础，这一原理说明了产生纵向力的充要条件为：梁轨相对位移和线路纵向阻力的作用。扣件纵向阻力的大小对梁轨受力情况有很大影响。从减小纵向力方面考虑，减小扣件纵向阻力是有利的；但过小的扣件阻力会使焊接长钢轨低温断裂后产生过大的轨缝，影响行车安全。因此，对扣件纵向阻力要有一个合理取值。下面通过建立梁轨相互作用的微分方程，分析梁轨的相互作用原理。

以钢轨为研究对象，任取 dx 微段为独立体，其受力分析如图 7-28 所示。

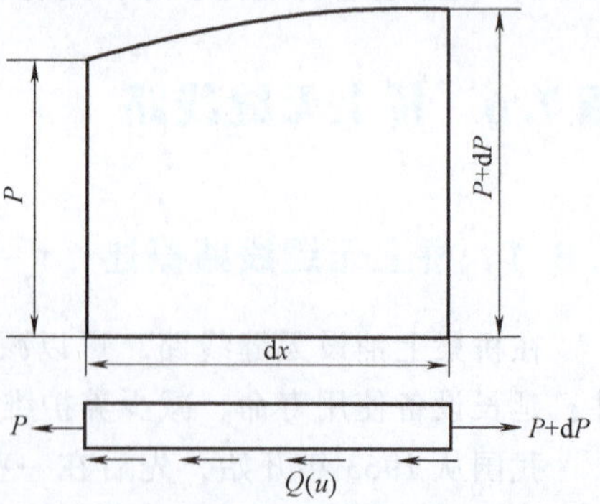

用 $Q(u)$ 表示梁轨间发生相对位移时，单位长度上所产生的摩阻力。$Q(u)$ 是 u 的函数，u 为梁轨相对位移。

$$u = y - \Delta \tag{7-92}$$

式中 y——钢轨纵向位移；

Δ——梁的位移。

图中 $Q(u)$ 的方向表示钢轨位移大于梁的位移时梁给钢轨的纵向作用力（同样钢轨也给梁一大小相等、方向相反的作用力）。此时，图中所表示的 u、y、Δ 的位移向右均为正号。力和位移方向相反，所以 $Q(u)$ 指向左方。

取 $\sum x = 0$，可得

图 7-28 钢轨微段受力分析示意图

$$dp - Q(u)dx = 0$$

即

$$dp/dx = Q(u) \tag{7-93}$$

钢轨 dx 长度的变形量（位移量），由图7-28得：

$$dy = \frac{P(x)dx}{EF}$$

即

$$EF\frac{d^2y}{dx^2} = Q(u) \tag{7-94}$$

式中 E——钢轨钢的弹性模量；

F——钢轨截面积。

根据式（7-92）有

$$\frac{d^2y}{dx^2} = \frac{d^2\Delta}{dx^2} + \frac{d^2u}{dx^2} \tag{7-95}$$

代入式（7-94）得

$$\frac{d^2u}{dx^2} = \frac{1}{EF}Q(u) - \frac{d^2\Delta}{dx^2} \tag{7-96}$$

式（7-96）称为梁轨相对位移微分方程。式中梁的位移 Δ 为已知函数，在计算伸缩力时，为梁的温度伸缩位移，计算挠曲力时为列车荷载作用下梁的上翼缘（板梁）或纵梁（桥梁）位移。对高墩桥应考虑到墩顶位移 δ 的影响。

关于摩阻力函数 $Q(u)$ 有不同的表达形式。过去在无缝线路各项纵向力计算中，多假定摩阻力为常量。但实测表明梁轨间摩阻力随着位移量增大而增大，当位移达到某一临界值，轨道出现滑移时，摩阻力趋于一极限值。为使计算结果接近实际，有假定 $Q(u)$ 为线性变化或非线性变化的各种函数形式。在计算挠曲力时，还要考虑到列车荷载的影响。

7.6.3 伸缩力的计算

伸缩力是由于温度变化梁伸缩对钢轨作用的纵向力，所以伸缩力的大小和分布除与梁轨间的约束强度（即线路纵向阻力）、梁的伸缩量有关外，还与长钢轨的布置方式及梁跨支座布置方式等有关。当因温度变化而引起梁伸缩时，通过梁轨相互作用使钢轨受到纵向附加作用力；随着梁体温度的循环变化，钢轨所受的伸缩力也随之变化。

现以单跨简支梁为例说明伸缩力传递情况，并假定桥梁位于无缝线路固定区，如图7-29所示。

1. 计算假定

1）跨度伸缩不受桥面轨道的约束，活动支座不限制梁跨伸缩。温度变化时，桥跨结构相对固定支座自由伸缩，且有线性变化的特征。同时，略去梁跨固定端悬出长度的影响。

2）假设梁的温度变化，仅为单纯的升温或降温，不考虑梁温升降的交替变化。一般有砟轨道桥梁考虑到过车时振动对轨条内温度力的释放和调整效应，取一天内可能出现的最大温差计算；无砟轨道桥梁一般过车不易充分释放或调整轨条内的温度力，按年温差计算。梁温差取值见表7-15。

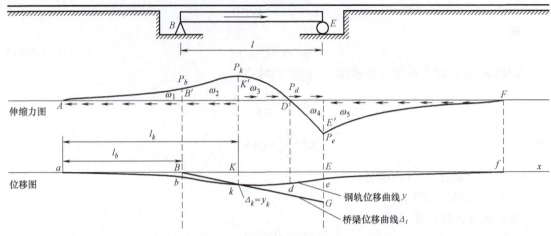

图 7-29 单跨简支梁升温时伸缩力与位移

表 7-15 梁温差取值 (单位:℃)

梁类型	有砟轨道梁日温差	无砟轨道梁年温差
混凝土梁	15	30
钢梁	25	研究确定

3) 对于一般矮墩桥梁，墩台刚度较大，伸缩力反作用于梁桥的墩台上，墩顶的位移很小，可近似认为无位移。对于高墩结构，应将墩台刚度作为影响因素，综合考虑进行计算。

2. 计算方法

简支梁桥的伸缩力计算可以采用试算法，也可与复杂桥梁的梁轨相互作用一样，采用有限单元法建模分析。

试算法是基于梁轨位移协调条件和力的平衡方程推算梁、轨受力与变形的计算方法。由图 7-29 可见，当气温变化时，固定区的钢轨本身只有温度力的变化而无位移，梁部则随温度变化而伸缩。设梁因升温而自由伸长时，梁上各点将向活动端移动，各点的位移量成线性变化（位移图中 BG 线）。梁上各点的位移将通过线路纵向阻力带动 AF 范围内的钢轨向梁的活动端移动，钢轨的位移量如图中 abkdef 曲线。因为梁轨位移方向一致，在梁跨范围内必定存在梁轨位移相等点 k（即 BG 线和 abkdef 曲线交点 k）。由图 7-29 可见，k 点以左，钢轨的位移大于梁的位移，故钢轨受到梁的摩阻力方向指向左；k 点以右，梁的位移大于轨的位移，则梁对钢轨的作用力方向指向右。当钢轨受到梁的伸缩力作用而移动时，同时也受到桥头两端路基上的线路阻力作用，阻力方向如图中 aB 及 Ef 下的箭头所示。根据钢轨各段受到作用阻力梯度可绘出钢轨伸缩力内力图。由图不难看出，钢轨的 AD 段受拉，DF 段受压。由于钢轨的整体性，其受拉变形与受压变形相等。根据上述的两个位移变形条件，可以列出两个平衡条件方程式。

1) 根据在 k 点处的梁轨位移相等条件，可得平衡方程：

$$\Delta_k = y_k \tag{7-97}$$

设 k 点距梁的固定端距离为 l_k，则梁的 k 点位移量为

$$\Delta_k = \alpha \Delta t l_k$$

钢轨 k 点处位移量为

$$y_k = \frac{\omega_1 + \omega_2}{EF}$$

式中　α——梁的线膨胀系数，钢为 $11.8 \times 10^{-6} \text{℃}^{-1}$，钢筋混凝土为 $10 \times 10^{-6} \text{℃}^{-1}$；
　　ω_1、ω_2——钢轨伸缩力（轴向力）图面积；
　　　E——弹性模量；
　　　F——钢轨截面积。

2）根据钢轨拉压变形相等的平衡条件，即钢轨伸缩变形的代数和应等于零，则有

$$\frac{\Sigma \omega_i}{EF} = 0$$

即
$$\Sigma \omega_i = 0 \tag{7-98}$$

钢轨的伸缩力和位移变化可根据式（7-97）、式（7-98）两个平衡条件方程求得。

3. 计算步骤

计算中一般先假定第一跨梁固定端点的伸缩力为 P_b，然后由第一跨梁的梁轨位移相等方程，即 $U_{k1} = y_{k1} - \Delta_{k1} = 0$ 求得 k 点与固定端之距离 l_{k1}，由于 $U_{k1} = 0$，则 $dP = 0$，在此点的伸缩力为 P_k 极值。

由梁轨相对位移方程知，由于在 k 点后线路阻力 $Q(u)$ 的方向改变，即曲率 $\dfrac{d^2 y}{dx^2}$ 方向改变，伸缩力函数逐渐减小，至 D 点伸缩力 $P_d = 0$，则钢轨位移曲线在此点的 $\dfrac{dy}{dx} = 0$，即在此点钢轨位移有极值。

由假定 P_b 计算得到伸缩力变化图，只有满足位移协调方程 $\Sigma \omega_i = 0$ 或 $y_f = 0$ 才是正确的，但在实际计算中很难做到，一般以 y_f 的允许误差 $\pm \varepsilon$ 来控制。根据经验，$\pm \varepsilon$ 值对不同跨数，其值将有不同，难以控制。建议最好采取计算和 $y_f < 0$ 前后两次中所对应的最大伸缩力值之差来控制，如差值小于 0.5kN 时，即认为达到求解精度。

计算伸缩力时还应注意：

1）当桥梁为多跨时，计算方法不变。但梁轨位移相等方程增加，每跨都有一梁轨位移相等点，有多跨桥梁时，每跨均有位移相等方程，即 $y_{ki} = \Delta_{ki}$。

2）当桥梁位于无缝线路伸缩区，或长轨端设有伸缩调节器时，在计算位移时要考虑到温度力的放散量，此时钢轨的拉压变形相等协调条件不再存在，而要用力的平衡条件来代替，即在最后一跨梁的总阻力值与计算的伸缩力一致。同时要注意到由于在无缝线路伸缩区，钢轨的伸缩量较大，有时在连续梁前一跨的简支梁上出现轨的位移大于梁的位移，这时梁轨位移没有相等点，但要满足力的平衡条件。

3）线路阻力可采用常量或变量（线性或非线性）。当采用常量时，计算过程比较简单，但与实际情况相差可能较大。此时伸缩力曲线的斜率即为阻力值。伸缩力的变化点为两直线相交点，伸缩力图为多个三角形。当采用变量计算时，计算过程比较烦琐，对位移或伸缩力方程的积分比较困难，一般采用数值解法。多跨简支梁升温时伸缩力及梁轨位移如图 7-30 所示。

7.6.4　挠曲力的计算

在列车荷载作用下，由于梁的挠曲变形，使梁面产生纵向位移，因受线路纵向阻力约束

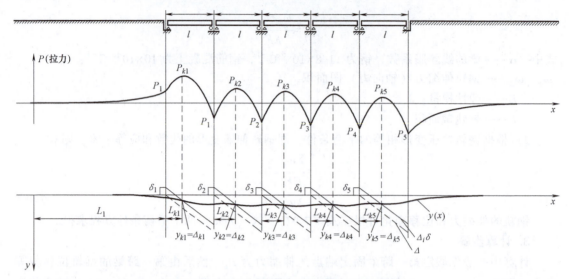

图 7-30 多跨简支梁升温时伸缩力及梁轨位移

会使钢轨受到纵向附加力，即为挠曲力。该力同时反作用于桥梁结构。

挠曲力的大小除与扣件类型、分布区段、扣压力大小有关外，还与桥梁结构形式、列车荷载及其分布、梁体垂向抗弯刚度等密切相关。计算挠曲力时，需要考虑运营条件，选择合适的荷载类型，如客货混运铁路一般选用中-活载。

1. 计算方法

以简支梁为例，如图 7-31 所示，在列车荷载作用下，梁发生挠曲变形，桥面所在的上翼缘材料被压缩，下翼缘材料被拉伸。如果梁的两端均为活动支座，则梁的两端将做对称位移。上缘 a_0 点移到 a_1 点，b_0 点移到 b_1 点，水平位移量为 v_0；下缘 c_0 点移到 c_1 点，d_0 点移到 d_1 点，位移量为 u_0。u_0、v_0 都是由于梁挠曲、梁端断面偏转 θ 角产生的位移量。但实际上梁的一端为固定，一端为活动，固定端 c_0 点不能移动。因此，当梁挠曲各断面发生偏转时，梁向活动端平移一个数值 u_0，结果上缘 a_0 点实际位移量为：$\Delta_a = u_0 + v_0$，b_0 点实际位移量为 $\Delta_b = u_0 - v_0$。

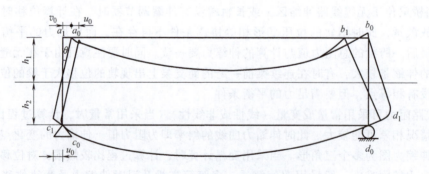

图 7-31 简支梁上缘位移图

如果梁的截面对称于水平中性轴，则 $h_1 = h_2$，$v_0 = u_0$，从而有

$$\Delta_a = 2v_0, \Delta_b = 0 \tag{7-99}$$

由此可见，当梁在荷载作用下挠曲变形时，梁的上缘各点由固定端向活动端移动，而固

定端上缘各点移动最大,并向活动端非线性递减,在活动端上缘点为零。梁上缘各点的位移必将通过联结扣件对钢轨施加纵向水平力(挠曲力),钢轨在纵向水平力作用下,同样产生由梁的固定端向活动端方向的移动,这样在梁跨内有一梁轨位移相等点 C,即 $y_C = \Delta_C$。在 C 点以左,梁的位移大于轨的位移,梁对轨的作用力指向右;在 C 点以右,梁的位移小于轨的位移,梁对轨的作用力指向左。为了阻止钢轨位移,固定端外的路基上钢轨受拉,活动端外的路基(或另一孔梁)上的钢轨受挤压。这样可以绘出钢轨受力(即挠曲力)图,如图 7-32 所示。如果钢轨连续,则钢轨的受拉伸长量与受压缩短量必须相等。由此,钢轨挠曲力可以由梁轨位移相等点条件和钢轨拉压平衡条件的方程式求得。

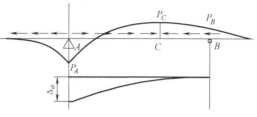

图 7-32 挠曲力图

2. 梁挠曲时纵向位移的计算

1) 计算梁的位移量,按照有关规定不考虑冲击力影响。为便于计算,将中-活载换算成分布荷载,梁的挠曲刚度采取各截面的换算值。

对实体简支梁,梁受力及位移计算如图 7-33 所示,由于截面偏转,梁的上下缘各点所产生的水平位移:

$$u_x = h_1 \theta_x, u_0 = h_2 \theta_0, \Delta_x = u_x + u_0 \tag{7-100}$$

材料力学公式:

$$EJy'' = M(x)$$

$$\theta = y' = \int_l M(x) \mathrm{d}x$$

对图 7-33 的荷载图式:

当 $0 \leqslant x \leqslant a$

$$\theta_x = \frac{q}{24E_1J_1l}[a^2(2l-a)^2 + x^2(6a^2 + 4lx - 12al)] \tag{7-101}$$

当 $a \leqslant x \leqslant l$

$$\theta_x = \frac{a^2 q}{24E_1J_1l}[(a^2 + 4l^2) + (6x^2 - 12lx)] \tag{7-102}$$

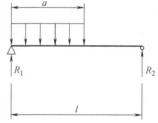

图 7-33 梁受力及位移计算

当梁满载 $a = l$,且梁的中性轴位于梁高一半处,则梁上缘各点位移量为

$$u_x = \frac{h_1 q}{24E_1J_1l}(l^4 + 4lx^3 - 6l^2x^2) \tag{7-103}$$

$$u_0 = \frac{h_2 q}{24E_1J_1}l^3 \tag{7-104}$$

$$\Delta_x = \frac{h_1 q}{24E_1J_1l}(l^4 + 4lx^3 - 6l^2x^2) + \frac{h_2 q l^3}{24E_1J_1} \tag{7-105}$$

2) 挠曲力计算时,线路阻力的取值需要考虑列车荷载的分布,在列车荷载作用区段应选用有荷阻力,其他区段选用无荷阻力。行车方向对挠曲力也有影响,一般是以梁的固定端迎车计算得的挠曲力较大,原因是很显然的:固定端处梁位移最大,从列车由固定端进入梁

跨开始，梁轨相对位移所作用的纵向力，一直是在有荷状态下产生的，在固定端的位移最大，线路纵向阻力最大。钢轨作用着最大的挠曲拉力。但是在双跨梁的情况下，考虑到挠曲力对墩台的作用，对墩台进行检算时，墩上荷载的影响，在活动端迎车时所检算的墩上前方的梁跨上为无载时最为不利。所以在对钢轨强度和墩台稳定检算时应进行分析比较，分别对待。

3) 根据梁轨位移相等条件来计算挠曲力时，由于梁挠曲所引起的纵向水平位移是梁长的三次幂函数，钢轨的位移是二次曲线变化，要精确求解是困难的。一般应用微分方程组，采用数值解法，分段计算出梁的各断面的位移量，并先假定固定端处钢轨的挠曲力 P_A，绘制钢轨轴向力图，计算钢轨位移量。当初步确定梁轨位移相等点所在范围后，假定在其前后两断面的位移量为线性变化来推算梁轨位移相等点的位置，钢轨的轴向力图在此发生转折（即阻力方向发生变化），由此根据微分方程可绘出钢轨挠曲力图。由挠曲力图计算钢轨的位移最后要满足钢轨变形连续条件，即拉压变形相等，否则要重新假定 P_A 进行计算直到满足为止。

4) 对于刚度较大的墩台可不考虑其对挠曲力的影响，对于高墩桥应考虑墩顶位移的影响。

7.6.5　断轨计算

为了保证低温断轨时不危及行车安全，应选择钢轨受拉力最大和扣件阻力最小的断面进行断缝检算，如图 7-34 所示。假定钢轨在 A 点折断，则 A 点处的钢轨拉力降为零，两端按扣件阻力梯度放散温度力，A 点处的断缝 $\lambda = \omega/EF \leq [\lambda]$，$\omega$ 为温度力的放散面积，$[\lambda]$ 为允许断缝值。我国 TB 10015—2012《铁路无缝线路设计规范》中规定，钢轨断缝允许值 $[\lambda]$ 一般情况取 70mm，特殊条件下取 90mm；如超过允许值，需要重新布置轨条，调整线路阻力分布。桥上无缝线路进行断缝检算，必要时应综合考虑桥梁跨度、墩台刚度及相邻股道等多因素的影响，由梁轨相互作用分析计算。

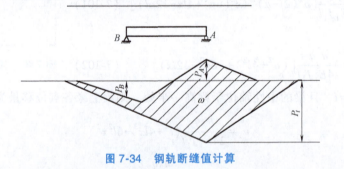

图 7-34　钢轨断缝值计算

7.6.6　桥上无缝线路的有限元分析方法

1. 计算模型

桥上无缝线路纵向附加力可采用梁轨相互作用有限元模型进行计算，如图 7-35 所示。该模型一般将钢轨、桥梁离散成有限个梁单元，扣件及道床纵向阻力特征采用非线性弹簧单元，桥梁下部结构纵向刚度采用线性弹簧单元。在计算模型中，考虑桥梁两端路基上一定长

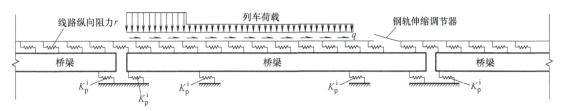

图 7-35 梁轨相互作用计算模型

度范围内的钢轨及扣件单元,以消除边界条件对于桥上无缝线路纵向力和位移计算的影响。

计算模型中,r 表示线路纵向阻力;K_p^i 表示各桥梁下部结构的纵向刚度。

2. 平衡方程

图 7-35 的模型中,有限单元的力学平衡方程可表示为

$$K^e u^e = P^e \tag{7-106}$$

式中 K^e——有限单元的单元刚度矩阵;

u^e——有限单元的位移阵列;

P^e——有限单元的荷载阵列。

根据势能驻值原理,由有限单元的力学平衡方程及边界条件,建立如下的梁轨相互作用计算模型的系统力学平衡方程:

$$Ku = P \tag{7-107}$$

式中 K——梁轨相互作用计算模型的刚度矩阵;

u——梁轨相互作用计算模型的位移阵列;

P——梁轨相互作用计算模型的荷载阵列。

3. 计算方法

式(7-107)为非线性方程组,可采用牛顿迭代法、增量法等方法求解。

7.6.7 伸缩调节器的应用

当桥上无缝线路采用常规的轨条布置方式难以满足强度、断缝或稳定性要求时,可以通过优化轨条布置方案控制附加力峰值或释放温度力解决。常见的优化方案有:①合理布设小阻力扣件,减小梁轨相互作用,进而减小附加力;②采用自动放散温度应力式无缝线路,合理布设钢轨伸缩调节器(又称温度调节器、温调器等),释放温度力;③采用新型轨道结构,如 CRTS Ⅱ 型板式无砟轨道等。其中,合理布设伸缩调节器被认为是解决桥上无缝线路附加力过大的最有效的方案。

钢轨伸缩调节器主要由曲基本轨、直尖轨及配套的扣配件系统等组成。根据工作方式不同,可分为单向伸缩调节器和双向伸缩调节器,如图 7-36 所示;根据尖轨贴靠基本轨的线形不同,可分为直线型伸缩调节器、曲线型伸缩调节器;根据伸缩量的不同,一般有 400mm、600mm 和 1000mm 等不同型号;根据通过速度不同,有普通伸缩调节器、250km/h 伸缩调节器和 350km/h 伸缩调节器等。目前,国内外钢轨伸缩调节器多采用曲线型单向伸缩调节器,其具有轨距线连续、轨距变化小、尖轨与基本轨始终保持密贴等优点。曲线型钢轨伸缩调节器按线形不同又分圆曲线、复曲线和缓和曲线型等类型。

为保证钢轨伸缩调节器的正常工作,控制轨距变化量,并为伸缩调节器提供良好的工作条件,现有伸缩调节器一般要求严格控制尖轨伸缩量(一般要求<20mm),同时确保基本轨

图 7-36 铺设于现场的伸缩调节器
a) 单向伸缩调节器 b) 双向伸缩调节器

自由伸缩。为此,布置伸缩调节器时应特别注意:伸缩调节器不能布置于梁缝上、竖曲线上、曲线地段;伸缩调节器布置于梁缝附近时,尖轨尖端应指向梁缝;伸缩调节器的伸缩量应大于最不利条件下轨条的伸缩需要,可通过梁轨相互作用计算确定。

7.7 跨区间无缝线路

7.7.1 跨区间无缝线路发展现状

跨区间无缝线路是指轨条长度跨越区间,并实现了桥上无缝线路与区间、相邻信号分区之间、区间与道岔等无缝连接的超长无缝线路。

根据无缝线路工作原理,轨条温度力及温度应力与长度无关,因此,理论上无缝线路的长轨条长度可以不受限制。普通无缝线路上,考虑到管理单元的设置等原因,长轨条长度一般在 1500m 左右。由于普通无缝线路存在着伸缩区和缓冲区,焊接接头与普通接头夹杂,无缝线路的优越性得不到充分发挥,严重制约了轨道结构的全面强化和轨道平顺性的全面提高。缓冲区仍为有缝线路,使得养护维修工作量得不到显著降低。此外,缓冲区和伸缩区的存在,使得部分线路区段处于由温度引起的动态变化中,对无缝线路的受力、变形状态控制及管理也有不良的影响。随着高速重载运输的发展,要求必须强化轨道结构,全面提高线路的平顺性和整体性,发展与之相适应的轨道结构。为此,取消缓冲区,延长无缝线路长轨条长度,实现区间与道岔的无缝焊连,实现跨区间无缝线路的铺设,成为当代铁路轨道技术的必然选择。跨区间无缝线路最大限度地减少了钢轨接头,实现了线路的无缝化,消除了缓冲区和伸缩区的影响,这是当代轨道技术飞速发展的重要标志之一。

国内外在跨区间无缝线路方面都在进行研究并取得了一定进展。如德国铁路把区间无缝线路长轨条与站内道岔直接焊接起来,焊接道岔数达 11 万组之多;法国在巴黎—里昂—马塞、巴黎—勒芒、巴黎—莫城等高速铁路上，多数无缝线路长轨条的长度贯穿区间，其中最长一段长达 50km；俄罗斯在顿涅茨铁路上，一段无缝线路长轨条长达 17.5km，在科沃夫铁路线上一段长轨条长 10.5km；日本青函隧道全长 53.83km，在 1.2‰ 的坡道上铺设无缝线路长轨条，全长 53.78km。我国 20 世纪 60 年代在北京局、广州局曾用铝热焊接方法或冻接接头方法焊成一根轨条长达 8km 的超长无缝线路试验段，由于焊接强度不足没有得到发展。20 世纪 80 年代开始对道岔进行焊接，进行无缝道岔和跨区间无缝线路试验。1958 年，我国就开始钢轨胶结绝缘接头的研究。2000 年以后，为适应我国铁路对现场粘接钢轨胶结绝缘接头的需求，又研究开发了常温固化胶钢轨胶结绝缘接头。从 1995 年开始，我国铁路使用国产热胶钢轨绝缘接头，这种高强度、高韧性的胶结绝缘接头，为取消缓冲轨、推广铺设跨区间无缝线路奠定了必要条件。1993 年，我国开始在京广、京山、大秦等线铺设跨区间无缝线路试验段。1996 年开始的铁路提速推动了超长无缝线路的大发展，在解决了提高钢轨胶结绝缘接头强度和抗老化性能、完善无缝道岔设计理论和道岔焊接技术、改进无缝线路铺设工艺和钢轨折断原位焊接工艺等关键技术后，截至 2017 年底，我国无缝线路延展长度已达 164392km 约占铁路运营总里程的 56%。近年来，随着高速、重载技术的不断发展和大提速战略的成功推进，我国线路的无缝化程度不断攀升，以高速铁路为代表的跨区间无缝线路新技术已成为新线设计的常规选项，也是既有线提质工程的重要内容。

7.7.2 跨区间无缝线路的结构特点

跨区间无缝线路从本质上说与普通无缝线路没有什么区别，但其在结构、铺设、养护维修等方面也具有不同的特点，并将带来很多新的技术问题。

1. 用胶结绝缘接头替代了原有缓冲区的绝缘接头

整体性好、强度高、刚度大、绝缘性能好、寿命长、养护少的胶结绝缘接头的研制成功，是跨区间无缝线路得以发展的重要保证。要求这种胶结接头的使用寿命应该达到与基本轨同等的水平。美、日、俄、法等国胶结接头的质量水平较高。近年来我国从国外引进胶结材料进行试验研究，提高了质量，已能满足跨区间无缝线路的要求。同时还要注意到胶结接头与焊接接头本质上还不一样，其不能承受撕裂力，且缺少弹性，不能承受过大的弯曲和撞击。实验室试验表明，其疲劳强度低于焊接接头。所以在运输和铺设过程中，要尽量避免发生剧烈撞击、摔打或弯曲等。

2. 跨区间无缝线路在现场的焊接和施工

跨区间无缝线路由于施工技术条件和运营条件所限，不可能在一个天窗时间内一次铺设完成（一次仅能铺设 1~3km），只能把跨区间无缝线路分成若干单元轨条（通常把一次铺设的轨条长度叫单元轨条）。道岔区及前后约 200m 的线路作为一单元，对两单元间的焊接必须在线路上进行，而且要求每单元长轨在焊联后的锁定轨温相同，这就需要配备有较大拉伸能力的焊接设备或性能良好的拉伸机。由于跨区间无缝线路不是一次完成铺设，要使整个轨条温度力均匀，即锁定轨温一致。在铺设施工中，如何组织施工队伍，安排施工程序，使得铺设、焊接、放散应力、锁定等工作有序进行，且保证锁定轨温符合要求，就成为施工中的关键问题。

3. 跨区间无缝线路的维修养护方法

如前所述，跨区间无缝线路的基本原理与普通无缝线路是一致的，因此原有的普通无缝线路维修养护方法还适用。但现有的普通无缝线路存在缓冲区，如对无缝线路进行较长区段的破底清筛，或抽换轨枕作业，尤其是进行大修作业或出现温度力不均匀等情况时，往往可以放散应力后作业。跨区间无缝线路实施起来就比较困难，这时作业的轨温条件可能就会控制得很严，同时应配备快速切割、拉轨方便、焊接简便等相应的施工设备，以便于处理各种应急情况。另外在道岔区由于钢轨受力状态较为复杂，而道岔的各部件和各部位的尺寸要求也较严，在有温度力状态下如何作业尚没有经验。这些都有待进一步研究和实践总结。

4. 道岔区轨道受力情况

道岔区是两股轨道交叉一起，接头很多，转辙器的尖轨是可以自由活动的，辙叉是整体性的，而目前已经投入运营应用的可动心轨辙叉，情况又更复杂，当将道岔焊连成无缝道岔后，岔内钢轨温度力的分布、伸缩位移的大小、强度和稳定等问题，都有待进一步研究完善。

总的来说，需要建立一套跨区间无缝线路（包括道岔区在内）的设计、铺设施工、维修养护的方法和规则。

无缝线路又称焊接长钢轨，是现代铁路轨道的主要技术之一，采用该技术可以消除大量的钢轨接头，加强轨道结构。本章主要介绍了无缝线路基本原理和无缝线路稳定性问题。在此基础上，介绍了普通无缝线路、无缝道岔、桥上无缝线路、跨区间无缝线路的结构特点、受力特性和施工与维护技术。

利用无缝线路的基本原理，可以计算出钢轨内部温度力、钢轨伸缩区长度和轨端伸缩量。钢轨内部温度力大小与钢轨断面和钢轨温度变化有关，长钢轨的伸缩区长度与无缝线路的阻力参数（扣件阻力、接头阻力与线路阻力）有关，根据这些信息就可以画出长钢轨的基本温度力图。

长钢轨在使用过程中，如果升温幅度过大，容易造成轨道失稳。无缝线路丧失稳定的主要因素是温度压力与轨道初始弯曲，而道床横向阻力和轨道框架刚度是保持稳定的主要因素。采用统一公式计算理论、不等波长公式计算理论和有限单元法可以分析无缝线路稳定性。

1. 简要说明无缝线路与普通线路的差别及其优点。
2. 钢轨中的纵向温度力有哪些力与其平衡？
3. 什么是无缝线路的温度应力？
4. 在运营过程中，控制无缝线路受力与变形的主要参数是什么？
5. 跨区间无缝线路相比于普通无缝线路有哪些特点？
6. 换铺无缝线路技术有哪些？
7. 道床纵向阻力受哪些因素影响？
8. 影响无缝线路稳定性的因素有哪些？其中哪些因素有利？哪些因素不利？
9. 无缝线路的长轨条分哪几个区？温度应力峰值出现在哪一区？
10. 简述桥上铺设无缝线路的意义。

第 8 章 轨道力学与轨道结构设计

■ 8.1 概述

轨道力学
分析概述

轨道结构受力分析，就是应用力学的基本理论，结合轮轨相互作用的原理，分析轨道结构在机车车辆不同运营条件下所发生的动态行为，即轨道的内力和变形分布。通过受力分析对主要轨道部件进行强度检算，以便加强轨道薄弱环节，优化轨道工作状态，提高轨道承载能力，最大限度地发挥既有轨道的潜能，以尽可能少的投入取得尽可能高的效益；对轨道结构参数进行最佳匹配设计，为轨道结构的合理配套和设计、开发新型轨道结构及材料提供理论依据。

随着铁路运输向客运高速、货运重载方向的发展，大运量、高密度的运营状况将对轮轨系统提出更高的要求。行车速度越高，安全问题越突出，需保证高速列车运行安全、平稳、舒适；载重量越大，轮轨之间的动力作用越强，轨道部件中的疲劳应力水平越高，对轨道结构的破坏作用也就越严重。因此，深入研究轮轨相互作用规律、寻求减轻轮轨相互作用的途径，对于保证轨道结构的强度和稳定、减少线路维修工作量、延长设备使用寿命具有重要的现实意义。

分析轮轨相互作用的动力响应，首先应建立一个能真实反映轨道结构和机车车辆相互作用基本特征的力学模型，模型的选用取决于研究问题的侧重点及分析目的。抓住主要环节，略去次要因素，既要计算简单又要满足必要的精度要求，历来是简化分析模型的根本原则之一。在进行轨道结构动力响应研究时，轨道部分作为主体，在模型中会反映得尽量详细，而对机车车辆部分进行简化，视为一个作用在模型上的输入，按照系统输入—传递函数（系统特性）—系统响应的模式分析轨道系统的振动特性。

结构物的动力行为不同于其静力行为，前者比后者要复杂得多。由于机车车辆簧上与簧下质量的振动而产生的动荷载频率较轨道的自振频率，尤其是钢轨的自振频率低得多，且散体道砟道床具有很高的阻尼消振作用，难以激起轨道下部结构的振动，这种动荷载对轨道的作用相当于是一种静荷载，基于这种认识发展起来的传统轨道强度计算理论与方法已形成比较成熟的理论体系。为此，本章将由传统有砟轨道结构的静力计算开始，逐渐扩展至准静态计算和有砟轨道结构的强度检算，进一步地分析和介绍无砟轨道在列车荷载、温度荷载等作用下的效应与结构设计方法。

8.2 作用在轨道上的力及其特点

进行轨道结构的力学分析，首先需明确作用在轨道上的力。轨道作为一种直接承受反复列车荷载作用和长期承受环境影响的线状结构物，内部承受着非常复杂的力，且具有强烈的随机性和重复性。为便于分析，可将作用于轨道上的力大致分为垂直于轨面的竖向力、垂直于钢轨轴向的横向水平力和平行于钢轨轴向的纵向水平力等三个分量进行分析。作用在轨道上的力如图 8-1 所示。

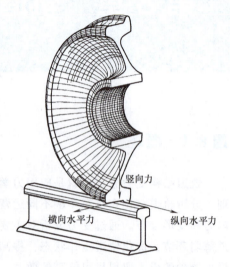

图 8-1 作用在轨道上的力

1) 竖向力主要包括静轮重和附加动压力。轮重是机车车辆静止时，同一个轮对的左右两个车轮对称地作用于平直轨道上的轮载。列车行驶过程中，车轮实际作用于轨道上的竖直力称车轮动轮载。动轮载超出静轮载的部分称为动力附加值，产生的原因非常复杂，有属于机车车辆构造及状态方面的，有属于轨道构造及其状态的，也有属于机车车辆在轨道上的运动形态方面的。其主要包括蒸汽机车蒸汽压力和传动机构运动时的惯性力以及过量平衡锤的离心力等产生的；由于车轮踏面不圆顺或车轮安装偏心引起的；轨道不平顺，诸如轨面单独不平顺、轨缝、错牙和折角等导致产生的，由不平顺产生的附加动压力随不平顺的长度、深度及行车速度、轴重等的不同而变，严重时可达静轮载的 1~3 倍。

2) 横向水平力包括直线轨道上，因车辆蛇行运动，车轮轮缘接触钢轨而产生的往复周期性的横向力；轨道方向不平顺处，车轮冲击钢轨的横向力。在曲线轨道上，主要是因转向架转向，车轮轮缘作用于钢轨侧面上的导向力，此项产生的横向力较其他各项大。还有未被平衡的离心力等。

3) 纵向水平力包括列车的起动、加速、制动时产生的纵向水平力；坡道上列车重力的水平分力；爬行力以及钢轨因温度变化不能自由伸缩而产生的纵向水平力等。列车起动、加速、制动产生的纵向水平力，主要影响列车的运动状态，这将在牵引计算问题中探讨。温度力对无缝线路稳定性来说是至关重要的，相关结构受力分析方法已在无缝线路中介绍。

本章主要介绍轨道结构受竖向力和横向水平力的力学分析方法。

8.3 轨道结构竖向受力计算

8.3.1 基本假设和计算模型

1. 基本假设

1) 轨道和机车车辆均处于正常良好状态，符合《铁路技术管理规程》和有关的技术标准要求。

轨道竖向受力分析

2)钢轨视为支承在弹性基础上的等截面无限长梁,轨枕视为支承在连续弹性基础上的短梁,钢轨基础或支座的压缩量与其所受的压力成正比。

3)轮载作用在钢轨的对称面上,且作用在两股钢轨上的荷载相等,基础刚度均匀且对称于轨道中心线。

4)不考虑轨道自重。

2. 计算模型

基于以上基本假设,可对称性地取半边轨道进行研究,即仅包含1根钢轨、半边轨枕与道床的轨道进行分析,作用在钢轨上的荷载仅考虑静轮载,即静轴重的一半,不考虑轮轨不平顺引起的动轮载增大部分及偏载影响。轮载作用下轮轨接触面上的压缩量将远小于钢轨的弯曲变形,钢轨将主要表现为整体的弯曲变形,而轨枕在横向上将主要发生弯曲变形,道床和路基则主要发生压缩变形,因而若以钢轨为主要研究对象,钢轨可视为弹性基础上的无限长梁,轨枕、道床和路基等轨下基础则主要发生压缩变形,轨下基础可视为间断支承的系列弹簧,由此得到的轨道计算模型如图8-2所示。

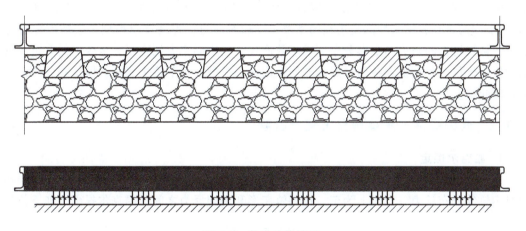

图8-2 轨道计算模型

而这样的模型求解起来将非常困难,可将每个扣件支承处的弹簧进行集中或离散处理,从而得到点支承梁和连续支承梁两种模型。

1)点支承梁模型,如图8-3a所示。钢轨离散支承在轨枕上,又称弹性点支承梁模型。图中 a 为轨枕间距;K 为轨下基础支座刚度。模型中,钢轨的支承是间断不连续的,只能采用数值解法进行求解。早期曾将其视为有限跨连续梁求解,随后又发展为差分方程求解无限长梁模型。铁道科学研究院谢天辅在我国推广应用此法,特编制了完备的计算参数表。随着计算机技术的发展,这些经典的数值解法已逐渐被有限元方法所取代。

2)连续支承梁模型,如图8-3b所示。由于钢轨的抗弯刚度很大,而轨枕铺设相对较密,可近似地把轨枕支承视为连续支承。图中的 $u=K/a$,即把离散的支座刚度 K 均匀分布在轨枕间距范围内,即为连续分布支承刚度 u,又称钢轨基础弹性模量。该模型最初是由德国温克尔(E. Winkler,1867)提出的,后由德国 A. Zimmermann、美国 A. N. Talbot 等改进和完善。

两种模型均是对实际轨道结构的简化,考虑到实际的扣件尺寸与轨枕间距,点支承梁模型更接近于实际结构物,但求解相对烦琐,目前在动力学分析及特殊问题求解中应用较多;

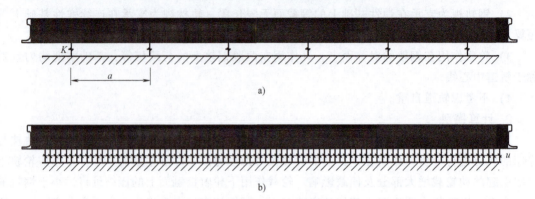

图 8-3 弹性基础梁模型
a) 点支承梁 b) 连续支承梁

而连续支承梁模型有应用简单方便、直观等特点，对工程应用有较高的应用价值。在实用的基础刚度范围内，点支承模型计算钢轨弯矩比连续支承模型大 5%～10%，而钢轨下沉小 1%～2%。两者计算结果均满足工程精度要求。相对而言，连续支承模型可获取严密理论解析解，可将轨道的内力和变形分布写成函数形式，应用起来方便直观，至今仍具有重要的理论和应用价值。现在世界各国铁路标准均采用这一模型，本节将主要对该模型和解法进行较详细的介绍。

8.3.2 连续弹性支承梁微分方程及其解

1. 温克尔假定

假设钢轨上作用有集中轮载 P，钢轨的挠度曲线为 $y(x)$，以向下为正。以 $q(x)$ 表示基础对钢轨的分布反力，以向上为正。在钢轨变形和基础反力之间，温克尔提出了如下假设：

$$q(x) = uy(x) \tag{8-1}$$

即假设 x 坐标处的基础反力与 x 处的钢轨位移成正比。相当于假设基础是由连续排列但相互独立的线性弹簧所组成，即每个弹簧的变形仅取决于作用在其上的力，而与相邻弹簧上的力无关。由于实际的轨枕支承是有一定间距的，且碎石道床并非连续介质，某根轨枕的下沉对邻枕的影响较小，因而温克尔假设对于分析轨道问题来说还是比较适合的。但对于钢轨挠度无论是向上还是向下，钢轨基础弹性模量 u 均采用相同的数值，则与实际有较大出入。尽管如此，大量试验证明，该模型的分析结果是能够满足一般轨道分析精度要求的。

2. 连续基础梁微分方程

钢轨竖向受力及变形如图 8-4 所示，在坐标条件下，取某一梁微段进行分析，由材料力学中钢轨弯矩和钢轨变形间的关系和力的平衡关系，可知：

$$M = -EI\frac{d^2y}{d^2x} = -EIy''$$

$$Q = \frac{dM}{dx} = -EIy^{(3)}$$

$$q = \frac{dQ}{dx} = -EIy^{(4)}$$

式中　　E——钢轨钢的弹性模量；

　　　　I——钢轨截面对水平中性轴的惯性矩；

　　　　M——钢轨弯矩；

　　　　Q——钢轨截面剪力；

　　　　q——基础分布反力。

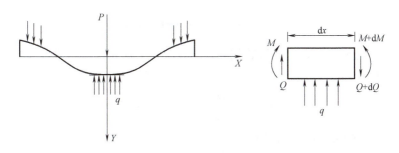

图 8-4　钢轨竖向受力及变形

结合温克尔假定可得

$$uy = -EIy^{(4)}$$

整理得

$$y^{(4)} + \frac{u}{EI}y = 0$$

令

$$\frac{u}{EI} = 4k^4$$

可得：

$$y^{(4)} + 4k^4 y = 0 \tag{8-2}$$

式（8-2）即为连续弹性支承梁微分方程，是一个四阶常系数线性齐次微分方程。式中的 $k = \sqrt[4]{\dfrac{u}{4EI}}$ 表征了钢轨基础弹性模量与钢轨抗弯刚度之间的相对大小关系，称为刚比系数，任意轨道参数的改变均会反映在该参数中，亦称为轨道系统特性参数。k 值一般在 0.9～2m^{-1} 之间。

3. 微分方程的解

式（8-2）的通解为

$$y = C_1 e^{kx} \cos kx + C_2 e^{kx} \sin kx + C_3 e^{-kx} \cos kx + C_4 e^{-kx} \sin kx \tag{8-3}$$

式中　$C_1 \sim C_4$——积分常数，由边界条件确定。

当 $x \to \infty$，$y = 0$ 得 $C_1 + C_2 = 0$。

当 $x = 0$，$\dfrac{dy}{dx} = 0$ 得 $C_3 = C_4 = C$。

当 $x = 0$，$EIy^{(3)} = \dfrac{P}{2}$ 或由 $2\displaystyle\int_0^\infty uy\,dx = P$ 得

$$C = \frac{P}{8EIk^3} = \frac{Pk}{2u}$$

从而得：

$$y = \frac{P_0 k}{2u} e^{-kx}(\cos kx + \sin kx) \tag{8-4}$$

$$M = -EIy'' = \frac{P_0}{4k} e^{-kx}(\cos kx - \sin kx) \tag{8-5}$$

$$q = uy = \frac{Pk}{2} e^{-kx}(\cos kx + \sin kx) \tag{8-6}$$

而作用在枕上的钢轨压力（或称轨枕反力、枕上压力）R 则等于基础分布反力 q 与轨枕间距 a 的乘积，即

$$R = aq = auy = \frac{aPk}{2} e^{-kx}(\cos kx + \sin kx) \tag{8-7}$$

令 $\eta(kx) = e^{-kx}(\cos kx + \sin kx)$，则

$$\mu(kx) = e^{-kx}(\cos kx - \sin kx)$$

η、μ 称为温克尔地基梁的解函数或分布函数，因它们同时又具有影响线的性质，故又可称为影响线函数，于是微分方程的解又可记为：

钢轨下沉时

$$y = \frac{Pk}{2u} \eta(kx) \tag{8-8}$$

钢轨弯矩为

$$M = \frac{P}{4k} \mu(kx) \tag{8-9}$$

枕上压力为

$$R = \frac{Pka}{2} \eta(kx) \tag{8-10}$$

由以上各式可知，在一定荷载 P 的作用下，y、M、R 的量值及分布主要取决于刚比系数 k。当 $x = 0$ 时，$\mu = \eta = 1$，即在坐标原点处，各函数取最大值，即

$$y_{\max} = \frac{Pk}{2u} \tag{8-11a}$$

$$M_{\max} = \frac{P}{4k} \tag{8-11b}$$

$$R_{\max} = \frac{Pka}{2} \tag{8-11c}$$

由此可知，$M_{\max}$、$R_{\max}$ 与刚比系数 k 成正比，而 $y_{\max}$ 则不仅与 k 成正比，同时还与 u 成反比。其次，η 和 μ 都是 kx 的量纲一函数，都是由 $\exp(-kx)$、$\sin kx$、$\cos kx$ 等基本初等函数复合而成的变幅周期函数，随着 kx 的增大，即离开轮载作用点越远的钢轨截面上，y、M、R 的值均有不同程度的减小，而当 $kx \geq 5$ 时，轮载的影响已非常小，通常可略去不计。温克尔地基梁解函数如图 8-5 所示。

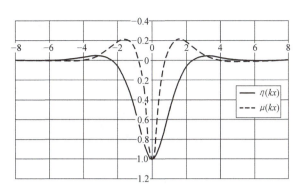

图 8-5　温克尔地基梁解函数

8.3.3　轨道的基本力学参数

1. 钢轨抗弯刚度 EI

梁的弯矩方程为 $M = -EIy''$，即梁的曲率 y'' 与所受的弯矩成正比。因此，钢轨抗弯刚度 EI 的力学意义应为：使钢轨产生单位曲率所需的力矩。对于 60kg/m 钢轨，$EI = 6.76 \times 10^6 \mathrm{N \cdot m^2}$，表示欲使钢轨弯成 $1\mathrm{m^{-1}}$ 的单位曲率所需的弯矩是 $6.76 \times 10^6 \mathrm{N \cdot m^2}$。

2. 钢轨支座刚度 K

采用弹性点支承梁模型时，应用钢轨支座刚度表示钢轨基础的弹性特征，定义为使钢轨支座顶面产生单位下沉时所需施加于钢轨支座顶面的力，其单位为力/长度。轨下基础包括扣件、轨枕、道床等，每一部分均可视为一个弹簧，因此钢轨支座可视为一个串联弹簧组，如图 8-6 所示。图中，K_f 为扣件刚度；K_s 为轨枕刚度；K_b 为道床及路基刚度。

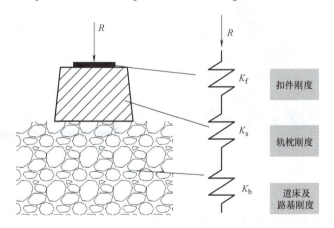

图 8-6　钢轨支座刚度组成

设在枕上压力 R 作用下，扣件、轨枕及道床的下沉量分别为 y_f、y_s、y_b，钢轨支座顶面的下沉量为 y，且有

$$y = y_\mathrm{f} + y_\mathrm{s} + y_\mathrm{b} \tag{8-12}$$

由于三处弹簧为串联关系，作用于每处弹簧上的荷载均为 R，则根据刚度的定义有

$$y_\mathrm{f} = \frac{R}{K_\mathrm{f}} \tag{8-13a}$$

$$y_s = \frac{R}{K_s} \tag{8-13b}$$

$$y_b = \frac{R}{K_b} \tag{8-13c}$$

故有

$$y = \left(\frac{1}{K_f} + \frac{1}{K_s} + \frac{1}{K_b}\right)R$$

所以有

$$K = \frac{1}{1/K_f + 1/K_s + 1/K_b} = \frac{1}{\sum 1/K_i} \tag{8-14}$$

木枕的弹性很好，一般不需要弹性扣件；钢筋混凝土轨枕则可视为不可压缩的，近似取为 $K_s = \infty$。因此，在混凝土轨枕上使用弹性扣件是很重要的。

3. 扣件刚度 K_f

目前，混凝土轨枕或无砟轨道上大都采用弹性扣件，主要有弹条和轨下胶垫两个弹性层。有时为了实现高弹性，轨下胶垫又分为多层，可采用串联弹簧的关系模拟多层胶垫的情况从而获得轨下胶垫刚度 K_p。若弹条刚度为 K_c，当荷载作用使得扣件发生变形时，胶垫的压缩量与弹条的伸长量相同，如图8-7所示，二者是并联弹簧的关系，从而扣件刚度可以表示为

$$K_f = K_c + K_p \tag{8-15}$$

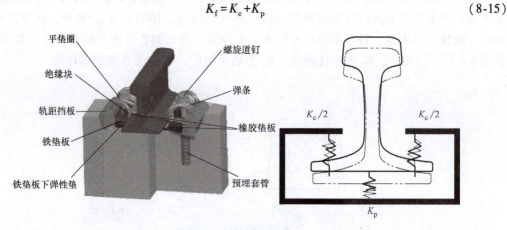

图8-7 扣件刚度组成

4. 道床系数 C

轮载 P 经钢轨分散之后以枕上压力 R 的方式作用于轨枕上，再经轨枕的分散作用，以分布压力的方式作用于下部的道床与路基之上。轨枕可视为支承在弹性基础上的横向短梁，枕上压力作用下轨枕将发生弯曲变形，如图8-8所示。轨下部位的轨枕下沉量将大于其他部位。假设轨下界面的轨枕下沉量为 y_b，而轨枕的平均下沉量为 y_{bc}，引入轨枕弯曲系数 α，表示轨枕的弯曲程度，则有 $y_{bc} = \alpha y_b$。对于混凝土枕 $\alpha = 1$，对于木枕 $\alpha = 0.81 \sim 0.92$。

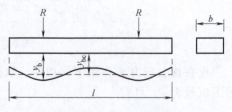

图8-8 轨枕弯曲变形

为便于推导道床刚度 K_b，引入表征道床及路基弹性特征的道床系数 C，定义为使道床顶面产生单位下沉时，所需施加于道床顶面的单位面积上的压力，单位为力/长度^3。

图 8-8 中 l 为轨枕底面有效支承长度，b 为轨枕底面平均宽度，则根据轨枕上方作用力与枕底反作用力之间的平衡关系，有

$$2R = Clby_{bc} \tag{8-16a}$$

注意到 $y_{bc} = \alpha y_b$，则有

$$R = \frac{Clb\alpha}{2} y_b \tag{8-16b}$$

因而道床刚度为

$$K_b = \frac{Clb\alpha}{2} \tag{8-17}$$

C、K 两个参数随轨道类型、路基、道床状况及环境因素而变化，离散性很大，在进行强度计算时，应尽可能采用实测值。木枕轨道的 C、K 值及混凝土枕轨道的 K 值参见表 8-1 及表 8-2。

表 8-1 木枕轨道 C、K 值

参数	轨道类型		
	特重型、重型	次重型	中型、轻型
K/(kN/m)	15000~19000	12000~15000	8400~12000
C/(MPa/m)	60~80	40~60	40

表 8-2 混凝土枕轨道 K 值

轨枕类型	轨下胶垫刚度/(kN/m)	轨道类型	K/(kN/m)
Ⅱ型	—	次重型及以下	22000
Ⅱ型	11000	重型、特重型	30000
Ⅱ型	8000	重型、特重型	27200
Ⅲ型	8000	重型、特重型	33000

5. 钢轨基础弹性模量 u

采用连续支承梁模型时，可用钢轨基础弹性模量表示钢轨基础的弹性特征，定义为使单位长度的钢轨基础产生单位下沉所需施加在其上的分布力，单位为力/长度^2。

$$u = K/a \tag{8-18}$$

即假定反力 R 均匀地分布在两枕跨间。采用钢轨基础弹性模量就可将支座的离散支承等效成连续支承，从而可用解析方法求解。

6. 刚比系数 k

由前文：

$$k = \sqrt[4]{\frac{u}{4EI}} = \sqrt[4]{\frac{K}{4EIa}} = \sqrt[4]{\frac{1}{4EIa} \cdot \frac{1}{\sum 1/K_i}} \tag{8-19}$$

轨道的所有力学参数及相互间的关系均反映在 k 中，任何轨道参数的改变都会影响 k，而 k 的改变又将影响整个轨道的内力分布和部件的受力分配，因此 k 又可称为轨道系统特性参数。由钢轨弯矩 M 和枕上压力 R 的表达式可以看出 M 和 R 的分布不是由 u 或 EI 单独决定的，而是决定于比值 u/EI。当 k 值较大，基础相对较硬时，则 R 较大、M 较小，且向两侧衰减较快，荷载影响的范围较小；相反，如果钢轨的弯曲刚度 EI 较大，而基础相对较软，则荷载的影响将与上述情况相反。

7. 轨道刚度 K_t

获得钢轨的位移之后，就可定义轨道结构的整体刚度 K_t，定义为使钢轨产生单位下沉时所需施加在钢轨上的荷载。在荷载作用点，钢轨的位移为 $y = \dfrac{k}{2u}P$，因此轨道结构整体刚度为

$$K_t = \frac{2u}{k} = 2\sqrt[4]{4EIu^3} \tag{8-20}$$

由上式可知，如按相同比例增大 u 及 EI，则刚比系数 k 不变，钢轨弯矩及枕上压力大小不变，但轨道刚度增大，位移减小。过大的轨道刚度将会增大由于轨道不平顺引起的动荷载，加速轨道几何状态的恶化和轨道部件的失效。因此，铁路轨道既需要有足够的刚度，同时也需要有很好的弹性，尤其在高速铁路上更是如此。

8.3.4 轮群作用下的轨道力学计算

通常情况下，轨道车辆均包含前后两个转向架，每个转向架至少设置有两个轮对，轨道结构的受力往往表现为多个轮载共同作用的叠加。由于微分方程式（8-2）是线性的，其解析式中的 y、M、R 与轮载 P 成正比，因此可以利用力的叠加原理求解轮群作用下的轨道响应。计算时，首先在同一坐标系下按照实际轴距参数布置轮载，取任一截面 x_0 作为计算截面，计算各轮位相对于该截面的相对距离 $|x_i-x_0|$，利用式（8-4）~式（8-6）计算各轮载在计算截面处引起的钢轨位移、弯矩以及反力，再将各个轮载单独作用的效应叠加起来，即为各轮载在计算截面共同作用的效应，即

$$y = \frac{k}{2u}\sum P\eta(kx) \tag{8-21a}$$

$$M = \frac{1}{4k}\sum P\mu(kx) \tag{8-21b}$$

$$R = \frac{a}{2}\sum P\eta(kx) \tag{8-21c}$$

式中，$x = |x_i-x_0|$ 表示轮载相对于计算截面的距离，$\sum P\eta(kx)$ 和 $\sum P\mu(kx)$ 对于计算 y、M、R 来说，相当于作用于坐标原点的一个集中荷载，可称之为当量荷载。轮群作用下的钢轨位移分布和钢轨弯矩分布如图 8-9 和图 8-10 所示。

由于相邻轮子的影响有正有负，但最大效应一般均出现在轮位处。因此，对于有多个车轮的机车车辆，应分别把不同的轮位放在计算截面上，考虑左右邻轮对它的影响，从中找出产生最大 $\sum P\eta$ 和 $\sum P\mu$ 的轮位，该轮位即为最不利轮位，并将其作为后续计算的依据。注意，钢轨位移和钢轨弯矩的最不利轮位可能并不相同。

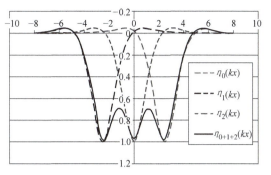
图 8-9 轮群作用下的钢轨位移分布

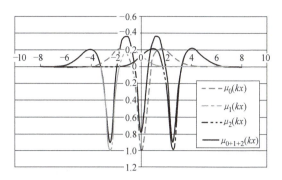
图 8-10 轮群作用下的钢轨弯矩分布

8.4 轨道力学分析的有限单元法

连续弹性支承梁模型可以方便地利用解析表达式获取轨道力学响应，但要求轨道必须均匀连续，当钢轨截面不均、支承不均时，则难以求得符合精度要求的解析解，此时可采用点支承模型进行求解。通常情况下，多采用有限单元法予以实现，对解决轨道强度计算中的一些特殊问题如变截面、变跨距、支承弹性不均匀等则具有明显的优越性。

有限单元法的基本思想是将整个结构视为由有限个力学单元组成的集合体，求得各个离散单元的力学性质后，整个结构的力学特性就可根据有限个单元力学性质的总和而得到。

8.4.1 结构模型的离散化

结构离散化是指将结构分解成有限个单元，单元与单元的连接点叫作节点。

一个三跨弹性点支承梁，如图 8-11 所示，作用荷载为 P。在有限单元划分中，可将荷载作用点取为节点，这样，该连续梁共有 5 个节点，划分为 4 个单元。

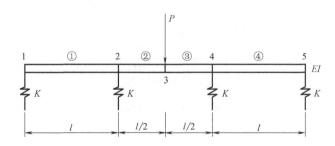

图 8-11 三跨弹性点支承连续梁及其有限单元

单元与单元间由节点力和节点位移联系起来。在梁单元分离体上，节点力包括弯矩 M_i、M_j 和剪力 Q_i、Q_j，如图 8-12 所示。

梁单元的节点力可记为

$$\boldsymbol{f}^e = (Q_i \quad M_i \quad Q_j \quad M_j)^{\mathrm{T}} \tag{8-22}$$

梁单元的节点位移包括竖向位移 y_i、y_j 和绕水平轴的角位移 θ_i、θ_j，单元节点位移向量记为

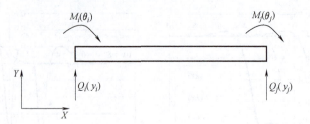

图 8-12 梁节点力

$$\boldsymbol{\delta}^e = (y_i \quad \theta_i \quad y_j \quad \theta_j)^T \tag{8-23}$$

梁单元节点位移和节点力之间满足矩阵方程：

$$\boldsymbol{f}^e = \boldsymbol{K}^e \boldsymbol{\delta}^e \tag{8-24}$$

其中，$\boldsymbol{K}^e$ 是一个 4×4 的矩阵，叫作梁单元刚度矩阵。

8.4.2 梁单元刚度矩阵

在有限单元分析中，建立单元刚度矩阵是最基本的工作。若已知钢轨梁节点位移，单元内任意位置的钢轨位移可通过插值函数求得：

$$z_{ri}(x) = \boldsymbol{N} z_i^e \tag{8-25}$$

式中 $\boldsymbol{N}$ ——插值函数向量，且有

$$\boldsymbol{N} = (N_1 \quad N_2 \quad N_3 \quad N_4) \tag{8-26}$$

选取 Hermite 插值作为形函数，由于 2 节点梁单元要求单元节点处的位移和转角（位移的一阶导数）连续，则有

$$z_{ri}(x) = \sum_{i=1}^{2} \left[H_{0i}^{(1)}(x) z_{ri}(x) + H_{1i}^{(1)}(x) \frac{dz_{ri}(x)}{dx} \right] \tag{8-27}$$

式中

$$\begin{cases} H_{0i}^{(1)}(x) = \left[1 - 2\frac{df_i(x_i)}{dx}(x-x_i)\right] f_i^2(x) \\ H_{1i}^{(1)}(x) = (x-x_i) f_i^2(x) \end{cases} \tag{8-28}$$

$$f_i(x) = \frac{L(x)}{(x-x_i)\dfrac{dL(x)}{dx}}$$

$$L(x) = (x-x_i)(x-x_{i+1}) \tag{8-29}$$

推导求得

$$\begin{cases} N_1 = 1 - 3\left(\dfrac{x}{a}\right)^2 + 2\left(\dfrac{x}{a}\right)^3 \\ N_2 = x\left[1 - \dfrac{2x}{a} + 2\left(\dfrac{x}{a}\right)^2\right] \\ N_3 = \left(\dfrac{x}{a}\right)^2 \left(3 - \dfrac{2x}{a}\right) \\ N_4 = x\left[\left(\dfrac{x}{a}\right)^2 - \dfrac{x}{a}\right] \end{cases} \tag{8-30}$$

从而第 i 钢轨单元的刚度矩阵可以表示为

$$k^2 = \frac{1}{2}\int_0^a EJ\left(\frac{\mathrm{d}^2 \boldsymbol{N}}{\mathrm{d}x^2}\right)^{\mathrm{T}}\left(\frac{\mathrm{d}^2 \boldsymbol{N}}{\mathrm{d}x^2}\right)\mathrm{d}x \tag{8-31}$$

进行积分,并令 $B=EI/a^3$,可得到钢轨梁单元刚度矩阵为

$$\boldsymbol{k}^e = \begin{pmatrix} 12B & 6Ba & -12B & 6Ba \\ 6Ba & 4Ba^2 & -6Ba & -12B \\ -12B & -6Ba & 12B & -6Ba \\ 6Ba & 2Ba^2 & -6Ba & 4Ba^2 \end{pmatrix} \tag{8-32}$$

若荷载 P 作用于距梁单元左节点 l 处,则作用于该节点上的单元节点力为

$$\boldsymbol{F}^e = P\boldsymbol{N}_{x=l}^{\mathrm{T}} \tag{8-33}$$

8.4.3 连续梁的总刚度矩阵

对于一个包含多跨轨枕间距的钢轨,取各个钢轨支点作为节点,并将节点从左至右依次编号,设节点数为 n,则该连续梁被离散后共包含 $n-1$ 个单元。每个梁单元的刚度矩阵形式如式(8-32),主要取决于单元的抗弯刚度与单元长度。节点力与节点位移的矩阵方程如式(8-24)。利用变形协调条件(连接在同一节点的各单元的节点位移相等)和静力平衡条件(作用在结构节点上的外荷载和该节点处各单元节点力之和相等),建立结构刚度矩阵以及节点位移列向量与荷载列向量满足的矩阵方程:

$$\boldsymbol{F} = \boldsymbol{K}_c \boldsymbol{d} \tag{8-34}$$

式中　$\boldsymbol{K}_c$——结构刚度矩阵,是 $2n\times 2n$ 矩阵;

　　　$\boldsymbol{d}$——结构节点位移列向量,是 $2n\times 1$ 列向量;

　　　$\boldsymbol{F}$——结构节点荷载列向量,是 $2n\times 1$ 列向量。

荷载列向量 $\boldsymbol{F}$ 包括外荷载列向量 $\boldsymbol{P}$ 及支点反力列向量 $\boldsymbol{R}$,即 $\boldsymbol{F}=\boldsymbol{P}+\boldsymbol{R}$。对于有 n 个节点、$n-1$ 个单元的连续梁,结构刚度矩阵是 $2n\times 2n$ 的矩阵,它是由 $n-1$ 个 4×4 单元刚度矩阵沿对角线方向相互叠加在一起而构成的。其中,第 i 个单元刚度矩阵的右下部 2×2 矩阵同第 $i+1$ 单元刚度矩阵左上部 2×2 矩阵的对应元素之和($i=1,2,\cdots,n-2$),作为结构刚度矩阵的对应元素。单元刚度矩阵的其他元素不叠加而直接作为结构刚度矩阵的元素,总刚度构成如图8-13所示。

结构刚度矩阵是对称正定矩阵,是等带宽等于4的窄带对称矩阵,在这个带形之外矩阵元素均为零元素。

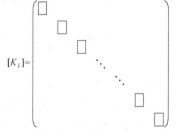

图8-13　结构刚度矩阵的构成

8.4.4 轨道结构力学模型及矩阵方程

应用有限单元法计算轨道力学响应时可采用轨道力学计算的有限元模型,如图8-14所示,即弹性点支承有限长梁,模型长度的选择需能消除边界效应的影响,一般可取最外侧荷载向外延伸6~8跨枕间距。

在弹性点支承模型中,每个钢轨支点的刚度可不同,假设各支点刚度分别为 K_i,则弹

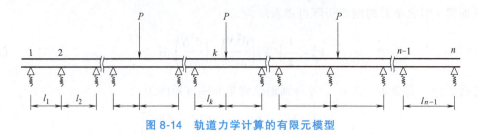

图 8-14　轨道力学计算的有限元模型

性支点反力可以表示为 $R_i = -K_i y_i$。节点若不是弹性支点，此处的刚度系数取作零。以图 8-11 所示的三跨弹性点支承连续梁为例，结构节点位移列向量满足如下矩阵方程：

$$K_c \begin{pmatrix} y_1 \\ \theta_1 \\ y_2 \\ \theta_2 \\ y_3 \\ \theta_3 \\ y_4 \\ \theta_4 \\ y_5 \\ \theta_5 \end{pmatrix} = \begin{pmatrix} 0 \\ 0 \\ 0 \\ 0 \\ -P \\ 0 \\ 0 \\ 0 \\ 0 \\ 0 \end{pmatrix} + \begin{pmatrix} -K_1 y_1 \\ 0 \\ -K_2 y_2 \\ 0 \\ 0 \\ 0 \\ -K_4 y_4 \\ 0 \\ -K_5 y_5 \\ 0 \end{pmatrix} \tag{8-35}$$

其中，K_3 的数值等于零。也可将式 (8-35) 右端第二个列向量中的 $-K_i y_i$ 移到等号左边与相应的 y_i 的系数合并。

求解得到节点位移向量之后，即可依据节点位移和单元刚度矩阵求得单元节点弯矩和剪力及支点反力。

用有限单元法进行轨道强度计算，一般需要编制程序由计算机完成。对于变跨距、变截面、支点刚度不同等特殊问题解法的内容在此不再详述，可学习有关专业参考书。

8.5　轨道动力响应的准静态计算

前面的分析中，轨道和车辆状态均假设为理想状态，实际上的车辆和轨道与理想状态差别较大，特别是车轮存在一定的不圆顺、轨道上则存在一定的不平顺，当不圆顺的车轮走行在不平顺的轨道上时，轮轨之间就会产生强烈的动态相互作用。

钢轨作为轨道结构的主要部件，直接与车辆系统的车轮相接触，其自振频率很高，高达 1000Hz。当轨道状态良好时，由机车车辆簧上及簧下部分质量振动而产生的作用于轨道上的动荷载，其频率一般只有几十赫兹，不会激起钢轨的振动，而且碎石道床具有较好的阻尼消振作用，因此，在列车最后一个轮对通过后，有时根本测不到钢轨的振动。实测结果表明，即使列车速度高达 200km/h，钢轨弯曲形状与步行速度下甚至静止状态时的形状是一样的。充分说明机车车辆作用于轨道的动荷载一般不会激发钢轨的振动；高速条件下钢轨位移弹性曲线与按静载计算所得的弹性曲线基本上是相同的。因此可按静态计算的方法分析动力作用下的轨道力学响应，即准静态计算。

所谓结构动力分析的准静态计算，名义上是动力计算，实质上仍是静力计算。当由外荷载引起的结构本身的惯性力相对较小（与外力、反力相比），基本上可以忽略不计，而不予考虑时，则可基本上按静力分析的方法来进行，这就是准静态计算，而相应的外荷载则称为准静态荷载。

由于机车车辆的振动作用，作用在钢轨上的动荷载要大于静荷载，引起动荷载增加的因素主要包括行车速度和钢轨偏载，可用速度系数、偏载系数加以考虑，统称为荷载系数，有些国家则统一以动力系数表示。

8.5.1 速度系数

列车在直线区间轨道上运行时，由于轮轨之间的动力效应，导致作用在钢轨上的动轮载 P_d 要比静轮载 P_0 大，其增量随行车速度的增加而增大。一般用速度系数 α 表示动载增量与静轮载之比，可以写为

$$\alpha = \frac{P_d - P_0}{P_0} \tag{8-36}$$

则

$$P_d = (1+\alpha) P_0 \tag{8-37}$$

速度系数 α 与轨道状态、机车类型等有关，可以通过大量试验确定。各国所采用的速度系数公式不尽相同，一般都是经验公式，大多与行车速度成线性或非线性关系。我国在行车速度 $V \leqslant 200$km/h 的线路上采用的计算式见表 8-3，主要用于计算轨底弯曲应力。当计算钢轨下沉及轨下基础各部件荷载及应力时，考虑到结构的阻尼效应，还需在表中基础上乘以 0.75 的折减系数。

表 8-3 速度系数计算式

速度系数	速度范围/(km/h)	牵引种类	
		电力	内燃
α	$V \leqslant 120$	$0.6V/100$	$0.4V/100$
α_1	$120 < V \leqslant 160$	$0.3\Delta V_1/100$	
α_2	$160 < V \leqslant 200$	$0.45\Delta V_2/100$	

当行车速度在 120~160km/h 时，动荷载表达式为

$$P_d = (1+\alpha)(1+\alpha_1) P_0 \tag{8-38}$$

当行车速度在 160~200km/h 时，动荷载表达式为

$$P_d = (1+\alpha)(1+\alpha_1)(1+\alpha_2) P_0 \tag{8-39}$$

8.5.2 偏载系数

列车通过曲线时，由于存在未被平衡的超高（欠超高或过超高），产生偏载，使外轨或内轨轮载增加，其增量与静轮载的比值称为偏载系数，用 β 表示。

$$\beta = \frac{P_1 - P_0}{P_0} \tag{8-40}$$

式中　P_1——外轨（或内轨）上的轮载；
　　　P_0——静轮载。

欠超高情况如图 8-15 所示，以欠超高为例推求 β 的计算公式。

把合力 R 分解为垂直于轨面线的合力 F 和平行于轨面线的分力 F_1，则由静力平衡条件 $\sum M = 0$ 可得

$$P_1 S_1 = F \frac{S_1}{2} + F_1 H \tag{8-41}$$

$$P_1 = \frac{F}{2} + H \frac{F_1}{S_1} \tag{8-42}$$

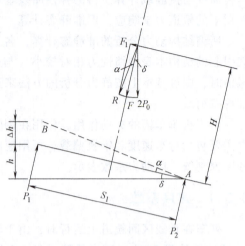

图 8-15　欠超高情况

式中　H——车体重心高，货车一般取 $2.1 \sim 2.3$ m；
　　　S_1——左右钢轨中心线间距离，取 1500mm。

因图中的 α 角度及 δ 角均很小，可取 $\cos\alpha = 1$，$\cos\delta = 1$，$\sin\alpha = \frac{\Delta h}{S_1}$，$\sin\delta = \frac{h}{S_1}$。

由此得 $F = 2P_0$，$F_1 = 2P_0 \frac{\Delta h}{S_1}$，代入式（8-42）得

$$P_1 = P_0 + \frac{2 P_0 H \Delta h}{S_1^2} \tag{8-43}$$

代入式（8-40）得

$$\beta = \frac{2 H \Delta h}{S_1^2} \tag{8-44}$$

可见 β 与稳定系数 $n = \frac{S_1^2}{2 H \Delta h}$ 互为倒数。

若取我国机车最大重心高度 $H = 2300$ mm，$S_1 = 1500$ mm 代入上式，则偏载系数可简化为

$$\beta = \frac{2 \times 2300 \Delta h}{1500 \times 1500} = 0.002 \Delta h。$$

8.5.3　准静态计算公式

确定了速度系数和偏载系数后，就可得到用准静态法计算钢轨动挠度 y_d、钢轨动弯矩 M_d 和枕上动压力 R_d 的计算公式如下，当 $V \leqslant 120$ km/h 时：

$$y_d = y_j (1 + \alpha + \beta)$$

$$M_d = M_j (1 + \alpha + \beta)$$

$$R_d = R_j(1+\alpha+\beta) \tag{8-45}$$

式中 y_j、M_j、R_j——分别为钢轨的静挠度、静弯矩和静压力。

而当 120km/h<V≤160km/h 时,则需在式(8-45)基础上再乘以($1+\alpha_1$),当 160km/h<V≤200km/h 时,则需在式(8-45)基础上再乘以($1+\alpha_1$)($1+\alpha_2$)。

8.5.4 动力系数

1. 日本

日本在确定动力系数时,根据 210km/h 的运行试验,取不同标准差对应的保证率,进而确定动力系数。当标准偏差为 σ 时为 15%,3σ 时为 45%,动力系数可按下式计算:

$$\alpha = \frac{V_2}{V_1}\left(\frac{k_2}{k_1}\right)^{0.5\sim 0.75} \tag{8-46}$$

式中 V_2——列车速度(km/h);
k_2——轨下胶垫弹性系数(t/cm);
V_1——参考列车速度(210km/h);
k_1——参考轨下胶垫弹性系数(60t/cm)。

由此确定当普通区间的轮重变动对标准偏差为 3σ 时动载系数为 1.45,而道岔部位和伸缩接头区间为 1.50。

2. 荷兰

在垂直轮载的作用下,钢轨轨底中心处产生了静态纵向应力和动态弯曲拉应力的组合,它们决定了钢轨的强度。Eisenmann 通过测试结果,从统计角度来看,轨底应力呈正态分布,如图 8-16 所示,但不同速度对应的偏差程度不同,速度越高,偏差越大。

荷兰主要采用 Eisenmann 方法确定动力放大系数,该方法在确定放大系数时主要考虑了列车速度、轨道质量和保证率。其动力放大系数为

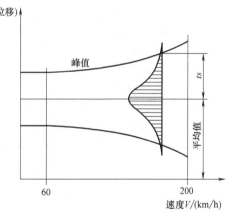

图 8-16 轨底弯曲应力分布

$$\text{DAF} = 1+t\varphi \quad V<60\text{km/h}$$
$$\text{DAF} = 1+t\varphi\left(1+\frac{V-60}{140}\right) \quad 60\text{km/h}\leq V\leq 200\text{km/h} \tag{8-47}$$

式中 t——取决于置信区间标准偏差的放大系数,考虑到轨道交通的安全性和可靠性极为重要,建议取 3,此时超出最大应力的概率仅为 0.15%;
φ——由轨道质量状态所确定的参数,见表 8-4。

表 8-4 轨道质量状态所确定的参数

概率	t	应用	轨道状态	φ
68.3%	1	接触应力,路基	非常好	0.1
95.4%	2	横向荷载,道床	好	0.2
99.7%	3	轨道应力,扣件,支承	差	0.3

3. 其他国家

轮轨动力的大小与很多因素有关，很多国家都是以动力形式确定轮轨冲击力，表达式为

$$P_d = \phi P_s \tag{8-48}$$

式中 P_s——静轮重；
ϕ——综合动载系数。

ϕ 的计算表达式由经验确定。早期基于运动学的理论，认为 ϕ 的大小与速度的二次方成正比。Clarck 通过大量的试验总结出 ϕ 大小与行车速度 V 的 n 次方成正比，n 介于 1~1.2 之间。目前一些主要国家和铁路组织对 ϕ 的计算方法见表 8-5，由于考虑的因素不同，其形式也变化不同。

表 8-5 综合动载系数计算方法汇总

美国铁路工程协会	$\phi = 1 + 5.21\dfrac{V}{D}$
艾森曼公司	$\phi = 1 + \delta\eta t$
国际铁路联盟试验研究所	$\phi = 1 + \alpha' + \beta' + \gamma'$
华盛顿地区运输委员会	$\phi = (1 + 3.86 \times 10^{-5} V^2)^{0.67}$
南非	$\phi = 1 + 4.92\dfrac{V}{D}$
印度	$\phi = 1 + \dfrac{V}{58.14 K^{0.5}}$
克拉克公司	$\phi = 1 + \dfrac{19.65 V}{D\sqrt{K}}$
英国铁路公司	$\phi = 1 + \dfrac{8.874(\alpha_1 + \alpha_2)V}{P_s}\left(\dfrac{K_j P_u}{g}\right)^{0.5}$
德国	$\phi = 1 + \dfrac{V^2}{3 \times 10^4}$ $V \leqslant 100\text{km/h}$ $\phi = 1 + \dfrac{4.5 V^2}{10^5} - \dfrac{1.5 V^3}{10^7}$ $V > 100\text{km/h}$

注：V—行车速度；K—轨道模量；D—轮径；P_s—静轮重；P_u—机车簧下重量；K_j—轨道刚度；$\alpha_1 + \alpha_2$—钢轨结构处折角之和；δ—与轨道结构状态有关的系数；η—与速度有关的系数；t—与置信度有关的系数；α'—与轨道平顺性、车辆悬挂系统及机车速度有关的参数；β'—与机车速度、线路超高及机车重心位置有关的系数；γ'—与行车速度、轨道使用年限、轨枕失效概率、机车车辆类型及机车养护条件有关的系数。

■ 8.6 有砟轨道结构设计

8.6.1 轨道结构选型

轨道是由不同力学性能部件组成的工程结构物，为适应运营条件的需要，就存在一个合理配套问题，应有不同的轨道类型与运营条件相适应。轨道结构选型时，应首先保证轨道各部件有足够的强度和稳定性，在荷载作用下，应力和变形不超过允许值。

钢轨是轨道结构中最重要的部件，一般应先确定钢轨类型，然后从技术经济观点出发，确定与之配套的轨枕类型与铺设数量，以及道床的材料与断面尺寸，使之组成一个等强度的整体结构，充分发挥各部件的作用。

轨道类型与铁路等级有关，这实际上就是与运营条件相适应的问题。属于同一等级的铁路，近期与远期运量也可能有很大差别，应采用由轻到重、逐步加强的原则。

轨道类型的选择还应考虑经济性。轨道类型标准越高，一次投资和大修费用越大，但通常其维修和养护费用较少，使用寿命较长，也就是说，分摊至每单位运量的运营费用反而可能越低。因此，各种类型轨道的适应范围，是以它的使用期限内大修投资成本和维修养护费用合计为最小作为依据加以确定。

目前，我国铁路设计规范中规定正线轨道类型分为特重型、重型、次重型、中型和轻型五种，见表 2-8。选型应按照由轻到重、逐步加强的原则，根据近期调查的运量及最高行车速度等运营条件，按表中的规定采用。

新建和改建铁路（或区段）的轨道设计，应根据设计线路在铁路网中的作用、性质、速度和客货运量确定轨道类型，见表 8-6。轨道结构宜采用无缝线路轨道，Ⅰ级铁路应一次铺设无缝线路。

表 8-6　新建 200km/h 及以上线路正线轨道类型

轨道部件	项目	300~350km/h 客运专线	200~250km/h 客运专线		200km/h 客货共线
		$V=300\sim350$km/h	$V=200$km/h	200km/h$<V\leqslant250$km/h	$V=200$km/h
钢轨	类型	100m 定尺 60kg/m	100m 定尺 60kg/m	100m 定尺 60kg/m	60kg/m
轨枕	型号	Ⅲ	Ⅲ	Ⅲ	Ⅲ
	配置根数	1667 根/km	1667 根/km	1667 根/km	1667 根/km
扣件	胶垫静刚度	55~75kN/mm	55~75kN/mm	55~75kN/mm	55~80kN/mm
道砟	标准	特级道砟	一级道砟	特级道砟	一级道砟
	厚度	35cm	30(35)cm	30(35)cm	30(35)cm
	密度	≥1.75g/cm³	≥1.70g/cm³	≥1.75g/cm³	≥1.70g/cm³
	支承刚度	≥120kN/mm	≥110kN/mm	≥120kN/mm	≥100kN/mm
	纵向阻力	≥14kN/枕	≥12kN/枕	≥12kN/枕	≥12kN/枕
	横向阻力	≥12kN/枕	≥10kN/枕	≥10kN/枕	≥10kN/枕

注：道砟厚度中，括号外为土质路基上，括号内为岩石路堑、桥上或隧道内。

选定轨道类型后，还需要进行轨道部件强度的检算，保证在给定的运营条件下，轨道结构具有足够的强度和稳定性。

8.6.2　钢轨应力检算

钢轨应力包括基本应力、附加应力、局部应力和残余应力等。检算钢轨强度时，主要考虑基本应力和附加应力，包括轮载作用下的动弯应力和因温度变化产生的温度应力。

1．动弯应力

钢轨动弯应力用下式求取：

$$\sigma_{d1} = \frac{M_d}{W_1} f, \quad \sigma_{d2} = \frac{M_d}{W_2} f \tag{8-49}$$

式中 σ_{d1}、σ_{d2}——轨底拉应力和轨头压应力（MPa）；

$\quad\quad W_1$、W_2——钢轨底部和头部的断面系数，随钢轨类型及垂直磨耗量而异；

$\quad\quad f$——横向力水平系数。

横向水平力系数 f 是考虑横向水平力和偏心竖直力联合作用下，使钢轨承受横向水平弯曲及扭转（钢轨应力分布如图 8-17 所示），由此而引起轨头及轨底的边缘弯曲应力增大而引入的系数，它等于钢轨底部外缘弯曲应力与中心应力的比值，可记为

$$f = \frac{\sigma_1}{\frac{\sigma_1 + \sigma_2}{2}} \tag{8-50}$$

式中 σ_1、σ_2——轨底外缘和内缘的弯曲应力。

f 可以根据对不同机车类型及线路平面条件下 σ_1、σ_2 的大量实测资料，通过统计分析加以确定，横向水平力系数 f 的取值见表 8-7。仅在计算钢轨应力的动弯矩 M_d 中考虑 f 值。

表 8-7 横向水平力系数 f

直线	曲线半径 R/m				
	300	400	500	600	≥800
1.25	2.00	1.80	1.70	1.60	1.45

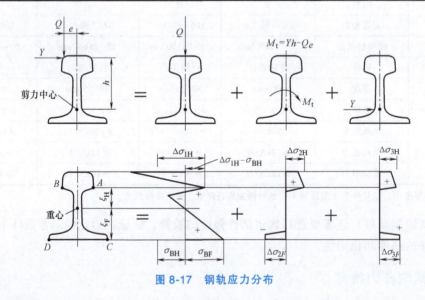

图 8-17 钢轨应力分布

2. 温度应力

对普通有缝线路而言，温度力的大小受接头阻力、线路纵向阻力以及钢轨长度影响，一般情况下钢轨越长，温度力越大，其温度力分布如图 8-18 所示。而对于相同长度的钢轨，钢轨断面越大，钢轨温度应力 σ_t 越小，有缝线路的温度应力的取值见表 8-8。

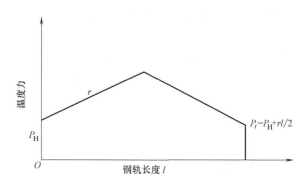

图 8-18　有缝线路温度力分布

P_H—接头阻力　r—线路纵向阻力　l—钢轨长度（详见无缝线路部分）

表 8-8　有缝线路温度应力 σ_t　　　　　　　　　　（单位：MPa）

轨　　长	轨　　型			
	CHN75	CHN60	CHN50	CHN43
12.5m	34.5	42.5	50	60
25m	41.5	51	60	70

对无缝线路而言，其温度变形完全受到约束，温度应力可按下式计算：

$$\sigma_t = E\alpha\Delta t \tag{8-51}$$

式中　E——钢轨弹性模量（MPa）；

　　　α——钢轨线膨胀系数；

　　　Δt——当地最高或最低轨温与锁定轨温之差（℃）。

3. 附加应力

普通线路地段上由于列车起动和制动应力产生的纵向应力 σ_c 最大可取为 10MPa；在桥上无缝线路地段由于桥梁伸缩和挠曲容易在无缝线路和桥梁之间产生相互作用从而产生附加伸缩或挠曲应力 σ_a（详见桥上无缝线路部分）；在无缝道岔地段，由于基本轨与可动钢轨之间的相互作用，同样也会产生伸缩附加应力 σ_a（详见桥上无缝道岔部分），这些应力的存在同样会影响到钢轨的强度。钢轨强度检算过程中需要考虑其影响，其检算公式为

$$\begin{cases} \sigma_{d1}+\sigma_t+\sigma_c+\sigma_a \leq [\sigma_g] \\ \sigma_{d2}+\sigma_t+\sigma_c+\sigma_a \leq [\sigma_g] \end{cases} \tag{8-52}$$

式中　σ_c——制动应力，一般取为 10MPa；

　　　σ_a——附加应力，由梁轨相互作用或两轨相互作用分析确定；

　　　$[\sigma_g]$——容许应力（MPa），$[\sigma_g]=\dfrac{\sigma_s}{K}$，其中，$K$ 是安全系数，新轨 $K=1.3$，再用轨 $K=1.35$；σ_s 是钢轨屈服极限（MPa），普通碳素轨 $\sigma_s=405$MPa，低合金轨 $\sigma_s=457$MPa。

4. 接触应力

局部应力包括车轮踏面与轨顶接触处产生的接触应力和螺栓孔周围及钢轨截面剧烈变化处的应力集中。由于轮轨接触面积很小，出现局部接触应力的高度集中，可能超过钢轨的屈

服极限，从而引起头部压溃、钢料流动或形成高低不平的波浪形轨面，而在钢质较脆时，可能会产生头部劈裂和其他种类的钢轨伤损。

根据经典的赫兹接触理论，假定车轮和钢轨是两个互相垂直的弹性圆柱体，两者的接触斑将是一个椭圆形，最大接触应力 q_0 发生在椭圆接触斑中心，轮轨接触应力分布如图 8-19 所示。

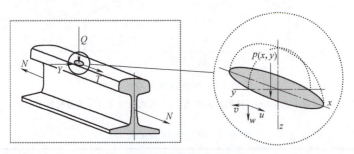

图 8-19　轮轨接触应力分布

其值为

$$q_0 = \frac{3P}{2\omega} \tag{8-53}$$

式中　P——两圆柱体间的压力（N）；

　　　ω——椭圆形面积，$\omega = \pi ab$，其中，a、b 分别为椭圆形的长半轴和短半轴（cm），其值可由下式求出：

$$a = m\sqrt[3]{\frac{3(1-\nu^2)P}{2E(A+B)}} \tag{8-54a}$$

$$b = \frac{n}{m}a \tag{8-54b}$$

式中　ν——泊松比，$\nu = 0.25 \sim 0.30$；

　　　E——钢的弹性模量，$E = 20.6 \times 10^4 \text{MPa}$；

　　　A、B——与轮轨几何特征有关的常数：

$$A = \frac{1}{2r_1},\ B = \frac{1}{2r_2} \tag{8-55}$$

r_1、r_2——车轮踏面及钢轨顶面半径（cm）；

m、n——与 θ 角有关的系数，$\cos\theta = \frac{B-A}{B+A}$，$m$、$n$ 的值可在求得 θ 角后，按表 8-9 查得。

表 8-9　m、n 与 θ 角的关系

θ	30°	35°	40°	45°	50°	55°	60°	65°	70°	75°	80°	85°	90°
m	2.731	2.379	2.136	1.926	1.754	1.611	1.486	1.378	1.284	1.202	1.128	1.061	1.000
n	0.493	0.530	0.567	0.604	0.641	0.678	0.717	0.759	0.802	0.840	0.893	0.944	1.000

在椭圆接触斑内任意一点的法向压应力 q，按半椭圆体规律分布：

$$\frac{q^2}{q_0^2} + \frac{x^2}{a^2} + \frac{y^2}{b^2} = 1 \tag{8-56}$$

轨顶面的接触压力虽然很高，但由于轨头相对较为厚重，轮轨接触面积相对于轨顶面或轮踏面而言很小，轮轨接触处基本处于三向应力状态，因而法向接触应力一般不会引起太大的问题。但应注意轮轨接触的剪应力所引发的剥离等问题，根据苏联 H. M. ъеляев 教授的研究，最大剪应力发生在轮轨接触面以下的某一深度，轮轨接触剪应力分布如图 8-20 所示，其值约为

$$2\tau = 0.63q_0 = 0.63m_0\sqrt[3]{\frac{PE^2}{r_1^2}} \quad (8-57)$$

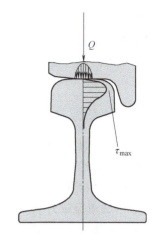

图 8-20　轮轨接触剪应力分布

在接触面以下发生最大剪应力的深度 h 和半轴 a 及 b 的大小有关：当 $b/a=1$ 时，$h=0.48a$；当 $b/a=3/4$ 时，$h=0.41a$；当 $b/a=1/2$ 时，$h=0.31a$。在接触面上的最大剪应力为：$2\tau_1 = n_0q_0$，当 $r_2/r_1 \leq 0.33$ 时，将位于椭圆的中心；当 $r_2/r_1 > 0.33$ 时，将位于椭圆长轴的端点上。m_0 及 n_0 的取值见表 8-10。

表 8-10　m_0 及 n_0 值

r_2/r_1	m_0	n_0	r_2/r_1	m_0	n_0
1.00	0.388	0.27	0.40	0.536	0.28
0.90	0.400	0.27	0.30	0.600	0.28
0.80	0.420	0.28	0.20	0.716	0.30
0.70	0.440	0.28	0.15	0.800	0.31
0.60	0.468	0.28	0.10	0.970	0.33
0.50	0.490	0.28			

对于接触应力和其他局部应力，不进行直接检算，而是根据研究问题的性质，通过理论分析或实验方法确定局部应力与基本应力之间的关系，并以基本应力为表达式建立局部应力的强度条件。

5. 残余应力

钢轨在轧制和调直等生产过程中，由于轨身各部位降温速率不同，容易在钢轨内部产生自相平衡的残余应力。通常情况下，轨头和轨底存在一定的拉应力，而轨腰则存在一定压应力，如图 8-21 所示，但整个断面表现出的总轴向力为 0，一般不会影响到钢轨的正常使用。

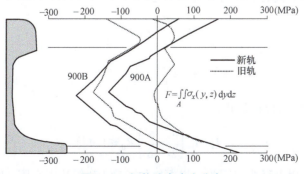

图 8-21　钢轨残余应力分布

但钢轨需要进行切削支承心轨、尖轨等部件时,将破坏这种自相平衡的应力状态,可能会产生弯曲或扭转变形,需要引起足够的重视。使用过程中轨头在车轮反复碾压作用下可能会产生塑性变形,也可能使得轨头残余拉应力降低甚至转换为压应力,从而影响到钢轨的平直度。

8.6.3 轨枕强度检算

作用在钢轨上的轮载经钢轨分散后作用在轨枕上,轨枕必须具有足够的局部承压能力和抗弯能力。对于木枕而言,抗弯能力足够,而对于混凝土枕而言,局部承压能力不成问题,因此轨枕强度检算主要包括木枕承压能力的检算和混凝土枕抗弯能力的检算。

1. 木枕承压应力

木枕承轨面上的承压应力检算条件为

$$\sigma_s = \frac{R_d}{A_F} \leqslant [\sigma_s] \tag{8-58}$$

式中 σ_s——木枕横纹承压动应力(MPa);

A_F——轨底或垫板与木枕的接触面积(mm^2);

R_d——钢轨动压力(N);

$[\sigma_s]$——木材横纹容许承压应力,对松木取 1.4MPa,杉木取 10.4MPa,桦木取 3.9MPa,桉木取 4.2MPa。

为保证木枕承轨面上的承压应力满足要求,通常情况下需要在钢轨和木枕之间设置铁垫板,以增大承压面积。

2. 混凝土轨枕弯矩

计算轨枕弯矩时,通常将其视为支承在弹性基础上的短梁,取不同支承图式计算各截面弯矩。检算轨下截面正弯矩 M_g 时,采用的支承方式如图 8-22 所示,假定轨枕中间部分完全不受力。

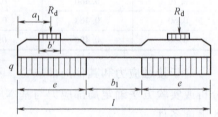

图 8-22 轨下截面正弯矩计算图式

首先根据竖向力的平衡条件,可分别求得道床反力集度 q 和轨下反力集度 q' 分别为

$$q = \frac{R_d}{e}, \quad q' = \frac{R_d}{b'} \tag{8-59}$$

两个分布力对轨下截面引起的弯矩分别为

$$M_1 = \frac{R_d}{e} \cdot a_1 \cdot \frac{a_1}{2} \tag{8-60a}$$

$$M_2 = \frac{R_d}{b'} \cdot \frac{b'}{2} \cdot \frac{b'}{4} \tag{8-60b}$$

二者叠加可得 M_g 的检算公式:

$$M_g = K_s \left(\frac{a_1^2}{2e} - \frac{b'}{8} \right) R_d \leqslant [M_g] \tag{8-61}$$

式中 a_1——荷载作用点至枕端距离,根据轨枕长度 l 和钢轨中心距 s 确定;

e——轨枕有效支承长度,取 $e=0.95\text{m}$;

b'——轨下衬垫宽度,一般取轨底宽（m）;

K_s——轨枕设计系数,暂定为1;

$[M_g]$——轨下截面允许弯矩,与轨枕类型有关,Ⅰ型枕可取为 $11.9\text{kN}\cdot\text{m}$,Ⅱ型枕可取为 $13.3\text{kN}\cdot\text{m}$,Ⅲ型枕可取为 $18\text{kN}\cdot\text{m}$。

检算中间截面负弯矩 M_c 时,采用的道床支承方式如图 8-23 所示,即轨枕中部为部分支承,道床支承反力取全支承时的 $\frac{3}{4}$。

由竖向荷载的平衡关系:

$$2R_d = 2qe + \frac{3}{4}(l-2e)q \qquad (8-62)$$

可知分布支承力的集度为

$$q = \frac{2R_d}{2e+3/4(l-2e)} \qquad (8-63)$$

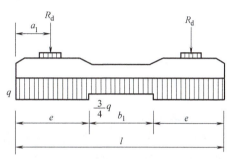

图 8-23　跨中截面负弯矩计算图式

因此枕中截面的弯矩将由三部分组成,分别为 q、$\frac{3}{4}q$ 以及 q' 产生的,其中 q 与 $\frac{3}{4}q$ 产生的弯矩为

$$M_1 = qe \cdot \frac{l-e}{2} + \frac{3q}{4} \cdot \frac{l-2e}{2} \cdot \frac{l-2e}{4} \qquad (8\text{-}64\text{a})$$

而 q' 产生的弯矩为

$$M_2 = R_d\left(\frac{l}{2}-a_1\right) \qquad (8\text{-}64\text{b})$$

整理之后可以得到枕中截面弯矩 M_c 的检算公式为

$$M_c = -K_s \frac{3l^2+4e^2-8a_1 e-12a_1 l}{4(3l+2e)} R_d \leq [M_c] \qquad (8\text{-}65)$$

式中　$[M_c]$——中间截面允许负弯矩,与轨枕类型有关,Ⅰ型枕可取 $8.8\text{kN}\cdot\text{m}$,Ⅱ型枕可取 $10.5\text{kN}\cdot\text{m}$。

对于Ⅲ型枕,其支承形式为全面支承如图 8-24 所示,M_c 的检算公式为

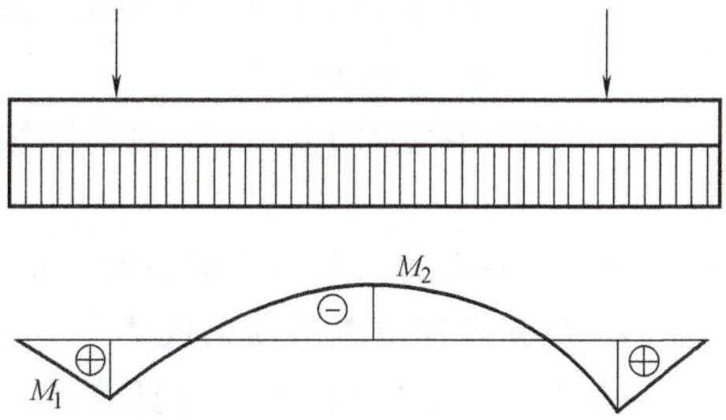

$$M_c = -K_s \frac{(l-4a_1)}{4} R_d \leq [M_c] \qquad (8\text{-}66)$$

图 8-24　Ⅲ型轨枕计算图式

Ⅲ型枕中间截面的允许负弯矩可取为 $14\text{kN}\cdot\text{m}$。

除了轨枕的强度需要进行检算外,还应注意轨枕长度与道床系数的合理匹配,以保证轨枕变形不影响到轨距、轨底坡等几何形位,如图 8-25 所示。

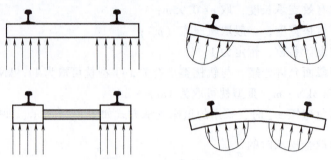

图 8-25 轨枕变形要求

8.6.4 道床与路基应力检算

1. 道床顶面应力

道床顶面的应力，无论是沿轨枕纵向还是横向，分布都是不均匀的。其压力分布如图 8-26 所示，轨下部位应力水平高于其他部位。

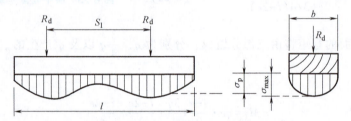

图 8-26 道床顶面应力分布

道床顶面的平均压应力为

$$\sigma_p = \frac{R_d}{be'} \tag{8-67}$$

式中 b——轨枕底面平均宽度，木枕 $b=22$cm，混凝土枕取平均宽度 $b=27.5$cm；

e'——一股钢轨下的轨枕有效支承长度，木枕 $e'=110$cm；混凝土枕中间部分不受力时，取 $e'=95$cm（适用Ⅰ型枕）；中间部分受力时 $e'=\frac{3l}{8}+\frac{e}{4}$。当 $l=250$cm，$e=95$cm 时，$e'=117.5$cm（适用Ⅱ型枕）。Ⅲ型枕取枕长的一半，当 $l=250$cm 时，$e'=130$cm。

考虑到实际道床应力分布的不均匀性，道床顶面上的最大压应力为

$$\sigma_{b,max} = m\sigma_p \tag{8-68}$$

式中 m——应力分布不均匀系数，取 $m=1.6$。

2. 道床内部及路基顶面应力

进行道床与路基内部应力计算时，有如下假设：

1) 道床顶面的压力是均匀分布的。
2) 不考虑相邻轨枕的影响。
3) 道床上的压力以扩散角 φ 按直线扩散规律从道床顶面传递到路基顶面。

道床压力的传递如图 8-27 所示。

第8章 轨道力学与轨道结构设计

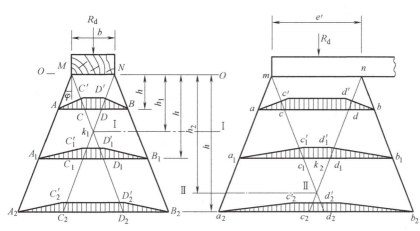

图 8-27 道床压力传递示意

轨枕横向及纵向的应力扩散线交点分别为 k_1、k_2，距枕底高度分别为 h_1、h_2。由图中可得：

$$h_1 = \frac{b}{2\tan\varphi} \tag{8-69a}$$

$$h_2 = \frac{e'}{2\tan\varphi} \tag{8-69b}$$

式中 φ——应力扩散角，$\varphi = 35°$。

根据 h_1、h_2 可将整个道床厚度划分为三个区域，每个区域中的道床应力计算的公式也不相同。

（1）第一区域 $0 \leqslant h \leqslant h_1$ 在距离轨枕底面 h_a 处作一水平面，与应力扩散线相交形成一层面，层面上的压应力分布呈台体形状，台体的高度即为该处的道床应力 σ_h。台体的体积 $V = be'\sigma_h$ 和道床顶面的压力 R_d 相等。由此得出

$$\sigma_h = \frac{R_d}{be'} \tag{8-70}$$

考虑到道床顶面应力的不均匀性，因此，此区域道床应力应为

$$\sigma_h = m\frac{R_d}{be'} \tag{8-71}$$

可以看出该区域内的道床应力与深度无关，仅与轨枕的尺寸和有效支承长度有关。

（2）第二区域 $h_1 < h \leqslant h_2$ 在该区域内，道床深度 h 超过 k_1 点，设其距枕底高度为 h_b。台体的体积 $V = \sigma_h \overline{A_1 D_1} \cdot \overline{a_1 d_1}$，而 $\overline{A_1 D_1} = 2h_b \tan\varphi$，$\overline{a_1 d_1} = e'$。因此，此区域道床应力为

$$\sigma_h = \frac{R_d}{2h_b e' \tan\varphi} \tag{8-72}$$

该区域内的道床应力与道床深度成反比。

（3）第三区域 $h > h_2$ 在该区域内，道床深度 h 超过 k_2 点，设其距枕底高度为 h_c 台体

的体积 $V=\sigma_h \overline{A_2D_2} \cdot \overline{a_2d_2}$，而 $\overline{A_2D_2}=\overline{a_2d_2}=2h_c\tan\varphi$，因此此区域道床应力为

$$\sigma_h=\frac{R_d}{4h_c^2\tan^2\varphi} \tag{8-73}$$

该区域内的道床应力与道床深度的二次方成反比，道床应力会急剧衰减。

路基面应力 σ_r 可根据道床厚度 h 的不同，确定路基面所处的区域，选择相应的计算公式进行计算。

3. 道床及路基面的强度检算

道床：

$$\sigma_h \leqslant [\sigma_h] \tag{8-74}$$

路基面：

$$\sigma_r \leqslant [\sigma_r] \tag{8-75}$$

式中 $[\sigma_h]$——道床容许承压应力，对碎石道床 $[\sigma_h]=0.5\text{MPa}$，筛选卵石道床 $[\sigma_h]=0.4\text{MPa}$，冶金矿砟道床 $[\sigma_h]=0.3\text{MPa}$；

$[\sigma_r]$——路基表面容许承压应力，新建线路路基 $[\sigma_r]=0.13\text{MPa}$，既有线路基 $[\sigma_r]=0.15\text{MPa}$。

8.7 无砟轨道结构设计

无砟轨道经数十年发展，已出现多种结构形式，根据轨道结构的组成和功能，主要可分为以下几类：

1）预制板式轨道。其主要承力部件为预制轨道板，工厂预制的轨道板可保证轨道板和扣件锚固位置的精确和稳固，可减少现场混凝土的施工，加快施工进度。施工调整主要在轨道板上进行，必要时在轨下进行二次调整。轨道板底部填充水泥沥青砂浆，可阻断下部基础施工误差的累积。

2）轨枕整体式无砟轨道。将预制轨枕埋置于现浇混凝土道床板中形成整体结构，预制轨枕可保证扣件锚固位置的精确和牢固，避免裂缝通过其中。可采用传统有砟轨道的轨排法进行施工，加快施工进度。

3）轨枕支承式无砟轨道。轨排直接支承于混凝土或沥青承载层之上，承载层高度统一时，轨面高度可精确定位。对承载层施工精度要求较高，目前的混凝土承载层施工精度难以保证。

4）现浇式无砟轨道。承载层和承轨部位采用现场浇筑施工，精度难以保证，目前应用较少，但随着施工技术的不断进步，仍具有一定的发展前景。

无砟轨道按照施工方法来分主要分为两类，即自上而下和自下而上两类。自上而下是先将钢轨或由钢轨、扣件、轨枕组成的轨排设置在预定位置，在其下部浇筑混凝土或沥青层的施工方法；自下而上是自下而上逐层修筑、逐层提高精度，最终铺设钢轨达到轨面标高和精度要求。下部基础的精度要求为厘米级，这一精度要求对于轨道而言是远远不够的，在轨道结构的分层施工过程中应逐层提高精度，最终达到轨面的高精度（±2mm）要求。由于现场施工直接达到±2mm的精度要求有困难，可将钢轨支承点（如轨枕、直结式轨道板等）在

工厂内制成预制件进行施工。施工过程中,为保证预制轨道板的位置准确性,轨道板下需设置调整层,以阻断下部基础的施工误差积累。

通过对无砟轨道的分类比较可以看出,为实现无砟轨道高平顺、高稳定和少维修的系统功能要求,需要在设计、施工和运营的各阶段保证轨道的平顺和稳固。实现这一目标的途径有多种,其核心在于保证扣件锚固位置的稳定和高精度。合理的结构层次和高质量的轨道部件是保证轨道系统功能的关键,因此在无砟轨道结构设计之前,应首先确定轨道结构构成及其主要施工方法,这也就构成了无砟轨道功能设计的主要内容。保证轨下基础的稳固是无砟轨道结构设计的主要内容,这就要求无砟轨道承载层在列车荷载、温度变化以及基础变形共同作用下的应力和裂缝在容许限度范围内。为此可将无砟轨道设计分为功能设计和结构设计两部分,如图 8-28 所示。

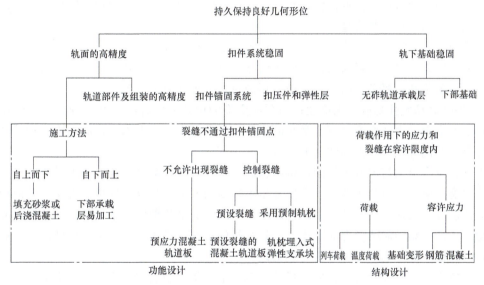

图 8-28　无砟轨道设计任务

8.7.1　无砟轨道功能设计

无砟轨道功能设计就是分析和定义无砟轨道系统和各部件的作用,研究结构构成的合理性与性能要求,确定无砟轨道施工方法,为结构设计和选材提供支持。

1)荷载传递功能。轨道结构是承受并传递列车荷载的结构物,承力与传力是其最基本的功能。作用在轨道上的荷载主要有垂向荷载和水平荷载,需从钢轨层层传递至下部基础,要求传力路径明确、可靠。

无砟轨道垂向荷载的传递与有砟轨道没有根本差别,均遵从自上而下、逐层扩散传递的思想。钢轨支点处是受力最为集中、应力梯度最大和疲劳作用最为严重的区域,在设计中多采用强度较高的预制结构:预制轨道板或预制轨枕。随着荷载的不断扩散传递,下部基础的应力逐渐降低,对材料强度的要求也越来越低,因此无砟轨道结构多设计为多层结构,自上而下弹性模量和强度依次降低。

无砟轨道水平荷载的传递与其层间连接状态有关。层间连接紧密时,依靠层间的紧密连接可满足水平荷载的承力与传力要求。对于层间连接较差的无砟轨道结构,需要设计专门的水平力传递结构，如凸形挡台、侧向挡块、销钉等，以实现水平限位和水平荷载的传递。

作用在无砟轨道上的荷载，既有列车荷载引起的，也有结构本身固有的，还有使用环境所产生的。各种荷载性质不同，作用频率、传递规律及其对结构的影响也不同，结构设计中应充分考虑各种荷载作用的特点及其综合影响。

2）保持高平顺性功能。无砟轨道要求具有高平顺性和高稳定性的特点，这就要求轨道结构具有长久保持高精度几何形位的能力，联系轨下基础与钢轨的扣件系统应具有长期的良好状态。有砟轨道与无砟轨道的应用经验表明，引起扣件系统损坏的主要原因包括扣压件失效及扣件锚固系统失效两种。为保证轨下基础与扣件系统的良好接口，需保证裂缝不通过扣件锚固点，实现这一目的的措施主要有两种：一是不允许出现裂缝，采用预应力混凝土结构；二是控制裂缝出现的位置，保证裂缝不通过扣件锚固点，可采用预制轨枕的形式，也可通过设置假缝的形式控制裂缝。

高平顺、高稳定的结构特点对无砟轨道的施工提出了很高的要求，目前，国内外高速铁路上所采用的无砟轨道大都采用自上而下的施工方法。高平顺、高稳定性的结构特点对轨道部件也提出了很高的要求，如扣件系统、预制轨枕、预制轨道板等。

3）保持高稳定性功能。无砟轨道对累积变形的调整能力有限且难以维修，这就要求下部基础不能出现过大的变形累积，微小的塑性变形要能通过扣件调整加以消除，扣件系统在保证高弹性的同时应具有大调整量的特点。

无砟轨道多由钢筋混凝土等刚性材料构成，一旦损毁，修复困难，要求无砟轨道具有长期保持功能的能力，对耐久性、可靠性提出了较高的要求。材料的选择需考虑与其使用环境的适应性以及耐久性和耐候性。混凝土裂纹控制应能满足长期使用条件的要求，传力部件可靠、稳定，部分结构需要考虑失效模式、补救措施及修复成本，对结构部件性能劣化后对结构整体性和受力的影响应进行分析与评估。

无砟轨道在结构设计之前，应分析其功能要求，明确功能实现途径和轨道部件在系统功能中的角色，进行"无砟轨道系统功能设计"，需重点明确以下内容：

1）确保扣件锚固系统稳固的措施。为保证扣件锚固系统的稳固，一般均采用预制构件：预制轨道板或预制轨枕（块）；采用预制混凝土轨枕时，还需确定轨枕与道床板的关系，如轨枕支承式或轨枕整体式。

2）确定结构层次。根据无砟轨道的应力分布特点，确定结构层次，拟定各结构层的弹性模量及主要尺寸，一般按弹性模量和强度自上而下依次降低的原则进行。

3）确定结构的纵向连续性。连续式无砟轨道可最大限度地消除自由端，减少薄弱环节，结构整体性较好，一般不需另外的水平力传递装置，但一旦损坏维修不易，在结构设计时，应对温度荷载和混凝土收缩等给予足够的重视。连续式无砟轨道多为现浇结构，当采用预制结构时，需增加使之连续的工序，对施工温度有一定的要求。单元式无砟轨道中任一单元的结构损坏仅影响该单元，由于层间连接无法保证，需设置专门的水平力传递装置，对自由端应给予足够的重视。

4）明确施工方式。为保证无砟轨道的施工精度，一般都采用自上而下的施工方法，下部基础的施工误差积累通过现浇混凝土或填充CA砂浆阻断，对于易保证施工精度或易加工的沥青支承层也可采用自下而上的施工方法。

8.7.2　无砟轨道结构设计方法

无砟轨道是长期反复承受列车荷载、温度变化的铺设于弹性地基上的带状结构物，与桥梁、房屋等结构物相比有其独特性，为保证轨道结构的高平顺和高稳定，要求荷载作用下轨道结构始终处于弹性工作状态，因此无砟轨道的结构设计应基于容许应力法进行。在弯矩作用下，其正截面应力计算采用如下基本假定：

1）截面应变保持平面。
2）受压区混凝土的法向应力图形取为三角形。
3）对钢筋混凝土构件，受拉区混凝土不参与工作，拉力全部由纵向钢筋承受；对要求不出现裂缝的预应力混凝土构件，受拉区混凝土的法向应力图形也取为三角形。

在轴力作用下，单元式无砟轨道（温度力不足以引起开裂）的截面应变保持平截面，而对于连续式无砟轨道（温度力可引起开裂），假设温度力作用下混凝土完全退出工作，平截面假定不再符合，全部轴力由钢筋承受。

对于钢筋混凝土承载层，荷载作用计算时假定承载层未开裂，拉区混凝土参与工作，而设计过程中假定拉区混凝土不参与工作，由于设计和计算中的假定不同，承载层抗弯刚度不同。无砟轨道这种铺设于弹性地基上的带状结构物与其他结构物不同，列车荷载、温度梯度和基础变形引起的弯矩均与承载层抗弯刚度有关，为消除设计计算中的假定不同所带来的差别，需引入一结构系数以反映此影响。具体的无砟轨道结构设计流程如图 8-29 所示。

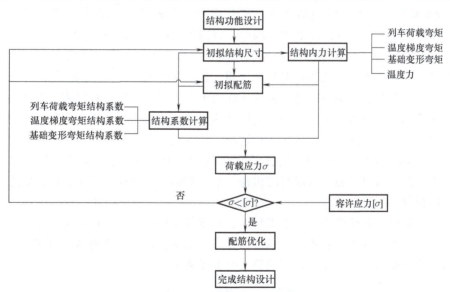

图 8-29　无砟轨道结构设计流程

1. 荷载及荷载组合

在容许应力法中，按性质和发生的概率将荷载分为主力、附加力和特殊荷载。主力是经常作用的；附加力不是经常发生的，或者其最大值发生概率较小；特殊荷载是暂时的或者属于灾害性的，发生的概率是极小的。

根据各种荷载不同的发生概率，设计时遇到三种荷载组合情况：

1）仅计算主力。

2）主力和附加力同时作用。

3）考虑特殊荷载。

考虑到不同荷载发生的概率不同，不同荷载组合时结构物应有不同的安全储备，采用的安全系数应有所区别，反映在设计上的材料容许应力不同。主力作用下的安全系数要求高一些，附加力和特殊荷载则可以低一些。在设计中，以主力作用时的容许应力或安全系数为基数，其他荷载组合时将容许应力分别乘以不同的系数，或采用不同的安全系数。

针对无砟轨道的结构和受力特点，对其在施工和运营过程中承受的荷载分类如下：

1）结构自重。结构构件及附属设备自重主要包括钢轨、扣件、轨道板（道床板）、底座板（支承层）等结构构件的自重。自重属于恒载，作为主力。由于无砟轨道为连续支承的带状结构物，自重作用不会在承载层内产生弯矩或轴力作用，仅当温度梯度或基础不均匀变形引起支承不均匀时才会产生附加弯矩作用。

2）混凝土收缩和徐变。由钢筋混凝土结构或构件为主构成的无砟轨道，混凝土的收缩和徐变是不可避免且长期承受的荷载。可将混凝土收缩和徐变的影响归类为恒载，作为主力。

3）列车荷载。列车荷载是无砟轨道承受的最基本的活载之一，作为主力。

4）制动力或牵引力。由于列车的制动力和牵引力发生的概率较列车竖向荷载小、较施工临时荷载大，故将制动力和牵引力作为附加力。在无砟轨道附属结构的设计中，作为主力进行设计。

5）温度荷载。温度荷载包括整体温度升降和温度梯度。温度荷载随时间的改变而变化，但长期存在于无砟轨道结构之中。因此，将温度荷载归为活载，作为主力。

6）基础变形。基础变形主要包括路基不均匀沉降和桥梁的挠曲变形。当无砟轨道铺设于桥梁上时，桥梁在列车荷载作用下发生挠曲，致使无砟轨道产生附加弯矩；当无砟轨道铺设于路基上时，路基的不均匀沉降也将使无砟轨道产生附加弯矩。考虑到桥梁挠曲发生的概率和列车荷载相等，故将桥梁挠曲的影响归类为活载，作为主力；由于无砟轨道对路基的要求较高，路基不均匀沉降发生的概率相对较小，可将路基不均匀沉降的影响作为附加力。

7）施工临时荷载。施工临时荷载包括无砟轨道预制件的吊装、运输、堆放时产生的临时荷载。由于此荷载仅在施工阶段暂时出现，需采取临时措施保证安全，因此将施工临时荷载作为特殊荷载。

无砟轨道铺设于其他结构物或土工物上，在下部结构的设计中已考虑地震力的影响，可保证无砟轨道在地震发生时的稳固可靠，因此在上部结构设计中不再考虑地震力。

根据上述荷载的特点，无砟轨道的荷载分类见表8-11。

表8-11 无砟轨道荷载分类

荷载分类		荷载名称	荷载分类	荷载名称
主力	恒载	结构自重 混凝土收缩和徐变	附加力	制动力或牵引力 路基不均匀沉降
	活载	列车荷载 温度荷载 桥梁挠曲	特殊荷载	施工临时荷载

对于单元式无砟轨道，荷载弯矩是配筋的主要依据，温度力对配筋的影响很小，可忽略

不计；对于隧道内无砟轨道，由于温度变化幅度不大，可暂不考虑温度梯度的影响；对于连续式无砟轨道，混凝土收缩与降温是影响配筋的主要因素，不同基础上无砟轨道设计采用的荷载组合见表 8-12。其中，最大温度力按混凝土抗拉强度计算，而温度力按实际温差计算。

表 8-12　无砟轨道荷载组合

类型		路基上	桥梁上	隧道内
单元式	主力	3 倍列车荷载	3 倍列车荷载	3 倍列车荷载
		1.5 倍列车荷载+温度梯度	1.5 倍列车荷载+温度梯度+桥梁挠曲	—
	主+附	1.5 倍列车荷载+温度梯度+路基不均匀沉降	—	—
连续式	主力	3 倍列车荷载	3 倍列车荷载	3 倍列车荷载
		最大温度力	最大温度力	最大温度力
		1.5 倍列车荷载+温度梯度+温度力	1.5 倍列车荷载+温度梯度+桥梁挠曲+温度力	1.5 倍列车荷载+温度力
	主+附	1.5 倍列车荷载+温度梯度+路基不均匀沉降+温度力	1.5 倍列车荷载+温度梯度+桥梁挠曲+温度力+起、制动力	—

2. 结构系数

根据表 8-12 的荷载组合，首先判断无砟轨道承载层是否需要配筋。素混凝土承载层临开裂时的边缘容许拉应力为

$$[\sigma_{cr}] = \gamma f_t \tag{8-76}$$

式中　γ——混凝土构件的截面抵抗矩塑性影响系数，$\gamma = \left(0.7 + \dfrac{120}{h}\right)\gamma_m$；

　　　h——承载层厚度（mm）；

　　　γ_m——混凝土构件的截面抵抗矩塑性影响系数基本值，对于矩形截面，取 $\gamma_m = 1.55$；

　　　f_t——混凝土抗拉强度设计值（MPa）。

素混凝土承载层内由于弯矩和轴力引起的混凝土边缘拉应力为

$$\sigma = \dfrac{6M}{Bh^2} + \dfrac{F}{Bh} \tag{8-77}$$

式中　M——由于列车荷载、温度梯度、基础变形等引起的承载层弯矩；

　　　F——由于温度变化和收缩引起的承载层内温度拉力；

　　　B——承载层宽度；

　　　h——承载层厚度。

若 $\sigma < [\sigma_{cr}]$，则表明在上述荷载组合作用下，承载层不会开裂，无须配筋或仅根据构造配置钢筋。

若 $\sigma \geq [\sigma_{cr}]$，则表明混凝土承载层将出现开裂，特别是对于连续式无砟轨道结构，将出现全断面开裂的情况。此时开裂位置处在弯矩作用下，拉区混凝土全部退出工作，拉力仅由钢筋承受，而在两裂缝中间的位置处拉区混凝土仍参与工作，由此引起截面抗弯刚度和中性轴的变化。对于已产生裂缝的钢筋混凝土构件，弯矩作用下的应力分布如图 8-30 所示。

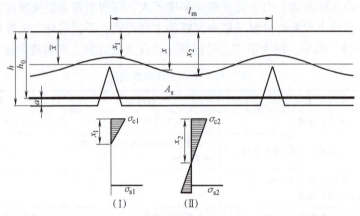

图 8-30 弯矩作用下的钢筋混凝土构件应力分布

在图 8-30 所示的（Ⅰ）应力状态下，混凝土已开裂，受拉区混凝土退出工作，由内力和弯矩平衡关系和平截面应变协调关系可得到弯矩 M 作用下的混凝土边缘应力为

$$\sigma_{c1} = \frac{2M}{bx_1(h_0-x_1/3)} \quad (8-78)$$

弯矩 M 作用下曲率为

$$\kappa = \frac{\varepsilon_{c1}}{x_1} = \frac{2M}{E_c bx_1^2(h_0-x_1/3)} \quad (8-79)$$

从而裂缝位置处的截面抗弯刚度为

$$D_c = E_c I = \frac{M}{\kappa} = \frac{E_c bx_1^2(h_0-x_1/3)}{2} \quad (8-80)$$

在图 8-30 所示的（Ⅱ）应力状态下，混凝土全断面受力，由内力和弯矩平衡关系和平截面应变协调关系可知（Ⅱ）截面处的抗弯刚度为

$$D_0 = \frac{1}{3}E_c[x_2^3+(h-x_2)^3]+E_s A_s(h_0-x_2)^2 \quad (8-81)$$

在裂缝稳定发展阶段，各截面的实际应变分布不再符合平截面假定，中性轴位置受裂缝影响呈波浪形变化。试验证明，截面的平均应变仍符合线性分布，则建立的平均应变平截面关系如图 8-31 所示，中性轴距截面顶面为 $\bar{x}$，顶面混凝土压应变变化幅度较小，可近似取为 $\bar{\varepsilon}_c = \varepsilon_c$，钢筋平均应变则取 $\bar{\varepsilon}_s = \psi\varepsilon_s$，$\psi$ 为裂缝间受拉钢筋应变不均匀系数。

$$\psi = 1.1\left(1-\frac{M_{cr}}{M}\right) = 1.1 - \frac{0.65f_t}{\rho_{te}\sigma_s} \quad (8-82)$$

式中 M_{cr}、M——混凝土构件开裂弯矩和使用弯矩（kN·m）；

f_t——混凝土抗拉强度（MPa）；

ρ_{te}——受拉钢筋有效配筋率，对于轴心受拉构件，$\rho_{te}=A_s/Bh$，对于受弯构件，$\rho_{te}=A_s/0.5Bh$；

σ_s——受拉钢筋应力（MPa）。

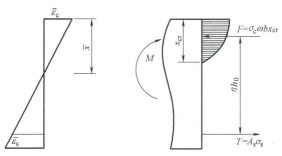

图 8-31　截面平均刚度计算简图

混凝土与钢筋平均应变与裂缝截面处混凝土压应力和钢筋应力的关系为

$$\bar{\varepsilon}_c = \frac{\sigma_c}{E_c} \quad \bar{\varepsilon}_s = \frac{\psi \sigma_s}{E_s} \tag{8-83}$$

由裂缝截面的平衡关系，可得截面平均刚度为

$$\bar{D} = \frac{M}{\kappa} = \frac{E_s A_s h_0^2}{\dfrac{\psi}{\eta} + \dfrac{n\rho_e}{\omega \eta (x_{cr}/h_0)}} \tag{8-84}$$

式中　ω——压区应力图形完整系数；

　　　η——裂缝截面上的力臂系数，可近似取为 0.87；

　　　ρ_e——有效配筋率，$\rho_e = A_s/bh_0$；

$\omega\eta(x_{cr}/h_0)$——混凝土受压边缘的平均应变综合系数，在使用阶段主要取决于配筋率，根据试验结果得矩形截面回归分析式为

$$\frac{n\rho_e}{\omega\eta(x_{cr}/h_0)} = 0.2 + 0.6 n\rho_e \tag{8-85}$$

由此可得构件截面平均刚度计算式为

$$\bar{D} = \frac{M}{\kappa} = \frac{E_s A_s h_0^2}{1.15\psi + 0.2 + 0.6 n\rho_e} \tag{8-86}$$

对于列车荷载而言，根据弹性地基梁理论，地基梁弯矩与其抗弯刚度的 1/4 次方成正比。在列车荷载弯矩的计算中，我们取截面未开裂时的抗弯刚度作为计算条件，而在结构设计时不考虑混凝土的抗拉，相当于认为截面已开裂。在常用的道床板配筋率范围内，列车荷载弯矩结构系数约在 0.85 以上，考虑列车荷载为无砟轨道经常承受的重要荷载形式之一，对列车荷载弯矩结构系数偏安全地取为 1。

温度梯度作用下，承载层发生翘曲变形，在自重及列车荷载等外载约束下，其翘曲变形受到限制，但由于承载层开裂的影响，承载层呈现出波浪形的变形情况，如图 8-32 所示。未开裂位置处抗弯刚度较大，承载层呈现出与翘曲变形同向的变形曲线，而在开裂位置处则呈现出反向的变形曲线，但其整体的变形曲率趋于 0，在此情况下，温度梯度引起的弯矩等于承载层抗弯刚度与翘曲曲率的乘积。在温度梯度一定的情况下，翘曲引起的变形曲率一定，温度梯度引起的弯矩与承载层抗弯刚度成正比，应考虑开裂对承载层抗弯刚度折减的影响来计算温度梯度引起的弯矩。

存在基础变形时，无砟轨道承载层发生与基础变形基本一致的弯曲变形，但由于开裂的

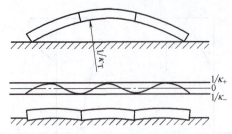

图 8-32 开裂钢筋混凝土道床板翘曲变形示意图

影响，承载层沿基础变形方向的变形曲率并不一致。如图 8-33 所示，在开裂位置处，由于抗弯刚度降低，其变形曲率较大，在配筋率较低或未配钢筋的情况下甚至出现较大的折角，而在两裂缝的中间位置处，由于抗弯刚度较大，变形曲率较低，但平均沉降曲线与沉降曲线是一致的。无砟轨道承载层所受基础变形引起的弯矩等于自身抗弯刚度与变形曲率的乘积，在变形曲率一定的情况下，基础变形引起的弯矩与承载层抗弯刚度成正比，对于普通钢筋混凝土承载层，应根据开裂的承载层抗弯刚度进行计算。

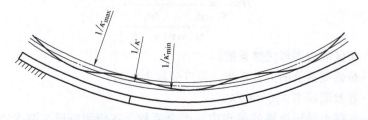

图 8-33 开裂钢筋混凝土道床板在不均匀沉降区段的变形示意图

温度梯度和基础变形引起的道床板弯矩均与其抗弯刚度成正比，考虑到钢筋应力不均匀系数，温度梯度和基础变形弯矩的结构系数取为

$$k_T = k_u = \frac{\overline{D}}{D_0 \psi} \tag{8-87}$$

式中　$\overline{D}$——构件平均抗弯刚度；

　　　D_0——未开裂时的截面抗弯刚度；

　　　ψ——钢筋应变不均匀系数。

小　结

轨道结构受力分析是轨道结构设计的基础。本章以钢轨连续弹性基础梁模型为基础，介绍了轨道结构垂向受力的计算模型和计算方法，分析了轨道的内力和变形特征，介绍了主要轨道部件的强度检算方法。在此基础上，介绍了有砟、无砟轨道的结构设计方法。

习　题

1. 简述轨道所受的横向水平力产生的原因。
2. 简述轨道所受的纵向水平力产生原因。

3. 简述轨道结构竖向受力静力计算的基本假设。
4. 简述速度系数、偏载系数与横向水平力系数。
5. 简述轨道结构竖向受力的静力学计算中的计算模型。
6. 简述无砟轨道的受力分析和结构设计的计算模型。
7. 什么是结构动力分析的准静态计算?
8. 简述道床应力近似计算法的假设。

第 9 章 轨道减振与降噪

轨道交通在提升居民出行质量、改善城市生态环境、促进城市经济发展和优化城市空间布局中起着关键的作用。但与此同时，随着各个城市轨道交通线网不断加密，列车速度不断提高，线路运营年限不断增长，由之诱发的振动与噪声负面问题愈发严重，越来越引起人们的注意。在国际上，振动和噪声已成为重要的环境公害。由此可见，轨道交通带来的振动噪声负面影响亦不可忽视。近 20 年来，轨道交通振动与噪声的影响已经受到国内外学者的广泛关注。

9.1 轨道交通振动与噪声的成因

9.1.1 轨道交通振动产生原因

轨道交通振动来源于轮轨耦合振动。根据产生机制不同，又可分为准静态和动态荷载产生的振动两大类。前者与车辆的轴距、定距和车长等参数有关。后者是由车轮和轨道不平顺、钢轨接头和车轮扁疤冲击激励以及周期性轨枕、周期性轨道板和桥梁参数激励等多种机制诱发的。这些荷载被依次传递到轨道、轨下基础（路基、隧道或桥梁）中，然后以弹性波在土体中传播，并激励附近建筑物的地基，最后激发建筑产生振动，如图 9-1 所示。在 1~80Hz 的频率范围内，建筑振动会引起人体的可感振动；在 16~250Hz 频段内，地面环境振动可导致建筑物的墙壁和楼板产生振动，进而辐射结构噪声。一般而言，软土地区地面线路上的货运列车和簧下质量较大的客运列车易引起明显的低频可感振动，而地下线路或安装了声屏障的地面线路易引起建筑物室内二次结构噪声问题。

9.1.2 轨道交通噪声产生原因

大量研究表明，轨道交通噪声由多种机制的噪声源组成，每种机制的噪声源都有其自身的源位置、强度特性、频谱特性、方向性和速度依赖性等特征。但是一般来说，这些噪声源大致可分为三大类：第一类为轮轨噪声，由轮轨相互作用引起，且主要受车轮粗糙度、钢轨粗糙度和钢轨振动衰减率的影响；第二类是牵引噪声和辅助设备噪声，其噪声源包括牵引电机、冷却风扇、齿轮和辅助设备等；最后一类是空气动力噪声，由流经列车的气流引起。对于某一特定列车而言，三类噪声在总声级中的比重与列车速度有关，比重较大的声源称为主声源。主声源从一个变为另一个的临界速度称为声转换速度。对于典型的高速列车，A 计权

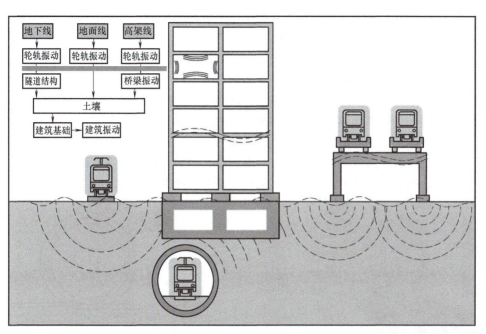

图 9-1 轨道交通振动产生原因示意图

声级与车速的相关性如图 9-2 所示。可以看出，当列车以低于 40km/h 的速度行驶时，牵引及辅助设备噪声占主导地位，轮轨噪声通常在 40~270km/h 之间占主导地位，空气动力噪声在 270km/h 以上占主导地位。

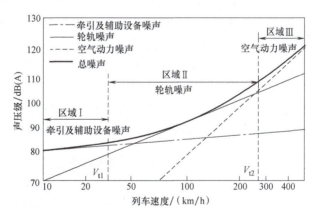

图 9-2 轨道交通环境噪声源及其与车速的相关性

1. 轮轨噪声

轮轨系统相互作用而使车轮与轨道部件所产生的噪声称为轮轨噪声，包括滚动噪声、冲击噪声和曲线尖啸噪声三类。

1）滚动噪声。轨道交通最重要的噪声源是车轮与钢轨接触时车轮和钢轨的振动所产生的滚动噪声。由轮轨系统动力学特性可知，车轮和钢轨表面的粗糙不平顺会引起轮轨系统的垂向振动，振动由车轮和轨道结构传播到空气中后，就会形成声辐射。图 9-3 为轮轨滚动噪声的产生机理示意图。与滚动噪声有关的不平顺波长主要在 5~500mm 范围内，而本质上滚动噪声的带宽很广，其中高频分量占总噪声的比重会随着车速的增加而增大。轨枕主要辐射

500Hz 以下低频噪声，钢轨主要辐射 500～2000Hz 中高频噪声，车轮则主要辐射 1500Hz 以上高频噪声。

2）冲击噪声　车轮经过钢轨接头处或钢轨其他不连续部位及有局部缺陷部位时所产生的噪声。当车轮撞击不连续部位时，就会在垂直速度上产生瞬时变化，这一变化可以导致轮轨接触面产生一个巨大的冲击力，从而激励车辆和钢轨振动而辐射出强烈的噪声，图 9-4 为冲击噪声的产生和传播机理示意图。与滚动噪声产生机理相似之处在于，冲击噪声是车轮和钢轨运行表面的垂向不平顺造成车轮和轨道的相对运动，并激发振动和噪声；而与滚动噪声最显著的差异在于激振或冲击噪声的事件具有离散性，因此改变了噪声幅值和频谱特性。冲击噪声幅值大小由钢轨接头的高差决定，而与接缝的宽度关系不大。

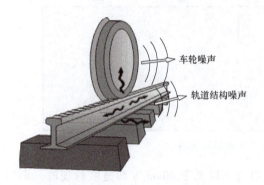

图 9-3　轮轨滚动噪声产生机理示意图

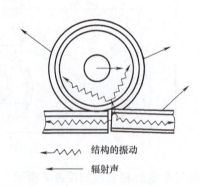

图 9-4　冲击噪声的产生和传播机理示意图

3）曲线尖啸声。列车通过曲线时发出的尖啸声也是轮轨相互作用引起的，但其特性与滚动噪声完全不同。列车通过曲线时，转向架的运动状态与在直线上时大不相同，其运动是由两种运动复合而成的平面运动，即转向架绕回转中心平动和绕回转中心转动。在曲线上，由于轮轨间存在间隙，所以前轮对外侧车轮对曲线外轨形成一个冲角，如图 9-5 所示。在该情况下，由于转向架绕回转中心平动，导致车轮沿钢轨表面滑动，使车轮表面上出现黏着作用和滑行，车轮在共振作用下产生振动而产生强烈的窄带高调噪声，它的产生与车轮某一阶共振模态所对应的振动形式有关。典型曲线尖啸声频谱分布如图 9-6 所示。

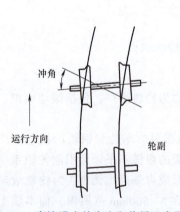

图 9-5　摩擦噪声的产生和传播示意图

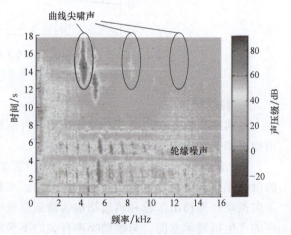

图 9-6　典型曲线尖啸声频谱分布

2. 牵引及辅助设备噪声

牵引噪声是列车牵引电机、压缩机、齿轮箱以及冷却风扇等牵引系统设备运转所产生的噪声。这类噪声的大小在很大程度上取决于车辆性能的优劣。辅助设备噪声主要是由列车制动系统、空压机、列车车门、内部通风空调系统等辅助系统产生的噪声构成。此外，还包括列车上的悬挂系统、液压减振器、通道、车钩等其他物件间相互摩擦和撞击而产生的噪声等。

3. 空气动力噪声

列车高速运行时，其周围的空气流动会形成气动噪声。列车运行时，其周围的这种气流往往很复杂，且包含列车周边的湍流边界层。平直表面的气流，由于存在表面摩擦，气流在紧贴表面处的速度为零，但离表面足够远后，气流的速度为未受干扰的来流速度 U（行驶中的列车同样适用该原理，气流的速度为气流相对于列车的速度）。这两个极端速度之间的空气构成一个边界层。起初在列车前缘附近，这边界层呈层状，相互平行的微团以不同的速度移动，但是由于黏性作用，这种层状气流很快会形成一个湍流边界层，如图 9-7 所示。大量试验研究表明空气动力噪声大小与列车速度有关，大约以列车速度的 6 次方增加，列车速度在 250km/h 以下时，相对于其他噪声而言，空气动力噪声是次要的，但当列车以更高速度行驶时，车体气动噪声逐渐变为主要声源。

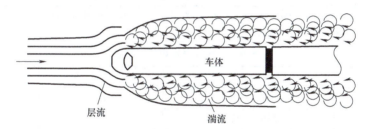

图 9-7 列车周围层流与湍流边界层形成示意图

4. 集电系统噪声

集电弓噪声主要由电弧噪声、受电弓系统气动噪声和受电弓滑动噪声组成。电弧噪声是受电弓与导线之间发生脱离，产生离线现象而发出的电火花声。由于受线路、车辆结构等多方面因素的影响，在车辆运行时，容易产生因受电弓脱离导线而产生的电火花声。

5. 桥梁结构噪声

列车通过高架桥梁时，振动能量通过轨道结构传递到桥面及其他桥梁构件，并激发其振动，振动着的各桥梁构件形成一个个"声板"，由此形成噪声的"二次辐射"，如图 9-8 所示。这种桥梁结构振动所产生的噪声是地面线路和地下线路所没有的。桥梁结构噪声多以低频为准，其幅值大小和频谱特性与桥梁类型有关。通常，直接紧固的钢桥噪声幅值最大，混凝土桥次之。

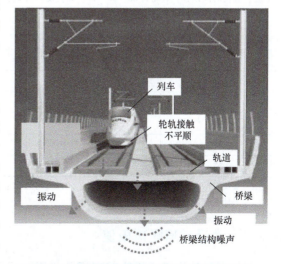

图 9-8 桥梁结构噪声的产生和传播示意图

9.2 轨道交通振动与噪声标准及限值

9.2.1 轨道交通环境振动限值

我国现行的用于评价轨道交通环境振动水平的标准有 GB 10070—1988《城市区域环境振动标准》和 JGJ/T 170—2009《城市轨道交通引起建筑物振动与二次辐射噪声限值及其测量方法标准》，评价指标分别为最大 Z 振级（$VL_{z,max}$）和分频最大振级（VL_{max}）。其中，《城市区域环境振动标准》规定，城市各类区域铅垂向 Z 振级标准值列于表 9-1。《城市轨道交通引起建筑物振动与二次辐射噪声限值及其测量方法标准》规定城市轨道交通沿线建筑物室内振动限值和二次辐射噪声限值分别列于表 9-2 和 9-3。

表 9-1 轨道交通环境振动标准值　　　　　　　　　　（单位：dB）

适用地带范围	昼间	夜间	适用地带范围	昼间	夜间
特殊住宅区	65	65	工业集中区	75	72
居民、文教区	70	67	交通干线道路两侧	75	72
混合区、商业中心区	75	72	铁路干线两侧	80	80

注：昼夜时间划分：昼间为 06:00—22:00；夜间为 22:00—06:00；昼夜时间适用范围在当地另有规定时，可按当地人民政府的规定来划分。

表 9-2 建筑物室内振动限值　　　　　　　　　　（单位：dB）

区域类别	适用地带范围	昼间	夜间
0 类	特殊住宅区	65	65
1 类	居民、文教区	70	67
2 类	混合区、商业中心区	75	72
3 类	工业集中区	75	72
4 类	交通干线道路两侧	75	72

注：昼夜时间划分：昼间为 06:00—22:00；夜间为 22:00—06:00；昼夜时间适用范围在当地另有规定时，可按当地人民政府的规定来划分。

表 9-3 建筑物室内二次辐射噪声限值　　　　　　　　　　[单位：dB(A)]

区域类别	适用地带范围	昼间	夜间
0 类	特殊住宅区	38	35
1 类	居民、文教区	38	35
2 类	混合区、商业中心区	41	38
3 类	工业集中区	45	42
4 类	交通干线道路两侧	45	42

注：昼夜时间划分：昼间为 06:00—22:00；夜间为 22:00—06:00；昼夜时间适用范围在当地另有规定时，可按当地人民政府的规定来划分。

9.2.2 轨道交通噪声限值

我国现行的用于评价轨道交通环境噪声水平的标准有 GB 3096—2008《声环境质量标

准》和 GB 12525—1990《铁路边界噪声限值及其测量方法》，评价指标均为等效声级（L_{eq}）。其中，《声环境质量标准》（用于评估敏感点声级，且规定各类声环境功能区的环境噪声等效声级限值（见表 9-4）；《铁路边界噪声限值及其测量方法》用于评价铁路噪声排放值，且规定铁路边界噪声限值（见表 9-5）。

表 9-4 环境噪声限值　　　　　　　　　　　　　　　　　[单位：dB(A)]

声环境功能区类别		时段	
		昼间	夜间
0 类		50	40
1 类		55	45
2 类		60	50
3 类		65	55
4 类	4a 类	70	55
	4b 类	70	60

注：昼夜时间划分：昼间为 06：00—22：00；夜间为 22：00—06：00；昼夜时间适用范围在当地另有规定时，可按当地县级以上人民政府的规定来划分。

表 9-5 铁路边界噪声限值　　　　　　　　　　　　　　　　[单位：dB(A)]

昼间	70
夜间	70

注：本限值中昼夜时间划分由当地人民政府按当地习惯和季节变化划定。

9.3 轨道交通振动与噪声的控制措施

9.3.1 轨道交通振动控制措施

一般而言，振动控制技术按机理的不同可以分为以下五大类：①消振，减小振源的源强，为治本之法；②隔振，即在振源与受振对象之间设置隔振器，以减小振动的传输；③吸振，即在受振对象上附加动力吸振器，产生吸振力以减小振源激励对受振对象的影响；④阻振，即阻尼减振，在受振对象上附加阻尼器或阻尼元件，通过消耗能量来抑制振动；⑤结构修改，即通过修改受振对象的动力学特征参数使其振动响应满足要求，不需附加任何子系统。目前，国内外的轨道交通减振措施也正是上述五种技术的具体应用。

1. 基于消振技术的减振措施

消振技术从振源入手，降低振动源强。从能量角度考虑，消振的最终结果是减小输入到系统的总能量。对于轨道交通而言，振动源于轮轨动力相互作用，因此能减小轮轨作用的措施均能起到减振的效果。从车辆入手，减小轴重，可以减小轮轨冲击，据有关研究表明，不同轴重列车引起的振动差可近似表示为

$$\Delta L = 10\lg(W_1/W_2) \tag{9-1}$$

式中　W_1、W_2——分别为两种车的轴重。

Krylov 通过大量现场试验，发现环境振动加速度频域峰值曲线上有三个峰值分别对应于列车速度与车辆定距、车辆固定轴距和列车长度之商。这个结论说明对于具体的线路，合理设置车辆的定距、固定轴距和列车长度或者通过调节列车运行速度可以起到一定减振作用。对于钢轨，采用重型钢轨可以减少高频振动。试验研究表明，与 50kg/m 钢轨相比，采用 60kg/m 钢轨可以降低 10%的振动冲击。轮轨不平顺是激起随机振动的重要因素，因此尽量避免出现钢轨接头、定期打磨钢轨、镟削车轮、小半径曲线钢轨定期涂油和保持轨道良好的平顺性等措施均能起到减振作用。作为以降低振源源强为目标的技术，消振技术不用给原结构附加子结构，因此与其他减振措施相比，更易于实现。

2. 基于隔振技术的减振措施

隔振技术是从振动传递路径入手，来减小振动能量向受振对象传递。从能量角度考虑，隔振的最终结果是引起系统能量重新分配。目前，轨道交通减振措施应用最多的就是隔振技术。从振动传递路径来看，振动波由轨道结构传递到桥梁结构，然后传递到环境土体，最后到建筑物。在这个路径中，任何一个部位插入隔振器均能起到减振作用。

轨道结构是一个由多层子结构组成的复合体系。从其中的扣件系统入手，增加扣件系统的弹性，即降低其刚度可以起到隔振作用，采用此技术可以开发一系列减振扣件：如可减振 3~5dB 的剪切型扣件，其减振元件为橡胶支座椭圆形硫化橡胶圈；改进型的科隆蛋可减振 7~8dB；可减振 5dB 以上压缩型 Lord 扣件，为弹性分开式扣件，轨下设两层铁垫板且上下铁垫板之间嵌入橡胶垫板；可减振 15~18dB 的悬浮型 Vanguard 扣件等。从轨枕入手，在轨枕底部粘贴弹性材料也可以起到隔振作用，如可减振 8~12dB 的弹性长轨枕、可减振 10~12dB 的弹性短轨枕和可减振 10~20dB 的梯形轨道等。从道床入手，增加道床弹性也可以起到隔振作用。如道砟垫，即在道砟底部添加一层弹性垫层；无砟轨道减振垫，即在轨道板和底座板之间设置一层弹性材料垫层，该措施可减振 9dB 左右；弹性支撑块式轨道，由弹性支撑块、道床板和混凝土底座及配套扣件构成，在支撑块和道床板之间插入弹性套靴；钢弹簧浮置板轨道，在钢筋混凝土浮置板和混凝土底座之间插入钢弹簧，可减振 20dB 以上；橡胶浮置板轨道，在钢筋混凝土浮置板和混凝土底座之间插入橡胶垫块，可减振 20dB 以上，如图 9-9 所示。

传播途径中的隔振措施旨在阻隔弹性波通过土体传播到附近的建筑物。桥梁支座是桥梁结构的一个重要连接部件，同时也是振动传递的必经之处，在地震控制研究中，常常把支座改造为隔震支座，以减小地震对桥梁上部结构的影响。对于轨道引起的环境振动控制，则同样可以增加支座的弹性，来减小振动能量向桥墩和桩基的传递。环境土体是振动波传到建筑物的最后一个路径，具体措施如设置隔振沟、软的和硬的地屏障隔振墙隔等。研究表明，地屏障深度大于传播波波长的四分之一时，方可取得一定的减振效果。对于以中低频振动特性为主的轨道交通环境振动，一般地屏障深度需大于 15m 才有一定的减振效果。由于隔振沟或地屏障深度要求较大，在铁路用地范围内设置该深度的隔振沟或地屏障，投资巨大且对铁路运输安全存在一定隐患。

隔振技术会引起振动能量的重分配，也就是说采取隔振措施后，环境振动得到抑制，但是会引起其他一些结构振动的增大。实践证明，这些附加振动所带来的次生危害是非常显著的，如车内噪声增大、车外环境噪声变大和钢轨波磨加剧等。因此，采取隔振措施时，应考虑振动能量合理分配。

图 9-9 轨道减振措施

a) 剪切型减振扣件　b) 悬浮型减振扣件　c) 压缩型减振扣件
d) 梯形轨枕　e) 道床减振垫　f) 钢弹簧浮置板

3. 基于吸振技术的减振措施

吸振技术是指在受振对象上附加动力吸振器从而实现减振的一种技术。从能量角度考虑，吸振是把受控对象的振动能量转移到动力吸振器上去。目前在轨道交通减振中，这种技术主要应用在抑制钢轨和桥梁的振动上，即钢轨动力吸振器和桥梁动力吸振器。实践证明，这两种动力吸振器对于抑制环境噪声的效果优于其抑制振动的效果，所以相关研究放到下一小节进行论述。

4. 基于阻振技术的减振措施

阻振即采用阻尼减振，具体来讲就是将阻尼元件或阻尼器附加于受振对象以消耗其振动能量，从而实现减振。阻振技术能降低受振对象在共振频率附近的动响应和宽带随机激励下响应的方均根值。从能量角度考虑，阻振是把受控对象的振动能量转移到阻尼器或者阻尼元件上去，并通过其中阻尼材料的拉伸、剪切变形将振动能量转化为热能等耗散掉。与吸振技术相比，阻振技术也是通过将受振对象的能量进行转移来实现减振，但是两者的不同之处在于阻振技术将转移后的能量转化为热能等耗散掉，而吸振技术则是将转移后的能量转化为吸振器的机械能。

目前在轨道交通减振中，这种技术主要应用在抑制钢轨和钢桥的振动上。与吸振技术类似，且对于抑制环境噪声的效果优于其抑制振动的效果，所以相关研究也放到下一小节进行阐述。

5. 基于动力修改技术的减振措施

对于轨道交通减振而言，动力修改技术主要用在沿线建筑物的振动控制上。从轨道振源传递到轨道沿线建筑物基础的激励存在一个或若干个优势频率（卓越频率），为了避免出现共振，应当改变建筑物的自振频率以远离这些优势频率。建筑结构的自振频率由其质量和刚度所决定，因此在轨道交通沿线新建结构物时，应在设计阶段对建筑物的自振特性进行计算分析，避免由附近的轨道交通诱发过大的振动。

9.3.2 轨道交通噪声控制措施

轨道交通噪声按产生机理分为结构振动噪声和气动噪声两大类，按噪声源不同又包含轮轨噪声、桥梁结构二次噪声、集电系统噪声和空气动力噪声等。从环境噪声控制工程学来讲，控制噪声途径有三种：抑制噪声源、控制传播路径和保护接收者。从降噪机理来讲，环境噪声控制技术可分为消声、吸声和隔声三大类。其中，消声是指从噪声的源头减弱噪声源强，从能量角度出发，属于降低声能的辐射源强；隔声是指从传播路径阻挡声能往接收者传播，从能量角度出发，属于声能的反射转移；吸声则是指在噪声传播路径上使声波发生摩擦和阻尼作用，将一部分声能转换为热能等，从能量角度出发，属于声能的转换。目前，国内外在轨道交通中所采取的降噪措施基本上是基于以上三种机理。为了便于理解，下面以四个噪声源为例来诠释降噪技术在轨道交通中的应用。

1. 针对轮轨噪声的降噪措施

轮轨噪声属于振动噪声的范畴，因此凡是能减小轮轨振动的措施均能降低轮轨噪声，如消除钢轨接头、定期打磨钢轨、镟削车轮、小半径曲线钢轨定期涂油等能降低轮轨表面粗糙度的措施。对钢轨和车轮采取阻振和动力吸振也能较好地抑制轮轨噪声，如图 9-10 和图 9-11 所示。

图 9-10　钢轨阻振和动力吸振降噪措施
a) 双层调谐钢轨阻尼器　b) 钢轨阻尼器　c) 迷宫式钢轨阻尼器

此外，吸声与隔声技术在轮轨噪声控制中也有相应的研究。吸声技术的实现方法主要是在轨旁或道床板上安装吸声材料或吸声结构，如图 9-12 所示。隔声则是在车轮侧面或者轨旁设置隔声结构，如图 9-13 所示。

2. 针对桥梁结构二次噪声的降噪措施

桥梁结构二次噪声也属于振动噪声，且桥梁噪声主要集中在 20~200Hz 频段。要对桥梁进行降噪，总的来讲有四个思路：减小由轨道输入到桥梁的激励，改善桥梁结构的动力特性，对桥梁采取吸振、阻振措施和采取吸隔声技术。减小桥梁输入激励的方法有两个：其一是减小高架轨道系统总的输入激励，即减小轮轨相互作用，因此所有能降低轮轨相互作用的

图 9-11 车轮阻振和动力吸振降噪措施

a) 环形阻尼器　b) 全金属阻尼器　c) GHH-VALDUNES 板式阻尼器　d) 车轮动力吸振器

图 9-12 吸声型声屏障

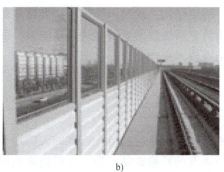

图 9-13 隔声技术用于控制轮轨噪声措施

a) 车轮隔声屏障　b) 隔声型声屏障

措施也能降低桥梁噪声；其二是增大轨道系统的弹性。通过增加轨道系统弹性，降低桥梁辐射噪声达 6dB，如图 9-14 所示。

3. 针对空气动力噪声的降噪措施

空气动力噪声属于气动噪声的范畴，其降噪途径主要有提高列车的整体性、平顺性、密封性和减小空气阻力等。此外，列车空气动力噪声的噪声源较多，因此针对各个噪声源的降噪措施稍有差别。其中，对于列车转向架主要有：在转向架两侧适当高度处设置车底裙板结构，外形面保

图 9-14　弹性道床板桥梁

持与车体一致，以阻挡侧向涌入转向架部位的气流，从而减小车外纵向气流阻力，进而起到降噪作用；此外，适当增加裙板面积后，可提高降噪效果。对于车辆连接部分，设置外风挡和缩小两车体外表面间距，可以起到较好的降噪效果。对于车体，则可以通过对车头和车尾进行流线型优化、保持车身表面平顺光滑、确保车门和车窗密封性等措施降低噪声辐射。此外，采用全包裹型声屏障也可以有效抑制气动噪声。

4. 针对集电系统噪声的降噪措施

集电系统噪声也属于气动噪声的范畴。国内外对于降低集电系统噪声也做了大量的研究。优化受电弓形状（图 9-15）和受电弓导流罩，在受电弓弓头（接触送电线的部件）上安装等离子体激励器，以及通过平滑弓头及支撑座和采用多孔材料覆盖受电弓表面等措施，都可以降低集电系统噪声。

图 9-15　优化受电弓形状降低集电系统噪声措施
a) <—型臂受电弓　b) 单臂无中间铰受电弓

5. 轨道交通环境噪声综合处理技术

如前文所述，轨道交通环境噪声按噪声源不同可分为轮轨噪声、桥梁结构二次噪声、集电系统噪声和空气动力噪声四大类。目前，关于这四类噪声的降噪措施种类较多，但是各种降噪措施的成本、降噪效果和实现难易程度有所不同。因此，如何合理地匹配各种降噪措施，以最小的成本实现最大的降噪效果，构建静音轨道系统是一个值得研究的课题。如以轮轨噪声、桥梁结构二次噪声为例，后者属于低频噪声，相对更难控制，这时可以通过隔振技术减少从轨道系统传递到桥梁的振动能量，而对于轮轨噪声则采取成本相对较低、施工较为容易的阻振技术来控制。

随着列车运行速度和运行密度的大幅增长，车辆与轨道之间的相互作用更加剧烈，轮轨相互作用诱发的环境振动和噪声，严重影响沿线居民的身心健康。本章主要介绍了轨道交通振动与噪声的危害、产生原因、预测方法及其控制措施。轨道交通振动与噪声问题复杂，涉及知识面广，本章仅介绍了基本的理论和方法，随着理论研究的不断深化，新材料和新技术

也会不断涌现，这需要学习者们在现实中更多地去追踪它们的发展与进步。

 习 题

1. 简述轨道交通的 5 种减振措施。
2. 简述轨道噪声的产生原因及声源分类。
3. 以流程图的形式表述桥梁噪声的产生及传播过程。
4. 试结合本章内容与其他相关资料，探讨城市轨道交通减振降噪型轨道结构的选择。
5. 结合国内外一个城市，查找并分析其轨道交通减振降噪的技术应用与发展。

第 10 章 轨道建造与施工

我国铁路发展经历了较长的时期，在轨道施工方面，经历了人工、半机械化、机械化的发展时期，积累了丰富的经验。随着无缝线路的发展，我国的轨道施工方法也日臻完善。

近年来，随着高速铁路的快速发展，我国形成了 CRTS 系列无砟轨道系统技术。无砟轨道建造技术复杂，精度要求高，施工中应精细施作、精确定位，严格源头控制、细节控制和过程控制。随着无砟轨道施工技术的进一步发展，我国逐渐形成了一系列施工工法，开发了成套的施工装备，轨道施工技术水平日臻完善和成熟。

10.1 有砟轨道施工

轨道铺设按其性质可分为正常铺轨和临时铺轨。正常铺轨是在正常条件下，把正式轨道铺设在已完工的永久性路基及桥隧建筑物上；临时铺轨是为了满足工程运输的需要临时铺设的轨道，在工程竣工后予以拆除。

按照铺轨方向可分为单向铺轨和多向铺轨。单向铺轨是由线路起点一端循序向前铺轨至线路终点，这一线路起点既可以是新建线路与既有线路的接轨点，也可以是运送铺轨材料及机车车辆来源的通航港口或内河码头。多向铺轨是在工期紧迫和运输条件许可的情况下，全线分段、同时铺轨，即从两端或更多方向开展。其中，双向铺轨多用于新建铁路，而多向铺轨常在铁路增设第二线时采用。

按照铺轨方法可分为人工铺轨和机械铺轨两种，包含轨排组装、运输及铺设等三个环节。人工铺轨是从材料基地将铺轨材料用工程列车或汽车运送到铺轨现场并就地连接铺成轨道，它主要适用于铺轨工程量小的便线、专用线和旧线局部平面改建，较为经济。机械铺轨是将基地组装好的轨排，用轨排列车运送到铺轨前方，再用铺轨机械铺设于路基上。它主要适用于铺轨工程量大的新线或旧线换轨大修，以及增建第二线的轨道铺设。我国目前现场施工通常采用机械铺轨，一般不宜采用人工铺轨。

10.1.1 普通线路施工

有砟轨道施工主要包括施工前的准备、铺设道砟、铺设钢轨，对于无缝线路还涉及温度力的问题。有砟轨道施工基本工艺流程图如图 10-1 所示。

1. 准备工作

轨道工程的施工准备工作，主要包括与轨道施工有关技术资料的收集，审核经批准的设

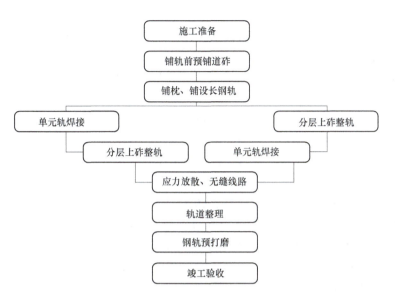

图 10-1　有砟轨道施工基本工艺流程图

计和施工技术文件，进行施工调查，编制实施性施工组织设计，轨道部件的质量检验及储存，施工人员培训及机械准备，检测机构设置及相应设备、线路基桩设置，铺轨前与线下施工单位交接，铺轨基地的建设等内容。

铺轨工程是时间紧、任务重、劳动强度大的多工种联合作业，包括轨排组装、轨排运输和轨排铺设三道工序。因此，必须事先做好以下各项铺轨前的准备工作，使铺轨能顺利进行。

（1）铺轨施工技术资料　铺轨前应具备已批准的施工设计文件和有关基础工程竣工资料，包括车站平面图、隧道表、桥梁表（含孔跨）、车站表、道口表、架梁岔线位置表、曲线表、坡度表、水准基点表、断链表、中线控制桩表、路拱表、整体道床地段表等，它们都是组织施工和进行各种计算的依据，还有路基检查证及线路情况说明书等。根据设计文件要求及有关基础工程竣工资料、全线指导性施工组织设计规定的铺轨总工期、有关重点工程的施工方案以及施工单位自身的铺轨能力，编制实施性施工组织设计，指导施工。

（2）筹建铺轨基地　铺轨基地是新建铁路的一项临时性工程，是铺轨材料装卸、存放、轨料加工以及轨排组装、列车编组、发送的场所，是铺轨工程的后方基地。在筹建时，必须全面考虑，统一规划，尽量与永久性工程相结合，做到投资少、占地少、上马快、作业方便，并使铺轨列车调度灵活，充分发挥基地的生产潜力。铺轨基地筹建的快慢和好坏，直接影响铺轨任务的完成。因此，必须及早筹建，在进轨料前准备好卸料、堆放场地和必需的股道，在正式铺轨前建成基地，并提前组装和储存一定数量的轨排，以保证铺轨工作的顺利进行。

（3）其他准备工作

1）路基整修。

2）线路复测。

3）预铺道砟。

4）查勘线路。

2. 轨排组装

轨排组装是在铺轨基地将钢轨、轨枕用联结零件联成轨排，然后运送到铺轨工地进行铺设。它是机械化铺轨的重要组成部分。为了保证基地组装轨排的质量，防止组装中发生差错，造成返工浪费，影响铺轨进度，组装时必须仔细地按照事先编制的轨排组装作业计划进行。

轨排组装的作业方式可分为活动工作台和固定工作台两种。活动工作台作业方式组装轨排又分为单线往复式和双线循环式两种。作业方式不同，使用的机具设备和作业线的布置也不同。因此，在轨排组装前，应根据具体情况确定作业方式。

我国在20世纪50年代初期，一直采用木枕和43kg/m的12.5m长钢轨，设计出固定工作台式和双线循环式两种轨排组装生产线；60年代中期，25m长钢轨和混凝土轨枕普遍使用后，轨排组装的劳动强度骤增，为减轻劳动强度，各种新型轨排组装机械和机具相继出现；到70年代初研制出机械化程度较高的单线往复式组装生产线。单线往复式组装生产线目前已得到广泛运用，下面重点对其进行介绍。

（1）轨排组装作业方式

1）活动工作台作业方式。

① 单线往复式。单线往复式生产线是我国目前新线及运营线使用最多的一种轨排组装生产线。其特点是作业线上采用了起落架，在起落架上完成各工序的作业内容。其作业过程为：将人员和所需机具，按工序的先后固定在相应的工作台位上，而用若干个可以移动的工作台组成流水作业线，依靠工作台往复移动传递轨排，按组装顺序流水作业，直到轨排组装完毕。

② 双线循环式。双线循环式组装轨排的轨排组装分设在两条作业线上完成。在第一作业线上完成其规定的几个工序后，经横移坑横移到第二作业线上，继续作业，直到轨排组装完毕，进行装车。然后空的工作台经另一横移坑横移到第一作业线上，继续循环作业，每一循环完成一个轨排的组装。坑内有横移线路以及横移台车，横移时可用人力移动或卷扬机牵引。双线循环式作业方式，可将各工序组成循环流水作业线，从而改善工作效率。但该作业方式要求场地比较宽阔，因而受一定的限制。

2）固定工作台作业方式。固定工作台作业方式，是将组装作业线划分为若干个作业台位，作业时，各工序的人员和所需机具沿各个工作台位完成自己工序的作业后依次前移，所组装的轨排则固定在工作台上不动，并在这一台位上完成全部工序。当沿作业线组装完第一层轨排后，又在第一层轨排上面继续依次组装第二层轨排，到第三层轨排后，人员再转移到作业线B的台位上，继续组装。由于固定工作台作业方式所组装的轨排是固定不动的，仅仅是人员和机具沿工作台移动，所以作业线的布置比较简单，只需在组装作业线上划分一下固定工作台的台位，每一台位长26m，而台位的多少和作业线的长短，可根据铺轨任务和日进度的需要来决定。

（2）轨排组装作业过程　混凝土轨排组装质量的好坏关键在于螺纹道钉的锚固。轨排组装的作业方法通常有正锚和反锚两种。传统的作业方法是采用正锚，其施工较为简便，易于掌握，但控制不好常出现质量问题。采用正锚时，很难控制预留孔内锚固浆灌注量，量太少会影响锚固强度；量太多会使得道钉插入后浆液溢流，污染承轨槽面，带来较大的硫黄残渣清理工作量。另外，仅仅凭手感很难控制道钉的插入深度和垂直度。反锚作业是将轨枕底面向上,由轨枕底倒插入道钉,从轨枕底孔灌入锚固浆进行锚固,其劳动效率高、质量好,得到了更为广泛的应用。施工时,采用锚固板上的道钉模具控制形位,能保证组装质量,同时锚固浆液不污染承轨槽面,外形美观,且拼装作业场占地较少。

下面以活动工作台作业方式中的单线往复式作业方式组装轨排为例进行介绍。对于固定工作台作业方式,除锚固工作需向各工作台位运送硫黄锚固砂浆外,其他工序与活动工作台的作业过程完全相同,不再详述。

1) 吊散轨枕。采用移动式散枕龙门架所配备的 3~5t 电动葫芦吊散轨枕,每次自轨枕堆码场起吊 16 根轨枕。如移动式龙门架本身无动力时,可用卷扬机牵引或人力推动。若采用反锚作业进行组装,应将散开的轨枕翻面,使所有轨枕底面向上,此工序由人工用木棍配合撬棍撬拨,或用 U 型钢叉翻枕。

2) 硫黄锚固。硫黄锚固就是用硫黄水泥砂浆将螺纹道钉固定在钢筋混凝土或混凝土枕的道钉孔中。硫黄水泥砂浆是将硫黄、砂、水泥以及石蜡按一定的配合比配置而成。锚固方法有正锚和反锚两种。

3) 匀散轨枕。轨枕翻正后,应立即在轨枕承轨槽两侧散布配件,匀散扣扳、缓冲垫片、弹簧垫圈及螺母等配件。散布前,应按零件类型整理堆码好。为便于匀散轨枕,调整轨枕间隔距离,在工作台两侧设有起落架,并将联结平车的钢轨改成槽钢,在槽钢上配置了匀枕小车。利用匀枕小车将大约 30cm 间距的轨枕调为标准间距,同时放好轨底板。

4) 吊散钢轨。吊轨前应检查钢轨型号、长度是否与设计一致,并将钢轨长度正负误差值写在轨头上,以便配对使用。吊轨利用 3~5t 龙门吊一台及吊轨架一个来完成。按轨排计算表控制钢轨相错量,将钢轨吊到轨枕上相应的位置,然后再通过轨枕道钉纵向中心线的钢轨内侧,用白油漆画小圆点作为固定轨枕的位置。

吊散钢轨时,为保持钢轨稳定,两端扶轨人员应用小撬棍插入钢轨螺栓孔内或拴缆绳牵行,不得用手直接扶持。起重机吊重走行的范围内禁止走人。

5) 上配件、紧固。以手工操作把配件放置于正确的位置上,将螺母拧上,并用电动或手动扳手拧紧螺栓。紧固前要测定扳手的扭矩,一般扭矩应为 100~120N·m,以确保达到设计要求。

6) 质量检查。轨排组装完后,应由质检员详细检查轨排是否按轨排生产作业表拼装、轨排成品质量是否符合要求,包括检查轨距、轨枕间隔、接头错开量、安装质量等。如果发现有不符合的地方,应加以调整,最后对合格轨排按轨排铺设计划用色泽醒目的油漆进行编号。

7) 轨排装车。轨排装车是轨排拼装的最后一道工序,即将编号组装完的轨排,用 2 台 10t 吊重、跨度 17m 的电动葫芦龙门架按铺设计划逐排吊装在滚轮平车上,同时做好编组及加固工作。装到车上的轨排应上下左右摆正对齐,不得歪斜。

至此,一个混凝土枕轨排组装完成,然后可以进行下一轨排的组装循环。

3. 轨排运输

为了确保机械铺轨的速度,保证前方不间断地进行铺轨,必须组织好从轨排组装基地到铺轨工地的轨排运输。

(1) 轨排运输车种类

1) 滚筒车运输。滚筒车一般由 60t 平板车组成,车面上左右两侧各装滚筒 11 个,相距

1.0~1.2m 装一个，由两辆滚筒板车合装一组轨排，每组 6~7 层。如用新型铺轨机铺轨，可装 8 层，已达到平板车的额定载重，滚筒车组装示意如图 10-2 所示。

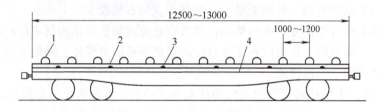

图 10-2　滚筒车组装示意图

1—滚轮　2—旧钢轨　3—垫梁扣件　4—车地板

2）平板车运输。用无滚筒板车运送轨排时，每 6 个轨排为一组，装在两个平板车上，7 组编一列。在换装站或铺轨现场各设两台 65t 倒装龙门架，将轨排换装到有滚筒的板车上，供铺轨机铺轨。

平板车运输轨排优点较多，无须制造大量滚筒，可减少了止轮器数量和捆扎工作量，运输速度可达 30km/h，节省人力和费用。

(2) 轨排运输的效率　轨排运输的效率取决于两个主要因素：轨排列车的数量和新铺设轨道的质量。

1）轨排列车的数量。轨排运输所需要的列车数量与下列因素有关：

① 铺轨机每天铺轨的能力。

② 每列轨排列车能够装载轨排的数量。

③ 每列轨排列车的装车和运行的周转时间。

2）新铺设轨道的质量。轨排运输的效率还取决于新铺设轨道的质量。高质量的轨道可以改善线路技术状态，以提高行车速度，缩短列车周转时间。因此，在铺轨的同时还要抓紧铺砟整道，提高新铺设轨道的质量。

4. 轨排铺设

新建铁路的轨排铺设，大多采用铺轨机进行施工，少数情况下也有采用龙门架进行的。

(1) 悬臂式铺轨机铺设轨排　铺轨机在自己铺设的线路上作业和行走。随着轨排质量、长度的不断增长，铺轨机的性能也不断提高，由简易铺轨机发展到目前的 PGX-20 型（长征 I）、PGX-15 型（东风 I）、PGX-30 型三种铺轨机。

施工单位在轨排铺设时所采用的机械，应根据本单位现有的设备能力及工程的工期要求合理选型。悬臂式铺轨机有高臂和低臂之分，但其作业形式基本一致。

1）喂送轨排。轨排列车进入工地后，当前面轨排垛喂进铺轨机后，需要将后面的轨排垛依次移到最前面的滚筒车或专用车上，这样才能保证作业的连续性。向前倒移轨排垛的方式主要有两种。

① 拖拉方式。此种方式适用于使用滚筒列车。在铺轨机的后方选择一段较为平直的线路进行大拖拉作业。将滚筒列车最前面的一组轨排垛，用拖拉钩钩住第二层轨排的钢轨后端，用大小支架将 φ28mm 钢丝绳支离平板车，将底板钩等专用机具固定于线路上，然后缓慢地拉动列车。由于前面的一组轨排垛被固定在线路上不动，所以在滑靴的引导下，这组轨排垛便依此移动到前面的滚筒车上。轨排垛到位后，撤去固定轨排垛的机具，再由机车推动

整列车向前送到铺轨机的尾部。

② 用二号车或专用列车倒运方式。这种方式必须在铺轨工地配备两台起重量65t以上的倒装龙门吊，再配二号车或专用车。若倒装龙门吊能够让机车通过则可省去二号车。作业方式是：将两台龙门吊吊立在离铺轨机不远且较为平直的线路上，机车将轨排列车依次推送到龙门吊下，用龙门吊吊起整组轨排垛，倒装到装有滚筒的二号车或专用车上，再由二号车或机车推送到铺轨机的尾部。

2）铺设轨排。

① 将轨排推进主机。用铺轨机自身的卷扬设备挂千斤绳推进轨排组。

② 主机行走对位。铺轨机自行走到已铺轨排的前端适当位置，停下对位。需要支腿的铺轨机，在摆头以后立即放下支腿，按要求支承固定。

③ 吊运轨排。开动可以从铺轨机后端走行到前端的吊重小车，在主机内对好轨排的吊点位置，落下吊钩挂好轨排，然后吊高轨排离下面轨排0.2m高度，开始前进到吊臂最前方。

④ 落铺轨排。吊重小车吊轨排走行到位时应立即停止，并开始下落轨排至离地面约0.3m时稍稍停住，然后缓缓落下后端，与已铺轨排的前端对位上色尾板。对位时间一般占铺一节轨排总时间的一半以上，成为铺轨速度快慢的关键。

⑤ 小车回位。铺好一节轨排后立即摘去挂钩，将扁担升到机内轨排之上，吊轨小车退回主机，准备再次起吊。有支腿的铺轨机应立即升起支腿，主机再次前进对位，并重复以上工序。待一组轨排全部铺设完了，立即翻倒拖轨。拖下一组，轨排再按以上工序进行铺设。当一列轨排列车铺完后，利用拖拉方法，将拖轨返回空平板车上，由机车将空车拉回前方站，并将前方站另一列轨排列车运往工地。

⑥ 补上夹板螺栓。为了提高铺轨的速度，铺设轨排时仅上两个螺栓，在铺轨机的后面还要组织人员将未上够的夹板螺栓补足、上紧。

(2) 龙门架铺设轨排 铺轨龙门架是铁路铺轨半机械化施工机具之一，它主要用于铺设钢筋混凝土轨排、在旧线拆换轨排以及轨排基地装卸工作等。铺轨时，应先铺设龙门架的走行轨道，目前铺设的方法主要是人力铺设和拖拉机拖框架式龙门轨。然后将龙门架下到走行轨道上，并用滚筒车或托架车将轨排组运送到最前端，开动龙门架即可吊运轨排。把轨排运到铺设地点，降落轨排铺设在路基上，重复上述步骤，即可继续铺设轨排，如图10-3所示。

(3) 轨排铺设的注意事项

1）铺轨前预先铺设的砟带左右高差不得大于3cm，砟带要按照线路中心桩铺设，不得偏斜。

2）铺轨时，如果路基比较松软，在新铺轨排的前端，在落位之前，砟带应稍加垫高，以防铺轨机前端下沉，造成连接小夹板的困难。如果路基特别松软，前支腿垫木应加长加宽，增加承压面积，提高承压力。

3）拖拉指挥人员与司机、调车指挥人员要密切配合并明确拖拉速度，时刻注意平板车上的作业情况，发现异常情况应及时停车。机车推送前进时，速度以小于5km/h为宜，在最后5~6m时，速度应控制在3km/h，并派有经验者负责观察，以防止意外。

4）铺轨机及滚筒平车上的滚筒，应有专人负责保养注油，以减少拖拉时的摩擦阻力。

5）轨排起吊和走行时要平稳下落，不要左右倾斜，铺设时要注意中线及轨缝的控制。

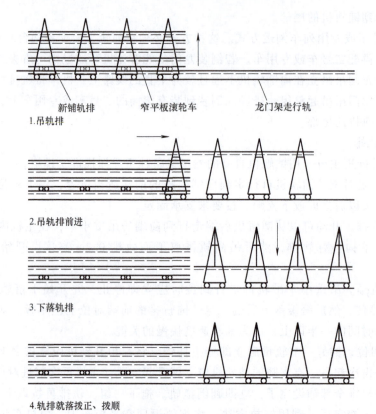

图 10-3 龙门架铺轨作业程序（龙门架在预铺轨道上的走行）

钢筋混凝土轨枕的线路拨道比较困难，在铺设时应严格掌握对中，一次铺好，可以大大提高工作效率。

6）轨排铺设完毕后，常常会出现因轨头不够方正而影响轨缝和对中的现象。有时，轨头对齐后，中线又会出现偏差，造成下一节轨排无法铺设。因此，为了确保轨排铺设的质量，除了在铺设过程中加强质量监控外，还必须从一开始就保证轨头的方正。

7）上螺栓时，要随时注意指挥信号，铺轨机行进前要迅速离开股道。后面补上螺栓，要随时注意轨排列车和铺轨机的动向，发现来车要迅速离开道心。禁止站在铺轨机和车辆底下作业。禁止作业人员把工具和材料放在线路上休息，并应随时注意行车安全。

10.1.2 道岔铺设

道岔结构复杂，零件较多，技术要求严格，因此道岔的铺设是一项细致复杂的工作。要保证道岔的铺设质量，必须依照其铺设程序，严格进行事前、事中及事后质量控制。在铺设前，应详细审核图样，全面掌握技术要求，详细检查轨料及其零件。在铺设时，要严格遵循铺设程序，严格控制各个部件的尺寸，对铺设质量时刻进行监控。在铺设后，要认真检查铺设质量，确定其是否能够满足规范的要求，如果达不到要求，应进行整改。

为了提高铺轨速度，使铺轨与铺道岔两不误，一般采用预铺道岔或预留岔位等方法铺道岔。预铺道岔，即在铺轨未到达车站之前，用汽车将道岔料全部运到岔位处，人工铺设道岔。预留岔位，即将道岔位置、长度丈量准确，在基地组装好岔位轨排。铺轨机铺到岔位处时将岔位轨排设在岔位处，使铺轨机继续向前铺轨。待铺轨机过去之后不影响铺轨作业时，将岔位轨排拆除，再铺设道岔。

按照铺设方法，道岔铺设可分为人工铺设和机械铺设两种，目前我国采用人工铺设还比较多。

1. 人工铺设道岔

铺道岔是按照一定的铺设程序和铺设要求进行的，以普通单开道岔的铺设方法和步骤为例，详述如下：

（1）准备工作　为了顺利铺设道岔，下列各项准备工作，都必须事先认真做好。

1）熟悉图样。道岔的设计标准图，包括道岔布置图和道岔各组成部分的构造图，是铺设道岔最主要的依据。铺岔前，应认真学习。

2）整理料具。道岔钢轨、道岔前后的短轨、配件、岔枕等，运到施工现场后，要详细清点、检查、整理，并丈量各部尺寸，编号、分类堆放好。若有尺寸、类型不符或缺损者，应立即更换补齐。

3）测量。即测设道岔位置桩，根据车站平面图定出道岔中心桩；按道岔图测量基本股道起点的位置，并量取从道岔中心到尖轨尖端的长度，定出岔头位置桩；再测量辙叉根的位置，定出岔尾桩，如图10-4所示。一般情况下，岔头与岔尾不会正好在钢轨接缝位置，故需要在道岔前后插入短轨加以调整。

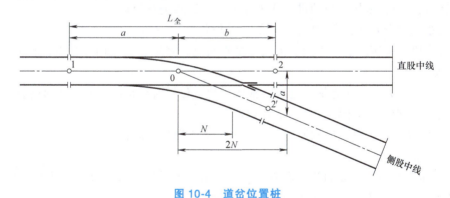

图10-4　道岔位置桩

0—岔中交桩　1—岔头桩　2—岔尾桩（直股）　2′—岔尾桩（侧股）

（2）铺设方法

1）铺岔枕。先把道岔前后线路仔细拨正，拆除岔位处的原有轨道，把岔枕间隔固定在岔位靠基本股道的一侧，按间隔绳散布岔枕，并使全部岔枕在基本股道的一侧取齐。

2）散布垫板及配件。垫板与各类配件必须严格按设计散布与安放，不允许随便互换，特别是辙后垫板与辙叉护轨下垫板不得弄错。

3）岔枕钻眼。由于道岔垫板的形式、尺寸及位置不一样，岔枕道钉孔位置必须逐一量画，并打出道钉孔位置印。直股上使用普通垫板的岔枕，可用线路上道钉孔样板打印；使用其他垫板的岔枕，要根据轨距、轨头宽、轨底宽及垫板长度计算出岔枕端头的尺寸，画出垫板边线，摆上垫板。按每块垫板上的道钉孔眼，打好道钉孔印；曲线部分的道钉孔眼，要在直股钉好以后，根据支距及轨距画出垫板边线，按垫板上的钉孔打印。

4）铺设道岔钢轨。道岔钢轨的铺设顺序，通常都是先直股后弯股，先外股后里股，共分 4 步钉完，如图 10-5 所示。

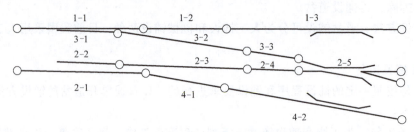

图 10-5　道岔钢轨铺设顺序

5）安装连接杆。安装连接杆，尖轨摆动必须灵活，尖轨尖端与基本轨必须密贴，且摆度必须合乎规定（152mm）。

6）安装转辙机械。转辙机械应设在侧线一侧的两根长岔枕上。一般在安装信号时进行，对刚铺的道岔，可采取临时措施扳动。

(3) 道岔铺设后检查整理　为了确保行车安全，道岔铺设完毕后，应立即进行检查，其主要内容有：

1）各个接头轨缝要符合标准。

2）基本轨正确顺直，导曲线圆顺。如不圆顺，原因一般有以下三种：支距尺寸不准确，终点位置不对，未按支距铺设。找出原因后，正确进行处理。

3）轨距允许误差：尖轨尖端为 ±1mm，其他各处为 −2mm。

4）转辙机械是否灵活、牢固，尖轨与基本轨是否密贴，检查两个岔枕间隔尺寸是否符合规定的要求。

5）配件是否齐全，所有螺栓是否都拧紧，垫板位置是否正确，有无错置落槽等现象。

6）道钉与钢轨是否密贴，岔枕是否方正。

检查必须认真、仔细，发现不符合要求者，应立即加以改正。

2．机械铺设道岔

为进一步提高道岔铺设的效率和质量，或者由于地区条件和劳动力等限制，可采用机械化铺设的方法进行。主要工作流程如下：

(1) 道岔组装工作台布置　道岔组装工作台应尽量设在轨排组装作业线附近，以便利用机具设备。工作台的地面要夯实整平，并埋设道岔交点桩，或在地面上做道岔组装模型。

工作台的台位数量根据基地轨排组装能力而定。基地每昼夜轨排组装能力小于 4km 时，设 2 个工作台；大于 4km 时设 4 个工作台。每个台位应分别按道岔型号标出道岔交点和各类岔枕的分界处和间隔，如图 10-6 所示。

(2) 道岔的组装　道岔成品的组装，是在铺轨基地内进行。一般分为转辙器、导曲线、辙叉和护轨三部分进行。每部分的搭接部位暂不钉联，以利于吊装、运输和铺设。2 号道岔成品组装如图 10-7 所示。

其组装工序为：

1）根据组装计划，确定道岔号数、左开及右开。

2）按照岔枕的分界桩和间距桩散布岔枕，用模板打出道钉孔位置，并钻眼。

3）散布垫板、轨枕和钢轨等部件。

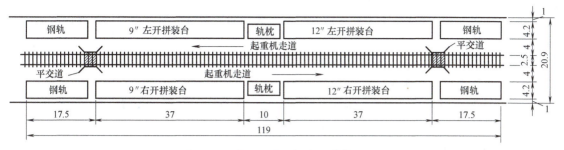

图 10-6 道岔组装工作台（单位：m）

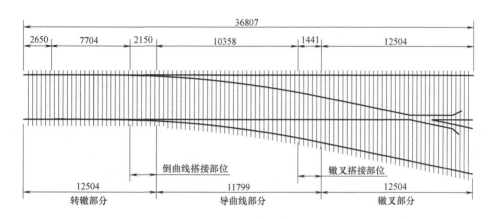

图 10-7 2 号道岔成品组装示意图

4）散布道钉、螺栓，并插入部分道钉和螺栓。

5）按先直股后曲股的次序打入道钉，搭接部位道钉暂不钉联。

6）将搭接部位未钉联的配件清点装包。

7）检查道岔成品、木枕规格、配件数量及组装质量是否符合规定，对不合格者加以整修，合格的则在辙叉上标明站名、编号及道岔类型。

（3）道岔的装运 道岔轨排的装运通常采用立装。立装是在平板车上安装 2~3 个用角钢、槽钢或旧钢轨弯制的装车架，组成专用的支架车，如图 10-8 所示。道岔可斜靠在装车架的两侧，每侧三层，每车可装道岔 2 副。

道岔装车后，应使用特制松紧螺栓拉杆进行固定，以免在运输过程中串动。

（4）道岔的铺设 道岔一般采用起重机铺设，其作业顺序为：

1）列车在预留岔位处停车，逐一将道岔成品卸于正线的一侧。

2）拆除预留岔位处的轨排（一般是三个），吊装、卸在线路的另一侧。

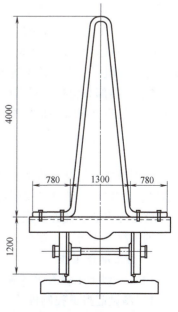

图 10-8 立装支架车

3）按照转辙器部分、导曲线部分、辙叉部分的顺序，依次吊装、铺设、正位。每吊装、铺设一节，即联结夹板、钉联搭接部位的直股和曲股钢轨，抽换普枕、补齐长岔枕，安装临时转辙器。

4）检查道岔铺设质量，并进行整修。

（5）道岔铺设质量要求

1）道岔轨距的允许误差为+3mm、−2mm，尖轨尖端有控制锁设备的道岔为±1mm。

2）任何情况下，道岔最大轨距不得超过1456mm。

3）道岔各部分尺寸允许误差如图10-9所示。

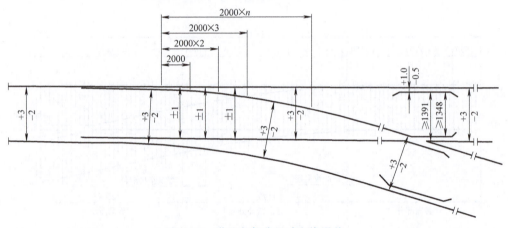

图10-9　道岔各部分尺寸允许误差

（6）施工注意事项

1）在施工前及施工中应与电务、运输部门密切联系，积极配合，确保行车安全。

2）全部基本作业应在线路封锁期间完成。如遇故障，也应保证直线线路开通，未完成部分在不封锁线路的条件下，利用列车间隙铺钉侧线，作业应遵循先直股后曲股的原则。

3）铺设道岔前应拨正出岔处及其前后线路的方向，并确定直线轨道中心位置。

4）需铺道岔的前后线路，如轨缝有大缝时，应先调整和加强防爬锁定，防止拆开线路铺设道岔钢轨时，发生拨不进或连不上的情况。

5）顶换部分岔枕，根据已画好的岔枕间隔印，每隔6根枕木将原枕木换成岔枕，交错进行，并注意必须将每根岔枕下面的道床捣固密实。

10.1.3　铺砟整道

所谓铺砟整道就是将道砟垫入轨枕下，铺成设计要求的道床断面，并使轨道各部分符合《新建铁路铺轨工程竣工验收技术标准》的要求，主要包括采砟、运砟、卸砟、上砟、起道、整道等作业。铺砟整道的工作量大，作业内容多，要求的标准高，而且多在有工程列车运行的情况下进行，干扰较大，因此必须严格按照铺砟整道的有关规定组织施工。

1. 施工准备工作

（1）与线上工程有关的施工准备工作

1）测设起拨道控制桩。

2）汇总技术资料。

3）整平路基面。

（2）道砟的采备、装卸和运输　道砟生产是铺砟整道的一个重要环节，它涉及确定道砟来源、砟场分布、片石的开采，以及道砟加工、装车、运输等问题，必须统筹考虑，合理安排，做到经济合理，质量符合要求。

1）用砟量计算。铺砟整道所需的道砟数量可根据道床横断面计算，再加运输、卸砟、上砟时的损失和捣固后退床挤紧及沉落等原因，其增加率一般为：碎石道砟11.5%，卵石道砟11%，砂子道砟14%。

2）砟场选择原则。

① 砟场的选择应考虑开采费用、施工难易程度以及运输的远近等。有条件时还应考虑配合生产片石等材料，以综合利用资源。

② 建场前必须采集样品，试验其质量是否合乎道砟技术条件的要求。

③ 建场前必须进行钻探或挖探，计算其储量是否满足产量的要求。

④ 应考虑防洪、排水、冬期施工以及有适当弃土场地等因素。

（3）道砟的采备　道砟采备可用人工或机械钻眼，爆破法开采片石，并用机械化或半自动机械化方法加工，其生产流程如图10-10所示。

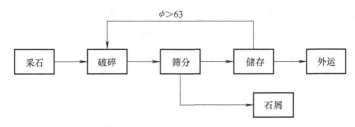

图10-10　采石场道砟生产流程图

（4）道砟装车与运输　道砟装车根据设备情况，可因地制宜地选用高站台、棚架溜槽、活门漏斗和机械装车等方法。运砟宜采用风动卸砟车，若没有风动卸砟车，宜用敞车或改装的平车运砟。在砟场离线路较近的情况下，可用汽车甚至畜力车运砟。

（5）卸砟　卸砟一般有风动卸砟车卸砟和人工卸砟（平板车）两种。风动卸砟车车体下部的漏斗装置用以洞卸和散布道砟，它有4个外侧门和两个内侧门。通过起动传动装置，利用风压启闭不同的侧门，使道砟按要求散布在轨道内外侧的不同部位。车内容砟量可达36m³，外侧门全开时，40~50s就能卸空一车。

人工卸砟时，当运砟列车到达卸砟地段后，每辆车配备3~4人，将车门逐一打开，在列车徐徐前进中将砟卸于轨道两旁，车中部及两端的道砟用铁锹铲卸。卸下的道砟在铺入轨道以前，可按图10-11所示，堆在两轨道中间及路肩上。

2．铺砟

按照在道床上的使用部位，道砟分为垫层和面砟两种。垫层一般是在铺轨前按设计的垫层厚度直接铺到路基面上的道砟。其作用，一是防止在铺轨时压断或损坏轨枕；二是防止铺轨后轨枕被压入路基面内，形成陷槽积水，造成路基病害；三是铺轨时能将轨排摆平，便于钢轨接头的连接，并可便于铺轨后线路纵断面的调整。垫层材料一般使用粗砂、中砂、卵石、砂石屑或煤砟。面砟是在铺轨以后用卸砟列车将道砟均匀散布在轨道两侧的路肩上，再由人工或机械填到道床内。面砟的作用，一是将机车车辆的荷载均匀地传递到路基上；二是

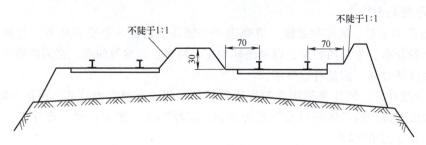

图 10-11　道砟堆置限界示意图（单位：cm）

增强轨道的弹性和稳定性；三是便于排水，使轨枕经常处于干燥状态；四是便于整正轨道。面砟材料是按设计要求选用的。

单层道床厚度不大于 25cm 时可一次散布，大于 25cm 时应分两次散布，并分层捣固，第二次布砟须待前一层道砟铺好并经过 5~10 对列车碾压后才能进行。列车散布道砟时的速度不得超过 5km/h，并按照需要量散布均匀。

目前铺砟作业大多采用不同程度的机械化施工，其机械化可分为单项机械作业和综合机械作业两大类。单项作业机械包括：QD-20 型液压起拨道机、XYZ-ZC 型捣固机、TYD16 型自动捣固机等；综合作业机械是将几种作业联合在一台机械上进行的一种大（中）型轨行式机械，其特点是设备自重较大，功率大，工作效率高。常见的综合作业机械有：YZC-1 型液压整砟作业车、SSP103 型配砟整形机、VDM-800K5 型夯实机等。

3. 上砟整道

上砟整道是将卸在线路两侧的道砟铺到轨道内，并将轨道逐步整修到设计规定的断面形状，达到稳定程度。这项工作应跟在铺轨后一至两个区间进行，并应尽量缩短，但不得影响铺轨作业。铺砟整道到规定的标高，经过列车走压不少于 50 次后，在交工前应按规定做一次全面的整道作业，使轨道的轨距水平、高低方向等都达到规定的技术标准。

（1）上砟整道

1）整正轨缝。整正轨缝前应按区间进行现场调查，将轨长、轨缝及接头相错量按钢轨编号逐一列表计算做出全面的整正计划。施工前将计划好的钢轨移动量及其移动方向写在相应的钢轨上，使之符合要求。

2）起道。新线起道时，只选择一个标准股，在预先用水准仪测设好的水平值外，按要求的高度起好，并按轨枕下中间实道砟作为起道瞄视的基准点，如图 10-12 所示。每次至少起好两个基准点。人工起道瞄视方法与检查轨顶纵向水平的方法相同，当标准股连续起平 30~40m 后，使轨枕中线与轨腰的间隔相一致并垂直于线路中心线。

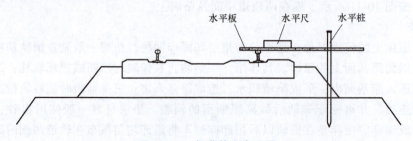

图 10-12　起道基准点设置

3）捣固。线路起道后必须进行捣固。人工捣固使用捣固镐，机械捣固可用液压捣固机。捣固范围：混凝土枕应在钢轨外侧 50cm 和内侧 45cm 范围内均匀捣固。木枕在钢轨两侧各 40cm 范围内捣固道床，钢轨下应加强捣固。此外对钢轨接头处和曲线外股，应加强捣固。上述规定范围内的道床，人工捣固时，一般 2 人或 4 人为一组，同时捣固一根轨枕，打镐顺序先由轨底中心向外，然后再由外向内。根据起道高度分别捣 18～28 镐，相邻镐位应略有重叠，落镐位置应离枕底边 10～30mm，以免打伤轨枕，并能把轨枕底部道砟打成阶梯形的稳固基础。

人工捣固时应做到：举镐高度够、捣固力量够、八面镐够、捣固镐数够及捣固宽度够。机械捣固时，捣固质量取决于捣固时间的长短。

4）拨道。新线拨道时，主要按经纬仪测设的中心校正进行，把钢轨及轨枕一起横移一定距离，使其符合线路中心线的位置要求。为了不妨碍铺砟整道工作，保护中线的准确位置，中线桩一般均置线路中心位置外核，与起道用的水平桩合并设置。人工拨道一般使用 6～8 个拨道器，均匀分布在两根钢轨的同侧，分布范围 3.5～4m，1 人指挥，其他人用拨道器用力拨迫。机械拨道则可用激光校直仪直接控制起拨道机拨道。

（2）施工注意事项

1）轨道应逐步矫正。随着每次铺砟，都要做好相应的整道作业。

2）不同种类轨枕的交接处应以道砟调整。当同种类轨枕铺设长度短于 100m 时，应将该段轨道抬高或降低到与两端轨道面齐平；当铺设长度大于 100m 时，应先将较低轨道的一个半轨排抬高，与邻近轨道面齐平。

3）在卸砟过程中，应尽量做到两边同时卸，以免造成偏重而影响行车安全。装、卸砟人员必须在列车停稳后才允许上、下车。

4）行车人员必须服从领车人员的指挥，特别在边走边卸时，道口、道岔、无砟桥面和整体道床地段严禁卸砟，对安装信号设备的处所应更加注意，以免压坏设备。

5）砟车到达卸砟地点开车门时，车上人员应站到安全位置，以免随砟溜下伤人。开车门应从前进方向的前部开始依次向后开，以免发生事故。

6）机械上道前必须设置防护，在未显示防护信号前不准上道作业。条件较差的地段应在车站设联络员。

7）运砟列车必须在规定时间内返回车站，以免影响其他列车的正常运行。

10.2 普通无缝线路施工

我国无缝线路所铺单元长轨条一般长 1500m 左右，超长无缝线路则不受此限制。单元长轨条是由厂焊 250～500m 长的长钢轨运输到铺设区段后，在区间焊成长轨条而构成。因此，在施工方法上，装卸、运输、换轨、整修交验和旧轨回收等项，都有特殊要求。施工中必须做好以下各项工作。

10.2.1 长钢轨的装、运、卸

工厂焊好的长钢轨，要用长钢轨专用列车运至工地卸下，其作业的基本要求如下：

1. 长钢轨装车

长钢轨专用列车，已开始由沈阳机车车辆工厂统一供应，将逐步统一车型和作业技术。四层长钢轨专用列车，每层可装 14 根，全车最大容量为 56 根 14km，技术上有较大改进。长轨列车运输途中，为使车上长钢轨，在列车制动、行车速度改变、上下坡道、过小半径曲线或道岔时，能保持正常轨位而无意外串动和横移，装车时对长钢轨必须用间隔铁分层锁定和分层定位。

2. 长钢轨的运输和卸下

新的四层长轨列车由间隔车、装轨车、锁定车、作业车组成。在作业车上装有钢轨引拉器，用于长轨列车到达区间卸轨地点停车后，将待卸钢轨拉到驱动台上。卸轨时，开动驱动装置将钢轨向车尾推送，轨端接地后对位，而后，驱动器边开动推送，列车边以相应速度向前开行，长轨落地 50m 后，列车可快速开行。与第一根钢轨下卸的同时，后续钢轨由引拉器牵引，尾随而至，停于钢轨驱动台旁，待前一根钢轨的尾端到达后，后续钢轨随即卸下，如此，连续卸下，直至到点或卸毕。新车去除了用钢丝绳牵引的连挂器，增加了安全度，提高了作业效率。

10.2.2 换轨作业车

将长轨条铺入线路，将旧轨条拨入道心或两侧砟肩上，这里有两种作业方式：一种采用换轨小车组作业，另一种采用组合作业车作业。

1. 换轨小车组

换轨小车组由拨新轨小车和拨旧轨小车组成。运行时由轨道车牵引，用钢丝绳连挂，拨新轨小车在前，拨旧轨小车在后。平时换轨小车组放在由轨道车牵引的平板车上，作业时由平板车卸下，作业毕回收到平板车上。作业时拨新轨小车在前，定行在旧轨上；拨旧轨小车在后，定行在刚拨入的新轨上。详见图 10-13 所示。

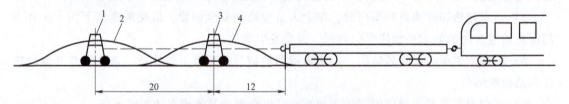

图 10-13 换轨小车组示意图（单位：m）

1—拨出旧轨小车 2—旧轨 3—拨入新轨小车 4—新轨

2. 组合作业车

组合作业车是对换轨小车组的成功改进。它是将拨动新旧轨的功能组合于一车，利用 20t 平板车改造而成。引入新轨的龙口拨轮，装在平板车的两侧；拨旧轨龙口拨轮，装在车尾悬臂梁的梁端，可横移；悬臂梁端的顶面还装有新轨的导轮。悬臂可升降，由电动卷扬机控制，悬臂梁转动端的转轴设在平板车的端梁上，拨动旧轨的龙口随悬臂梁的升降而升降；区间运行时，将悬臂梁落在另一平板车上，组合换轨车可与其他车正常连挂。车的另一端要加平衡重，用以平衡悬臂梁及其作业时的负荷，如图 10-14 所示。

组合换轨作业车到达后，将悬臂梁放下，使龙口略高于轨面，再分别用电动起吊器将新旧轨提升到龙口处，令车缓慢开动，将新旧轨引进龙口之后，轨道车即可按规定速度开行。

每小时可铺入 2~3km。

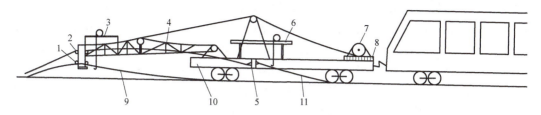

图 10-14 组合换轨作业车示意图

1—旧轨拨轮 2—新轨导轮 3—起旧轨吊架 4—悬臂梁 5—新轨拨轮 6—起新轨吊架
7—卷扬机 8—配重 9—旧轨 10—组合车 11—新轨

10.2.3 旧轨回收

在整修线路之前，必须先把换下的旧轨回收到整修基地。收旧轨的工作要在封锁时间内进行，目前线路大修施工对旧轨的回收一般采取以下方法：

1. 用长轨列车回收

用长轨列车回收时，旧轨要拨入道心。在长轨列车的尾部要附设旧轨回收滑道，被回收的旧钢轨端部要安设上滑导轮。旧轨要顺直，轨头要安设轨卡，每 10m 装 1 个，用机车推进的方法，把存放在道心的旧钢轨回收到长轨列车上。

2. 用平板收轨车回收

专用平板收轨车，是在专用的平板车上加装两架吊梁，上面安装可垂直车体移动的电动葫芦，用以起吊线路两侧的旧钢轨回收。

10.2.4 基本施工方法

以运营线上铺设无缝线路为例，其施工要在线路封锁的条件下进行。工序分封锁前、封锁时和封锁后三个阶段。

1）封锁前，主要做好准备工作，尽可能减少封锁时间内的工作量。其主要工作内容如下：

① 做好始终点的准备工作。
② 做好工具备品的检查及到位工作。
③ 做好扣件的准备工作。
④ 对需要方动的轨枕，按预计方动量，方正到位。
⑤ 既有线上的防爬器、轨距杆应予拆除。
⑥ 在施工前几天按设计要求预埋好钢轨位移观测标记。
⑦ 使用接轨小车组接轨时，将既有线接头螺母向外的螺栓一律拆除，新轨接头螺母向内的螺栓暂时不上，但使用组合换轨车组时无此道工序。
⑧ 慢行开始之后，混凝土轨枕扣件按隔一拆一的原则拆除扣件。封锁前 1h 内，列车要按每小时 25km 慢行，通过准备施工地。

2）封锁时，先将材料车放入区间，散布扣件及大小胶垫，随后将换轨车开到接轨作业的起点，开始拨入新轨拨出旧轨；同时，根据设计更换大小胶垫及扣件，测定锁定轨温，做好位移观测标记等。

3）封锁后，应立即组织施工人员抓紧恢复线路工作。恢复工作主要是恢复扣件，使之达到紧密靠正的要求；消灭超限轨距，拨正线路方向；拧紧接头螺栓；捣固被方动的轨枕等。线路开通后，通过列车的辗压和振动，再度拧紧扣件和接头螺栓。一般开通线路后，以每小时15km、25km、35km的速度，通过三趟运行列车，而后即可恢复正常速度。

线路恢复正常速度之后，工务段应组织技术人员量测标定轨长，并换算锁定轨温，用以核对接轨队提供的锁定轨温，并记录在册，作为日后管理锁定轨温的原始数据。

10.2.5　线路整修工作的要点

无缝线路铺设后的整修工作，主要应抓好以下各项：
1）抓紧做好扣件螺母及接头夹板螺母的复紧和扣件的整正工作。
2）对不符合设计要求的道床断面，要抓紧整修，匀好石砟，堆高砟肩，拍拢夯实。
3）加强焊缝相邻六根轨枕的找平及捣固工作，方动过的轨枕应加强捣固。
4）要整修打磨不平顺焊缝，提高轨面的平顺性。
5）要结合整修轨距调正扣件，同时进行钢轨的拨、改、捏工作。
6）缓冲不符合规定的轨缝，要利用轨温变化予以调整。
7）测取钢轨位移观测标记的标距，复核锁定轨温。
8）根据设计要求，继续做好未完成的工作，使之达到交验标准。

10.2.6　无缝线路施工中应注意的几个问题

1）在整个施工期间，若轨温始终处于该段无缝线路的锁定轨温范围内，施工方案可与普通线路相同，无须采取特殊措施。
2）若轨温处于规定的允许作业轨温范围内时，应根据相应作业轨温所要求的内容，采取与之相适应的施工方案，以保证安全。
3）若轨温处于禁止作业的轨温范围时，为保证施工安全，应进行两次应力放散，一次放高或放低，另一次放散恢复设计锁定轨温。根据放散后的轨温条件，再采取相应的措施。
4）某些改变轨下基础状态的施工作业项目，应在该段无缝线路锁定轨温下完成，或在采取加强措施后，在低于锁定轨温范围内完成。在作业之后，应有适当措施，以确保该段无缝线路的稳定和安全。
5）处于伸缩区的轨下作业，应采取两次放散应力的方法，根据轨温变化情况，适当采取加强措施。
6）加强措施，主要根据无缝线路稳定性的降低程度和阻力值损失的大小来安排，以保证施工期间无缝线路的稳定性和强度。

■ 10.3　跨区间无缝线路施工

10.3.1　跨区间无缝线路铺设

我国铁路跨区间无缝线路是在轨节长1~2km的普通无缝线路基础上发展完善的。同样，其铺设施工的方法也是在普通无缝线路施工方法基础上逐渐形成和逐渐成熟的。国内铺设跨区间无缝线路的施工方法有多种，但归结起来不外乎两种方法，即连入法和插入法。

1．连入法（一步法）

跨区间无缝线路由于轨条比较长，在通常封锁施工条件下，难以一次铺设锁定。为此采用连入法，将跨区间当成全区间无缝线路分段连焊铺设锁定，如图10-15所示。

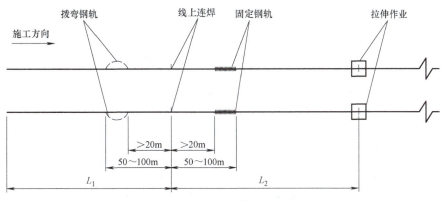

图10-15　连入法铺设示意图

1）铺设流程。根据施工封锁条件，原有线路平、纵断面状况，决定一次焊铺单元轨节的长度（一般以1~2km为宜）。作业项目人员配备及主要机具见表10-1。

表10-1　作业项目人员配备及主要机具

序号	作业项目	人员配备	主要机具
1	换轨小车作业	12人	新、旧换轨小车一套
2	拆装扣件作业	按长度定额确定	撬棍、螺丝刀、道尺等若干
3	撞轨拨弯作业	30人	撞轨器2~4台
4	线上焊接作业	20人	焊接设备2套
5	龙口拉伸作业	6人	拉伸器2台
6	其他单项作业	视实际情况确定	根据需要配备

2）铺设作业。结合换轨大修进行。预先在两段无缝线路间设一带眼龙口轨（长度一般11m），如图10-16所示，在距正在铺设的无缝线路2~3段以外的地方进行焊接。

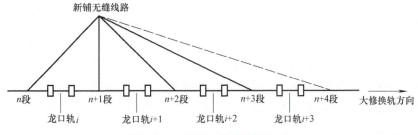

图10-16　换轨大修采用连入法

3）用连入法铺设跨区间无缝线路时锁定轨温取值方法。通常将单元轨节两端正常就位时的轨温平均值作为锁定轨温。

2. 插入法（二步法）

由于受施工封闭点和铺设时轨温的限制（封闭时间在 60min 内，轨条长在 1~1.5km），预先在两长轨间插进一带眼旧短轨（长度视情况而定）作为过渡段，如图 10-17 所示。

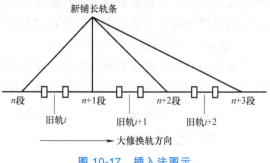

图 10-17 插入法图示

10.3.2 连入法和插入法的比较

（1）温度环境　连入法适用于铺设轨温在设计锁定轨温范围之内或低于锁定轨温时施工，而插入法适用于铺设轨温高于设计锁定轨温范围时。

（2）时间要求　连入法每次施工所需的时间必须是连续的，并且时间长达 120~180min；插入法把铺设与焊联分两次施工，形成龙口，时间可以不连续，适合于车流密度大的干线，通常是两次封锁线路，每次封锁线路 60~80min。

（3）施工质量　连入法一次完成单元轨节的铺设及与之相邻单元轨节的焊联，单元轨节内的温度加力均匀；插入法因分两次作业，往往受大气温度环境、施工作业条件的影响，使单元轨节内的温度应力不均匀，在龙口处易出现应力峰。

（4）对运输的影响　连入法施工时一次完成单元轨节的铺设及与之相邻单元轨节的焊联工作，封锁线路一次时间长，封锁线路前后共慢行两次；插入法因分两次作业，两次封锁线路，每次时间短，但要发生四次慢行。

（5）工作量的大小　插入法相对连入法，增加了以下工作量：

1）配旧轨（10.5~11m）一对，铺在相邻单元轨节间（龙口处），同时也增加了两处普通接头联结。

2）由于龙口的形成，增加了焊头。

3）由于铺设单元轨节时没有完全达到适温铺轨，出现了超温，要进行应力放散。高温地段放散还要等到低于设计锁定轨温的季节，间隔时间长，对行车安全不利。

（6）设备用量　插入法第二步工作要由专业队伍来进行单元轨节的插入焊联和放散，所以要增加三套焊接设备、三套拉伸设备以及相应的施工机具。

（7）材料消耗　每处龙口浪费 2m 线路长的钢轨（60kg/m×4m=240kg），增加两处接头用料（即连入法省去了插入法每单元轨条施工所需的插入短轨一对、插入焊头一对和其他不必要的人工工时）。

（8）人员配备　插入法增加了一个施工队的配置（管理 2 人，焊接 30 人，放散 183 人），共 215 人。

（9）对气候的要求　在既有无缝线路上处理重伤钢轨及重伤焊缝，插入法是必不可少的。尤其在北方地区，天气寒冷，使用插入法焊铺全区间无缝线路的季节较多。但是，在气候条件较好的南方地区，与使用插入法相比，连入法的优点是显而易见的。

10.3.3 高速铁路一次性铺设跨区间无缝线路施工

1. 铺设技术条件

1）根据施工设计文件和实地丈量的资料，编制长轨条和单元轨节铺设表。

2）正线轨道有砟道床采用Ⅲ型无挡肩轨枕，每千米铺设1667根，轨枕等间距布置，轨枕间距和偏斜允许误差为l 20mm，25m长度内轨枕间距允许累计误差为±30mm。

3）有砟道床采用Ⅲ型无挡肩扣件，无砟道床上按设计规定。

4）基地焊接轨条长度不短于250m，单元轨节长度以1500m为宜。长轨条始终端左右股轨端相错量不大于40mm。

5）无缝线路锁定轨温，相邻单元轨节锁定轨温之差不大于5℃，曲线外股锁定轨温不得低于曲线内股，左右股锁定轨温之差不大于3℃，全区间最高与最低锁定轨温之差不大于10℃。

6）位移观测桩按设计要求在锁定单位轨节之前埋置牢固，桩顶宜略高出钢轨顶面或底面。

2．长钢轨轨道铺设

铺设长钢轨轨道，可采用单枕连续铺设法，即利用NTC或TCM-60型专用铺轨机，先将长轨条拖卸在地面滚筒上，然后按设计轨枕间距单根、连续布设轨枕，再将长轨条收入承轨槽，最后安装机体的铺设方法。

3．无缝线路铺设

采用连入法逐段将单元轨节连焊、连铺成为无缝线路，其程序如下：

1）先将第一段单元轨节进行应力放散，予以锁定；再将第二段及以后的单元轨节与上一段单元轨节经过锁定焊、应力放散之后依序锁定成为无缝线路，称为连入法。以后的作业过程相同。

2）单元轨节锁定之前必须经过应力放散，使其在设计锁定轨温范围之内准确地锁定成为无缝线路。

3）单元轨节应力放散和锁定焊作业，应选在实测轨温接近或低于设计锁定轨温及轨温相对稳定的季节和时间内进行。

4）滚筒法放散应力：当作业时的轨温在设计锁定轨温范围内时，采用滚筒法。

5）钢轨拉伸器、滚筒法放散应力：当作业时的轨温低于设计锁定轨温时，采用此种方法。

6）在钢轨上做好标记，记录位移观测桩初读数。

7）应力放散的拉伸量、单元轨节长度范围内钢轨位移量、位移观测桩初始读数、锁定轨温、锁定日期、单元轨节编号等记入竣工资料。

8）新铺设的单元轨节与上一段单元轨节的锁定焊可视具体情况采取先焊连后放散应力，或先放散应力后焊连。

10.4 无砟轨道施工

一般来说，由于道砟的存在，有砟轨道的施工采用自下而上的施工方式，轨排初铺后，通过不断调整道砟的厚度和轨排的位置，最终将轨道调整到位。对于无砟轨道，一旦混凝土凝固，就很难再大幅调整轨道的位置，因此，无砟轨道一般都采用自上而下的施工方式，即将轨排或轨道板调整到位后再灌注砂浆或混凝土，具体的施工方式因轨道结构的不同而不同。

10.4.1 CRTS Ⅰ型板式无砟轨道施工

CRTS Ⅰ型板式无砟轨道施工工艺流程如图 10-18 所示。

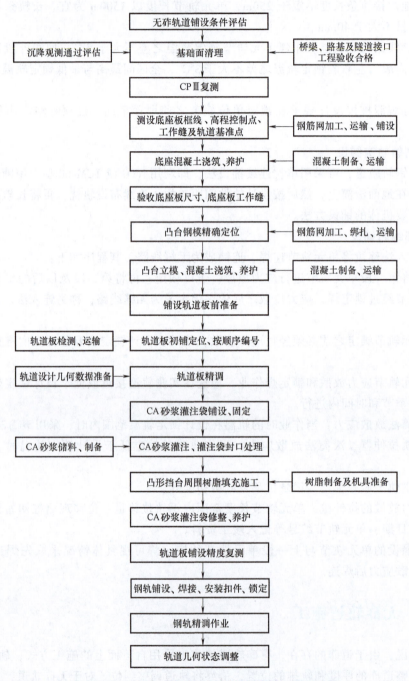

图 10-18　CRTS Ⅰ型板式无砟轨道施工工艺流程图

1. 轨道板预制钢模检测

轨道板钢模可以按下列步骤检测：

1）在钢模的螺栓桩上插入螺栓桩检测套筒，在每排螺栓孔中插入安放了球棱镜的自定心螺栓孔适配器，并将 T 形测量标架放置到位。

2）采用坐标法测量，用全站仪依次测量适配器上的球棱镜以及两个 T 形测量标架上的 6 个球棱镜，得到三维坐标。

3）依次观测每排螺栓孔上的球棱镜。

4）将检测数据导入软件，计算分析螺栓孔顶面的共面性，螺栓孔的对称性、平行性和直线性。

5）出具每块轨道板钢模的检测结果。轨道板钢模几何尺寸允许偏差应符合表 10-2 的规定。

表 10-2　轨道板钢模几何尺寸允许偏差

序号	检查项目		单位	允许偏差
1	长度		mm	±1.5
2	宽度		mm	±1.5
3	厚度		mm	+1.5 0
4	保持轨距的两螺栓桩中心距		mm	±0.75
5	螺栓桩的中心距板中心线		mm	±0.5
6	保持同一铁垫板位置的两相邻螺栓桩的中心距		mm	±0.5
7	半圆缺口部位的直径		mm	±1.5
8	平整度	四角承轨面水平	mm	±0.5
		单侧中央翘曲量	mm	≤1.5
9	预埋套管	位置	mm	±0.5
		垂直度	(°)	≤0.5

2. 轨道板预制

轨道板的预制常采用"台座法"，即钢筋网安装、套管安装、预应力钢筋布设、混凝土浇筑及振动、蒸汽养护、脱模等工序都在同一台位进行。

3. 轨道板运输、装卸及临时存放

轨道板可采用铁路和公路运输。对于公路运输，施工前应对行驶路线进行调查，确保最不利的限界可以满足运输需要，并尽量选择较平顺的道路。轨道板按产品装车图装车。装车前，应在车辆底板上画出纵横中心线，对称装载；每层之间采用垫木在起吊螺母处支垫，垫木尺寸为 80mm×80mm×2400mm，也可采用其他方式进行支垫。装载高度不得超过 4 层。运输前应确认装车平稳，捆绑牢固，严禁三点支撑，严防冲击。保证运输过程中不发生相对位移。

轨道板装卸时应利用轨道板上的起吊装置水平吊起，使四角的起吊螺母均匀受力。混凝土轨道板装卸和运输过程中严禁碰、撞、摔。吊运和装车的起重量不得超过起重设备的最大起重量，混凝土轨道板吊运时产品不得多于 1 块。

现场轨道板可采用平放的方式临时存放，基础需坚固，不得产生不均匀沉降，存放层数不超过 4 层，且平放时间不得超过 7d，若超过 7d 则应采用垂直立放的方式。轨道板应分类存放，方便装车。轨道板在运输和存放时，要保持预埋套管和定位螺母内的清洁，应在预埋套管和起吊套管处安装防护装置。

4. 混凝土底座施工

底座施工前应清理下部基础表面，并按设计要求对基础面进行处理。混凝土底座施工流程如图 10-19 所示。

路基上混凝土底座直接构筑在路基基床表面，基床表面应清洁无杂物。桥梁在梁场预制时轨道中心线 2.6m 范围应进行拉毛处理，梁体预埋套筒植筋与底座钢筋连接。预埋套筒及钢筋材质、位置应符合设计要求。在Ⅲ、Ⅸ级围岩有仰拱的隧道内，底座宽度范围内的仰拱回填层表面应进行拉毛或凿毛处理。在Ⅰ、Ⅱ级围岩无仰拱的隧道内，底座与隧道钢筋混凝土底板合并设置，并连续铺设施工。

5. 凸形挡台施工

凸形挡台施工流程如图 10-20 所示。

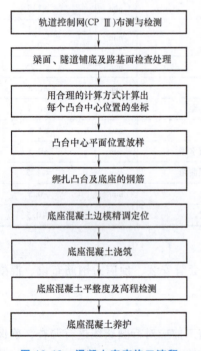

图 10-19 混凝土底座施工流程

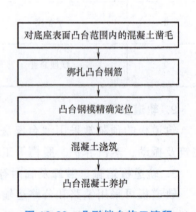

图 10-20 凸形挡台施工流程

底座混凝土拆模 24h 后，方可施工凸形挡台。施工前应对底座表面凸台范围内混凝土进行凿毛处理。对凸台与底座的连接钢筋进行修正，绑扎凸台钢筋。凸台钢筋的加工和绑扎可按底座钢筋的相关条款执行。

凸形挡台钢模板精确定位应按下列步骤：

1）全站仪在线路一侧设站，安放凸形挡台钢模标架和球棱镜。
2）测量钢模标架支臂上的棱镜，获取凸台超高调整量，调整凸台钢模超高。
3）测量标架中心棱镜，获取凸台中心的平面和高程调整量，调整凸台钢模。
4）重复2、3步骤直至凸台钢模允许偏差符合要求。

6. 轨道板铺设

轨道板精调作业流程如图 10-21 所示。

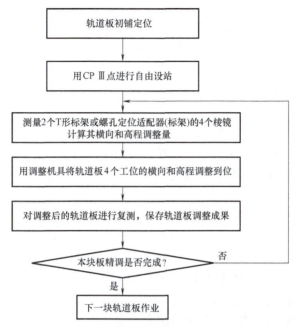

图 10-21　CRTS Ⅰ型轨道板精调作业流程

轨道板铺设前，应将底座表面清理干净，保证无残砟、积水等。轨道板吊装铺设宜采用跨双线龙门起重机进行，也可选择轮式起重机进行。吊装前仔细检查轨道板及起吊设备的状态，合格后方可进行吊装。吊装时将龙门起重机移至相应工位段，通过专用吊具将线间临时存放点或轨道板运输车上的轨道板吊起。轨道板起吊并移至铺板位置后，施工人员扶稳轨道板缓慢将轨道板落在预先放置的支撑垫木上。落板时应防止轨道板撞击凸形挡台。

7. 水泥乳化沥青砂浆灌注

（1）CA 砂浆灌注袋的铺设　CA 砂浆灌注袋铺放前，要对灌注袋的质量进行检验。人工配合高压风枪清理底座混凝土面，保证底座表面无杂物及积水；根据铺板类型、砂浆浇灌的厚度选择对应尺寸的灌注袋，并尺量检查。将 CA 砂浆灌注袋沿横向折叠成双 Z 字形使得灌注袋的四角分别位于双 Z 字的上下两层，从轨道板侧面垂直塞入轨道板底部，轨道板两侧各站两人分别捏住灌注袋四角慢慢向两侧平顺展开，使得灌注袋四个角点分别与轨道板四角对齐；灌注袋铺设时灌注口朝轨道内侧，曲线段灌注口均朝曲线内侧，拉伸灌注袋使其平展无褶皱，外侧缝合线与轨道板边缘对齐。灌注袋固定将四角和灌注袋中间内外侧距离轨道板边缘 5cm 以内，用少许黏合胶（或用木楔子）固定在底座上。

（2）轨道板几何位置的确认　检查测量使用全站仪及测量标架进行，方式类同精调测量。每板检查 2 处（前、后），一次检查的轨道板数量可根据实际情况确定，可采取隔板抽检方式，但检查范围至少应覆盖各次全站仪设站精调测量段落。测量结果输入检测评估软件之中，对精调完成的轨道板段进行平顺性检查。

（3）压紧装置工作状态的检查　CA 砂浆灌注前对轨道板压紧装置状态进行检查确认，防止灌浆过程中轨道板上浮或变形。

(4) 砂浆灌注厚度的检查　专人检查每块轨道板与底座的间隙,每块轨道尺量检查4处（每侧前后各1个点）,标准厚度为50mm;检查时厚度应不小于40mm,且不大于60mm。

(5) CA砂浆灌注设备的检查　用于灌注的机械设备和材料要提前进场测试（包括车载材料、砂浆车各系统检测调试、砂浆施工配合比参数、中转斗、灌注斗、CA砂浆泵、发电机等）,以免因性能不稳定而影响CA砂浆灌注作业。

(6) CA砂浆灌注施工

1) 砂浆拌制及施工温度应严格控制在5~35℃,当天最低气温低于-5℃时,全天不得进行砂浆灌注。

2) 雨天时不得进行砂浆灌注施工,并应对尚未硬化的充填砂浆采取防水措施。

3) 灌注前应在轨道板表面铺设塑料薄膜,防止灌注过程中轨道板等的污损。

4) 灌注前应对中转罐中的砂浆充分搅拌2min后方可开始搅拌,且在灌注过程中须保持搅拌。

5) 砂浆的灌注应在一个灌注袋灌注结束后,再进行下一个灌注袋的灌注。

6) 砂浆应缓慢连续灌注,防止产生气泡,灌注过程中安排专人观测轨道板状态,不得出现拱起、上浮现象,不得踩踏轨道板。灌注程序为:刚开始放料阀开启一半,当灌注口饱满后放料阀全部开启,至砂浆到达另外一边时,放料阀开启一半以降低灌注速度,使砂浆灌注袋充分填充,避免轨道板下面出现空隙。

7) 确认灌注袋的端部及四角已经充分填充且定位螺栓有一个略微松动,然后将浇口用尼龙绳扎紧（浇口内保持砂浆有25cm余量）,用45°斜板将浇口竖起,撤去轨道板上的防护薄膜。

8) 灌注完毕后2~3h,应安排专人检查灌注饱满或过量,并采取相应处理措施。如不够饱满,则应拆除尼龙绳夹具,将灌注口内的砂浆适量挤入灌注袋中然后扎紧浇口以保持压力;如过量,则应拆除尼龙绳,打开灌注口,释放部分砂浆至专用的容器中,重新调整轨道板状态,再次进行砂浆灌注。

9) 砂浆挤入结束后,用尼龙卡或专用夹具封住灌注口。

10) 如果发生灌注袋破损砂浆溢出的情况,用水泥进行堵漏。

(7) CA砂浆的养护

1) 采用自然养生。

2) 当强度达到0.1MPa且CA砂浆灌注时间达到24h后,拆除轨道板支撑螺栓,灌注48h后切除灌注口。

3) 灌注完成后7d以上,或抗压强度达到0.7MPa以上后,方可在轨道板上承重。

4) CA砂浆养生期间不得在轨道板上加载。

5) 施工过程中产生的污水及废料应集中妥善处理,不得随意排放或丢弃。

CA砂浆灌注施工流程如图10-22所示。

8. 凸形挡台树脂灌注

1) 凸形挡台树脂原材料、技术要求、技术性能应符合《客运专线铁路CRTS Ⅰ型板式无砟轨道凸形挡台填充聚氨酯树脂（CPU）暂行技术条件》规定。

2) 填充树脂在现场配制,采用灌注袋灌注。

3) 凸形挡台树脂施工温度应在5~40℃之间,雨雪天禁止作业。

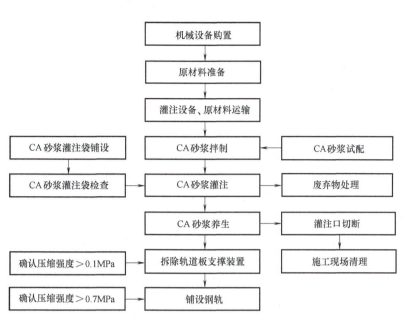

图 10-22 水泥乳化沥青（CA）砂浆灌注施工流程

4）根据树脂材料的可工作时间，确定树脂材料一次的拌和量。按施工配合比准确计量所用树脂材料。

5）按技术条件规定的频率，随机取样制作 100mm×100mm×25mm 的试件留样进行相关试验。

6）树脂灌注：

① 灌注树脂应在轨道板下水泥乳化沥青砂浆灌注 24h 并清洁、整理完毕后进行。

② 树脂材料灌注前，将凸形挡台周围高出轨道板底面的 CA 砂浆凿除，并将凸形挡台周边填充间隙的垃圾、尘土、浮浆等异物处理干净，同时清除水、油类物质，保证施工面干燥、清洁。

③ 灌注前应在凸形挡台及其周围铺设塑料防护垫，防止轨道板和凸形挡台受到污染。

④ 在凸形挡台周围安放树脂灌注袋，并采用专用胶黏剂固定，以确保树脂灌注后的位置正确。

⑤ 采用专用搅拌设备在料桶内一次性连续完成两种组分的搅拌，搅拌后的树脂材料必须在有效工作时间内注入树脂袋。

⑥ 一个凸形挡台周围填充树脂必须一次性灌注完成，曲线地段，在每一凸台内侧支模，也必须一次性灌注完成，24h 后进行凸台树脂斜面修整。

⑦ 树脂应缓慢连续注入，尽量保持低位进行灌注作业，防止带入空气，保证灌注密实。

7）灌注后，凸形挡台填充树脂宜低于轨道板顶面 5~10mm。

9. 钢轨精调

钢轨精调施工工艺流程如图 10-23 所示。

精调作业应按以下步骤进行：

1）将轨道几何状态测量仪组装或放置在待调轨道上，启动测量程序。

2）用已设程序控制的全站仪测量轨道几何状态测量仪上的棱镜，计算和显示轨道调整量。

3）应在每隔两个扣件支点位置进行调整，调整时宜先调基准轨的轨向和另一轨的高程，再调两轨的轨距和水平。

4）重复精调作业步骤2和3，直至满足轨道几何状态静态检测精度及允许偏差的要求。

10. 轨道几何状态检测

轨道中线与设计中线允许偏差检验采用轨道几何状态测量仪，线间距检验采用尺量。轨道几何状态静态平顺度允许偏差及检测方法应符合表10-3的规定。

在满足轨道平顺度标准的情况下，轨面高程允许偏差为+4/-6mm，紧靠站台为+4/0mm。每1km抽查2处，每处各抽查10个测点。用水准仪进行测点。轨道中线与设计中线允许偏差为10mm；线间距允许偏差为+10/0mm。每1km抽查2处，每处各抽查10个测点。

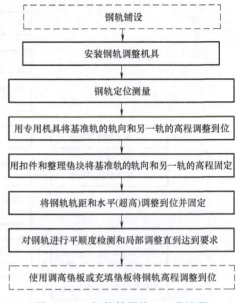

图10-23 钢轨精调施工工艺流程

表10-3 轨道几何状态静态平顺度允许偏差及检测方法

序号	项目		平顺度允许偏差	检测方法
1	轨距		±2mm	轨道几何状态测量仪
2	高低	弦长 10m	2mm/10m	
		弦长 30m	2mm/5m	
		弦长 300m	10mm/150m	
3	轨向	弦长 10m	2mm/10m	
		弦长 30m	2mm/5m	
		弦长 300m	10mm/150m	
4	扭曲	基长 3m	3mm	
5	水平		2mm	

10.4.2 CRTSⅡ型板式无砟轨道施工

1. 路基上 CRTS Ⅱ 型板式无砟轨道施工

路基上 CRTS Ⅱ 施工工艺流程如图10-24所示。

（1）物流组织

1）混凝土支承层拌合料的生产及运输。路基的两端或路基中段分别设一个爬坡道，待拌合料拌和完成后，及时用自卸车通过爬坡道运至施工现场，运输途中尽量缩短运输时间，确保混合料的质量。必须是在混凝土硬化之前结束铺设工作，混凝土不允许在工地上中间存放。

2）轨道板存放。根据施工安排，需在工地设置临时存放点来存放检验合格的轨道板。存放点根据工期及现场施工情况的要求，分下面两种情况。

① 集中存放。根据施工现场情况，若采用轨道板集中存放时，存放点场地要平整并经硬化处理，强度不小于 7.5MPa，轨道板用龙门起重机、轮式起重机或塔式起重机装卸车。存放时轨道板面朝上且要保持水平，防止倾覆。轨道板下面和层间用 20cm×20cm 方木在指定部位支垫以保护轨道板和扣件，存放时要按照一定次序堆码，以方便以后轨道板铺设装车。存放层数不允许超过 10 层，上面宜采用土工布或其他物品覆盖防止扣件锈蚀。

② 沿线存放。根据施工安排可以采用沿线存放方式。存放时地基平整，下面用方木在指定部位支垫，地基强度要满足方木不产生明显下沉。存放层数一般为 2~4 层，不允许超过 10 层。轨道板平面横纵位置要与轨道板铺设位置相吻合，同时要满足桥梁上悬臂龙门吊便于吊装、铺设。

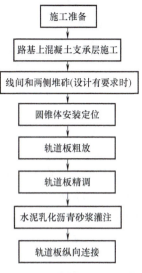

图 10-24　路基上 CRTS Ⅱ 施工工艺流程

3）轨道板运输。使用专用的轨道板运输车或改造的平板车，四周加设轨道板运输固定装置。运输组合以 3 块轨道板为一装载单元，总重量约 28t，也可以 2 块板为一装载单元。

4）沥青水泥砂浆搅拌及运输。路基上沥青水泥砂浆搅拌车的行走有两种工况，一是在站场区域，在线路左侧与到发线的两端设爬坡道，一上一下，行走在到发线的位置进行作业；二是在路基区间，可用起重机直接将吊罐吊到作业区，此种方法比较慢。

（2）路基混凝土支承层施工

1）混凝土支承层铺设。

① 采用滑模摊铺机铺设。采用滑模摊铺机铺设混凝土承载层时，铺设方向和高度由连续视距测量来控制和校正。在摊铺机上装有一个倾角传感器，并标设有两个参照点，分别配有棱镜。在摊铺机上的数据接口处连有一台计算机，不断地与摊铺机的控制装置（液压）以及两台速测仪和倾角传感器进行交流。两参照点棱镜的位置通过两台速测仪的视距测量来连续测定。测量值通过数据专频通信传给计算机。使用一套相应的软件，便可计算出铺面压板的现实位置以及相对 HGT 面理论几何参数的偏差。

所需铺设的混凝土承载层顶面数据是事先计算好的，它将通过测量检查员抽样式地按约每 100m 的断面加以检测。进行摊铺机控制的速测仪测站可由轨道定线标志点（GVP）任意导出。测站应以平面 3mm 和高程 1mm 的精度测定。在开始监控铺设过程前，先对参照棱镜进行初始照准。至摊铺机上参照棱镜的照准距离不应超过 80m，并用第三台速测仪对铺设好的 HGT 面进行直接验收。

混凝土承载层的材料用自卸车或翻斗车从搅拌站运到工地，货车将材料直接倾倒在防冻层上。用轮式挖掘机或类似机械将材料摊铺在滑模摊铺机前方，然后用滑模摊铺机一次摊铺压实成型。上述施工过程应注意：承载层混合料的自由落度不能大于 1.0m，承载层施工时的环境温度不低于+5℃。承载层完成后的前 7d 内如果有霜冻，承载层必须采取防护措施。混凝土承载层侧面伸出的边缘应在铺设时用滑模摊铺机整出至少 2% 的流水坡。

② 模筑铺设。采用模筑法铺设混凝土支承层时，测量控制站点由轨道定线标志点（GVP）任意导出。对模板以平面10mm和高程2mm的精度进行放样。模板安装要平顺，相邻模板错台不超过1mm，接缝严密，模板稳固，然后铺设支承层混合料。

③ 表面拉毛。混凝土承载层的表面应有适当的粗糙度，因此承载层的表面要用黄麻布或其他材料做拉毛处理。

④ 养护。施工过的承载层必须进行覆盖养护，养护时间不少于7d。养护期间应确保覆盖层严密不移位。

⑤ 混凝土承载层切缝。混凝土承载层浇筑后要进行横向切缝分段，切缝间距不大于5m。切缝的位置应与板块接缝位置相一致，每个工班结束时的接缝均应安排在切缝处或距离切缝2.50m处。此外还须保证承载层的切缝深度为铺设厚度的35%，切缝可在支承层摊铺的过程中由摊铺机实施，也可在支承层硬化后进行人工切割，但必须在混凝土支承层铺设后12h内完成。

⑥ 混凝土承载层检验。混凝土支承层外形尺寸允许偏差见表10-4。施工单位采用滑模摊铺机施工时，每50m各检查一处，采用立模现浇施工时，每20m各检查一处。

表10-4 混凝土支承层外形尺寸允许偏差

序号	检查项目	允许偏差	序号	检查项目	允许偏差
1	厚度	±20mm	4	顶面高程	±5mm
2	中线位置	10mm	5	平整度	10mm/(3m 直尺)
3	宽度	+15mm、0			

2）线间和两侧堆砟。

① 中间和边缘的充填。在混凝土承载层达到足够强度以后，在左边混凝土支承层和右边混凝土支承层的中间范围，直到HGT的上棱角堆填0~45mm的碎石混合物。此外，在路堑范围混凝土支承层侧面的充填要有向外4%的坡度。堆填利用铺筑修整机进行断面成型，通过振动板或人行道压路机压实，其压实度为98%。

根据设计图将线间雨水井入口修筑至设计标高并盖上铁箅子，然后对雨水井周围分层回填夯实（分层厚度20~30cm）。

根据设计标高在线间和边缘范围按断面要求铺设0~45mm的碎石混合物并分层压实，压实度为98%。

为了能够在第二条轨道上行驶载货汽车，将线间混凝土分2段施工。第1段的施工在直接铺设轨道板和填满第一铺设侧的宽接缝后进行。第2段紧接着第二铺设侧施工。

在第1段混凝土带纵向边缘上固定由聚苯乙烯泡沫塑料做成的接缝填料，并在第2条线路轨道板的侧面边缘和混凝土承载层还露着的表面铺设分离层（薄膜）；用手工铺设混凝土，并安装纵向分格条，同时每隔2.5m做横向分格缝；然后喷洒养护剂对混凝土养护。对所有纵向分格缝热灌沥青。

② 检验。无砟轨道线间及两侧堆码石砟材质及粒径级配应符合设计要求。

线间和两侧的石砟应碾压密实，线间部分密实度不应小于98%。

无砟轨道两侧堆码石砟应整齐、平直、圆顺。偏差应符合表10-5的规定。

表 10-5　无砟轨道两侧堆码石砟允许偏差

序号	项目	允许偏差/mm
1	厚度	±50
2	上宽度	±50
3	下宽度	±100

3）圆锥体安装定位。

① 圆锥体的定位。圆锥体定位前首先测出轨道基准点 GRP 和安装位置，轨道基准点 GRP 和安装点位于Ⅱ型板横接缝的中央，且接近轴线。圆锥体的轴线与安置点重合。

② 圆锥体的安装。应按下列要求钻锚杆孔，然后用合成树脂胶泥或类似的胶泥来胶粘锚杆。

锚杆的胶粘应符合质量要求。

用一台钻孔机钻孔，孔径为 20mm。

钻孔深度为：直线上（$\ddot{U} \leqslant 45mm$），15cm；有超高的线路上（$\ddot{U} > 45mm$），20cm。

③ 圆锥体的锚固及拆除。填充砂浆（合成树脂胶泥）1~2h 后达到强度要求，锚杆就牢固地胶结在混凝土承载层内，同时将圆锥体套上锚杆并用翼形螺母固定。

轨道板垫层灌浆后，拆除压紧装置的同时将锚杆拆除。

④ 检验。轨道板粗铺时，圆锥体平面定位精度应不大于 10mm。

4）轨道板粗放。

① 铺设前对轨道板的检查。轨道板进场时应对外观进行验收，轨道板必须有标识（编号），四周和边角无破损和掉块，板体及承轨台无裂纹，承轨台完整，精调装置的预埋件应与板边缘齐平，螺纹钢筋无弯曲。轨道板外观质量允许偏差应符合表 10-6 的规定。

表 10-6　轨道板外观质量允许偏差

损坏或缺陷名称及部位	允许偏差情况
表面边缘损坏,混凝土掉块	深度<5mm,面积<50cm²
底面边缘损坏,混凝土掉块	宽度、深度<15mm,长度<100mm

轨道板铺设必须按布板图给定编号、位置对号入座进行铺设。

② 轨道板安装。轨道板安装前要在精调装置的安设部位先放上发泡材料制成的模制件，并用硅胶固定。垫层灌浆时作密封用，以防垫层砂浆溢出。

在混凝土支承层上放置 2.8cm 厚的垫木，垫木紧靠吊具夹爪突出点并放在混凝土承载层上。在精确装置螺杆抬高时，再撤出垫木并运到下一个铺设地点。

起吊横梁上装有距离定位器，直接对准轨道板。接下来用液压锁闭起吊横梁，锁闭时侧面的抓钩依垂直方向旋入。锁闭机构由门架式或悬臂式起重机司机操作。用肉眼检查锁闭机构的 4 个抓夹点的锁栓是否都已完全锁闭。下一步用一个附加的绞盘在起吊横梁上调整横向倾斜度，以便能以相应的超高将轨道板放置在混凝土承载层上，从而避免轨道板受到损坏。

轨道板按规定挂上吊钩以后，由门架式起重机司机操作起吊，转到要铺设地点的正上方并降下，放在已安放好的木条上。接近混凝土承载层时必须缓慢下降，以便放置时不损伤轨道板。在放下时将轨道板准确定位（准确度约为 10mm），此时应特别注意侧向位置、与上次铺设的轨道板的相对位置以及空端的位置。事先安装在混凝土承载层上的塑料圆锥体用于准确定位。轨道板端面上的两个圆柱形凹槽直接定位在圆锥体上方,接着放下轨道板。

5)轨道板精调。轨道板精调前,要旋开中部轴杆,使之大约有 10mm 的余量。使用专用三脚架将速测仪安置在轨道定位标志点 GRP 上(对中精度 0.5mm)。

6)轨道板沥青水泥砂浆灌注。

① 轨道板边缝密封。在轨道板精调工作完成并满足精度要求以后,轨道板和混凝土承载层之间有 2~4cm 厚的缝隙,要用垫层砂浆对轨道板逐块填充。每一个轨道板的侧面必须密封,而且每次只进行一块轨道板的底层灌浆。侧缝采用一种特殊的、稳固的水泥砂浆。为了防止在垫层灌浆时砂浆从轨道板侧面溢出,必须将混凝土承载层和轨道板之间的缝隙进行密封。

在密封工作开始时,混凝土底座板的表面,包括轨道板以外的部分应清扫干净。此外在气候很干燥时,还必须浇湿这一范围。在对轨道板的定位完成以后,就需在定位装置的外缘放置支承板的模板。在这一工作流程中不允许触动定位装置以及铺设的轨道板,否则就会再次破坏已调好的精确度。在模板安置好后,必须对调节装置四周进行封闭处理,以便使这些装置在浇筑垫层砂浆时保持清洁。轨道板的边缝密封必须考虑其耐久性及混凝土的不脱落。

② 轨道板纵向的密封。轨道板纵向密封通过涂上密封砂浆来完成。密封砂浆使用商业上通用的改进型的耐候性室外用灰浆,按照生产厂的说明应配制成稠度较大的砂浆。密封砂浆用商业通用的灰浆搅拌机在施工现场配制。搅拌机和材料储存罐安装在载货汽车上。密封砂浆的干组分和所需的水一起放入搅拌机充分搅拌。砂浆要求的稠度可以通过调节进水阀调到最佳状态。密封砂浆配制以后经过灰浆搅拌机的螺旋输送器和相应的软管输送到施工地点。在软管的末端有一个楔形的带一个拖板的铺设装置,以此在纵向形成一条沿着混凝土底座板和轨道板之间的缝隙的楔形密封。拖板用来防止密封砂浆进入轨道板下面。应注意不要使砂浆进到轨道板的下面。

③ 轨道板横向接缝的密封。轨道板对接处横向接缝的密封使用可刮抹的稠度较大的垫层砂浆。用垫层砂浆来密封可以避免以后垫层灌注后产生应力不平衡。垫层砂浆的注入量应超出轨道板底边至少 2cm,如图 10-25 所示。

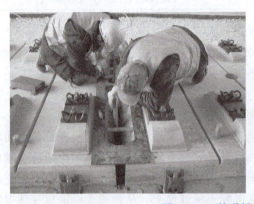
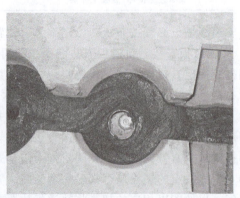

图 10-25 轨道板横向接缝的密封

7)轨道板(GTP)固定。为了保证在垫层灌浆时轨道板不浮起,要安装压紧装置。钢构件的具体摆放位置:在轨道板的中间两侧设固定装置;两块板的接缝处中间部位设置固定装置。利用预埋在混凝土底座板中的锚杆向下压住，在轨道板粗放时固定圆锥体的锚杆，如图 10-26 所示。

图 10-26　轨道板的固定

8）轨道板（GTP）垫层灌浆。

① 垫层灌浆期间轨道板的位置固定。在垫层灌浆进行时为了保证轨道板位置不变，原则上要在轨道板上安装压紧装置。

② 混凝土承载层和轨道板底面预先浇湿。灌浆时混凝土承载层和轨道板底面必须是潮湿的。为此，在灌注垫层砂浆之前，先将两者预先浇湿。足够湿润的标志是表面稍微潮湿。

③ 垫层砂浆的拌制。用移动式搅拌设备在灌浆地点生产垫层砂浆，以分批方式且最大批量为 300L 制造垫层砂浆。垫层砂浆从搅拌设备注入中间储存罐，储存罐的容积最大为 650L。在灌浆罐中每次注入浇筑一块轨道板所需的量，即约 600L。这样做是为了避免在中间储存罐中有太多的剩余量，这些会与下一次灌浆的新材料混合在一起。

④ 轨道板的垫层灌浆。轨道板灌浆时已装满料的中间储存罐从搅拌设备下方向后面旋转伸出，并同时被提高。垫层砂浆经过一条软管注入轨道板的灌浆孔，软管的两端各装有截断装置。一般情况下，灌浆过程通过三个灌浆孔的中间孔进行。灌浆孔中有聚氯乙烯管，垫层砂浆从管中注入。通过其他两个灌浆孔和排气孔观察灌浆过程。只要所有的排气孔处冒出垫层砂浆，则用木塞塞住排气孔，灌浆孔内垫层砂浆表面高度至少应达到轨道板的底边，而不能回落到底边以下。灌浆过程即告结束。储存罐可重新转回到搅拌设备下面并改换到下一块轨道板，如图 10-27 所示。

图 10-27　轨道板的垫层灌浆

中间储存罐中有搅拌器，使垫层砂浆保持在搅动状态。不断测量搅拌器的传动电动机的耗用电流并显示。砂浆的稠度越大，电动机耗用电流也越大。当耗用电流超出某一固定值时，中间储存罐内的砂浆必须倒入配备的废物容器中，接着用新材料继续灌浆。

⑤ 插入铁条。为保证与垫层砂浆的胶结，在垫层砂浆轻度凝固时，将一根铁条从灌浆孔插入新灌注的垫层砂浆中，如图10-28所示。

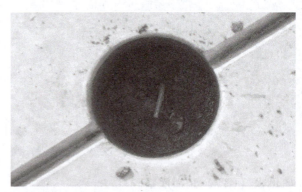

图 10-28　插入铁条

⑥ 储存罐加料和搅拌机清洗。一台搅拌机车（移动式搅拌设备）的储备量可浇灌8~10块轨道板，约用1.5h。储备用完以后，搅拌机货车驶向工地设备装料以及清洗垫层砂浆中间储存罐和搅拌机。因此，连续灌浆至少需要两台移动式搅拌设备。随后车又驶向灌浆工地。也可能因为气候条件而有必要缩短清洗周期，为此就需要缩短搅拌车在灌浆工地的停留时间。清洗总是有计划地在工地设备处进行。

⑦ 其他的施工过程应遵照下列边界条件：

砂浆的最小抗压强度证实达到1MPa以后，才能拆除轨道板下面的精调校正装置。

轨道板上的调节轴要同时松开，以便对混凝土的徐变产生反作用。随后就可以卸下调节轴和调节装置并对之进行清理。

调节轴的螺纹套管要用PE泡沫管充填，并用合适的塞子进行水密封闭。

砂浆的最小抗压强度证实达到3MPa后，才允许在轨道板上行车。

9）轨道板（GTP）垫浆灌浆检验。水泥乳化沥青砂浆原材料的配合比应在室内试验的基础上，根据现场施工时的具体条件，对其配合比做相应调整。水泥乳化沥青砂浆的性能指标要求应符合表10-7规定。

表 10-7　水泥乳化沥青砂浆的性能指标要求

项目	指标
水灰比 W/C 数值	<0.58
水泥含量	≥400kg/m³
沥青水泥比例	≥0.35
流动性	流体静压力下坡高25cm，流动3.5cm
温度	5~35℃
扩散量	a_5≥300mm 和 t_{300}≤18s a_{30}≥280mm 和 t_{300}≤22s 且无沉淀现象

(续)

项目	指标
含气量	<10%
新拌砂浆密度	>1.80g/cm³
膨胀量	<2%
抗折强度	1d 之后：≥1.0MPa 7d 之后：≥2.0MPa 28d 之后：≥3.0MPa
抗压强度	1d 之后：≥2.0MPa 7d 之后：≥10.0MPa 28d 之后：≥15.0MPa
弹性模量	7000~10000MPa
抗冻性	经过56次冻融循环之后，只允许出现极微小内部损伤，质量损失量应该低于2000g/m²

2. 桥上 CRTS Ⅱ 型板式无砟轨道施工

桥上 CRTS Ⅱ 型板式无砟轨道施工工艺流程图如图 10-29 所示。

（1）物流组织

1）底座板混凝土、沥青水泥砂浆的生产及运输。混凝土采用集中搅拌站生产，采用混凝土罐车运送。由混凝土输送泵车直接泵入桥面底板座模型中。桥梁两头或中段部位可搭建临时上下坡道，这样混凝土车辆可直接上桥进行作业。

沥青水泥砂浆生产是通过干料搅拌站给砂浆搅拌车进行供料，由沥青水泥砂浆车站施工现场进行拌和。搅拌车运输到桥下，用设在桥上的移动式起吊桅杆垂直起吊，转到灌注的作业面上。

2）轨道板存放及运输。轨道板存放在线路与便道之间，其垂直提升由悬臂龙门吊来实施。集中存放可通过上下车道进行桥上运板。

（2）两布一膜铺设 两布一膜的铺设如图 10-30 所示。

1）在清洗过的桥梁上铺设土工布，首先从桥梁支座活动端开始，到固定支座上部结构梁端连接的锚固螺栓为止。

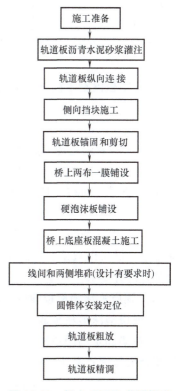

图 10-29 桥上 CRTS Ⅱ 型板式无砟轨道施工工艺流程图

2）第一层土工布铺设时，采用胶合剂将其粘贴在桥梁防水层上（必须保证胶合剂与无纺布材料之间的相容性）。胶合剂的层厚必须合理选择，使土工布将其完全吸收。第一层土工布可以连续整块铺设，也可以将土工布对接。

3）在已铺好的第一层土工布上，铺设聚乙烯薄膜。此处必须注意，薄膜不得起皱。在接缝处必须将聚乙烯薄膜熔接。

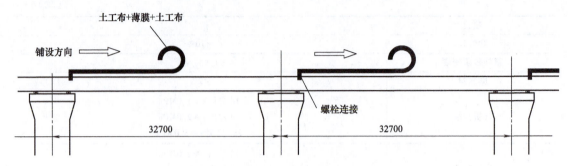

图 10-30　铺设土工布加薄膜加土工布

4）在聚乙烯薄膜上再铺设第二层土工布。第二层土工布必须连续整块铺设，不得对接。

5）铺设时，用水湿润土工布以利于将土工布吸附在聚乙烯薄膜上。两布一膜任何一层都不能出现破损，一旦出现破损必须更换。

6）铺设后的土工布和聚乙烯薄膜，其上不得行车。安装钢筋笼时必须注意：要选择合适的垫块大小、间距，以免钢筋笼将土工布刺穿。一旦出现破损，土工布或聚乙烯薄膜必须更换。

7）底座板混凝土浇筑完毕后，必须将土工布和聚乙烯薄膜的外露部分，紧贴底座板混凝土剪去。

8）检验。

① 土工布和聚乙烯薄膜应无破损。

② 梁面防水层平整度应符合设计要求，防水层表面不得残留可能破坏滑动层的颗粒。

③ 滑动层（两布一膜）的规格、材质、性能指标必须符合设计要求及相关技术条件规定。

④ 滑动层（两布一膜）铺设必须平整密贴，第一层土工布与下部结构粘接牢固；土工布铺设第一层可以对接，第二层必须整块铺设，不得对接；聚乙烯薄膜不得起皱，接缝处理必须符合设计要求。

（3）硬质泡沫塑料板铺设。硬质泡沫塑料板的铺设如图 10-31 所示。

1）硬质泡沫塑料板放在梁缝处。

2）桥梁固定端硬质泡沫塑料板，采用胶合剂将其粘贴在桥梁上部结构上（必须保证所用的胶合剂与硬质泡沫塑料板之间的相容性）。

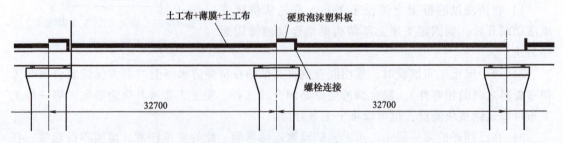

图 10-31　铺设硬质泡沫塑料板

3）桥梁活动端硬质泡沫塑料板放置在滑动层上（不用胶合剂粘贴）。

4）硬质泡沫塑料板可以榫接或阶梯接合，边部多余部分切直。

5）硬质泡沫塑料板的接缝应严密，不得有通缝。为避免混凝土的渗入，在硬质泡沫塑料板上覆盖一层薄膜。

6）铺设的硬质泡沫塑料板不能破损，安装钢筋笼时要选择合适的垫块大小、间距，以免钢筋将硬质泡沫塑料板刺穿。一旦出现破损，硬质泡沫塑料板必须更换。

7）检验。

① 硬质泡沫塑料板的规格、材质、性能指标必须符合设计要求及相关技术条件规定。

② 硬质泡沫塑料板拼接接缝应为榫形或阶梯形，接缝应交错布置，不得出现通缝，硬质泡沫塑料板粘贴应牢固，顶部覆盖应符合设计要求。

（4）底座板混凝土施工

1）模板安装。根据设计要求制作模板。模板安装时，测量控制站点由轨道定线标志点（GVP）任意导出，以平面10mm和高程2mm的精度进行放样。模板安设要平顺，相邻模板错台不超过1mm，确保接缝严密，模板稳固。

2）钢筋制作、运输、安装及检验。

① 钢筋的制作及运输。钢筋的加工在钢筋加工场完成。钢筋弯曲时的最低温度不得低于0℃；钢筋在运输、贮存过程中，应防止锈蚀、污染和避免压弯变形；钢筋应分类标识。

② 钢筋安装。钢筋安装时，钢筋的位置和混凝土保护层的厚度，应符合设计要求；钢筋骨架应按照混凝土保护层和设计图进行施工。

钢筋安装时，应确保垫块的间距和稳定。垫块的强度不得低于本体混凝土的设计强度。安装垫块及钢筋绑扎时要防止刺穿土工布，应使用大支撑面的垫块。

③ 连接器的安装。底板座后浇带的钢筋连接器要在钢筋铺设前布置。它由一块钢板组成，钢板的一边用防松螺母与精轧螺纹钢筋焊接，另一边的精轧螺纹钢筋通过钢板的预留洞穿过钢板，用分置于钢板两边的螺母与钢板连接。在其施工完后铺设底板座钢筋。

混凝土浇筑完后开始硬化，待到浇筑后的48～72h之间（以底板座温度重新达到当天气温时的时间为基准），初步硬化的混凝土已经在其表面产生了微小的裂缝，此时松开后浇带中连接器螺母并拆掉桥梁间的钢楔（钢楔布置情况如图10-32所示），混凝土的硬化过程中和温度变化产生的应力就不会继续下传。等到全桥底板施工完成后，在24h内将所有的后浇带螺母再次拧紧，并同时浇筑后浇带（图10-33）混凝土。

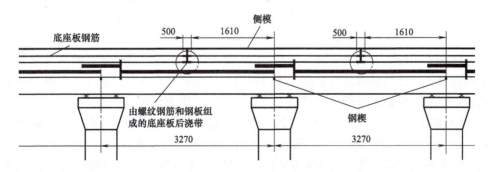

图10-32 钢楔布置示意图

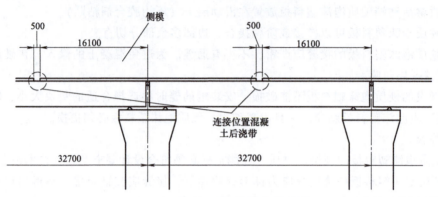

图 10-33　后浇带示意图

④ 检验。钢筋的验收是在设计图的基础上进行的，应检查布置好的钢筋是否与设计图一致；应按设计要求对钢筋连接做绝缘处理；钢筋应无锈及其他有害杂质（如冰、油脂、油和污垢）；钢筋应完全固定并在灌注混凝土时保证不会移动。

3）桥梁混凝土底座板浇筑。

① 混凝土灌注过程的要求。混凝土采用集中搅拌站生产。采用混凝土罐车运送，由混凝土输送泵车直接泵入桥面底板座模型中。混凝土的坍落度控制在 12~14cm 之间，方能确保混凝土在模型中定型。混凝土从装车运输到结束灌注，一般不超过 90min。

运输和灌注时，应防止混凝土发生离析。混凝土灌注要选用合适的设备，如混凝土输送泵或门式起重机（悬臂）加吊斗。为避免离析，混凝土的自由落度应不大于 1m。

新拌混凝土的温度不允许超过 30℃。环境温度在-3~5℃之间时，混凝土的入模温度不得低于 5℃。环境温度在-3℃以下时，混凝土的入模温度不得低于 10℃。环境温度低于 5℃和超过 30℃时，必须测量和记录混凝土的温度。

② 混凝土振捣。混凝土灌注和振捣时，应派专人检查模板的稳定性和模板的接缝有无变化。混凝土的施工必须持证上岗，应安排有经验的混凝土工进行操作。混凝土的振捣采用平板振动器和振动梁配合的方式进行。

③ 表面处理。混凝土灌注时，必须稍微突出一点。之后用落在模板上的滚杆整平混凝土表面，再用平板抹平器抹平混凝土，待混凝土稍硬后用拉毛器进行拉毛。

4）混凝土底座板钢筋的切断、连接及混凝土填筑。在底座板浇灌混凝土前，须人工拧紧底座板后浇带中与精轧螺纹钢筋连接的螺母，同时用钢楔在桥梁之间将梁相互固定，根据设计按跨进行分段灌注，使混凝土灌注段可以是任意长度。因为通过这样的方案以及在梁端缝隙中按设计要求插入钢楔块，纵向力不会传给支座。

底座板混凝土硬化后（初期裂缝形成后），混凝土接缝处的贯通钢筋必须断开或放松连接器，梁端缝隙中的楔块必须立即去掉，以阻断因温度变化和底座板混凝土的收缩而对板下结构，尤其是对支座和桥墩所作用的强制力。钢筋中的拉应力将得以释放。

5）底座板混凝土养护。将薄膜直接铺在混凝土表面或在混凝土表面和薄膜之间留出空隙，时间至少 7d。养护期间薄膜必须严密包住混凝土表面，防止混凝土中的水分蒸发。

养护期间混凝土表面温度不允许在 0℃ 以下，但前 3d 混凝土温度不低于 10℃ 或混凝土的抗压强度已经达到 5MPa 时，混凝土表面允许结冰。

6）底座板混凝土验收。

① 混凝土底座产生裂缝的宽度不得大于 0.3mm。

② 混凝土底座外形尺寸允许偏差和检验方法应符合表 10-8 的规定。

表 10-8　混凝土底座外形尺寸允许偏差和检验方法

序号	检查项目	允许偏差/mm	检验数量及方法
1	中线位置	10	全站仪：1 处/40m
2	宽度	+15 0	尺测：1 处/20m
3	顶面高程	±5	水准仪：1 处/20m
4	平整度	10	3m 直尺：1 处/20m

线间和两侧堆砟、圆锥体安装定位、轨道板粗放、轨道板精调、轨道板沥青水泥砂浆灌注、轨道板纵向连接等部分的施工内容与路基基本相同，此处不再详叙。

（5）轨道板锚固和剪切连接

1）轨道板锚固。

① 螺杆的预施应力（图 10-34）。锚固前螺栓表面稍加润滑油，然后按照施工图安装锚定板、盘形弹簧和螺母。

用扭矩扳手以 60N·m 扭矩施加预应力（拧紧螺母）；在轨道板的钻孔中应考虑允许的螺栓偏心度，如图 10-34 所示。

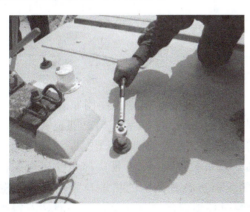 

图 10-34　螺杆的预施应力图

② 防腐蚀（图 10-35）。首先用防腐蚀材料涂在露天放置的钢部件表面上，接着安放橡胶密封垫并防腐。然后安装保护盖罩并用螺栓拧紧，最后清除多余的防腐蚀材料。

2）轨道板剪切连接。

① 按照规定的深度钻剪切连接的孔。

② 清洁钻孔。

③ 清除钻屑，如吹气。

④ 填充钻孔和放入暗销。

⑤ 达到所要求的强度以后，用扭力扳手以规定扭矩将锚栓拧紧。

（6）侧向挡块施工　在灌浆层浇筑完毕之后，再制作侧向挡块。连接埋入预制梁里钢

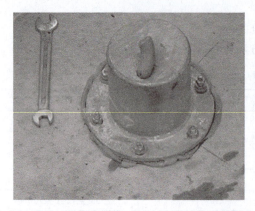 

图 10-35 防腐蚀图

筋套筒。按传统施工方法给侧向挡块设置模板，配筋和浇筑混凝土。同时依据侧向挡块的类型嵌入相应的橡胶支座。

侧向挡块的允许偏差和检验方法应符合表 10-9 的规定。

表 10-9 侧向挡块的允许偏差和检验方法

序号	检查项目	允许偏差/mm	检验方法
1	位置	10	尺量
2	截面尺寸	+15 0	尺量

10.4.3 CRTS Ⅰ 型双块式无砟轨道施工

1. CP Ⅲ 网布置及测量

无砟轨道施工前，应完成基桩控制网（CP Ⅲ）的建立，基桩控制网布置成三维坐标网，并与基础平面控制网（CP Ⅰ）或线路控制网（CP Ⅱ）进行衔接。CP Ⅲ 高程测量工作应在 CP Ⅲ 平面测量完成后进行，并起闭于二等水准点。基桩控制网（CP Ⅲ）最终为三维坐标，即每个 CP Ⅲ 控制点集平面、高程于一体。基桩控制网（CP Ⅲ）测量使用全站仪自由设站，采用后方交会法施测。首先对所使用的仪器进行观测前的横轴与竖轴校验（输入校差后仪器内部自动进行修正），同时需输入观测时环境温度和气压值。同一测站不得少于 2×4 个 CP Ⅲ 控制点，并进行不少于两测回（度盘换置）观测，后视方向联系观测数量不少于 2×3 个 CP Ⅲ 控制点，并做到在不同设站时每个 CP Ⅲ 控制点重叠观测数量不少于 3 次，同时观测视距不得大于 150m。在观测时，观测路线为后—前、前—后或前—后、后—前。

2. 防水层、保护层、凸台及支承层施工

1）防水层施工。防水层施工前应对桥梁基层面进行验收，基层应做到平整，无尖锐异物，不起砂、不起皮及无凹凸不平现象，平整度要求：用 1m 长靠尺测量，空隙不大于 3mm 且只允许平缓变化。防水卷材铺贴按顺水方向，从低到高，从下往上，在桥面铺设至挡砟墙、竖墙根部，聚氨酯防水涂料或改性沥青涂料封边。两幅卷材纵横向间搭接宽度不小于 10cm；梁体接缝处封边宽度不小于 10cm。

2）保护层施工。先按照设计图位置安放保护层钢筋网及凸台钢筋并进行绑扎，保护层

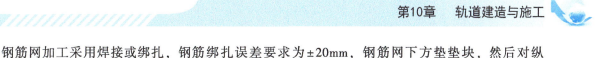

钢筋网加工采用焊接或绑扎，钢筋绑扎误差要求为±20mm，钢筋网下方垫垫块，然后对纵横向接地钢筋的交叉点和搭接点进行焊接，最后将保护层接地钢筋和防撞墙预留接地钢筋进行焊接。

3）凸台施工。保护层混凝土达到设计强度的75%后，技术人员通过CPⅢ网和全站仪进行凸台的放线。安装凸台模型，用钢筋棍固定模板。复测模板误差，符合要求后方可浇筑。浇筑时应防止对模板的撞击，严格控制凸台顶面高程及垂直度。凸台厚度不应小于130mm，并且不大于135mm。凸台混凝土达到设计强度的75%以上后，进行铺设中间层和垫板安装作业。在混凝土保护层和凸台顶面铺设4mm厚的聚乙烯土工布，土工布边缘应采取粘贴的固定方式。

4）支承层施工。支承层施工前应对路基表面进行验收，复测表面高程。合格后，施工放样出支承层边线，每隔10m打上钢钎，并在钢钎上用红油漆标上支承层顶面高程位置。根据放样出的边线，支立两侧模板，再次测量复核模板位置和高程。混凝土入模后，首先用振动棒振捣混凝土，然后用三轴振动梁振动表面，提浆整平。混凝土初凝前，应拉毛处理。超高段施工时，坍落度宜控制在100~120mm，以防止混凝土向内侧漫流。支承层达到设计强度的30%到支承层硬化前，进行切缝施工，释放表面应力。切缝深度不得小于105mm，宽度控制在5~8mm，气温低于20℃时，每5m切一道；气温高于20℃时，每4m切一道。

3. 钢筋铺设及双块式轨枕散布

1）钢筋铺设。下部结构顶面清理完毕后，由技术人员使用全站仪，通过CPⅢ网进行道床板中线和边线以及轨枕边线的放线。在施工放线完毕后，人工在下部基础顶面固定钢条之间按底层纵向钢筋设计数量及位置均匀散布；吊卸过程中防止钢筋变形；路基和隧道地段的纵向钢筋应满足搭接长度大于70cm且接头错开最少1m的要求。

2）双块式轨枕散布。底层钢筋摆放完毕后，由跨线门吊吊装散枕装置进行散枕，门吊司机将液压散枕器落下，听从指挥人员命令，将散枕器落到轨枕上面，从轨枕垛上一次夹取5根轨枕。相邻两组轨枕的间距应控制在5mm的误差范围内，轨枕的边线控制在10m的范围内，且要保证两组轨枕的左右偏差。

4. 铺设工具轨、组装轨排及安装螺杆调节器托盘

1）铺设工具轨。利用起重运输车或龙门起重机。通过专用吊架将工具轨吊放到轨枕上。在钢轨放到轨枕上之前，轨枕支撑表面要干净；两根钢轨的端部接缝必须在同一位置；两工具轨之间轨缝应控制在15~300mm。

2）组装轨排。铺设完工具轨后，使用方尺检查轨枕与工具轨的垂直度，需要时进行调整；检查工具轨的轨距，不合格时进行调整。使用扭矩扳手将扣件定位，轨枕的扣件孔需要进行注油润滑，螺栓拧紧扭矩不要大于220N·m。检查标准为弹条与轨距挡板的间距不大于0.5mm，使用塞尺进行检查。

3）安装螺杆调节器托盘。螺杆调节器钢轨托盘应装到轨底，在每个轨排端的第一、二、四根轨枕前（或后）需要配一对螺杆调节器，之后区线和超高小于50mm地段每隔3根（使用奥通粗调机时每隔2根）、超高大于50mm但小于120mm地段每隔2根、超高大于120mm每隔1根轨枕安装一对螺杆调节器；螺杆调节器中的平移板应安装在中间位置，以保证可向两侧移动。最大平移范围约50mm，每一边的中心偏移量为25mm。

5. 轨道粗调

调整按照先调整中间两台、后调整端部两台的顺序进行。一般情况下，调整后的高度应低于设计标高 2~5mm。完成轨道粗调后，安装调节器螺杆。根据超高的不同选择螺杆调节器托盘的倾斜插孔（用于调节与底座面的角度，确保垂直大地，受力良好），旋入螺杆，安装波纹管或其他隔离套。采用电动扳手拧紧调节器，使螺杆底部略有受力。

6. 钢筋网绑扎

轨排粗调完毕后，即可按照设计要求进行道床板钢筋的绑扎作业。安装下层钢筋，用尼龙自锁带将钢筋交叉点处进行绑扎。道床板上层纵向钢筋和横向钢筋安装及绑扎工序同下层钢筋；绑扎过程中不得扰动粗调过的轨排；路基和隧道地段，纵向钢筋的搭接长度不得小于 700mm，采用绝缘卡和尼龙自锁带绑扎固定。道床板内上层钢筋混凝土保护层最小厚度 40mm，下层钢筋混凝土保护层最小厚度 35mm，允许偏差 ±5mm。路基上钢筋道床板钢筋量少，每人每天可以绑扎 5m；桥上道床板钢筋量大，每人每天可以绑扎 1m。

7. 模板安装

横向模板在桥梁地段横向伸缩缝处使用，横向伸缩缝在桥梁土工布铺设完毕后，由技术人员进行轨枕边线、道床板边线和横向模板边线放线。横向模板位置必须准确放样、画线标注。放线完毕后，在底层钢筋布设前将横向模板钢条安装到位，并用 4 个锚钉固定。在轨排粗调完毕后，安装横向模板，横向模板提前存放在所需位置的线路中间，横向模板由 3 块拼接组成，人工配合龙门起重机安装。先安装中间块，最后安装两边块。使固定钢条嵌入模板底两凹槽，相邻模板间部分销接、拼接严密，顶部设钢盖板。横向模板两端位置参考纵向模板边线，安装误差为 2mm。

8. 轨排精调

轨道小车放置于轨道上，安装棱镜。使用全站仪测量轨道状态，小车自动测量轨距、超高、水平位置，接收观测数据，通过配套软件，计算轨道平面位置、水平、超高、轨距等数据，将误差值迅速反馈到轨道状态测量仪的计算机显示屏幕上，指导轨道调整。

轨排精调时，需从上次浇筑道床板处往后数 3 个螺杆的距离，大概是 10 个轨枕处进行。

9. 混凝土浇筑

混凝土浇筑时，必须 1 个轨枕间距接 1 个轨枕间距单向连续浇筑。让混凝土从轨枕块下漫流至前一格，不致在轨枕下形成空洞。当混凝土量略高于设计标高后，前移到下一格进行浇筑。混凝土浇筑后 0.5~1h（若混凝土掺加缓凝剂，螺杆松动时间延长至 2~3h），螺杆放松 1/4 圈，螺杆调节器的放松须始终沿逆时针；混凝土浇筑后 2~4h，提松横向模板和施工缝模板，松开全部扣件，释放轨道在施工过程中由温度和徐变引起的变形。混凝土的浇筑速度为不大于 20m/h，浇筑时应保证轨枕下部没有空洞。

10. 拆卸模板、螺杆调节器和工具轨

道床板混凝土抗压强度达到 5MPa 后，方可进行纵横向模板和螺杆调节器的拆除。先将纵横向模板连接和横向模板连接以及与地面或其他建筑物的连接松开，然后人工使用撬棍配合龙门起重机进行纵向模板的拆除。纵向模板拆除完毕的地段即可进行横向模板的拆除，横向模板通过龙门起重机和人工配合拆除完毕后，拆除模板横向固定钢条，拆除完毕后，立即进行清理和涂刷隔离剂的工作。模板拆除完毕后，即可进行螺杆调节器的拆除。先用螺栓扳手拆卸螺杆调节器螺杆，清除表面混凝土残留物，随后进行清理和涂油，然后将其整理到存

放筐内，螺杆应按长度分类，竖直插入标示有长度的专用周转箱内，以便随时按需要调用。道床板混凝土浇筑后，需经过至少48h养护，才能拧紧扣件螺栓，然后进行轨道竣工测量（防止轨枕下部混凝土由于挤压产生龟裂现象）。

竣工测量采用精调小车进行。竣工测量后进行工具轨的拆除作业，用龙门起重机吊装专门工具轨吊装扁担进行工具轨的拆卸，拆卸完毕后及时清理轨底和轨面上的混凝土残渣或其他杂物，然后检验钢轨平直度，最后将工具轨按照钢轨标记的吊点位置吊装到工具轨运输车上。工具轨在运输和存放时，应严格在标记位置下垫好方木，避免钢轨变形。

11. 封堵螺杆孔

工具轨拆除完毕后，将螺杆调节器螺杆孔洞内的波纹管或PVC管等隔离材料清理干净，人工用高强度无收缩水泥砂浆将螺杆调节器螺杆在混凝土中形成的孔洞进行封堵密实，并将表面抹平，必须保证孔洞内无积水、杂物等。

10.4.4 CRTS Ⅱ型双块式无砟轨道施工

CRTS Ⅱ型无砟轨道施工设备连续施工，双块式轨枕事先运送至施工现场，按照轨枕的分布情况，摆放在线路两侧。在支承层施工完成后，开始无砟轨道施工，其主要施工工艺流程如图10-36所示。

1. 施工准备

（1）施工文件准备　CRTSⅡ型双块式无砟轨道施工前应具备批准的施工设计文件和有关线下工程竣工资料，包括车站平面图、隧道表、桥梁表、曲线表、坡度表、支脚三维坐标表、CPⅢ控制点表、断链表和线路情况说明书等。根据设计文件要求及有关基础工程竣工资料、全线指导性施工组织设计规定的铺轨总工期、有关重点

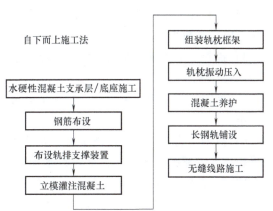

图10-36　CRTS Ⅱ型双块式无砟轨道施工工艺流程

工程的施工方案以及施工单位自身的铺轨能力，编制实施性施工组织设计，指导施工。

（2）筹建铺轨基地　铺轨基地是铺轨材料的装卸、存放、加工以及轨枕组装等的场所。轨料、轨排存放场的大小主要根据基地所担负的铺轨总长度、工程施工进度要求及进料情况等因素决定。基地一般应在铺轨前7~10个月内开始筹建。基地的布置，主要包括轨料存放场、轨排组装车间、轨排储备场和其他设施的布置等。

（3）无砟轨道铺设条件检查、评估　无砟轨道施工前，由建设单位组织勘察设计、施工、监理和咨询等单位，按照《无砟轨道铺设条件评估技术指南》（铁建设函［2006］158号）的规定，对已完工的路基、桥涵、隧道进行全面检查评估，预测不同结构物的基础沉降变形，绘制沉降预测变形曲线，对工后沉降情况进行综合评估，确认满足设计沉降标准后，按《无砟轨道铺设条件评估技术指南》规定的内容编制并提交《无砟轨道铺设条件评估报告》，作为无砟轨道施工的依据。

路基、桥涵基础和隧道基础沉降预测采用曲线回归法，预测的工后沉降值不应大于15mm；预应力混凝土桥梁上部结构的徐变变形应符合《无砟轨道铺设条件评估技术指南》

的规定；过渡段沉降观测应以路基面沉降和不均匀沉降观测为主，对线路不同下部基础结构物之间以及不同地基条件或不同地基处理方法之间形成的各种过渡段，应重点分析评估其差异沉降，过渡段不同结构物间的预测差异沉降不应大于5mm，预测沉降引起沿线路方向的折角不应大于1/1000。

（4）线路复测　线下基础工程经无砟轨道铺设条件评估合格后，应进行线路中线复测，并完成轨道控制网（CPⅢ）的建立。

线路复测应进行线路中线和高程测量，贯通全线的里程和高程，并检查线下工程施工的准确性。路基、桥梁和隧道应满足限界要求。直线地段每隔50m、圆曲线上每隔20m、缓和曲线上每隔10m设一个桩。在缓和曲线、圆曲线起讫点、水硬性混凝土厚度变更点及道岔交点等加设永久中桩，并埋设简易的临时里程标、曲线标、坡度标等标志。

2. 路基支承层、桥梁底座、凸台施工

（1）支承层施工。

1）施工前准备。配合比、支承层的搅拌和运输设备、施工组织设计、设备和材料工艺性试验。

2）配合比。水硬性混合料应通过击实试验确定最大干密度和最优含水率。低塑性水泥混凝土应采用较少的胶凝材料和水。

3）搅拌。应采用强制式搅拌机搅拌。水泥、粉煤灰、减水剂和水计量精度为±1%，骨料为±2%。

4）运输。拌合物应采用自卸式货车运输。应对拌合物进行有效覆盖，装卸时应避免堆积离析。

5）摊铺与浇筑。摊铺或浇筑前，应对基床表层级配碎石适度湿润。水硬性混合料应采用滑模摊铺或摊铺碾压工艺，低塑性水泥混凝土宜立模浇筑。滑模摊铺：摊铺机首次摊铺前，应对其摊铺位置、几何参数和机架水平度进行调整。滑模摊铺机摊铺前，拌合物应人工辅助摊铺，超前摊铺机约5m。立模浇筑：采用人工或机械设备摊铺混凝土拌合物，布料后应尽快采用机械振捣密实。振捣时间以混凝土表层出现液化状态为宜，不得过振，避免漏振。初凝前对道床板或轨道板范围的支承层表面进行纵向拉毛处理。支承层应在12h内进行横向切缝，缝深不小于支承层厚度的1/3。一般情况下沿线路方向每5m切一横缝。

6）养护。支承层的湿润养护时间应持续不少于7d。立模浇筑时，支承层带模湿润养护时间应持续不少于24h。浇筑完成的支承层在7d内不得受冻。支承层质量评定的评价标准见表10-10。

表10-10　支承层质量评定的评价标准

序号	检验项目	检验频率		质量要求
		滑模摊铺	立模浇筑	
1	抗压强度	每500延米检验一次（三个试件）		12~18MPa
2	中线位置	每50m检测一次	每20m检测一次	应满足不大于10mm的偏差要求
3	厚度	每50m检测一次	每20m检测一次	应满足±20mm的偏差要求
4	宽度	每50m检测一次	每20m检测一次	应满足0mm、+15mm的偏差要求
5	顶面高程	每50m检测一次	每20m检测一次	应满足+5mm、-15mm的偏差要求

(续)

序号	检验项目	检验频率		质量要求
		滑模摊铺	立模浇筑	
6	表面平整度	每50m检测一次	每20m检测一次	3m内平整度不得超过10mm
7	切缝	全检		切缝应贯通竖直,缝深应符合设计要求
8	拉毛	每50m检测一次		拉毛纹路清晰、整齐
9	表面质量	全检		表面应平整、颜色均匀,不得有疏松及缺棱、掉角等缺陷

（2）底座施工 对桥面保护层进行凿毛处理,并清扫。在施工前2d,多次浇湿保护层表面,保持充分湿润。处理好桥面与底座之间的连接钢筋,浇筑混凝土前要清除模板内的积水和杂物。

桥梁上底座分段施工,分段长度不大于650cm,结构缝宽10cm。精确安装侧模板、结构缝端模板和抗剪凹槽模板,并支撑牢固。两侧模板连续设置,在结构缝处安装横向模板。曲线超高在底座上设置。混凝土由搅拌运输车运至施工现场浇筑,或泵送混凝土浇筑。混凝土浇筑时,利用平板振动器和插入式振动器结合进行混凝土捣固。灌注完成后,及时收浆抹面。在混凝土初凝前进行二次收面,初凝后洒水覆盖塑料薄膜养护。达到设计强度后,人工铺设隔离层。

（3）凸台施工 凹槽（凸台）和伸缩缝采用制式模板,尺寸精确,固定可靠,拆除方便。底座无配筋,只有抗剪凹槽（凸台）前后有从混凝土保护层伸出的连接门形筋,采用水平布置的箍筋对其进行固定。底座、凸台施工质量评定见表10-11。

表10-11 底座、凸台施工质量评定

序号	项目		允许
1	底座	顶面高程	±10mm
		宽度	±10mm
		中线位置	3mm
		平整度	10mm/3m
2	凹槽（凸台）	中线位置	3mm
		相邻凹槽（凸台）中心间距	±3mm
		横向宽度	±5mm
		纵向宽度	±5mm

（4）隔离层施工 清理下部结构表面,检查底座顶面平整度、光洁度,必要时打磨处理。将塑料薄膜隔离层平铺于底座表面上,隔离层薄膜应向外伸出5~10cm,在抗剪凹槽位置用刀割出方孔。隔离层薄膜与凹槽周围已设置的弹性垫片的接缝处采用胶条密封。安装凹槽（凸台）周边的弹性橡胶垫板,使其与凹槽（凸台）周围边的混凝土密贴,不得有鼓泡、脱离现象,缝隙应采用薄膜封闭。

3. 轨枕、道床板钢筋的运输和线间存储

（1）双块式轨枕运输和线间存储 轨枕一般以堆垛的形式运送到施工现场,一垛轨枕高6层,每层5根轨枕,层间以及每垛下部需要放置10cm×10cm的垫木。

轨枕运输到施工现场后,卸车前,由施工单位质量检测人员检验轨枕垛,检验项目包括:表面损坏情况、混凝土表面裂缝、钢筋变形、钢筋突出长度。

(2)道床板钢筋运输和线间存储　道床板纵横向钢筋在钢筋加工厂按照设计要求加工完成后,绑扎成捆运输至施工现场,按照双线设计需求数量卸在线间相应的标记位置处。

4. 支脚安装和精调

支脚是无砟道床铺设的基准点,用螺栓固定在下部基础混凝土面上,由测量人员直接测设和调整,用来固定横梁的位置,并承担横梁、固定架及轨枕的重量。

(1)支脚安装　在线路两侧,每隔3.27m安放支脚,横向距离为3.2m。在下部结构层上钻孔并用螺栓固定支脚,作为水平和垂直的三维校准。在下部结构层上放线定点,并用十字螺栓标注,定位辅助标尺,根据辅助标尺在支承层上为支脚和钢模板轨道钻孔,安装支脚。

(2)支脚精调　支脚精调施工如图10-37所示,具体注意事项如下:

1)精调前,事先采用专用测量软件计算出支脚上部球心的三维坐标,精调需经二人独立计算且复核无误后,将计算成果的电子文档提交外业测量人员。

2)全站仪设站应设置在待精调的固定端支脚上,通过专用转接器连接板将全站仪与固定端支脚上部相连接。曲线地段全站仪宜设于曲线外侧支脚上。

3)后视的CPⅢ控制基标点应不少于4对,并应进行不少于一个测回观测。

4)自由设站完成后,利用全站仪以放样方式检测1~3个CPⅢ基标点,如该CPⅢ点观测值与设计值三维坐标差小于1mm,即可开始对支脚进行精调作业。观测值与设计值三维坐标差若不符合限差要求,需适当增加测回数或查找原因后重测至符合限差要求。

5)支脚精调,松开支脚的所有制动螺栓,通过全站仪测量支脚顶部球形棱镜中心三维坐标,使用专用调整工具,调整至设计位置。

6)高程通过升降支脚下部的升降装置调整至设计标高。平面位置通过调整支脚上部的连接钢板达到设计位置。

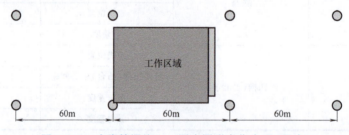

图10-37　支脚精调施工（图中圆形点位为CPⅢ点）

7)实测支脚凹槽内置球形棱镜三维坐标,根据实测与设计值的偏差反复调整,直至实测值与设计值平面与高程的偏差≤0.5mm,锁定所有固定螺栓。

8)精调过程中每调整5个支脚后,需对所后视的CPⅢ基标控制点中的任意一个CPⅢ点进行一次检查对比测量,保证三维坐标限差在1mm之内。

9)每测站只负责测站后方60m范围内(距仪器10m范围内的4对支脚除外)的支脚精确调整,测站前方的支脚待下一测站进行精调就位。

10)当变换测站时,需对前一测站精调完成后最后支脚的固定端进行站点搭接测量。

支脚搭接重叠观测数量不得少于 3~5 个，支脚重叠测量平面及高程偏差限差在 2mm 以内。

5. 模板轨道安装

钢模板轨道和支脚固定在前述完成的下部结构孔上，额外的孔可以在钢模板轨道安装完毕后根据需要钻取。在支脚位置处，钢模板轨道被中断。独立的中间板作为补充模板，行驶轨道由一个附加的钢轨连接。通过相邻的两段钢轨的完全分离，可以形成一个钢模板轨道和支脚没有任何接触的区间。

模板轨道一来可以作为混凝土浇筑模板，二来为施工设备提供行走轨道。模板轨道由销钉固定在下部混凝土上。模板安装时，为避开支脚位置，两块模板之间通过挂板连接，轨道也通过一根可折起的轨道条相连。模板定位中线偏差应≤2mm，高程偏差应不超过±5mm。

6. 布设钢筋、接地

（1）布设钢筋　道床板接地，接地钢筋的搭接须采取焊接的形式，其他搭接采用钢筋相互错开的绑扎形式。道床板上层两边最外侧 2 根与中间 1 根筋共 3 根纵向松弛配筋作为接地钢筋相连。

道床板缝处设置一根横向钢条与三根纵向接地钢筋焊接相连（与其他钢筋绝缘），与另一侧缝的钢条焊接相连，两接地端头稍后可以通过接地桥互相连接来实现接地钢筋的导电性。

接地钢筋与综合接地端头的连接，在段落内中间位置布设一块横向钢条与三根纵向接地钢筋相连，连接之处采用焊接处理，横向接地钢条与其他钢筋的接触采用绝缘处理。

（2）钢筋导电性能检查　对纵、横向钢筋的绝缘情况与接地钢筋之间的导电进行检查，满足 ZPW2000 轨道电路系统要求。钢筋导电性能检查如图 10-38 所示。

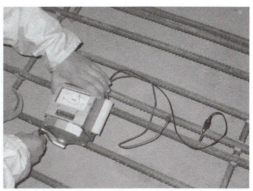

图 10-38　钢筋导电性能检查

7. 支脚检查和精确定位

在支脚上安装球形棱镜，通过全站仪测量，调整脚校使其顶部球形凹槽球心的三维坐标与设计误差控制在 0.5mm 以内。

混凝土施工之前，再次对支脚位置进行专门检查，通过专用检测工具检测同一对支脚之间的距离与形成的超高情况，利用正矢检测固定端一侧前后 7 根支脚的弦偏差位置。

8. 道床板混凝土浇筑

对浇筑区洒水湿润。混凝土运输罐车倒车至模板轨道前端（或用输送泵泵送），将混凝土放进浇筑车料仓前，试验人员对混凝土坍落度和含气量进行检测。混凝土巡回车沿模板轨道运送浇筑混凝土。之后混凝土压实单元就位，用随机配置的 2 个振动棒振捣混凝土，将混凝土整平压实。在混凝土浇筑后 1h 左右，在水泥浆体硬化前对混凝土进行二次振捣。由于混凝土下沉与钢筋脱离会产生空洞并且混凝土本身产生裂缝，排除混凝土内因泌水在水平筋下部产生的空隙这一因素，为提高混凝土与钢筋的握裹力，二次振捣一定要把握好时机。

混凝土振捣密实后，人工用木抹子对混凝土表面进行初次抹面，混凝土初凝前人工用铁抹子进行二次抹面和压光，在混凝土与轨枕交接处进行勾边，由混凝土往轨枕块方向进行。

混凝土巡回车用来运输新鲜混凝土。新鲜混凝土由混凝土搅拌车补给。混凝土巡回车沿模板轨道行驶到施工处，将混凝土直接浇筑到模板内。

混凝土压实单元的功能是将刚浇筑的混凝土振捣压实并整平。混凝土压实单元有 4 个驱动轮，可在模板轨道上行驶。轨枕安装利用装载单元上的起重机从线路两侧吊取 5 根轨枕，在装载单元上将 5 根轨枕安装到固定架上。轨枕安装单元从装载单元取 1 根横梁和 1 个安装好 5 根轨枕的轨枕框架，前行到要安装的地段内，先将横梁放置在一对支脚上固定，对轨枕喷水湿润，然后放下轨枕框架，振动压入新浇筑的混凝土中。轨枕嵌入振动时，禁止过振或欠振。检查轨枕框架和横梁之间的接触面，确保没有间隙。

轨枕装载单元可从线路两侧吊装轨枕，将 5 根轨枕和轨枕固定架连接，并将轨枕固定架和横梁移动到前端，供轨枕安装单元使用。轨枕装载单元上面有一个放置发电机和液压起重机的平台。液压起重机承担轨枕装载单元上所有的起重工作。轨枕装载单元上设有工作平台，工作平台全长设置滚道，滚道沿纵向倾斜一定角度，轨枕可在自重作用下自动散开，人工辅助将轨枕和轨枕固定架连接。组装后的轨枕固定架沿滚道在自重作用下到达装载单元前端，供轨枕安装单元使用，如图 10-39 所示。

图 10-39　轨枕装载单元

轨枕固定架可一次固定 5 根轨枕，由轨枕安装单元将轨枕固定架下的 5 根轨枕嵌入新浇筑的混凝土中，轨枕固定架的位置由横梁确定，如图 10-40 所示。轨枕固定架为钢结构，固定架和横梁结合面、固定架和轨枕结合面必须具有很高的配合精度，确保支脚精度可以较小的损失传递到轨枕上。

横梁两端放置在支脚上，用来定位轨枕固定架。横梁为钢结构，具有较高的刚度，以保证轨枕固定架安放后基本不变形。横梁和固定架结合面、横梁和支脚结合面必须具有很高的配合精度。

轨枕安装单元从轨枕装载单元上一次抓取一个轨枕固定架（轨枕固定架已和 5 根轨枕牢固连接）和一根横梁，沿模板轨道行走至安装位置，将横梁放置在两侧的支脚上，然后利用振动架将吊装的轨枕固定架嵌入新浇筑的混凝土中，直至轨枕固定架和横梁密贴。在超

图 10-40　轨枕固定架

高地段，轨枕安装单元上的提升机构可横向运动，以保证竖直嵌入。

混凝土振捣密实后，人工用木抹子对混凝土表面进行初次抹面，混凝土初凝前人工用铁抹子进行二次抹面和三次压光。

9. 后期处理

（1）拆卸　混凝土达到要求强度后将轨枕框架和横梁松开，由拆卸单元的输送升降设备将固定架提起并装上轨枕装载单元输送到中间工作站，在那里固定架上再次装上 5 根轨枕，并向前输送到轨枕安装单元。

拆卸单元可在模板轨道上往返行驶，用来拆除已成型的无砟道床上的轨枕固定架及横梁，并放置在装载单元后端。

（2）回收　拆除道床板侧向模板、支撑脚及连接件，并由回收单元运送到前面的施工位置进行再次组装。在施工第一条轨道时，后方支脚和模板轨道由回收单元装到运输车上运到前方安装位置；施工第二条轨道时，回收单元停放在第一条轨道上，支脚和模板轨道由回收单元通过第一条轨道越过施工地点运到前方安装位置。

回收单元用来转运已成型无砟道床两侧的支脚和模板。回收单元上配有液压起重机，用来起吊支脚和模板。

回收单元为一辆平板车，它通过四个橡胶轮在无砟道床板上行驶，两侧有导向轮，导向轮沿道床板侧边移动。通过更换轮子并加大轮距，回收单元也可以在模板轨道上行驶，如图 10-41 所示。可在回收单元后面挂一个拖车以增加载重量。回收单元的能源由自身配置的发电机提供。

图 10-41　回收单元平板车

（3）装配　装配作业与以上工序平行作业。轨枕装配单元将线路两侧的轨枕吊到装配车上并排好，采用螺旋道钉将每个轨枕固定架与一组 5 根轨枕组装固定，组装完成后传送到装配单元前端安装单元取货位置，准备下一安装循环。

10. 检测和验收

1）支脚。支脚应质地坚固，并精确可调。精调定位后的支脚顶点三维空间位置偏差不应大于 0.5mm。

2）钢筋。钢筋铺设数量、间距及保护层厚度应符合设计要求。纵横向钢筋接点间绝缘性能应满足设计要求，并按设计要求可靠接地。

3）道床板混凝土。C40 道床板混凝土入模的温度范围为 5~25℃。

4）轨枕。支脚、横梁、固定架和轨枕之间所有接触面必须完全接触。

5）工后轨枕承轨槽检测。相邻承轨台面允许偏差 0.5mm，相邻框架首根轨枕承轨槽横向允许偏差 3mm，相邻点平面变化率允许偏差 1mm，如图 10-42 所示。

11. 钢轨精调施工

钢轨检测与调整施工前，必须保证道床板的浇筑与养护、安装扣件、钢轨落槽及相关质量检查等工作已完成，并达到 TB 10413—2018《铁路轨道工程施工质量验收标准》中的铺轨要求。钢轨精调施工时，首先用轨道几何状态测量仪对钢轨进行连续定位测量，再对已检测的钢轨进行偏差及平顺度分析，根据分析结果更换不符合限差要求部位的钢轨扣件或增减扣件调整垫。

图 10-42　工后轨枕承轨槽检测

10.4.5　CRTSⅢ型板式无砟轨道施工

1. 施工准备

轨道板铺设施工准备包括技术准备、机械设备及试验的准备、材料准备、劳动力准备。首先，由技术人员对钢筋、模型、测量等工序进行检查整修、签证，确认无任何质量问题，同时调度及相关部门、班组人员对轨道板铺设各工序的材料、机械、劳动力准备充分并进行检查确认后才可铺设。

2. 底座、凸台（凹槽）验收

当底座混凝土施工完成，且达到交验条件时，由监理单位、底座施工单位与铺板单位进行底座、凸台（凹槽）验收交接工作。对底座外观尺寸及相应数据进行复核接收。底座、凸台（凹槽）混凝土结构应密实、表面平整，颜色均匀，没有露筋、蜂窝、孔洞、疏松、麻面和缺棱掉角等缺陷。

3. 轨道板取用、存放及转运

为保证轨道板铺设质量和进度，轨道板存放时必须进行检查验收，合格品才可存放和取用。根据轨道板铺设进度、顺序和对应原则，在存板场选取足够施工的轨道板，缓和曲线段轨道板严格按照技术部门提供的顺序取用。

轨道板在从制板场发往铺板方前，由轨道板生产单位、监理单位和铺设单位三方共同对轨道板外形尺寸和外观质量进行检验，尤其注意对承轨槽平整度的检查，轨道板外形尺寸、各部尺寸检验应符合相关规范要求，到达施工存板场重点检查外观质量。存放地应坚固平整，对存放地的地基承载力做验算，通过地面碾压、硬化、打条形基础、放枕木等处理方式，保证轨道板存放地牢靠。

轨道板的存放以垂直立放为原则，用工18 工字钢制作专用支撑架支撑在每排轨道板的两侧，每排轨道板数量不超过 30 块。每两块板间上部交错安装两个防倾倒卡，防倾倒卡用直径 18mm 钢筋制作，卡进深度为 150mm，在轨道板起吊前保证板处于锁定状态。每排轨道板相邻板间承轨槽相互错开，使相邻轨道板密贴。

轨道板临时存放采用平放状态，但存放时间应控制在 7d 以内。堆放层数不超过 4 层，层间净空不小于 20mm（以轨道板承轨槽最高点位置算起），并保证承垫物上下对齐，承垫物的位置符合设计图的要求。

轨道板在存放和运输时，应在预埋套管和起吊套管等处安装相应的防护装置。

轨道板装卸时应利用轨道板上的起吊装置水平吊起，使四角的起吊螺母均匀受力，严禁碰、撞、摔。

轨道板运输时应采取防止轨道板倾倒和三点支承的相应措施，并保证轨道板不受过大的冲击。

4. CP Ⅲ 基桩控制网复测

为保证无砟轨道工程的连续性及平顺性，确保各级控制网之间的正常衔接，应在铺设无砟轨道前进行 CP Ⅰ、CP Ⅱ 控制网平面点位及高程的复测，提前处理施工放样中引起的误差超限，为铺设无砟轨道奠定基础。复测应满足《客运专线无砟轨道铁路工程测量暂行规定》的相关要求。基桩控制网（CP Ⅲ）测量完成后，使用专用控制网平差软件对外业采集数据进行平差计算、复核并编制测量报告。

5. 轨道板放样

为控制轨道板铺设的质量，规范化施工，以及实现铺板数据的可追溯性，轨道板粗铺前，由技术室出具工艺流程卡，由调度领取。工艺流程卡每块板一份，必须在对应的板施工时填写，每份记录表按上个工序完成，填写流程卡，交下一工序负责人顺序填写，并签字确认。每份流程卡在对应板施工完成的当天必须填写完成并交回技术室。

为提高轨道板铺设精度，减少精确调整工作量，在底座混凝土浇筑完成和轨道板铺装机械到达之前和轨道初放前，由测量组对轨道板铺设位置测量放样，在底座上用墨线或油漆在轨道板中心线画出清晰的轨道板端线位置，使轨道板相对准确地定位。

6. 弹性橡胶垫层和 L 型卷材铺设

清除底座混凝土表面杂物、尘土。弹性橡胶垫层比照凸台侧边尺寸裁剪，用粘接胶固定于凸台侧表面。桥梁上 L 型卷材沿底座居中铺设，用裁纸刀划出凸台位置，并用粘接胶固定于凸台上表面。L 型卷材铺设应位置准确、平整、贴实底座表面，相对于板的外露面粘接胶固于底座混凝土上，避免 L 型卷材卷曲。弹性橡胶垫层和 L 型卷材不得有破损、污染。

7. 自密实混凝土钢筋布设

钢筋网在场内用钢筋加工和绑扎成型，在运输和摆放时应避免网片松动。钢筋网由平板汽车运送到施工现场，用起重机吊装上桥，并平放于桥面。在桥上存放时，底部加垫 20cm 高的木垫，并用防水帆布加以覆盖，防止油、水侵蚀钢筋。场内、运输和桥上存放时，网片叠加存放不能超过 20 张，并用麻绳对钢筋网加以固定，防止倾倒。

在弹性垫层和 L 型卷材铺设完成后，人工抬钢筋网到底座上，注意对应预留凸台和垫块位置，保持钢筋网的间距。绑扎每平方米不小于 4 个的混凝土垫块（梅花形绑扎），垫块必须立放支撑钢筋网片，使钢筋网稳固不移动并满足保护层要求。

8. 轨道板粗铺

1) 铺前检查。核对轨道板的型号、编号（缓和曲线序号及圆曲线左、右）；轨道板正确位置、方向；轨道板种类；表面边缘是否有损坏；轨道板、承轨台是否有裂纹。

2) 运板就位。运板汽车、轮式起重机或铺板门吊吊运。在底座混凝土放置尺寸为15cm×15cm×15cm的混凝土垫块或长方木，每块板放置4块，在4个吊装孔附近各1个。在放下时必须将轨道板尽量准确定位，因为精调门架在横向的调节量是有限的，如横向位置偏差过大则必须要进行二次调整，会增加不必要的劳动量。

9. 轨道板精调

使用精调门架、螺栓扳手进行1次精调，使轨道板纵向到位，横向和高程控制在5mm之内。再利用精调爪、螺栓扳手配合轨道板测量系统完成对轨道板的精调定位。精调时全站仪在CPⅢ控制网内做自由设站，计算出测站点的理论三维坐标值和所在的里程；仪器转站一次，可以精调5块轨道板。

最终精调误差范围在0.2mm内。精调完成后需要在每块板的明显位置标识，避免人员踩踏。对已经灌注的轨道板，按照5%的比例，每200块板进行一次数据复核。

轨道板在精调时需要预留正误差0.5mm，避免精调爪向灌注重力灌浆剂撑块进行支撑体系转换时的下降量。

10. 轨道板支撑体系转换

精调爪支撑轨道板精调完成后，拆除粗铺的支撑垫块，并在4个精调爪附近用重力灌浆剂（选用冬期施工料）灌注4个撑块，重力灌浆剂达到强度后拆除精调爪，使撑块受力达到支撑体系转换。

特别注意，在曲线段灌注重力灌浆剂时，高端灌注2个撑块，低端灌注3个撑块（中间增加1个撑块），已达到稳定作用。

11. 自密实混凝土模板安装

1) 安装准备。精调完成；检查模型；涂脱模剂；检查立模需用的范本是否安全、齐备；检查范本安装时所需的各类连接件、紧固件是否齐全。

2) 模板安装、拆除和转运。在底座混凝土和轨道板之间的调整层灌注C40自密实混凝土。桥梁段自密实混凝土层的设计分直线段和超高段不同的结构。

在混凝土达到脱模强度后，轻敲模板，使模板和混凝土表面松动。拆除各部位拉杆，拆除螺栓和模板，切忌生拉硬翘破坏混凝土边角，并把模板等转移到前端关模作业处。

10.4.6 弹性支承块式无砟轨道施工

弹性支承块轨道施工的基本工序为：清洗基底→设置中线控制桩和可调标桩→安设道床钢筋网→吊装轨排→支承块悬挂→轨排组装→调试、联结、精调→安设伸缩缝沥青板→道床混凝土灌注（抹面成型）、养生→拆除轨排→进入下个工作循环。

1. 施工准备

(1) 施工现场准备

1) 在整体道床施工前，利用贯通测量成果进行管段内中线点及高程点的设置，高程误差控制在±2mm内，并对误差进行平差调整。中线误差为±2mm，两测点的间距误差控制在1/5000以内。

2)将作业现场的施工遗留物品、碎石、浮土和积水清理干净,并保障运输畅通。

3)所有轨道材料、机具和相关设备应提前运抵现场。

4)道床混凝土所需的水泥、砂子、碎石、外加剂等备足,并提前做好配合比试验。原材料必须经检验合格。

(2)施工机具准备 弹性支承块式整体道床施工中需要机具设备、测量用具和常用工具准备。针对工程情况具体的参数可自行调整。

1)施工专用机具:自行式龙门吊机、200型轨道排架、移动式组装平台、吊机行走轨、插入式振捣器、混凝土输送泵等。

2)道床施工测量用具:经纬仪、水准尺、钢卷尺、钢直尺、轨道尺、道床坡度尺等。

3)道床施工主要工具:支承块夹钳、抬杠、撬棍、各种扳手、钢丝钳、锤子、钢丝刷、油刷、抹子等。

4)轨道排架验收标准见表10-12。移动式组装平台要求:①面板平整,无凸起物;②移动灵活,轮系无卡阻。轨向锁定器要求:①伸缩管销孔定位安装顺利可靠;②微调机构螺栓、螺母调整自如。快速悬挂扣件要求:①偏心套筒双面锁定可靠;②弹簧工作余量0.5~1.5mm(塞尺)。

表10-12 轨道排架验收标准

序号	项目	标准值	测量用具
1	排架轨距	1435mm(-1~+0.5mm)	轨距尺
2	轨底坡坡度	1:40	直尺与塞尺
3	钢轨直线度及平面度	1mm/m	钢卷尺
4	对称挂篮外作用边间距	1698mm(-1~+0.5mm) 相邻变化率<1mm	钢卷尺
5	相邻挂篮间距	(568±2)mm	钢卷尺
6	排架长度	(6242±1)mm	钢卷尺
7	支腿螺栓垂直度	5mm	钢卷尺
8	接头钢轨错牙	≤0.5mm	钢卷尺与塞尺

2. 施工工艺

(1)工艺流程图 弹性支承块式整体道床施工工艺流程图如图10-43所示。

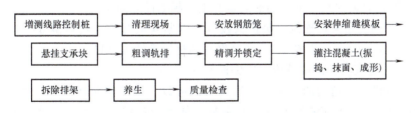

图10-43 弹性支承块式整体道床施工工艺流程图

(2)施工顺序

1)设置线路控制桩,直线段按100m增设,曲线段按50m增设,各项测量严格按要求进行。

整体道床施工前，应增设线路控制桩和标桩。首先应对隧道进行一次中线、水平、里程的连测，并对误差进行平差调整。误差调整闭合后，每隔100m设一控制桩，同时对控制桩高程必须进行精密二等水准测量，作为整体道床施工控制依据。施工时每隔50m加桩，控制桩中线和高程偏差为±2mm，量距偏差不得大于1/5000。标桩宜设在线路中线或施工排架两侧，其间距在直线上为6.25m，曲线上为5m，然后整正轨排。标桩间距偏差应在两中线控制桩内调整，标桩应用道床同级混凝土埋设牢固，安放可调基准器，调准位置和高程，将桩帽固定。

2）清理整体道床基底，并准备一个循环的施工材料（钢筋网片、组装好的弹性支承块等）。

基底应按隐蔽工程处理，每段基底处理完毕，应经专职人员检查验收合格后，方可转入下一道工序施工。隧道内设置了仰拱，基底处理主要是将仰拱填充层表面的杂物、废砟清除，并用高压水冲洗干净，确保基底无杂物，无积水。对仰拱填充层顶面高程进行复测，检查是否控制在-5~0cm以内。基底处理应在施工准备阶段完成，也可与整体道床平行作业，但应超前道床混凝土浇筑地段200m。

3）铺设门吊的行走轨道，保证门吊运行自如。

4）铺设整体道床钢筋网片。钢筋网按设计尺寸捆扎牢固，底面距轨面580mm，下面用预制水泥垫块垫平，不得有歪斜扭曲现象。必须对进场的钢筋按批抽取试件进行力学和工艺性能试验，质量必须符合有关要求。钢筋加工应符合设计要求，钢筋接头的技术要求和外观质量应符合有关规定，钢筋焊接接头应按批抽取试件进行力学性能试验，质量必须符合有关规定。钢筋网按照6.25m的纵向间距就位，每张钢筋网必须在横向伸缩缝处断开，网下必须用预制砂浆垫块支垫，确保钢筋保护层厚度。

5）拆除上循环轨排，吊运至组装平台并悬挂支承块，支承块悬挂方法：弹性支承块按顺序摆放到组装平台上，用吊机吊起空排架移动至组装平台上方对位，再用快速扣件将支承块与排架下挂篮扣紧。支承块悬挂时要求：同一断面两支承块垂直于线路中线，前后间距偏差为±2mm。带有厂标的端部放在钢轨外侧，然后用门吊吊放至设计位置。在吊放的同时进行粗调定位，粗调定位方法如下：

① 将水准仪安置在每循环的中间，测定每榀轨排端头轨顶的高程；将经纬仪安置在每循环前方线路中心，后视两循环前的控制桩，然后锁定中线。

② 从上循环吊运过来的轨排在放下时，先旋转支腿定好高程，然后用"穿线法"调整好中线。每榀轨排只调前端，下一榀的后端与上一榀的前端对接。

③ 相邻轨排间使用夹板连接。每接头按顺序拧紧4套螺栓，轨缝留6~10mm。每组轨排铺设长度不少于62.5m，并按200m准确里程调整轨排端头位置。

6）安设伸缩缝模板，定位整体道床钢筋网片。

① 横向收缩缝。隧道内的整体道床每隔6.25m设一横向伸缩缝，伸缩缝下部采用2cm厚沥青浸油木板隔离，上部浇筑6cm沥青胶砂。伸缩缝设在前后两对支承块中间，前后偏差不得大于±40mm，并横贯道床横断面。伸缩缝应与道床的中心线相垂直。浇筑道床混凝土时，下部固定板（沥青浸油木板）两侧钻孔插入钢筋固定牢固，确保不变形、不跑模。上部6cm沥青胶砂可在施工时做成楔形活动板，以便道床混凝土达到一定强度后拆卸方便，使道床顶面在固定板上形成一条横缝，以便填充沥青胶砂。为保证沥青胶砂的施工质量，应

对其配合比进行控制。

② 纵向收缩缝。整体道床两侧与侧沟之间设纵向收缩缝。基底处理后，沿两侧侧沟涂刷乳化沥青进行隔离，涂层要均匀一致，以防止道床混凝土收缩后带动侧沟开裂。

伸缩缝间隔沥青板按设计里程安装在两支承块中间，与线路中线垂直，前后偏差不大于30mm，板两侧钻孔插入固定钢筋。整块间隔板分为固定和活动两部分。固定板高度低于道床顶面标高60mm，活动板和固定板浮放对齐，高度超出道床顶面。当浇筑道床混凝土达到一定强度时，及时取下活动板使道床顶面在固定板上形成一条60mm深的横缝，供后步工序填充沥青胶砂之用。

7) 轨排的精调定位。弹性支承块顺序摆放到组装平台上，用吊机吊起空排架移动至组装平台上方对位，再用快速扣件将支承块与排架下挂篮扣紧，即形成可供铺设的6.25m长轨排。用吊机吊起重轨排运至铺设地点，粗调定位。相邻轨排间使用夹板连接，按顺序拧紧接头处螺栓，留6~10mm轨缝，按100m准确里程调整轨排端头位置。

为了使轨排定位达到设计标准，其精确定位方法如下：

① 以线路前进方向的左轨为基准（曲线为内轨），先将高程调整至设计值，同时将右轨用道尺调整至与左轨水平。

② 调整轨排中线至设计位置。

③ 多榀轨排联结成轨道后，其轨面系的精调锁定由排架支腿和轨间锁定器完成。其中轨距为1435mm和1:40的轨底坡为定值由轨排制造精度保证，高低、水平由左右支腿螺柱调整，轨向由轨向锁定器调整。调整时应严格按"内轨高程及外轨水平→中线→轨面高低及轨向→水平及三角坑→复核高程及中线"的程序进行。排架精度达到要求时，拧紧支腿螺栓，锁定左右轨向锁定器。

④ 轨排调整精度要求。轨排调整标准见表10-13。

表10-13 轨排调整标准

项目	标准值	项目	标准值
轨距	1435mm(-1~+0.5mm)	中线偏差	±2mm
轨向	10m弦测,矢距误差为1mm	高程偏差	±2mm
高低	10m弦测,矢距误差为1mm	水平差	1mm,三角坑18m距离内2mm

8) 安设混凝土输送泵的泵送管路，延伸布设水管、电缆，同时进行混凝土备料。输送泵位于组装平台后部，设备应完好。运输管道在排架上面或侧面，并设支架与排架隔开。浇筑混凝土时应做到喂料均匀，不污染排架和支承块，随浇筑逐根拆除短管道。混凝土浇筑结束后，及时检修保养输送泵和清洗管道。

9) 混凝土灌注。

① 混凝土输送、浇筑、捣固。混凝土由罐车运至工点，确保不初凝，灌注过程中随机取试件。

道床混凝土通过采用轮胎式混凝土罐车运输至道床工作面后由输送泵浇筑。混凝土拌制前应测定砂、石含水率，并根据测试结果和理论配合比调整材料用量，提出施工配合比。

道床混凝土主要采用插入式振捣器振实，分前后两区间隔2m捣固。前区主要捣固下部钢筋网和支承块底部，后区主要捣固支承块四周和底部，支承块下混凝土不应产生蜂窝、气泡，强度必须满足要求，以免运营后出现个别吊板现象。要避免捣固棒接触橡胶套靴和轨排，插点布置要均匀。另外，宜用平板振动器充分振捣道床表面混凝土，捣固时应避免捣固棒接触排架和支承块。

② 道床混凝土抹面。道床混凝土灌注结束后，对道床混凝土表面按 2% 的横坡进行抹面整平。作业使用专用量具控制断面形状，做到一步到位，表面修平抹光后的平整度控制在 5mm 内。道床与支承块内侧结合部高度应低于橡胶套靴下沿 2~3mm。

③ 道床养生及清理。道床拆模后应及时修补支腿孔部位和进行养生工作，养生期 14d。混凝土在养生过程中应经常洒水保持其湿润。养生强度达到要求后，全面清理道床表面，铲除多余灰渣并清扫干净。

10）组合式轨道排架倒用。道床经 24h 养生后可拆除轨道排架。拆除顺序为：轨排间连接夹板→快速扣件→轨向锁定器。然后，松动支腿螺栓，用撬棍协助吊机吊起排架，重新悬挂支承块进入下一循环。

3. 施工质量控制措施

（1）套靴式支承块　支承块验收及保管：

1）对每个进场的支承块必须进行外观检查，主要检查有无裂纹、破损及表面蜂窝麻面等缺陷。

2）用木锤敲击支承块下橡胶套靴底板，听声音检查橡胶套靴、橡胶垫板与支承块间密实情况。在橡胶套靴与支承块接口处用条带材料进行封口，防止整体道床施工时混凝土浆液进入套靴内。

3）每批进场的弹性支承块，对块下橡胶垫板、橡胶套靴和支承块的粘接牢固情况应进行抽样检查，抽检数量为 3 块，每批发现有 1 块粘接不牢固的，该批弹性支承块不得验收。

4）每批进场的弹性支承块，对预埋座的牢固情况应进行抽样检查，抽检数量为 3 块，每批发现有 1 个预埋座有松动情况的，该批弹性支承块不得验收。

5）每批进场的弹性支承块，应有该批弹性支承块的混凝土强度试验报告，预埋座及橡胶套靴、橡胶垫板出厂质量证明文件。

6）现场堆码弹性支承块的场地应基底平实，场内有排水设施，底层用垫木架空，码放整齐，各层间铺垫木，垫木顶面至少高出预埋座 15mm，上下层垫木同位。严禁有水浸泡支承块。

（2）支承块悬挂　将支承块等距摆放到组装平台上对位，排架移动至组装平台，用快速扣件将支承块与排架下挂篮扣紧，即形成可供铺设的小型轨排。必须严格清理轨排关键部位（如挂篮）表面附着脏污，确保支承块定位准确。应检查支承块悬挂是否牢固，如有松动由于快速扣件弹簧弹力损失所致，应采取增加垫圈或更换弹簧的办法来解决。同一断面两支承块连线应垂直于线路中线，前后两支承块间距允许偏差为 ±10mm。支承块表面厂标应确认在钢轨外侧，切忌反挂。

1）混凝土原材料及配合比控制。整体道床为 C40 钢筋混凝土，为保证混凝土满足强度要求，应加强钢筋、水泥、砂子、碎石、外加剂等材料的抽检。同时，精心选定混凝土的合理配合比，确定适合施工现场的坍落度（每班测定坍落度不少于 2 次）。

2）轨排精调质量控制。轨排一次组装长度应不小于 62.5m，以减少分段误差积累，提高中线、水平控制质量。轨排精调必须遵照规定程序进行，精调后对轨面系统几何状态按规定项目和要求标准进行复测，并填写复测记录，进行确认，以保证精调质量。

3）道床混凝土运输及灌注控制。混凝土在运输过程中应进行搅拌，防止混凝土离析、泌水。混凝土在灌注过程中应加强捣固，尤其是支承块底部及其四周。捣固器插点要均匀、连续，避免漏捣或接触轨排。对轨面系统的几何状态必须进行全过程监控，随时进行检查复核，并且做好复核检查记录，确保中线、水平及结构尺寸正确。

4）模板控制。

① 浮动模板。浮动模板在安装排架时预先套装在排架支腿上起支撑作用，支腿调整高低时浮动模板始终与底面接触。

② 侧模板。一般情况下，水沟电缆槽在整体道床施工前已经完成，主要检查两侧侧沟顶面的角模定位是否准确，安装是否牢固，接缝是否严密，高程是否符合要求，角模内侧应涂刷隔离剂。

4. 施工中特别注意的事项

1）各项工作的目的是使支承块准确定位于道床混凝土中，而轨排是支承块定位的基础，故对轨排的精调显得尤为重要。

2）精调主要靠轨排的支撑及锁定系统实施。可调余地很小，所以粗调时的高程及中线应尽量提高精度。

3）精调时注意各个循环之间的衔接，如测量弦线矢度值时，将 0 号、1 号点定在上循环中，2 号点设在本循环中离接头 2.5m 处。高程、中线同样应注意循环之间的顺接。

4）曲线地段施工根据技术要求做相应调整，轨排精调定位时以曲线的内轨为基准轨。

5）混凝土施工时应注意支承块下混凝土的捣固，避免欠振和过振，以振至混凝土表面不再下沉、不再出现气泡、泛出水泥浆为准。

6）弹性支承块式整体道床竣工验收标准。弹性支承块式整体道床竣工后，应按表 10-14 的标准验收。

表 10-14　弹性支承块式整体道床竣工验收标准

序号	项目	标准值	备注
1	每对支承块预埋座内间距	1698mm（-1～+2mm）	2m 钢卷尺量
2	支承块直线度	左右相错≤2mm 相邻变化率 1mm	2m 钢卷尺量
3	支承块中线高程误差	±2mm	轨面高程减 202mm
4	支承块高低差	≤1mm	相邻差 0.5mm
5	每对支承块中线水平差	≤1mm	—
6	道床表面平整度	±5mm	—

7）安全控制措施。弹性支承块式整体道床施工工作面狭窄，工序多，相互干扰大，需加强调度指挥和安全控制措施，主要的安全措施有：

① 轨排吊装时要统一指挥，通行时要振铃警示。

② 司机、电工等特殊工种要培训后持证上岗。

③ 洞内各种电器设备及照明由电工统一安装并经常检修。

④ 每班设安全检查员 1 名，随时检查各项作业中存在的安全隐患。

小　结

近年来，随着我国高速铁路的快速发展，我国的轨道施工技术也取得了长足进步，研发了一系列施工装备，形成了有砟、无砟轨道成套施工技术。本章分别对有砟轨道、普通无缝铁路、跨区间无缝铁路、无砟轨道的施工技术做了较为详细的介绍。随着智能建造技术的进一步发展，轨道施工技术也将越来越智能化。

 习　题

1. 简述有砟轨道施工流程。
2. 简述龙门架铺设轨排的步骤以及铺轨龙门架的主要用途。
3. 道砟按照在道床上的使用部位，可分为垫层和面砟，简述垫层和面砟的作用。
4. 简述桥上 CRTS Ⅱ 型板式无砟轨道的施工流程。同时说明桥上、路基上和隧道内无砟轨道板结构的最主要区别。
5. 简述无砟轨道施工前，需进行下部结构沉降评估的意义。
6. 简述 CRTS Ⅰ 型双块式无砟轨道的施工方法。
7. 双块式无砟轨道与板式无砟轨道的施工主要区别是什么？
8. 分别从温度环境、施工质量、对气候的要求三个方面，分析跨区间无缝线路铺设方法中的插入法和连入法的区别。
9. 简述板式无砟道岔的铺设过程。

第 11 章　轨道检测与监测技术

铁路轨道检测技术随着铁路的发展和我国铁路工务修程修制的不断改革，在"预防为主、防治结合、严检慎修"的原则和"动态检测为主，动、静态检查相结合"的指导思想下，为提升铁路轨道设备状态质量、指导现场养护维修发挥了重要作用。大规模的高速铁路运营实践，对轨道检测技术提出了更高的要求。

11.1　轨道检测概述

轨道检测是获取轨道几何状态和轨道设备状态变化的重要手段，是进行铁路轨道质量状态评估并科学合理地制订维护计划的基础，同时也为轨道结构设计、线路病害原因分析及维护标准制订等提供了重要的实测数据。

轨道检测从检测方式上可分为轨道静态检测和轨道动态检测。轨道静态检测指在没有列车荷载作用时，利用轨距尺、弦线、轨道检查仪以及钢轨磨耗检测装置、钢轨波磨检测仪、探地雷达等检测工具或人工巡视的方式对线路状态进行的检测。检测内容主要包括轨道几何状态及钢轨、道岔等轨道部件状态。轨道动态检测是指车辆搭载轨道检测设备，在真实运行条件下来评价有载作用下轨道的实际质量状态。轨道动态检测设备主要包括轨道检查车、高速综合检测列车和线路检查仪等。

轨道检测从内容上又可分为轨道几何状态检测、轨道设备状态检测和行车平稳性检测。

11.1.1　轨道几何状态检测

1. 轨道几何状态静态检测

轨道几何状态静态检测包括线路和道岔几何状态检测，是指对线路的高低、轨向、轨距、水平、扭曲、道岔导曲线支距、曲线正矢等项目的检测，其主要的检测设备包括轨距尺、弦线、钢直尺、支距尺、铁路轨道检查仪、轨道几何状态测量仪、激光长弦轨道检查仪等。

2. 轨道几何状态动态检测

轨道几何状态动态检测是最重要的动态检测项目，是评价轨道几何动态质量、指导线路养修的重要手段。检测技术发展至今已发展到第六代，经历了从机械传动式、电气式、光电伺服式、光电摄像式到激光图像处理技术的飞速发展，实现了设备从接触式到非接触式的质的飞跃，其检测精度更高、功能更齐全、技术更先进、装备更可靠。我国轨道几何动态检测设备主要分两种：以客车车辆为运行平台的轨道检查车，检测速度可达 160km/h；以高速动车组为运行平台的高速综合检测列车，检测速度可达 350km/h。

世界各国研制生产的中高速或高速轨检车，见表 11-1。

表 11-1　世界各国主要轨检车情况

国别	轨检车型号	最高工作速度/(km/h)
中国	高速综合检测列车	350
日本	Easi-i 综合检测列车	275
美国	T-10	192
	Laserail	300
德国	OMWE、RRAILAB	300
法国	MGV 综合检测列车	320
意大利	Roger2000 综合检测车	220
英国	F-2、HSTRC	200
荷兰	BMS	183
奥地利	EM-250	250

11.1.2　轨道设备状态检测

1. 钢轨状态检测

钢轨状态检测项目主要包括钢轨廓形、轨头磨耗、钢轨波磨、接头或焊缝不平顺、钢轨内部核伤和裂纹等，分别采用测磨仪或钢轨廓形仪、波磨检测装置或波磨检测车及钢轨探伤设备等进行检查。

2. 轨枕状态检测

钢筋混凝土轨枕在使用中常发生裂纹、掉块及挡肩破损等病害，不仅影响线路质量，严重时更危及行车安全，因此有必要加强对轨枕状态的检查。混凝土轨枕状态检测的主要内容包括：轨枕顶面螺栓孔附近或两螺栓孔间的纵向裂纹、轨枕顶面螺栓孔附近横向裂纹、轨枕中部顶面横向和侧面垂直裂纹、轨枕挡肩处水平裂纹及挡肩损坏、空吊枕等。一般采用人工巡道或采用综合巡检车进行检测。

3. 扣件状态检测

扣件状态检测内容一般包括扣件安装状态、部件缺损、弹条扣压状态等，一般采用人工巡道或综合巡检车等设备进行检测。

4. 有砟道床状态检测

有砟道床状态检测内容一般包括道床断面尺寸、道床脏污和板结程度等。道床断面尺寸的检测方法较为简单，采用人工巡道或综合巡检车等设备进行检测；而道床的脏污和板结程度则需要使用探地雷达等专门的设备进行检测。

5. 无砟道床状态检测

无砟道床为整体混凝土结构，按结构形式分为 CRTS Ⅰ型板式、CRTS Ⅱ型板式、CRTS Ⅲ型板式、双块式、道岔区轨枕埋入式及道岔区板式无砟道床等。其主要检测内容包括混凝土结构表面裂缝及结构完整性、结构层间离缝等，目前主要采用人工巡道或综合巡检车进行表面状态检测，内部脱空或层间离缝则需用专门设备加以检测。

6. 其他轨道状态检测

1）无缝线路状态检测与监测。无缝线路的位移、轨温及应力是影响其正常工作的主要技术参数，需采用无缝线路位移监测系统进行钢轨相对轨道板或桥面的纵向位移测量来推算锁定轨温的变化，以便评价轨道结构的稳定性。无缝线路监测系统进行长期的数据收集与分析处理。

2）道岔状态检测与监测。道岔是影响行车平稳性及安全性的关键设备之一，其技术参数（如道岔尖轨及心轨的开口量、不足位移及振动情况等）需采用道岔监测系统进行实时监控。

3）轨道刚度检测。轨道刚度在很大程度上反映了轨道承受列车荷载时的动作用力情况，是轨道质量状态均衡性的重要指标。采用移动线路加载检测车，可根据需要对轨道垂向刚度、横向刚度等进行检测。

4）线路控制测量。线路测量是铁路建设和运营维护管理的基础，是铁路工程勘察、设计、施工、养护和运营管理中最为关键的一项工作。其测量工作包括勘查设计阶段测量、施工建设阶段测量和运营维护阶段的测量工作。此处主要指运营维护阶段的线路平面和高程控制测量，主要采用全站仪与轨道几何状态检测仪配合进行测量。

11.1.3　行车平稳性检测

行车平稳性检测指通过列车运行过程中车体或列车走行部水平及垂直振动的测量，评价列车运行平稳性，帮助现场技术人员寻找晃车原因，并加以整治。行车平稳性检测通常可通过以下方式获取：

1）轨道检查车上的车体加速度测量。
2）装载于机车或动车上的车载式线路检查仪。
3）添乘人员携带上车的便携式线路检查仪。
4）高速综合检测列车上的动态响应检测系统。

11.1.4　工务安全检测监测系统技术

按照"构建移动设备动态检测、固定设备在线监测、安全信息综合运用为一体的铁路行车安全监控体系"的要求，中国铁路总公司确定了工务安全检测监测系统总体架构和工务安全综合监控系统平台组成与功能。通过移动检测设备和固定监测设备，对工务基础设施和沿线环境进行全方位、全项目、全天候检测监测，覆盖工务系统危及列车运行安全的线路设备病害、自然灾害、道口安全隐患及维修生产安全监控，包括轨道状态检测监测、钢轨状态检测监测、特殊区段路基状态监测、重点桥隧病害状态监测、道口监测、环境灾害监测、工务机械车作业监控、施工作业安全监控等检测监测系统，并构建具有综合处理功能的工务安全检测监控平台。

通过检测监测数据的统一管理和综合分析应用（系统基本架构如图 11-1 所示），为铁路运营维护部门提供生产管理技术和数据支撑，提升工务基础设施安全保障能力，提高基础设施运营维护效率。同时为铁路基础设施检测数据的基础数据库建立、业务数据共享、大数据应用提供基础。

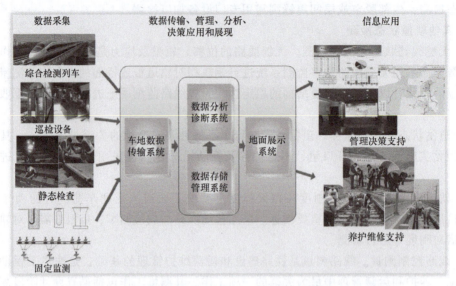

图 11-1 工务检测监测数据统一管理及综合分析系统基本架构

■ 11.2 轨道质量状态评价

依据轨道检测所取得的数据，对轨道质量状态进行评价，是制订各种轨道维修计划的基础。轨道质量状态评价包括对轨道几何状态的评价和对轨道设备质量状态的评价两部分。对轨道几何状态的评价数据主要来源于轨道检测系统，依据轨检评分或轨道质量指数 TQI 等指标进行评价。对轨道设备质量状态的评价数据主要来源于线路设备状态动态巡检及人工检查，以设备状态评分的办法进行评价。

11.2.1 轨道不平顺及其危害

在机车车辆的不稳定重复荷载作用下，轨道会出现垂向、横向的动态弹性变形和残余积累变形，称为轨道不平顺。轨道不平顺一般可分为轨距、水平（三角坑）、高低、轨向、复合不平顺及连续不平顺等长波不平顺，以及钢轨波磨、接头病害、钢轨擦伤及剥离等短波不平顺。长波不平顺通常纳入轨道几何状态质量管理，而短波不平顺常纳入对设备状态的管理。

高低不平顺是由于路基下沉、道床捣固不实等原因，致使钢轨沿纵向产生不均匀下沉引起的。在列车动力作用下，轨底与垫板、垫板与轨枕或轨枕与道床顶面间还会出现间隙，当间隙超过 2mm 时，就叫吊板或暗坑。列车通过时，有吊板或暗坑的地方下沉较大，会引起列车的剧烈振动，加速道床的变形，继而又引起更加剧烈的振动，形成恶性循环，对行车极为不利。严重的高低不平顺将引起列车剧烈的点头和沉浮振动，出现大幅度轮重减载，甚至出现车轮悬浮，列车在曲线上和轨向不良区段运行时，可能因车轮减载导致脱轨。高低不平顺的幅值过大会使道床阻力显著降低，引起无缝线路发生动态条件下的胀轨跑道。

水平误差主要是由于左右两股钢轨下沉量不等造成的。维修规则中对其大小及变化幅度有严格限制。轨道平面扭曲也称为三角坑，是比水平误差更为严重的轨道不平顺。一般情况下,水平误差只是引起车辆的摇晃和两股钢轨的不均匀受力及磨耗,而三角坑的存在有可能使转向架某个车轮减载甚至悬空,严重时车轮有可能爬上钢轨,危及行车安全。刚度较大的货车在曲线圆缓点区的脱轨事故大多与平面扭曲有关,严重的扭曲不平顺会引起车辆剧烈的侧滚振动,导致脱轨系数过高,甚至诱发脱轨。

轨向不平顺是指直线不直、曲线不圆,通常是由于钢轨硬弯、扣件松动、缓和曲线顺坡不良等造成的。轨向对行车平稳性有特别重要的意义,因为轨向不良会引起列车左右摇摆,加剧轮轨撞击,从而引起其他线路病害,对高速行车尤其如此。在曲线轨道上,轨向不平顺的影响比在直线轨道上更为严重。曲线轨道轮轨间的作用力较大,轨道结构的变形更快,反过来又会加剧轮轨横向力,使轨道结构进一步恶化。曲线半径越小,轨向不平顺的影响越严重。严重的轨向不平顺将引起很大的侧向力,可能使轨枕、扣件不良地段的钢轨倾翻或轨排横移,在无缝线路上,还会引起胀轨跑道,危及行车安全。

轨距不平顺主要是由于扣件松动和钢轨头部侧面磨耗引起的。轨距的均匀扩大和缩小对列车的动力影响并不显著,而轨距的不均匀变化将会和轨向不平顺一样,增加轮轨间的作用力,加剧轨道结构的变形,因而维修中应注意轨距的变化率不能超过一定的限值。轨距误差过大,会使车轮掉道和卡轨。当车轮锥形踏面的 1/10 坡度段进入轨距圆角小圆弧内时,轮轨间产生较大的横向推力,车轮掉道的危险剧增。

复合不平顺是指在轨道的同一位置,垂向和横向的不平顺同时存在,构成复合不平顺,如轨距与轨向复合、轨向与水平复合等。连续不平顺是指同一种类或不同种类的轨道不平顺连续出现。复合不平顺同时引发列车垂向及横向等多种振动形式,连续不平顺则造成对列车的持续激振,对行车舒适性和安全性造成的危害比单项不平顺大得多。国外(如日本)对轨向与水平的逆向复合不平顺(指轨向矢度方向一侧的钢轨低下)、轨距与轨向的同向复合不平顺(轨向矢度方向一侧的钢轨出现轨距扩大的不平顺,或另一侧钢轨出现轨距缩小的不平顺)特别重视,制订有严格的管理标准。我国在 200km/h 及以上车速的提速线路和客运专线上,已将复合不平顺纳入了轨道不平顺管理范围。

波形磨耗、接头病害、轨头剥离、轨头擦伤等短波不平顺,比轨道几何不平顺的危害更大。短波不平顺造成轮轨之间的剧烈冲击,影响行车平稳性,缩短轨道及车辆走行部各部件的使用寿命。车速较高时,短波不平顺还会造成车轮瞬间脱离轨面,危及行车安全。

波形磨耗按其波长可分为波纹磨耗和波浪磨耗两种类型。波纹磨耗是指钢轨顶面上波长为 30~80mm,波幅 0.1~0.5mm 的周期性不平顺。波纹磨耗主要出现在高速客运专线上,引起轮轨振动、噪声及影响行车平稳性,但对行车安全性一般不会构成威胁。波浪磨耗则指波长 20~200cm,波幅 2mm 以下的周期性不平顺。波浪磨耗一般出现在重载线路或客货混跑线路上,主要引起轮轨系统的剧烈振动,影响行车平稳性,波深较大时还会危及行车安全。有关钢轨波形磨耗的成因,世界各国铁路研究者经过一百多年的研究,曾经提出过数十种不同的成因解释,但至今尚未取得共识。提高钢轨材质和利用打磨列车对钢轨全长范围进行打磨,是目前减缓钢轨波磨最有效的措施。

11.2.2 轨道几何状态静态评价

轨道静态检测评价标准按线路允许速度、线路类别和作业类别等确定。

轨道几何状态静态评价包括对线路轨道几何、道岔几何(含钢轨伸缩调节器)以及曲线正矢等的评价。

1. 高速铁路轨道几何状态静态评价

我国《高速铁路无砟轨道线路维修规则》和《高速铁路有砟轨道线路维修规则》规定了高速铁路无砟轨道和有砟轨道线路、道岔、钢轨伸缩调节器静态几何尺寸、曲线正矢等的容许偏差管理值。高速铁路轨道静态几何尺寸容许偏差管理值中，作业验收管理值为周期检修、经常保养和临时补修作业后的质量检查标准；经常保养管理值为轨道应经常保持的质量管理标准；临时补修管理值为应及时进行轨道整修的质量控制标准；限速管理值为保证列车运行平稳性和舒适性，需进行限速的控制标准。线路、道岔、钢轨伸缩调节器静态几何容许偏差管理值包括作业验收、经常保养、临时补修、限速四个等级。曲线正矢容许偏差管理值包括作业验收、经常保养、临时补修三个等级。我国高速铁路无砟轨道线路、道岔及调节器静态几何尺寸容许偏差管理值见表 11-2～表 11-7；长弦测量作业验收容许偏差管理值见表 11-8；曲线正矢容许偏差管理值见表 11-9、表 11-10。其他内容参见相应规章。

表 11-2　200~250km/h 高速铁路无砟轨道静态几何尺寸容许偏差管理值

项目	作业验收	经常保养	临时补修	限速（160km/h）
轨距/mm	+1 -1	+4 -2	+6 -4	+8 -6
水平/mm	2	5	8	10
高低/mm	2	5	8	11
轨向（直线）/mm	2	4	7	9
扭曲/(mm/3m)	2	4	6	8
轨距变化率	1/1500	1/1000	—	—

注：1. 高低和轨向偏差为 10m 及以下弦测量的最大矢度值。
　　2. 扭曲偏差不含曲线超高顺坡造成的扭曲量。

表 11-3　250（不含）~350km/h 高速铁路无砟轨道静态几何尺寸容许偏差管理值

项目	作业验收	经常保养	临时补修	限速（200km/h）
轨距/mm	+1 -1	+4 -2	+5 -3	+6 -4
水平/mm	2	4	6	7
高低/mm	2	4	7	8
轨向（直线）/mm	2	4	5	6
扭曲/(mm/3m)	2	3	5	6
轨距变化率	1/1500	1/1000	—	—

注：1. 高低和轨向偏差为 10m 及以下弦测量的最大矢度值。
　　2. 扭曲偏差不含曲线超高顺坡造成的扭曲量。

表 11-4　200~250km/h 高速铁路无砟道岔静态几何尺寸容许偏差管理值

项目	作业验收	经常保养	临时补修	限速（160km/h）
轨距/mm	+1 -1	+4 -2	+5 -2	+8 -6

（续）

项目		作业验收	经常保养	临时补修	限速（160km/h）
水平/mm		2	5	7	10
高低/mm		2	5	7	11
轨向/mm	直股	2	4	6	9
	支距	2	3	4	—
扭曲/(mm/3m)		2	4	6	8
轨距变化率		1/1500	1/1000	—	—

注：1. 支距偏差为实际支距与计算支距之差，导曲线支距测量应从尖轨跟端开始直至道岔导曲线结束。
2. 导曲线下股高于上股的限值：12号道岔作业验收为2mm，经常保养为3mm，临时补修为5mm；18号及以上道岔作业验收为0mm，经常保养为2mm，临时补修为3mm。

表11-5 250（不含）~350km/h高速铁路无砟道岔静态几何尺寸容许偏差管理值

项目		作业验收	经常保养	临时补修	限速（200km/h）
轨距/mm	岔区	+1 -1	+4 -2	+5 -2	+6 -4
	尖轨尖	+1 -1	+2 -2	+3 -2	
水平/mm		2	4	6	7
高低/mm		2	4	7	8
轨向/mm	直股	2	4	5	6
	支距	2	3	4	—
扭曲/(mm/3m)		2	3	5	6
轨距变化率		1/1500	1/1000	—	—

注：1. 支距偏差为实际支距与计算支距之差。
2. 导曲线下股高于上股的限值：18号及以上道岔作业验收为0mm，经常保养为2mm，临时补修为3mm。

表11-6 高速铁路无砟轨道200~250km/h调节器静态几何尺寸容许偏差管理值

项目		作业验收	经常保养	临时补修	限速（160km/h）
轨距/mm	尖轨尖	+1 -1	+2 -2	+3 -2	+8 -6
	其他	+1 -1	+4 -2	+5 -2	
水平/mm		2	5	7	10
高低/mm		2	5	7	11
轨向/mm		2	4	6	9
扭曲/(mm/3m)		2	4	6	8
轨距变化率		1/1500	1/1000	—	—

表11-7 高速铁路无砟轨道250（不含）~350km/h调节器静态几何尺寸容许偏差管理值

项目		作业验收	经常保养	临时补修	限速（200km/h）
轨距/mm	尖轨尖	+1 -1	+2 -2	+3 -2	+6 -4

(续)

项目		作业验收	经常保养	临时补修	限速（200km/h）
轨距/mm	其他	+1 -1	+4 -2	+5 -2	+6 -4
水平/mm		2	4	6	7
高低/mm		2	4	7	8
轨向/mm		2	4	5	6
扭曲/(mm/3m)		2	3	5	6
轨距变化率		1/1500	1/1000	—	—

表 11-8　高速铁路无砟轨道长弦测量作业验收容许偏差管理值

项目	基线长	测点间距	容许偏差/mm
高低	480a	240a	≤10
	48a	8a	≤2
轨向	480a	240a	≤10
	48a	8a	≤2

注：1. 表中 a 为扣件节点间距，单位为 m。
　　2. 当弦长为 $48a$ 时，相距 $8a$ 的任意两测点实际矢度差与设计矢度差的偏差不得大于 2mm；当弦长为 $480a$ 时，相距 $240a$ 的任意两测点实际矢度差与设计矢度差的偏差不得大于 10mm。
　　3. 容许偏差指相邻测点间距的任意两测点实际矢度差与设计矢度差的偏差。

表 11-9　高速铁路无砟轨道 200~250km/h 线路曲线正矢容许偏差管理值

项目	实测正矢与计算正矢差/mm		圆曲线正矢连续差/mm	圆曲线最大最小正矢差/mm
	缓和曲线	圆曲线		
作业验收	2	3	4	5
经常保养	3	4	5	6
临时补修	5	6	7	8

注：曲线正矢用 20m 弦在钢轨踏面下 16mm 处测量。

表 11-10　高速铁路无砟轨道 250（不含）~350km/h 线路曲线正矢容许偏差管理值

项目	实测正矢与计算正矢差/mm		圆曲线正矢连续差/mm	圆曲线最大最小正矢差/mm
	缓和曲线	圆曲线		
作业验收	2	3	3	5
经常保养	3	4	5	6
临时补修	4	5	6	8

注：曲线正矢用 20m 弦在钢轨踏面下 16mm 处测量。

2. 普速铁路轨道几何状态静态评价

我国《普速铁路线路修理规则》规定了普速铁路线路、道岔及钢轨伸缩调节器静态几何尺寸容许偏差管理值，分作业验收、计划维修、临时补修、限速或封锁等不同等级。其中，作业验收管理值为线路设备大修、计划维修和临时补修作业的质量检查标准；计划维修

第11章 轨道检测与监测技术

管理值为安排轨道维修计划的质量管理标准；临时补修管理值为应及时进行轨道整修的质量控制标准；限速管理值为保证列车运行平稳性和舒适性，需立即限速并进行整修的质量控制标准；封锁管理值为保证列车运行平稳性，需立即封锁并进行整修的质量控制标准。普速铁路线路、道岔及调节器轨道静态几何不平顺容许偏差管理值见表11-11~表11-14，其他内容参见相应规章。

表 11-11 普速铁路轨道静态几何不平顺容许偏差管理值（混凝土枕线路） （单位：mm）

项目		160km/h<V_{max} 正线				120km/h<V_{max}≤160km/h 正线				80km/h<V_{max}≤120km/h 正线				V_{max}≤80km/h 正线及到发线				其他站线			
		作业验收	计划维修	临时补修	限速(160 km/h)	作业验收	计划维修	临时补修	限速(120 km/h)	作业验收	计划维修	临时补修	限速(80 km/h)	作业验收	计划维修	临时补修	限速(45 km/h)	作业验收	计划维修	临时补修	封锁
轨距		+2 -2	+4 -3	+6 -4	+8 -6	+4 -2	+6 -4	+8 -6	+14 -7	+6 -2	+7 -4	+14 -7	+16 -8	+6 -2	+7 -4	+16 -8	+19 -9	+6 -2	+9 -4	+19 -9	+21 -10
水平		3	5	8	10	4	6	10	14	4	6	14	17	4	6	17	20	5	8	20	22
高低		3	5	8	11	4	6	11	15	4	6	15	19	4	6	19	22	5	8	22	24
轨向（直线）		3	4	7	9	4	6	9	12	4	6	12	15	4	6	15	18	5	8	18	20
三角坑	缓和曲线	3	4	5	6	4	5	6	7	4	5	7	10	4	5	10	13	5	7	10	/
	直线和圆曲线	3	4	6	8	4	6	8	11	4	6	11	13	4	6	13	15	5	8	15	16

注：1. 轨距偏差不含曲线上按规定设置的轨距加宽值，但最大轨距（含加宽值和偏差）不得超过1456mm。
  2. 轨向偏差和高低偏差为10m弦测量的最大矢度值。
  3. 三角坑偏差不含曲线超高顺坡造成的扭曲量；检查三角坑，基长采用轨道检查仪时为3m，采用轨距尺时为6.25m，但在延长18m的距离内无超过表列的三角坑。
  4. 段管线、岔线按其他站线办理。

表 11-12 普速铁路轨道静态几何不平顺容许偏差管理值（木枕线路） （单位：mm）

项目		120km/h<V_{max}≤160km/h 正线			80km/h<V_{max}≤120km/h 正线			V_{max}≤80km/h 正线及到发线			其他站线		
		作业验收	计划维修	临时补修	作业验收	计划维修	临时补修	作业验收	计划维修	临时补修	作业验收	计划维修	临时补修
轨距		+4 -2	+6 -4	+8 -4	+6 -2	+7 -4	+8 -4	+6 -2	+8 -4	+9 -4	+6 -2	+9 -4	+10 -4
水平		4	6	8	4	6	9	4	6	10	5	8	11
高低		4	6	8	4	6	9	4	6	10	5	8	11
轨向（直线）		4	6	8	4	6	9	4	6	10	5	8	11
三角坑	缓和曲线	4	5	6	4	5	6	4	5	7	5	7	8
	直线和圆曲线	4	6	8	4	6	8	4	6	9	5	8	10

注：1. 轨距偏差不含曲线上按规定设置的轨距加宽值，但最大轨距（含加宽值和偏差）不得超过1456mm。
  2. 轨向偏差和高低偏差为10m弦测量的最大矢度值。
  3. 三角坑偏差不含曲线超高顺坡造成的扭曲量；检查三角坑，基长采用轨道检查仪时应为3m，采用轨距尺时为6.25m，但在延长18m的距离内无超过表列的三角坑。
  4. 段管线、岔线按其他站线办理。

表 11-13 普速铁路道岔轨道静态几何不平顺容许偏差管理值 （单位：mm）

项目		160km/h<V_{max} 正线			120km/h<V_{max}≤160km/h 正线			80km/h<V_{max}≤120km/h 正线			V_{max}≤80km/h 正线及到发线			其他站线		
		作业验收	计划维修	临时补修	作业验收	计划维修	临时补修	作业验收	计划维修	临时补修	作业验收	计划维修	临时补修	作业验收	计划维修	临时补修
轨距		+2 −2	+4 −2	+5 −2	+3 −2	+4 −2	+6 −2	+3 −2	+5 −3	+6 −3	+3 −2	+5 −3	+6 −3	+3 −2	+5 −3	+6 −3
水平		3	5	7	4	5	8	4	6	8	4	6	9	6	8	10
高低		3	5	7	4	5	8	4	6	8	4	6	8	6	8	10
轨向	直线	3	4	6	4	5	8	4	6	8	4	6	8	6	8	10
	支距	2	3	4	2	3	4	2	3	4	2	3	4	2	3	4
三角坑		3	4	6	4	6	8	4	6	8	4	6	9	5	8	10

注：1. 支距偏差为现场支距与计算支距之差。
2. 导曲线下股高于上股的限值：作业验收为 0，计划维修为 2mm，临时补修为 3mm。
3. 三角坑偏差不含曲线超高顺坡造成的扭曲量；检查三角坑，基长采用轨道检查仪时为 3m，采用轨距尺时按规定位置检查，但在延长 18m 的距离内无超过表列的三角坑。
4. 轨距偏差不含构造轨距加宽值，尖轨尖处轨距作业验收的容许偏差管理值为 ±1mm。
5. 段管线、岔线道岔按其他站线道岔办理。

表 11-14 普速铁路调节器轨道静态几何不平顺容许偏差管理值 （单位：mm）

项目	160km/h<V_{max} 正线			120km/h<V_{max}≤160km/h 正线			80km/h<V_{max}≤120km/h 正线			V_{max}≤80km/h 正线		
	作业验收	计划维修	临时补修	作业验收	计划维修	临时补修	作业验收	计划维修	临时补修	作业验收	计划维修	临时补修
轨距	+2 −2	+4 −2	+5 −2	+3 −2	+4 −2	+6 −2	+3 −2	+5 −3	+6 −3	+3 −2	+5 −3	+6 −3
水平	3	5	7	4	5	8	4	6	8	4	6	9
高低	3	5	7	4	5	8	4	6	8	4	6	9
轨向	3	4	6	4	5	8	4	6	8	4	6	9
三角坑	3	4	6	4	6	8	4	6	8	4	6	9

注：1. 轨距偏差不含构造轨距加宽值。
2. 检查三角坑，基长采用轨道检查仪时为 3m，采用轨距尺时按规定位置检查，但在延长 18m 的距离内无超过表列的三角坑。

11.2.3 轨道几何状态动态评价

1. 国外轨道几何状态动态评价方法

20 世纪 70 年代以前，世界各国大多按运量或时间规定一个周期，按固定的周期进行轨道预防性计划维修管理；其后，多数国家已改为根据轨道的实际状态，按轨检车动态检测评估来确定需要进行预防性计划维修的区段。各国推行预防性计划维修主要是根据 200～500m 单元管理区段内各种轨道不平顺的标准差或质量指数是否超过预防性计划维修标准，以此来确定该区段是否应安排计划维修。

1）英国铁路采用单项轨道几何参数标准差（SD）。英国铁路把单元轨道区段定为

200m，采用超限峰值的统计个数及轨道区段的单项几何参数的统计标准差来评价轨道区段的平均质量，并开发出了轨道质量计算机管理系统 TQS。

2）荷兰铁路采用轨道质量指数，把单元轨道区段长度定为 200m。采用 BMS 轨检车测量高低、水平、轨向及长波长轨向（25~70m）的标准差，并以此作为捣固和拨道的依据。1983 年，荷兰铁路对全路进行普查，绘出了各项轨道不平顺项目的标准偏差的频数累积分布，并考虑了把标准偏差转换成轨道质量指数，使各轨道不平顺项目的频数累积分布曲线转变为尽可能相似的曲线。根据多年积累的资料分析，每年的维修作业量控制在 20% 左右，因此把对应轨道不平顺的偏差 σ_{80} 的轨道质量指数设定 $N_{80}=6.75$，且

$$N = 10e^{-\sigma/\sigma_c} \tag{11-1}$$

式中　N——轨道质量指数（0~10），N 越大，表示轨道质量越好；

　　　σ——200m 区段的标准偏差；

　　　σ_c——$\sigma_c = -\sigma_{80}/\ln 0.675$。

3）日本铁路采用轨道不平顺指数（P 值）。日本国铁取 500m 为基本区段，对连续存在的轨道不平顺进行采样，采样间隔为 0.5m，采样数为 1000 点，并且在获得的数值分布曲线上引入±3mm 的限界线，求出超过±3mm 限界线的轨道不平顺采样点占总采样点的比例。设轨道不平顺的分布为正态分布，该比例即为轨道不平顺指数 P 值。

4）美国铁路采用轨道质量指数（TQI）。美国轨道单元区段设为 320m。TQI 的计算方法是先计算高低、轨向、水平单项几何不平顺在单元区段中各测点偏差值之和，然后计算三项参数之和。当 TQI 超过 0.3 时，该区段需进行维修。

5）法国铁路采用平均偏差指数。法国铁路的单元轨道区段长度为 300m。采用滑动加权平均统计计算各单元区段的高低、轨向、水平等各项几何参数的平均偏差指数。

6）加拿大国铁采用轨道质量指数（TQI）。加拿大国铁的单元轨道区段长度一般为 400m。其轨道质量指数计算方法是，先计算高低、轨向、水平、轨距等单项几何参数的标准差 σ_i，再按式（11-2）计算各单项的 TQI 值：

$$\mathrm{TQI}_i = 1000 - C\sigma_i^2 \tag{11-2}$$

式中　C——经验常数，主要干线取为 700。

各单项 TQI 值的平均值作为综合轨道质量指数。

7）澳大利亚铁路采用轨道状态指数（TCI）。澳大利亚铁路的单元轨道区段长度为 100~500m。采用单元区段中各单项几何参数状态指数 PCI 及综合指标轨道状态指数 TCI 来评定轨道质量。PCI 是指高低、轨向、轨距、三角坑四个单项几何参数在单元区段中所有峰值的标准差，TCI 是四项 PCI 之和。

各国采用评定轨道几何状态的方法虽不尽相同，但是应用统计特征值指标评定轨道质量状态、制订维修计划、实现轨道科学管理的目标却是一致的。实践表明，采用轨道质量指数等统计指标，使确定需要维修的轨道区段更符合实际情况，维修费用、劳力、材料的使用更加合理，可取得明显的经济效益。

2. 我国轨道几何状态动态评价方法

线路动态不平顺是指线路不平顺的动态反映，主要通过轨道检查车或综合检测列车进行检测。轨道动态不平顺的检查项目包含轨距、水平、轨向、高低、扭曲、复合不平顺、车体垂向振动加速度、车体横向振动加速度、轨距变化率等。我国轨道几何状态动态评价主要采

用局部峰值和区段均值两种评价模式。

1) 局部峰值评价。局部峰值管理以轨检车评分进行，依据轨检车检查项目，相应偏差等级按线路行车速度差异划分为四级。

高速铁路线路（含道岔及调节器范围）各项偏差等级划分为四级：Ⅰ级为经常保养标准，Ⅱ级为舒适度标准，Ⅲ级为临时补修标准，Ⅳ级为限速标准。我国高速铁路无砟轨道动态质量容许偏差管理值见表 11-15、表 11-16。其他内容参见相应规章。

表 11-15　高速铁路无砟轨道 200~250km/h 线路轨道动态质量容许偏差管理值

项目		经常保养	舒适度	临时补修	限速(160km/h)
偏差等级		Ⅰ级	Ⅱ级	Ⅲ级	Ⅳ级
轨距/mm		+4 -3	+6 -4	+8 -6	+12 -8
水平/mm		5	8	10	13
扭曲(基长 3m)/mm		4	6	8	10
高低/mm	波长 1.5~42m	5	8	11	14
轨向/mm		5	7	8	10
高低/mm	波长 1.5~70m	6	10	15	—
轨向/mm		6	8	12	—
车体垂向加速度/(m/s²)		1.0	1.5	2.0	2.5
车体横向加速度/(m/s²)		0.6	0.9	1.5	2.0
轨距变化率(基长 3m)(%)		0.1	0.12		

注：1. 表中管理值为轨道不平顺实际幅值的半峰值。
　　2. 水平限值不包含曲线按规定设置的超高值及超高坡量。
　　3. 扭曲限值包含缓和曲线超高顺坡造成的扭曲量。
　　4. 车体垂向加速度采用 20Hz 低通滤波，车体横向加速度Ⅰ、Ⅱ级标准采用 0.5~10Hz 带通滤波处理的值进行评判，Ⅲ、Ⅳ级标准采用 10Hz 低通滤波处理的值进行评判。
　　5. 避免出现连续多波不平顺和轨向、水平逆向复合不平顺。

表 11-16　高速铁路无砟轨道 250（不含）~350km/h 线路轨道动态质量容许偏差管理值

项目		经常保养	舒适度	临时补修	限速(200km/h)
偏差等级		Ⅰ级	Ⅱ级	Ⅲ级	Ⅳ级
轨距/mm		+4 -3	+6 -4	+7 -5	+8 -6
水平/mm		5	6	7	8
扭曲(基长 3m)/mm		4	6	7	8
高低/mm	波长 1.5~42m	4	6	8	10
轨向/mm		4	5	6	7
高低/mm	波长 1.5~120m	7	9	12	15
轨向/mm		6	8	10	12
复合不平顺/mm		6	8	—	—
车体垂向加速度/(m/s²)		1.0	1.5	2.0	2.5

(续)

项目	经常保养	舒适度	临时补修	限速(200km/h)
车体横向加速度/(m/s²)	0.6	0.9	1.5	2.0
轨距变化率(基长 3m)(%)	0.1	0.12	—	—

注：1. 表中管理值为轨道不平顺实际幅值的半峰值。
  2. 水平限值不包含曲线按规定设置的超高值及超高顺坡量。
  3. 扭曲限值包含缓和曲线超高顺坡造成的扭曲量。
  4. 车体垂向加速度采用 20Hz 低通滤波，车体横向加速度Ⅰ、Ⅱ级标准采用 0.5~10Hz 带通滤波处理的值进行评判，Ⅲ、Ⅳ级标准采用 10Hz 低通滤波处理的值进行评判。
  5. 复合不平顺指水平和轨向逆向复合不平顺，按水平和 1.5~42m 轨向代数差计算。避免出现连续多波不平顺。

普速铁路局部峰值动态评价也采用四级管理：Ⅰ级为日常保持标准，Ⅱ级为计划维修标准，Ⅲ级为临时补修标准，Ⅳ级为限速标准。各级容许偏差管理值见表 11-17。

表 11-17 普速铁路轨道动态几何不平顺容许偏差管理值

项目		160km/h<V_{max}				120km/h<V_{max}≤160km/h				80km/h<V_{max}≤120km/h				V_{max}≤80km/h 正线			
		Ⅰ级	Ⅱ级	Ⅲ级	Ⅳ级(限速160km/h)	Ⅰ级	Ⅱ级	Ⅲ级	Ⅳ级(限速120km/h)	Ⅰ级	Ⅱ级	Ⅲ级	Ⅳ级(限速80km/h)	Ⅰ级	Ⅱ级	Ⅲ级	Ⅳ级(限速45km/h)
高低/mm	1.5~42m	5	8	12	15	6	10	15	20	8	12	20	24	12	16	24	26
	1.5~70m	6	10	15	—												
轨向/mm	1.5~42m	5	7	10	12	5	8	12	16	8	10	16	20	10	14	20	23
	1.5~70m	6	8	12	—												
轨距/mm		+4/−3	+8/−4	+12/−6	+15/−8	+6/−4	+10/−7	+15/−8	+20/−10	+8/−6	+12/−8	+20/−10	+23/−11	+12/−6	+16/−8	+23/−11	+25/−12
轨距变化率(基长3m)(%)		0.12	0.15	—	—	0.15	0.20	—	—	0.20	0.25	—	—	0.20	0.25	—	—
水平/mm		5	8	12	14	6	10	14	18	8	12	18	22	12	16	22	25
三角坑(基长3m)/mm		4	6	9	12	5	8	12	14	8	10	14	16	10	12	16	18
复合不平顺/mm		7	9	—	—	8	10	—	—								
车体垂向振动加速度/(m/s²)		1.0	1.5	2.0	2.5	1.0	1.5	2.0	2.5	1.0	1.5	2.0	2.5	1.0	1.5	2.0	2.5
车体横向振动加速度/(m/s²)		0.6	0.9	1.5	2.0	0.6	0.9	1.5	2.0	0.6	0.9	1.5	2.0	0.6	0.9	1.5	2.0

注：1. 表中各种偏差限值为实际幅值的半峰值。
  2. 水平限值不包含曲线按规定设置的超高值及超高顺坡量。
  3. 高低和轨向采用对应波长的空间曲线。
  4. 复合不平顺特指轨向和水平逆向复合不平顺。
  5. 三角坑限值包含缓和曲线超高顺坡造成的扭曲量；
  6. 固定型辙叉的有害空间部分不检查轨距、轨向，其他检查项目及检查标准与线路相同。
  7. 车体垂向振动加速度采用 20Hz 低通滤波，车体横向振动加速度采用 0.5~10Hz 带通滤波和 10Hz 低通滤波。

局部峰值评价采用扣分法。

各项目偏差扣分标准：Ⅰ级每处扣 1 分，Ⅱ级每处扣 5 分，Ⅲ级每处扣 100 分，Ⅳ级每处扣 301 分。

局部峰值评价以整千米为单位，每千米扣分总数为各级、各项偏差扣分总和，计算公式如下：

$$S = \sum_{i=1}^{4} \sum_{j=1}^{M} K_i C_{ij} \tag{11-3}$$

式中　S——整千米扣分总数；
　　　K_i——各级偏差的扣分数；
　　　C_{ij}——各项目的各级偏差个数；
　　　M——参与评分的项目个数。

每千米线路动态评定标准：

优良——总扣分在 50 分及以内。

合格——总扣分在 51～300 分。

失格——总扣分在 300 分以上。

2) 区段均值评价。我国铁路从 20 世纪 80 年代开始探索根据轨道实际状态进行预防性的计划维修，即"状态修"，经过多年的研究，提出采用标准偏差法评定区段轨道几何状态，标准偏差值即轨道质量指数 TQI。以 200m 的轨道作为单元区段，分别计算单元区段上左右高低、左右轨向、轨距、水平、三角坑等 7 项几何不平顺幅值的标准差，各单项几何不平顺幅值的标准差称为单项指数，将 7 个单项指数之和作为评价该区段轨道平顺性综合质量状态的轨道质量指数。TQI 值的计算公式为

$$\begin{cases} \text{TQI} = \sum_{i=1}^{7} \sigma_i \\ \sigma_i = \sqrt{\dfrac{1}{n}\sum_{j=1}^{n} x_{ij}^2 - \overline{x}_i^2} \\ \overline{x}_i = \dfrac{1}{n}\sum_{j=1}^{n} x_{ij} \end{cases} \tag{11-4}$$

式中　TQI——单元段轨道质量指数；
　　　σ_i——单项轨道不平顺的标准偏差；
　　　$\overline{x}_i$——单元区段中连续采样值的平均值；
　　　x_{ij}——单项不平顺幅值；
　　　n——采样数。

TQI 能较真实地反映轨道几何质量状态及其恶化程度，可用数值明确表示各个轨道区段的好坏，能作为各级工务管理部门对轨道状态进行宏观管理和质量控制的依据，能用于编制轨道维修计划，指导养护维修作业。

在运营过程中，随着时间的推移，轨道状态不断发生变化，可用 TQI 值的变化加以反映，并预测轨道状态的发展趋势，作为制订短期和中长期轨道养护维修计划的依据。利用排序程序，按照单元轨道区段质量状态的好坏，对 TQI 值由小到大排序，绘出轨道区段质量状态顺序图，可供维修管理人员根据维修能力和轻重缓急制订维修作业计划，较差的轨道区段应尽早安排维修作业。维修作业对轨道状态的影响可用维修前后 TQI 数值的代数差反映，是衡量维修作业好坏的指标。

我国高速铁路轨道质量指数（TQI）和单项标准差管理值分别见表 11-18、表 11-19。

表 11-18　高速铁路 200~250km/h 线路轨道质量指数（TQI）和单项标准差管理值

（单位：mm）

项目	高低	轨向	轨距	水平	扭曲	TQI
波长范围 1.5~42m	1.4×2	1.0×2	0.9	1.1	1.2	8.0

注：波长范围为 1.5~42m 的单项标准差计算长度 200m。

表 11-19　高速铁路 250（不含）~350km/h 线路轨道质量指数（TQI）和单项标准差管理值

（单位：mm）

项目	高低	轨向	轨距	水平	扭曲	TQI
波长范围 1.5~42m	0.8×2	0.7×2	0.6	0.7	0.7	5.0

注：波长范围为 1.5~42m 的单项标准差计算长度 200m。

我国普速铁路轨道质量指数（TQI）和单项标准差管理值见表 11-20。

表 11-20　普速铁路轨道质量指数（TQI）和单项标准差管理值

速度等级	左高低/mm	右高低/mm	左轨向/mm	右轨向/mm	轨距/mm	水平/mm	三角坑/mm	TQI/mm
$V_{max} \leq 80$km/h	2.2~2.5	2.2~2.5	1.8~2.2	1.8~2.2	1.4~1.6	1.7~1.9	1.9~2.1	13~15
80km/h<$V_{max}\leq$120km/h	1.8~2.2	1.8~2.2	1.4~1.9	1.4~1.9	1.3~1.4	1.6~1.7	1.7~1.9	11~13
120km/h<$V_{max}\leq$160km/h	1.5~1.8	1.5~1.8	1.1~1.4	1.1~1.4	1.1~1.3	1.3~1.6	1.4~1.7	9~11
160km/h<V_{max}	1.1~1.5	1.1~1.5	0.9~1.1	0.9~1.1	0.9~1.1	1.1~1.3	1~1.4	7~9

3. 高速铁路车辆动力学评价

高速铁路动态检测中，采用轮轨力检测系统进行轮轨力各指标的检测，不仅是对车辆安全性的综合评价，也是对轨道状态检测的补充。所测车辆动力学指标包括脱轨系数、轮重减载率、轮轴横向力。车辆动力学指标管理值见表 11-21。

表 11-21　高速铁路车辆动力学指标管理值

项目	脱轨系数 Q/P	轮重减载率 $\Delta P/\overline{P}$	轮轴横向力 H
管理值	≤0.8	≤0.8	≤10kN+P_0/3

注：1. Q 为轮轨横向力；P 为轮轨垂向力；$\overline{P}$ 为平均静轮重；ΔP 为轮轨垂向力相对平均静轮重的减载量；P_0 为静轴重。
　　2. 间断式测力轮对的轮重减载率按双峰值评定。

11.2.4　线路设备状态评定

线路设备状态评定，是对正线线路设备质量基本状况的检查评定，是考核线路设备管理工作和线路设备状态改善情况的基本指标，是安排线路维修计划的主要依据。线路设备状态评定原则上每年进行一次。

线路设备状态评定以千米为单位，满分为 100 分，扣除缺点分后，85~100 分为优良，60（不含）~85 分为合格，60（不含）分以下为失格。我国高速铁路无砟轨道、有砟轨道、普速铁路线路设备状态评定评分标准分别见表 11-22～表 11-24。

表 11-22　高速铁路无砟轨道线路设备状态评定评分标准

编号	项目	扣分条件	计算单位	扣分(分)	说明
1	慢行	线路设备不良(不含线下基础)	处	41	—
2	钢轨	一年内新生轻伤钢轨(不含曲线磨耗)	根	2	长轨中2个焊缝间为1根
		现存曲线磨耗轻伤钢轨	每延长 100m	4	按单股计算
		一年内新生重伤钢轨(不含焊缝)	根	20	长轨中2个焊缝间为1根
		无缝线路现存重伤钢轨(不含焊缝)	根	20	
		无缝线路现存重伤焊缝	个	20	—
3	CRTSⅠ型板式轨道	轨道板Ⅲ级伤损	处	8	全面查看,每千米重点检查100m
		水泥乳化沥青砂浆充填层Ⅲ级伤损	处	8	
		凸形挡台Ⅲ级伤损	处	8	
		钢棒折断	根	8	—
		预埋套管失效	个	8	—
4	CRTSⅡ型板式轨道	轨道板Ⅲ级伤损	处	8	全面查看,每千米重点检查100m
		水泥乳化沥青砂浆充填层Ⅲ级伤损	处	8	
		底座板Ⅲ级伤损	处	8	
		支承层Ⅲ级伤损	处	8	
		侧向挡块Ⅲ级伤损	处	8	
		高强度挤塑板Ⅲ级伤损	处	8	
		预埋套管失效	个	8	—
5	双块式无砟轨道	双块式轨枕Ⅲ级伤损	根	8	全面查看,每千米重点检查100m
		道床板Ⅲ级伤损	处	8	
		底座Ⅲ级伤损	处	8	
		支承层Ⅲ级伤损	处	8	
		预埋套管失效	个	8	—
6	岔区轨枕埋入式无砟轨道	岔枕Ⅲ级伤损	根	8	
		预埋套管失效	个	8	
		道床板Ⅲ级伤损	每组	8	
		底座或支承层Ⅲ级伤损	每组	8	
7	岔区板式无砟轨道	道岔板Ⅲ级伤损	块	8	
		预埋套管失效	个	8	
		底座Ⅲ级伤损	每组	8	
		找平层Ⅲ级伤损	每组	8	

注：岔区无砟轨道线路质量评定含在相应千米的线路中。

表 11-23　高速铁路有砟轨道线路设备状态评定评分标准

编号	项目	扣分条件	计算单位	扣分(分)	说明
1	慢行	线路设备不良(不含路基、道床)	处	41	—

(续)

编号	项目	扣分条件	计算单位	扣分(分)	说明
2	道床	翻浆冒泥	每延长 10m	4	道床不洁率指通过边长 25mm（特级道砟地段为 22.4mm）筛孔的颗粒的质量比
		道床不洁率大于 25%（在枕盒底边向下 100mm 处取样）	每延长 100m	8	
3	轨枕	混凝土枕失效率超过 4%	每增 1%	8	
4	钢轨	一年内新生轻伤钢轨（不含曲线磨耗）	根	2	长轨中 2 个焊缝间为 1 根
		现存曲线磨耗轻伤钢轨	每延长 100m	4	按单股计算
		一年内新生重伤钢轨（不含焊缝）	根	20	长轨中 2 个焊缝间为 1 根
		无缝线路现存重伤钢轨（不含焊缝）	根	20	长轨中 2 个焊缝间为 1 根
		无缝线路现存重伤焊缝	个	20	—

表 11-24 普速铁路线路设备状态评定评分标准

编号	项目	扣分条件	计算单位	扣分(分)	说明
1	慢行	线路设备不良（不含路基）	处	41	检查时现存慢行处所
2	道床	翻浆冒泥	每延长 10m	4	道床不洁率指通过边长 25mm 筛孔的颗粒的质量比
		道床不洁率大于 25%（在枕盒底边向下 100mm 处取样）	每延长 100m	8	
3	轨枕	木枕失效率超过 8%	每增 1%	8	
		混凝土枕失效率超过 4%	每增 1%	8	
4	钢轨	一年内新生轻伤钢轨（不含曲线磨耗）	根	2	长轨中 2 个焊缝间为 1 根
		现存曲线磨耗轻伤钢轨	每延长 100m	4	按单股计算
		一年内新生重伤钢轨（不含焊缝）	根	20	长轨中 2 个焊缝间为 1 根
		无缝线路现存重伤钢轨（不含焊缝）	根	20	长轨中 2 个焊缝间为 1 根
		无缝线路现存重伤焊缝	个	20	

11.3 轨道静态检测技术

轨道部件设备状态检测

轨道静态检测用来检测轨道质量状态，及时发现轨道病害，消灭安全隐患，为轨道病害整治和质量评价提供技术依据。轨道静态检测项目一般包括轨道几何状态，钢轨平直度和廓形，无缝线路位移、轨温及应力，以及联结零件、轨枕、有砟道床、无砟道床状态等。

11.3.1 轨道几何状态静态检测

自 20 世纪六七十年代以来，许多国家都陆续建立了较为完善的铁路线路养护管理系统，有效地保证了铁路线路养护的科学性，但普遍面临数据采集手段相对落后的问题，大多数的检查设备在使用时费时、费力、干扰运输，数据的精度也难以保证，数据处理难度大。随着计算机、传感器、通信、自动控制、高精度测微等技术的进步，近年来轨道检测技术有了突破性的进展。各种检测工具或设备正朝着方便快捷、操作简单、精度高以及数字化和信息化的方向发展。检测技术的发展使检测人员和工务管理人员从繁重的劳动中解放出来，使得轨道的检测更加准确、科学。

常用的轨道几何状态静态检查设备包括轨距尺、弦线、钢直尺、塞尺和轨道检查仪等。

1. 轨距尺检测

轨距尺是检测铁路轨道轨距、水平、超高的主要测量工具。轨距尺作为一款专用计量器具，其准确度分为0级、1级、2级三个等级。0级轨距尺用于测量允许速度不大于350km/h的线路，1级轨距尺用于测量允许速度不大于250km/h的线路，2级轨距尺用于测量允许速度不大于160km/h的线路。

常用轨距尺采用铝镁合金制作，使用寿命长，精度高，分为标尺类轨距尺和数显类轨距尺，均可用于包括道岔在内的各级铁路线路轨距、道岔参数、水平和超高的测量。

标尺类轨距尺如图11-2a所示，由标尺、活动测头、固定测头、水准泡、超高显示装置等组成，其结构简单、重量轻、携带方便、便于使用和维护。

数显类轨距尺是智能化的，基于计算机的轨道几何形位静态测量工具，如图11-2b所示。其具有测量精度高、速度快、自动化程度高、显示清晰直观、检定方便快捷、节省维修费用等特点。

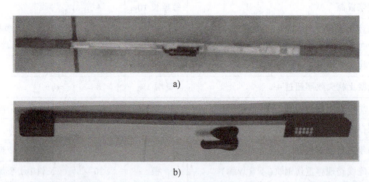

图 11-2 轨距尺
a) 标尺类轨距尺　b) 数显类轨距尺

检测线路轨距时，轨距尺必须放置在与钢轨工作边垂直的位置上。为避免因放置的位置不正确而发生误差，常把固测端紧靠一股钢轨的作用边，活测端做少量前后移动，读取表盘上轨距最小量值，即为该处轨距值。测量水平、超高时，先选取基本股，通常以列车运行方向的左股为基本股，将轨距尺垂直放置在钢轨工作边上，在读取轨距值以后，再读取水平数值，基本股高水平为正，反之则为负。

2. 人工弦线检测

铁路及城市轨道交通中线路的高低、轨向和曲线正矢通常采用弦线检测，其长度通常为30m，需要配合钢直尺使用。测量高低、轨向时，通常采用10m弦；测量曲线正矢时，根据曲线要素，合理选择弦长（10m或20m），如图11-3所示。

测量高低时，选取好弦线长度，将两侧正方体

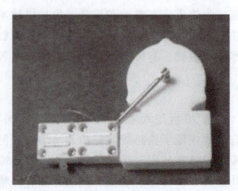

图 11-3 弦线

垫块取同一高度，直接置于轨头顶面中心处，将弦线放在钢轨顶面上拉紧，以弦线稍有紧绷感为最佳，用钢直尺测量弦线到钢轨顶面的垂直距离，将所读的实数减去正方体高度（通常为20mm或10mm），即为所得到高低的数值。

直线段测量轨向，选取好弦线长度，将两侧正方体垫块取同一高度，将弦线放在钢轨侧面上拉紧，通常以弦线在钢轨踏面下16mm处，弦线稍有紧绷感为最佳，用钢直尺测量弦线与钢轨间的矢度，将所读的实数减去正方体高度（通常为20mm或10mm），即为所得到轨向的数值。采用同样的方法，在曲线上测得数值即为该点的曲线正矢，如图11-4所示。

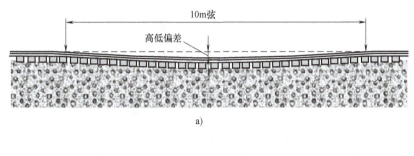

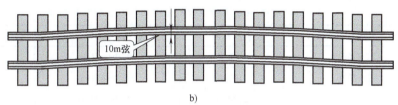

图11-4　弦线测量线路的高低和方向
a）弦线测量轨道（前后）高低　b）弦线测量轨道方向

3. 轨道检查仪检测

铁路轨道检查仪是对轨道几何参数进行静态检测的小型推车式检测设备，按测量方式分为铁路轨道检查仪和客运专线轨道几何状态测量仪两类。

1）轨检仪。通常所说的轨道检查仪（简称轨检仪）是指具备相对测量功能，利用移动或静态激光弦测量铁路轨道几何参数的铁路专用计量器具，可用于普速铁路、高速铁路轨道精调前后的静态测量，能够快速对轨距、超高、水平、轨向、高低、扭曲、轨距变化率等轨道几何参数进行检测。

轨检仪的结构形式主要为T形，硬件由可拆卸纵横梁、轨距传感器、里程传感器、倾角传感器、陀螺仪、电源及三防便携式计算机等组成，配有相应的数据采集与处理专业软件。轨检仪从测量精度上分为两个等级：0级用于测量允许速度不大于350km/h的线路，1级用于测量允许速度不大于200km/h的线路。

轨检仪上线作业时，设备的T形结构与轨道内侧面紧密接触，利用高精度陀螺仪的测角原理及里程计、轨距传感器所获取的数据，计算出所测轨道内部几何参数，达到检测轨道几何状态的目的。

我国目前使用的轨道检查仪主要有：GJY-I-1、GJY-H-1、GJY-H-2、GJY-H-3、GJY-H-4、GJY-T-LX和GJY-T-4等类型。

GJY-T-4型轨道检查仪（图11-5）自带的微型计算机系统用于记录并分析检测数据，同时将测量结果显示在液晶显示屏上，并可进行人机对话，用于记录线路的百米标，道口，站台，扣件螺栓脱落，断轨、磨耗等钢轨伤损信息。GJY-T-4 型轨道检查仪现场检测的数据还可储存在数据采集系统中的内存中，可同步采集线路设备的轨距、水平、高低、方向、三角坑、曲线正矢等轨道几何形位数据，采集的数据可通过移动存储设备（如 U 盘）输入计算机进行数据分析。表 11-25 为 GJY-T-4 型轨道检查仪的检测项目及主要性能指标。

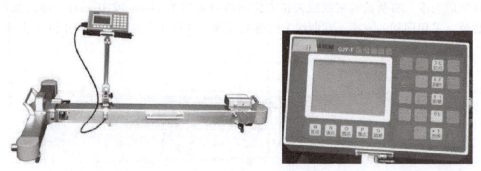

图 11-5　GJY-T-4 型轨道检查仪

表 11-25　GJY-T-4 型轨道检查仪的检测项目及主要性能指标

序号	技术指标检测项目	测量范围	示值误差	备注
1	左右高低	±50mm	±1.0mm/10m	—
2	左右轨向	±100mm	±1.0mm/10m	—
3	正矢	±400mm	±1.0mm/20m	—
4	轨距	1410～1470mm	±0.5mm	—
5	水平及超高（超高调头误差）	±200mm	±0.5mm（超高调头误差 0.3mm）	—
6	三角坑	±30mm	±1.0mm	2.4m、6.25m 基长
7	里程	0～9999km	±0.3%	—
8	轨距变化率	—	0.1%～0.2%	可以选择

　　GJY-T-4 型轨道检查仪与大型轨道检测车的原理近似，能自动、准确和实时地测量、大密度地（采集间隔 0.125m）记录轨道的静态几何参数，即轨距、水平及超高、左右股轨向（10m 弦）及正矢（20m 弦）和高低，并可推算 2.4m、6.25m 及 18m 内的三角坑。检测数据具备温度补偿功能。

　　GJY-T-4 型轨道检查仪配备 32 位嵌入式操作系统、真彩色显示面板，可在显示面板上直接读取轨距、水平、轨向及正矢和高低等轨道几何形位数据。检查仪具备现场超限报警功能，可存储容量达 100km 以上的线路检测数据。可以输入曲线要素，判别不合格的线路处所。

　　检测数据通过专业配套的分析软件可以对线路资料自动识别，并根据线路轨道静态几何参数管理值进行判断。形成格式化报表（包括三种级别的超限报表、曲线检查报表、线路检查报表等）并打印输出，作为工务轨道维修的依据，从而可解决路局直管站段后的数据传递、查询、浏览、历史数据的对比分析处理和数据共享问题。

　　GJY-T-4 型轨道检查仪的工作环境条件为：环境温度 −20～+50℃，相对湿度小于 90%，海拔不超过 2500m，行进速度不超过 8km/h。

2) 轨道几何状态测量仪。轨道几何状态测量仪（简称轨测仪）是具备绝对测量功能的轨道检查仪，除具备对轨距、超高、水平、轨向、高低、扭曲、轨距变化率等轨道内部几何参数进行检测的功能外，还通过全站仪基于线路两旁建立的轨道控制网（CP Ⅲ）进行绝对定位测量，可获取轨道平面坐标及高程（左轨、中线、右轨）等轨道外部几何参数，进而指导高速铁路轨道精调。

轨测仪小车车体由坚固耐用、高精度的铝合金材料制成，其结构形式有 T 形和 I 形两种，不同型号的轨测仪构成大同小异。T 形轨测仪硬件组成部分为：可拆卸纵横梁、轨距传感器、里程传感器、倾角传感器、棱镜支柱、无线通信模块、电源及三防便携式计算机等；I 形轨测仪硬件组成部分与 T 形基本相同，只是横梁为整体结构，且用智能型手簿代替了三防便携式计算机。

比较有代表性的进口轨测仪有 Amberg GRP 1000、GRP 3000、GRP 5000、GRP System FX 及 GEDO CE 等，如图 11-6、图 11-7 所示。

 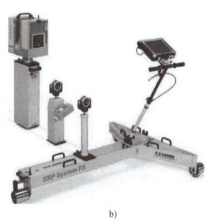

a)   b)

图 11-6　Amberg 轨测仪

a) GRP 5000　b) GRP System FX

轨测仪测量原理为：利用轨道两旁的 CP Ⅲ 网和全站仪的自动跟踪测量功能，对轨测仪上的棱镜进行观测并获得其三维坐标，结合轨道设计文件，轨距传感器和倾角传感器等信号，利用线路中线点等坐标计算模型、轨道点对应的线路中线点里程计算模型、平顺性参数计算模型与轨测仪坐标转换模型，实时计算轨测仪所处位置的实测三维坐标及其各项轨道几何参数。

图 11-7　GEDO CE 轨测仪

轨测仪在运行中完成对轨道设备的检测，其传感器可完成一体化的轨距、高低、水平和里程测量，借助专业软件用于控制测量和数据存储管理，数据采集速度快、数量大，对采集到的数据能及时地进行分析与报警，用于现场指导维修、复核和验收作业。

轨测仪的主要功能如下：

① 无砟轨道所要求的高精度的施工测量：使用时可以根据轨道实际的坐标位置，实时计算所需要的校正值，并以表格和图形的形式提供验收记录的轨道各项指标的实际值和设计值的偏差。

② 有砟轨道的施工和养护维修：除提供轨道的校正值外，也可将校正值以数字化的形式输出到捣固机，并优化轨道的维修过程。

③ 线路的设计测量：线路检查小车与专业断面仪结合，可以全面、高精度地对线路设施及其周边进行测量和记录，如图11-8所示。测量的具体项目包括轨道、信号和接触网支柱的位置，接触网导线及弯曲下垂的状况，桥梁和隧道状况，线路设施状况，站台和轨道周围的建筑物，路堤和路堑状况，以及道口和交叉等状况。

④ 线路大修：对线路大修前后进行测量和检查，将更新后的线路检查信息输入铁路网数据库，由于大修施工前后所有数据均来自同一个测量系统，因此可优化线路大修的设计和施工过程。

4. 激光轨道高低和轨向检测

XJY-100线路激光测量仪是针对提速铁路建设需求而研制的一种集光学、精密机械、数字处理技术于一体的精密测量仪器（图11-9）。该仪器由发射装置、接收装置和数据采集及处理系统组成。其中发射装置由激光源、机架、二维调整机构和瞄准器组成；接收装置由机架、二维光电测量靶组成。XJY-100线路激光测量仪的量程为±35mm（方向）、±25mm（高低），测量距离为100m内任意弦长，适用于工务部门的现场施工作业和线路日常检查。

图11-8 轨测仪对轨道及其周边设施（隧道）进行测量

图11-9 XJY-100线路激光测量仪

XJY-200线路激光测量仪是针对提速及高速铁路建设需求而研制的一种集光学、传感器、精密机械、伺服系统、数字处理技术于一体的精密测量仪器。仪器利用激光提供准直光源，利用二维光电靶测量高低、方向（正矢），利用陀螺仪测量水平（超高），利用传感器测量轨距和里程。可实现200m内任意弦长线路几何参数的测量，具有精度高、测量方便的特点。

JGY型激光长弦轨道检查仪（图11-10）是利用激光准直技术研制的轨道几何参数检测设备，用于轨道不平顺偏差的检测。检查仪由计算机控制系统、激光发射小车、激光接收小车等部分组成。计算机控制系统能够实现数据的实时显示、数据存储以及报表生成与分析等功能；激光发射小车安装了激光发射器，主要负责激光基准弦线等建立和调整；激光接收小车搭载了两维激光接收系统，位移、倾角、脉冲编码器等测量单元，负责传感器数据的采集处理和实时通信功能。

图 11-10　JGY 型激光长弦轨道检查仪

将激光长弦轨道检查仪的发射小车和接收小车分别固定在轨道上的指定位置，由发射小车与接收小车之间的激光束建立"理论弦线"基准，通过小车行进过程中检测出的相对于基准弦线的横向和纵向偏差，结合轨距、超高等数据计算轨道几何参数。

5. 道岔支距检测

道岔直股基本轨到导曲线上股钢轨距离检测采用支距尺（图 11-11）进行检测，其精确度为 1mm。测量时将支距尺垂直放置于道岔直股与导曲线之间，将支距尺顶端短横轴部位的两个圆柱体紧贴在道岔直股钢轨作用边上，支距尺的尺身另一端对准导曲线内各部位钢轨上标注的测量位置，并且确保支距尺紧靠在对应的导曲线钢轨作用边上，读取活动卡刻度线对应的支距尺尺身上的读数，即为该测点的支距值。

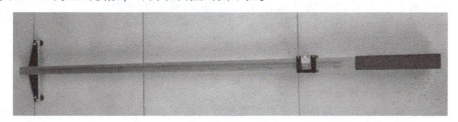

图 11-11　道岔支距尺

11.3.2　钢轨表面状态静态检测

钢轨表面的主要伤损状态包括轨头侧磨、轨头垂直磨耗、钢轨波磨、轨头表面擦伤和剥离、轨头肥边、钢轨本身及接头或焊缝不平顺等。对钢轨表面伤损状态及早精确地检测，并采取相应的整治措施，对有效减小轮轨动力作用，提高行车平稳性和安全性，以及延长钢轨使用寿命，均是非常必要的。

钢轨表面状态检测主要包括钢轨平直度检测、钢轨廓形检测、钢轨磨耗检测等。

1. 钢轨平直度检测

轨道的高低不平顺直接影响行车的舒适性和安全性，以及机车车辆振动和噪声的大小。轨道的高低不平顺是工务部门检查轨道病害、指导线路维修、保障行车安全的重要指标，也是实现轨道状态管理必不可少的数据。随着铁路行车速度的不断提升，对轨道高低不平顺状态的要求越来越高，亟须加强对钢轨的平直度检测。钢轨平直度检测是对钢轨纵向波浪起伏状况的检测。

钢轨平直度是钢轨表面与水平面相符合程度的衡量指标。钢轨不平顺直接影响轨道的平顺性，钢轨高低不平顺主要包括长波和短波（或脉冲）不平顺。长波不平顺以 10m 弦基长采用手工、线路检查仪或轨检车测量。短波不平顺包括钢轨波磨、钢轨接头不平顺、焊缝不平顺、轨头剥离掉块以及擦伤等，会造成轮轨动力作用的显著增大及轨道车辆设备的剧烈振动与破坏。钢轨平直度检测即针对钢轨短波不平顺，检测方法大致分为三类：1m 钢直尺和塞尺法、钢轨波磨尺法和钢轨平直度检测仪法。

对钢轨顶面局部不平顺，以往通常采用 1m 钢直尺和塞尺进行测量。塞尺厚度为 0.05~1.0mm 不等，可随意组合成各种厚度。将 1m 钢直尺放在轨顶面纵向中心线位置，在波磨波谷、焊缝或钢轨接头处用塞尺检验缝隙，检验的最大缝隙值就是钢轨平直度偏差。同理，也可以测出轨头侧面工作边水平方向偏差。这种检测方法的精度低，但简便易行且能满足生产需要。

钢轨波磨尺由测量梁、两端定位块以及可以沿测量梁方向（即钢轨纵向）移动的百分表组成。将波磨尺两端定位在钢轨上，沿测量梁方向移动百分表，通过读取百分表读数来确定 1m 范围内的钢轨平直度偏差。

钢轨平直度检测仪（图 11-12）是目前使用的较为精确的静态测量钢轨平顺性及波磨的检测设备。检测仪由横梁、导向机构、激光位移传感器、电机、旋转编码器、计算机等部件组成。

钢轨平直度检测仪可同时测量垂直和水平两个方向的平直度情况，适用于测量钢轨焊补、接头以及绝缘轨接头的平直度，可对钢轨垂直面的磨损程度进行评估。钢轨平直度检测仪采用非接触测量方法，利

图 11-12　钢轨平直度检测仪

用嵌入式系统、激光 CCD 三角测距技术，实现对钢轨平直度的实时检测。由于在测量过程中采用了重叠法，该设备具备的钢轨磨损测量长度可超过设备本身的长度。所以，该测量仪不仅可用于 0.03~0.3m 短距离波形范围的钢轨磨损情况评估，也可用于 1~3m 较长距离波形范围的钢轨磨损情况评估。这种测量系统具有成本低、重量轻、界面友好、便于工人操作等优点。

钢轨平直度检测仪配备便携式计算机，可直接查看检测数据，有波形显示、数据显示等多种界面，操作方便。检测仪还有超限报警、与台式机通信、进行报表打印等功能。报表及其图形有多种格式可选，图形可显示高低和当前弦长内的实际轨形（弦长 1m、3m、5m、10m 可选），报表可只显示、打印超限部分。

钢轨平直度检测仪的高低测量范围为 ±100mm，示值误差为 ±0.1mm，里程测量范围为 0~15km。

钢轨波磨测量仪（CAT）是一款用于测量和分析钢轨表面纵向不平顺度的专用设备（图 11-13），该设备的特点是能在长距离上迅速、大量和高精度地采集钢轨纵向不平顺度数

据,并有相应软件进行数据分析。垂向精度具有测量钢轨表面噪声级粗糙度的能力。

图 11-13　钢轨波磨测量仪

2. 钢轨廓形及磨耗检测

钢轨磨耗主要有侧面磨耗、垂直磨耗和波磨等。随着铁路不断向高速、重载和高密度运输的发展,钢轨的磨耗日益严重。曲线地段钢轨头部磨耗是铁路干线钢轨失效的主要原因,尤其是小半径曲线外轨的侧面磨耗直接决定了其使用寿命。钢轨磨耗到一定程度会造成轨距增大,使车体振动或晃动加大,威胁行车安全。当磨耗超过一定限度时,需要及时地对钢轨进行更换或打磨,因此及时而准确地检测钢轨的磨耗状况是必要的。进一步地,可利用钢轨磨耗检测数据估计钢轨的磨耗寿命,预测钢轨的使用时间,适时合理地安排更换或打磨钢轨,也可以检查分析钢轨打磨的效果。

图 11-14 所示是钢轨头部经磨耗后的典型断面,钢轨头部磨耗分为顶面磨耗或垂直磨耗 W_1 和内侧面磨耗或侧面磨耗 W_2。根据磨耗后轨头廓形的特点及传感器的测量原理,我国主要采用机械接触式手工检测和光学系统非接触检测两大类方法。

1) 机械接触式钢轨测磨仪。机械接触式钢轨磨耗检测仪有针式和游标式(图 11-15、图 11-16),以及滚轮接触式测磨仪(图 11-17)。该类检测仪原理简单,使用方便,但有些仪器测量数据误差较大,测试数据不利于计算机分析管理。

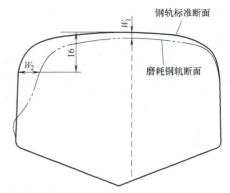

图 11-14　磨耗后的钢轨头部典型断面

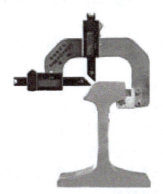
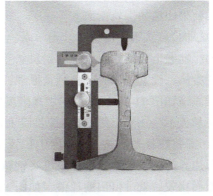

图 11-15　钢轨断面针式磨耗检测仪

图 11-16　游标式钢轨磨耗检测仪

图 11-17　MiniProf 钢轨断面接触测量装置（滚轮接触式测磨仪）

针式磨耗检测仪有 2 针、9 针、23 针测磨仪，在一设定基准上、间隔一定距离、按一定角度分布着若干个小型游标尺，可测量轨头上各个角度的磨耗量。

滚轮接触式测磨仪可测量轨头断面的轮廓形状，采用平行四边形原理，在平行四边形的一个角附近设置一个滚动小轮，小轮沿轨头周边滚动，在平行四边形的对角附近设一画笔，小轮沿轨头周边滚动的过程中，画笔即在纸上连续地画出轨头轮廓线。图 11-17 所示的 MiniProf 钢轨断面接触测量装置与轨头磁性接触，可以测量不同轨道类型的钢轨断面，也可测量辙岔或交叉处带凹槽的钢轨断面。

2）光学系统非接触式钢轨测磨仪。光学系统非接触检测装置，有小型手持的，也有安装在轨检车上的，动态地检测铁路沿线的钢轨状态。

非接触磨耗检测系统基于激光三角测量原理，采用光取断面技术实现对钢轨磨耗的非接触测量。其测试原理如图 11-18 所示，利用高强度的窄激光光束，以一定的角度投射到钢轨上（轨面至内侧轨腰），在钢轨表面和内侧轨腰上形成一条光带，此光带为结构光与钢轨的交线。面阵 CCD 安装在与光束成一定角度的位置上，对光带进行摄像，影像的信息经处理后形成具有影像边界的钢轨轮廓。处理系统将钢轨轮廓数字化，识别出钢轨外形轮廓，再将它与标准钢轨断面比较，就可得出磨耗值，如图 11-19 所示。

目前开发使用的光学系统非接触式钢轨测磨仪，是测量精度高、携带使用方便的轨头磨

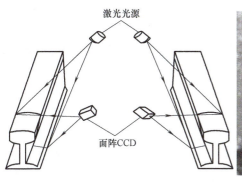 

图 11-18　光学系统非接触式钢轨断面测量原理

图 11-19　非接触式钢轨断面测量仪与测量结果

耗智能检测系统。

11.3.3　其他轨道部件状态静态检测

随着传感器技术、计算机和通信技术的发展，铁路轨道的检测设备精度不断提高，使用越来越方便，而且种类也不断增加。下面介绍几种轨道部件状态检测方法，有关无缝线路及道岔的检测将在后面的相关章节中介绍。

1. 钢轨断缝检测

图 11-20 所示为 HTF-3 型断轨速查仪，该仪器采用漏磁检测原理，应用数字集成电路和单片机技术，实现对钢轨断轨故障的非接触式快速检测；在信号检测盒内装有特型恒磁体、

图 11-20　HTF-3 型断轨速查仪

轨道工程

信号检测头和前置放大电路等，实现了对断轨处的漏磁检测；检测速度范围 2~15km/h，具有在运行速度不超过 15km/h 的条件下快速识别 0.05mm 及其以上断缝的功能。当发现钢轨断缝时，速查仪以声光方式报警；配有轨面照明设备，满足了夜间和隧道内等光线不良地段的检测和直接观察。

2. 轨枕状态检测

钢筋混凝土轨枕在使用中常会发生裂纹、掉块及挡肩破损等病害，影响线路质量，严重时危及行车安全，有必要加强对轨枕状态的检查。轨枕状态主要检查轨枕顶面螺栓孔附近或两螺栓孔间的纵向裂纹、轨枕顶面螺栓孔附近横向裂纹、轨枕中部顶面横向和侧面垂直裂纹、轨枕挡肩处水平裂纹及挡肩损坏、空吊枕等。轨枕裂纹一旦形成环状，或残余裂纹达到一定宽度，将影响轨枕承载能力或加速预应力钢筋锈蚀，造成轨枕失效。

图 11-21 所示为 Bvsys 轨枕表面检测系统，该系统可安装在列车或轨检设备车上，系统配备 2 台像素为 0.4mm×0.5mm 的摄像机，其图像分析系统可提供混凝土轨枕和道床表面的状态，及早发现混凝土枕表面裂纹和掉块等病害。

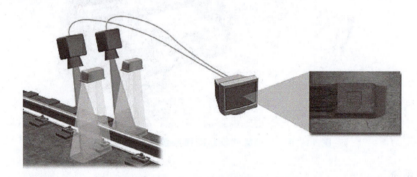

图 11-21　Bvsys 轨枕表面检测系统

3. 扣件状态检测

IRC 轨道扣件智能检查仪（图 11-22）主要用于自动检测铁路扣件的完整性及弹条的紧固状态，是轨道维护人员巡查扣件系统快速有效的辅助工具。系统采用激光检测和图像智能分析技术，实时检测扣件、弹条的多种病害，实时声光报警，同时将检查结果保存，作为扣件、弹条状态分析及养护维修的依据。

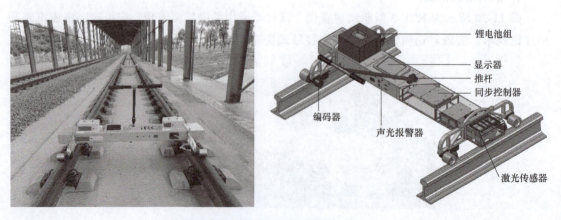

图 11-22　IRC 轨道扣件智能检查仪

作为 IRC 扣件智能检查仪的功能扩展，轨道扣件弹条裂纹智能检查仪采用数字高清拍照技术与计算机图像处理技术，可在高清晰度照片中提取扣件、弹条及识别弹条裂缝。该系统使用了 4 台数字高清相机，辅助大功率 LED 闪光灯，可拍出高清晰度的扣件弹条图像。图片分辨率达到 0.1mm/像素，可以清楚辨别弹条表面的微小裂缝，如图 11-23 所示。

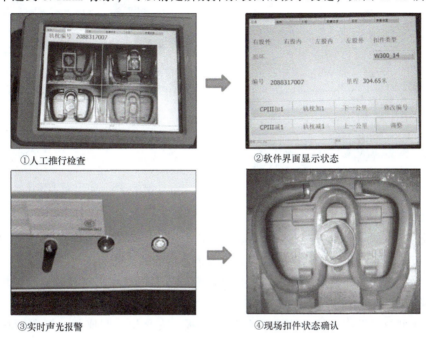

图 11-23　扣件弹条裂纹智能检查仪检测

4. 有砟道床状态检测

道床状态包括道床尺寸、道床脏污和板结程度等。道床尺寸的检查方法较为简单，而道床的脏污和板结程度则需要仪器设备进行测试。

道床脏污程度用道床内脏污物（粒径小于 20mm）或道床空隙率衡量。道床内脏污物测量一般采用筛分法进行，即在线路上随机抽取一定长度的道床，进行道床破底开挖，将挖出的道砟及脏污物一起过筛后，称量粒径小于 20mm 的脏污物重量。

较为先进的检测方法是进行道床空隙率或密度测量。测量空隙率的常用仪器是同位素道床密实度测量仪。清洁碎石道床稳定后的空隙率一般在 31%～37%之间，当空隙率显著降低时，就容易发生板结、翻浆冒泥等致使道床失去弹性的病害。

翻浆冒泥是翻浆和冒泥两类病害的总称。翻浆可分为道床翻浆与基床翻浆两类，较严重时道床翻浆和基床翻浆一起出现。道床翻浆的根源在于道床不洁与排水不良，其发生地段与下部路基无关，通常不侵入路基。道床中翻出的泥浆比路基土的颜色要深，雨季时道床翻浆严重，雨季过后不再发生或明显变轻微。道床因石砟被泥浆固结成干硬整块，逐渐板结并失去弹性。道床翻浆的严重程度可用翻浆等级加以划分。

德国铁路使用对道床钻孔取样（图 11-24）来检测道床的脏污和层次状态，这种方法只能抽样检测，并且也是一种有损检测，取样处的碎石道床状态会被破坏。而目前探地雷达系统（GPR）在铁路路基、桥梁以及隧道结构检测应用较为广泛，图 11-25 所示为 GPR 探测道床状态设备，可检测道床的脏污板结情况、厚度及其变化、内部积水状态以及埋藏设备等信息。

图 11-24 道床钻孔取样

图 11-25 GPR 探测道床状态设备

5. 无砟轨道状态检测

无砟轨道道床为整体混凝土结构，按结构形式分为 CRTS Ⅰ型板式、CRTS Ⅱ型板式、CRTS Ⅲ型板式、双块式、道岔区轨枕埋入式及道岔区板式无砟道床等。

CRTS Ⅰ型板式无砟轨道检查内容包括轨道板、凸形挡台、底座板裂缝及掉块，水泥乳化沥青砂浆、凸形挡台周围填充树脂离缝等。

CRTS Ⅱ型板式无砟轨道检查内容包括轨道板、支承层、底座板、侧向挡块裂缝及掉块、板间接缝、水泥乳化沥青砂浆充填层离缝等。

CRTS Ⅲ型板式无砟轨道检查内容包括轨道板、自密实混凝土填充层等。

双块式无砟道床检查内容包括双块式轨枕、道床板、支承层、底座板裂缝及掉块等。

道岔区轨枕埋入式无砟道床检查内容包括岔枕、道床板、支承层、底座板裂缝及掉块、底座伸缩缝离缝等。

道岔区板式无砟道床主要检测内容包括：道岔板、底座、找平层、侧向挡块裂缝及掉块、水泥乳化沥青砂浆充填层、挤塑板离缝等。

无砟轨道表面状态主要采用人工巡道进行静态检查，而层间脱空或离缝目前还没有可靠的测试手段，可用探地雷达等专门设备进行测试。

11.3.4 线路控制测量

线路控制测量是指沿铁路线路方向建立平面和高程控制网，为勘察设计、施工建设、运营维护提供平面和高程基准的测量工作。此处指运营维护阶段的线路平面和高程控制测量，采用全站仪与轨道几何状态检测仪配合进行测量，目的是维护轨道的平顺性和保证运营的安全。线路主要测量仪器设备包括全球导航卫星系统（GNSS）卫星定位接收机、全站仪及水准仪等。

1. 高速铁路精密控制测量

高速铁路精测网由平面控制网和高程控制网组成。平面控制网在框架平面控制网（CP 0）的基础上分三级布设，第一级为基础平面控制网（CP Ⅰ），主要为线路平面控制网测量提供起闭基准；第二级为线路平面控制网（CP Ⅱ），主要为线路测量和轨道控制网测量提供起闭基准；第三级为轨道控制网（CP Ⅲ），主要为轨道铺设和运营维护提供基准。

高程控制网分两级布设，第一级为线路水准基点控制网，第二级为轨道控制网（CP Ⅲ），主要为铁路工程勘测设计、施工和运营维护提供高程基准。

高程控制测量是为铁路工程建立一个精度统一、便于各个阶段水准测量使用的高程控制网，也是各级高程控制测量的基础。高程控制网布设要考虑沿线地质条件和地面不均匀沉降变形的程度，分为基岩点、深埋水准点和普通水准点三种标识埋设形式。线路水准基点沿铁路线路布设，并起闭于国家高等级水准点，形成附合水准路线或闭合环。水准基点设在距线路中线50~200m的范围内，一般地段每隔1~2km设置一个，重点工程（大桥、长隧）地段根据需要增设水准点。

轨道控制网（CP Ⅲ）是沿线路布设的三维控制网，起闭于基础平面控制网（CP Ⅰ）或线路平面控制网（CP Ⅱ）及线路水准基点。当原控制网不能满足联测需要时，在桥梁、隧道地段需按相应要求进行增设CP Ⅱ及水准基点，也称加密CP Ⅱ及加密水准点测量。

CP Ⅲ平面测量在200km/h客货共线及高速铁路采用自由测站边角交会法布网。CP Ⅲ点沿线路成对布置，纵向间距宜为60m左右，各CP Ⅲ控制点设于设计轨道面以上30cm的地方并大致等高。CP Ⅲ测量标志为强制对中标，用不易生锈及腐蚀的金属材料制作，一般由固定的埋设标和可以装卸的连接件组成，标志加工、安装精度满足规范要求。外业观测采用自由测站边角交会的方法进行测量，使用的全站仪需具有自动目标搜索、自动照准、自动观测、自动记录功能，测角精度不低于1″，测距精度不低于$5mm+D\times10^{-6}$，其中D为测量点距离。边长观测需进行温度、气压等气象元素改正。CP Ⅲ控制网水平方向采用全圆方向观测法进行观测，也可以采用分组全圆方向观测法。CP Ⅲ平面网的观测主要技术要求见表11-26。

表11-26 CP Ⅲ平面网的观测主要技术要求

设计速度	方向观测中误差	距离观测中误差	相邻点的相对点位中误差
250km/h及以上铁路	1.8″	1.0mm	±1.0mm
200km/h有砟轨道	2.5″	1.5mm	±1.5mm

CP Ⅲ高层控制网观测采用水准测量或精密光电测距三角高程测量的方法进行，并附合于线路水准点或加密水准点，水准路线附合长度2km左右。CP Ⅲ点与上一级水准点的高程联测，使用水准测量方式进行往返观测。250km/h及以上铁路采用精密水准测量，200km/h有砟轨道铁路采用三等水准测量。

控制网复测的方法与原控制网相同，测量精度等级不低于原控制测量等级。复测前应检查标石的完好性，对丢失和破坏的标石按原测标准采用同精度内插方法提交新成果并恢复；复测结果符合规定要求时，采用原测成果；复测结果不符合规定要求时，应分析和查明原因，必要时进行二次复测，采用同精度内插方法更新成果，并在提交的复测成果中说明。复测频次根据《运营期高速铁路精密测量控制网管理办法》有关规定进行。

轨道控制网是线上系统养护维修测量的基准点，需定期进行复测维护，以保证基准的正确、准确、完整性。尤其对区域地面沉降段落、线下工程沉降不稳定段落以及大跨连续梁桥等特殊结构物上的CP Ⅲ网点，需加密复测周期，对于移动、破坏的CP Ⅲ点应及时补设。

CP Ⅲ控制网的复测采用与原测相同的方法和精度进行，复测联测上一级控制点的方法和数量与建网测量相同。

2. 普速铁路控制测量

普速铁路控制测量分为平面和高程控制测量。平面控制网在框架平面控制网（CP 0）的基础上分三级布设，第一级为基础平面控制网（CP Ⅰ），主要为勘测、施工、运营维护提供坐标基准；第二级为线路平面控制网（CP Ⅱ），主要为勘测和施工提供控制基准；第三级为轨道控制网（CP Ⅲ），主要为轨道铺设和运营维护提供基准。CP Ⅰ、CP Ⅱ与高速铁路精密控制测量方式方法基本相同，不同的是测量等级上的差异，而普速铁路 CP Ⅲ 布设为导线，在测量方法上与高速铁路有所不同。

对于导线法 CP Ⅲ，由施工单位在轨道施工前布设，CP Ⅲ控制点距线路中线的距离宜为 2.5~4m，间距宜为 150~200m。路基段可埋设在接触网基座方便观测的位置，桥梁段可埋设在挡砟墙顶，隧道可埋设在电缆槽顶，埋设位置均应安全稳固，不受干扰。

CP Ⅲ 导线采用附合导线形式进行构网。每 400~800m 联测一次高等级的 CP Ⅰ 或 CP Ⅱ 点，每 4km 进行一次方向闭合，导线测量按五等导线要求进行，复测采用的观测方法精度指标与原测相同。

■ 11.4 轨道动态检测技术

轨道动态检测是指车辆搭载轨道检测设备、装置或系统，在真实运行条件下来评价有载作用下轨道的实际质量和状态。

轨道动态检测主要涵盖轨道几何动态检测、钢轨短波不平顺检测、线路检查仪、轨道状态巡检、钢轨廓形检测等。

通过轨道动态检测可以准确掌握线路设备等的技术状态和变化规律，及时发现问题，科学合理安排线路的养护维修，确保线路处于良好质量状态，保障铁路运输安全。

11.4.1 轨道动态检测技术及发展

轨道动态检测是检查线路设备质量状态，保障列车运行安全的一个极其重要的手段。因此，检测数据必须科学、准确、及时，先进的科学方法和技术原理是轨道动态检测技术发展的先决条件。

目前轨道动态检测融合光学、精密机械、电子、计算机、自动控制、图像处理、机器视觉等先进技术，直接或间接与被测对象接触或非接触，获取原始信息，实现物理量向电量转换，经过计算机数学模型的处理和分析，得到所需的测量结果，不改变被测对象的几何形状，不破坏其结构，不影响其工况，测量结果真实可靠。

1. 激光传感技术

激光传感技术以光电子学为基础，综合光学、电子学、计算机等技术，主要用于测量高低、轨向、轨距等轨道几何参数及复线间距、限界检测等。轨迹测量基于激光器发射线性结构光照射到钢轨上，高速相机捕获钢轨断面轮廓线图像，测得轨距点在以检测梁为基准的坐标系中的坐标变化，即单边轨距，由左右单边轨距合成轨距。

2. 图像处理技术

图像处理技术采用高速相机拍摄图像，计算机实时分析处理，以获得被测目标的数据信息，主要用于钢轨断面轮廓、表面擦伤、道床状态及扣件松动等检测。钢轨断面轮廓检测采用线结构光垂直"切割"钢轨，摄像传感器捕获钢轨断面轮廓图像，计算机实时处理图像得到钢轨轮廓及磨耗信息。

3. 振动测量技术

列车运行中受轨道不平顺等因素的影响，车辆产生复杂振动，振动测量技术基于惯性测量系统，利用加速度计及陀螺等惯性敏感器件和计算机技术，实时测量车体姿态变化，最终达到测量轨道不平顺的目的。

4. 计算机技术应用

计算机技术的突飞猛进极大地推动了轨道动态检测技术的发展，计算机在轨道动态检测中的应用，丰富了检测项目，提高了检测精度以及系统的稳定性和可靠性，实现了实时同步检测。计算机在轨道动态检测中有三个方面作用：一是与传感器、模拟处理系统构成统一的模拟数字混合处理检测系统，完成对轨道的检测；二是对测量结果进行统计分析及评价，绘制成图表，即时打印，并适时传输给主管部门及维修机构，为轨道科学管理和维修处理提供科学依据；三是为未来数字化、小型化轨道检测系统的研发提供了技术平台支撑。

11.4.2 轨道几何动态检测系统

轨道检查车（简称轨检车）、高速综合检测列车是我国目前最普遍最重要的轨道动态检测装备。轨检车最高运行速度 160km/h，高速综合检测列车以动车组为平台，最高运行速度 350km/h。

1926 年以来，日、美、英、荷、法、奥等国分别开发了各具特色的动检系统，并装备于各类轨道检查车上，其主要有弦测法和惯性基准法两种技术途径。其中，具有代表性的动检系统包括 East-i 综合检测列车（日）、Laserail 轨道测量系统（美）、T10 型轨道检查车（美）、EM-250 型轨道检查车（奥）、OMWE 轨道检查车（德）、RAILAB 轨道检查车（德）、MGV 综合检测车（法）等。其中，East-i 综合检测列车采用弦测法，其他轨道检查车均采用惯性基准法。

自 20 世纪 50 年代至今，我国轨道检测技术经历了 EX-1 型、EX-2 型、GJ-3 型、GJ-4 型、GJ-5 型和 GJ-6 型六个发展阶段。EX-1 型和 EX-2 型轨检车检测技术均采用弦测法检测原理，GJ-3 型至 GJ-6 型轨检车检测技术均采用惯性基准法检测原理。

GJ-6 型轨检系统是我国当前主型轨检系统，并已推广安装在所有高速综合检测列车和大多数轨检车上，用于我国铁路的日常检测和新建线路的联调联试。

GJ-6 型轨检系统可测参数及主要技术指标见表 11-27，其中检测速度受限于轨检车的最高运行速度。除表中所列主要检测参数外，还可测量速度、里程、曲率、地面标志、车体横向加速度、车体垂向加速度等。

表 11-27 GJ-6 型轨检系统可测参数及主要技术指标

检测项目	测量范围/mm	检测精度/mm	波长/m	检测速度/(km/h)
轨距	1420~1485	±0.8	—	0~160

(续)

检测项目	测量范围/mm	检测精度/mm	波长/m	检测速度/(km/h)
左(右)轨向	±50	±1.5	1.5~42	24~160
	±100	±3.0	1.5~70	40~160
	±300	±5.0	1.5~120	70~160
左(右)高低	±50	±1.0	1.5~42	15~160
	±100	±3.0	1.5~70	40~160
	±300	±5.0	1.5~120	70~160
水平	±50	±1.5	—	0~160
超高	±225	±5	—	0~160
三角坑(扭曲)	±50	±1.5	—	0~160

GJ-6 型轨道几何检测系统基于激光摄像、惯性基准等原理，采用激光摄像组件测量钢轨相对于检测梁的横向和垂向位移；采用惯性基准原理，通过惯性传感器（如加速度计、陀螺等多种传感器）测量车体和检测梁的姿态变化。传感器将需要检测的位移、速度、加速度等物理量转换为相应的模拟电信号，经过放大和模拟滤波处理后，输入数据采集和处理计算机。计算机对输入的模拟信号进行数字转换、存储、滤波、修正及补偿处理，经过综合运算，合成得到所需轨道几何参数，并按照一定的检测标准，摘取超限数据，输出统计报表，实时显示及存储轨道几何波形图。

1. 高低

高低指钢轨顶面纵向起伏变化。高低测量采用惯性基准原理，惯性基准原理如图 11-26 所示。在质量弹簧系统中，M 为质量体，A 为加速度计，在质量体与车轮之间安装有位移传感器，K、C 分别为弹簧和阻尼。位移传感器测量质量体与轮轴的相对位移 W，加速度计 A 输出值 a 的二次积分为质量体相对惯性基准的位移 Z，车轮半径为 R。质量弹簧系统在高低不平顺的钢轨上运行时，钢轨相对于惯性基准的位移可由式（11-5）得出。

$$Y = Z - W - R \tag{11-5}$$

因车轮半径 R 为常量，实际测量时式（11-5）可写为

$$Y = Z - W = \iint a\,dt\,dt - W \tag{11-6}$$

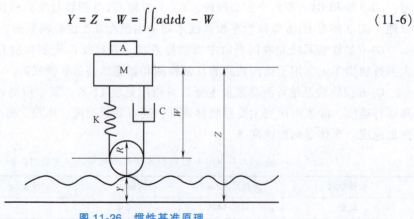

图 11-26 惯性基准原理

惯性基准法在低速情况下误差较大。因此，采用惯性基准法对车速下限有限制，停车和低速时不能进行测量。

2. 轨距

如图 11-27 所示，轨距采用激光摄像式非接触测量方式，激光器和摄像机组成一个整体组件，线光源垂直于钢轨纵向中心线，摄像机以一定的角度摄取在激光照射下的钢轨图像。

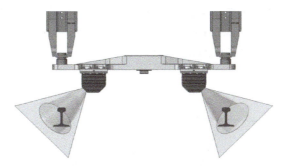

图 11-27　激光摄像式轨距测量

通过图像采集、图像处理、特征提取后，得到钢轨轮廓线的骨架图像，根据摄像系统标定得出的一组标定参数，结合钢轨轮廓图像进行像素坐标-物理坐标的坐标变换，在激光摄像组件对图像进行处理并获取单边轨距位移后，传输到实时处理计算机中进行轨距合成。

3. 轨向

轨向指钢轨内侧面轨距点沿轨道纵向水平位置的变化。轨向的测量采用惯性基准原理，是惯性基准法在横向进行轨道不平顺测量的结果。轨向的测量包括两个部分：一部分是安装于检测梁中央位置的轨向加速度传感器，用于测量轨距检测梁中央位置相对惯性空间的横向惯性位移；另一部分是左右激光摄像组件所测得的左右单边轨距分量，由惯性位移和左右轨距分量计算得到左右轨的轨向。需要说明的是，轨向是左（右）轨的方向，而非轨道中心线的方向。

4. 水平（超高）

超高测量是在运动的轨检车上建立水平基准，如图 11-28 所示。在车内地板上安装有陀螺平台，不管车辆如何运动，陀螺平台始终稳定在当地水平位置。因此，可以得到车体的倾角。利用车体和轮对之间安装的位移传感器，可以得到车体与轮对（不考虑轮对的锥形踏

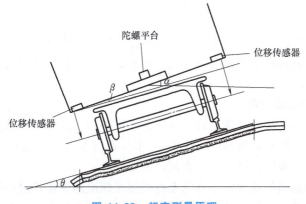

图 11-28　超高测量原理

面等因素),即车体与轨道所在平面的倾角。求车体倾角和车体与轨道倾角的代数和,可以得到轨道的倾角。通过轨道倾角和轨距运算,即可得到超高。

5. **三角坑**(扭曲)

如图 11-29 所示,相距一定基长的两个轨道断面Ⅰ和Ⅱ,与左右两轨顶面分别相交于 a、b、c、d,三角坑可以理解为 c 点到 a、b、d 三点所形成平面的垂直距离 h。实际计算时,用相距一定基长水平的代数差表示,Δh_1 为轨道断面Ⅰ—Ⅰ的水平值,Δh_2 为轨道断面Ⅱ—Ⅱ的水平值。$\Delta h_1 - \Delta h_2$ 为一定基长的两轨道断面的水平差。基长可变,目前基长采用 2.5m,三角坑包含缓和曲线超高顺坡造成的扭曲量。

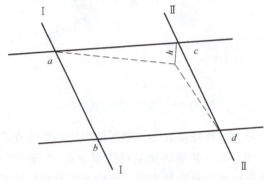

图 11-29　扭曲的测量原理

6. **曲率**

曲率定义为曲率半径的导数,实际测量时,用单位距离的曲线轨道对应的圆心角来表示。度数大,曲率大,半径小;反之,度数小,曲率小,半径大。轨检车通过曲线时(直线亦如此),采用惯性陀螺测量车体运行方向变化的角速度,采用车体与转向架间的横向位移计测量车体相对两转向架中心连线的转角,利用速度距离信息,即可计算出轨检车通过一定距离曲线后所对应的圆心角。

7. **速度和里程**

速度和里程测量采用光电编码器脉冲计数的方式,轨检车轮对转动,驱动光电编码器同步转动,光电编码器每转一周输出一定数量的脉冲,根据车轮周长和每周 n 个脉冲的已知条件,可计算出脉冲间距 L,通过脉冲计数和脉冲间距 L 可计算出距离,通过脉冲间距 L 和计数计时可计算出速度。

8. **地面标志**

地面标志物包括道口、道岔、桥梁等,这些标志物或是金属结构或含有金属部件,轨道检测系统可采用电涡流传感器来检测这些地面标志物,并在轨道几何波形图上显示出来,辅助确定轨道几何偏差的具体位置。

9. **车体横向及垂向加速度**

测量车体横向和垂向振动加速度时,要求加速传感器安装在车体地板上,并与二位转向架心盘位于同一断面,距车体纵向中心线 1m。车体垂直和水平振动加速度测量是发现轨道病害,辅助评价轨道平顺性,监测轮轨作用的重要手段。

轨检系统中车体振动加速度采用高精度石英挠性伺服加速度计进行测量,传感器信号先进行模拟滤波,然后进入计算机处理,与轨道几何参数一起按空间里程位置同步输出。

11.4.3 钢轨短波不平顺检测

钢轨短波不平顺也称为钢轨波浪磨耗,是钢轨顶面沿纵向分布的周期性类似波浪形状的不平顺现象。钢轨存在波浪磨耗会加剧轨道结构部件的伤损和轨道几何状态的变化,加剧机车车辆的疲劳伤损。

1. 检测基本原理

目前,钢轨波浪磨耗的动态检测有短弦弦测法和惯性基准法。惯性基准法又分为两种:一是用构架加速度的二次积分加上加速度计安装点相对轴箱位移的方法,二是直接用轴箱加速度二次积分的方法。此处重点介绍惯性基准法中直接用轴箱加速度二次积分的方法,如图 11-30 所示。惯性基准法的传递函数理论上为 1,能够真实反映钢轨顶面不平顺状况,但有最低检测速度的限制。

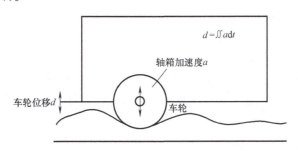

图 11-30 轴箱加速度计测波浪磨耗原理

目前钢轨波浪磨耗采用一定区段长度的波磨方均根值(RMS 值)作为评价指标。

2. 检测系统组成及功能

钢轨波浪磨耗检测系统由左右轴箱振动加速传感器、前置预处理装置、实时采集处理计算机、数据处理计算机、实时采集处理软件及数据处理软件构成。系统采用惯性基准法原理,在列车运行情况下,对轴箱加速度信号进行等距离采样、数据处理、积分滤波,输出钢轨波磨的 RMS 值,实现高频率数据采集、处理、存储、输出等多任务并行处理,按照统一的标准摘取超限值,对检测结果进行显示和存储,同时还具备超限编辑、波形对比、原始数据回放、里程自动修正等功能。

钢轨波浪磨耗检测系统具有如下功能:系统参数配置、数据采集、数据定位、实时数据波形显示、分析滤波选取所需波长范围、波磨的 RMS 值和空间曲线的波形输出、超限报告等。

钢轨波浪磨耗检测的参数有以下 4 个:左轨波磨、右轨波磨、左轨 RMS 值、右轨 RMS 值。钢轨波浪磨耗检测系统的技术指标见表 11-28。

表 11-28 波浪磨耗检测系统的技术指标

波长范围	0.1~1.5m
测量范围	0.1~3mm
测量精度	0.1mm
最低检测速度	30km/h
最高检测速度	160km/h

3. 检测数据分析及应用

通过分析钢轨波浪磨耗检测数据，可以发现钢轨接头不良、钢轨顶面波浪磨耗等钢轨伤损情况，帮助线路维修人员准确定位伤损位置。

11.4.4 线路检查仪

1. 车载式线路检查仪

车载式线路检查仪是安装于机车或动车组平台上，利用嵌入式智能传感器获得机车运行过程中水平、垂直方向振动信号，与机车安全信息综合检测装置或列控设备动态监测系统中的日期、时间、机车号等信息，生成一个能够反映轨道状态的综合数据信息包，及时发现线路晃车不良位置，并无线传输到用户端，如便携式计算机、地面接收装置、相关人员手机、机车报警装置等设备。

2. 便携式线路检查仪

便携式线路检查仪是由添乘人员携带上车，通过检测机车或动车组车体晃动间接评价线路平顺状态的仪器。它采用嵌入式加速度传感器采集机车（或动车组）车体垂向、横向振动情况，结合 GPS 精确定位，实时计算列车运行速度，或通过蓝牙与车载式线路检查仪共享机车运行数据，根据运行速度动态调整晃车门限，自动分析、记录晃车结果，具备实时打印和报警功能。

11.4.5 轨道状态巡检系统

传统的轨道巡检作业，主要依靠巡道工沿轨道步行进行人工视觉检查来完成。随着我国高速铁路运营里程的不断增加以及高原铁路的开通运营，传统的人工巡道方式已不能适应工务巡检要求，基于机器视觉的智能高效轨道状态巡检技术应运而生。

1. 巡检系统基本原理

随着图像采集、处理、模式识别等技术的发展，在巡检车上安装图像采集设备，可以记录线路的外观状态，并设计相应的模式识别系统来分析和处理记录的图像，以发现线路缺陷。车载轨道图像分析系统主要针对轨道中存在的钢轨表面擦伤、扣件异常、轨枕掉块、轨道板裂纹及线路有异物等现象进行检测。

2. 巡检系统功能模块

图像分析模块采用机器识别为主、人工确认为辅的方式对典型轨道病害进行检测。图像分析模块中最重要的是轨道病害智能识别模块，其工作流程可分为图像预处理、特征提取、模式分类 3 个环节。整个过程是将采集存储的轨道图像按照机器识别原理，分割为钢轨、扣件、道床 3 大区域。分割完成后，根据不同的检测需求，通过特征变换将检测目标从图像灰度空间转换到更易于辨识出异常样本的特征空间，最终通过基于离线机器学习获得的模式分类器完成对检测目标状态的判别。

11.4.6 综合检测列车

高速综合检测列车是经专门设计并安装有多种特定用途检测系统的电动车组，是用于检测高速铁路工务、供电和电务等基础设施技术状态的路用动车组，具有时空同步定位、数据传输和分析功能。在模拟旅客列车运行条件下，对轨道、牵引供电、通信信号状态进行检测和质量综合评估，其检测结果主要用于指导轨道、牵引供电、通信信号的养护维修和新线验收。为了使检测结果能反映旅客列车运行时基础设施的真实状态，高速综合检测列车检测时运行速度应尽可能与旅客列车运行速度一致。

1. 高速综合检测列车的发展概况及组成

随着我国既有线提速和动车组开行，特别是高速铁路建设，对铁路基础设施的动态检测提出了更高检测速度和检测精度的要求，需要高速的检测设备对运输设施进行必要的检测，以便及时发现安全隐患，指导养护和维修。

我国原采用轨道检查车、接触网检查车、电务检查车等专业检测车辆对铁路基础设施进行检测。但这些检查车辆均不具备多专业综合检查的能力，而且在检测速度和多系统空间时间的一致性等方面不能满足高速铁路的要求。因此，我国从 2004 年开始进行高速综合检测计数研究和设备研制工作，形成了包括实时检测、在线预警、综合分析、趋势预测和安全评估在内的高速铁路综合检测技术体系。

自 2007 年起，高速综合检测列车参加了既有线路第六次大面积提速试验以及京沪、京广、京哈、陇海、沪昆等我国所有新建高速铁路、客运专线和城际铁路的联调联试，承担了我国运营高铁线路和开行动车组的普速铁路每月 2~3 次全覆盖的综合检测任务。本节主要以 CRH380BJ-0301 高速综合检测列车为例进行介绍。

CRH380BJ-0301 高速综合检测列车由通信与信号检测车、接触网与综合检测车、轨道与动力学检测车、会议车、设备车、生活车、检测卧铺车和试验车各 1 辆编组而成，如图 11-31 所示。最高试验检测运行速度达 400km/h。

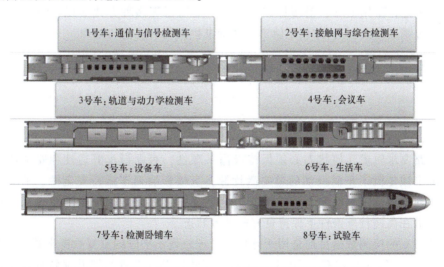

图 11-31　我国 CRH380BJ-0301 高速综合检测列车编组图

高速综合检测列车能够对轨道（含轨道几何状态、车辆动态响应）、轮轨作用力、弓网、通信、信号中影响列车运行安全的技术指标和相关信息进行实时检测，并具有时空同步定位、数据传输、存储、分析、显示、车地无线信息传输、车地无线电视电话会议等功能。

2. 综合系统

从综合检测、综合数据分析到制订维修计划、指导综合维修的基础设施检修管理体系，要求综合检测列车不是简单地将轨道、弓网、车辆、通信、信号等检测系统安装在同一列检测列车上进行检测，而是通过在检测列车上建立检测数据网络、空间同步系统、时空核准系统、视频采集处理系统、车载数据综合处理系统，将所有参数进行精确定位、同步检测、统一调度和综合数据管理。综合系统技术架构如图 11-32 所示。

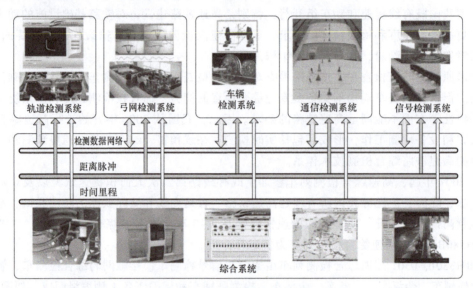

图 11-32　综合系统技术架构

里程精确定位采用 GPS、射频标签、高精度编码器等多种方式实现，满足 350km/h 运行速度下定位精度达到 2m，方便了轨道病害的准确查找、复核与处理。

■ 11.5　轨道检测数据分析应用

11.5.1　轨道几何不平顺数据分析

高速铁路要求轨道几何状态必须保持极高平顺性，否则行车舒适性和安全性将受到影响。轨道不平顺是机车车辆振动的重要激扰源，直接影响列车运行安全性、平稳性和舒适性。能否实现轨道高平顺性是高速铁路核心问题之一。因此必须加强对轨道几何状态的管理，保证轨道在高速行车条件下保持良好的技术状态。

轨道动检车的检测数据目前是用于评价和管理轨道不平顺的重要数据来源，其中包括轨道高低（左右）、轨向（左右）、水平、轨距、三角坑共计 7 项轨道几何特征，测量频率为每米测量四个点，轨检车沿轨道记录全线的里程信息及对应处各项不平顺指标值得到原始动检数据。我国现有的评价轨道不平顺的方法有峰值管理法、轨道质量指数（TQI）管理法以及轨道谱法。峰值管理法通过对每千米超限值进行加权扣分，按照扣分结果划分不同的评价等级并提供相应的养护维修建议。TQI 指标按照每 200m 区段计算高低、水平、轨距等七项不平顺指标的标准差并求和得到，该指标可以反映线路各区段轨道质量的平均水平。由于实际轨道不平顺是随里程变化的随机过程，从频域上分析包含几毫米到几百米的波长成分。不同波长不平顺对车辆运行品质影响不同，不同车速下引起车辆和轨道振动的不利波长范围也不同，因此轨道谱分析技术也是管理轨道几何不平顺的一个重要手段。

随着我国铁路的运营里程数逐渐增长，能够获得的历史轨检数据越来越多。在机器学习、深度学习大发展以及计算机性能的日益提高的背景下，越来越多的学者采用机器学习模型设计智能识别系统，通过历史对比分析、海量检测数据挖掘分析等技术，能够实现设备质量的分析、统计和趋势预测，并对轨道不平顺进行自动识别，将轨道状态"事后修"转为"预防修"，从而对轨道质量状态和劣化规律进行科学评价和管理并提高检测效率。

目前对轨道几何不平顺的分析主要是结合动态监测数据和静态检查数据以及相关检测项目检测数据，重点针对轨道不平顺状态变化趋势、不利波长成分及轨道不平顺异常值等进行综合性分析，从而为维修决策提供可靠的数据支撑。

1. 里程修正介绍

轨道动态不平顺，一般是指在有轮载作用下获取的轨道不平顺，其对轮轨间相互作用力、列车运行安全性以及旅客乘坐舒适性产生实际影响。因此，目前针对轨道不平顺的维修管理标准，尤其是安全管理标准，主要是控制轨道动态不平顺。利用轨检车与高速综合检测列车测量轨道几何形位是目前通用的轨道动态不平顺检测手段，该轨检车检测数据不仅能直接指导现场养护维修，也可用于轨道状态演变规律的研究，为实现铁路的预知性维护管理提供数据支撑。

当轨道动态不平顺检测数据存在里程误差时，该误差不仅会影响轨道质量状态的评估精度、增加工人养护维修的劳动强度，更重要的是会造成轨道状态评估结果的失真，导致对线路曲线、路桥过渡段等单个设备的维修管理变得困难。

2. 绝对里程误差

轨道动态不平顺的里程误差具有较强随机性，因此通常需要参考带有特殊几何形位的轨道设备信息判断绝对里程误差，即借助合适的绝对里程参照判断绝对里程误差。

根据线路基础数据（LKJ工务基础线路数据⊖），具有明确起讫里程的线路设备包括曲线、股道、道岔、坡道、桥梁、含有金属物的道口、轨距拉杆、钢桥和铺设护轨的混凝土桥（ALD）等。考虑到这些线路设备与实测数据各通道特征之间的关系，金属标识与桥梁、道岔等结构存在一定的关联，但因其辨识可靠性较差而不予考虑，而实测曲率、超高与线路平面曲线密切相关。由于现有研究中绝对里程标识数据基于线路平面曲线设置，因此将线路设计超高设为绝对里程参照数据以衡量绝对里程误差。

在绝对里程误差的处理中，首先是根据计算出的绝对里程误差值将绝对里程参考点处的里程值进行重新标定，再分别采用线性插值与三次函数插值的方式，得到修正绝对里程误差后的检测数据（非等距数据）与修正绝对里程误差后的轨道动态不平顺数据（等距数据）。

如图11-33所示，以某线路一年的检测数据为例，处理轨道动态不平顺的绝对里程误差后，有效地处理轨道不平顺检测数据中里程重复与缺失问题，时间历程检测数据波形已初步对应。

3. 相对里程误差

根据绝对里程误差空间位置与误差值的随机性可知，任意两次检测数据间也存在里程误

⊖ LKJ工务基础线路数据：线路名称表、车站表、股道表、道岔表、线路允许速度表、坡道坡表、曲线表、桥梁简表、隧道简表、道口表、线路里程断链明细表、车站配线图、正线起讫里程表。

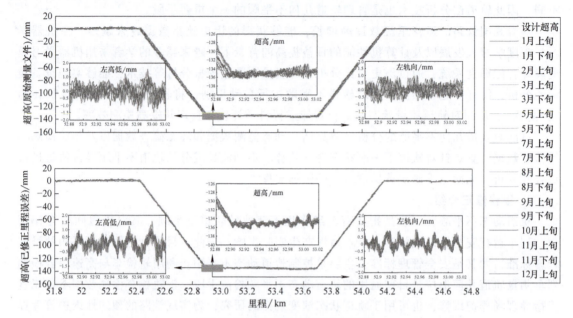

图 11-33 绝对里程误差修正效果

差,即相对里程误差。通常情况下,在一定时间范围内,轨道几何形位不会出现幅值过大的几何状态波动,因此可直接根据不同时间检测数据波形衡量相对里程误差。

从观察不同时间检测数据轨道几何不平顺七项指标与超高可以发现:不同时间检测数据的趋势、峰值点等大致相同,验证了在短期范围内,轨道不平顺状态波动较小;由于测量数据中存在随机里程误差,在不同时间对同一位置进行检测,其检测数据中里程信息会在线路实际里程附近随机漂移,从而导致该测量点的不平顺数据幅值呈现时间历程上的无规律性。

同样以某段线路的一段时间检测数据为例,分别采用线性插值算法与三次多项式插值算法处理里程误差,并将数据重新采样为 0.25m 等间距数据,最终得到时间历程下原始检测数据(图 11-34a)、修正绝对里程误差后检测数据(图 11-34c)与修正相对里程误差后检测数据(图 11-34e)对比。

可以看出:由于原始检测数据受里程误差的影响,时间历程下检测数据的波形存在明显的偏差,同时该偏差导致无法判断轨道动态不平顺的演变规律,进而阻碍现场对铁路轨道的预知性维护管理。在处理绝对里程误差后(图 11-34c)轨道波形初步呈现规律性,如里程 K46+250 处,可以依靠人工初步判断轨道不平顺规律,但基于该数据具有准确性差、人工耗时长等缺点。在处理相对里程误差后(图 11-34e),此时不同位置处轨道几何不平顺随时间历程变化能被有效地识别,如里程 K46+350 与 K46+500 处,轨距不平顺出现明显的波动。

4. 轨道劣化趋势分析

通过对轨道几何不平顺的历史数据分段处理,并研究各区段内轨道几何不平顺数据在时间域上的变化规律,结合养护维修数据,从而实现对轨道质量劣化规律的预测,为指导轨道养护维修提供依据。现有对轨道几何不平顺的预测方法主要包括:

多元线性回归、偏最小二乘回归:这类方法会由于各变量间存在多重相关性,或主成分

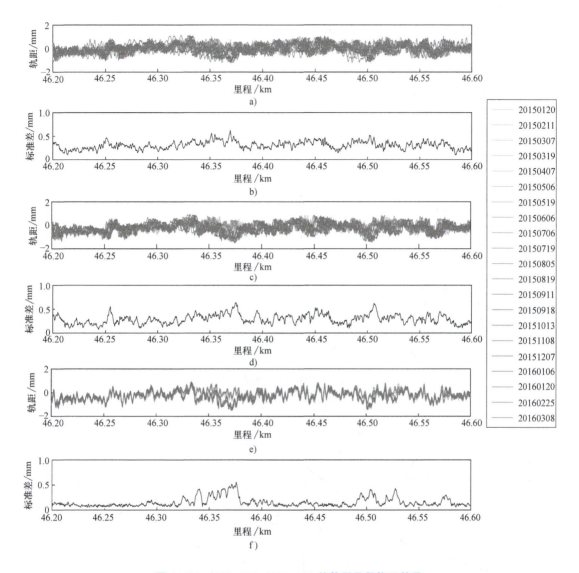

图 11-34　K46+200～K46+600 处轨距里程修正效果

a）修正前检测数据　b）修正前数据标准差　c）修正绝对里程误差后检测数据
d）修正绝对里程误差后数据标准差　e）修正相对里程误差后检测数据　f）修正相对里程误差后数据标准差

分析时损失有效变量信息而影响到模型的鲁棒性。

时间序列模型：时间序列模型是不考虑其他解释变量的作用，仅依据变量自身的变化规律，利用外推机制描述时间序列的变化，其中用到最多的是自回归滑动平均模型（ARIMA），该模型由自回归部分（AR）和滑动平均部分（MA）组成。

BP 神经网络方法、灰色理论：前者需要较多的历史数据，且模型的收敛速度比较慢，受样本容量影响较大，后者可以预测较少的样本数据且预测准确度较高，但对波动性较大的时间序列样本的预测结果往往较差。

Bayes 方法、统计学习理论：前者对先验分布的准确度要求颇高，这关系到预测的可靠性，后者在被提出之初就是为了解决非线性、小样本高维数据的识别问题，具有较强的泛化能力，而其所引出的支持向量机（Support Vector Machine，SVM）已被广泛应用于各个高科技领域。

如图 11-35、图 11-36 所示为某线路某区段的实测轨道不平顺数据在维修作业前后的两个周期内 TQI 值的变化趋势预测。其中横轴代表一个周期内不同检测时期的样本序号，纵轴为该区段对应样本时刻的 TQI 计算结果，通过 SVM 模型对训练样本进行拟合（图 11-35），并用测试样本进行验证（图 11-36）。

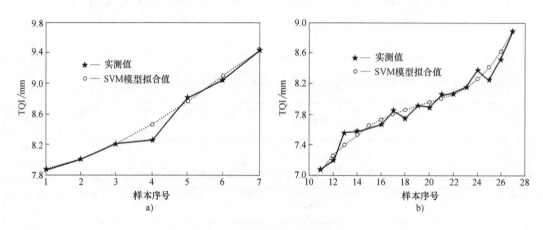

图 11-35　TQI 预测模型拟合结果

a）第 1 周期　b）第 2 周期

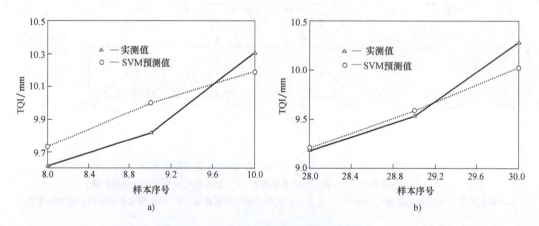

图 11-36　TQI 预测结果和实测结果对比

a）第 1 周期　b）第 2 周期

另外，通过建立轨道生存模型和脱轨风险模型，可以指导轨道工作人员制订科学的养护维修计划，在保证铁路轨道安全运营的条件下尽可能降低维修成本。

5. 不利波长分析

轨道不平顺影响因素的多样性和随机性决定了轨道不平顺的随机性。沿线路方向的轨道不平顺可以看成一个随机过程，轨道不平顺是里程位置的随机函数，不同的轨道结构、运输条件和维修手段影响实际的轨道不平顺特征。轨道不平顺谱是描述和分析轨道不平顺特征最有效的工具之一，利用轨道不平顺谱可以识别轨道不平顺中的周期成分，分析轨道状态变化规律，并对不同线路状态进行对比分析，指导线路养护维修。

对轨道不平顺和车辆的车体加速度之间的关系进行相干分析和功率谱分析，可以得到引起车辆较大动力的轨道不平顺不利波长，分析不同车辆下运行的轨道不平顺不利波长可以得到该线路的轨道不平顺不利波长范围，从而为现场养护维修和管理提供实践指导。

6. 轨道异常分析

轨道不平顺信号多数具有平稳或弱平稳性特征，可以近似将其作为平稳随机过程来处理。但在接头焊缝、道岔区、各种轨道病害地段的不平顺信号往往具有非平稳特性，利用传统的频域分析不能提供空间域上的信息，为实现线路状态的精细化特征提取，对沿线路里程上的异常值及轨道病害实时定位，通常采用时-频分析方法对轨道不平顺信号进行处理，从而在空间-频域范围内研究轨道的异常特征。时-频分析可以有机地融合空间域指标（TQI）及频域指标（PSD）的优点，可以同时控制需要监测的区段位置和波长范围。图 11-37 所示为某波长范围内时-频能量分布曲线，其中横轴代表轨道里程，纵轴代表该波长范围内能量密度平均值，通过设置一定的阈值（曲线2）来对能量异常点处进行识别。

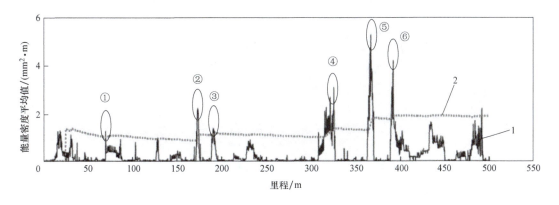

图 11-37　特征波长时域能量分布

1—时域能量分布脊线　2—能量阈值

铁路工务部门每月利用轨检车对线路的弹性变形和永久变形的叠加状态进行动态检测而获得的轨检车检测数据（Track Geometrymeasurements，TGM），包含着大量关于轨道状态的时间序列数据。在对时间序列进行分析时，经常希望能够发现这些时间序列在不同时间段的形态有何关联关系。这种关联关系一般表现为时间序列中频繁出现的变化模式和极少出现的变化模式。这种极少出现的变化模式称之为异常模式。在铁路领域，异常模式的发现对人们来说更有价值。各个路局可以从 TGM 发现异常模式，实现对轨道质量状态和劣化规律的科学评价和预测，从而提高检测效率，以有效指导维护修理工作。按照异常的表现形式不同，线性时间和空间上时间序列的异常主要分为点异常和模式异常两种，它们都是用于发现一条时间序列上的异常情况的。模式异常是指在一条时间序列上与其他模式之间具有显著差异的模式。事实上，点异常也可以认为是长度是 1 的模式异常。目前已经提出多种时间序列异常检测方法，例如，基于人工免疫系统的时间序列异常检测，基于支持向量聚类的时间序列异常检测，以及决策树和马尔可夫模型的时间序列异常检测。

11.5.2　钢轨损伤数据分析

建立钢轨伤损预测模型通常需要的数据包括：某轨道区段出现钢轨伤损的数量、轨道几何形位超限的数量、距离上一次钢轨打磨的间隔时间、该区段的线型曲率、该区段轨道运营等级、通过总运量、轨道使用年限以及道岔数量等。

生存分析（Survival Analysis）。是指将事件是否会发生以及发生的时间进行综合分析的一种统计方法，主要来自医学和生物学科，这些学科利用生存分析来研究死亡率、器官衰竭率以及各种疾病的发病率。在本书中，生存分析研究的是轨道结构会在何时发生失效的问题，换言之，钢轨生存分析模型（Survival Analysismodel）主要是基于目前的轨道状态来预测及分析轨道剩余使用寿命（采用通过运量来进行衡量）的一种数据分析模型，如图 11-38 所示。图 11-38 为某区段轨道随着通过运量增加的生存可能性的变化规律，即随着时间增加，轨道结构不会出现失效的可能性。

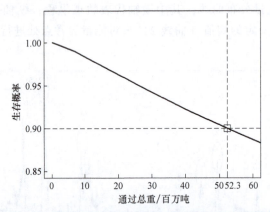

图 11-38　某区段轨道随着通过运量增加的生存可能性

1. 模型参数介绍

假设 T 为截止到下一次轨道结构失效时某区段的通过总运量，则模型相关的函数可描述如下：

1）生存函数（表示轨道结构在下一次失效前能够通过运量 T 大于某个特定运量 t 的概率）：

$$S(t) = P(T > t) \tag{11-7}$$

式中　P——T 的概率累计分布函数。

2）失效函数（表示轨道结构在下一次失效前能够通过运量 T 小于等于某个特定运量 t 的概率）：

$$F(t) = P(T \leqslant t) \tag{11-8}$$

同时满足：$F(t) = 1 - S(t)$

3）失效密度函数（轨道结构在通过运量达到 t 时的瞬时失效概率密度）：

$$f(t) = \frac{dF(t)}{dt} \tag{11-9}$$

4）风险函数（轨道结构在通过运量达到 t 时的瞬时失效概率）：

$$h(t) = \lim_{\delta t} \frac{P(t \leq T \leq \delta t + t \mid T > t)}{\delta t} = \frac{f(t)}{S(t)} \quad (11\text{-}10)$$

则当通过运量达到 t 时累计失效函数可表示为

$$H(t) = \int_0^t h(t) \, dt \quad (11\text{-}11)$$

基于历史的轨道伤损数据，可以建立起轨道结构失效的风险函数，进一步地得到生存和失效函数：

$$S(t) = 1 - F(t) = \exp[-H(t)] \quad (11\text{-}12)$$

2. 加速失效时间模型

加速失效时间模型（Accelerated Failure Time model，AFTmodel）是生存分析中最常用的回归模型，该模型是一种含参数的模型，可以分析多个协变量对轨道剩余寿命的影响。例如，轨道结构的伤损会加速轨道的失效，而某些相关的整治措施则会减缓轨道的失效。

加速失效时间模型的数学形式如下：

$$S(t \mid X) = S_0[t \exp(\beta X)] \quad (11\text{-}13)$$

或

$$h(t \mid X) = h_0[t \exp(\beta X)] \exp(\beta X) \quad (11\text{-}14)$$

式中　X——协变量（在该数据分析模型中可以表示某轨道区段出现钢轨伤损的数量、轨道几何形位超限的数量、距离上一次钢轨打磨的间隔时间、该区段的线形曲率、该区段轨道运营等级、通过总运量、轨道使用年限以及道岔数量等与轨道失效有关的参数）；

β——协变量的系数。

考虑到 AFT 模型假设协变量与目标生存通过运量之间存在对数线性假定（即协变量与生存通过运量的对数存在线性关系），则 AFT 模型可转换为

$$\lg T = \beta X + w \quad (11\text{-}15)$$

式中　w——误差项。

3. 模型参数估计

根据上述模型的描述，该模型需要估计的参数包括通过运量 T 的相关概率分布参数以及协变量的系数 β。

可根据风险函数的分布来对 AFT 实现求解。风险函数常见的分布函数如下：

1) 当 T 满足指数分布时，风险函数的分布为

$$h(t) = \lambda \quad (11\text{-}16)$$

2) 当 T 满足威布尔分布时，风险函数的分布为

$$h(t) = p \lambda^p t^{p-1} \quad (11\text{-}17)$$

3) 当 T 满足对数正态分布时，风险函数的分布为

$$h(t) = \frac{\phi(-p \lg(\lambda t))}{\Phi(-p \lg(\lambda t))} \quad (11\text{-}18)$$

4）当 T 满足负二项分布时，风险函数的分布为

$$h(t) = \frac{p\lambda^p t^{p-1}}{1+(\lambda t)^p} \quad (11\text{-}19)$$

式中　λ——位置参数；
　　　p——形状参数；
　　　ϕ——标准正态分布函数的概率密度函数；
　　　Φ——标准正态分布的概率累积函数。

上述参数可通过极大似然估计来进行计算，参数的选择依据赤池信息准则（Akaike Information Criterion，AIC）：

$$AIC = 2k - 2\ln\hat{L} \quad (11\text{-}20)$$

式中　k——估计参数的数量；
　　　$\hat{L}$——极大似然估计量。

4. 时间转移性

时间转移性（Temporal Transferability）分析是验证上述生存分析模型适用性的一种检验方法（随着时间的变化其稳定性是否满足预测的要求），主要是为了确保生存分析模型适用于未来钢轨伤损的分析预测。

例如，现有 2011—2016 年钢轨伤损的相关数据，可利用 2011—2015 年的数据建立起生存分析模型并估计相关的模型参数，采用 2016 年的数据来检验模型的正确性与合理性。时间转移性分析模型的表达如下：

$$X^2 = -2[L(\beta_T) - L(\beta_a) - L(\beta_b)] \quad (11\text{-}21)$$

式中　$L(\beta_T)$——基于 2011—2016 年数据所拟合得到的模型的对数似然数；
　　　$L(\beta_a)$、$L(\beta_b)$——分别为 2011—2015 年数据集 A 和数据集 B 所拟合得到的对数似然数。
　　　　　同时，利用卡方分布（其自由度为生存模型 A 和生存模型 B 估计参数的总和减去组合模型中的参数个数）结合 X^2 来估算 p 值，进而验证模型是否可靠（数据集 A 和数据集 B 存在不同参数的可能性）。

11.5.3　铁路大数据平台

随着高速铁路的快速发展及铁路信息化建设的逐步深入，我国铁路已积累了海量的结构化、半结构化、非结构化的数据，包括 12306 网站和 95306 网站的客、货运数据，设备台账数据，基础设施检测数据，自然灾害监测数据，视频监控数据和工程建设图样等。据初步统计，铁路总公司以及各铁路局存储的数据总量已达到 10PB 的数量级，且各类数据增量极快，大量视频、图片仅保存极短时间。可以说，我国铁路已步入大数据时代。

铁路大数据平台总体架构主要由数据采集层、数据传输层、数据存储层、数据服务层、数据分析层、数据应用层、数据展示层及数据标准体系、数据保障体系组成，如图 11-39 所示。

第11章　轨道检测与监测技术

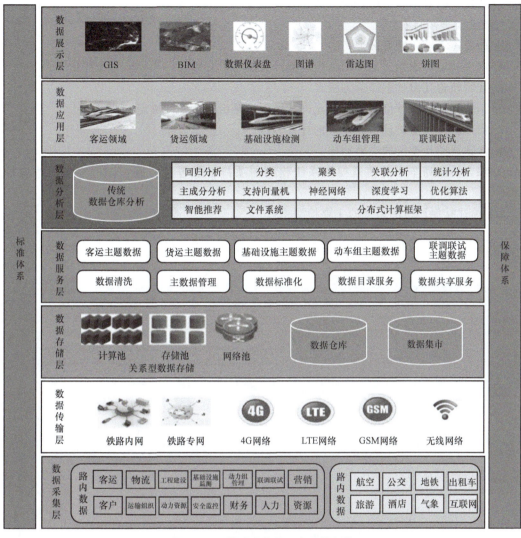

图 11-39　铁路大数据平台总体架构

小　结

随着我国高速、重载铁路的快速发展，我国已实现了铁路运输装备现代化、控制与管理科学化、检测与故障诊断智能化、设备维护与修理机械化，铁路运输安全保障技术日趋完善。对于铁路线路而言，轨道检测与监测技术已经成为铁路日常维护必不可少的部分。因此，进一步完善检测技术，及时检测线路状态，加强线路检测管理成为确保线路质量、保证运输安全的重要的基础性工作。

习　题

1. 轨道检测从内容上可分为：_____；从检查方式上可分为：_____。

383

2. 轨道几何状态静态检查时，线路几何状态检查的主要项目有：_____；道岔几何状态检查的主要项目有：_____。

3. 轨道不平顺一般可分为：_____。

4. 我国轨道静态几何不平顺的管理标准大致可以分为：_____五个层次。

5. 我国轨道几何状态评价方法有_____。

6. 钢轨磨耗状态评价时，钢轨允许磨耗限度是由哪些条件决定的？

7. 简述我国轨道质量指数TQI的计算方法。

8. 简述线路检查仪的主要功能。

9. 综合检测列车中的轨道检测系统检测的项目一般包括哪些？分析检测这些项目的原因。

10. 简述接触网检测系统的主要检测项目。

第 12 章　工务设备维护与管理

铁路是一个复杂的系统，在现代交通运输中占有重要的地位。工务设备是铁路基础设施的主要设备之一，要确保铁路的正常运用，必须实施有效的管理，包括线路设备管理（桥梁、隧洞、钢轨、轨下基础及扣件、道岔、道床等）、技术管理（线路平纵断面及其对轨道的影响、桥隧及轨道部件技术状态、技术标准等）、修理管理（修程、修制、管理模式、养路机械、轨道桥梁检测、质量评定和控制等）和综合管理（计划管理、财务管理等）。基础设施修理的宗旨就是提高设备质量，确保状态经常良好，符合规定的技术标准，保证列车以规定的最高速度平稳、安全和不间断地运行。

为保证铁路长期不间断地安全运营，就必须依靠科学的维修。20 世纪 50 年代以前，维修基本上是一门技术，缺乏系统的理论指导，对设备的维护采用的是定时维修的方式。随着设备的现代化、自动化和智能程度的提高，维修费用急剧上升，设备的故障率也急剧攀升，原有的维修方式已无法适应时代和行业发展的需求。从 20 世纪 60 年代起，美国民航界运用现代科技手段，对飞机维修的基本规律进行探索，到 20 世纪 60 年代后期，首次提出了以可靠性为中心的维修理论，并据此改革单一的定时维修方式，取得了成功。又经过 30 多年的不断改进和应用，逐渐形成了现代维修理论体系，并得到广泛应用。现代维修是以可靠性为中心的维修，即以最小的经济代价来保持和恢复设备的固有可靠性和安全性的预防性维修。维修工作应根据设备的可靠性状况、故障模式和故障后果，采用逻辑分析方法来确定所需的维修内容、维修方式、维修间隔期和维修级别，制定出预防性维修策略，既要避免维修不足，又要消除过度维修，最终达到优化维修的目的。

近年来，随着我国高速铁路的快速发展，我国的工务维护与管理也在快速发展，新设备、新技术和新方法得到广泛应用，工务管理模式也在进一步革新。尤其是铁路工务管理信息系统（PWMIS）的推广应用，现代维修理论中提出的理念和方法也逐步融入日常的工务维修管理过程中。

12.1　轨道维护的工作特点

由于轨道结构的组合性和散体性，所承受列车荷载的随机性和重复性，决定了轨道结构在运营过程中不可避免地会出现残余变形积累，造成轨道的各种不平顺和病害。轨道不平顺会加剧轮轨动力作用，造成轮轨系统的剧烈振动，降低行车平稳性，缩短列车和轨道部件的使用寿命，严重时危及行车安全。另外，轮轨的剧烈相互作用会造成轨道的累积变形，促使轨道不平顺进一步增大，形成恶性循环。为了中止轨道残余变形的恶性循环，确保列车能以规定的最高速度，安全、平稳和不间断地运行，就必须对轨道在运营过程中出现的各种变形采取相应的维修养护措施。为使轨道经常处于良好的工作状态，并最大限度地延长各设备的使用寿命，就需要对轨道进行经常维护和定期修理。轨道维修的经常性和周期性是轨道维护工作的典型特征。

科学合理的线路维护工作，不仅是安全运输的必要保障，同时可节省大量的运营投入。科学合理的线路维护工作离不开先进的轨道检测技术、合理的轨道维护内容、完善的轨道维修管理标准、科学的轨道维修管理体系以及现代化的管理信息系统。

对于传统的有砟轨道而言，轨道维护的主要内容包括线路经常维护和线路大修两部分，二者的有机结合是保证有砟轨道保持正常工作性能的重要保障。随着高速铁路的大力发展，无砟轨道以其高稳定性、高平顺性和少维修等特点，逐渐替代有砟轨道，成为高速铁路主要的轨道结构形式。由于无砟轨道具有不同于有砟轨道的结构特点，其线路维护工作主要包括周期检修、经常保养和临时补修三部分内容，三者相辅相成，共同维护无砟轨道的使用性能。

实践经验表明，只有在现代化线路检测手段的基础上，依靠先进的数据存储、传输和处理手段，建立详尽的且应用方便的维护管理信息决策系统，形成科学的轨道维护管理体系，实现对线路状态的监测、线路状态的预测、维护活动的决策、执行、验收及信息反馈的工务一体化管理，才能避免维护管理上可能出现的盲目性和浪费，同时也才有可能使线路质量状态处于高度掌握之中，确保高速行车的舒适性和安全性。

12.2 轨道维护的内容

线路维护是指在最低成本条件下，为了确保线路符合安全和质量标准的要求而进行的维护和大修的总称。我国目前把线路维护工作划分为线路经常维护和线路大修两大类。一般情况下，铁路运营部门应根据检测系统的测量数据、目视检查情况、财政情况等，并结合现场实际条件，合理地安排线路的维护和大修工作。两类维修工作相互补充。提高线路经常维护质量能增加轨道各部件使用寿命，延长大修周期。反过来，适时的高质量的线路大修，可以在一定程度上提高线路整体质量，减少经常维护的工作量。为适应大型机械化、开天窗维修及大工队的现代化作业方法的需要，经常维护应尽量实行养修分开，并遵循"预防为主、防治结合、养修并重"的技术原则。

12.2.1 有砟轨道维护的主要内容

线路经常维护应在全年内有计划地进行，其基本任务是：消除线路上各种不平顺，防止自然因素对线路的侵扰，更换个别伤损部件，保证轨道的轨距、水平、轨向、高低等几何尺寸符合规定的技术标准（图 12-1、图 12-2），道床和路基稳固、坚实，排水性能良好，轨道各部件无病害，线路外观整洁。线路经常维护包括线路综合维修、经常保养和临时补修三类维护工作。

综合维修是按周期有计划地对线路进行综合性修理，维修周期根据轨道类型和运量确定。通过综合维修，可以改善线路弹性，调整轨道几何尺寸，整修和更换设备零部件，恢复

图 12-1 人工更换钢轨

图 12-2 人工更换轨枕

线路完好的技术条件。线路、道岔综合维修的基本内容包括：根据线路状态进行的全面捣固或重点捣固；拨道、改道，调整线路及道岔各部尺寸，全面拨正线路；清筛枕盒内的不洁道床；处理道床翻浆及补充石砟；更换及方正轨枕；调整轨缝，锁定线路及道岔；焊补、打磨钢轨（图 12-3、图 12-4），整治接头病害；整修联结零件并有计划地涂油；整修路肩及排水设备；整修道口及标志等。

图 12-3 人工钢轨打磨

图 12-4 钢轨铝热焊接

经常保养是根据线路质量的变化情况，在全年度和线路全长范围内，有计划、有重点地进行养护，以保持线路质量经常处于均衡状态。经常保养的基本作业包括起道、拨道、改道；调整轨缝；校正轨底坡；方正轨枕；整正道岔；单根抽换钢轨及轨枕；修理及更换联结零件等。矫正线路纵断面标高的工作称为起道，其主要作业包括扒砟、起道、方正轨枕、回填石砟及捣固等。矫正线路平面位置的工作称为拨道，当拨道量小于 20mm 时，应一次拨好，当拨道量大于 20mm 时，应先除去轨枕端部石砟，进行一次粗拨，捣固道床后再细拨（图 12-5）。改正轨距的作业称为改道。线路、道岔经常保养的基本内容包括：根据轨道几何尺寸超过保养限值的状态，成段整修线路；处理道床翻浆，均匀道砟和整理道床；更换和修理轨枕；调整轨缝及锁定线路；更换伤损钢轨；有计划地成段修整扣件及涂油；无缝线路应力放散；整修防沙防雪设备；季节性工作或周期短于综合维修的单项工作等。

临时补修主要是及时整修轨道几何尺寸超过临时补修限度的处所，以保证列车运行的平稳性和安全性。线路、道岔临时补修的基本内容包括：整修轨道几何尺寸超过临时补修标准的处所；更换重伤钢轨、夹板和接头螺栓；调整严重不良轨缝；无缝线路钢轨折断及重伤轨的焊接；疏通严重淤塞的排水设备；整修严重不良道口（图12-6）；垫入或拆除冻害垫板等。

图12-5 人工拨道图

图12-6 道口整修

以上对有砟轨道维护的主要内容进行了总结，具体如何实现有砟轨道维护，需参考《铁路线路修理规则》和《高速铁路有砟轨道线路维修规则》等。

12.2.2 无砟轨道维护的主要内容

近年来，无砟轨道在高速铁路上得到大规模应用，由于运营时间较短，其养护维修的方法和规范正在不断完善。当前，我国的无砟轨道线路维护工作主要分为周期检修、经常保养和临时补修。

周期检修指根据线路及其各部件的变化规律和特点，对钢轨、道岔、扣件、无砟道床、无缝线路及轨道几何形位等按相应周期进行的全面检查和修理，以恢复线路完好技术状态。

经常保养指根据动、静态检测结果及线路状态变化情况，对线路设备进行的经常性修理，以保持线路质量经常处于均衡状态。

临时补修指对轨道几何尺寸超过临时补修容许偏差管理值或轨道设备伤损状态影响其正常使用的处所进行的临时性修理，以保证行车安全和舒适。

以下仅列举了无砟轨道维护的主要内容，具体维修措施参见《高速铁路无砟轨道线路维修规则》。

（1）周期检修基本内容

1）线路设备质量动态检查。

2）轨道几何尺寸和扣件螺栓扭矩静态检查。

3）钢轨探伤。

4）采用打磨列车对钢轨进行预打磨、预防性打磨和修理性打磨。

5）联结零件成段涂油、复拧。

6）根据刚度变化情况，成段更换弹性垫板。

7）有计划地对无砟道床进行检查及修补。

8）无缝线路钢轨位移、钢轨伸缩调节器伸缩量的周期性观测和分析。

9）对沉降量较大地段的轨道状态进行周期性观测和分析。

10）精测网检查、复测。

（2）经常保养基本内容

1）对轨道质量指数（TQI）超过管理值的区段或轨道几何尺寸超过经常保养容许偏差管理值的处所进行整修。

2）根据钢轨表面伤损、光带及线路动态检测情况，对钢轨进行修理。

3）整修焊缝。

4）整修伤损扣件、道岔及调节器等轨道部件。

5）无缝线路应力调整或放散。

6）修补达到Ⅱ级及以上伤损的无砟道床。

7）疏通排水。

8）精测网维护。

9）沉降地段轨道状态观测和分析。

10）修理、补充和刷新标志、标识。

11）根据季节特点对线路进行重点检查。

12）其他需要经常保养的工作。

（3）临时补修主要内容

1）及时整修轨道几何尺寸超过临时补修容许偏差管理值的处所。

2）处理伤损钢轨（含焊缝）和失效胶接绝缘接头。

3）更换伤损的道岔护轨螺栓、可动心轨咽喉和叉后间隔铁螺栓、长心轨与短心轨联结螺栓等。

4）更换伤损失效的扣件、道岔及调节器等轨道部件。

5）更换或整治失效无砟道床。

6）处理线路故障。

7）其他需要临时补修的工作。

12.2.3　曲线缩短轨计算

曲线地段外股轨线比内股轨线长，为保证两股钢轨接头采用对接方式，内股钢轨宜采用厂制缩短轨，为此需进行缩短轨计算。我国厂制缩短轨，12.5m 标准轨有缩短量为 40mm、80mm、120mm 三种，25m 标准轨有缩短量为 40mm、80mm、160mm 三种。曲线上内外两股钢轨接头的相错量，在正线和到发线上，容许为 40mm 加所用缩短轨缩短量的一半；在其他站线、次要线和使用非标准长度钢轨的线路上，容许再增加 20mm。

1. 缩短量计算

如图 12-7 所示，AB 和 $A'B'$ 分别为曲线轨道上外股轨线和内股轨线，内外轨线的长度差即为内轨的缩短量：

$$\Delta l = \int_{\varphi_1}^{\varphi_2} (\rho_1 - \rho_2) \mathrm{d}\varphi = \int_{\varphi_1}^{\varphi_2} S_1 \mathrm{d}\varphi = S_1 \varphi$$

式中　φ_1、φ_2——外轨线上 A、B 点的切线与曲线始切线的夹角；

ρ_1、ρ_2——外轨线和内轨线的半径;

S_1——内外轨中心线间的距离,取为 1500mm。

对于圆曲线,A、B 两点分别为圆曲线的始点和终点,由于 $\varphi = \dfrac{l_c}{R}$,则缩短量为

$$\Delta l_c = \dfrac{S_1 l_c}{R}$$

式中 l_c、R——圆曲线的长度和半径。

对于常用缓和曲线,则有

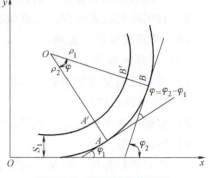

图 12-7 缩短量计算图示

$$\varphi_1 = \dfrac{l_1^2}{2Rl_0} \qquad \varphi_2 = \dfrac{l_2^2}{2Rl_0}$$

$$\Delta l = S_1(\varphi_2 - \varphi_1) = \dfrac{S_1}{2Rl_0}(l_2^2 - l_1^2)$$

式中 l_0——缓和曲线长度;

l_1、l_2——缓和曲线起点至 A、B 点的距离。

当 A、B 两点分别为缓和曲线的始点和终点时,$l_1 = 0$,$l_2 = l_0$,则整个缓和曲线内轨的缩短量为

$$\Delta l_0 = \dfrac{S_1 l_0}{R}$$

整个曲线(包括圆曲线和两端缓和曲线)的总缩短量为

$$\Delta l = 2\Delta l_0 + \Delta l_c = \dfrac{S_1 l_0}{R} + \dfrac{S_1 l_c}{R}$$

2. 缩短轨的数量及其配置

算出缩短量后,选用缩短量为 k 的缩短轨,求出整个曲线上所需的缩短轨根数 N_0:

$$N_0 = \dfrac{\Delta l}{k}$$

显然 N_0 不能大于外轨线上铺设的标准轨根数,否则应改用缩短量更大的缩短轨。确定所采用的缩短轨并计算出缩短轨根数后,即可从曲线起点开始,计算每个接头对应的总缩短量。当实际缩短量小于总缩短量且差值大于所用缩短轨缩短量的一半时,就应在该处布置一根缩短轨。缩短轨的计算应列表进行,见表 12-1,可使计算简单明了,便于复核。

表 12-1 曲线缩短轨布置计算表

曲线情况		R— l_0— k—	l_c— $l_标$— δ—	第一根钢轨进入:缓和曲线的长度为:				
接头序号	钢轨长度(包括轨缝)/m	钢轨接头至曲线起点的距离/m	计算接头缩短量/mm	钢轨排列顺序	实际缩短量/mm	接头错开量/mm	备注

12.2.4 曲线整正计算

曲线轨道在列车的动力作用下，变形不断累积，易出现方向错乱。为确保行车平稳和安全，需对曲线方向定期检查，必要时进行曲线整正，将它恢复到原设计位置。

曲线整正计算的方法较多，主要采用的为偏角法和绳正法两种。在线路大修平面设计时采用偏角法，而日常维修的曲线整正拨道计算则常采用绳正法。两种方法均应用渐伸线原理，计算现有曲线各点和设计曲线各对应点的渐伸线长度，依渐伸线长度差计算拨量。但偏角法和绳正法中渐伸线长度的计算方法有所不同。

1. 渐伸线原理

渐伸线的几何意义如图 12-8 所示。曲线 AB 表示轨道中线，设有一柔软且无伸缩性的细线紧贴在曲线 AB 上，A 端固定，另一端 B 沿轨道中线的切线方向拉离原位，拉开的直线始终与曲线 AB 相切，则 B 点的移动轨迹 B_1，B_2，…，B' 就是 B 点相对于曲线 AB 的渐伸线。BB' 弧长就是 B 点相对于切线 AB' 的渐伸线长。

渐伸线的两个特性：

1) 渐伸线的法线 B_1N_1，B_2N_2，…是对应点上原曲线的切线。
2) 渐伸线上任意两点曲率半径之差，等于对应点上原曲线弧长的增量。如渐伸线上 B_1 与 B_2 两点的曲率半径 N_1B_1 与 N_2B_2 之差，等于原曲线的弧长 N_1N_2。

根据渐伸线的定义和特性，曲线拨动时做两点假定：

1) 曲线上任一点拨动时都是沿渐伸线移动的。
2) 曲线拨动前后其长度不变。

第一点假定为拨距计算提供了依据，如图 12-9 所示，既有曲线 B 点的渐伸线长度为 E_j，设计曲线上与 B 点相对应的渐伸线长度为 E_s，则拨距即为两渐伸线长度之差：

$$\Delta e = E_s - E_j$$

$\Delta e > 0$，曲线内压；$\Delta e < 0$，曲线外挑。

第二点假定是对曲线拨动后长度变化的一种近似，因为在曲线拨动时有挑有压，长度变化不大，这种近似能满足拨量计算的精度要求。

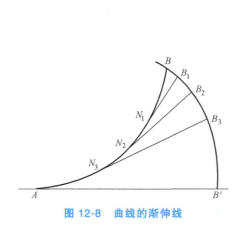

图 12-8　曲线的渐伸线

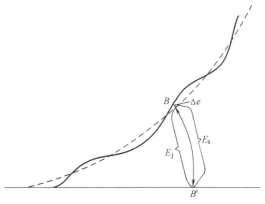

图 12-9　拨道前后的渐伸线

2. 绳正法拨道计算

用一根不易变形的 20m 长的弦线两端紧贴外轨内侧轨顶线下 16mm 处，在弦的中点量出弦线与外轨侧面的距离,称为"实测正矢",并规定实测正矢与"计划正矢"之差、实测正矢连续差及实测正矢最大最小值之差的限值,如发现实测正矢超过规定值(表12-2),则曲线需要进行整正。

表12-2 曲线正矢误差规定值

曲线半径/m	实测正矢与计算正矢差/mm				圆曲线正矢连续差/mm		圆曲线最大最小正矢差/mm	
	缓和曲线		圆曲线					
	有砟	无砟	有砟	无砟	有砟	无砟	有砟	无砟
$R \leq 1600$	3	3	4	4	4	5	7	6
$1600 < R \leq 2800$	2	2	3	3	4	4	6	6
$2800 < R \leq 3500$	3	2	3	3	4	4	5	5
$R > 3500$	1	1	2	2	3	3	4	4

(1)计划正矢的计算 圆曲线上各点(始、终点除外)的正矢应相等。半径为 R,弧长为 L 时的圆曲线正矢为

$$f_c = \frac{L^2}{8R}$$

缓和曲线正矢的计算图示如图12-10所示。设 y_1,y_2,y_3,…为各测点的支距,则有

$$f_0 = \frac{y_1}{2}, f_1 = \frac{y_2}{2}y_1, f_2 = \frac{y_1+y_3}{2} - y_2, f_3 = \frac{y_2+y_4}{2} - y_3, \cdots$$

对于常用缓和曲线,各点正矢可表示为

$$f_0 = \frac{f_s}{6}, f_1 = f_s, f_2 = 2f_s, f_3 = 3f_s, \cdots$$

式中 f_s ——缓和曲线的正矢递增率,当 n 为缓和曲线分段数时,则有

$$f_s = f_c/n 。$$

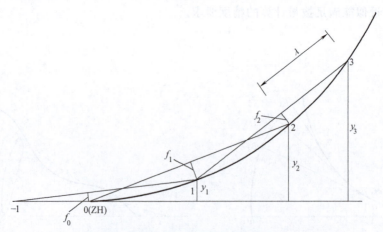

图12-10 缓和曲线正矢计算图示

当HY点(缓圆点)正好落在测点上时,其正矢为 $f_c - f_0$,但由于圆曲线一般都不是10m的整数倍,因此YH点(圆缓点)、HZ点(缓直点)就不可能恰好落在测点上,其正

矢要作为特殊情况进行计算。设 HZ 点左右测点分别为 b（缓和曲线上）、a（直线上），距 HZ 点的距离分别为 B、A，且 $\lambda = L/2$，则两测点的正矢为

$$f_a = \frac{1}{6} f_s \left(\frac{B}{\lambda}\right)^3 = a_a f_s, \quad f_b = \frac{1}{6} f_s \left[\left(1 + \frac{B}{\lambda}\right)^3 - 2\left(\frac{B}{\lambda}\right)^3\right] = a_b f_s$$

同样，设 YH 点左右测点分别为 a（圆曲线上）、b（缓和曲线上），距 YH 点分别为 A、B，则有

$$f_a = f_c - a_a f_s, \quad f_b = f_c - a_b f_s$$

第二缓和线上其他各测点的计划正矢，可根据各点至 ZH 点（直缓点）的距离按比例求得。

（2）拨量计算　曲线上各测点的渐伸线长度计算如图 12-11 所示，其中 0，1，2，…，n 分别表示曲线上各个测点，相应的实测正矢为 $f_0, f_1, f_2, \cdots, f_n$，相应的渐伸线长度为 $E_0, E_1, E_2, \cdots, E_n$，则

$$E_n = 2[nf_0 + (n-1)f_1 + (n-2)f_2 + \cdots + f_{n-1}] = 2\sum_{i=0}^{n-1}[(n-i)f_i]$$

也就是说，第 n 点的渐伸线长度 E_n，等于到其前一点（$n-1$）为止的正矢累积的合计数的两倍。同样，可求得正矢为计划正矢 f^n 的设计曲线上 n' 的渐伸线长度为

$$E_n^n = 2\sum_{i=0}^{n-1}[(n-i)f_i^n]$$

由此可得到 n 点的拨量为

$$e_n = 2\sum_{i=0}^{n-1}[(n-i)(f_i - f_i^n)]$$

拨道完成后，第 n 测点的实际正矢应为

$$f_n' = f_n + e_n - \frac{e_{n-1} + e_{n+1}}{2}$$

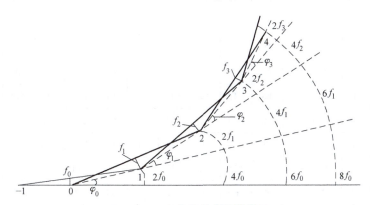

图 12-11　渐伸线长度计算图示

（3）拨道计算的限制条件

1）保证曲线整正前后两端的切线方向不变。要求计划正矢的总和必须等于实测正矢的总和，即：$\sum f_i = \sum f_i^n$。

2）保证曲线整正前后始终点位置不变。要求曲线终点拨量为零，即 $\sum[(n-i)(f_i - f_i^n)] = 0$。

3）保证曲线上某些控制点（如小桥、道口等）因受具体条件限制而不能拨动之处的拨

量为零，即使得控制点上：$\sum[(n-i)(f_i-f_i^n)]=0$。

（4）举例　表12-3中为一曲线整正计算的举例。其中，曲线半径$R=600$m，两端缓和曲线长$l_0=50$m，第9点为小桥，不允许拨动曲线。

值得一提的是，在曲线地段，目前已研制生产出了"铁路曲线圆顺度检测仪"，集测量、计算、打印为一体，由一人操作，即可对曲线正矢进行检测，并完成拨道量的计算，可大幅度提高工作效率。

表12-3　绳正法整正曲线计算

测点号	实测正矢 f	计划正矢 f_0	正矢差 df	差累计 $\sum df$	第一次修正					第二次修正					全拨量 e	拨后正矢	备注
					正矢修正量 a	计划正矢 f'	正矢差 df'	正矢差累计 $\sum df'$	半拨量 $\sum\sum df'$	正矢修正量 a'	计划正矢 f''	正矢差 df''	正矢差累计 $\sum df''$	半拨量 $\sum\sum df''$			
1	0	0	0	0		0	0	0	0		0	0	0	0	0	0	
2	5	3	+2	+2		3	+2	+2	0		3	+2	+2	0	0	3	ZH
3	10	17	−7	−5	−1	16	−6	−4	+2	+1	17	−7	−5	+2	+4	17	
4	40	34	+6	+1	−1	33	+7	+3	−2	+1	34	+6	+1	−3	−6	34	
5	45	50	−5	−4		50	−5	−2	+1	−1	49	−4	−3	−2	−4	49	
6	75	67	+8	+4		67	+8	+6	−1		67	+8	+5	−5	−10	67	
7	77	81	−4	0		81	−4	+2	+5	−1	80	−3	+2	0	0	80	HY
8	81	85	−4	−4		85	−4	−2	+7		85	−4	−2	+2	+4	85	
9	101	85	+16	+12		85	+16	+14	+5		85	+16	+14	0	0	85	小桥
10	71	85	−14	−2		85	−14	0	+19		85	−14	0	+14	+28	85	
11	86	85	+1	−1		85	+1	+1	+19	−1	84	+2	+2	+14	+28	84	
12	90	85	+5	+4		85	+5	+6	+20		85	+5	+7	+16	+32	85	
13	76	85	−9	−5		85	−9	−3	+26		85	−9	−2	+23	+46	85	
14	97	85	+12	+7		85	+12	+9	+23		85	+12	+10	+21	+42	85	
15	71	85	−14	−7		85	−14	−5	+32		85	−14	−4	+31	+62	85	
16	73	81	−8	−15		81	−8	−13	+27	+1	82	−9	−13	+27	+54	82	YH
17	82	67	+15	0	+1	68	+14	+1	+14		68	+14	+1	+14	+28	68	
18	43	50	−7	−7		50	−7	−6	+15		50	−7	−6	+15	+30	50	
19	40	34	+6	−1	+1	35	+5	−1	+9		35	+5	−1	+9	+18	35	
20	10	17	−7	−8		17	−7	−8	+8		17	−7	−8	+8	+16	17	
21	11	3	+8	0		3	+8	0	0		3	+8	0	0	0	3	HZ
22	0	0	0	0		0	0	0	0		0	0	0	0	0	0	
$\sum$	1184	1184	+79 −79	+30 −59		1184	+78 −78	+44 −44			1184	+78 −78	+44 −44			1184	

3. 偏角法拨道计算

根据渐伸线的定义和性质，可导出图 12-8 上 B 点对应的渐伸线长度的计算公式为：

$$E_B = \int_0^{L_B} \alpha \mathrm{d}l$$

式中　L_B——A、B 两点弧线长；

　　　α——曲线上任意一点处曲率半径与 A 点曲率半径的夹角；

　　　l——曲线上任意一点与 A 点间的弧线长。

（1）既有曲线渐伸线长度计算　既有曲线虽已错动，但基本线形仍保持原来的形状，可分别按缓和曲线及圆曲线的性质进行计算。当置镜点在曲线的始切线上时，圆曲线上各点的渐伸线长度为

$$E_Y = \int_0^L \alpha \mathrm{d}l = \int_0^L \frac{l}{R} \mathrm{d}l = \frac{L^2}{2R} = \varphi L$$

式中　L——圆曲线上测点至置镜点间的曲线长；

　　　φ——圆曲线上测点的偏角。

常用缓和曲线上各测点的渐伸线长度为

$$E_H = \int_0^L \alpha \mathrm{d}l = \int_0^L \frac{l^2}{2Rl_0} \mathrm{d}l = \frac{l^3}{6Rl_0} = \varphi l$$

式中　L——缓和曲线上测点至起点的曲线长；

　　　φ——缓和曲线上测点的偏角。

也就是说，无论是在圆曲线还是在缓和曲线上，均有：渐伸线长度为测点偏角的弧度数乘该测点至置镜点的弧线长。

当置镜点不在曲线的始切线上，如图 12-12 所示，置镜点由 O 点移至 A 点时，A 点以后各点的渐伸线长度为

$$E_B = BP = E_A + l_B(\varphi_A + \varphi_B) = E_A + l_B \beta_B$$

式中　β_B——测点至始切线的累加偏角；

　　　φ_A、φ_B——A、B 点的偏角。

所以，当置镜点移动时，置镜点后备测点的渐伸线长度等于置镜点处的渐伸线长度加上各测点至置镜点的曲线长乘各测点弦线与始切线的夹角（或累加偏角）。

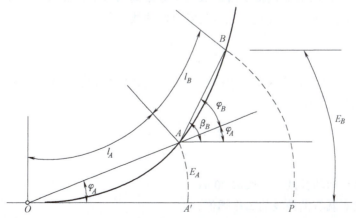

图 12-12　置镜点移动后渐伸线计算

(2) 设计曲线渐伸线长度计算 设计曲线渐伸线的长度,可根据测点所在位置,分别按下列公式计算:

1) ZH～HY 缓和曲线上某测点:

$$E_s = \frac{l^3}{6Rl_0}$$

2) HY～YH 圆曲线的渐伸线长度是在 ZY 点处始切线内移一段距离 p,因此,在计算渐伸线长度时应再加 p 值:

$$E_s = \frac{L^2}{2R} + p = \frac{(S-l_0/2)^2}{2R} + \frac{l_0^2}{24R}$$

3) YH～HZ 第二条缓和曲线渐伸线长度,是从终切线向外移动距离 δ,因此:

$$E_s = \frac{L^2}{2R} + p - \delta = \frac{(S-l_0/2)^2}{2R} + \frac{l_0^2}{24R} - \frac{l^3}{6Rl_0}$$

式中 R——设计曲线半径;

l——第一缓和曲线上测点里程至 ZH 点的长度;

l_0——缓和曲线长;

L——圆曲线上测点至 ZY 点的曲线长;

S——圆曲线上测点至 ZH 点的距离,$L = S - \frac{l_0}{2}$;

p——内移距,$p = \frac{l_0^2}{24R}$;

δ——外移量,$\delta = \frac{l^3}{6Rl_0}$,其中 l 为第二缓和曲线上测点至 YH 点的曲线长。

(3) 设计曲线半径可采用下列方法计算

1) 平均偏角法。设 ΔL 为测点间弦长(一般为 20m),$\Delta \varphi$ 为圆曲线内各 ΔL 所对应的偏角平均值,则既有线圆曲线半径为

$$R_J = \frac{\Delta L}{2\sin\Delta\varphi}$$

2) 三点法。在既有圆曲线范围内选取三个等距离为 L 的测点 A,B,C,三点的渐伸线长度分别为 E_A,E_B,E_C,则通过此三点的既有圆曲线半径为

$$R_J = \frac{L^2}{E_A + E_C - 2E_B}$$

3) 多点法。三点不能体现整个圆曲线全貌,当圆曲线较长,圆曲线测点较多时,可用下式估算既有圆曲线半径:

$$R_J = \frac{n(\Delta L)^2}{\sum_{1}^{n}(\Delta^2 E)}$$

式中 ΔL——测点间的长度,一般取 20m;

$\Delta^2 E$——测点既有渐伸线的二次插值;

n——二次差值个数,比测点数少 2。

设计曲线半径 R，可取既有曲线半径 R_J 并按表 12-4 规定取整。

表 12-4　曲线半径取整

转角/(°)	<10	10~20	20~30	30~50	>50
曲线半径取整值/m	±25	±10	±5	±(2~1)	具体选用

4）HZ 点~曲线测量终点的渐伸线长度 E_s，为 HZ 点渐伸线长度 E_{HZ} 加 HZ 点后测点的渐伸线长度增量 $x-\alpha$（x 为测点距 HZ 点距离；α 为曲线转角）。

$$E_{HZ} = \frac{L^2}{2R} + p = \frac{\left(R\alpha + \frac{l_0}{2}\right)^2}{2R} + \frac{l_0^2}{24R} - \frac{l^3}{6Rl_0} = \frac{R\alpha + l_0}{2}\alpha$$

$$E_s = \frac{R\alpha + l_0}{2}\alpha + x - \alpha = \left[\frac{R\alpha + l_0}{2} + x\right]\alpha = X_{QZ} \cdot \alpha$$

式中　X_{QZ}——测点距 QZ 点距离。

为计算曲线控制桩里程，并区分测点所在的曲线段落（ZH~HY、HY~YH、YH~HZ、HZ~曲线测量终点），以采取相应的渐伸线计算公式，应先计算 QZ 点里程。方法如下：

为保证终切线不拨动，即曲线拨动前后的转角 α 不变（即 $\alpha = \alpha_s = \alpha_J$），曲线测量终点的拨距应为零，令 $E_s = E_J = X_{QZ} \cdot \alpha$，则 $X_{QZ} = \frac{E_J}{\alpha}$。

故　　　　　　　　　　QZ 点里程 = 曲线测量终点里程 $- X_{QZ}$

其他控制桩里程根据 QZ 点里程推算。

在计算出既有线及设计曲线渐伸线长度后，则各测点拨距为

$$\Delta e = E_{si} - E_{Ji}$$

（4）算例　用偏角法测某曲线数据见表 12-5，计算各测点拨距。

12.2.5　线路大修

1. 线路大修的主要内容

线路设备大修的基本任务是：根据运输需要及线路的损耗规律，周期性地、有计划地对损耗部件进行更新和修理，恢复与增强轨道承载能力，延长设备的使用寿命。线路大修通常取决于钢轨伤损的发展情况，以全面更换新轨为主要标志。

线路大修分为两大类，即线路大修（或换轨大修）和单项大修。单项大修主要包括：成段更换再用轨，焊接铺设无缝线路，成段更换新混凝土枕、再用混凝土枕或混凝土宽轨枕，成组更换道岔或岔枕，成段更换混凝土轨枕扣件，路基大修，道口大修及其他设备大修等。

线路大修必须成段进行，并按设计施工。大修的主要工作内容包括：

1）按设计校正和改善线路平纵面。

2）全面更换新钢轨及配件、钢轨伸缩调节器以及不合规定的护轮轨，更换绝缘接头及钢轨接续线。

3）更换失效的轨枕和扣件，补充轨枕配置根数，修理伤损轨枕，线路上的木枕地段应尽可能改铺混凝土轨枕。

表 12-5　既有曲线拨距计算

曲线编号：27，转向：左

置镜点	既有曲线测量资料					既有曲线渐伸线长度计算				设计曲线	设计曲线渐伸线长度计算					拨距计算 $\Delta = E_s - E_J$	
	测点里程	$\varphi/$ (°)-(′)-(″)	$\beta/$ (°)-(′)-(″)	$\beta/$rad	l	$l-\beta$	E_J	主要点里程	L 或 X	$\dfrac{L^2}{2R}$ 或 $X-\alpha$	p	l	$\dfrac{l^2}{6R_0}$	E_s	+	-
T	K9+960	0-00-00	0-00-10	0.0000485	20	0.001	0.001							0		0.001
	+980	0-00-20	0-00-20	0.0000970	40	0.004	0.004							0		0.004
	K10+000	0-01-30	0-01-30	0.0004363	60	0.026	0.026	ZH = K9+999.992				0.01	0	0.027	0.001	
	+200	0-09-20	0-09-20	0.0027150	80	0.217	0.217	ZY = K10+049.992				20.01	0.027	0.213		0.004
	+400	0-24-50	0-24-50	0.0072237	100	0.722	0.722					40.01	0.213	0.720		0.002
	+600	0-49-00	0-49-00	0.0142535	120	1.710	1.710					60.01	0.720	1.707		0.003
	+800	1-21-40	1-21-40	0.0237559	140	3.326	3.326	HY = K10+099.992	50.01	2.501	0.833	80.01	1.707	3.334	0.009	
T	K10+100	5-31-00	6-52-40	0.1200399	20	2.401	5.727		70.01	4.901	0.833			5.735	0.008	
	+120	6-39-40	8-01-20	0.1400142	40	5.601	8.926		90.01	8.102	0.833			8.935	0.009	
	+140	7-48-30	9-12-10	0.1600370	60	9.602	12.928		110.01	12.102	0.833			12.936	0.007	
	+160	8-57-20	12-19-00	0.1800598	80	14.405	17.731	QZ = K10+189.618	130.01	16.903	0.833			17.736	0.005	
	+180	12-06-10	11-27-50	0.2000826	100	20.008	23.334		150.01	22.503	0.833			23.336	0.002	
	+200	11-14-40	12-36-20	0.2200084	120	26.401	29.727		170.01	28.903	0.833			29.737	0.010	
	+220	12-23-40	13-45-20	0.2400797	140	33.611	36.937		190.01	36.104	0.833			36.937	0.000	
	+240	13-32-20	14-54-00	0.2600541	160	41.609	44.934	YH = K10+279.244	210.01	44.104	0.833			44.938	0.003	
	+260	14-41-00	16-02-40	0.2800284	180	50.405	53.731		230.01	52.905	0.833	0.76	0	53.738	0.007	
T	K10+280	11-23-00	27-25-40	0.4787050	20	9.574	63.305	YZ = K10+329.244	250.01	62.505	0.833	20.76	0.030	63.309	0.003	
	+300	12-17-00	28-19-40	0.4944130	40	19.777	73.507		270.01	72.905	0.833	40.76	0.226	73.513	0.006	
	+320	13-02-20	29-05-00	0.5075999	60	30.456	84.187		290.01	84.106	0.833	60.76	0.748	84.191	0.004	
	+340	13-38-30	29-41-10	0.5181204	80	41.450	95.181	HZ = K10+379.244	310.01	96.106	0.833	80.76	1.756	95.184	0.003	
	+360	14-05-30	30-08-10	0.5259744	100	52.597	106.328		190.382	106.329				106.329	0.001	
	+380	14-24-10	30-26-50	0.5314043	120	63.769	117.499		210.382	117.499				117.499	0	
T	K10+400 前视点	1-23-10	32-00-00	0.5585054												

注：$\alpha = 32°00'00'' = 0.5585054\text{rad}$，$R_s = 500$，$L_s = R_s \alpha = 279.2527$，测量终点至 QZ 之距离 $X = 210.382$，QZ = K10+189.618，$l_0 = 100$，$p = \dfrac{l_0^2}{24R} = 0.833$。

4）破底清筛道床、补充道砟、改善道床断面，对道床和基床翻浆冒泥进行整治。

5）更换新道岔或新岔枕，如不需要更换时，应调整道岔并抽换岔枕，清筛道床时，应包括长岔枕范围内的侧线。

6）安装轨道加强设备。

7）铲平或填补路肩，整修基面排水横沟，清理侧沟，清除路堑边坡弃土。

8）整修道口。

9）抬高因线路换轨大修而需要抬高的道岔、道口、桥上线路，加高砟墙（块）。

10）补充、修理和刷新工务管理的线路标志、信号标志、钢轨纵向位移观测桩及备用钢轨架。

11）加收旧料，清理场地，设置常备材料。

线路大修由铁路局进行全面规划，并根据需要适当提前。安排大修计划与施工顺序时，应整区段配套，尽可能采用无缝线路。铁路局设置专门的大修设计单位进行大修设计，由专业施工队伍承担大修，由专职验收人员对安全质量进行监督和检查，主持验收工作。为使线路大修有正常的施工条件，需与运输部门配合，在列车运行图中安排天窗进行大修施工。线路大修必须加强科学管理，在设计、施工及验收等各个环节中应严格执行《铁路线路修理规则》，按基本技术条件的要求进行。

2．线路大修设计

线路大修必须进行设计，而大修设计涉及范围广、要求高，故设计前应对既有线路进行全面的勘测和调查。外业勘查工作的主要内容是全面掌握将要进行大修路段的线路平纵面、分界点及线路设备的详细情况，取得足够可靠的原始资料，供设计时使用。

（1）外业勘查　外业勘查工作质量的好坏将直接影响设计的质量。因此，在勘查之前，应首先熟悉设计任务书中所载路段的设备情况、存在的问题和重点病害、大修的理由与内容，预先研究设计路段的桥隧、曲线、道口等技术资料，收集有关的运量、行车速度及机型等资料。在此基础上，组成勘查小组，会同主管该路段的工务段技术人员，进行综合勘查、里程丈量及平纵面测量等外业工作。

外业勘查的主要内容包括：钢轨、轨枕及扣件、道床、轨道加强设备、站场、路基及排水、道口、桥涵及线路标志等的情况调查。外业测量的主要内容是线路中心线、纵断面和平面测量。

1）丈量里程。选择正确的公里标作为引出基点，定出公里标和每百米处作为测点的百尺标，以及在控制点设置的加标。在丈量过程中，应与既有线原公里标核对，以取得一致为原则，必要时应在公里标处设置断链。

2）纵断面测量。测量正线轨顶（曲线内股轨顶）及路肩标高。与正线相邻的站线及在同一路基上的复线且线间距小于 5m 的，应同时测量两线相对标高差。对于与起道有关的建筑物，如隧道、跨线桥、横过线路的电线、架空线、信号机等，均应测量其限界。

3）曲线测量。测量既有线路曲线的几何形位，判定曲线的转角大小、圆顺度以及曲线与既有建筑物的位置关系。曲线测量常采用的方法有正矢法、矢距法、偏角法及极坐标法等。

（2）技术设计　外业勘测完成后，即可进入大修设计阶段。技术设计的内容包括：线路平面设计、线路纵断面设计、轨道结构设计、无缝线路设计及成组更换道岔设计等。

1）线路平面设计。平面设计是为了校正线路的平面位置，应以原线路设计标准为依据，并严格遵循有关的技术条件进行。平面设计中，一般应用渐伸线原理，在既有曲线的基础上，尽可能合理地选配出圆曲线的半径及两端缓和曲线长度，计算出曲线上各测点的新设计位置及拨动距离，重新计算曲线五大桩的设计里程。

2）线路纵断面设计。纵断面设计是在既有建筑设备的基础上，在保持原有限制坡度的前提下，修正和改善原有纵断面上不符合技术要求的部分。纵断面的改善设计，必然会受到原建筑物的严格限制，不能随意抬道或落道。

纵断面设计一般分为三个步骤，即绘制纵断面图、拉坡设计及复核。大修纵断面图按竖向 $1:100$、纵向 $1:1000$ 绘制，图上由下往上依次排列：里程、平面、实测百米坡度、既有轨面标高、设计轨面标高、设计坡度、邻线轨面标高、轨面起落量、道床厚度及轨枕布置等内容。纵断面拉坡设计由人工或由计算机辅助设计完成，合理地确定纵断面坡段长度、坡度及坡道连接形式。设计的复核工作由较高一级工程技术人员担任，重点复核影响行车安全的因素的处理方式，如坡度连接、坡段长度及长大坡道的加算数据等。

3. 线路大修施工组织管理

大修施工是在运营线上利用天窗时间进行的一项大规模的施工，由于完全破坏了既有轨道结构，必须在规定的封锁时间内停止工作。在线路封锁以前，应将有关材料及机具预先就位以充分利用封锁时间，而在封锁时间结束以前，又必须及时地将线路恢复到确保行车安全的完整状态，准备列车通过。因此大修施工的组织管理极为复杂，需要一些专门的线路机具，进行周密的施工组织设计和管理。

大修施工管理的主要内容为：施工队伍的资格认证、施工计划、施工组织设计文件、施工业务管理、施工材料管理、施工机械管理、施工方法及施工作业要求等。大修施工组织设计是大修施工的行动纲领，是组织施工过程中各阶段和施工程序的依据，是有组织、有秩序、高质量完成大修的保证。施工组织设计的内容包括施工方案及组织形式的确定、技术作业过程设计、编制施工组织设计等。

线路大修计划一经确定，施工单位即应根据大修任务和施工条件编制施工方案。在施工方案中，应包括施工方法、施工程序及施工进度等内容。大修施工一般是从大修区段的起点逐段向终点推进，每个施工地段的进度要根据年度大修计划、施工期限、每次封锁时间的长短及其他一些情况确定。在每个施工地段上，大修工作分为准备工作、基本工作和整理工作三个阶段，为保证大修施工的正常进行，还需要先期安排一些预备性工作。

先期预备性工作属超前的准备工作，早于大修施工基本工作一段时间完成，目的在于保证行车安全，提高施工质量。准备工作是基本工作的序幕，通常在基本工作开始前完成，如拆除多余接头螺栓、设置临时方向桩、拆除道口及合龙口等准备工作。基本工作是指在封锁线路条件下进行的拆除旧轨排、平砟、铺设新轨排、清筛道床及捣固等作业，是完成大修任务的主体工作。整理工作是指完成基本工作后紧接着的对大修线路进行最后整正和清理的一切工作，经过整理工作后，应使线路达到大修验收标准。

为提高劳动效率，充分发挥施工机具的效能，施工前应编制好技术作业过程。在每项工作的技术作业过程中，应说明与该项工作有关的原线路特征、施工后应达到的技术标准、采用的施工方法及机具、材料及需要的封锁时间以及人员配合等情况。准确确定各项作业的程序、工作量、工时消费、生产人员数量及劳动组织形式等。

线路大修施工组织设计的编制，要在进行详细的施工调查的基础上进行。首先计算工作量，编制劳动用工计划及用料计划，然后编制各种施工进度指标图表，制定施工技术措施和施工安全措施。在施工计划的实施过程中，要进行及时的调度与统计，深入现场进行施工指导，严格质量检查的工程验收，尤其注意确保施工前后的行车安全。

12.3 线路维修的机械化

20 世纪 60 年代以来，为适应铁路高速、重载及轨道结构重型化的发展，各国铁路竞相采用大型养路机械，高速铁路的迅速发展更是有力推动了养路机械技术的进步。我国铁路发展大型养路机械起步虽晚，但发展较快。自从 1984 年从国外引进大型养路机械进行线路维修、大修以来，通过引进、消化吸收及国产化，我国铁路修护机械化程度越来越高，大型养路机械已成为铁路新线开通和线路维修中不可或缺的重要手段。铁路工务系统的作业方式和维修体制已经发生了根本性的变革，线路养护修理的质量、效率得到极大的提高；施工与运行的矛盾得到很大程度的缓解，施工生产中的事故明显减少。经过 30 多年的发展，我国的铁路技术装备和管理水平进入世界先进行列，铁路线路维修也进入了机械化时代。

12.3.1 铁路养路机械的发展

1. 国外养路机械的发展

经济发达国家的机械化作业与其国民经济的增长、铁路运输的发展、现代化科学技术的进步有着密切关系。此外，西方国家劳力缺乏且昂贵，劳力市场价格的增长速度远远超出原材料和设备价格的增长，也不同程度上促进了机械化作业的发展。

第二次世界大战结束到 20 世纪 60 年代初，工业发达国家全力以赴恢复国民经济的进程中，确立了铁路在经济发展中的战略地位，从而对铁路提出了迅速提高运输能力的要求，新建、改建和修复铁路的任务量大增，设计和生产新型、成套、高效的线路机械成为铁路部门的首要问题，线路机械工业在这种形势下开始蓬勃发展。铁路部门首先发展能替代线路作业中主要工序所需劳力的机械设备，如铺轨、道床清筛、铺砟、道床配型、捣固和起拨道等耗费大量人工的项目。铁路养路机械的迅速发展在各国经济复苏中发挥了重要作用。同时，由于大幅度降低了线路作业的用工量，机械化作业取得了明显的经济效益。

20 世纪 60 年代初到 70 年代末，世界各国经济全面发展，各种运输方式对铁路的垄断地位提出了挑战。为提升铁路的竞争力，国际上出现了高速铁路、重载铁路和繁忙铁路。为适应高速、重载和繁忙线路发展的需求，提高线路结构的质量和线路作业的要求，各国铁路部门和机械制造厂商开始研究新的线路作业组织工艺，改造旧的养路机械，大量使用现代新技术（如计算机技术、自动化控制、激光、红外线、光电液压技术）及新材料，研发了一批成套的大型机械设备。这些设备的整机结构越来越大，机械化程度和效率越来越高，机械管理也越来越复杂，每组机械需配一名工程师，操作工人必须受专门的技术培训。各国制造业间竞争更趋激烈，缩短了机械换代的周期，大型机种每 3~5 年就更新一次。

20 世纪 80 年代初以后，各国运输业间的竞争更为激烈，高速和重载铁路延展长度不断增加，引发了养路机械行业更加激烈的竞争。养路机械更趋大型化、高效化、智能化。在线路更新作业中，西方国家继续采用分开式工艺。在干线上，一般开设 5~10 h 的"天窗"，用大修列车分别回收和铺设钢轨、轨枕（扣件由人工回收和铺设），然后再清筛道床，补充道砟，最后用联合作业机组整形、捣固、起拨道、抄平和稳定道床。这种作业工艺的质量很高，撤除"天窗"后，列车可以按原速运行，不需减速。这个时期又出现了新一代大修列车，但结构和作业工艺没有大的变化，名义效率为500~550m/h。如瑞士马蒂萨公司的P90LS型大修列车，效率为530m/h，全长44.62m，质量110t；奥地利普拉塞公司为意大利、法国和澳大利亚分别生产了SUM10001、SVM1000和SMD80G型新型列车，效率则视"天窗"时间而定，平均为500m/h。

目前，经济发达国家的线路作业机械化程度达90%左右；线路作业每千米用工量只是半个世纪前的几十分之一。所用现代化大、中、小型线路机械（包括功率在1000kW以上、质量大于200t、自行速度达100km/h的大型机械动力装置及小型手提式、质量只有几千克的手动机具）大约有100多个品种，不少已属高技术机械设备。铁路线路机械的发展基本上保证了现代化高速铁路、重载铁路、繁忙铁路的安全运营。线路作业机械化水平已成为衡量各国铁路现代化程度的重要标志之一。

2. 我国养路机械发展

20世纪70年代，我国小型养路机械的研制达到一定水平，替代了大部分手工作业，满足了当时线路维修作业的技术要求，显示了养路机械化的作用。但进入20世纪80年代，铁路运输快速发展，小型机械存在的作业效率低、作业质量不高、劳动强度大等方面的问题，满足不了发展要求。

到20世纪80年代，我国铁道部主管部门借鉴国外铁路发展经验，立足超前发展和改革创新的思路，对我国铁路首先在繁忙干线采用高效大型养路机械进行了深入论证，坚定提出了跨越中型机械，直接研发大型机械的方针。采用技贸结合的方式，由昆明中铁大型养路机械集团有限公司与奥地利普拉塞公司签订了08-32型捣固车生产技术转让合同，标志着我国大型养路机械国产化工作走上一条与国际接轨的高起点、快速发展的道路。技术引进的同时，相继自主研制成功了QQS-300型清筛机（1987年）、SPZ200型配砟整形车（1988年）和WD320型动力稳定车（1993年），完成了大型养路机械维修机组的配套工作。

20世纪90年代以后，随着我国既有线大面积提速和高速、重载铁路的发展，大型养路机械也快速发展，在消化吸收国外先进技术的基础上，加大自主研发力度，积极开发具有自主知识产权的大中型养路机械产品。自主研发了SPZ-350型四轴配砟车、WD-320型动力稳定车、WY-100型物料运输车、QQS-450Ⅱ型清筛机、BS-550型边坡清筛机、YHG-1200型焊轨车、CQS-550型道岔全断面道砟清筛机、YHGQ-720型数控气压焊轨作业车、QJC-190型桥梁隧道检查车等新产品。完成了清筛、捣固、配砟、稳定、物料运输车系列和焊轨车系列六大系列。大型养路机械在我国形成了一个新兴的产业，结束了人工养护历史，降低了人工劳动强度，大大提高了作业质量和效率，使繁忙干线的维修工作走出了困境，促进了工务修制的改革；提高了线路技术等级，使列车运行速度大幅提高，保障了运行安全；在铁路历次提速中发挥了不可替代的作用，推动了行业技术进步，为国民经济的发展起到了重要作用。

12.3.2 几种典型的大型养路机械

（1）捣固车 道砟捣固是向指定方向迁移道砟和增加道砟密实度的过程（图12-13）。机械化捣固时，采用成对高频振动的捣镐在轨枕两侧同时插入道砟，在规定深度位置作相对夹持动作将道砟捣密,并使道砟产生流动、聚集并重组,起到稳定起拨道后轨道的位置、提高道床缓冲能力、消除某些线路病害(如空吊板等)等作用。道砟捣实的效果与捣固机构的构成、捣固频率及振幅有关(图12-14)。但捣固作业会造成道砟细碎化,捣固次数过多是道床板结的原因之一。

捣固车按同时捣固轨枕数分为单枕、双枕(图12-15)和四枕捣固车;按作业对象分为线路和道岔捣固车(图12-16);按作业走行方式分为步进式(图12-15)和连续式走行捣固车(图12-17、图12-18);按作业功能分为多功能捣固车和单功能捣固车;另外还有防尘、防噪声等具有特殊功能的捣固车。

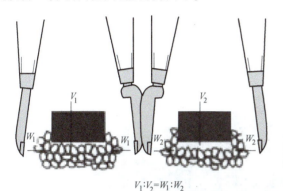

图12-13 捣固原理图　　　　　　　　　　图12-14 捣固装置图

图12-15 DC-32ⅡK型步进式双枕捣固车

图12-16 CDG-16K道岔捣固车

图 12-17　DCL-48K 连续式走行三枕捣固车

图 12-18　DWL-48K 连续式走行三枕捣固稳定车

（2）轨道动力稳定车　轨道动力稳定车通过两个激振装置，强迫轨排及道床产生横向水平振动并向道床传递垂向静压力（图 12-19）。使道砟流动重新排列，互相填充达到密实，实现轨道在振动状态下有控制地均匀下沉而不改变线路原有的几何形状和精度，以提高作业线路的横向阻力和道床的整体稳定性，可有效降低线路维修作业后列车限速运行的限制条件。

图 12-19　WD-320K 动力稳定车

（3）配砟整形车　配砟整形车通过中犁、侧犁等工作装置完成对道床的配砟整形作业，使道床布砟均匀，道床断面按照技术要求成形（图 12-20）。

图 12-20　DPZ-440K 单向配砟整形车

（4）道砟清筛机　道砟清筛机可在不拆除轨排条件下，通过挖掘链运动将轨排下的道砟挖出，振动筛对挖出的道砟进行筛分，筛分出的污土由输送带抛到该机前方线路的两侧或物料运输车内，清洁道砟可直接回填到道心内，也可由回填输送带回填到挖掘链后方钢轨两侧的道床内。在翻浆冒泥地段，该机可对道床进行全断面清除（图 12-21、图 12-22）。

图 12-21　QS-650K 全断面道砟清筛机

图 12-22　BS-550K 边坡清筛机

以上几种大型养路机械是轨道机械化维修的主要装备，这些装备的应用，极大地提高了劳动生产率，为我国的提速和高速线路的安全运营提供了重要的保障。

12.4 轨道精调

为适应高速行车对线路稳定性和平顺性的要求，整体性强、稳定性好、高平顺、少维修的无砟轨道结构已成为我国客运专线铁路轨道的主要结构形式。无砟轨道的推广应用带来了铁路工程施工与维护理念的更新。其中，轨道精调就是轨道维护理念更新的代表。

轨道精调是在无缝线路铺设完成，长钢轨应力放散、锁定后所开展的轨道精调工作。轨道精调分为静态调整和动态调整两个阶段。静态调整主要是根据轨检小车静态测量数据结合弦线法对轨道进行全面调整，将轨道各项几何尺寸调整到允许范围之内，同时对轨道线形（轨向和轨面高程）进行优化，并控制好轨距变化率和水平变化率。静态调整达到轨道静态验收标准后，才能开始联调联试，精调工作进入轨道动态调整阶段。该阶段主要通过160km/h 的轨检车和 350km/h 的动检车对轨道状态进行监测和评估。

12.4.1 高速铁路精密测量

1. 高速铁路"三网合一"的测量体系

高速铁路无砟轨道铁路工程测量的平面、高程控制网，按施测阶段、施测目的及功能不同分为了勘测控制网、施工控制网、运营维护控制网。将高速铁路无砟轨道铁路工程测量的这三个控制网，简称"三网"。

高速铁路的最大特点是列车速度高（200~350km/h）。为了达到在高速行驶条件下，旅客列车的安全性和舒适性，要求高速铁路必须具有非常高的平顺性和精确的几何线性参数，工程施工工艺和精度要求高，精度要保持在毫米级的范围以内；为保证控制网的测量成果满足客运专线铁路勘测、施工、运营维护 3 个阶段测量的要求，适应客运专线铁路工程建设和运营管理的需要，3 阶段的平面、高程控制测量必须采用统一的基准。勘测控制网、施工控制网、运营维护控制网均采用 CPI 为基础平面控制网，二等（无砟轨道）/三等（有砟轨道）水准基点网为基础高程控制网，简称"三网合一"。

2. 轨道精密测量原理

常用的轨道精调仪器包括全站仪和 CRP 轨检小车，如图 12-23 所示。

图 12-23　精密测量仪器

1）高程偏差和平面偏差：使用高精度全站仪实测出每个测点处轨检小车上棱镜中心的三维坐标，然后结合事先严格标定的轨检小车的几何参数、定向参数、水平传感器所测横向倾角及实测轨距，即可推算出对应里程处的中线位置和左右轨的轨面高程和平面坐标，根据设计轨面高程和平面坐标，即可得每个测点处的高程偏差、平面偏差。

2）轨距（轨距偏差）：轨距是通过轨检小车上的轨距传感器进行测量，如图 12-24 所示。标准轨距的标称值为 1435mm。轨检小车的横梁长度须事先严格标定，则轨距可由横梁的固定长度加上轨距传感器测量的可变长度而得到，进而进行实测轨距与设计轨距的比较。

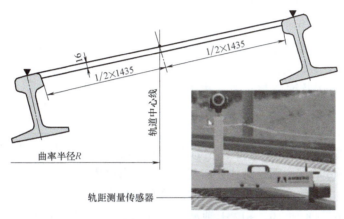

图 12-24　轨距测量原理图

3）水平：由轨检小车上搭载的水平传感器测出小车的横向倾角，再结合两股钢轨顶面中心间的距离，即可求出线路超高，进而进行实测超高与设计超高的比较，即得水平，如图 12-25 所示。

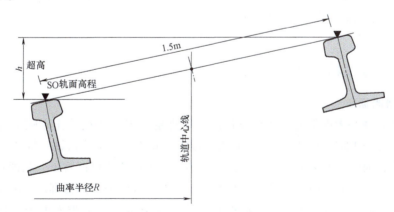

图 12-25　水平测量示意图

4）高低不平顺和方向不平顺：采用 30m 弦长相隔为 5m 的测点的设计矢高差与实测矢高差的差值小于 2mm 和 300m 弦长相隔为 150m 的测点的设计矢高差与实测矢高差的差值小于 10mm 来控制。

3．精调流程

无砟轨道精调流程如图 12-26 所示，其主要包括准备工作、数据的测量、调整值的计算、现场的调整、验收归档等环节。

1)准备工作:对精调人员进行精调工艺、程序、标准的专业培训,使参与轨道精调人员全面掌握相关要求。

对 CPⅢ控制点进行全面复测,对缺损点进行恢复。

根据精调工作量和工期要求合理配备全站仪、轨道几何状态测量仪和数字水准仪,以满足现场测量和调整的需要。

调整件准备,根据轨道状态检测结果及线路具体状态,提前配备相应数量调整件。

2)轨道数据采集:用轨道几何状态测量仪测量轨道。全站仪依据 CPⅢ点在中心位置设站,对每个枕位对应的轨道位置进行逐点测量,全站仪测量范围宜为 5~80m,两次设站重复测量不应小于 5 点。

3)测量数据评估及调整量计算:根据测量数据结果,对轨道线形几何形位、平面位置进行评估,计算出调整量,以确定轨道精调的方案。

4)精调作业钢轨左右位置调整:钢轨左右位置调整主要通过更换不同型号的偏心调整锥使方向基准轨的平面位置和方向不平顺、轨距、轨距变化率满足要求。偏心调整锥具

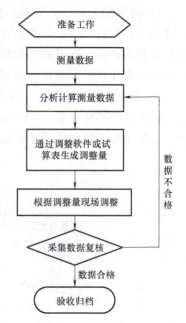

图 12-26 无砟轨道精调流程图

有 0、+2、+4、+6、+8、+10、+12 七种型号,以 2mm 为一级,道岔出厂时一般使用 0 号偏心调整锥。根据计算出的调整量确定组合合适的偏心调整锥对对应轨枕进行调整,更换时调整锥厚的一侧与基板偏移的方向对应,在调整量小于 1mm 时可以不换偏心调整锥。

钢轨高低位置调整:钢轨高低位置调整通过变换不同的调高垫片来实现使高低基准轨的高程位置和高低不平顺、水平、扭曲满足要求。调高垫片有 2mm、3mm、6mm、10mm 四种厚度,以 2mm 为一级,道岔出厂时一般使用厚度为 6mm 的调高垫片,故一般能实现钢轨在 -4~26mm 之间调整。根据计算出的调整量确定组合合适的调高垫片对对应轨枕进行调整。

12.4.2 区间轨道精调量计算方法

1. 轨道精调标准

我国《高速铁路无砟轨道精调作业指南》中规定我国高速铁路无砟轨道静态几何尺平顺度允许偏差见表 12-6、表 12-7,我国 TB 10621—2014《高速铁路设计规范》规定我国高速铁路轨道静态铺设精度标准见表 12-8、表 12-9。从上述表中可以看出,我国各个规范中关于高速铁路轨道几何形位静态验收标准基本是一致的,且轨向和高低都以 30m 相隔为 5m 检测点之间实际矢高差与设计矢高差之间的偏差值以及 10m 弦正矢偏差值来检核,长波都以 300m 相隔为 150m 检测点之间实际矢高差与设计矢高差之间的偏差值来检核。

表 12-6 《高速铁路无砟轨道精调作业指南》中轨道几何状态
静态平顺度允许偏差及检测方法(岔区直向)

序号	指标	允许偏差	检测方法	备注
1	轨距	±1mm	道尺,轨道几何状态测量仪	
2	轨距变化率	0.15‰		

(续)

序号	指标	允许偏差	检测方法	备注
3	水平	±1mm	道尺,轨道几何状态测量仪	
4	水平变化率	2mm/2.5m		三角坑
5	轨向(短波)	2mm/30m 弦	轨道几何状态测量仪	
		2mm/10m 弦	弦线	
6	轨向(长波)	10mm/300m 弦	轨道几何状态测量仪	
7	高低(短波)	2mm/30m 弦	轨道几何状态测量仪	
		2mm/10m 弦	弦线	
8	低(长波)	10mm/300m 弦	轨道几何状态测量仪	

表 12-7 《高速铁路无砟轨道精调作业指南》中轨道几何状态静态平顺度允许偏差及检测方法（区间）

序号	项目		平顺度允许偏差	检测方法
1	轨距		±1	轨道几何状态测量仪
2	高低	弦长 10m	2mm/10m	
		弦长 30m	2mm/5m	
		弦长 300m	10mm/150m	
3	轨向	弦长 10m	2mm/10m	
		弦长 30m	2mm/5m	
		弦长 300m	10mm/150m	
4	扭曲	基长 6.25m	2mm	
5	水平		1mm	

表 12-8 《高速铁路设计规范》轨道静态铺设精度标准（岔区直向）

项目	高低	轨向	水平	扭曲(基长 3m)	轨距	
幅值/mm	2	2	2	2	±1	变化率 1/1500
弦长/mm	10			—		

表 12-9 《高速铁路设计规范》轨道静态铺设精度标准（区间）

序号	项目	无砟轨道		有砟轨道	
		允许偏差	检测方法	允许偏差	检测方法
1	轨距	±1mm	相对于 1435mm	1mm	相对于 1435mm
		1/1500	变化率	1/1500	变化率
2	轨向	2mm	弦长 10m	2mm	弦长 10m
		2mm/8a	基线长 48a	2mm/5m	基线长 30m
		10mm/240a	基线长 480a	10mm/150m	基线长 300m
3	高低	2mm	弦长 10m	2mm	弦长 10m
		2mm/8a	基线长 48a	2mm/5m	基线长 30m
		10mm/240a	基线长 480a	10mm/150m	基线长 300m

(续)

序号	项目	无砟轨道		有砟轨道	
		允许偏差	检测方法	允许偏差	检测方法
4	水平	2mm	—	2mm	—
5	扭曲(基长 3m)	2mm	—	2mm	—
6	与设计高程偏差	10mm	—	10mm	—
7	与设计中线偏差	10mm	—	10mm	—

注：表中 a 为扣件节点间距，单位为 m。

2. 调整后模拟值的计算

模拟调整量主要是通过计算调整后轨道各几何参数的模拟值来获取的，因此为科学、快速地计算出各钢轨在对应轨枕处的调整值，首先需要确定调整后轨道各几何形位的模拟值与调整前实测值和调整值的关系。

轨道几何状态测量仪所采集的数据对正负号有着明确的规定。面向里程增大方向区分左右轨，所测数据的正负号规定如图 12-27 所示。

高程偏差：轨道高程以向上为正，实测高程比设计高程大时，高程偏差为正，反之为负。

平面偏差：面向里程增大方向，轨道平面位置以右偏为正，实测平面位置比设计值大时平面偏差为正，反之为负。

水平：左轨高出右轨时，水平为正，反之为负。

轨距：实测轨距比设计值大时轨距为正，反之为负。

为方便调整后模拟值的计算，对调整值的正负号也做了类似规定：平面位置调整值，+1 表示钢轨向右调整 1mm，-1 表示钢轨向左调整 1mm；高程调整值，+1 表示钢轨向上调整 1mm，-1 表示钢轨向下调整 1mm。

图 12-27 数据的正负号规定

轨道平面偏差、高程偏差、高低不平顺、方向不平顺、轨距、水平调整后模拟值与调整前测量值和调整值的关系如下：

$$\begin{cases} p_{后} = p_{前} + t_1 \\ g_{后} = g_{前} + t_2 - t_1 \end{cases} \tag{12-1}$$

$$\Delta z p_i = p_{后 i} - p_{后 i+8} + \frac{p_{后 j+48} - p_{后 j}}{6} \quad (j < i < 48+j) \tag{12-2}$$

$$\Delta c p_i = p_{后 i} - p_{后 i+240} + \frac{p_{后 j+480} - p_{后 j}}{2} \quad (j < i < 480+j) \tag{12-3}$$

式中 $p_{后}$、$p_{前}$——调整前平面偏差的测量值和调整后的模拟值；

$g_{后}$、$g_{前}$——调整后轨距的模拟值和调整前的测量值；

t_1、t_2——基准轨和非基准轨平面位置的调整值，且以从基准轨指向非基准轨调整为正，反之为负；

$\Delta z p_i$、$\Delta c p_i$——调整后方向的中波平顺性控制指标和长波平顺性控制指标的模拟值。

$$\begin{cases} h_{后} = h_{前} + t_1 \\ s_{后} = s_{前} + t_2 - t_1 \end{cases} \quad (12\text{-}4)$$

$$\Delta zh_i = h_{后 i} - h_{后 i+8} + \frac{h_{后 j+48} - h_{后 j}}{6} \quad (j < i < 48+j) \quad (12\text{-}5)$$

$$\Delta ch_i = h_{后 i} - h_{后 i+240} + \frac{h_{后 j+480} - h_{后 j}}{2} \quad (j < i < 480+j) \quad (12\text{-}6)$$

式中 $h_{后}$、$h_{前}$——调整前高程偏差的测量值和调整后的模拟值；

$s_{后}$、$s_{前}$——调整后水平的模拟值和调整前的测量值；

t_1、t_2——基准轨和非基准轨高程位置的调整值，且以向上调整为正，反之为负；

Δzh_i、Δch_i——调整后高低的中波平顺性控制指标和长波平顺性控制指标的模拟值。

此外，调整后轨距变化和扭曲的模拟值根据式（12-2）和式（12-3）简单计算即可。值得注意的是，式中 j 表示拉弦的起点，$j+48$、$j+480$ 表示中波和长波拉弦的终点，而且在30m 弦检测中 $j=39(n-1)+1$，$(n=1,2,3,\cdots)$，在300m 弦检测中 $j=239(n-1)+1$，$(n=1,2,3,\cdots)$。

12.4.3 道岔区精调

由于道岔在现场初步铺设完成后，其本身结构决定了在转辙器区和辙叉区，直股、侧股钢轨是相互影响的（转辙器区内直基本轨与曲尖轨联结、直尖轨与曲基本轨联结，辙叉区曲导轨与直导轨联结），如图12-28所示。若只通过专业的工程技术人员凭借自身的经验给出调整值，不但效率低，而且不能快速保证整个道岔系统的几何形位达到相关技术标准的要求。

道岔调整量B				道岔调整量A			
岔左	主左	岔右	主右	岔左	主左	岔右	主右
	−1				−1		
	−2	−1			−2	−1	
	−1				−1		
1	−1	1	−1		1	−1	
2		1			2		
2	1	1	1		1	1	1
	1				1		
	1				1		
					1	1	
	1	1		1	2	2	1
		2			1	1	
	1	1					
	1						

图 12-28 道岔区精调

因此，应将直股、侧股在转辙器区的直基本轨与曲尖轨、直尖轨与曲基本轨、辙叉区曲导轨与直导轨几个道岔的关键部位仅分别给出一个调整值，最终提出道岔现场调整表。下面以 BWG 道岔为例说明道岔精调的流程。

1. 道岔线形粗调

1）基准轨的选择：在进行方向调整时，直股方向以直尖轨为基准轨，侧股方向以曲尖轨为基准轨；进行高低调整时，直股高低以直基本轨为基准轨，侧股高低以曲基本轨为基准轨。

2）轨检小车首次数据采集：用轨检小车先直股、后曲股逐根岔枕采集数据（具体见精调小车作业方法），并生成数据报表。

3）根据报表分析制定调整方案：根据小车采集的数据报表，首先利用专业软件生成高低调整量建议值。在直基本轨上选取 2 个平面方向值接近的点作为方向初调基准点（最好是在尖轨前以及基本轨跟端附近，且间距不小于 20m）。

4）高低调整：根据高低调整量要求，松开岔枕螺栓，用起道机将需要调整部位的基板抬起适当高度（抽出调高垫板即可），更换合适的调高垫板后将基板缓慢落下并拧紧。

5）直基本轨方向调整：利用选定的基本轨的 2 个方向基准点用绷线器绷弦线，并调整弦线位置，使这 2 点矢高为 100mm，如图 12-29 所示。

图 12-29　直基本轨方向调整

6）按各枕号处的轨距加宽值，检查并调整每根岔枕处弦线与基本轨非工作边侧面 16mm 线的间距，偏差不超过 1mm。

7）直基本轨方向调整完毕后，再以直股基本轨为基准轨，检查和调整转辙器区域的直股轨距，从而将直线尖轨的位置调整到位。

8）在直线尖轨轨头刨切点后 1m 位置绷 30m 弦线，调整尖轨部分弦线到钢轨侧边的距离为 10mm，且使偏差不超过 1mm。以此为基准，调整尖轨后钢轨的位置，使弦高满足要求。30m 调整完毕后，移动弦线测量和调整，并使弦线交替重叠长度不小于 5m，直到直股方向（直尖轨侧）调整完毕。

9）以上述调整完的直股钢轨为基准轨，按前述方法检查并调整所有直股轨距。

10）直股方向和轨距调整完毕后，调整曲股轨距，使曲股轨距符合要求。

2. 道岔精调

1）道岔线形测量：用轨道几何状态测量仪测量道岔线形，测量时道岔前后应搭接 30m。

全站仪依据 CP Ⅲ 点在中心位置设站,对每个枕位对应的轨道位置进行逐点测量,全站仪测量范围宜为 5~80m,两次设站重复测量不应小于 5 点,重复测量区应避开转辙器及辙叉区。先测量直线段线形,后测量曲线段线形,并对岔枕编号。

在道岔尖轨扳动到直股或侧股进行测量时,尖轨与基本轨、心轨和翼轨要密贴,其缝隙应满足相关规定。

2) 测量数据评估及调整量计算:根据测量数据结果,对道岔轨道线形几何状态、平面位置进行评估,计算出一个调整量,以确定道岔精调的方案。在计算调整量时,应注意道岔的几何形位在线路纵向和横向是相互影响的,调整一个位置的几何形位,将引起邻近部分的几何形位发生变化,当道岔线形良好,超限点很少时,可直接判定道岔线形的调整量,否则宜使用精调软件或经过试算表反复试算寻求一个科学的调整方案。

3) 精调作业:道岔区除钢轨左右、上下位置调整外,还包括密贴和间隔调整。通过增减顶贴调整片,调整尖轨、心轨顶铁间隙,并同时与调整直侧股轨距相结合,确保尖轨与基本轨密贴,可动心轨在轨头切削方向内分别与两翼轨密贴。结合道岔直侧股水平调整,使尖轨和可动心轨与滑床板间隙不超标。调整限位器位置使两次间隙对称均匀并满足技术要求。轨撑的顶面应与翼轨轨头下颚密贴。

4) 精调注意事项:道岔精调作业应遵循"先高低,后方向;先直股,后侧股;先整体,后局部"的原则。辙叉区原则上不做调整。为了减少调整工作量,应遵循减少调整值的原则,做到在调整值最小的情况下使道岔各几何形位都满足要求。

12.5 轨道维护管理体系

12.5.1 国外高速铁路维修管理模式

1. 维修管理组织形式

日本在 1964 年修建了世界上第一条高速铁路,随后德国和法国的高速铁路也快速发展,发达国家的高速铁路运营、维护和管理的成套经验为我国高速铁路的运营维护管理体系模式的建立提供了重要参考。

高速铁路维修管理机构采取的分级管理模式与其历史沿革以及所管辖的范围有关。日本铁路公司(Japan Railways)是日本的大型铁路公司集团,其前身为日本国有铁道(简称"国铁",常用的缩写名称为 JNR)。日本国铁于 1987 年分割为七家公司,并将原本国有的经营权移转为民营(国铁分割民营化),其分离出来的各个公司合称为"日本铁路公司"。日本高速铁路公司中东日本和西日本公司采取三级管理体制,而东海和九州公司则采用两级管理体制。铁路公司负责相应的管理工作,基础设施的检测、维修工作以合同的形式承包给外协公司,外协公司与铁路公司只是承发包关系。日本高速铁路属于典型的"管、检、修"分离模式,日本铁路公司只负责设备管理、发包、检查和验收,检测与维修作业均外包。法国和德国高速铁路为"管、检、修"部分分离模式,大部分大修和部分计划修为业务外委。从"管、检、修"分离的程度看,完全分离模式有利于管理上相互制约,维修专业化,是高速铁路运营管理的必然趋势。

德国的联邦铁路和国有铁路于 1994 年合二而一,成为德国铁路股份公司,实现了私有化。目前，德国联邦政府对铁路的管制体系可分为两个层次。第一个层次是联邦交通部，第二个层次有两个机构，一个是联邦铁路局，对联邦铁路实行一级管制，另一个是联邦铁路资产局，主要负责德国铁路资产管理工作。所以德国采用路网公司、基层维护单位两级机构管理体制。路网公司承担全路固定设备，包括线桥隧、通信信号、电气化设备的养护和维修工作，综合维修段负责线桥隧、接触网和通信信号的养护维修；大规模的维修工作外包给专业维修公司。

法国国有铁路公司（SociétéNationale des Chemins de FerFranCis）是1937年在对自19世纪中叶起参加建设法国铁路网的一些私营铁路企业进行国有化后成立的，法国国有铁路公司最初是一个兼有私有与国有资本的半国有公司（SEM）。法国国有铁路公司分三级管理体制：公司总部、地区分局和基层单位，一级管理机构如总公司（总局）维修管理部门主要负责维修技术标准、技术政策的制定和管理，以及总公司中长期维修规划的编制等工作；二级管理机构如分公司（地区局）维修管理部门主要负责辖区范围内的维修计划编制和管理；三级管理机构如高速铁路基层维修机构，主要负责大型维修施工作业的管理、发包、检查验收以及线路的日常养护和小型维修等作业。

随着装备技术改进和信息化水平的提高，日本、德国和法国高速铁路维修管理层次也不断向扁平化模式发展，二级维修管理模式将是今后高速铁路发展的必然趋势。

日本、法国和德国三个国家的高速铁路管理范围基本上不超过150km，在综合工区这个层面上间隔30~100km不等。由于各国客货运量不同，相关基础设施状态运量、维修工作量、修程修制和检查检测标准体系不同，维修管理职责也不尽相同，因此，各国维修管理检测人员结构配置也各具特点。日本、法国和德国高速铁路维修管理机构设置汇总见表12-10。

表12-10　日本、法国和德国高速铁路维修管理机构设置汇总

国别	组织机构	机构职责	人员配备	"管、检、修"方式
日本	JR东和JR西日本公司采取（总公司—分公司—保线所）三级管理体制；JR东海和JR九州公司采用（本部—保线所）两级管理体制	铁路公司负责相应的管理工作。基础设施的检测、维修工作以合同的形式承包给外协公司，外协公司与铁路公司只是承发包关系	东海道新干线平均约1.4人/运营里程；山阳新干线平均0.82人/运营里程；东北新干线平均约0.95人/运营里程	"管、检、修"严格分离的模式
法国	总局、地区局、综合维修段三级管理体制	法国国营铁路承担高速铁路基础设施的日常检测和养护维修工作，综合维修段负责线桥隧、接触网和通信信号的养护维修；大规模的维修工作外包给专业维修公司	平均约0.33人/运营里程（有砟轨道）	"管、检、修"部分分离的模式
德国	路网公司、基层单位两级管理体制	路网公司承担全路固定设备，包括线桥隧、通信信号、电气化设备的养护和维修工作；大修、新建和改扩建任务交给外协公司或铁路工程集团完成	平均约0.5人/运营里程（无砟轨道）	"管、检、修"部分分离的模式

2. 维修天窗设置

日本、法国和德国高速铁路维修均采用"天窗"方式，客运专线速度目标值为200km/h以上，其基础设施的检养修工作完全不能利用列车间隔进行。使用大型养路机械开"天窗"进行综合维修作业是世界各国高速铁路的基本维修政策，国外高速铁路维修"天窗"时间基本安排在夜晚空闲时间，一般设置为5~6h，且重点安排在列车停止运行的午夜至凌晨时间段。

日本新干线白天的行车密度非常大，除了必不可少的巡检外，全部养护维修作业都安排在00：00—06：00之间列车停运的维修天窗时间内。无论是大规模施工还是小规模施工，全部推行机械化天窗维修。在天窗时间内，00：00—03：00为作业时间，03：00—06：00为检查时间。施工作业人员在00：00之前绝对禁止进入线路。施工完毕后，铁路公司要开行轨道确认车对管辖范围进行线路确认，确认行车区间是否有异物存在。每天不管有无作业，都要进行确认作业，并在线路开通前10min完成。经确认车检查过的区段，禁止任何人再进入线路。

法国城际客专各种基础设施的养护维修工作主要在夜间进行，夜间从23：30至凌晨05：30开设6h的矩形维修天窗，实际维修工作时间4h左右，其他为准备、设备到位和撤离时间。维修工作完成后，在天窗时间内开行160~170km/h的确认车，使用的是普通TGV列车，主要确认是否能以160km/h速度行车、车载TVM信号系统是否工作正常和线路上是否有障碍物。法国城际客专白天设1km左右的"V"形维修天窗用于道岔控制设备调整、润滑和步行巡道，检查天窗时间为1~1.5h，该时间为2列TGV列车的间隔时间。法国国铁明确表示，不能取消白天"V"形天窗，主要是因为视线原因。法国国铁认为，即使夜间解决了照明问题但还有很多缺陷检查不到。规程规定，检测车只能对线路检测，道岔区只相信白天人工检查结果。但随着维修手段的更新、理念的改变，客运专线养护维修工作将朝着缩短或是取消白天天窗的方向努力。

德国城际客专与既有线连接成网，客货共线，列车密度较大，白天开行高速旅客列车，夜间开行货物列车。德国铁路根据运行图的列车运行时间间隔，有计划地将维修天窗时间安排在凌晨03：30—06：00之间，一线封闭，另一线行车。对于160km/h的快速货物列车，要求在03：00以前通过，仅留下少量慢速货物列车在维修时间内开行。为了使维修工作顺利进行，区间内平均6km设一处渡线，以满足一线封闭维修时一线双向行车。对于需要较长时间作业的维修工作，则安排在周末夜间没有货车通过时的较长天窗内进行。

3. 维修管理特点

国外高速铁路养护维修工作的突出特点是管理、检测、养护、维修严格分开。他们在铁路维修机构方面的共性是养护维修由两部分组成：一是保养人员（同时可实施一些小型工程），二是维修人员。大的维修基本委托第三方进行。

铁路的保养机构侧重于管理，技术力量较强。在各类信息的保障下，实现预防修和计划修，维持线路完好技术状态，有效减少意外事故和设施损伤的发生。

除法铁外，德铁和日铁都采取了客、货共管的方式。尤其是JR东日本公司，维修基地间距平均为43km，与高速线、既有线间均有联系线。再加上站间横移停车装置，有效地保障了养路轨道机械作业出行和行车避让。法铁和德铁则采取每隔30km设置区间道岔的方式（反向行车），以解决维修轨道机械的作业出行和行车避让问题。

12.5.2 我国高速铁路工务维修管理模式

我国高速铁路具有线路里程长、运行密度大、部分为客货混跑线路等特点,同时,高速铁路大量采用不同型号板式无砟轨道、无缝线路等最新技术。由于高速铁路高速度、高平顺性的要求,线路轨道养护维修标准要比普速线路更为严格。我国各铁路局在充分吸收发达国家高速铁路工务管理经验的基础上,积极探索适应自身的轨道管理方法。

1. 维修管理机构

我国铁路工务部门的组织机构主要包含铁路局和工务段等。各路局的工务部门主要制订维修方针、目标,进行技术指导,加强质量控制。工务段工务工作的运行部门,监管和组织具体的有关线路工作的实施。具体业务实施部门则是领工区、工区和工务段管辖内的专业化工班。

工务段是工务组织的基层单位,直接组织和领导生产。工务段机关内设段长室、线路室、桥隧室、材料室、教育室、会计室等,并有附属工厂,可制造和修理小型养路机械。工务段管辖的正线长度:单线铁路以300~400km为宜;双线和山区铁路以250km左右为宜。在工务段管辖范围内有枢纽站或编组站时,应适当减少管辖的正线长度。在运输繁忙、列车间隔时间短的区段,使用大型养路机械时,应设置机械化线路维修段,负责综合维修。

工务段下设的线路维修管理组织有养路领工区和养路工区。当有人看守的道口较多时,设道口工区。当专业性较强的工作较多时,应设置由工务段领导的专业工队。工务段管辖内的线路可实行养修合一或养修分开两种维护机制,但随着机械化作业方式的推广应用,以实行养修分开机制为主要发展方向。

养修分开的组织形式有:①机械化线路维修段负责综合维修,工务段配合施工,工务段主要负责经常保养和临时补修。②由工务段组织的跨养路领工区的机械化维修队负责线路综合维修,养路领工区和工区负责经常保养和临时补修。③由养路领工区组织的跨养路工区的机械化维修队负责线路综合维修,养路工区负责经常保养和临时补修。

养修合一的组织形式为:由养路领工区领导的2~3个机械化养路工区或3~5个手工操作为主的养路工区,负责线路的综合维修;而经常保养和临时补修仍由这些工区负责各自的管辖范围。机械化养路工区的管辖长度,一般单线铁路不宜大于20km,双线铁路不宜大于15km。有大站时,可设站线养路工区和道岔工区。

2. 我国维修管理特点

以往我国既有铁路线路、接触网、通信信号的养护维修体制主要按专业分类,集"管、检、修"于一身,铁道部设置各专业管理部,铁路局下设相应的各业务处和各专业站段,各专业站段又下设车间或领工区,领工区下设各专业工区的5级管理机构。这种体制对加强线路养护维修、保持基础设施稳定和维持一个相对较好的运输安全状况起到较大作用,但同时也带来了维修管理机构庞大、运营成本较高、经济效益低下的弊端。

传统上,我国铁路工务设备主要采用"周期修"为主、"状态修"为辅的维修模式,即当工务设备使用年限达到修理规则上规定的维修周期或设备各项技术指标超过相应管理标准时进行相应的修理。无砟轨道结构病害呈现随机性的特点,对于高速铁路无砟轨道不宜采取"周期修"的维修模式。"状态修"是从设备实际状态出发开展的一种修理方法,其关键在于对设备状态的及时感知和合理的管理标准。

目前，我国高速铁路维修管理在充分考虑我国高速铁路实际情况和国家政策的情况下，行属地化管理制度，并在各路局倡导"管、检、修"分开的管理体制，"管（管理维护）、检（检测）、修（修理）"分开的管理体制为原则，体现"专业强化、管理集中、资源综合"和"精干高效"的养护维修理念，目的是建立高效率、低成本、少用人、现代化、信息化和先进适用的综合维修管理技术体系。其具体含义：

1）属地化管理：工务设施由铁路局按就近管辖的原则实行属地化管理，工务段属地化延伸管理。

2）专业强化：将工务、电务和供电分专业管理，工务线路和路基、桥梁、隧道分专业管理。

3）管理集中：高速铁路的工务设备集中管理，管辖高速铁路的铁路局和工务段设专门管理机构。

4）资源综合：工务、电务和供电专业管理分开，但办公、生活等后勤保障设施集中管理、综合使用。

5）精干高效：应按精干高效原则配备高速铁路工务管理技术人员和技能骨干，并纳入定编，主要负责线桥设备检查、影响安全和秩序的临时补修和故障处理工作。

6）专业化维护：工务段可成立曲线、道岔、钢轨等专业化修理队伍，负责受托的高速铁路修理工作。

7）"管、检、修"分开：按照"管、检、修"分开的管理体制，设备的主要检查和修理工作由专门部门或机构承担。

8）大机区域化作业：大型修理机械和检测车实行区域化作业，由专门机构承担。

与既有线检测相比，高铁更强调综合检测的重要性。在维修工作中不同部门承担的维修责任不同，工务机械段主要负责综合维修，完成大机作业维修项目；工务段组建专业化维修队伍和机械养路工区，主要负责日常保养，配合大机作业以及道岔钢轨接头焊接、曲线调整等项目；工区主要负责日常设备巡查和临时补修等项目；工务段成立检查监控车间（线、桥车间下设工区）负责设备检查监控工作。

12.6 现代工务管理信息系统

现代工务管理信息系统是在现代化线路检测手段的基础上，依靠先进的数据存储、传输和处理手段，建立详尽的且应用方便的维护管理信息决策系统，实现对线路状态的监测、线路状态的预测、维护活动的决策、执行、验收及信息反馈的工务一体化管理。该系统的应用，可以使工务管理部门全面掌握线路质量状态，从而制定科学合理的维修决策，避免了维护管理上可能出现的盲目性和浪费，确保了高速行车的舒适性和安全性。

12.6.1 国外工务信息管理系统

国外的轨道维修管理信息系统研究开发较早，20世纪70年代就开始应用，并在检测技术和计算机技术发展过程中不断完善。表12-11为国外铁路工务信息管理系统概况。

表 12-11　国外铁路工务信息管理系统概况

国家	系统	国家	系统
瑞士	联邦铁路工务一体化管理系统 轨道养护计划决策支持系统	英国	轨道养护·轨道更新计划决策·费用估算支持系统（MAPPAS）
日本	新干线信息管理系统（SMIS） 东日本设备管理系统（EWS） 养护管理数据库系统（LABOCS） JR 东海道养护管理系统 东海道新干线养护管理系统（TOSMA） 道岔维修检查系统 轨道维修计划辅助系统	欧洲铁路研究所	经济的轨道养护维修系统（ECOTRACK） 道岔管理系统（ECOWITCH） 桥梁管理系统（ECOBRIDGE） 接触网管理系统（ECOCATENARY） 路基管理系统（ECOSOIL）
加拿大	轨道管理系统（TMS） 轨道维修咨询系统（EPMS） 轨道养护计划决策支持系统（TMAS）	荷兰	轨道养护·轨道更新计划决策支持系统（BINCO）
美国	轨道养护决策支持系统（SMS） 钢轨更换计划辅助管理系统（REPOMAN）	波兰	全面维修决策支持系统（DONG）
德国	轨道养护、轨道更新计划决策支持系统（SYSTEM DYNAMICS）		

日本在铁路轨道养护维修方面，全面贯彻预防性维修的指导思想，实行线路检测、维修和管理分开，通过设定轨道预防性维修的极限值，在极限值内对轨道进行修理，对出现特殊情况的线路进行事后修理。1957 年在新干线使用新干线信息管理系统（SMIS），它的特征是在东京情报管理中心内设置大型计算机；在各新干线沿线设置几十台终端机，管理中心与各终端机相互之间可以进行信息交换和传递，该系统分为轨道维修状态管理、轨道材料管理、轨道工程计算三个模块，其功能覆盖轨道管理的全部领域。在新干线信息管理系统的基础之上，进一步改进，继续开发了东海道新干线养护管理系统（TOSMA）。

法国铁路将轨道、车辆及其相互作用与轨道维修作为一个系统来考虑。为了处理 MOZAN 轨检车的综合曲线图，1985 年开发了对轨检车综合信息处理的信息化系统（TIMON），TIMON 以辅助决策维修为目的，在巴黎—里昂的第一条高速线上使用，该系统的主机与设在每一领工区的终端机相连。输入的数据包括：线路实际状态描述（走向、设备、道岔）、每次检查记录后线路几何状态的评定、维修作业过程（机械化捣固，打磨）。该系统之后不断改进，普通线路已逐渐使用该系统。另外，瑞士开发的轨道养护计划决策支持系统也应用在法国轨道养护维修管理中。

德国主要使用轨检车对高速铁路进行日常检查，人工检查只是对道岔以及轨检车的检查结果需要复核的区段进行检查。在轨道养护方面，德国使用轨道养护、轨道更新计划决策支持系统（SYSTM DYNAMICS），该系统基于动态系统理论，具有进行长期的经济、技术相互作用仿真功能。另外，在线路基础设施管理方面，德国使用铁路线路数据管理系统（DB-Streckendaten STREDA），该系统实现了德国全线路的基础设施数据统一管理，还具有对线路数据进行分析以及图形显示的功能。

英国在线路维修养护管理方面，使用轨道养护、轨道更新计划决策、费用估算支持系统（MAPPAS），该系统利用统计方法分析轨道破坏现象，以及利用技术经济分析模型评价轨道养护维修方案，以维护费用最小为目标决策钢轨的更换周期等。

加拿大在 20 世纪 80 年代开始利用计算机对轨道维修进行管理并开发了轨道管理系统（TMS），该系统利用轨检车的检测数据与人工现场测量数据相结合，来评判轨道及各设施的质量状态，并且结合线路运输数据来预测轨道质量的变化趋势。到了 20 世纪 90 年代，又开发了轨道维修咨询系统（EPMS）和轨道养护计划决策支持系统（TMAS）。其中，轨道维修咨询系统主要用于轨道动态检测数据的分析和管理；而轨道养护计划决策支持系统主要用于对线路预测轨道不平顺、钢轨伤损等指标进行定量的预测，预测结果结合线路设备以及运输的基本信息作为制订线路大中修计划的依据；同时，轨道养护计划决策支持系统考虑经济、资源因素的影响，通过制订合理的各种计划，合理地分配人力、设备等资源，优化安排养护维修作业，可以提高线路养护维修的作业效率。

除上述系统之外，还有欧洲铁道研究所（ERRI）开发的 ECOTRACK 系统、美国使用的 SMS 和 REPOMAN 系统、Omnicom Engineering 公司开发的三维基础设施管理系统（Omnisurveyor 3D）、ZETA-TECH Associates 公司开发的铁路工务信息系统等。

12.6.2　我国的工务信息管理系统

从 20 世纪 80 年代开始，计算机技术和其他先进的技术就在我国铁路工务的设备管理、检查数据分析中得到了应用，随着相关部门的研究，开发了一些实用的软件系统。为了加快我国铁路工务信息化建设，以信息系统为基础的线路维护一体化管理是我国工务部门实现管理现代化的重要发展方向之一。

我国铁路维护领域主要应用的系统是工务管理信息系统（PWMIS）。PWMIS 是由铁道部运输局基础部组织，由铁道部信息技术中心牵头，在各局工务专家的支持下研发成功的，覆盖铁道部（国铁集团公司）—铁路局（路局集团公司）—工务段三级工务管理部门的计算机网络管理信息系统。2002 年 5 月，PWMIS（一期）应用软件，通过了铁道部运输局组织的技术评审。2004 年，PWMIS 通过了铁道部科技司组织的技术评审。2001 年，该系统在京沪线上 38 个单位进行软件试用。2003 年在京广线 3 个路局、6 个分局进行了工程试点。2004 年，在全路大力推进单机版软件试用工作，为适应各路局的个性需求，满足实际需要，修改完善软件并适合 15 个路局的业务管理需求，取得了显著的阶段成果。2007 年初开始在全路进行 PWMIS 工程建设，各铁路局（铁路公司）信息所（处）进行了网络版本数据库和应用程序安装实施，工务项目组在全路进行了 PWMIS 使用培训工作。目前，该系统已成为我国铁路工务的基础管理系统。

PWMIS 单机版（C/S）包括线路设备管理子系统、桥隧设备管理子系统、路基设备管理子系统、线路秋检管理子系统、桥隧秋检管理子系统、路基秋检管理子系统、工务调度管理子系统、防洪水害管理子系统、综合图绘制管理子系统、速度图管理子系统、配线图绘制管理子系统、大桥略图绘制管理子系统、采石管理子系统、钢轨伤损管理子系统等 14 个业务子系统，以及数据同步和系统管理 2 个维护子系统。

PWMIS 网络版（B/S）包括线路设备、桥隧设备、路基设备、线路秋检、桥隧秋检、路基秋检、工务调度（全部内容，含报表）、防洪水害、钢轨伤损、采石管理合计 10 个业务子系统，提供数据编辑、查询、检索和报表等数据管理功能，满足工务业务部门在线路、桥隧、路基和调度等方面的业务管理需要，提供信息查询、打印功能，为工务设备的修建、改造和维护工作，提供及时、准确的信息。

轨道工程

管理信息系统的应用推动了我国铁路工务管理由静态管理转向动态管理。随着大数据和信息技术的进一步应用，我国的轨道的管理与维护已实现了现代化。

本章主要介绍了轨道管理与维护的相关内容。在介绍传统轨道缩短轨计算和曲线整正的基础上，增加了高速铁路轨道精调的内容。在轨道管理方面，主要介绍了国内外先进的轨道维护管理体系与工务信息管理系统。

1. 线路经常维护包括哪些基本任务？
2. 简述经常维护的定义以及其基本任务。
3. 线路维护的基本作业包括哪些？
4. 拨道的主要作业内容包括哪些？
5. 简述线路设备大修的基本任务。
6. 简述线路大修的主要工作内容。
7. 简述采用绳正法拨道计算时的限制条件。
8. 简述无砟轨道精调流程。
9. 简述缩短轨计算和曲线整正计算的目的。
10. 简述无砟轨道维护和有砟轨道的主要区别。

参 考 文 献

[1] 李成辉. 轨道 [M]. 2版. 成都：西南交通大学出版社，2012.
[2] RANSOM P J G. The victorian railway and how it evolved [M]. London：Heinemann，1990.
[3] TRATMAN E E R. Railway track and track work [M]. New York：The Engineering News Publishing Compang，1908.
[4] DOW A. The railway：British track since 1804 [M]. Barnsley, South Yorkshire：Wharncliffe Books，2014.
[5] ESVELD C. 现代铁路轨道 [M]. 王平，陈嵘，井国庆，译. 北京：中国铁道出版社，2014.
[6] 郝瀛. 铁道工程 [M]. 北京：中国铁道出版社，2000.
[7] 佐藤吉彦. 新轨道力学 [M]. 徐涌，等译. 北京：中国铁道出版社，2001.
[8] 杨荣山. 轨道工程 [M]. 北京：人民交通出版社，2013.
[9] 高亮. 轨道工程 [M]. 北京：中国铁道出版社，2013.
[10] 易思蓉. 铁道工程 [M]. 北京：中国铁道出版社，2009.
[11] 赵国堂. 高速铁路无砟轨道结构 [M]. 北京：中国铁道出版社，2006.
[12] 中国铁路总公司. 中国高速铁路工务技术 [M]. 北京：中国铁道出版社，2014.
[13] 翟婉明. 车辆-轨道耦合动力学 [M]. 4版. 北京：科学出版社，2014.
[14] 陈学楚. 现代维修理论 [M]. 北京：国防工业出版社，2003.
[15] 中国城市轨道交通协会. 2019年城市轨道交通行业统计报告 [R]. [出版地不详]：[出版者不详]，2020.
[16] 国家铁路局. 铁路轨道设计规范：TB 10082—2017 [S]. 北京：中国铁道出版社，2017.
[17] 国家铁路局. 高速铁路设计规范：TB 10621—2014 [S]. 北京：中国铁道出版社，2014.
[18] 国家铁路局. 城际铁路设计规范：TB 10623—2014 [S]. 北京：中国铁道出版社，2014.
[19] 国家铁路局. 重载铁路设计规范：TB 10625—2017 [S]. 北京：中国铁道出版社，2017.
[20] 金学松，沈志云. 轮轨滚动接触力学的发展 [J]. 力学进展，2001，31 (1)：33-46.
[21] 张卫华. 机车车辆动态模拟 [M]. 北京：中国铁道出版社，2007.
[22] 颜秉善，王其昌. 钢轨力学与钢轨伤损 [M]. 成都：西南交通大学出版社，1989.
[23] 黄积球，谭立成，俞铁峰. 轮轨磨损 [M]. 北京：中国铁道出版社，1997.
[24] 中华人民共和国铁道部. 铁路线路维修规则：铁运 [2006] 46号 [R]. 北京：[出版者不详]，2006.
[25] 杨新安，李怒放，李志华. 路基检测新技术 [M]. 北京：中国铁道出版社，2006.
[26] 刘建坤. 铁路路基养护维修 [M]. 北京：中国铁道出版社，2010.
[27] 黎国清. 铁路工务检测技术 [M]. 北京：中国铁道出版社，2018.
[28] 中国铁路总公司运输局工务部. 铁路工务技术手册：线路检测与测量 [M]. 北京：中国铁道出版社，2017.
[29] 孙章. 城市轨道交通概论 [M]. 北京：人民交通出版社，2010.
[30] 周庆瑞，金锋. 新型城市轨道交通 [M]. 北京：中国铁道出版社，2005.
[31] 陈嵘，韦凯. 城市交通轨道工程 [M]. 北京：中国铁道出版社，2018.
[32] 王金山. 城市轨道交通轨道施工与维护 [M]. 北京：中国铁道出版社，2012.
[33] 薛锋，朱志国，陈钉均. 城市轨道交通新技术 [M]. 成都：西南交通大学出版社，2016.
[34] 朱宏，林瑜筠. 城市轨道交通概论 [M]. 北京：中国铁道出版社，2011.
[35] 顾保南，叶霞飞. 城市轨道交通工程 [M]. 3版. 武汉：华中科技大学出版社，2015.
[36] 姚林泉，汪一鸣. 城市轨道交通概论 [M]. 北京：国防工业出版社，2012.

[37] 牛红霞. 城市轨道交通概论[M]. 2版. 北京：化学工业出版社，2016.

[38] 张立. 城市轨道工程[M]. 成都：西南交通大学出版社，2006.

[39] TAYLOR T. A History and Description of the Liverpool and Manchester Railway[M]. Liverpool：Liverpool University Press，1832.

[40] POST, ROBERT C. Urban mass transit：the life story of a technology[M]. Westport：Greenwood Publishing Group，2007.

[41] FORREST J. Minutes of prceedings of the institution of civil engineers[M]. London：Institution of Civil Engineers，1867.

[42] 国家发展改革委，交通运输部，中国铁路总公司. 中长期铁路网规划：发改基础[2016]1536号[R]. 北京：[出版者不详]，2016.

[43] 赵国堂. 提高轨道临界速度应作为客运专线设计工作的重要目标[J]. 中国铁路，2005（1）：40-42.

[44] 王桔林. 高速铁路精测控制网及无砟轨道板精调测量技术[M]. 北京：中国铁道出版社，2011.

[45] 中华人民共和国住房和城乡建设部. 地铁设计规范：GB 50157—2013[S]. 北京：中国建筑工业出版社，2013.

[46] 中华人民共和国铁道部. 铁路轨道强度检算法：TB 2034—1988[S]. 北京：中国铁道出版社，1988.

[47] 中华人民共和国铁道部. 铁路无缝线路设计规范：TB 10015—2012[S]. 北京：中国铁道出版社，2013.

[48] 中铁第四勘察设计院集团有限公司，中国铁道科学研究院. 铁路轨道结构极限状态设计方法研究报告：中国铁路总公司科技研究开发计划（2012G14-I）[R]. 武汉：中铁第四勘察设计院集团有限公司，2014.

[49] 陈蕾. 城市轨道交通引入RAMS管理的必要性[J]. 城市轨道交通研究，2007（5）：4-7.

[50] 何尚. 世界铁路发展的第三次浪潮[J]. 中国报道，2010（12）：46-47.

[51] 傅中. 世界铁路轨枕技术发展的探讨[J]. 铁道物资科学管理，1994（4）：1-3.

[52] 杨荣山. 钢轨接头的应力分析与优化研究[D]. 成都：西南交通大学，2002.

[53] 张新彬，王合春，韩秋红. 高速铁路钢轨焊接技术[J]. 石家庄铁道大学学报（自然科学版），2003（S1）：106-108.

[54] 王亮明. 高速铁路无缝线路钢轨焊接技术研究[D]. 成都：西南交通大学，2011.

[55] 尹坚. 联邦德国的新型钢枕系统[J]. 铁道科技动态，1987（5）：29.

[56] 牟传文. 联邦德国铁路试铺Y形钢枕[J]. 铁道科技动态，1988（8）：31-32.

[57] 徐蕴贤. 介绍双块式混凝土轨枕[J]. 铁道标准设计，1994（11）：27-29.

[58] 韩启孟，徐文杰. 法国混凝土轨枕技术在我国铁路应用的分析[J]. 铁道标准设计，1999（11）：1-3.

[59] 蔡小培，曲村，高亮. 国内外高速铁路桥上有砟轨道轨枕结构研究现状分析[J]. 铁道标准设计，2011（11）：5-10.

[60] 董诚春. 废橡胶粉制铁道枕木技术探讨[J]. 中国橡胶，2007（14）：35-36.

[61] 杨新民，张立国，张庆. 合成树脂轨枕的应用研究[J]. 铁道标准设计，2009（6）：15-17.

[62] 李迪，胡舒龙，侯学杰，等. 铁路轨枕研究及应用进展[J]. 化学推进剂与高分子材料，2018，16（3）：32-35.

[63] 曾志斌. 既有铁路木枕替代材料的研究现状及发展趋势[J]. 铁道建筑，2016（8），1-9.

[64] 胡连军，杨吉忠，林红松，等. 钢轨扣件设计及其衍化过程研究[J]. 铁道工程学报，2018，35（10）：32-37.

[65] 王其昌. 无砟轨道钢轨扣件 [M]. 成都：西南交通大学出版社，2006.

[66] 朱泓吉，卜继玲，王永冠，等. 轨道扣件弹性垫板结构优化设计 [J]. 计算机辅助工程，2016，25 (5)：18-21，28.

[67] 于春华. 铁路钢轨扣件发展综述 [J]. 铁道标准设计，2006 (S1)：188-191.

[68] 王红. 铁路有砟道床聚氨酯固化技术的发展及应用 [J]. 铁道建筑，2015 (4)：135-140.

[69] 李坚. 铁路线路道床病害成因及整治策略 [J]. 江西建材，2017 (22)：145.

[70] 张猛. 铁路线路道床病害成因及整治方式研究 [J]. 科技与创新，2017 (19)：128-129.

[71] 马晓川. 高速铁路道岔直尖轨滚动接触疲劳行为与优化控制研究 [D]. 成都：西南交通大学，2018.

[72] 姚建伟，孙琼，章润鸿. 铁路机车车辆半主动控制减振器的理论研究和产品研制 [J]. 铁道机车车辆，2004，24 (S1)：6-9.

[73] 丁福焰，杜永平. 机车车辆故障诊断技术的发展 [J]. 铁道机车车辆，2004，24 (4)：24-30.

[74] LI P, GOODALL R. Model-based condition monitoring for railway vehicle system [C] //UKACC. Proceedings of the UKACC International Conference on Control [s.l.]：[s.n.]，2004.

[75] MEI T X, DING X J. Condition monitoring of rail vehicle suspensions based on changes in system dynamic interactions [J]. Vehicle System Dynamics，2009 (9)：1167-1181.

[76] 李海涛，王成国. 基于机车车辆频域模型的二系垂向悬挂元件状态监测 [J]. 铁道机车车辆，2008 (2)：1-5.

[77] LI P, GOODALL R, WESTON P. Estimation of railway vehicle suspension parameters for condition monitoring [J]. Control Engineering Practice，2007，(15)：43-55.

[78] LI H. Measuring systems for active steering of railway vehicles [D]. London：Loughborough University，2001.

[79] LI P, GOODALL R, KADIRKAMANATHAN V. Parameter estimation of railway vehicle dynamic model using Rao-Blackwellised particle filter [C] // [Anonymous]. Proceedings of the European Control Conference, [s.l.]：[s.n.] 2003：1-4.

[80] 姚建伟. 机车车辆动力学强度专业发展的建议和设想 [J]. 铁道机车车辆，2000，6 (86)：23-24.

[81] WU P B, ZENG J, DAI H Y. Dynamic response analysis of railway passenger car with flexible carbody model base on semiactive suspensions [J]. Vehicle System Dynamics，2014，41 (S1)：774-783.

[82] 王开文. 车轮接触点迹线及轮轨接触几何参数的计算 [J]. 西南交通大学学报，1984 (1)：89-99.

[83] 倪平涛，刘德刚，曲文强. 轮轨与轮轮接触几何计算研究 [J]. 铁道机车车辆，2012，32 (5)：5-9.

[84] KALKER J J. On the rolling contact of two elastic bodies in the presence of dry friction [D]. Delft：Delft University of Technology，1967

[85] VERMEULEN J K, JOHNSON K L. Contact of non-spherical bodies transmitting tangential forces [J]. Journal of Applied Mechanics，1964 (31)：338-340.

[86] SHEN Z Y, HEDRICK J K, Elkins J A. A comparison of alternative creep force models for rail vehicle dynamic analysis [C] //IAVSD. Proceedings of the 8th IAVSD Symposium. [s.l.]：[s.n.] 1983，591-605.

[87] 孙翔. 确定轮轨接触椭圆的直接方法 [J]. 西南交通大学学报，1985 (4)：8-21.

[88] KNOTHE K, GROβ-THEBING A. Short wavelength rail corrugation and non-steady-state contact mechanics [J]. Vehicle System Dynamics，2008，46 (1-2)：49-66.

[89] KNOTHE K，卢笑山. 钢轨短波波磨与非稳态滚动接触力学 [J]. 国外铁道车辆，2013，50 (1)：17-25.

[90] WEN Z, JIN X, ZHANG W. Contact-impact stress analysis of rail joint region using the dynamic finite ele-

ment method [J]. Wear, 2005, 258 (7): 1301-1309.

[91] LI Z, ZHAO X, ESVELD C, et al. An investigation into the causes of squats: Correlation analysis and numerical modeling [J]. Wear, 2008, 265: 1349-1355.

[92] ZHAO X, LI Z. The solution of frictional wheel-rail rolling contact with a 3D transient finite element model: Validation and error analysis [J]. Wear, 2011, 271: 444-452.

[93] ZHAO XIN. Dynamic wheel/rail rolling contact at singular defects with application to squats [D]. Delft: Delft University of Technology, 2012.

[94] PLETZ M, DAVES W, OSSBERGER H. A wheel set/crossing model regarding impact, sliding and deformation-explicit finite element approach [J]. Wear, 2012, 294: 446-456.

[95] CHAAR N, BERG M. Simulation of vehicle-track interaction with flexible wheelsets, moving track models and field tests [J]. Vehicle System Dynamics, 2006, 44: 921-931.

[96] BROSTER M, PRITCHARD C, SMITH D A. Wheel/Rail adhesion: its relation to rail contamination on British railway [J]. Wear, 1974, 929: 309-316.

[97] 大山忠夫. 高速化与高黏着 [J]. 国外机车车辆, 1997 (5): 50-53.

[98] 郭年根, 孙美, 孙远运, 等. 铁路工务管理信息系统的设计与实现 [J]. 计算机系统应用, 2003 (07): 17-20.

[99] 金学松, 温泽峰, 张卫华. 轮对运动状态对轮轨滚动接触应力的影响 [J]. 工程力学, 2004, 21 (1): 166-173.

[100] 苏辉艳. 减轻重载列车轮轨磨耗的研究 [J]. 中国铁道, 1997 (6): 42-43.

[101] 孙国英, 刘学毅, 万复光. 小半径曲线上的钢轨磨耗 [J]. 西南交通大学学报, 1994, 29 (1): 65-70.

[102] 颜秉善. 淬火钢轨间断润滑减缓侧磨的接触力学分析 [J]. 铁道建筑, 1993 (12): 1-7.

[103] 段固敏. 轴重和摩擦系数对钢轨侧磨影响的研究 [J]. 兰州铁道学报, 1994, 13 (3): 9-13.

[104] 黄棨怀. 重载线路上钢轨侧磨、剥离的分析及其防治 [J]. 铁道建筑, 1993 (4): 4-8.

[105] 中华人民共和国铁道部. M5T 型客车检修规程 (A1A2A3 级修程) [M]. 北京: 中国铁道出版社, 2006.

[106] 江成. 货车轴车的增加对铁道线路的影响 [J]. 铁道工程学报, 1997 (3): 466-471.

[107] 张波, 刘启跃. 钢轨波磨的研究分析 [J]. 西南交通大学学报, 2001, 51: 471-475.

[108] CLARK R, ASCOT G A. Short wave corrugations- An explanation based on slip stick vibration [J]. Symposium on Applied Mechanics Rail Transportation, 1988, 92 (2): 21-23.

[109] CLARK R A, FOSTER P. On the mechanism of rail corrugation formation [C] //IAVSD. Proceedings of the 8th IAVSD Symposium [s. l.]: [s. n.], 1983, 72-58.

[110] ZARERNBSKI A M. Type of rail corrugation [J]. Railway Gazette International, 1989, 85 (8): 12-13.

[111] SUDS Y, KOMINE H, IWASA T, et al. Experimental study on mechanism of rail corrugation using corrugation simulator [J]. Wear, 2002 (253): 162-171.

[112] SATO Y, MATSUMOTO A, KNOTHE K. Review on rail corrugation studies [J]. Wear, 2002, 253 (1-2): 130-139.

[113] ISHIDA M, MOTO T, TAKIKAWA M. The effect of lateral creepage force on rail corrugation on low rail at sharp curves [J]. Wear, 2002. 253: 172-177.

[114] GRASSIE S L, KALOUSEK J. Rail corrugation, characteristics, cause and treatments [J]. Proceeding of the Institution of Mechinical Engineers, 1993, 207: 57-68.

[115] AHLBECK D R. Investigation of rail corrugations on the baltimore metro [J]. Wear, 1991, 144 (4):

197-210.

[116] TASSILLY E, VINCENT N. Rail corrugation：analytical model and field tests［J］. Wear, 1991, 144（4）：163-178.

[117] LIU QY, ZHANG B, ZHOU Z R. An experimental study of rail corrugation［J］. Wear, 2003, 255（7-12）：1121-1126.

[118] SATO, YOSHIHIKO, MATSUMOTO, et al. Review on rail corrugation studies［J］. Wear, 2002, 253（1-2）：130-139.

[119] 北京城建设计研究总院. 城市轨道交通轨道工程技术与应用［M］. 北京：中国建筑工业出版社, 2016.

[120] 杨军. 中国道岔的历史与展望［C］//河南省铁道学会,《河南铁道》编辑部. 郑州铁路局"十百千"人才培育助推工程论文集. ［出版地不详］. ［出版者不详］, 2011：801-807.

[121] 王树国. 我国铁路道岔现状与发展［J］. 铁道建筑, 2015（10）：42-46.

[122] 卢祖文. 我国铁路道岔的现状及发展［J］. 中国铁路, 2005（4）：11-14.

[123] 苏小强. 高速道岔尖轨不足位移分析［D］. 兰州：兰州交通大学, 2013.

[124] 蔡小培. 高速道岔尖轨与心轨转换及控制研究［D］. 成都：西南交通大学, 2008.

[125] 钱晓红. 浅析高速铁路道岔结构及维修养护［J］. 中小企业管理与科技（上旬刊）, 2016（25）：222-223.

[126] 丁水霖. 高速铁路道岔铺设［J］. 上海铁道科技, 2008（3）：75-77.

[127] 钱坤. 重载铁路12号道岔刚度取值及均匀化研究［D］. 北京：中国铁道科学研究院, 2014.

[128] 王平. 高速铁路道岔设计理论与实践［M］. 成都：西南交通大学出版社, 2011.

[129] 王树国, 葛晶, 王猛. 重载道岔技术现状与发展［J］. 中国铁路, 2013（11）：16-20.

[130] 黄振宇, 费维周. 新型重载道岔研制［J］. 铁道标准设计, 2015（1）：42-46.

[131] 吕忠林. 75kg/m钢轨18号单开道岔设计制造工艺的研究［D］. 大连：大连交通大学, 2017.

[132] 俞展猷. 自动导向新交通系统——AGT［J］. 电力机车与城轨车辆, 2005, 28（3）：48-51.

[133] 丁志华. 新型交通方式在城市交通中的适用性研究［D］. 南京：南京林业大学, 2012.

[134] 徐正和. 现代有轨电车的崛起与探索［J］. 现代城市轨道交通, 2005（2）：12-15.

[135] 王艳彩. 现代有轨电车的适用性初探［D］. 南京：南京林业大学, 2011.

[136] 张国宝. 自动导向交通：发展中的新型轨道交通［J］. 都市快轨交通, 1999（1）：5-6.

[137] 张晋, 梁青槐, 孙福亮, 等. 现代有轨电车适用性研究［J］. 都市快轨交通, 2013, 26（5）：6-9.

[138] 訾海波, 过秀成, 杨洁. 现代有轨电车应用模式及地区适用性研究［J］. 城市轨道交通研究, 2009, 12（2）：46-49.

[139] 赵永刚. 现代有轨电车的技术特点及适用性研究［J］. 山东交通科技, 2018（1）：35-36, 42.

[140] 侯爱滨, 曲铭, 骆焱, 等. 曼谷轻轨道岔的设计［J］. 铁道标准设计, 2010（12）：20-23.

[141] 许有全, 高亮. 城市轨道交通用道岔有关问题的探讨［J］. 铁道标准设计. 2003（5）：5-7.

[142] 于春华. 城市轨道交通道岔设计、施工及维修［M］. 北京：中国铁道出版社, 2012.

[143] 刘延荣. 铁路道岔设备维修的探讨与铁路道岔思考［J］. 中小企业管理与科技（中旬刊）, 2018, 545（7）：155-156.

[144] 魏华. 轨道交通与常规公交衔接优化关键问题研究［D］. 西安：长安大学, 2014.

[145] 陈佐. 城市轨道交通对生态环境的影响［J］. 中国铁道科学. 2001, 22（3）：126-132.

[146] 魏金成. 地铁运营对环境的振动影响研究［D］. 北京：北京交通大学, 2012.

[147] 边金, 陶连金, 张印涛, 等. 地铁列车振动对相邻建筑物的影响及其传播规律［J］. 建筑结构, 2011（S2）：107-110.

[148] 洪俊青, 刘伟庆. 地铁对周边建筑物振动影响分析［J］. 振动与冲击, 2006, 25（4）：142-145.

[149] 刘卫丰, 刘维宁, 马蒙, 等. 地铁列车运行引起的振动对精密仪器的影响研究 [J]. 振动工程学报, 2012, 25 (2): 130-137.

[150] 蒋琦莲. 噪声与听力损失 [J]. 中国医药指南, 2008, 6 (15): 90-91.

[151] 王帅. 城市轨道交通声环境的影响预测与降噪措施研究 [D]. 西安: 西安建筑科技大学, 2015.

[152] 张玉萍. 噪声对非听觉系统的影响及社会综合防治 [J]. 中国医学伦理学, 2000 (4): 36-37.

[153] 国家环境保护总局. 城市区域环境振动标准: GB 10070—1988 [S]. 北京: 中国标准出版社, 2001.

[154] 中华人民共和国住房和城乡建设部. 城市轨道交通引起建筑物振动与二次辐射噪声限值及其测量方法标准: JGJ/T 170—2009 [S]. 北京: 中国建筑工业出版社, 2009.

[155] 环境保护部. 声环境质量标准: GB 3096—2008 [S]. 北京: 中国环境科学出版社, 2008.

[156] 国家环境保护局. 铁路边界噪声限值及其测量方法: GB 12525—1990 [S]. 北京: 中国标准出版社, 1991.

[157] 杨松. 基于轮轨振动特性的地铁钢轨波磨产生及发展机理研究 [D]. 北京: 北京交通大学, 2015.

[158] 肖桂元, 韦红亮, 王志驹, 等. 地铁列车引起与地铁合建建筑结构环境振动特性现场测试分析 [J]. 铁道学报, 2015, 37 (5): 88-93.

[159] 常亮. 高速铁路轮轨滚动噪声及吸音板降噪技术研究 [D]. 成都: 西南交通大学, 2013.

[160] 徐志胜, 翟婉明. 城市轨道交通支承块式无碴轨道轮轨噪声分析 [C] //中国铁道学会环保委员会. 中国铁道学会环保委员会噪声振动学组年会学术论文集. [出版地不详]: [出版者不详], 2008.

[161] 何宏高. 轮轨曲线尖叫噪声的有限元研究 [D]. 成都: 西南交通大学, 2008.

[162] 张博, 黄震宇, 陈大跃. 高架桥轨道系统的噪声源识别 [J]. 噪声与振动控制, 2006, 26 (1): 46-48.

[163] 李宝银, 杨宜谦. 铁路和地铁桥梁结构噪声研究 [J]. 土木建筑与环境工程, 2013 (S2): 28-32.

[164] 蔡存福, 叶文虎. 关于现场实测、实验室模拟、数值计算三种方法的关系和结合问题 [J]. 环境科学研究, 1984 (7): 3-7.

[165] 生态环境部. 环境影响评价技术导则 城市轨道交通: HJ 453—2018 [S]. 北京: 中国环境科学出版社, 2018.

[166] 中华人民共和国铁道部. 铁路建设项目环境影响评价噪声振动源强取值和治理原则指导意见: 铁计 [2010] 44 号 [R]. 北京: [出版者不详], 2010.

[167] 朱剑月, 王毅刚, 杨志刚, 等. 高速列车转向架区域裙板对流场与气动噪声的影响 [J]. 同济大学学报 (自然科学版), 2017, 45 (10): 1512-1521.

[168] 徐其瑞, 刘峰. 钢轨探伤车技术发展与应用 [J]. 中国铁路, 2011 (7): 38-41.

[169] DRAKE, HARCOURT C. Transverse fissure detector car [J]. American Institute of Electrical Engineers, 2010, 50 (2): 633-636.

[170] 石永生, 马运忠, 傅强, 等. 钢轨探伤车的检测运用模式与伤损分级探讨 [J]. 铁路技术创新, 2012 (1): 96-98.

[171] 周毅. 铁路用桥梁检查车 [J]. 内燃机车, 2012, 462 (8): 23-24.

[172] 谢安. 国外桥梁养护检测车的发展 [J]. 养护与管理, 2015, 1 (47): 51-54.

[173] 康熊, 等. 国家 863 计划重点项目最高试验速度 400km/h 高速检测列车关键技术研究与装备研制课题: 高速检测列车关键检测技术研究报告 [R]. 北京: 中国铁道科学研究院, 2011.

[174] 刘伶萍, 杜鹤亭, 杨爱红. 钢轨波浪磨耗检测系统的研究开发 [J]. 中国铁道科学, 2006, 23 (6): 65.

[175] 中华人民共和国铁道部. 铁路桥梁检定规范 [M]. 北京: 中国铁道出版社, 2004.

[176] 中国铁路总公司. 铁路桥梁检定评估管理办法 [M]. 北京：中国铁道出版社，2015.

[177] 中国铁道科学研究院. 高速铁路桥梁运营性能检定规定（试行）[M]. 北京：中国铁道出版社，2014.

[178] 中国铁路总公司运输局工务部. 铁路既有线桥渡水文检算 [M]. 北京：中国铁道出版社，2016.

[179] 张宇峰，朱晓文. 桥梁工程试验检测技术手册 [M]. 北京：人民交通出版社，2010.

[180] 铁道部运输局基础部. 铁路隧道检测技术手册 [M]. 北京：中国铁道出版社，2007.

[181] 中华人民共和国铁道部. 铁路工程物理勘探规范：TB 10013—2010 [S]. 北京：中国铁道出版社，2010.

[182] 中华人民共和国铁道部. 铁路隧道衬砌质量无损检测规程：TB 10223—2004 [S]. 北京：中国铁道出版社，2004.

[183] 中国铁道科学研究院. 铁路隧道运营安全检测与状态评估技术研究 [R]. 北京：[出版者不详] 2007.

[184] 中华人民共和国铁道部. 铁路运营隧道衬砌安全等级评定暂行规定：铁运函 [2004] 174 号 [R]. 北京：[出版者不详] 2004.

[185] 中国工程建设标准化协会. 超声回弹综合法检测混凝土强度技术规程：CECS 02—05 [S]. 北京：中国建筑工业出版社，2005.

[186] 杨峰，彭苏萍. 地质雷达探测原理与方法研究 [M]. 北京：科学出版社，2010.

[187] 齐法琳，黎国清，江波. 铁路隧道状态检查车的研制及应用 [J]. 中国铁路，2013（9）：75-77.

[188] 齐法琳，贺少辉，江波. 铁路隧道衬砌地质雷达检测影响因素试验研究 [J]. 铁道建筑，2014（3）：33-36.

[189] 刘维桢，孙淑杰，鲁寨军，等. 铁路建筑限界高速在线检测系统研究报告：2012 年 JC 字第 152 号 [R]. 北京：中国铁道科学研究院，2012.

[190] 国家铁路局. 铁路路基病害分类：TB/T 2818—2016 [S]. 北京：中国铁道出版社，2016.

[191] 中华人民共和国铁道部. 铁路工程土工试验规程：TB 10102—2010 [S]. 北京：中国铁道出版社，2010.

[192] 罗林. 轨道随机干扰函数 [J]. 中国铁道科学，1982（1）：74-110.

[193] 汤国防. 铁路轨道几何不平顺变化特征及其预测模型研究 [D]. 北京：北京交通大学，2010.

[194] 李帅. 高速铁路轨道谱典型特征辨识及演化规律分析 [D]. 成都：西南交通大学，2018.

[195] 许玉德，刘一鸣，沈坚锋. 轨道不平顺预测随机模型的 SVM-MC 求解方法 [J]. 华东交通大学学报，2018，35（3）：1-7.

[196] 于瑶，刘仍奎，王福田. 基于支持向量机的轨道不平顺预测研究 [J]. 铁道科学与工程学报，2018，15（7）：1671-1677.

[197] SHARMA S. Data-driven optimization of railway track inspection and maintenance using Markov decision process [D]. [s. l.]：[s. n.]，2016.

[198] 徐磊，高建敏，翟婉明，等. 铁路轨道不平顺波长及病害波形的定位方法 [J]. 中南大学学报（自然科学版），2017，48（11）：3060-3068.

[199] 杜慧娟. 基于人工免疫的车联网车辆异常行为检测系统 [D]. 上海：华东师范大学，2017.

[200] 王再英. 基于人工免疫原理的系统异常检测与自适应容错控制 [J]. 化工自动化及仪表，2008，35（2）：69-74.

[201] 易平，吴越，陈佳霖. 无线 Mesh 网络中基于人工免疫系统的异常检测：英文 [J]. 中国通信，2011（3）：107-117.

[202] 王宏宇，满成城. 用于异常检测的单级免疫学习算法 [J]. 华东理工大学学报，2006，32（8）：980-984.

[203] HE F, SHI W. WPT-SVMs based approach for fault detection of valves in reciprocating pumps [C] //American Control Conference. Proceedings of the 2002 American Control Conference. Anchorage, AK, USA, [s. n.], 2002: 4566—4570.

[204] 赵冲冲. 基于支持向量机的旋转机械故障诊断 [D]. 西安: 西北工业大学, 2003.

[205] KANG M, KIM J, KIM J M, et al. Reliable fault diagnosis for low-speed bearings using individually trained support vector machines with kernel discriminative feature analysis [J]. Power Electronics IEEE Transactions on, 2015, 30 (5): 2786-2797.

[206] HUO Z, YU Z, ZHOU Z, et al. Crack detection in rotating shafts using wavelet analysis, Shannon Entropy and Multi-class SVM [J]. Industrial Networks and Intelligent Systems, 2018 (1): 332-346.

[207] ZHANG X L, WANG B J, CHEN X F. Intelligent fault diagnosis of roller bearings with multivariable ensemble-based incremental support vector machine [J]. Knowledge-Based Systems, 2015 (89): 56-85.

[208] FATIMA S, MOHANTY A R, NAIKAN V N A. Multiple fault classification using support vector machine in a machinery fault simulator [C] // [Anony-mous]. Proceeding of VETOMAC X 2014. UK: Springer, 2014: 1021-1031. 2015.

[209] 郝腾飞, 陈果. 旋转机械故障的拉普拉斯支持向量机诊断方法 [J]. 中国机械工程, 2016, 27 (1): 73-78.

[210] 吕中亮. 基于变分模态分解与优化多核支持向量机的旋转机械早期故障诊断方法研究 [D]. 重庆: 重庆大学, 2016.

[211] 赵宇, 李可, 宿磊, 等. 基于假设检验和支持向量机的旋转机械故障诊断方法 [J]. 中国机械工程, 2017, 28 (7): 823-829.

[212] SEERA M, LIM C P. Online motor fault detection and diagnosis using a hybrid FMM-CART model [J]. IEEE Trans Neural Netw Learn Syst, 2014, 25 (4): 806-812.

[213] AYDIN İ, KARAKÖSE M, AKIN E. Combined intelligent methods based on wireless sensor networks for condition monitoring and fault diagnosis [J]. Journal of Intelligent Manufacturing, 2015, 26 (4): 717-729.

[214] SONG L, WANG H, PENG C. Vibration-based intelligent fault diagnosis for roller bearings in low-speed rotating machinery [J]. IEEE Transactions on Instrumentation & Measurement, 2018 (99): 1-13.

[215] 温江涛, 周熙楠. 模糊粒化非监督学习结合随机森林融合的旋转机械故障诊断 [J]. 机械科学与技术, 2018 (11): 1722-1730.

[216] OCAK H, LOPARO K A. A new bearing fault detection and diagnosis scheme based [C] // [Anony-mous]. IEEE International Conference on Acoustics, Speech and Signal Processing. [s. l.]: [s. n.], 2001.

[217] 冯长建. HMM 动态模式识别理论、方法以及在旋转机械故障诊断中的应用 [D]. 杭州: 浙江大学, 2002.

[218] MIAO Q, MAKIS V. Condition monitoring and classification of rotating machinery using wavelets and hidden Markov models [J]. Mechanical Systems & Signal Processing, 2007, 21 (2): 840-855.

[219] MÀRQUEZ F P G, TOBIAS A M, PÉREZ J M P, et al. Condition monitoring of wind turbines: Techniques and methods [J]. Renewable Energy, 2012, 46 (5): 169-178.

[220] PURUSHOTHAM V, NARAYANAN S, PRASAD S A N. Multi-fault diagnosis of rolling bearing elements using wavelet analysis and hidden Markov model based fault recognition [J]. Ndt & E International, 2005, 38 (8): 654-664.

[221] 李志农, 熊俊伟. 基于无限因子隐 Markov 模型的旋转机械故障识别方法 [J]. 失效分析与预防, 2016, 11 (3): 133-138.

[222] GHOFRANI F, PATHAK A, MOHAMMADI R, et al. Predicting rail defect frequency: an integrated approach using fatigue modeling and data analytics [J]. Computer-Aided Civil and Infrastructure Engineering, 2019.

[223] MOHAMMADI R, HE Q, GHOFRANI F, et al. Exploring the impact of foot-by-foot track geometry on the occurrence of rail defects [J]. Transportation Research Part C: Emerging Technologies, 2019 (102): 153-172.

[224] GHOFRANI F, HE Q, MOHAMMADI R, et al. Bayesian survival approach to analyzing the risk of recurrent rail defects [J]. Transportation Research Record, 2019, 2673 (7): 289-293.

[225] WANG P, LI Y, REDDY C K. Machine learning for survival analysis: A survey [J]. ACM Computing Surveys (CSUR), 2019, 51 (6): 110.

[226] 许贵阳, 史天运, 任盛伟, 等. 基于计算机视觉的车载轨道巡检系统研制 [J]. 中国铁道科学, 2013 (1): 139-144.

[227] 马臣希, 张二永, 方玥, 等. 车载轨道状态巡检技术发展及应用 [J]. 中国铁路, 2017 (10): 91-95.

[228] GONZALEZ R, WOOPS R, EDDINS, S. 数字图像处理: MATLAB 版 [M]. 北京: 电子工业出版社, 2005.

[229] 洪才泉, 杨静宇. 统计模式识别中的特征抽取 [J]. 数据采集与处理, 1991 (2): 38-44.

[230] 杜馨瑜, 戴鹏, 李颖, 等. 基于深度学习的铁道塞钉自动检测算法 [J]. 中国铁道科学, 2017, 38 (3): 89-96.

[231] 刘孟轲, 吴洋, 王逊. 基于卷积神经网络的轨道表面缺陷检测技术实现 [J]. 现代计算机 (专业版), 2017, 29 (10): 65-69.

[232] 刘欣, 张瑶, 熊新娟. 基于卷积神经网络的轨道扣件状态检测 [J]. 实验室研究与探索, 2018, 37 (11): 58-61.

[233] 李景峰. 浅谈 Hadoop 技术在铁路信息化建设中的作用 [J]. 通讯世界, 2017 (7): 1-2.

[234] 史天运, 刘军, 李平, 等. 铁路大数据平台总体方案及关键技术研究 [J]. 铁路计算机应用, 2016, 25 (9): 1-6.

[235] WHITE T. Hadoop: The Definitive Guide [M]. Sebastopol: O'Reilly Media. Inc., 2009.

[236] GHOFRANI F, HE Q, GOVERDE R, et al. Recent Applications of big data analytics in railway transportation systems: A survey [J]. Transportation Research Part C: Emerging, 2018, 90 (MAY): 226-246.

[237] LI Z, HE Q. Prediction of railcar remaining useful life by multiple data source fusion [J]. IEEE Transactions on Intelligent Transportation Systems, 2015, 16 (4): 2226-2235.

[238] WANG W, HE Q, CUI Y, et al. Joint prediction of remaining useful life and failure type of train wheelsets: Multitask learning approach [J]. Journal of Transportation Engineering, Part A: Systems, 2018, 144 (6): 1-11.

[239] HONGFEI LI, PARIKH, DHAIVAT, et al. Improving rail network velocity: A machine learning approach to predictive maintenance [J]. Transportation Research Part C: Emerging, 2014, 45 (9): 17-26.

[240] CUI Y, HE Q, ZHANG, Z, et al. Identification of Railcar Asymmetric Wheel Wear with Extreme Value Theory [J]. Transport, [Time unknown].

[241] 中华人民共和国铁道部. 铁路轨道检查仪: TB/T 3147—2012 [S]. 北京: 中国铁道出版社, 2012.

[242] 铁道路科学技术司. 客运专线轨道几何状态测量仪暂行技术条件: 科技基 [2008] 86 号 [R].

[出版地不详]:[出版者不详],2008.

[243] 周坤,王文健,刘启跃,等. 钢轨打磨机理研究进展及展望[J]. 中国机械工程,2019,30(3):284-294.

[244] TUNNA, HOUGH, WATERS. Autograph track geometry measuring tolley: measuring vertical and horzontal track geometry profiles [J], Rail Enginenng International, 1994 (4): 3-4.

[245] Office for Research and Experiments. Optimum adaptation of the conventional track to future taffic: synthesis report: Report NO, 8. A study of factors influencing the resistance to transverse displacement of unloaded track [R]. Utrecht: [s. n.] 1983.

[246] GRBE, MAREE. The use of a dynamic track stabiliser to improve track maintenance and optimisation of track tamping [C]. Proceedings of 6th International Heavy HaulConference, Capetown. South Africa, 1979.

[247] 田国英,高建敏,翟婉明. 高速铁路轨道不平顺管理标准的对比分析[J]. 铁道学报,2015,37(3):64-71.

[248] European Committee for Standardization. Railway applications-Track-Track eeometry quality-Part5: Geometric quality levels: BS EN 13848-5—2008 [S]. London: British Standards Institution, 2010.

[249] European Committee for Standardization. Railway applications-Track-Acceptance of works-Part 1: Work on ballast track-Plain Line: BS EN 13231-1—2006 [S]. London: British Standards Institution, 2006

[250] UIC. Testing and approval of railway vehicles from the point of views of their dynamic behavior-safety-track fatigue-ride quality: UIC Code 518—2009 [S]. 4 th ed. Paris: UIC, 2009

[251] 陈东生,曲建军,田新宇,等. 中国高速铁路工务维修管理模式研究[J]. 铁道建筑,2012(5):129-135.

[252] 孙韶峰. 德国铁路基础设施的管理与维修[J]. 中国铁路,2005(12):29-32.

[253] 梁承辉. 铁路工务管理信息系统设计[J]. 硅谷,2010(5):77.

[254] 孙美,郭年根,沈鸥. 铁路工务安全生产管理信息系统的设计与实现[J]. 铁路计算机应用,2013,22(8):23-27.

[255] 许光宏,倪瑜琥. 铁路工务管理信息系统的研究与实践[J]. 铁路计算机应用,2007(8):34-36.

[256] 王艳辉,秦勇,贾利民. 客运专线工务管理信息系统设计探讨[J]. 交通运输系统工程与信息,2006(3):117-121.

[257] 钱亮. 铁路工务管理信息系统的开发与研究[D]. 成都:西南交通大学,2002.

[258] 谢子奇. 基于铁路工务管理信息系统的铁路工务维修与管理现状分析[J]. 电子技术与软件工程,2015(11):234.

[259] 马俊. 现代化铁路工务养护维修过程管理信息系统的建设[J]. 长沙铁道学院学报(社会科学版),2012,13(1):221-222.